# Études de l'Ordre en Asie de l'Est et des Routes maritimes de la Soie à l'Époque des Song

# Études de l'Ordre en Asie de l'Est et des Routes maritimes de la Soie à l'Époque des Song

Par HUANG Chunyan

Traduction par WANG Liyun

*Books Beyond Boundaries*

ROYAL COLLINS

Études de l'Ordre en Asie de l'Est et des Routes maritimes de la Soie à l'Époque des Song

Par Huang Chunyan
Traduction par Wang Liyun

Première édition française 2023
Par le groupe Royal Collins Publishing Group Inc.
BKM Royalcollins Publishers Private Limited
www.royalcollins.com

Original Edition © China Social Sciences Press 2018
This French edition is authorized by China Social Sciences Press.
All rights reserved.

This book is published with financial support from the Chinese Fund for the Humanities and Social Sciences.

Il est également soutenu par le Centre de traduction de la Chine pour la communication internationale de l'Université Tongji.

Siège social : 550-555 boul. René-Lévesque O Montréal (Québec) H2Z1B1 Canada
Bureau indien : 805 Hemkunt House, 8th Floor, Rajendra Place, New Delhi 110 008

ISBN : 978-1-4878-1090-0

# Table des matières

# CHAPITRE 1

---

# L'expansion territoriale de Song Shenzong au nom de « l'ancien territoire des dynasties Han et Tang »

« L'ancien territoire des dynasties Han et Tang » correspondait à un discours politique important à partir duquel la dynastie des Song du Nord mena des activités d'expansion territoriale et développa ses échanges politiques. Après la guerre de l'ère Yongxi, ce discours devint fondamental pour l'action extérieure des Song du Nord. Et ce fut à travers ce discours que Shenzong essaya d'étendre les frontières de l'empire. Ce projet d'expansion faisait partie intégrante des réformes initiées par Wang Anshi, qui visaient à enrichir l'État et à renforcer sa puissance militaire. Aujourd'hui, comme par le passé, il suscite l'intérêt de nombreux chercheurs qui ne partagent pas toujours les mêmes opinions. Les recherches en la matière s'articulent principalement autour de trois thématiques, à savoir la bataille de Xihe[1], la guerre entre les Song et les Xia occidentaux, et les relations entre les Song et les Liao. Les questions portant sur différentes problématiques telles que « Qu'est-ce qui déterminait l'étendue de cette expansion territoriale ? », « D'où venait la légitimité de cette expansion ? », « Quels étaient les liens forgés entre les expansions dans divers endroits ? », « Ce projet d'expansion incluait-il le Giao Chi ? », sont toujours en attente de réponses[2].

Dans un premier temps, ce texte cherchera à éclairer le processus d'élaboration du discours de « l'ancien territoire des dynasties Han et Tang », ses origines, ses implications et son application politique. Dans un deuxième temps, ce texte essaiera, à partir de ce discours, d'expliquer la politique d'expansion de l'empereur Shenzong.

---

1. Xi : préfecture de Xizhou, He : préfecture de Hezhou (note du traducteur).

2. Nombreux sont ceux qui font des recherches sur l'expansion territoriale de Shenzong. On peut notamment citer Deng Guangming, Tao Jinsheng, Chen Shouzhong, Wang Zengyu, Zhao Dixian, Li Huarui, Chen Feng, Zeng Ruilong, Su Guanchang, Chen Zhaoyang et Huang Chunyan. Leurs recherches et points de vue seront évoqués et discutés dans le présent texte. En raison du manque d'espace, nous nous affranchirons de l'appellation respectueuse de « Monsieur ».

## 1. La formation du discours de « l'ancien territoire des dynasties Han et Tang » sous les Song du Nord

Après sa fondation, la dynastie Song poursuivit l'entreprise d'unification lancée par Shizong des Zhou postérieurs. Tous les régimes séparatistes remarquèrent cette ambition de Taizu. Ainsi, le Premier ministre des Shu postérieurs, Li Hao, disait-il à son maître : « Les Song ne sont semblables ni aux Han postérieurs, ni aux Zhou postérieurs. Vivant trop longtemps dans le chaos, les gens aspirent à l'ordre. Il est donc fort probable que les Song réussissent l'unification. »[3] Taizu, se prétendant héritier des Han et Tang, décida de procéder à l'unification du sud au nord, et se servit du discours de « l'ancien territoire des dynasties Han et Tang » pour justifier son action et sa stratégie extérieures. La neuvième année de l'ère Kaibao (en 976), les ministres proposèrent la distinction de *yitong taiping* (« unification et paix ») en tant que titre honorifique à Taizu. Celui-ci rétorqua : « De quel droit puis-je mériter cette qualification, alors que la région de Youyan[4] n'est pas encore récupérée ? »[5] De là, nous pouvons en déduire que, bien que Taizu n'eût pas inscrit la région de Youyan dans son projet d'unification, il est clair qu'il la considérait comme faisant partie de « l'ancien territoire des dynasties Han et Tang ». Par ailleurs, Taizu espérait également inverser l'ordre entre les Hans et les barbares, qui prévalait dans les relations avec les Liao depuis la dynastie des Jin postérieurs. Il disait ainsi : « Depuis les dynasties Jin (postérieurs) et Han (postérieurs), les Khitans sont tellement puissants qu'aucune d'entre elles n'a pu les soumettre. À tel point que les Jin ont dû prêter allégeance aux barbares. »[6] Taizu avait donc vocation à restaurer le statut politique des Hans, censés être supérieurs aux Khitans. La septième année de l'ère Kaibao (974), les Song et les Liao échangèrent pour la première fois des ambassadeurs. Les premiers considéraient les postes des seconds comme étant faux et illégitimes, et leurs envoyés, surnommés *kuanfushi*, étaient perçus comme des admirateurs et subordonnés des Song. Ils appelaient par

---

3. *Xu Zizhi tongjian changbian* (« Longue ébauche de la continuation du *Zizhi tongjian* (« *Miroir compréhensif pour aider le gouvernement* ») »), juan 4, dingchou, mai, première année de l'ère Qiande. Beijing : Zhonghua shuju (Société de livres de Zhonghua), 2004. p. 92.

4. La région de Youyan, comprenant les Seize préfectures, couvre les zones actuelles de Beijing, Tianjin ainsi que le nord du Shanxi et du Hebei (note du traducteur).

5. *Xu Zizhi tongjian changbian*, juan 17, jihai, février, neuvième année de l'ère Kaibao, p. 364. D'après Wang Yuji et Li Huarui, Taizu n'a pas inclus la région de Youyan dans son projet d'unification qui fut mis en place du sud au nord. Le « sud » désigne les différents régimes au sud, et le « nord » renvoie uniquement aux Han du Nord. En outre, selon Wang Yuji, bien que la région de Youyan ne fût pas inscrite dans le projet d'unification de Taizu, celui-ci, en qualité d'héritier des Tang, se sentait le devoir de récupérer cet ancien territoire. Pour ce faire, Taizu préférait acheter cette région, réalisant ainsi l'unification. Li Huarui croit pour autant que la possibilité d'échanger de l'argent contre la région de Youyan ne traduit rien d'autre que la forte volonté de Taizu de récupérer cet ancien territoire. Cf. Wang, Yuji. « De nouvelles explications à propos du projet d'unification du sud au nord au début des Song. » *Dongyue luncong* (« *Tribune de Dongyue* »). Issue 1. 1996. Li, Huarui. « Quelques questions à propos du projet d'unification du sud au nord au début des Song. » *Hebei daxue xuebao* (« *Journal de l'Université du Hebei* »). Issue 4. 1997.

6. « Barbares (I). » dans *Song huiyao jigao* (« *Ébauche de compilation de documents importants de la dynastie des Song* »). Shanghai : Shanghai guji chubanshe (Maison d'édition classique de Shanghai), 2014, p. 9712.

exemple l'envoyé des Khitans, Yelü Cong, « faux » préfet de Zhuozhou.[7] Ces qualifications étaient surtout utilisées par Taizu en deçà des frontières, mais elles reflétaient le fait qu'il traitait les relations avec les Liao d'après la notion de « distinction entre les Hans et les barbares ». Comme la dynastie Liao représentait la force la plus puissante en dehors de la dynastie Song, cette posture de Taizu pouvait expliquer les relations avec toutes les autres royautés. Cette attitude était normale pour une dynastie qui se prétendait légitime sur le territoire chinois. Il revenait, de plus, à sa responsabilité politique d'unifier les Hans et les barbares.

Au début du règne de Taizong, la question du Youyan fut remise à l'ordre du jour. Avant la guerre de l'ère Yongxi, les ministres, sous l'égide de Taizong, utilisèrent le discours de « l'unification des Hans et des barbares » pour discuter de la récupération des territoires de Youyan. Les remarques de Tian Xi traduisaient la confiance des Song dans leur victoire sur les Khitans :

> Actuellement, les Khitans ne viennent pas faire allégeance et la région de Youyan n'est pas encore récupérée. Avec l'appui de nos forces militaires puissantes et notre grande richesse, il est facile d'anéantir les Khitans et de reprendre les Seize préfectures.[8]

Le double objectif de soumettre les Khitans et de récupérer la région de Youyan relevait de la volonté des Song d'unifier les Hans et les barbares. Avant de mener le combat contre les Liao, Taizong lança une campagne diplomatique active, et se prenant pour le maître à la fois des Hans et des barbares, multipliait les décrets. Au Nord-Est, il envoya des émissaires pour demander au royaume de Bohai de prêter des troupes en sa faveur. De même, il donna l'édit au roi de Ding'an afin que le pays pût, avec la dynastie Song, attaquer de deux côtés les Liao[9]. Il ordonna également au Goryeo d'envoyer des soldats pour aider les Song à anéantir les Khitans[10]. C'était dans le même but qu'il envoya des émissaires en Tartarie et au royaume de Qocho pour leur demander de surveiller les Khitans[11]. En essayant d'unir les forces à leur côté, les Song se préparaient alors à la guerre contre les Liao[12].

Dans les décrets destinés à ses voisins, la dynastie Song avait recours au thème de « l'unification des Hans et des barbares ». Ainsi, dans le décret pour le Goryeo, on y lisait : « Les Hans et les barbares reconnaissent tous l'autorité impériale. Il n'y a que les Khitans qui cherchent à défier

---

7. *Op. cit.*, pp. 9711-9712.

8. « Rapport destiné à féliciter la victoire remportée par Tian Chongjin (II). » juan 24 dans Tian Xi. *Xianping ji* (« *Recueil de Xianping* »). Chengdu : Bashu shushe (Société de livres de Bashu), 2008. p. 251.

9. *Xu Zizhi tongjian changbian*, juan 22, bingshen, juillet, sixième année de l'ère Taiping Xingguo, p. 493 ; jiachen, novembre, p. 504.

10. « Biographie du Goryeo. » juan 487 dans *Song shi* (« *Histoire des Song* »). Beijing : Zhonghua shuju, 1977. p. 14038.

11. « Recherches sur les quatre barbares (XIII). » juan 336 dans *Wenxian tongkao* (« *Étude exhaustive des documents* »). Beijing : Zhonghua shuju, 2011. p. 9292.

12. Gu, Jichen. « Wang Yande et récit de sa mission pour la préfecture de Xizhou. » *Xinjiang shehui kexue* (« *Sciences sociales de Xinjiang* »). Issue 2. 1985. Zhang, Ruili. « De nouvelles découvertes concernant la mission de Wang Yande à Qocho. » *Xiyu yanjiu* (« *Études des régions occidentales* »). Issue 3. 2003.

mon pouvoir. »[13] Pour le Bohai, on écrivait : « Tous les régimes sont placés sous mes auspices et mes bienfaits sont omniprésents. Aucun d'entre eux n'hésite à me déclarer sa soumission, à l'exception des Khitans dans le nord. »[14] Grâce à une série d'activités diplomatiques intenses, la dynastie Song put créer un environnement international en sa faveur. Pourtant, les royaumes de Goryeo et de Bohai n'avaient, en réalité, pas envoyé de troupes à la guerre de l'ère Yongxi. Il s'agissait d'une stratégie d'autoprotection souvent employée par les petits pays lors d'un conflit entre les grandes puissances. Malgré tout, ces petits royaumes préféraient la victoire de la dynastie Song, et leur hostilité envers les Liao était très claire. Il en allait pareillement pour les régimes du nord-ouest, entre autres l'Armée Guiyi, le royaume ouïgour de Ganzhou, et l'empire du Tibet, qui à leur tour se rapprochèrent activement de la dynastie Song[15]. La dynastie Liao représentait à l'époque la plus grande force en Asie de l'Est. Si la dynastie Song arrivait à soumettre ou anéantir les Liao, elle pourrait alors établir un ordre politique qui unifierait les Hans et les barbares, autour d'elle, à l'instar des dynasties Han et Tang qui avaient vaincu respectivement les Xiongnu et les Turcs.

Pendant le règne de Taizu et au début de celui de Taizong, le discours de « l'unification des Hans et des barbares » dominait afin de conduire la dynastie Song à étendre son territoire. À l'inverse, le discours de « l'ancien territoire des dynasties Han et Tang », qui était secondaire, ne fut utilisé que pour justifier ces actions d'expansion. Taizu inscrivit explicitement dans son plan d'unification les pays du sud et les Han du Nord qu'il considérait comme faisant partie de « l'ancien territoire des dynasties Han et Tang », et faisait référence à la région de Youyan comme « l'ancienne terre ». Quant à Taizong, il déclara officiellement : « Ma vocation est de restaurer l'ancien territoire. »[16] Ici, l'« ancien territoire » se référait à la région de Youyan. Avant de partir en expédition au nord, durant l'ère Yongxi, Taizong et ses ministres affirmèrent : « La région de Youyan correspond à notre ancien territoire que les Khitans occupent depuis les Jin postérieurs [...] c'est pour la récupérer que nous mobilisons nos troupes » ; « Si nous allons à la conquête de la région de Youyan, c'est parce que celle-ci fait partie du territoire des Hans et qu'elle n'est cédée aux barbares que depuis la dynastie des Jin postérieurs. Pour réaliser l'unification, il faut la reprendre. »[17] Par ailleurs, à l'exception des pays du sud, les Han du Nord et les Seize préfectures de Yanyun, l'Armée Guiyi, les Xia occidentaux et le Giao Chi étaient considérés, eux aussi, comme faisant partie de « l'ancien territoire des dynasties Han et Tang ». Ces trois régimes, définis

---

13. « Biographie du Goryeo. » juan 487 dans *Song shi*. p. 14038.

14. « Barbares (IV). » dans *Song huiyao jigao*. p. 9833.

15. Huang, Chunyan. « La guerre de l'ère Yongxi et l'évolution de la situation politique en Asie du Nord-Est. » *Shi lin* (« *Revue historique* »). Issue 6. 2010. Chen, Shouzhong. « Gestion de la région de Qinlong au début de la dynastie des Song du Nord. » dans *Helong shidi kaoshu* (« *Étude de l'histoire et de la géographie du Helong* »). Lanzhou : Lanzhou daxue chubanshe (Presse de l'Université de Lanzhou), 1993. p. 99.

16. *Xu Zizhi tongjian changbian*, juan 27, mai, troisième année de l'ère Yongxi, p. 617.

17. « Soldats (VIII). » dans *Song huiyao jigao*. p. 8755. *Xu Zizhi tongjian changbian*, juan 30, janvier, deuxième année de l'ère Duangong, p. 672.

comme des « districts militaires » (*fanzhen*), devaient se contenter des postes à ce niveau[18]. Cette délimitation se référait à la structure traditionnelle de la période des Cinq Dynasties[19]. Au sujet du Giao Chi, son gouverneur était désigné pour le poste d' « inspecteur régional » (*cishi*) par l'empereur des Han, et en tant que « surintendant général de Jiaozhou » (*Jiaozhou zongguan*) au début des Tang, pour devenir « protecteur général de l'Annam » (*Annan duhu*) dans l'ère Diaolu[20].

Cependant, afin d'atteindre progressivement l'objectif d'unification, Taizu et Taizong évitaient d'utiliser le terme de « récupération » pour ne pas s'attirer trop d'ennemis. Ainsi, bien que Taizu considérât la région de Youyan comme « l'ancienne terre », il ne proposa pas directement cette « récupération » qui aurait risqué d'amener les Song à une confrontation prématurée avec la dynastie Liao. Taizong, quant à lui, mena non seulement une guerre pour « récupérer » la région de Youyan, mais tenta aussi de « récupérer » les territoires occupés par les Xia occidentaux ainsi que le Giao Chi. À propos des premiers, Taizong incita leur dirigeant, Li Jipeng, à s'installer sur le territoire des Song, tout en envoyant un remplaçant. Ce faisant, il pourrait reprendre le pays, grâce à Li qui, à l'instar de Chen Hongjin et de Qian Shu, céda son territoire[21]. Quant au second, la dynastie Song lui déclara la guerre la cinquième année de l'ère Taiping Xingguo (980). Selon les Song, le régime vietnamien naquit des « troubles de la fin de la dynastie Tang et des divisions au sein de la région », et faisant ainsi partie de l'ancien territoire des Tang, il était faux et illégitime[22]. Ce fut donc précisément le discours de « l'ancien territoire des dynasties Han et Tang » qui servit de prétexte à la dynastie Song qui, en s'attaquant au Giao Chi, visait à le récupérer en tant que l'une de ses préfectures.

Pour les autres groupes ethniques du nord-est et du nord-ouest, l'objectif de la dynastie Song à ce stade était d'établir une relation de servitude. Taizong et ses ministres planifièrent qu'après la conquête de la dynastie Liao, l'ordre à établir au nord-est serait le suivant : ils choisiraient respectivement, au sein des Xi et du Bohai, un descendant issu des familles de grande réputation pour être roi. Prêtant allégeance à la dynastie Song, lesdits royaumes continueraient d'exister

---

18. Cf. Huang, Chunyan. « Diverses formes et discours général : efforts de la dynastie Song dans la création de son image du maître à la fois des Hans et des barbares à travers les activités tributaires. » *Sixiang zhanxian* (« *Front idéologique* »). Issue 5. 2013 ; « Système de canonisation de la dynastie Song aux pays et régimes étrangers. » *Xiamen daxue xuebao* (« *Journal de l'Université de Xiamen* »). Issue 4. 2013.

19. À la période des Cinq Dynasties, celles-ci désignaient toutes les dirigeants de l'Armée Guiyi et des Xia occidentaux pour le poste d'« inspecteur régional ». Cf. Rong Xinjiang. *Guiyijun shi yanjiu* (« *Recherches sur l'histoire de l'Armée Guiyi* »). Shanghai : Shanghai guji chubanshe, 1996. pp. 95-121. « Biographie de Li Renfu (ci-joint celles de Li Chao et Li Xing). » juan 132 dans *Jiu wudai shi* (« *Ancienne histoire des Cinq Dynasties* »). Beijing : Zhonghua shuju, 1976. p. 1747 et p. 1749 ; « Annales du dernier empereur (première partie). » juan 8 dans *Liangshu* (« *Livre de Liang* »). p. 116.

20. « Le protecteur général de l'Annam dans l'ère Kaibao. » juan 133 dans *Yuhai* (« *Mer de jade* »). Yangzhou : GuangLing shushe (Société de livres de GuangLing), 2003. p. 2465.

21. Chen, Shouzhong. « Gestion de la région de Qinlong au début de la dynastie des Song du Nord. » dans *Helong shidi kaoshu*. Lanzhou : Lanzhou daxue chubanshe, 1993. p. 101.

22. « Décret par Taizong pour l'expédition vers le Giao Chi en août de la cinquième année de l'ère Taiping Xingguo. » juan 2 dans *Annan Zhilüe* (« *Récits abrégés de l'Annam* »). Beijing : Zhonghua shuju, 2000. p. 60.

en tant que « gardiens » de celle-ci[23]. Taizong promit dans son décret destiné au royaume de Bohai : « Dès que les Khitans auront été vaincus, vous serez récompensés. La région de Youyan étant reprise par les Song, tout le territoire au-delà vous sera donné. »[24] Dans le nord-ouest, à l'exception d'une tentative de « récupération » infructueuse des Xia occidentaux, on suivit la politique traditionnelle. C'est-à-dire que la dynastie Song conféra au dirigeant de chacun des royaumes un titre qui était héréditaire[25]. De là, il est possible de constater que, si Taizong voulait établir un ordre politique unifiant les Hans et les barbares, il n'avait pas l'intention d'occuper les zones nomades susmentionnées, ni de changer leur structure politique. Il ne visait qu'à faire instaurer un système qui, distinguant les barbares des Hans, aurait comme seule autorité suprême la dynastie Song. Il s'agirait d'un système similaire à celui du début de la dynastie Tang qui avait vaincu les Turcs.

L'échec de la guerre de l'ère Yongxi conduisit Taizong à abandonner l'objectif de regagner les préfectures de Yanyun, et de soumettre et même d'anéantir les Khitans. Peu après, les groupes ethniques du nord-est, tels que les Jürchens, le royaume de Bohai, rompirent rapidement leur relation tributaire avec la dynastie Song. Il en était de même pour le Goryeo qui, à partir de l'an 994, se soumit aux Liao. La situation politique qui avait autrefois favorisé la dynastie Song en Asie du Nord-Est disparut complètement. Jusqu'à la fin de la dynastie des Song du Nord, le Goryeo et les divers groupes ethniques du nord-est ne reprirent pas leur relation tributaire avec celle-ci. De même, la situation favorable qui était apparue sous Taizu dans le nord-ouest fut également anéantie par la mauvaise politique de Taizong[26]. La dynastie Song s'éloigna de plus en plus du royaume de Qocho ainsi que d'autres régimes à l'ouest. Taizong ne chercha plus à les attirer après la guerre de l'ère Yongxi, leur permettant ainsi de quitter le système tributaire de la dynastie Song. Ce faisant, Taizong renonça à son rêve d'établir un ordre unifiant les Hans et les barbares. La signature du traité de Shanyuan entre les Song et les Liao instaura une relation d'égal à égal entre ces deux dynasties. Désormais, deux autorités suprêmes coexistèrent dans la région[27]. Parallèlement, la dynastie Song abandonna progressivement le discours de « l'unification des Hans et des barbares » pour adopter celui de « l'ancien territoire des dynasties Han et Tang » qui devint dominant.

Après la signature du traité de Shanyuan, Zhenzong, Renzong et Yingzong utilisèrent tous le discours de « l'ancien territoire des dynasties Han et Tang » dans le cadre du contrôle des frontières et du traitement des relations extérieures. Concernant le Giao Chi, bien que lesdits empereurs aient en fait mis de côté l'objectif de sa « récupération », ils continuèrent d'employer

---

23. *Xu Zizhi tongjian changbian*, juan 27, wuyin, janvier, troisième année de l'ère Yongxi, p. 604.

24. *Xu Zizhi tongjian changbian*, juan 22, bingshen, juillet, sixième année de l'ère Taiping Xingguo, p. 493.

25. Chen, Shouzhong. « Gestion de la région de Qinlong au début de la dynastie des Song du Nord. » dans *Helong shidi kaoshu*. Lanzhou : Lanzhou daxue chubanshe, 1993. p. 98.

26. Huang, Chunyan. « La guerre de l'ère Yongxi et l'évolution de la situation politique en Asie du Nord-Est. » *Revue historique*. Issue 6. 2010. Chen, Shouzhong. « Gestion de la région de Qinlong au début de la dynastie des Song du Nord. » dans *Helong shidi kaoshu*. Lanzhou : Lanzhou daxue chubanshe, 1993. p. 100.

27. Tao Jinsheng. *Song Liao guanxi shi yanjiu* (« *Études de l'histoire des relations entre les Song et les Liao* »). Taipei : Lianjing publishing company, 1984. pp. 23-42.

le discours de « l'ancien territoire des dynasties Han et Tang ». En plus de le considérer comme district militaire et de le désigner pour les postes à ce niveau, des fonctionnaires ne cessaient de proposer d'utiliser l'armée contre le Giao Chi pour le reprendre en tant que l'une des préfectures de la dynastie Song. La troisième année de l'ère Jingde (1006), Ling Ce et Shao Ye essayèrent de persuader Zhenzong de poursuivre la tentative inachevée de Taizong de reprise du Giao Chi en profitant des troubles civils de cette région, après la mort de Lê Hoàn. Cependant, Zhenzong refusa. Après sa prise de fonction, Lý Nhât Tôn envahit à maintes reprises la dynastie Song. Ainsi, la quatrième année de l'ère Jiayou (1059), le « superviseur en charge de la sécurité frontalière » (*anfu dujian*) du Guangxi, Xiao Zhu, proposa à son tour d'envoyer des troupes à la conquête du Giao Chi[28]. L'année suivante, la dynastie Song rassembla les soldats cantonnés à Jinzhou et au Hunan pour se rendre à Yongzhou (Nanning). Face à cette menace, Lý Nhât Tôn choisit d'admettre ses actes transgressifs[29]. Peu après sa prise de fonction, Yingzong demanda aux ministres l'année où le Giao Chi s'était détaché de la dynastie Song. Cela dit, il traitait le Giao Chi comme faisant partie de l'ancien territoire, et planifiait l'opération de sa récupération. Il réunit les dirigeants de 45 *dong* (unité de subdivision administrative) sous sa direction, et sélectionna parmi les « soldats locaux » (*tuding*) 50 000 soldats d'élite. Ceci fit paniquer le Giao Chi[30], puisque le recrutement et l'entraînement à grande échelle des soldats locaux étaient principalement destinés à l'attaquer.

Face aux Xia occidentaux, Zhenzong, Renzong et Yingzong leur cédèrent successivement le pas, mais continuèrent de mener des actions afin de les contenir tout en mettant en valeur le discours de « l'ancien territoire des dynasties Han et Tang ». Taizong avait transféré la famille de Li Jipeng à Kaifeng, en espérant que les quatre préfectures constitutives des Xia occidentaux pouvaient être placées directement sous l'autorité de la dynastie Song. C'était dans ce même but que Taizong procéda, après l'échec dudit plan, à une frappe militaire contre Li Jiqian. Zhenzong reconnut le régime de Li Jiqian en lui conférant un titre, ce qui l'amena à s'éloigner de l'objectif de Taizong de récupérer les Xia occidentaux en tant que comtés de la dynastie Song. Renzong signa un traité de paix avec les Xia occidentaux lors de l'ère Qingli, et les reconnut comme un « État ». Ce faisant, il céda encore un pas de plus par rapport à Zhenzong. Ainsi, Ouyang Xiu résumait : « La rébellion de Jiqian a permis aux Xia occidentaux d'obtenir un statut légitime, et celle de Yuanhao lui a fait gagner le titre de « maître de l'État » (*guozhu*). »[31] Cependant, Renzong soulignait toujours le fait que les Xia occidentaux occupaient d'anciens comtés des dynasties Han et

---

28. *Xu Zizhi tongjian changbian*, juan 63, gengyin, juin, troisième année de l'ère Jingde ; juan 189, jiaxu, février, quatrième année de l'ère Jiayou, p. 1407 et p. 4550.

29. Du, Dagui. « Stèle funéraire de Yu Jing. » juan 23 dans *Mingchen beizhuan wanyan zhiji* (« *Recueil de belles inscriptions funéraires des ministres célèbres* »). première partie. tome 450 dans *Siku Quanshu* (« *Livres complets des Quatre magasins* »), Wenyuan Ge (« Belvédère de la profondeur littéraire »). Taipei : The Commercial Press, 1990. p. 188. « Giao Chi. » juan 330 dans *Wenxian tongkao*. p. 9097.

30. *Xu Zizhi tongjian changbian*, juan 203, jimao, novembre, première année de l'ère Zhiping, p. 4923.

31. Ouyang, Xiu. « Rapport destiné à Yingzong à propos de quatre points concernant l'attaque à l'ouest. » juan 136 dans *Songchao zhuchen zouyi* (« *Rapports des fonctionnaires destinés aux empereurs des Song* »). Shanghai : Shanghai guji chubanshe, 1999. p. 1524.

Tang[32]. De même, après que les Xia occidentaux avaient annexé la région de Hexi (l'ouest du fleuve Jaune), les Song déclarèrent qu'en plus des quatre préfectures originelles des Xia occidentaux, celles qui avaient été conquises par ceux-ci, comprenant Lingzhou, Ganzhou, Suzhou, Guazhou et Shazhou, faisaient également partie de « l'ancien territoire des dynasties Han et Tang ». De la sorte, ils réaffirmèrent : « Les Xia occidentaux considèrent les treize comtés des neuf préfectures comme faisant partie de leur territoire, alors que ceux-ci nous appartenaient. Si nous avons affaire à la délimitation des frontières, toutes ces préfectures doivent être rendues à la dynastie Song. »[33] Il s'agissait notamment des zones occupées par l'Armée Guiyi que Taizu et Taizong considéraient comme faisant partie de « l'ancien territoire des dynasties Han et Tang », et celles par le royaume ouïgour de Ganzhou. À ses débuts, la dynastie Song avait conféré à celui-ci le titre de « Khan », le reconnut en tant qu'État, et accepta de ne pas le considérer comme faisant partie de « l'ancien territoire des dynasties Han et Tang ». Après que lesdits deux régimes aient été annexés par les Xia occidentaux, ils furent traités par la dynastie Song comme des régions de « l'ancien territoire des dynasties Han et Tang ».[34]

En effet, après Taizong, les fonctionnaires ne manquaient pas de proposer de reprendre les territoires des Xia occidentaux en tant que comtés de la dynastie Song. Par exemple, Cao Wei suggéra de capturer (Li) Deming pour restaurer les comtés dans la région de Hexi[35]. Fan Zhongyan et Han Qi prévoyèrent de récupérer les territoires de Lingzhou, de Xiazhou et de Hengshan[36]. Ouyang Xiu, quant à lui, énuméra trois solutions pour résoudre le problème des Xia occidentaux : « Le mieux est d'arrêter Li Liangzuo (Xia Yizong) et ses ministres ; si cela ne fonctionne pas, nous pouvons toujours les chasser jusqu'au nord du fleuve Jaune et reprendre notre ancienne terre ; le dernier choix consiste à ce que l'on s'empare de tous les emplacements stratégiques afin de bloquer toute tentative d'invasion des Xia »[37]. Sima Guang déclara même que, tant que les commandants correctement désignés suivaient les ordres impériaux, il ne serait pas difficile de restaurer les territoires des dynasties Han et Tang, y compris les Seize préfectures au

---

32. Zhang, Fangping. « Rapport destiné à Renzong à propos de l'amnistie et l'enrôlement des Xia occidentaux à travers les sacrifices impériaux. » juan 142 dans *Songchao zhuchen zouyi*. p. 1475.

33. *Xu Zizhi tongjian changbian*, juan 142, guisi, juillet, troisième année de l'ère Qingli, p. 3409.

34. À la fin de la dynastie Tang, celle-ci avait conféré aux Ouïghours de Ganzhou le titre de « Khan ». Les Cinq Dynasties héritèrent ensuite des pratiques des Tang. En outre, le royaume ouïghour de Ganzhou était hostile à la dynastie Liao, et entretenait des relations plus étroites avec le pouvoir des plaines centrales. La dynastie Song maintint la tradition de la fin des Tang et des Cinq Dynasties quant à la gestion des relations avec les Ouïghours de Ganzhou (« Annales de Tang Zhuangzong (VI). » juan 32 dans *Jiu wudai shi*. p. 438. « Annales de Jin Gaozu (IV). » juan 78 dans *Jiu wudai shi*. p. 1027. Cf. Lu, Qingfu. « Recherches sur les relations entre l'Armée Guiyi, la dynastie Liao et les Ouïghours de Ganzhou. » *Lanzhou daxue xuebao* (« *Journal de l'Université de Lanzhou* »). Issue 3. 1998.

35. « Biographie de Cao Wei. » juan 258 dans *Song shi*. p. 8985.

36. Zhao, Shanliao. « Au service des empereurs (première partie). » juan 6 dans *Zijing bian* (« *Traité sur l'auto-réprimande* »). tome 875 dans *Siku Quanshu*, Wenyuan Ge. p. 330.

37. « Le premier mémorial sur les affaires de la frontière occidentale. » juan 114 dans *Ouyang Xiu quanji* (« *Compilation complète d'Ouyang Xi* »). Beijing : Zhonghua shuju, 2001. p. 1722.

nord et les Xia à l'ouest[38]. Bien que ces déclarations et plans n'eussent pas été mis en œuvre, ils reflétaient parfaitement la position de base adoptée par la dynastie Song sur sa relation avec les Xia occidentaux.

Si les Song soulignaient le fait que les Xia occidentaux faisaient partie intégrante de « l'ancien territoire des dynasties Han et Tang » tout en voulant les récupérer, c'était, de prime abord, pour assurer la sécurité des frontières, puis pour pouvoir éviter une position passive face aux Liao. Au début de l'ère Qingli, les Song discutèrent de la politique à prendre vis-à-vis des Xia, et s'accordèrent à ce que ceux-ci prêtent allégeance. Dans le cas contraire, les Khitans réclameraient un autre statut, ce qui constituerait un grave problème[39]. Plus précisément, les Xia se soumettaient, jusqu'ici, à la fois aux Song et aux Khitans. S'ils cessaient de faire acte d'allégeance aux premiers pour obtenir le statut d'égal, les seconds se donneraient raison en disant : « Les Song et les Xia reconnaissent notre suprématie ».[40]

Quant à l'empire du Tibet, Taizong ne lui prêtait pas attention : « Les Tibétains ne parlent pas la même langue que nous, et leurs vêtements sont étranges. À mes yeux, ils sont semblables à des bêtes. Laissons-les tels qu'ils sont et n'y faisons pas attention. »[41] Ainsi l'empire du Tibet n'était-il pas considéré comme faisant partie de « l'ancien territoire des dynasties Han et Tang ». Sous le règne de Zhenzong, les relations entre les Song et les Xia occidentaux étaient tendues. Afin de « réunir les efforts contre les Xia », la dynastie Song nomma au cours de la quatrième année de l'ère Xianping (1001) le chef des Tibétains, Pan Luozhi, « commissaire de la défense » (*fangyushi*) à Yanzhou et « commissaire d'inspection » (*xujianshi*) à l'ouest de Lingzhou, pour le promouvoir « gouverneur militaire régional » (*jiedushi*) du nord deux ans après[42]. Zhenzong, Renzong et Yingzong accordaient tous à l'empire du Tibet le statut de district militaire et le définissaient clairement comme faisant partie de « l'ancien territoire des dynasties Han et Tang ». Le titre initial octroyé par les Song à Gyalsé n'était que celui de *dianzhi*, chargé d'inspection[43]. La deuxième année de l'ère Jingyou (1035), Gyalsé vainquit Yuanhao, et la dynastie Song prévit de promouvoir le premier « gouverneur militaire régional » pour y renoncer après, parce que comme Han Yi fit remarquer : « Les deux princes sont tous des vassaux de l'empereur. Nous ne devons pas récompenser l'un pour punir l'autre, au cas où les décrets impériaux seraient inutiles pour obtenir la paix. Cela irait à l'encontre du principe de se défendre contre les quatre barbares. » Après que Yuanhao se proclama « Empereur », la dynastie Song décida enfin d'accorder le titre

---

38. *Xu Zizhi tongjian changbian*, juan 206, jiachen, décembre, deuxième année de l'ère Zhiping, p. 5010.

39. Ouyang, Xiu. « Rapport destiné à Renzong à propos des avantages et des inconvénients des négociations de paix avec les Xia. » juan 134 dans *Songchao zhuchen zouyi*. p. 1492.

40. FU, Bi. « Destiné à Renzong : ne soyez pas trop tolérant envers les envoyés des Xia. » juan 134 dans *Songchao zhuchen zouyi*. p. 1489.

41. « Biographie des Tibétains. » juan 492 dans *Song shi*. pp. 14153-14154.

42. *Xu Zizhi tongjian changbian*, juan 49, yimao, octobre, quatrième année de l'ère Xianping, p. 1079 ; juan 54, genchen, février, sixième année de l'ère Xianping, p. 1181.

43. *Xu Zizhi tongjian changbian*, juan 82, jiyou, mai, septième année de l'ère Dazhong Xiangfu, p. 1877.

de « gouverneur militaire régional » de Baoshun et de Hexi à Gyalsé en vue de le rallier contre les Xia occidentaux[44].

Depuis Taizu, la dynastie Song tenait à considérer la région de Youyan comme faisant partie de « l'ancien territoire des dynasties Han et Tang », et comme Lü Zhong le constata : « Depuis Taizu, l'or et l'argent sont accumulés afin de reprendre les Seize préfectures. Cette vocation de Taizu n'est pas oubliée par ses descendants. »[45] Après la guerre de l'ère Yongxi, les Song n'abandonnèrent pas l'idée de considérer la région de Youyan comme leur ancienne terre. Sous le règne de Zhenzong, Zhu Taifu déclara : « La région de Youyan nous appartient. Elle est maintenant aux mains des barbares et il faut la reprendre. »[46] Au sein même de la cour, Zhenzong avait pointé du doigt l'emplacement occupé par les Khitans sur la carte du mur de l'est en disant : « Il est bien regrettable que la région de Youyan soit tombée »[47]. Sous le règne de Renzong, on ne cessa de proposer de récupérer les Seize préfectures de Yanyun. Han Qi disait : « Si l'on entraîne les soldats et accumule les richesses, nous pourrons reconquérir la région de Youyan et les Xia occidentaux dans la mesure où ces derniers ainsi que les Liao commencent à décliner. »[48] Zhang Fangping, lui aussi, énonça : « Si la cour impériale voit grand, il est bien possible de reprendre la région de Youyan. »[49] Song Qi, quant à lui, proposait : « Nous pouvons attaquer les préfectures de Yunzhou et Yingzhou par Hedong (actuel Shanxi), et celles de Youzhou et Yanzhou par Xiongzhou. »[50] Guo Zi pensa même que ce serait très aisé de reconquérir les Seize préfectures[51]. Malgré tout, les Song de Zhenzong, Renzong et Yingzong n'élaborèrent aucun plan d'action concret pour reprendre la région de Youyan. Ils reconnurent simplement le fait que celle-ci était occupée par les Liao, et la question du Youyan était traitée comme celle de la défense des frontières. Cela correspondait à ce que disait Ye Shi : « Lors de la signature de la paix durant l'ère Jingde, les Song ont mis de côté la question du Youyan en raison de sa possession par les Liao. »[52] Cependant, les remarques susmentionnées reflètent l'idée que la dynastie Song insistait toujours sur son discours et ses droits vis-à-vis des Seize préfectures de Yanyun en tant que partie intégrante de « l'ancien territoire des

---

44. *Xu Zizhi tongjian changbian*, juan 117, renzi, décembre, deuxième année de l'ère Jingyou, p. 2766. « Titre de gouverneur militaire régional de Baoshun et de Hexi à Gyalsé. » juan 239 dans *Song dazhaoling ji* (« *Collection des édits impériaux de la dynastie Song* »). Beijing : Zhonghua shuju, 1962. p. 936.

45. Peng, Baichuan. « L'empereur Shenzong. » juan 14 dans *Song dashi ji jiangyi* (« *Études de la chronologie des Song* »). tome 408 dans *Siku Quanshu*, Wenyuan Ge. p. 272.

46. *Xu Zizhi tongjian changbian*, juan 44, guihai, mars, deuxième année de l'ère Xianping, p. 931.

47. *Xu Zizhi tongjian changbian*, juan 49, gengwu, octobre, quatrième année de l'ère Xianping, p. 1078.

48. Chen Jun. *Jiuchao biannian beiyao* (« *Essentiel chronologique des neuf dynasties* »). juan 12, juillet, quatrième année de l'ère Qingli, tome 328 dans *Siku Quanshu*, Wenyuan Ge. p. 323.

49. Zhang, Fangpin. « Faites effectuer des visites aux frontières par les ministres compétents pour en discuter. » juan 22 dans *Lequan xiansheng wenji* (« *Recueil de Monsieur Lequan* »). Beijing : Shumu wenxian chubanshe (Presse de bibliographie), 1998. p. 50.

50. Song, Qi. « Propos sur la défense contre l'ennemi. » juan 328 dans *Lidai mingchen zouyi* (« *Rapports des fonctionnaires célèbres de toutes périodes* »). tome 442 dans *Siku Quanshu*, Wenyuan Ge. p. 205.

51. *Xu Zizhi tongjian changbian*, juan 191, jichou, mai, cinquième année de l'ère Jiayou, p. 4623.

52. « À propos de la reprise de Yan (I). » juan 10 dans *Ye Shi ji* (« *Recueil de Ye Shi* »). Beijing : Zhonghua shuju, 1961. p. 761.

dynasties Han et Tang ». C'était exactement ce discours qui, servant de prétexte, donnerait aux Song la légitimité dans leur envoi des troupes en vue de récupérer ces seize préfectures.

En résumé, de Taizu jusqu'à Yingzong, la dynastie des Song du Nord abandonna progressivement le discours de « l'unification des Hans et des barbares » pour adopter celui de « l'ancien territoire des dynasties Han et Tang » qui domina dès lors dans le cadre du traitement de ses relations extérieures. Ce changement fut notamment dû à l'échec des Song dans la guerre de l'ère Yongxi qui les amena jusqu'à la signature du traité de Shanyuan avec les Liao. Celui-ci officialisa la coexistence de deux entités étatiques qui bénéficièrent toutes d'un statut légitime sur le territoire chinois. En parallèle à ce changement du discours, ce fut la stratégie de défense et le concept de guerre qui évoluèrent chez les Song. Avant, ceux-ci attachaient une grande importance à la force militaire. Mais après la guerre de l'ère Yongxi, la dynastie Song mit en valeur un système politique au sein duquel les fonctionnaires civils constituaient l'épine dorsale, et une stratégie de défense passive qui fut poursuivie de génération en génération[53]. En même temps, elle fit adapter le discours de « l'ancien territoire des dynasties Han et Tang », et l'utilisa sélectivement sur d'autres régimes que les Liao. Dans la mesure où la dynastie Song était incapable de conquérir les Khitans, elle renonça au discours de « l'unification des Hans et des barbares », et recourut à celui de « l'ancien territoire des dynasties Han et Tang » pour justifier sa légitimité en tant qu'héritière des dynasties précédentes.

De Taizu à Yingzong, les régions explicitement désignées comme appartenant à « l'ancien territoire des dynasties Han et Tang » ne couvraient jamais tous les comtés sous l'égide desdites dynasties. Il ne s'agissait que d'un discours politique et sa portée changeait suivant les circonstances. Sous les règnes de Taizu et de Taizong, « l'ancien territoire des dynasties Han et Tang » comprenait les pays du sud, les Han du Nord, les Seize préfectures de Yanyun, l'Armée Guiyi, les Xia occidentaux et le Giao Chi. En plus des pays du sud et des Han du Nord, la région de Youyan, le Giao Chi et les Xia occidentaux avaient été tous inscrits dans le plan de « récupération » de Taizong. Sous le règne de Zhenzong, la portée du discours s'élargit à l'empire du Tibet. Afin de contenir les Xia occidentaux, la dynastie Song accorda le titre de district militaire à l'empire tibétain qu'elle commençait à considérer comme faisant partie de « l'ancien territoire des dynasties Han et Tang ». Aux yeux de Renzong, cette conception incluait également la région de Hexi annexée par les Xia occidentaux. Ainsi « l'ancien territoire des dynasties Han et Tang » comprenait-il jusque-là la région de Youyan, les Xia occidentaux (y compris la région de Hexi annexée par ces derniers), l'empire du Tibet et le Giao Chi. Les différents régimes du Nord-Est appartenaient jadis à « l'ancien territoire des dynasties Han et Tang ». Afin de former une alliance avec eux contre les Liao, la dynastie Song leur permit de pratiquer une relation tributaire qui fut interrompue après la guerre de l'ère Yongxi. Quant à la région de Dali qui était autrefois un comté de la dynastie Han, les Song n'oublièrent pas que « les Tang avaient été défaits par Huang Chao et s'étaient attirés le

---

53. Chen, Feng. « Le concept de guerre dans la pensée traditionnelle des Song. » *Lishi yanjiu* (« *Recherche historique* »). Issue 2. 2009 ; « Choix et rôle politique des fonctionnaires civils et des érudits sous la dynastie Song. » *Henan daxue xuebao* (« *Journal de l'Université du Henan* »). Issue 1. 2007.

malheur de Guilin ». L'histoire enseignait donc que cette région ne créait que des ennuis[54]. Cela dit, au lieu de la considérer comme faisant partie de « l'ancien territoire des dynasties Han et Tang », la dynastie Song, qui préférait rester distante, traça la frontière avec ce territoire le long de la rivière Dadu. Ce faisant, les Song purent se protéger contre d'éventuelles agitations tout en évitant d'avoir à entretenir une relation tributaire avec les régimes de cette région[55].

Tout cela montre encore une fois que le discours de « l'ancien territoire des dynasties Han et Tang » servait à justifier la légitimité politique de la dynastie Song dans le cadre de ses relations extérieures, et que sa portée variait selon les circonstances. D'une manière générale, jusqu'à Shenzong, ce discours devint fondamental pour l'action extérieure des Song, et sa portée fut essentiellement délimitée, couvrant la région de Youyan, les Xia occidentaux (y compris la région de Hexi), l'empire du Tibet et le Giao Chi. Par ailleurs, les bureaucrates des Song ne manquaient pas de discuter de la « récupération » de ces anciens territoires.

## 2. Le discours de « l'ancien territoire des dynasties Han et Tang » et l'objectif de l'expansion des Song de Shenzong

Héritant du discours de « l'ancien territoire des dynasties Han et Tang », dont la portée avait été fixée depuis Renzong, Shenzong visa haut et élabora de grands projets d'expansion pour les mettre en œuvre au nom de « l'ancien territoire des dynasties Han et Tang ». Parallèlement, il ne respecta plus la stratégie de défense passive qui, prédominant depuis la fin du règne de Taizong, favorisait la signature de la paix. En revanche, il procéda à une expansion active. De cette manière, Shenzong voulait en premier lieu changer la situation d'humiliation que les Song subissaient depuis longtemps vis-à-vis des Liao et des Xia occidentaux[56], et dans un deuxième temps reprendre « l'ancien territoire des dynasties Han et Tang », entre autres l'empire du Tibet et le Giao Chi.

Ainsi les territoires de Hehuang, des Xia occidentaux, de Yanyun et du Giao Chi étaient-ils tous inscrits dans le projet d'expansion qu'avait élaboré Shenzong. À ce propos, Sima Guang dit : « Lorsque Shenzong parvient sur le trône, un puissant héros émerge. Il se sent honteux de voir que d'anciens territoires des dynasties Han et Tang sont aux mains des barbares : les Seize préfectures sont tombées aux Khitans, les régions de Lingwu et de Hexi sont tenues par les Tabgachs, et le Giao Chi par la dynastie Lý. Sur ces territoires, les Song ne peuvent donc pas nommer de fonctionnaires ni récolter les impôts. C'est pour cela que Shenzong caresse l'ambition de les reprendre. »[57]

---

54. « Biographie des brutes du sud. » juan 222 dans *Xin Tang shu* (« *Nouveau livre des Tang* »). Beijing : Zhonghua shuju, 1975. p. 6295. « Biographie de Pansu. » juan 333 dans *Song shi*. p. 10718.

55. *Jianyan yilai xinian yaolu* (« *Registres annuels des événements les plus importants depuis la période de Jianyan* »), juan 105, guisi, septembre, sixième année de l'ère Shaoxing, Beijing : Zhonghua shuju, 2013. p. 1978.

56. Chen, Feng. « Le concept de guerre dans la pensée traditionnelle des Song. » *Lishi yanjiu*. Issue 2. 2009.

57. Sima, Guang. « Éradiquez les maux. » juan 49 dans *Recueil de Chuanjia*. tome 1094 dans *Siku Quanshu*, Wenyuan Ge. p. 460. Li Tao fait inscrire ces propos de Sima Guang dans le *Xu Zizhi tongjian changbian* (juan 363, jichou, décembre, huitième année de l'ère Yuanfeng, p. 8689).

Il est à noter que les ethnies minoritaires, à savoir les « brutes des Cinq Rivières » (*Wuximan*) et les « barbares de Luzhou » (*Luyi*), figuraient également dans le projet d'expansion de Shenzong[58]. Comme elles n'étaient pas comprises dans le discours de « l'ancien territoire des dynasties Han et Tang » élaboré depuis le début des Song, elles ne feront pas l'objet de discussions ici. Han Qi fit savoir que l'objectif de l'expansion menée sous Shenzong était de « restaurer les anciens territoires de la dynastie Tang »[59]. Pourtant, ces derniers couvraient ce qui avait été clairement défini par Renzong, et non pas toutes les régions placées sous les auspices des Tang. Cela montre que l'expansion initiée par Shenzong s'inscrivait plutôt dans une continuité ancestrale et dans une structure politique réelle que dans le but de réaliser l'unification des Hans et des barbares. En tout cas, avant que les Song n'entrent en rivalité avec la dynastie Liao pour la région de Youyan, le plan d'expansion de Shenzong ne dépassa pas le cadre de « l'ancien territoire des dynasties Han et Tang » défini par ses prédécesseurs.

Afin de détruire les Xia occidentaux, Shenzong décida de prendre tout d'abord la région de Hehuang tout en utilisant le discours de « l'ancien territoire des dynasties Han et Tang » pour légitimer son action : « Le sud de Wuwei, y compris les préfectures de Taozhou, Hezhou, Lanzhou et Shanzhou, tous étaient des comtés des Han. »[60] « La préfecture de Weizhou était placée sous l'égide des Tang. » « L'ouest de Weizhou, y compris les préfectures de Xizhou, Hezhou, Lanzhou, et Shanzhou, tous faisaient partie du territoire des Han. » Un plan de « reprise de Helong » fut évoqué[61]. Même Fu Bi qui avait persuadé Shenzong de ne pas s'engager dans la guerre pendant vingt ans, était en faveur de ce plan, en disant : « C'est une bonne chose pour notre pays de restaurer les anciennes frontières »[62]. En réalité, avant Shenzong, personne n'avait jamais explicitement proposé de reprendre la région de Helong. En l'an 1 de l'ère Xining (1068), Wang Shao préconisa dans son « Ping rong ce » (« Stratégies pour soumettre les barbares ») qu'il fallait conquérir d'abord la région de Hehuang avant d'attaquer les Xia occidentaux. Cette stratégie était appréciée et soutenue par Shenzong.

À propos du processus d'extension vers la région de Hehuang, Chen Shouzhong et Zeng Ruilong l'ont expliqué en détail. La première année de l'ère Xining, Wang Shao fut nommé secrétaire de la commission militaire (*jinglüesi*) du Qinfeng[63] pour en devenir responsable trois

---

58. « Depuis l'ère Xining [...] Wang Shao a été chargé de mener les opérations d'extension vers le Xihe, Zhang Dun a eu pour mission de soumettre les brutes des Cinq Rivières, et Xiong Ben a été engagé à conquérir les barbares de Luzhou. Mis au courant de ces activités expansionnistes, Shen Qi et Liu Yi les imitaient et irritaient le Giao Chi. » Plus de détails, consultez *Xu Zizhi tongjian changbian*, juan 373, jimao, mars, première année de l'ère Yuanyou, p. 9027.

59. *Xu Zizhi tongjian changbian*, juan 262, bingyin, avril, huitième année de l'ère Xining, p. 6389.

60. « Biographie de Wang Shao. » juan 328 dans *Song shi*. p. 10579.

61. *Xu Zizhi tongjian changbian*, juan 233, xinsi, mai, cinquième année de l'ère Xining, p. 5645. « Recherches sur les quatre barbares (XII). » juan 335 dans *Wenxian tongkao*. p. 9261.

62. *Xu Zizhi tongjian changbian*, juan 276, renzi, juin, neuvième année de l'ère Xining, p. 6754.

63. Le Qinfeng est un *lu* (« province ») des Song. *Lu* est la plus grande unité d'administration sous la dynastie Song, et équivaut à l'actuelle *province* en Chine. Sous *Lu*, il y a *fu*, *zhou* ou préfecture, *jun* et *xian*. (note du traducteur)

ans plus tard, et commença l'entreprise de « reprise de Helong ». En août de la même année, la force dirigée par Yu Longke, la plus grande à l'est de la rivière Tao, fut conquise. L'année suivante, à la place du « village clôturé » (*zhai*) de Wei ancien, un *jun*, dit de « Tongyuan », fut établi. Un autre *jun* fut également restauré : celui de Wusheng (devenu plus tard Xizhou). En même temps, les préfectures de Xizhou, Hezhou, Taozhou et Minzhou ainsi que le *jun* de Tongyuan furent mis sous la province (*lu*) du Xihe. La sixième année de l'ère Xining, les préfectures de Hezhou, Taozhou, Minzhou, Diezhou et Dangzhou furent récupérées. Les ministres soumirent des rapports pour féliciter Shenzong de tous ces succès dans son projet d'expansion, et celui-ci ne ménagea pas ses efforts pour recevoir les compliments au Palais impérial. En février de la septième année de l'ère Xining, les soldats sous le commandement de Mu Zheng et Gui Zhang réussirent à percer les défenses de la ville de Tabai, tuèrent Jing Sili et encerclèrent les préfectures de Hezhou et Minzhou. La situation au Hehuang changea considérablement en défaveur de la politique d'expansion des Song. Ces derniers ripostèrent de toutes leurs forces, et en avril de la même année, Mu Zheng finit par capituler. Néanmoins, depuis lors, la situation au Hehuang devint très instable. Avec Gui Zhang, Dong Zhan ne cessa de se rebeller. Jusqu'à la dixième année de l'ère Xining où Li Xian remporta la bataille à Liubuzong, la dynastie Song réussit en général à s'imposer dans le Xihe. Parallèlement, sa relation avec l'empire du Tibet s'améliora, jetant ainsi les bases de la coopération militaire pour la bataille de Lingzhou qui se déroulerait entre les Song et les Xia occidentaux durant l'ère Yuanfeng.[64]

Pour reprendre les Xia occidentaux, y compris la région de Hexi annexée par ces derniers, Shenzong avait recours également au discours de « l'ancien territoire des dynasties Han et Tang » pour se justifier, en soulignant : « La région de Hexi sous le contrôle des Xia était d'anciens comtés des dynasties Han et Tang ».[65] Son objectif de restaurer les Xia était bien affiché : il manifesta tout d'abord son soutien au plan de Wang Shao, qui consistait à s'emparer du Hehuang avant de s'occuper des Xia. Puis, la quatrième année de l'ère Yuanfeng (1081), il lança à grande échelle la guerre pour la récupération de ces territoires. La question est de savoir si au cours de l'ère Xining, Shenzong eut l'intention de procéder à la reprise des Xia ?

Dès le début du règne de Shenzong, Chong E s'empara de Suizhou. La quatrième année de l'ère Xining, la dynastie Song tenta de prendre la montagne de Hengshan, et finit par être vaincue, ce qui révélait que le moment d'aller à la conquête des Xia occidentaux n'était pas encore venu[66]. Ce projet fut alors mis de côté pour mieux se concentrer sur la reprise de Helong. Cependant, Wang Anshi et Shenzong ne se lassèrent pas de la question des Xia et en discutèrent activement. La quatrième année de l'ère Xining, ils se demandèrent à qui confier la tâche de reprendre les

64. Cf. Chen, Shouzhong. « La réforme de Wang Anshi et la bataille de Xihe. » *Xibei shifan daxue xuebao* (« *Journal de l'Université normale du Nord-Ouest* »). Issue 3. 1980. Zen Ruilong. *Tuobian xibei : Beisong zhonghouqi dui Xia zhanzheng yanjiu* (« *Extension vers le Nord-Ouest : études des guerres contre les Xia à partir du milieu de la dynastie des Song du Nord* »). Hong-Kong : Zhonghua shuju, 2006. p. 115.

65. Peng, Baichuan. « Expansion de Shenzong vers le Xihe. » juan 16 dans *Taiping zhiji tonglei* (« *Mémoriaux du règne de l'empereur dans l'ère Taiping Xingguo* »). p. 426.

66. Li Huarui. *Song Xia guanxi shi* (« *Histoire des relations entre les Song et les Xia* »). Shijiazhuang : Hebei renmin chubanshe (Maison d'édition du peuple du Hebei), 1998. p. 69.

Xia. Shenzong évoqua Wang Shao. Or d'après Wang Anshi, celui-ci n'était pas le seul capable et il suffisait de nommer la bonne personne. Shenzong se rangea à son avis[67]. En février de la septième année de la même ère, Wang Shao de Xizhou se rendit à la cour impériale et discuta avec Shenzong ainsi que Wang Anshi au Palais consultatif politique de la question des Xia pour attaquer ces derniers. Wang Anshi dit plus tard à Shenzong : « Votre Majesté veut maintenant mener le combat contre les Xia. Si ceux-ci se dégradaient, il serait possible de les éliminer. Mais d'après notre discussion avec Wang Shao, je crains que le moment ne soit pas encore venu pour récupérer les Xia. Pour l'instant, vous pourriez demander à Wang Shao de s'informer auprès des proches du dirigeant des Xia. À moins que nous ne soyons bien renseignés, nous devrions agir avec prudence. »[68] Les succès dans l'extension vers le Hehuang donnèrent à Shenzong l'envie de remettre à l'ordre du jour la question des Xia occidentaux. Toutefois, après la discussion, l'empereur décida d'adopter une approche plus prudente. Les événements donnèrent encore raison à Wang Anshi, puisque dans ce même mois, l'armée de Jing Sili fut totalement battue, ce qui ne fit que davantage retarder l'opération contre les Xia. Malgré tout, Yu Chong, responsable de Qingzhou, ne cessa d'inciter Shenzong à mener une campagne contre les Xia, puisqu'il savait que l'empereur en avait envie. Tout cela montre que Shenzong avait bien l'intention de reprendre les Xia au cours de l'ère Xining où il approuva les stratégies formulées dans le « Ping rong ce » de Wang Shao.

La quatrième année de l'ère Yuanfeng, les Song furent mis au courant des troubles civils chez les Xia et de l'assassinat de Bingchang (Xia Huizong). Shenzong décida alors d'avancer vers l'ouest.[69] Il voulait frapper fort en attaquant directement Xingzhou et Lingzhou où se trouvait le repaire des Xia, afin de restaurer les terres des dynasties Han et Tang[70]. Toutefois, les cinq armées envoyées par les Song ne remportèrent aucune victoire. L'année suivante, la nouvelle tentative de conquérir les Xia se conclut par un échec cuisant survenu à la bataille de Yongle. Malgré tout, Shenzong ne renonça pas à son objectif de soumettre les Xia tout en cherchant des opportunités d'intervenir. Cependant, il n'atteignit jamais cet objectif puisqu'il mourut prématurément.[71]

La récupération du Youyan constituait la dernière étape de la politique d'expansion que Shenzong mit en œuvre au nord. À l'instar de la guerre de l'ère Yongxi, celle pour le Youyan serait également décisive, car elle allait permettre de définir à nouveau les relations de statut entre les Song et les Liao. Cela dit, Shenzong ne prit aucun risque dans la mise en place de son projet d'extension vers le nord. Étape par étape et sans raccourci, il compta d'abord reprendre le Hehuang, puis conquérir les Xia, et enfin récupérer le Youyan. D'après les documents historiques, Shenzong s'indigna que les Khitans fussent insoumis. Caressant l'ambition de restaurer le Youyan, il fit accumuler au Palais de Jingfu de quoi faire la guerre. De plus, il écrivit des poèmes pour

---

67. *Xu Zizhi tongjian changbian*, juan 238, guihai, septembre, cinquième année de l'ère Xining, p. 5800.

68. *Xu Zizhi tongjian changbian*, juan 250, jisi et xinmao, février, septième année de l'ère Xining, p. 6080, p. 6103 et p. 6104.

69. *Xu Zizhi tongjian changbian*, juan 313, renxu et renwu, juin, quatrième année de l'ère Yuanfeng, p. 7584 et p. 7594.

70. *Xu Zizhi tongjian changbian*, juan 312, bingzi, avril, quatrième année de l'ère Yuanfeng, p. 7566 ; vol. 313, renxu, juin, quatrième année de l'ère Yuanfeng, p. 7585.

71. Cf. Li Huarui. *Song Xia guanxi shi*. pp. 180-193.

exprimer cette ambition : « Aux Cinq Dynasties, la région de Youyan est tombée ; violents et puissants sont les Khitans. Ayant fondé la dynastie Song, Taizu voulait punir les Khitans. Il fit alors installer des entrepôts et recruta des soldats. Je jure de ne jamais oublier sa mission. » « Sincère et inquiet, j'oserai continuer l'œuvre inachevée de mes prédécesseurs, mais je connais peu sur l'art militaire. Quand les Khitans seront-ils vaincus ? »[72] Wang Anshi releva à propos de Shenzong : « Si l'empereur voulait avoir un « monde sous le ciel » (*tianxia*) tel que Yao, Shun, Zhou Wenwang et Zhou Wuwang ont établi, permettrait-il que les Khitans s'emparent du Youyan ? »[73] Cette remarque traduit la détermination de Shenzong dans son désir de reprendre le Youyan. De même, celui-ci renoua avec le Goryeo les liens qui avaient été interrompus pendant plus de 40 ans, pour que ce dernier puisse fournir de l'aide aux Song dans leur combat contre les Khitans,[74] comme l'avait signalé Zhu Xi[75]. Toutefois, l'échec dans la conquête des Xia fit avorter le projet de récupération du Youyan.

Depuis toujours, les Song du Nord considéraient le Giao Chi comme faisant partie de « l'ancien territoire des dynasties Han et Tang ». Depuis le règne de Taizu, les dirigeants du Giao Chi étaient nommés « roi de commanderie » (*junwang*), avant d'être promus « roi de Nanping », puis « roi de Nanyue ». Le Giao Chi était traité en tant que district militaire de la dynastie Song : « Il fait partie intégrante de notre territoire, et son peuple est notre sujet. »[76] Ainsi, comme Sima Guang l'avait signalé, Shenzong se sentait honteux que le Giao Chi fût tenu par les Lý et il décida de le reprendre. Pour ce faire, au cours de l'ère Xining, il nomma successivement Shen Qi et Liu Yi préfet de Guizhou en vue d'élaborer des plans.[77]

Par rapport aux Liao et aux Xia occidentaux, le Giao Chi était moins pertinent pour la sécurité nationale des Song du Nord. Néanmoins, se déclarant héritière des Han et Tang, la dynastie Song assumait la responsabilité politique de récupérer le Giao Chi, considéré comme appartenant à « l'ancien territoire des dynasties Han et Tang ». Il est pourtant à signaler que les activités d'expansion sous les auspices des Song du Nord au sud et au nord étaient étroitement liées. Ceux-ci menèrent à deux reprises une campagne contre le Giao Chi. La première eut lieu la cinquième année de l'ère Taiping Xingguo, dans le but de restaurer le Giao Chi. Il n'y a pas à ce sujet de controverse dans le monde académique. La deuxième eut lieu en novembre de la huitième année de l'ère Xining, et qui divise la communauté de recherche. La compréhension de cette deuxième guerre est très importante pour celle de l'expansion initiée par Shenzong, et la clé réside dans sa

---

72. *Xu Zizhi tongjian changbian*, juan 295, dingmao, décembre, première année de l'ère Yuanfeng, p. 7192.

73. *Xu Zizhi tongjian changbian*, juan 238, dingwei, septembre, cinquième année de l'ère Xining, p. 5792.

74. Su, Zhe. « Veuillez réduire les formalités pour recevoir les envoyés du Goryeo. » juan 46 dans *Luancheng ji* (« *Recueil de Luancheng* »). Shanghai : Shanghai guji chubanshe, 1987. p. 1003.

75. « La dynastie courante (VII).» juan 133 dans *Zhuzi yulei* (« *Propos de Maître Zhu* »). Beijing : Zhonghua shuju, 1983. p. 3190.

76. Han, Yuanji. « Rapport sur les discussions de Cai Xi et d'autres ministres à propos de l'Annam. » juan 9 dans *Nanjian jiayi gao* (« *Manuscrits de Nanjian* »). dans *Congshu jicheng chubian* (« *Compilation des séries de livres* »). Beijing : Zhonghua shuju, 1985. p. 160.

77. Juan 13 dans Sima Guang (auteur). Deng Guangming et Zhang Xiqing (correcteurs). *Sushui jiwen* (« *Notes de Sushui* »). Beijing : Zhonghua shuju, 1989. p. 248.

mise en lien avec la restauration de « l'ancien territoire des dynasties Han et Tang ». Cela dit, trois questions doivent être clarifiées : (1) avant la guerre de l'ère Xining, Shenzong avait-il l'intention et les moyens de récupérer le Giao Chi ? (2) À travers la guerre de l'ère Xining, l'objectif de la dynastie Song était-il de restituer le Giao Chi en tant que comtés ? (3) Les activités d'expansion menées par Shenzong au sud et au nord étaient étroitement liées et il ne convient pas d'en discuter séparément. Pour répondre à la deuxième question, avant la contre-attaque totale des Song en février de la neuvième année de l'ère Xining, le décret de Shenzong disait : « Dès sa reprise, les comtés seront restaurés au Giao Chi. »[78] Le but ultime de la dynastie Song était de « renverser le nid du voleur, capturer Li Qiande et anéantir son pays »[79]. Ceci a déjà été étudié[80] et je n'entrerai pas ici dans les détails. Quant au troisième point, nous en discuterons dans la troisième partie.

Ici, nous nous concentrerons sur la première question. En réalité, lorsque Shenzong commença à planifier l'extension, il avait pour objectif de récupérer le Giao Chi. En novembre de la première année de l'ère Xining, Shenzong convoqua Pan Su (petit-fils du frère de Pan Mei)[81] pour le nommer de nouveau préfet de Guizhou en cumulant cette fonction avec celle du « commissaire militaire » (*jinglüeshi*) du Guangxi. Li Tao a fait une recherche claire sur la date de cette nouvelle nomination et sur celle où Pan Su quitta sa charge : « En novembre de la première année de l'ère Xining, Pan Su entra en fonction à Guizhou, et en mars de la quatrième année, il fut désigné comme « commissaire des transports » (*zhuanyunshi*) du Hebei. D'après le rapport de Wang Anshi qui proposait de déplacer Pan Su, ce dernier devait encore être à Guizhou à l'hiver de la troisième année pour ensuite être remplacé par Xiao Zhu en janvier de l'année suivante. »[82] Alors que certains chercheurs pensent à tort que Pan Su a pris ses fonctions à Guizhou en octobre de la troisième année de l'ère Xining.[83] Il est pourtant très important de connaître les dates précises où Pan Su prit ses fonctions à Guizhou et qu'il les quitta pour savoir si Shenzong avait l'intention de récupérer le Giao Chi. Si l'empereur avait voulu continuer la politique de tolérance mise en œuvre depuis Zhenzong[84], il n'aurait pas convoqué délibérément Pan Su pour parler de la question du

---

78. *Xu Zizhi tongjian changbian*, juan 273, jiayin, février, neuvième année de l'ère Xining, p. 6689.

79. *Xu Zizhi tongjian changbian*, juan 279, guimao, novembre, neuvième année de l'ère Xining, p. 6844 ; juan 300, wushen, octobre, deuxième année de l'ère Yuanfeng, p. 7311.

80. Huang, Chunyan et Wang, Xiaoning. « La guerre de l'ère Xining et les relations entre les Song et le Vietnam. » *Xiamen daxue xuebao*. Issue 6. 2006. Chen, Zhaoyang. « Études de la guerre entre les Song et le Giao Chi à la fin de l'ère Xining. » *Zhongguo shi yanjiu* (« *Journal des études historiques chinoises* »). Issue 2. 2012.

81. « Biographie de Pan Su. » juan 333 dans *Song shi*. p. 10718.

82. *Xu Zizhi tongjian changbian*, juan 217, yimao, novembre, troisième année de l'ère Xining, p. 5287.

83. Chen, Zhaoyang. « Études de la guerre entre les Song et le Giao Chi à la fin de l'ère Xining. » *Zhongguo shi yanjiu*. Issue 2. 2012. Chen se réfère à « Biographie de Pan Su » dans le *Song shi* pour affirmer que Pan Su fut nommé par Shenzong préfet de Guizhou en octobre de la troisième année de l'ère Xining. Ledit ouvrage n'a pourtant pas précisé quand Pan Su prit ses fonctions à Guizhou. À ma connaissance, Li Tao a été seul à faire une telle précision.

84. Su, Guangchang. « Études des relations entre la dynastie des Song et le Giao Chi. » *Zhongguo bianjiang shidi yanjiu* (« *Études de l'histoire et de la géographie de la frontière chinoise* »). Issue 2. 1991. Selon Su, à partir de la cinquième année de l'ère Taiping Xingguo, la dynastie Song adopta une position tolérante face au Giao Chi jusqu'au règne de Shenzong au cours duquel celui-ci tenta de l'attaquer.

Giao Chi et l'envoyer à Guizhou. Examinons maintenant en détail la volonté de Shenzong.

D'après « Biographie de Pan Su » dans le *Song shi* (« *Histoire des Song* »), mis au courant de la défaite du Giao Chi contre le royaume de Champā, Shenzong écrivit dans un décret destiné à Pan Su : « ......descendant du grand général et gouverneur d'un lieu stratégique, vous devriez comprendre ce que je veux. Engagez-vous-y. » Pan Su déposa alors un rapport pour faire savoir à Shenzong la possibilité de conquérir le Giao Chi, et qu'il était prêt à lancer l'attaque. Cependant, avant que le rapport ne fût reçu, Shenzong décida de déplacer Pan Su qui prit ensuite la fonction du commissaire des transports du Hebei.

Si Pan Su soumit ledit rapport, ce fut parce qu'il comprit la volonté de l'empereur qui voulait reprendre le Giao Chi. C'était en novembre de la troisième année de l'ère Xining que Shenzong fut informé de la défaite du Giao Chi contre le royaume de Champā.[85] D'après le *Changbian* (« Longue ébauche de la continuation du *Zizhi tongjian* (« *Miroir compréhensif pour aider le gouvernement* ») »), au moment où Xiao Zhu fut nommé « administrateur militaire » (*junmasi*) de la province du Linfu, on rapporta que, vaincu par le royaume de Champā, le Giao Chi ne comptait que quelques milliers d'hommes dans son armée, et que sa conquête se ferait sous peu. On désigna alors Xiao Zhu comme préfet de Guizhou. Cela dit, étant donné que Xiao Zhu, préfet de Ningzhou, fut muté pour devenir administrateur militaire de la province du Linfu en novembre de la troisième année de l'ère Xining, nous pouvons connaître la date où Shenzong reçut le rapport sur la défaite du Giao Chi contre le royaume de Champā.[86] De plus, au même moment, Wang Gui dit à Shenzong : « J'ai entendu parler de votre volonté de reprendre le Giao Chi, et je vous prie d'écouter mon plan. » Celui qui mit Shenzong au courant de la défaite du Giao Chi était Wen Gao. L'empereur attachait une grande importance à cette nouvelle et voulait en savoir plus sur la situation du Giao Chi. Il en discuta alors avec Wang Anshi, et celui-ci proposa de remplacer Pan Su par Xiao Zhu qui prit ses fonctions à Guizhou en janvier de la quatrième année de l'ère Xining.[87]

De là, il est possible de voir que la date où Pan Su fut nommé de nouveau préfet de Guizhou et celle où il reçut le décret de Shenzong ne coïncident pas. Le moment où Pan Su déposa le rapport en réponse au décret de Shenzong se situe entre le mois de novembre de la troisième année de l'ère Xining où l'empereur fut informé de la défaite du Giao Chi contre le royaume de Champā et

---

85. « Biographie de Pan Su. » juan 333 dans *Song shi*. p. 10718.

86. *Xu Zizhi tongjian changbian*, juan 219, guimao, janvier, quatrième année de l'ère Xining, p. 5324.

87. *Xu Zizhi tongjian changbian*, juan 217, yimao, novembre, troisième année de l'ère Xining, p. 5285 ; juan 216, bingzi, octobre, troisième année de l'ère Xining, p. 5260. Chen Zhaoyang dans « Études de la guerre entre les Song et le Giao Chi à la fin de l'ère Xining » écrit que c'était Du Qi qui informa Shenzong de la défaite du Giao Chi. Il a tort. Du Qi était justement mentionné par Wang Gui lorsque celui-ci parlait de l'affaire du Giao Chi avec Shenzong en disant : « J'ai discuté de la question du Giao Chi avec le commissaire des transports du Guangxi, Du Qi » (*Xu Zizhi tongjian changbian*, juan 217, yimao, novembre, troisième année de l'ère Xining, p. 5285). Du Qi occupa le poste du commissaire des transports du Guangxi la quatrième année de l'ère Qingli sous Renzong. La huitième année de cette même période, il finit son mandat en tant que commissaire des transports du Hebei pour devenir le « commissaire militaire » (*anfushi*) du Huanqing (*Xu Zizhi tongjian changbian*, juan 148, dingyou, avril, quatrième année de l'ère Qingli, p. 3578 ; juan 164, jiaxu, avril, huitième année de l'ère Qingli, p. 3944).

le mois de mars de l'année suivante où Pan Su prit ses fonctions de commissaire des transports du Hebei. Toutefois, avant de recevoir le rapport de Pan Su, Shenzong le fit remplacer par Xiao Zhu en janvier de la quatrième année de l'ère Xining. La raison était qu'en octobre de la troisième année de l'ère Xining, soit un mois avant la proposition de Wang Anshi qui voulait remplacer Pan Su, ce dernier soumit un rapport demandant d'affecter à un autre lieu Jiang Shengyu qui, secrétaire au service des minorités ethniques de Yongzhou, avait conseillé d'attaquer le Giao Chi.[88] Ayant satisfait la demande de Pan Su, Shenzong était pourtant manifestement mécontent de sa position tolérante vis-à-vis du Giao Chi. Nous pouvons ainsi affirmer que, dès la première année de l'ère Xining, Shenzong décida de changer la politique tolérante vis-à-vis du Giao Chi adoptée depuis Zhenzong. C'est pourquoi il nomma délibérément Pan Su préfet de Guizhou. Issu de la famille du grand général, celui-ci avait jadis tenu ce même poste. Pan aurait dû soutenir Shenzong dans son projet de reprendre le Giao Chi. Mais après avoir pris ses fonctions, il adopta une attitude passive en faisant remplacer ceux qui lui étaient opposés. Shenzong en était visiblement irrité. Bien que Pan ait changé d'attitude aussitôt après avoir reçu le décret de Shenzong, le rapport qui exprimait son désir d'exécuter la volonté de l'empereur arriva après la décision impériale de le remplacer par Xiao Zhu.[89]

Shenzong espérait que Xiao Zhu pourrait faire avancer son projet de reprendre le Giao Chi. Sous Renzong, Xiao avait proposé d'attaquer le Giao Chi lorsqu'il était « inspecteur militaire » (*anfu dujian*) du Guangxi. Dans le *Song shi*, la raison pour laquelle Shenzong nomma Xiao Zhu est éclaircie : « En ce moment, des fonctionnaires dirent qu'il est réalisable de reprendre le Giao Chi. L'empereur décide alors d'envoyer à Guizhou Xiao qui est chargé d'élaborer des plans. »[90] De plus, Xiao avait été préfet de Guizhou pendant huit ans. À travers l'entraînement de cent mille soldats locaux, il eut l'idée de compter sur eux pour conquérir le Giao Chi.[91] De même, comme évoqué en amont, vaincu par le royaume de Champā, le Giao Chi ne comptait que quelques milliers d'hommes dans son armée, et sa conquête paraissait assez facile. La cour impériale désigna alors Xiao Zhu comme préfet de Guizhou tout en lui demandant ses stratégies susceptibles de récupérer le Giao Chi. Ainsi la logique est-elle bien claire : si Xiao Zhu fut nommé préfet de Guizhou, c'était parce que l'on voulait reprendre le Giao Chi. Néanmoins, Xiao pensait que la situation était totalement différente de celle de l'époque où il avait été à la tête de Yongzhou, et qu'elle s'avérait

---

88. *Xu Zizhi tongjian changbian*, juan 216, jiaxu, octobre, troisième année de l'ère Xining, p. 5257.

89. Chen, Zhaoyang. « Études de la guerre entre les Song et le Giao Chi à la fin de l'ère Xining. » *Zhongguo shi yanjiu*. Issue 2. 2012. Faisant référence à « Biographie de Pan Su » dans le *Song shi*, Chen n'a pas évoqué cette précision : « Pan Su déposa alors un rapport pour faire savoir à Shenzong la possibilité de conquérir le Giao Chi, et qu'il était prêt à lancer l'attaque ». Ce faisant, il conclut que dans le décret, Shenzong ne voulait pas que Pan Su attaquât le Giao Chi. De plus, d'après Chen, ce fut après que Pan Su reçut le décret de Shenzong qu'il demanda de muter Jiang Shengyu, ce qui servit à appuyer sa conclusion. En outre, selon Chen, « Pan Su déposa alors un rapport pour faire savoir à Shenzong la possibilité de conquérir le Giao Chi, et qu'il était prêt à lancer l'attaque » lorsqu'il venait de prendre ses fonctions à Guizhou. De même, les documents historiques indiquent clairement que l'attaque du Giao Chi était l'idée de Shenzong. Il est donc peu pertinent de blâmer Wang Anshi.

90. « Biographie de Shen Qi. » juan 334 dans *Song shi*. p. 10728.

91. « Biographie de Li Shizhong. » juan 332 dans *Song shi*. pp. 10677-10678.

peu optimiste. Par ailleurs, d'après lui, l'information selon laquelle le Giao Chi vaincu ne comptait que quelques milliers d'hommes dans son armée était peu crédible. Ainsi, après avoir pris ses fonctions à Guizhou, Xiao continua d'adopter une attitude passive face au Giao Chi : d'une part, il enrôlait les barbares pour se renseigner sur toutes les opérations de Li Qiande ; d'autre part, il faisait brûler tout rapport qui proposait d'attaquer le Giao Chi.[92]

Shenzong était donc très clair dans son but de récupérer le Giao Chi. En mars de la quatrième année de l'ère Xining, il nomma Wen Gao, qui avait rapporté la défaite du Giao Chi, responsable de la commission militaire du Guangxi. En août de l'année suivante, alors que ce poste mis en place dans les autres provinces fut supprimé, celui de Wen Gao fut maintenu sous prétexte de préparer l'attaque du Giao Chi.[93] Wen adopta une attitude ferme envers le Giao Chi, et celui-ci le détestait tellement qu'il voulait le manger tout cru.[94] En novembre de la même année, He Bin, « administrateur des affaires militaires » (*qianxia*) du Guangxi et qui partageait la position de Xiao Zhu face au Giao Chi, fut déplacé pour être administrateur des affaires militaires de la province du Jingyuan. En effet, à l'époque, le responsable de la commission militaire du Qinfeng revendiquait le poste d'administrateur des affaires militaires de la province du Jingyuan, et on en profitait pour essayer de retenir He Bin au Guangxi. Celui qui voulait que He Bin reste était bien entendu Xiao Zhu, préfet de Guizhou et commissaire militaire. Cependant, lorsque Shenzong convoqua He Bin en lui demandant : « On dit que le Giao Chi peut être repris. Qu'en pensez-vous ? », celui-ci répondit : « Il est peu profitable de récupérer le Giao Chi, et il faudrait avertir nos fonctionnaires frontaliers de ne pas agir précipitamment. » La réponse de He Bin était peu satisfaisante pour Shenzong, et il fut donc déplacé. Ces mutations de personnel reflétaient que Shenzong s'apprêtait bien à reprendre le Giao Chi.[95]

Ainsi, à l'instar de Pan Su, Xiao Zhu fut à son tour muté en raison de sa position peu compatible avec celle de Shenzong à l'égard du Giao Chi. En janvier de la sixième année de l'ère Xining, Shen Qi remplaça Xiao Zhu dans ses fonctions à Guizhou. D'après le *Changbian* (juan 224, wuyin, avril, ère Xining), Shen Qi fut chargé de reprendre le Giao Chi. Dans ce juan, Li Tao fait référence au *Ri lu* (« Registre quotidien ») de Wang Anshi qui précise : « L'empereur demande que Shen Qi se prépare en secret à l'attaque du Giao Chi et qu'il ne fasse de rapport à aucune autre personne que lui-même. » Aux notes, Li Tao cite les paroles de Chen Guan qui était opposé aux réformes de

---

92. *Xu Zizhi tongjian changbian*, juan 219, guimao, janvier, quatrième année de l'ère Xining, p. 5324 ; juan 242, xinchou, février, sixième année de l'ère Xining, p. 5905.

93. *Xu Zizhi tongjian changbian*, juan 221, xinhai, mars, quatrième année de l'ère Xining, p. 5393 ; juan 237, jiachen, août, cinquième année de l'ère Xining, p. 5782.

94. *Xu Zizhi tongjian changbian*, juan 331, dingwei, décembre, cinquième année de l'ère Yuanfeng, pp. 7980-7981.

95. *Xu Zizhi tongjian changbian*, juan 240, jisi, novembre, cinquième année de l'ère Xining, p. 5865. D'après Chen Zhaoyang, le dialogue entre He Bin et Shenzong montre que le premier s'accordait avec le second qui adopta la politique défensive vis-à-vis du Giao Chi. Sur cette base, Chen conclut que Shenzong ferait muter tout fonctionnaire frontalier qui agissait au préjudice de la relation bilatérale. Ainsi, sans savoir où He Bin fut déplacé ni sans en comprendre la raison, Chen n'a pas pu répondre pourquoi celui-là, prenant une position passive, fut muté.

Wang Anshi : « À propos du Giao Chi, Shen Qi informe également Anshi qui donne des ordres. »[96] La mise côte à côte des paroles d'Anshi et de Chen Guan a permis à certains chercheurs de déduire que le premier tendait à rejeter les fautes sur l'empereur tout en s'en attribuant le crédit.[97] Que Shen Qi suive la volonté de Shenzong d'après Wang Anshi, ou qu'il reçoive l'ordre d'Anshi selon Chen Guan, n'avait pas d'importance. De toute façon, c'était dans le but de reprendre le Giao Chi que Shen Qi fut nommé. De même, le fait que Li Tao mit les paroles de Wang Anshi dans son texte principal révèle qu'il partage plutôt l'avis de ce dernier. D'après un autre document historique, Shen Qi était le seul à déclarer qu'il n'y aurait aucune raison d'échouer dans la conquête du Giao Chi. Ces propos enchantaient Wang Anshi qui décida alors de remplacer Xiao Zhu par Shen Qi.[98] À l'exception du fait qu'il devait la nomination de Shen Qi à Anshi, ce document reflète la réalité. Une autre raison qui explique cette nomination est que Shen Qi soutenait la politique d'expansion. Au cours de la troisième année de l'ère Xining, alors que Wang Shao rapporta avoir conquis un millier d'hectares au Hehuang, Li Shizhong l'accusa de proférer des mensonges. Wang Anshi recommanda que Shen Qi s'y rende pour enquêter. Celui-ci soutenait Wang Shao et réprimanda Li Shizhong pour avoir faussé les faits.[99] En effet, il y avait eu un désaccord au sein de la cour impériale sur le remplacement de Xiao Zhu par Shen Qi. Des ministres, y compris Feng Jing, attaquèrent vivement Shen Qi. Shenzong et Wang Anshi y prêtèrent pourtant peu d'attention puisqu'ils pensaient que toutes ces critiques contre Shen Qi n'étaient dues qu'au fait que ce dernier avait soutenu Wang Shao.[100]

Après avoir pris ses fonctions, Shen Qi n'eut rien d'autre en tête que la conquête du Giao Chi. Faisant croire qu'il s'agissait d'un ordre impérial de nature confidentiel, il ordonna aux fonctionnaires frontaliers de s'introduire chez les groupes ethniques pour réunir les soldats locaux qui recevaient les plans de bataille.[101] En septembre de la sixième année de l'ère Xining, il y eut un échange entre Shenzong et Wang Anshi à propos du problème du Giao Chi :

> L'empereur dit : « Il est possible de reprendre le Giao Chi, mais j'ai peur que Shen Qi ne puisse pas y parvenir. »
> Wang Anshi dit : « Shen Qi trouve que la conquête du Giao Chi est facile. Cependant, il ne se rend pas compte de la complexité de l'art militaire. Je doute qu'il lui soit facile de remplir la mission. »[102]

---

96. *Xu Zizhi tongjian changbian*, juan 244, wuyin, avril, ère Xining, pp. 5933-5934.

97. Li Huarui. *Wang Anshi bianfa yanjiu shi* (« *Histoire des recherches sur les réformes de Wang Anshi* »). Beijing : Renmin chubanshe (Maison d'édition du peuple), 2004. p. 140.

98. « Shenzong et la conquête du Giao Chi. » juan 17 dans Peng Baichuan. *Taiping zhiji tonglei*. p. 443.

99. *Xu Zizhi tongjian changbian*, juan 213, jihai, juillet, troisième année de l'ère Xining, p. 5176 ; juan 224, bingzi, juin, quatrième année de l'ère Xining, pp. 5458-5459.

100. *Xu Zizhi tongjian changbian*, juan 242, xinchou, février, sixième année de l'ère Xining, p. 5905.

101. « Biographie de Shen Qi. » juan 334 dans *Song shi*. p. 10728. *Xu Zizhi tongjian changbian*, juan 271, dingyou, décembre, huitième année de l'ère Xining, p. 6639.

102. *Xu Zizhi tongjian changbian*, juan 247, bingshen, septembre, sixième année de l'ère Xining, p. 6031.

À travers cet échange, nous pouvons voir d'un côté que Shenzong et Wang Anshi comptaient attaquer le Giao Chi, et de l'autre, qu'ils étaient également préoccupés par l'imprudence de Shen Qi. En mars de la septième année de l'ère Xining, Shenzong ordonna à Shen Qi de suspendre les opérations militaires à la suite des difficultés survenues dans l'expansion au Hehuang. Faisant fi de l'ordre impérial, Shen Qi donna la permission à l'« inspecteur de patrouille » (*duxunjian*), Xue Ju, d'accueillir Nong Shanmei au Guangxi. Shenzong fit donc remplacer Shen Qi par Liu Yi. Il espérait que ce dernier pourrait stabiliser la situation en retardant l'opération de récupération. Cependant, Liu Yi était encore plus radical concernant la conquête du Giao Chi. Sous prétexte que la cour impériale désirait reprendre le Giao Chi[103], Liu Yi, sûr de pouvoir remplir la mission, fit construire à grande échelle des navires de guerre. En même temps, il suspendit le commerce avec le Giao Chi qui, de plus, était empêché de déposer des rapports à l'empereur Song.[104]

En réalité, jusqu'en novembre de la huitième année de l'ère Xining où le Giao Chi envahit massivement les territoires de la dynastie Song, la seconde n'avait pas encore menée de guerre contre le premier. En avril de la même année, Fu Bi dit : « Au cours des cinq ou six dernières années, on parlait des projets qui consistent à effectuer des opérations militaires contre Suizhou, la ville de Luowu, Xihe, Chen, Jin, Rong, Lu et le Giao Chi. Tous ces projets ont été mis en œuvre sauf celui contre le Giao Chi. »[105] Par là, Fu Bi faisait allusion à ce qu'en mars de la septième année de l'ère Xining, Shenzong demanda à Shen Qi de suspendre les opérations visant à reprendre le Giao Chi. Il ne pouvait pas, bien entendu, prévoir la grande guerre qui éclaterait entre la dynastie Song et le Giao Chi, moins de sept mois après.

Comme nous pouvons le constater, les nominations successives de Pan Su, Xiao Zhu et Shen Qi au poste de préfet de Guizhou étaient toutes destinées à organiser la reprise du Giao Chi. C'est-à-dire qu'avant l'invasion par le Giao Chi en novembre de la huitième année de l'ère Xining, Shenzong avait déjà eu l'intention de récupérer le pays. Son projet d'expansion comprenait le Hehuang, les Xia occidentaux, les Seize préfectures de Yanyun et le Giao Chi. Ces contours de « l'ancien territoire des dynasties Han et Tang » avaient été dessinés par Renzong. Ce fut sous la bannière de « l'ancien territoire des dynasties Han et Tang » que Shenzong mena les activités d'expansion.

## 3.  Les liens entre les activités d'expansion menées par Shenzong

La politique d'expansion au nord élaborée par Shenzong se caractérisait par les deux points suivants : l'un consistait à formuler un grand plan d'unification visant à reprendre la région de Hexi, les Xia occidentaux et les Seize préfectures de Yanyun, et éventuellement, à contenir la dynastie Liao ; l'autre correspondait à une stratégie spécifiant l'ordre dans lequel lesdites régions

---

103. *Xu Zizhi tongjian changbian*, juan 251, gengzi, mars, septième année de l'ère Xining, p. 6108 ; juan 271, dingyou, février, huitième année de l'ère Xining, p. 6639.

104. « Giao Chi. » juan 330 dans *Wenxian tongkao*. p. 9097.

105. *Xu Zizhi tongjian changbian*, juan 262, bingyin, avril, huitième année de l'ère Xining, p. 6392.

devaient être récupérées : d'abord Hexi, puis les Xia, et enfin le Youyan. Plus précisément, dans un premier temps, Wang Shao serait chargé de prendre Hexi pour briser le flanc droit des Xia. Dans un deuxième temps, l'objectif serait de s'emparer de la ville de Lingwu en vue de faire de même avec les Liao[106]. Les deux points susmentionnés ne suscitent pas de débats chez les chercheurs, tandis que les opinions divergent sur les attitudes que Shenzong et ses ministres adoptèrent vis-à-vis des Xia et des Liao en menant des activités d'expansion dans le nord et sur l'issue de cette entreprise.[107] Afin de mieux comprendre celle-ci, il faut souligner la connexion des opérations d'expansion tout en clarifiant leur ordre de priorité.

Dans le plan d'action qu'élabora Shenzong en vue d'étendre son territoire vers le nord, la conquête des Xia s'avéra cruciale. Comme l'a dit Li Huarui, aux yeux de la dynastie Song, les Khitans menaçaient sa sécurité beaucoup plus que les Xia, alors que ceux-ci exerçaient une plus grande pression sur sa défense nationale. Les Song adoptèrent une attitude prudente envers la dynastie Liao qui était très puissante, tandis qu'ils croyaient pouvoir vaincre les Xia en surmontant leurs propres faiblesses.[108] Cependant, pour que Shenzong puisse changer de manière radicale la situation de la dynastie Song dans sa confrontation avec les Xia et les Liao, la bataille contre ceux-ci pour la région de Yanyun serait décisive. Cette dernière, située aux frontières des Song et des Liao, représentait un lieu stratégique. Les premiers la considéraient comme appartenant à « l'ancien territoire des dynasties Han et Tang », tandis que les seconds l'avaient acquise avec l'accord des Jin postérieurs. Aucune des deux parties ne cédait le pas sur ce territoire. Ces deux plus grandes dynasties en Asie de l'Est avaient chacune leur propre système tributaire. À l'instar de la guerre de l'ère Yongxi, leur confrontation conduirait très probablement à un changement significatif de l'ordre politique en Asie orientale. Cela dit, afin de créer une situation favorable pour la bataille finale avec la dynastie Liao, Shenzong mit en œuvre étape par étape son plan d'action. Ainsi, avant que la région de Hexi et les Xia ne fussent repris sous la bannière de « l'ancien territoire des dynasties Han et Tang », la question du Youyan ne serait pas mise à l'ordre du jour. Il s'agissait donc d'un plan où chaque étape comptait et était étroitement liée les unes aux autres.

D'après certains chercheurs, Shenzong n'avait aucune intention de lancer une attaque contre les Xia et s'en tenait à sa position malgré les encouragements répétés de Wang Anshi[109]. Comme mentionné ci-dessus, pendant le règne de l'ère Xining, Shenzong, à l'instar de Wang Anshi,

---

106. Peng, Baichuan. « Shenzong et la conquête du Giao Chi. » juan 17 dans *Taiping zhiji tonglei.* p. 442. Lü, Zhong. « Là commencent les activités d'expansion. » juan 15 dans *Leibian huangchao dashiji jiangyi* (« *Compilation des notes sur les chroniques dynastiques* »). p. 288.

107. Deng Guanming. *Beisong zhengzhi gaigejia Wang Anshi* (« *Wang Anshi : réformateur politique des Song du Nord* »). Shijiazhuang : Hebei jiaoyu chubanshe (Maison d'édition de l'éducation du Hebei), 2000. p. 147, p. 247 et p. 248. Tao, Jinsheng. « La politique extérieure de Wang Anshi. » chapitre 6 dans *Song Liao guanxi shi yanjiu.* Taipei : Lianjing publishing company, 1984. pp. 131-168. Wang, Zengyu. « À propos des réformes de Wang Anshi. » *Zhongguo shehui kexue* (« *Sciences sociales en Chine* »). Issue 3. 1980. Zhao, Dixian. « À propos de la réussite de Wang Anshi dans la réforme militaire. » *Lishi yanjiu.* Issue 6. 1997.

108. Li, Huarui. « La vision des Song du Nord vis-à-vis des Xia occidentaux. » *Anhui shifan daxue xuebao* (« *Journal de l'Université normale de l'Anhui* »). Issue 4. 1997.

109. Deng Guanming. *Beisong zhengzhi gaigejia Wang Anshi.* p. 153.

manifestait explicitement sa volonté de reprendre les Xia. Pour ce faire, il restait fidèle à son plan d'action divisé en étapes tout en attendant le bon moment. Comme la région de Hexi, les Xia étaient également inscrits dans le projet d'expansion. Tant que les territoires de Hexi n'étaient pas récupérés, la dynastie Song voulait éviter autant que possible une guerre à grande échelle avec les Xia. Après avoir échoué à prendre Hengshan pour la première fois, Wang Anshi se rendit compte que le moment d'aller à la conquête des Xia n'était pas encore venu. En revanche, il faudrait être patient, approfondir les réformes internes et renforcer la puissance impériale pour agir en temps voulu.[110] Surtout, ce qui était plus important, c'était de s'emparer tout d'abord du Hehuang, « flanc droit » des Xia, avant d'attaquer ces derniers, comme l'affirmait Wang Shao. Cela coïncidait également avec ce que Wang Anshi disait : « Si nous nous engageons actuellement dans la conquête des territoires habités par les Qiangs, c'est pour ensuite prendre les Xia ». Selon Wang Anshi, la première chose à résoudre était le problème du Hehuang. Après, les Song pourraient procéder à la reprise des Xia pour enfin restaurer les anciennes frontières des dynasties Han et Tang, ce qui était essentiel.[111] Il ne fallait en aucun cas agir avant que les Song ne fussent bien renseignés sur la situation des Xia. Si ces derniers ne pouvaient pas être vaincus d'un seul coup, il serait possible qu'ils recourent aux Khitans pour former une alliance contre la dynastie Song qui, attaquée de plusieurs côtés, se retrouverait dans une position passive. Shenzong était tout à fait d'accord avec Anshi.[112] Si ce dernier montrait sa confiance dans la victoire sur les Xia, cela ne signifiait pas pour autant qu'il proposait de lancer aveuglément une guerre totale contre eux.

La récupération du Youyan constituait la troisième étape du plan d'expansion dans le nord. Avant de conquérir les Xia, la dynastie Song adopta donc une attitude tolérante envers les Liao. Elle savait que, tant que les problèmes du Hehuang et des Xia n'étaient pas résolus, elle risquerait d'être attaquée de plusieurs côtés si elle était en conflit avec les Liao. La quatrième année de l'ère Yuanfeng où des troupes furent mobilisées pour attaquer les Xia, Shenzong proclama : « Au cas où une rencontre malheureuse aurait lieu avec l'armée Liao, dites-lui que la cour impériale a des comptes à régler, qui n'ont rien à voir avec la dynastie du Nord. »[113] Ainsi, aucun conflit avec les Liao ne fut autorisé. Les trois étapes du plan d'action que Shenzong et Wang Anshi élaborèrent pour étendre le territoire des Song vers le nord sont parfaitement résumées dans le *Taiping zhiji tonglei* (« *Mémoriaux du règne de l'empereur dans l'ère Taiping Xingguo* ») : « Après avoir pris ses fonctions, Wang Anshi a chargé d'abord Wang Shao de prendre le Hexi pour briser le flanc droit des Xia. Puis, il souhaitait s'emparer de la ville de Lingwu en vue de faire de même avec les Liao. De même, Zhang Dun a été nommé « envoyé spécial » (*chafangshi*) dans le but de conquérir les « brutes » (*man*) du Hubei et de la gorge de Qutang. À ce moment-là, il était rapporté que, vaincu

---

110. Li Huarui. *Song Xia guanxi shi*. p. 69 et p. 71.

111. « Biographie de Wang Shao. » juan 328 dans *Song shi*. p. 10579. *Xu Zizhi tongjian changbian*, juan 230, guihai et jimao, février, cinquième année de l'ère Xining, p. 5596 et p. 5605.

112. *Xu Zizhi tongjian changbian*, juan 250, xinmao, février, septième année de l'ère Xining, p. 6104.

113. *Xu Zizhi tongjian changbian*, juan 248, wuwu, novembre, sixième année de l'ère Xining, p. 6047 ; juan 220, gengwu, février, quatrième année de l'ère Xining, p. 5351 ; juan 314, gengyin, juillet, quatrième année de l'ère Yuanfeng, p. 7601 ; juan 315, bingyin, août, quatrième année de l'ère Yuanfeng, p. 7626.

par le royaume de Champā, le Giao Chi ne comptait que quelques milliers d'hommes dans son armée, et sa conquête se ferait sous peu. »[114] Tout cela traduisait la grande stratégie et le plan ambitieux de Wang Anshi.

La dynastie Song se montra ainsi tolérante lorsqu'elle eut affaire aux Liao. Ayant établi un plan qui l'amènerait jusqu'à reprendre les Seize préfectures de Yanyun, elle avait une entière confiance dans sa victoire sur les Khitans. Cela dit, elle mettait en œuvre étape par étape son plan tout en évitant d'entrer trop tôt en conflit avec son plus grand ennemi au nord. Afin d'écraser ce dernier d'un seul coup, elle préférait d'abord amputer son « bras droit ». À ceux qui évoquaient la possibilité que la dynastie Liao disputerait les *liangshuhu* (« les résidents appartenant simultanément aux Song et aux Liao »), Shenzong et Wang Anshi répondirent : « La cour impériale a un grand plan qui vise finalement à conquérir les Khitans. Pour l'instant, l'abandon de ces plus de 4000 foyers ne favorise que sa réalisation. » Anshi était convaincu qu'avec les forces des Song, les Liao étaient voués à être vaincus. Cela dit, il n'était pas nécessaire de se disputer les bénéfices immédiats. Le plus important, c'était de finir par changer l'ordre chaotique qui régnait entre les Hans et les barbares : l'empereur Song devait se référer à « oncle » et « grand-mère » pour appeler respectivement le dirigeant des Liao et leur impératrice douairière.[115] Lorsque la dynastie Liao demanda d'installer des postes militaires à Xiongzhou, certains, y compris Wen Yanbo, proposèrent d'envoyer des forces si besoin était. Cependant, Wang Anshi pensait qu'avant d'être complètement prêts, les Song ne devaient pas saboter leur relation avec les Khitans. D'après lui, la dynastie Song pouvait même tolérer l'occupation de Xiongzhou par les Liao, car ayant établi un plan à long terme, elle était confiante dans sa victoire finale sur eux. « L'empereur, d'un grand mérite et qui connaît un grand succès, s'avère généreux, stratégique et prévoyant. »[116] « Afin de soumettre les barbares, il faut tout d'abord clarifier l'ordre de priorité des opérations. » « Pour l'instant, il est plus nécessaire de conquérir les Xia que de se disputer avec les Khitans sur l'installation des postes militaires. »[117] C'est-à-dire qu'avant d'en finir avec les Xia, la dynastie Song ne chercherait pas de conflit direct avec les Liao. Peu importait les compromis faits à propos de l'installation des postes militaires et de Xiongzhou, tout rentrerait dans l'ordre, une fois les Xia et les Khitans conquis. Les Song suivirent la même logique lors de leur négociation avec les Liao sur la frontière du Hedong.

À l'occasion de ladite négociation, Wang Anshi fit les remarques suivantes : « Avant d'être capable de prendre, il faut savoir donner ». Or, Deng Guangming et Tao Jinsheng doutent qu'Anshi fit de telles remarques. Le premier pense qu'il s'agit d'une invention pure de Shao Bowen.[118] D'après

---

114. « Shenzong et la conquête du Giao Chi. » juan 17 dans *Taiping zhiji tonglei*. p. 442.

115. *Xu Zizhi tongjian changbian*, juan 235, wuzi, juillet, cinquième année de l'ère Xining, p. 5701 ; juan 237, jiashen, août, cinquième année de l'ère Xining, p. 5762.

116. *Xu Zizhi tongjian changbian*, juan 238, bingwu et dingwei, septembre, cinquième année de l'ère Xining, p. 5787 et p. 5791.

117. *Xu Zizhi tongjian changbian*, juan 237, dingyou, août, cinquième année de l'ère Xining, pp. 5772-5773.

118. Ce point de vue a été souligné dans son ouvrage *Wang Anshi : Zhongguo shiyi shiji shi de gaigejia* (« *Wang Anshi : un réformateur dans la Chine du XIe siècle* ») (Renmin chubanshe, 1975. pp. 162-167). Il ne l'a pas modifié dans les éditions révisées qui, intitulées *Beisong zhengzhi gaigejia Wang Anshi*, ont successivement vu le jour en 1979 (pp. 174-179) et en 1997 (pp. 265-271).

le second, Wang Anshi aurait peut-être dit cela, mais son intention initiale n'était pas de se rendre. Il voulait que Shenzong puisse clarifier l'ordre de priorité des opérations afin de ne pas sacrifier le grand plan pour des bénéfices immédiats. Tao trouve également qu'après avoir de nouveau occupé la fonction de Premier ministre, Wang Anshi changea son attitude envers les Khitans et devint plus radical.[119] Si Deng et Tao concluent que Wang Anshi était actif dans les négociations sur la frontière, c'est parce qu'ils s'appuient tous sur ses paroles suivantes :

> Votre Majesté a dit que, si Zhou Shizong avait remporté de grands succès dans la conquête des Liao, c'est parce que Liao Muzong, le « roi dormeur », ne s'occupait pas des affaires de l'État. Il est pourtant à signaler que, bien que les Khitans soient dirigés par un « roi dormeur », Shizong n'a repris que trois passages. De plus, Votre Majesté est diligente dans les affaires de notre dynastie. Comment pourriez-vous vous assimiler au « roi dormeur » ? Vous n'avez rien à craindre. Il ne faudrait laisser entrevoir aucune faille par l'ennemi. Sinon, nous serons en danger. Nous pourrions renforcer les frontières par l'installation des postes militaires comme il a été fait dans l'ère Zhiping. Ce n'est pas la peine de mobiliser les troupes.

Ces propos trahissent la tactique que Wang Anshi proposa à Shenzong qui s'inquiétait d'être attaqué par les Liao. Ils ne furent pas formulés lors des négociations sur la frontière. À ces mots, Shenzong répondit : « Vous avez raison. Nous n'avons pas à en avoir peur. » Wang Anshi poursuivit : « Il faudrait se concentrer sur les affaires du pays. »[120] À cette époque, le problème des Xia n'était pas encore résolu. À en juger par son attitude vis-à-vis des *liangshuhu*, de l'installation des postes militaires demandée par les Liao, et de Xiongzhou, il est donc plus raisonnable de penser que Wang Anshi était plutôt tolérant à propos des négociations sur la frontière du Hedong. Par ailleurs, nommé de nouveau Premier ministre, il ne changea pas son attitude envers les Khitans. Très confiant dans l'objectif ultime de vaincre la dynastie Liao, il préconisa tactiquement une approche douce et calme.

Pourtant, la soi-disant « conquête des Khitans » restait toujours dans l'idée. Comme mentionné ci-dessus, le plan que Shenzong élabora dans sa tentative de s'étendre vers le nord n'allait pas au-delà de « l'ancien territoire des dynasties Han et Tang » défini depuis Renzong et qui incluait le Hehuang, les Xia occidentaux et le Youyan, et ne fut mis en œuvre que dans le nord-ouest. Si Wang Anshi se montrait prudent et discret quant à la conquête du Youyan et de la dynastie Liao, c'était parce que d'un côté, le plan d'expansion devait se mettre en place étape par étape pour ne pas prendre le risque de mener simultanément des combats sur plusieurs fronts, et de l'autre côté, il était depuis toujours contesté par de nombreux fonctionnaires, et la tradition de s'opposer à la guerre et d'y mettre un terme par la paix avait encore une grande influence.[121] Par conséquent, ce plan divisé en étapes qui étaient étroitement liées les unes aux autres, s'avérait très différent de

---

119. Tao Jinsheng. *Song Liao guanxi shi yanjiu*. Beijing : Zhonghua shuju, 2008. p. 162 et p. 164.

120. *Xu Zizhi tongjian changbian*, juan 262, bingyin, avril, huitième année de l'ère Xining, p. 6385.

121. Chen, Feng. « Le concept de guerre selon la vision dominante des Song. » *Lishi yanjiu*. Issue 2. 2009.

celui qui, établi par Taizu et poursuivi par Taizong au début de son règne, visait à unifier les Hans et les barbares. Il avait pour objectif final de restaurer « l'ancien territoire des dynasties Han et Tang ».

Les activités d'expansion au nord, interdépendantes les unes des autres, l'étaient également de celles au sud. Avant la défaite de l'armée de Jing Sili en février de la septième année de l'ère Xining, l'extension vers le Hehuang s'était déroulée sans heurt. En particulier pendant les deux années précédentes, avaient été successivement reprises les préfectures de Xizhou, Hezhou, Taozhou, Minzhou, Diezhou et Dangzhou. Shenzong et ses ministres en étaient très contents. L'empereur encourageait également l'extension vers le sud. Comme mentionné en amont, il remplaça à plusieurs reprises le préfet de Guizhou dans le but de promouvoir activement la récupération du Giao Chi. De même, en juillet intercalaire de la cinquième année de l'ère Xining, l'extension vers les Fleuves du nord (le *Bei*) et du sud (le *Nan*) fut lancée. En janvier de la septième année de cette même ère, Xiong Ben fut chargé de conquérir les barbares de Luzhou.[122]

La défaite de Jing Sili fut un coup dur pour Shenzong qui changea directement son attitude concernant l'extension vers le Giao Chi, Jinzhou et le Hunan. En apprenant cette mauvaise nouvelle, Shenzong ouvrit le pavillon de Tianzhang et prolongea sa visite chez les Grands Conseillers pour discuter des mesures de contre-offensive à prendre. Ceux-ci proposèrent d'abandonner le Hehuang, et l'empereur ne ménagea aucun de ses efforts en vue de trouver de meilleures solutions.[123] Enfin, Shenzong ordonna à l'armée Song stationnée au Xihe de suspendre ses opérations et de reculer la ligne de défense. Pourtant, Wang Shao, qui se précipita sur le front du Xihe, n'écouta pas l'ordre impérial et riposta avec succès à l'ennemi. De même, le lendemain de ladite nouvelle (c'est-à-dire le jour de bingshen, qui vient après celui de yiwei (février de la septième année de l'ère Xining) où Shenzong l'apprit), l'empereur demanda à Zhang Dun et Shen Qi de mettre fin à toute opération le plus tôt possible :

> Le temps de la paix n'est pas encore venu pour le Xihe. Dites à Zhang Dun et Shen Qi de
> terminer dès que possible leurs opérations au Hunan et au sud du Guangdong, et de récupérer
> les soldats et les chevaux pour réunir les forces. Que l'ordre soit respecté pour qu'aucune
> mésaventure ne soit rencontrée.[124]

Cela signifie que les activités militaires menées au Hunan et au sud du Guangdong devaient être suspendues, et que les troupes retirées étaient censées être expédiées sur le champ de bataille au nord. En mars, Shenzong écrivit cette fois-ci au préfet de Yongzhou, Sun Jian : « Si les barbares osent envahir la préfecture, tenez-vous sur la défensive et ne soyez pas avide de mérite

---

122. *Xu Zizhi tongjian changbian*, juan 236, jiyou et gengxu, juillet intercalaire, cinquième année de l'ère Xining, pp. 5727-8. Lü, Zhong. « Là commencent les activités d'expansion. » juan 15 dans *Leibian huangchao dashiji jiangyi*. p. 288.

123. *Xu Zizhi tongjian changbian*, juan 250, yiwei, février, septième année de l'ère Xining, p. 6105 ; juan 252, dingyou, avril, septième année de l'ère Xining, p. 6180.

124. *Xu Zizhi tongjian changbian*, juan 250, bingshen, février, septième année de l'ère Xining, p. 6105.

en méprisant l'ennemi. »[125] Néanmoins, Shen Qi, lui aussi faisant fi de l'ordre impérial, n'avait pas non plus arrêté les opérations militaires. En mars, l'inspecteur de patrouille, Xue Ju, accueillit Nong Shanmei au Guangxi. Shen Qi ne l'en avait pas interdit et continua les activités d'expansion. À ce sujet, Shenzong dit :

> Nous sommes encore en guerre au Xihe, tandis que Shen Qi, avide de récompenses, agit avec insouciance dans le sud en provoquant les barbares. Si cette situation n'est pas changée, nous ferons face à un énorme problème. Il ne faut pas la négliger. Il convient d'en discuter pour suspendre rapidement Shen Qi de ses fonctions, qui a enrôlé les barbares sans permission, afin de calmer les tensions avec notre voisin.[126]

Dans le décret visant à destituer Shen Qi, il écrivait : « Nous sommes encore engagés dans la guerre au Xihe dont la fin est imprévisible. Cependant, Shen Qi, faisant abstraction de notre situation difficile, ose causer des problèmes au sud. »[127] Ainsi Shen Qi fut-il suspendu des suites de sa désobéissance aux ordres de Shenzong.

Liu Yi remplaça Shen Qi à Guizhou. Shenzong lui donna le même ordre : suspendre les opérations d'expansion et récupérer les soldats et les chevaux. En outre, Liu Yi devait mener des investigations sur l'enrôlement de Nong Shanmei.[128] Suivant les ordres de l'empereur, il déchargea l'armée régulière et utilisa en revanche les soldats locaux pour garder la frontière. Ici, « l'armée régulière » faisait référence aux dix mille soldats septentrionaux qui étaient stationnés au Guangxi. Liu Yi devait les renvoyer vers le nord. Cependant, pour ce faire, il était obligé de demander le consentement de Shenzong, car sous les Song, les troupes ne pouvaient être déplacées qu'avec la permission de la Cour des Affaires militaires qui exécutait les ordres impériaux. Après avoir rapatrié les soldats, Liu Yi s'en tint toujours à l'idée que l'Annam était prenable. Il envoya des officiers chez les groupes ethniques pour rassembler des soldats locaux qui recevaient les plans de bataille.[129] Ainsi voulait-il reprendre le Giao Chi avec l'appui des soldats locaux.

La suspension des opérations dans le sud et le retour de l'armée indiquaient que la dynastie Song concentrait ses activités d'expansion au nord. D'après Shenzong et Wang Anshi, les Liao et les Xia seraient plus difficiles à contenir que le Giao Chi :

> Vu la situation avec les quatre barbares, ce n'est pas la peine de s'inquiéter des « brutes » (*man*) du sud. Par contre, les *rong* de l'ouest constituent un grand défi et plus d'attention doit être accordée en vue de les soumettre. En même temps, nos activités d'extension vers l'ouest ne

---

125. *Xu Zizhi tongjian changbian*, juan 251, bingxu, mars, septième année de l'ère Xining, p. 6114.
126. *Xu Zizhi tongjian changbian*, juan 251, gengzi, mars, septième année de l'ère Xining, p. 6108.
127. *Xu Zizhi tongjian changbian*, juan 244, wuyin, avril, sixième année de l'ère Xining, p. 5934.
128. *Xu Zizhi tongjian changbian*, juan 251, gengzi, mars, septième année de l'ère Xining, p. 6109.
129. « Giao Chi. » juan 330 dans *Wenxian tongkao*. p. 9097. *Xu Zizhi tongjian changbian*, juan 271, dingyou, décembre, huitième année de l'ère Xining, p. 6639.

doivent en aucun cas éveiller la suspicion des *di* du nord qui sont les plus puissants des quatre barbares.

La défaite de la guerre contre le Giao Chi pendant l'ère Taiping Xingguo était due principalement à l'armée impériale septentrionale qui ne s'était pas acclimatée dans le sud. Wang Anshi discuta ainsi avec Shenzong : « Pour contrôler la frontière, il faut d'abord élaborer un plan à grande échelle. » Ici, ce plan consistait à recruter des paysans locaux, les entraîner et faire remplacer une partie des soldats de l'armée régulière par eux.[130] Le système de Baojia était une mesure importante pour mettre en œuvre ce genre de plan. Il satisfaisait les besoins de Shenzong qui avait la vocation de restaurer « l'ancien territoire des dynasties Han et Tang » dont une partie était encore occupée par les ennemis arrogants.[131]

Dans les zones frontalières, les milices, y compris les soldats *fan*, les soldats locaux et les soldats issus des groupes ethniques (*dongding*), étaient ainsi entraînées. À l'ouest, la dynastie des Song était profondément consciente de la faible efficacité au combat des soldats orientaux et recrutait vigoureusement des soldats *fan*. Au sud, Wang Anshi proposa de réutiliser progressivement les milices, tout en réduisant le nombre de soldats de l'armée régulière, surtout au Guangxi et au Guangdong. Dans ces endroits, beaucoup de soldats impériaux qui avaient été envoyés depuis le nord étaient morts, et il était donc urgent de former des *dongding* pour répondre aux besoins. Shenzong partageait l'avis de Wang Anshi et pensait lui aussi que la formation des *dongding* constituait la solution idéale aux problèmes militaires du Guangxi. Lorsque Zhao Xie partit pour la conquête du Giao Chi, Shenzong ordonna spécialement d'avoir recours aux *dongding*.[132] Comme discuté ci-dessus, si l'empereur choisit Xiao Zhu comme préfet de Guizhou, c'était parce que celui-ci avait eu l'expérience de l'entraînement des soldats locaux et l'idée de compter sur les *dongding* pour reprendre le Giao Chi. De même, Shen Qi envoya des entraîneurs pour former les *dongding* de Yongzhou.[133] Quant à Liu Yi, il continua de mettre en œuvre l'ancien système consistant à recruter comme soldats tous les adultes masculins des cinq préfectures, à savoir Yizhou, Rongzhou, Guizhou, Yongzhou et Qinzhou, ce qui avait été approuvé par Shenzong. De plus, après avoir renvoyé vers le nord l'armée régulière, Liu Yi ne renonça pas à l'idée de reprendre le Giao Chi[134] et, pour le faire, voulait s'appuyer sur les *dongding*. Dans la mesure où ces derniers recevaient de l'entraînement, il était sûr de conquérir le Giao Chi tout en croyant à la rumeur que celui-ci, vaincu par le royaume de Champā, ne comptait que quelques milliers d'hommes dans son armée. Toutefois, le Giao Chi, avec une armée de 80000 hommes, prit en

---

130. *Xu Zizhi tongjian changbian*, juan 236, jisi, juillet intercalaire, cinquième année de l'ère Xining, p. 5752 ; juan 229, jiyou, janvier, cinquième année de l'ère Xining, p. 5582.

131. *Xu Zizhi tongjian changbian*, juan 358, jiachen, juillet, huitième année de l'ère Yuanfeng, p. 8563.

132. « Soldats (V). » juan 191 dans *Song shi.* p. 4747.

133. *Xu Zizhi tongjian changbian*, juan 244, renchen, avril, sixième année de l'ère Xining, p. 5939.

134. *Xu Zizhi tongjian changbian*, juan 254, guisi, juin, septième année de l'ère Xining, p. 6216 ; juan 271, dingyou, décembre, huitième année de l'ère Xining, p. 6639.

un clin d'œil trois préfectures, à savoir Qinzhou, Lianzhou et Yongzhou.[135] Sous Shenzong, les activités d'extension vers le Hehuang, les Xia occidentaux et le Youyan, interconnectées entre elles, étaient également liées à celles menées dans le sud. Il s'agissait d'un projet global qui, visant à restaurer « l'ancien territoire des dynasties Han et Tang », ne manquait pas de clarifier l'ordre de priorité des opérations d'expansion.

## 4. Conclusion

À l'instar des Han et Tang, la dynastie des Song interprétait et traitait ses relations avec les régimes et les nations environnants selon la distinction entre les Hans et les barbares, sans pour autant négliger la *realpolitik*. Elle se proclamait l'héritière légitime des dynasties Han et Tang. Sous Taizu et au début de Taizong, la dynastie Song voulait soumettre les Liao et établir un monde centré sur elle. Cela dit, elle adopta le discours de « l'unification des Hans et des barbares » et mena les activités d'expansion sous la bannière de « l'ancien territoire des dynasties Han et Tang ». Toutefois, l'échec que la dynastie Song subit dans la guerre de l'ère Yongxi l'amena à abandonner l'objectif de soumettre, et même d'anéantir les Khitans. Par la signature du traité de Shanyuan, les Song reconnurent les Liao comme leur égal, et renoncèrent progressivement au discours de « l'unification des Hans et des barbares ». Dès lors, le discours de « l'ancien territoire des dynasties Han et Tang » devint prépondérant pour que la dynastie Song justifie ses opérations d'extension vers les Xia, le Giao Chi et le Yanyun. Dans un monde où il existait deux régimes dominants, le discours de « l'ancien territoire des dynasties Han et Tang » s'avérait essentiel pour que la dynastie Song explique son statut légitime.

Il est à noter que « l'ancien territoire des dynasties Han et Tang » délimité par les Song ne couvra jamais tous les comtés sous l'égide desdites dynasties. Il ne s'agissait que d'un discours politique et sa portée changea suivant les circonstances. Jusqu'à Renzong, « l'ancien territoire des dynasties Han et Tang » comprenait le Youyan, les Xia occidentaux (y compris la région de Hexi annexée par ces derniers), l'empire du Tibet et le Giao Chi. Il s'agissait de zones géographiques liées directement à la sécurité des Song. Quant au royaume de Dali et d'autres comtés des Han et Tang, ils n'étaient pas inclus dans ce discours, et ne faisaient donc pas l'objet de récupération. En effet, après la guerre de l'ère Yongxi et avant le règne de Shenzong, le discours de « l'ancien territoire des dynasties Han et Tang » ne donna naissance à aucune action associée à un quelconque projet de récupération, à quelques opérations près. Cependant, il servit de base à partir de laquelle la

---

135. D'après Chen Zhaoyang, si la dynastie Song avait provoqué délibérément le Giao Chi, elle aurait été dotée d'une force suffisante pour ne pas perdre trois préfectures à la suite. Cependant, ce raisonnement assez simple ne nie pas le fait que la dynastie Song avait un plan de reprise du Giao Chi. Cette défaite des Song était due plutôt à une mauvaise analyse de la situation et à une réponse inappropriée. Il s'agissait des mêmes raisons pour lesquelles la dynastie Song perdit les batailles contre les Xia au cours des quatrième et cinquième années de l'ère Yuanfeng. Tout particulièrement lors de la bataille de Yongle, Xu Xi, débordant de confiance, subit malgré tout une lourde défaite.

dynastie Song traitait ses relations avec les différents régimes et justifiait ses activités d'extension vers eux.

Héritant du discours de « l'ancien territoire des dynasties Han et Tang », dont la portée avait été fixée depuis Renzong, Shenzong élabora pour la première fois un grand projet d'expansion visant à récupérer le Youyan, les Xia occidentaux, le Hehuang et le Giao Chi. Et il utilisa ce discours pour justifier les opérations d'expansion. Son objectif principal était de changer la situation d'humiliation que les Song subissaient longtemps vis-à-vis des Liao et des Xia occidentaux. Toutefois, son ambition n'en resta pas là, et il voulut restaurer « l'ancien territoire des dynasties Han et Tang », le Hehuang et le Giao Chi compris. En effet, la reprise de « l'ancien territoire des dynasties Han et Tang » permettrait naturellement aux Song de changer leur situation d'humiliation.

De même que Shenzong planifia et commença ses activités d'extension vers le nord, il eut également l'intention de reprendre le Giao Chi, même avant novembre de la huitième année de l'ère Xining où celui-ci envahit la dynastie Song. Son plan d'expansion dans le nord consistait tout d'abord à reprendre le Hehuang, puis à conquérir les Xia, et enfin à s'emparer du Youyan, chaque étape étant liées les unes aux autres. Pour Shenzong, l'expansion dans le sud était secondaire par rapport à celle dans le nord, mais les opérations étaient étroitement liées. Nous pouvons ainsi dire qu'il s'agissait d'un projet d'expansion global qui visait à restaurer « l'ancien territoire des dynasties Han et Tang ».

À travers ce projet d'expansion, nous pouvons voir qu'après avoir reconnu les Liao comme leur égal, les Song se montrèrent moins ambitieux dans leurs actions extérieures. Le discours de « l'ancien territoire des dynasties Han et Tang » servit à interpréter le statut légitime de la dynastie des Song d'un côté, et justifiait et guidait les activités d'expansion de l'autre.

———

# CHAPITRE 2

# La question de la responsabilité et les interprétations politiques concernant l'expansion territoriale sous le règne de Song Shenzong

*– à propos de la logique historique et du discours moderne dans les études des relations internationales en Asie de l'Est ancienne*

Les activités d'expansion territoriale menées sous les auspices de Shenzong se sont avérées de la plus grande envergure durant la seconde moitié de la période des Song du Nord. Elles ont entraîné la perte de centaines de milliers de soldats, sans que les objectifs prévus ne soient atteints pour autant. Par la suite, des généraux furent tenus responsables par la cour Song. À partir de différents points de vue, les érudits Song ont évoqué la question de la responsabilité en ce qui concernait l'échec de cette expansion. Aujourd'hui, les chercheurs continuent d'en discuter, en soutenant parfois des opinions résolument contradictoires. En fait, l'étude des responsabilités dans les guerres ne résulte pas, dans la plupart des cas, d'une enquête objective basée sur la réalité, mais plutôt d'une interprétation politique, qui peut s'écarter des faits historiques. Ainsi, il convient de procéder à une analyse complète des faits historiques et de leur interprétation politique. Nous allons traiter, à travers cet angle, la question de la responsabilité dans les guerres menées sous le règne de Shenzong en vue d'étendre le territoire des Song.

## 1. La question de la responsabilité dans l'expansion territoriale de Song Shenzong

Avec l'objectif de conquérir le Giao Chi, l'empire du Tibet, les Xia occidentaux et enfin le Youyan, Shenzong a mis en place un plan global d'expansion territoriale. Ce faisant, une suite d'opérations militaires, interconnectées entre elles, furent menées sous la bannière de « l'ancien territoire des dynasties Han et Tang »[1]. Dans la mesure où l'objectif était de restaurer « l'ancien territoire des dynasties Han et Tang », cette expansion territoriale constitua un échec total. D'après Wang Zengyu, la seule réussite des réformes de Wang Anshi en matière militaire s'est traduite par la victoire des Song dans la bataille de Xihe, qui ne réussit pas pour autant à couper le « bras droit » des Xia. Les guerres entre ces derniers et la dynastie Song ont mené, dans l'ensemble, à la défaite de cette dernière. Son objectif stratégique ne fut pas non plus atteint à travers les combats contre le Giao Chi[2]. Ainsi, il est possible de confirmer les propos de Wang Zengyu. Lors de la guerre de l'ère Xining contre les Vietnamiens, les neuf *jun* (« armées ») des Song qui y étaient engagées ont souffert de la faim, faute de ravitaillement. Les 100 000 soldats et les 200 000 *fu* (« ouvriers enrôlés ») sont morts de chaleur ou de miasme, pour la moitié d'entre eux ; les autres étaient malades ou épuisés, avant même de mentionner la reprise du Giao Chi. Au vu de ces lourdes pertes, le commandant Guo Kui leur demanda de se replier en déplorant la situation : « Je ne peux pas renverser le nid du voleur ni capturer Li Qiande, comme la cour impériale m'en a chargé. C'est le destin. Je suis prêt à mourir pour que les plus de 100 000 vivent. »[3] Il était ainsi décidé à retirer ses soldats pour sauver leur vie, sous peine de ne pas pouvoir remplir la mission qui lui était confiée. Après la guerre de l'ère Xining, la dynastie Song entama les négociations avec le Giao Chi en 1078 (première année de l'ère Yuanfeng), en vue de redessiner leur frontière. Sept ans après, cette dernière fut définitivement fixée[4]. Cet épisode a marqué les premières négociations portant sur les frontières entre ces deux pays. Ainsi, la dynastie Song a reconnu l'indépendance du Giao Chi, tout en abandonnant le projet de le récupérer. De même, elle a renoncé à la stratégie mise en application depuis sa fondation, qui consistait à faire alliance avec le royaume de Champā contre le Giao Chi. Il est possible de dire que la guerre de l'ère Xining fit échouer de manière incontestable l'objectif de la dynastie Song, qui visait à reprendre le Giao Chi.

En parallèle, les activités d'extension placées sous les auspices de Shenzong envers les Xia occidentaux se soldèrent également par un échec. Lors de la quatrième année de l'ère Yuanfeng (1081), la dynastie Song s'engagea dans les combats contre les Xia dans l'espoir de les récupérer, et fut vaincue à la bataille de Lingzhou. L'année suivante, elle subit une défaite encore plus écrasante lors de la confrontation de Yongle : plusieurs centaines de généraux et officiers, ainsi que plus de 200 000 soldats et ouvriers enrôlés furent tués. Ces deux batailles entraînèrent, au total, la mort de 600 000 hommes, y compris des responsables de l'armée, des barbares sinisés et des volontaires[5]. Ces lourdes pertes dévastèrent Shenzong sur les plans physique et mental. En proie aux remords, il

---

1. Huang, Chunyan. « L'expansion territoriale de Song Shenzong au nom de "l'ancien territoire des dynasties Han et Tang". » *Lishi yanjiu* (« *Recherche historique* »). Issue 1. 2016.

2. Wang, Zengyu. « Aperçu des réformes de Wang Anshi. » *Zhongguo shehui kexue* (« *Sciences sociales en Chine* »). Issue 3. 1980.

3. *Xu Zizhi tongjian changbian* (« Longue ébauche de la continuation du *Zizhi tongjian* (« *Miroir compréhensif pour aider le gouvernement* ») »), juan 279, guimao, décembre, neuvième année de l'ère Xining, 2004, p. 6844.

4. *Xu Zizhi tongjian changbian*, juan 349, wuzi, octobre, septième année de l'ère Yuanfeng, p. 8372.

5. « Chroniques des Xia (II). » juan 486 dans *Song shi* (« *Histoire des Song* »). Beijing : Zhonghua shuju (Société de livres de Zhonghua), 1977. p. 14012.

ne voulut plus envoyer les troupes à l'ouest[6]. Ainsi, son objectif de conquérir Lingzhou et Xiazhou, anéantir les Qiangs de l'ouest, et enfin réaliser l'expédition vers le nord n'a jamais été atteint, en raison de son décès prématuré[7]. Sous le règne de Zhezong, la dynastie Song procéda à des négociations avec les Xia, et les frontières entre ces deux régimes furent fixées. Dans la mesure où l'objectif de Shenzong était de reconquérir les anciens comtés, et que l'empereur Song, gouverneur légitime de la Chine historique, était censé posséder un territoire sans limite, les négociations à propos des frontières avec les barbares auraient porté atteinte à l'image de la dynastie au niveau international. L'extension vers le Hehuang visait à couper le « bras droit » des Xia. Les succès de cette expansion perdirent de leur sens avec la défaite des Song dans les batailles menées contre les Xia, et avec l'abandon du projet de reprise de ces derniers. Toutefois, ils devinrent des fardeaux majeurs pour la dynastie Song, en raison du coût conséquent de l'occupation du Xihe.

Dans la mesure où l'objectif était de récupérer le Hehuang, les Xia occidentaux, le Giao Chi et le Youyan, des territoires qui étaient considérés comme faisant partie de « l'ancien territoire des dynasties Han et Tang », l'expansion territoriale sous l'égide de Shenzong connut un échec retentissant. Ce résultat entraîna un impact négatif considérable sur le corps et l'esprit de Shenzong, sur le moral au sein de la dynastie Song, sur ses intérêts réels, et sur sa réputation et son statut internationaux. La question de la responsabilité de ces activités militaires restait alors à résoudre. Shenzong était l'initiateur et le décideur de cette expansion. Cependant, sous la politique impériale antique et le concept de « distinction entre les Hans et les barbares », la détermination de la responsabilité relevait davantage de l'interprétation politique que de l'appréciation objective de la réalité. Ainsi, la clarification des faits et des interprétations politiques qui sous-tendent la détermination des responsabilités est une condition préalable à la compréhension des questions concernées.

Il existait, au sein de la dynastie Song, quatre jugements portés sur celui ou ceux qui devaient endosser la responsabilité de l'expansion territoriale sous Shenzong : (1) Wang Anshi ; (2) l'empereur lui-même ; (3) les exécutants subalternes, tels que Wang Shao ; (4) les régimes visés, y compris les Xia occidentaux, le Giao Chi, etc. Han Qi dit à Shenzong : « Votre Majesté, celui qui vous a donné les conseils a dû prêcher l'essence de la gouvernance : il faut tout d'abord maîtriser les techniques visant à rendre l'État riche et puissant, à savoir par l'accumulation de l'argent et des céréales et par le recrutement et l'entraînement des soldats paysans, avant de "fouetter" les quatre barbares et de restaurer les anciennes frontières des Tang. »[8] De cette manière, Han sous-entendait que Wang Anshi était l'initiateur de l'expansion. Il savait que Shenzong en était le véritable décideur, et cette critique adressée à Anshi ne lui servait que de prétexte pour s'exprimer devant l'empereur. Su Shi attribua également à Wang Anshi la responsabilité de l'expansion :

---

6. « Biographie de Xu Xi. » juan 334 dans *Song shi*. p. 10724.

7. Cf. Li Huarui. *Song Xia guanxi shi yanjiu* (« *Histoire des relations entre les Song et les Xia* »). pp. 180-193.

8. *Xu Zizhi tongjian changbian*, juan 262, bingyin, avril, huitième année de l'ère Xining, p. 6392.

Depuis l'ère Xining, Wang Anshi, après avoir pris ses fonctions, a initié les activités expansionnistes, susceptibles de lui apporter des exploits, ce qui a provoqué le mécontentement des quatre barbares. Wang Shao a été chargé de mener les opérations d'extension vers le Xihe, Zhang Dun a eu pour mission de soumettre les brutes des Cinq Rivières, et Xiong Ben a été engagé à conquérir les barbares de Luzhou. Mis au courant de ces activités d'expansion, Shen Qi et Liu Yi les ont imité et ont irrité le Giao Chi.[9]

D'après lui, c'est sous l'impulsion de Wang Anshi que Wang Shao, Zhang Dun, Shen Qi, et d'autres purent procéder aux opérations d'expansion. De même, Chen Guan signala : « Anshi a incité Shenzong à soumettre les quatre barbares, et les conflits frontaliers qu'a subis Han Jiang sont également dus à Anshi. » De la même manière, Wang Anshi fut tenu pour responsable de la guerre contre le Giao Chi : « On connaît tous celui (Shen Qi) qui exécute l'ordre et on en sait très peu sur celui (Anshi) qui le donne. »[10] De telles opinions étaient largement partagées parmi les Song du Sud.

Lü Zhong portait un avis différent sur la question. D'après lui, Wang Anshi n'était pas l'initiateur de l'expansion, et Shenzhong en était le véritable décideur. Des opérations en la matière avait déjà été menées avant qu'Anshi ne puisse prendre ses fonctions de Premier ministre. S'il devait en assumer la principale responsabilité, c'était parce qu'il n'épargnait aucun de ses efforts dans la mise en œuvre de la politique expansionniste voulue par l'empereur. Depuis sa montée sur le trône, Shenzong se montra mécontent de la désobéissance des *Rong* de l'Ouest, en particulier après les échecs militaires de Chong E et de Han Jiang. Comme il connaissait la volonté de l'empereur de manière précise, Wang Anshi fit instituer la « commission permanente des réformes » (*tiaolisi*), qui a favorisé l'accumulation de l'argent à des fins militaires. Ainsi, alors que les conservateurs s'opposaient aux « Nouvelles lois », celles-ci ont satisfait les besoins de l'empereur. Le renforcement de la capacité financière dû aux réformes de Wang Anshi lui a permis de mener les activités de l'expansion territoriale. Malgré tout, lorsque les batailles de Suizhou et de Qingzhou, dirigées respectivement par Chong E et Han Jiang, ont eu lieu, Wang Anshi n'avait pas encore pris la tête du gouvernement. En réalité, depuis son passage à l'Académie Hanlin, il n'avait jamais proposé de recourir aux forces militaires. Jusqu'à la quatrième année de l'ère Xining, il chargea, conformément aux ordres de l'empereur, Wang Shao, Zhang Dun et Shen Qi d'entreprendre respectivement des activités d'extension vers le Xihe, Meishan et le Giao Chi. Wang Anshi fut également tenu pour responsable de la guerre de l'ère Xuanhe contre les Liao. Ainsi, « son crime de courir après l'argent est plus grand que de mener des réformes, mais moindre que de promouvoir les activités expansionnistes. Son plus grand crime est passible de la peine de mort. » D'après Lü Zhong, les opérations destinées à étendre le territoire des Song ont débuté dès l'ère Xining. Cependant, avant d'entrer cela, Chong E avait déjà pris Suizhou. De même, la guerre contre les Xia occidentaux

---

9. *Xu Zizhi tongjian changbian*, juan 373, jimao, mars, première année de l'ère Yuanyou, p. 9027.

10. *Xu Zizhi tongjian changbian*, juan 236, wushen, juillet (intercalaire), cinquième année de l'ère Xining ; juan 234, yihai, juin, cinquième année de l'ère Xining ; juan 244, wuyin, avril, sixième année de l'ère Xining, p. 5726, p. 5691 et p. 5933.

eut lieu lors de la quatrième année de l'ère Yuanfeng ; et longtemps avant, Shenzong avait eu l'intention de récupérer ces territoires.[11] Dans aucun de ces cas, Wang Anshi ne pouvait intervenir ; il s'agissait donc de la volonté de Shenzong. Dans la première situation, Anshi n'avait pas encore pris ses fonctions, tandis que, lors de la seconde, il n'était plus au pouvoir.

Selon Sima Guang, l'expansion territoriale sous le règne de Shenzong provenait du fait que ce dernier était mécontent de l'occupation du Youyun, du Lingxia, du Hexi et du Giao Chi par les barbares. L'historien a affirmé la chose suivante :

> Lorsque Shenzong monte sur le trône, un puissant héros émerge. Il se sent honteux de voir que d'anciens territoires des dynasties Han et Tang sont aux mains des barbares : les Seize préfectures sont tombées aux mains des Khitans, les régions de Lingxia et de Hexi sont tenues par les Tabgach, et le Giao Chi par la dynastie Lý. Sur ces territoires, les Song ne peuvent donc pas nommer de fonctionnaires ni récolter les impôts. C'est pour cela que Shenzong caresse l'ambition de les reprendre.[12]

La même personne affirmait également : « Comme les barbares arrogants envahissent et occupent les anciennes terres des dynasties Han et Tang, l'empereur a vocation à les reprendre. »[13] Zhu Xi pensait, lui aussi, que Shenzong était celui qui avait initié les activités destinées à étendre le territoire. Au début de son règne, Shenzong consulta Fu Bi à propos des politiques à adopter. Celui-ci lui proposa de ne pas recourir à la force militaire pendant au moins 20 ans. D'après Zhu Xi, cette réponse allait à l'encontre de la volonté de Shenzong, qui décida alors de nommer Wang Anshi. Ses premiers mots destinés à l'empereur ont concerné l'usage de la force militaire, ce qui convenait aux intérêts de Shenzong[14]. Ainsi, celui-ci avait eu l'intention d'étendre le territoire des Song avant qu'il ne nomme Wang Anshi, qui partageait l'ambition de l'empereur.

En prenant conscience de l'ambition de Shenzong, Wang Shao soumit à son tour son « Ping rong ce » (« Stratégies pour soumettre les barbares »). Apprécié par l'empereur, il se vit ensuite confier des devoirs importants. Au sujet du changement du *zhai* (« village clôturé ») de Wei ancien en armée de Tongyuan, Li Tao affirmait : « L'empereur (Shenzong) allait reprendre le Helong. Il

---

11. « Propos sur la situation d'État. » juan 1 ; « Dépenses militaires. » et « Budget. » juan 14 ; « Là commencent les activités expansionnistes. » juan 15 dans Lü Zhong. *Song dashi ji jiangyi* (« *Études de la chronologie des Song* »). tome 686 dans *Siku Quanshu* (« *Livres complets des Quatre magasins* »), Wenyuan Ge (« *Belvédère de la profondeur littéraire* »). Taipei : The Commercial Press, 1990. p. 196, pp. 332-333 et pp. 343-344.

12. « Éradiquez les maux. » juan 49 dans Sima Guang. *Wenguo Wenzheng Sima gongwen ji* (« *Recueil des écritures de Sima* »). tome 838 dans *Sibu congkan chubianben* (« *Éditions préliminaires des quatres séries* »). Cettte citation est mise par Li Tao dans le texte principal de son ouvrage *Xu Zizhi tongjian changbian* (juan 363, jichou, décembre, huitième année de l'ère Yuanfeng, p. 8689.

13. « Veuillez supprimer le système de Baojia. » juan 48 dans Sima Guang. *Wenguo Wenzheng Sima gongwen ji*. tome 837 dans *Sibu congkan chubianben*.

14. « La dynastie courante (VII). » juan 133 dans Zhu Xi. *Zhuzi yulei* (« *Receuil des propos de Maître Zhu* »). dans *Zhuzi quanshu* (« *Ensemble des livres de Maître Zhu* »). Shanghai : Shanghai guji chubanshe (Maison d'édition classique de Shanghai) / Anhui : Anhui jiaoyu chubanshe (Maison d'édition de l'éducation de l'Anhui), 2002. p. 3190.

ordonna ainsi d'installer une armée en lieu et place, ce qui marqua le développement progressif des opérations expansionnistes. »[15] De plus, il précisa que l'expansion territoriale répondait à l'intention de Song Shenzong. De même, comme cela a été évoqué en amont, Lü Zhong, Sima Guang et Zhu Xi ont tous pensé que l'expansion territoriale relevait de la décision de Shenzong, et que Wang Anshi se chargeait de sa mise en application. En lisant attentivement le *Changbian* et à travers les descriptions de Li Tao en ce qui concernait les activités expansionnistes, il est possible de constater que Wang Anshi était clairvoyant, insensible aux opinions dissidentes, ainsi que rationnel et déterminé, sans jamais faire fi des intérêts de l'État. Il croyait fermement qu'il n'aurait aucune difficulté à unifier les Hans et les barbares en soumettant ces derniers : « Ce serait bien facile d'éliminer Li Bingchang. » ; « Les Khitans ne sont pas un souci. »[16] Dès que Shenzong hésitait et se décourageait face aux difficultés, ou même souhaitait abandonner à mi-chemin, Wang Anshi, pleinement confiant dans le plan global, sut le convaincre de continuer en suivant son intention initiale. Cela put être constaté à de nombreuses reprises : lors du revers essuyé au cours de l'extension vers le Hehuang, contre l'empire du Tibet en collusion avec les Xia occidentaux, ou bien de la dynastie Liao qui vint disputer le territoire. Lorsque les succès de l'extension vers le Hehuang furent célébrés, Song Shenzong et Wang Anshi s'appréciaient mutuellement : le premier s'exclama : « Nombreux ont été ceux qui manifestaient de la méfiance, et je voulais le suspendre. Sans votre aide, cet exploit n'aurait pas été possible. » ; le second répondit : « Votre Majesté avait choisi et promu Wang Shao, de telle sorte que les territoires de l'ouest ont pu être repris. Moi et d'autres ministres n'ont fait que suivre vos ordres. »[17] Il ne s'agissait pas de compliments creux : ces mots reflétaient fidèlement la relation entre l'empereur et son Premier ministre.

Le troisième jugement consista à attribuer la responsabilité de l'expansion territoriale aux ministres qui l'avaient réalisée : « L'éclat de la guerre en Annam était dû à Shen Qi et Liu Yi le suivit dans ses pas. »[18] Le premier à avoir été tenu responsable fut Shen Qi. En novembre de la huitième année de l'ère Xining (1075), le Giao Chi envahit la dynastie Song, et le mois suivant, Shenzong ordonna que Shen Qi et Liu Yi fussent poursuivis pour le crime d'avoir provoqué des conflits aux frontières. Shen fut condamné pour trois crimes. Premièrement, il transmit un faux décret impérial qui l'autorisait à préparer la reprise de Jiaozhou ; deuxièmement, il recruta Nong Shanmei sans permission ; troisièmement, il installa de force des camps militaires chez les *Xidong* (groupes ethniques) de Rongzhou et de Yizhou, et tua des milliers de soldats locaux, ce qui donna lieu à l'invasion du Giao Chi. Cela fut relaté de la manière suivante : « Les gens ont été massacrés, ce qui a conduit le Giao Chi à envahir le territoire des Song. Shen Qi doit en endosser toute la responsabilité. » De même, Liu Yi fut accusé d'avoir causé des ennuis qui eurent lieu les uns après

---

15. *Xu Zizhi tongjian changbian*, juan 233, xinsi, mai, cinquième année de l'ère Xining, p. 5645.

16. *Xu Zizhi tongjian changbian*, juan 232, renzi, avril, cinquième année de l'ère Xining ; juan 229, jichou, janvier, cinquième année de l'ère Xining ; juan 248, wuwu, novembre, sixième année de l'ère Xining, p. 5628, p. 5566 et p. 6047.

17. *Xu Zizhi tongjian changbian*, juan 247, xinsi, octobre, sixième année de l'ère Xining, p. 6023.

18. *Xu Zizhi tongjian changbian*, juan 373, jimao, mars, première année de l'ère Yuanyou, p. 9028.

les autres. En premier lieu, il proposa de retirer les troupes impériales, tandis que les soldats locaux ne se révélaient pas aussi efficaces à la défense frontalière ; ensuite, il fit construire des navires de guerre, mit fin au commerce avec le Giao Chi, et empêcha ce dernier de déposer des rapports à l'empereur Song. Pour ces raisons, il éveilla la suspicion et la crainte des Vietnamiens, qui décidèrent d'agir. Finalement, il interdit à Su Jian d'intervenir dans les affaires frontalières[19]. Tous deux furent ainsi rétrogradés. Après la guerre de l'ère Xining, de nouvelles charges furent ajoutées contre eux, et leurs peines augmentèrent. Par ailleurs, Guo Kui, le commandant général de l'armée Song pendant la guerre de l'ère Xining, fut également rétrogradé au poste de « général de la Garde de gauche » (*zuowei jiangjun*) et exilé à Xijing (actuelle Luoyang)[20].

La dynastie Song, qui paya un lourd tribut lors de la guerre contre le Giao Chi, ne remporta pourtant aucune victoire. Ainsi, elle accorda davantage d'attention à l'enquête sur les responsabilités de l'expansion territoriale. À la fin de la dixième année de l'ère Xining (1077), Zhang Fangping expliqua dans son rapport à l'empereur Shenzong :

> Wang Shao a produit un désastre au Xihe, Zhang Dun a créé une provocation à Meishan, et Xiong Ben a suscité des difficultés à Yu (actuelle Chongqing) ainsi qu'à Luzhou. C'était exactement dans cette atmosphère de compétition pour les exploits à la frontière que d'abord Shen Qi, puis Liu Yi, ont causé les ennuis d'Annam. De la sorte, sa Majesté a été amenée à négliger le vrai désastre que toutes ces manœuvres militaires risquent de créer.[21]

Par ailleurs, la question de la responsabilité fut davantage posée en ce qui concernait la défaite retentissante subie par la dynastie Song lors de la bataille de Yongle contre les Xia. Shen Kuo et Qu Zhen furent accusés d'avoir initié la construction de la ville de Yongle et d'avoir commis de graves erreurs en se défendant contre l'ennemi. Tous deux furent ainsi démis de leurs fonctions[22]. Xu Xi, qui était mort au combat, ne fut pas condamné par la Cour Song. Cependant, après le règne de Shenzong, lorsque les responsables de l'expansion territoriale restaient à déterminer, Xu Xi fut évoqué en tant qu'instigateur de la bataille de Yongle. Fan Zuyu établit une liste des « principaux coupables » qui avaient initié ou promu l'expansion territoriale sous le règne de Song Shenzong : « Wang Shao prit le Xihe. Zhang Dun mena les activités destinées à étendre le territoire vers les Cinq Rivières. Shen Qi perturba le Giao Chi. Shen Kuo, Xu Xi, Yu Chong et Chong E prirent l'initiative des opérations expansionnistes à l'ouest. À chaque endroit, le nombre de soldats et civils qui furent tués ou blessés dépassa 200 000. »[23]

19. *Xu Zizhi tongjian changbian*, juan 272, bingyin, janvier, neuvième année de l'ère Xining, p. 6658.
20. « Biographie de Guo Kui. » juan 290 dans *Song shi*. p. 9725.
21. *Xu Zizhi tongjian changbian*, juan 286, jiachen, décembre, dixième année de l'ère Xining, p. 7007.
22. *Xu Zizhi tongjian changbian*, juan 330, jiayin, octobre, cinquième année de l'ère Yuanfeng, p. 7948.
23. « Biographie de Fan Zuyu. » juan 337 dans *Song shi*. p. 10798.

## 2. L'interprétation politique concernant les résultats de l'expansion territoriale sous le règne de Song Shenzong

La dynastie Song sous Shenzong connut un échec incontestable, sur le plan tant militaire que politique dans les batailles contre les Xia occidentaux, alors que les avis divergent quant au résultat de sa guerre contre le Giao Chi. Comme nous l'avons mentionné précédemment, d'après Wang Zengyu, l'expansion territoriale sous le règne de Shenzong a échoué de manière globale. Dans leur article intitulé « La guerre de l'ère Xining et les relations entre les Song et le Vietnam », Huang Chunyan et Wang Xiaoning concluent également que la guerre entre la dynastie Song et le Giao Chi s'est terminée par l'échec de la première, qui visait à récupérer le second[24]. Pourtant, certains chercheurs en tirent une conclusion différente. Par exemple, selon Zhao Dixian, les réformes militaires de Wang Anshi, qui incluaient les guerres contre les Xia et le Giao Chi ainsi que la politique menée envers les Liao, furent un succès complet. De manière plus précise, la guerre contre le Giao Chi atteignit l'objectif de repousser l'invasion et de défendre le territoire[25]. Par ailleurs, Chen Zhaoyang pense que ce n'est pas le gouvernement Song qui provoqua cette guerre. De plus, il croit que celui-ci atteignit pleinement ses visées stratégiques à travers cette dernière. Face aux envahisseurs étrangers, il organisa les forces militaires pour les combattre résolument, et défendit la souveraineté de l'État et les intérêts du peuple. Chen précise également que, si les commandants tels que Shen Qi, avaient provoqué intentionnellement le Giao Chi sur ordre de Shenzong et Wang Anshi, la dynastie Song aurait dû au moins disposer de forces armées suffisantes pour se défendre, plutôt que de perdre trois préfectures l'une après l'autre en quelques dizaines de jours seulement, ce qui a créé une situation militaire extrêmement passive. En parallèle, elle n'aurait pas puni sévèrement Shen Qi et les autres[26].

Zhao Dixian et Chen Zhaoyang ont tous deux examiné la question du Giao Chi de manière isolée. D'une part, ils n'ont pas mis en relation le plan que Shenzong avait élaboré pour reprendre le Giao Chi et l'invasion de ce dernier chez les Song. D'autre part, la question du Giao Chi et le plan global d'expansion territoriale mené sous le règne de Shenzong ont également été traités de manière séparée. Selon la logique de ces auteurs, si la guerre contre les barbares avait constitué une victoire complète, les commandants auraient dû être récompensés au lieu d'être punis ; dans ce cas-là, la question de la responsabilité mentionnée ci-dessus n'aurait pas eu lieu d'être. De plus, c'est Shenzong qui initia les activités d'extension vers le Hehuang et les Xia occidentaux, ce qui ne suscite pas de divergences dans la communauté académique. Dans ce cas-là, ceux qui ne firent qu'exécuter l'ordre de l'empereur, comme Shen Kuo, Qu Zhen, Wang Shao et Xu Xi, n'auraient pas dû être blâmés ou punis. En outre, s'il avait suffi d'être bien préparé pour gagner une guerre, la bataille de Yongle n'aurait pas débouché sur une défaite désastreuse. L'ensemble de ces éléments

---

24. Xiamen daxue xuebao (« Journal de l'Université de Xiamen »). issue 6. 2006.

25. Zhao, Dixian. « Sur le succès de la réforme militaire menée par les réformistes des Song du Nord. » *Lishi yanjiu*. Issue 6. 1997.

26. Chen, Zhaoyang. « Études de la guerre de l'ère Xining entre les Song et le Giao Chi. » *Zhongguo shi yanjiu* (« *Journal des études historiques chinoises* »). Issue 2. 2012.

montre que l'analyse de la complexité de l'histoire ne peut pas être limitée à celle de la pure logique.

En effet, la culpabilité ou l'innocence de Shen Qi, de Liu Yi, de Wang Anshi et d'autres ne peut être discutée qu'en tenant compte du contexte de la culture politique de l'époque. L'invasion du Giao Chi fut à l'origine d'un réel désastre. Shen Qi et Liu Yi en étaient responsables de manière incontestable, à cause de leur hâte, de leurs préparatifs insuffisants et de leur méconnaissance de l'ennemi. Cependant, certains des crimes pour lesquels ils furent condamnés après la guerre correspondaient à des actions qui étaient inévitables au regard du plan que Shenzong avait déjà élaboré en vue de restaurer les anciens territoires. Ce fut notamment le cas pour le troisième crime de Shen Qi et pour les deuxième et troisième péchés de Liu Yi. Shen Qi demanda à bénéficier de la même autorité que le commissaire militaire du Shaanxi pour gérer les affaires frontalières, et émit le souhait d'envoyer des gens au Giao Chi pour se renseigner. Shenzong a accepté l'ensemble de ces demandes. Par ailleurs, il ordonna à Shen Qi de se préparer en secret à l'attaque du Giao Chi, et ne fît de rapport à aucune autre personne que lui-même[27]. Avant l'invasion du Giao Chi en novembre de la huitième année de l'ère Xining (1075), Shenzong avait eu l'intention de le reprendre : cela faisait partie de son projet d'expansion territoriale. Shen Qi, qui était chargé de planifier cette reprise, ne transmit donc pas de faux décret impérial (premier crime, voir ci-dessus). En ce qui concerne le deuxième crime, qui consistait à recruter Nong Shanmei, Shen soumit un rapport à Shenzong : « Le préfet d'Enqing Nong Shanmei veut se rendre aux Song. S'il n'est pas accepté, il sera tué par le Giao Chi ». Shenzong lui répondit : « Recrutez-le et traitez-le avec générosité et attention. »[28] Ainsi, l'empereur approuva le recrutement de Nong Shanmei. Si Shen fut condamné pour ce crime, ce fut parce qu'il effectua enfin sa mise en œuvre après le mois de février de la septième année de l'ère Xining (1074), lorsque la défaite de l'armée de Jing Sili conduisit Shenzong à ordonner de suspendre les activités expansionnistes dans le sud pour canaliser les forces vers le nord. De la même manière, si Liu Yi retira les troupes impériales (premier crime, voir ci-dessus), ce fut parce qu'il en avait reçu l'ordre de Shenzong. Sous la dynastie Song, le pouvoir militaire se partageait entre trois entités séparées : le *sanya,* qui contrôle l'armée, la Cour des Affaires militaires, qui déplace les troupes, et l'empereur, qui les commande. La Cour ne pouvait envoyer des forces militaires qu'avec le consentement de l'empereur, qui était le commandant suprême. Dans ce cas-là, il était impossible pour Liu Yi, un simple fonctionnaire local, de transférer sans permission 10 000 soldats réguliers du Guangxi vers le nord. Ainsi, l'argument de Chen Zhaoyang, selon lequel ce fut Liu Yi qui initia le déplacement des troupes, témoigne de son manque de connaissance du système militaire des Song. En outre, le transfert des soldats réguliers du Guangxi se fit dans le contexte suivant : Shenzong ordonna, en février de la septième année de l'ère Xining, de renvoyer des troupes cantonnées au sud vers le nord pour y soutenir les activités d'expansion. Chen Zhaoyang négligea également ce contexte et ce lien[29].

---

27. *Xu Zizhi tongjian changbian*, juan 244, wuyin, avril, sixième année de l'ère Xining, p. 5933.

28. *Xu Zizhi tongjian changbian*, juan 259, jiwei, janvier, huitième année de l'ère Xining, p. 6324.

29. Huang, Chunyan. « L'expansion territoriale de Song Shenzong au nom de "l'ancien territoire des dynasties Han et Tang". » *Lishi yanjiu*. Issue 1. 2016.

Ainsi, si Shen Qi et Liu Yi furent accusés d'être les principaux responsables de l'invasion du Giao Chi et de la guerre de l'ère Xining, ce fut simplement pour se renvoyer la balle. D'une part, les lourdes pertes causées par l'invasion du Giao Chi, ainsi que l'échec total de la dynastie Song pendant la guerre de l'ère Xining, exigeaient que quelqu'un assume la responsabilité. Comme Shen Qi et Liu Yi causèrent indirectement la mort de centaines de milliers d'hommes, ils furent démis à vie de leurs fonctions, et naturellement tenus pour responsables[30]. D'autre part, la contre-attaque de la dynastie Song contre le Giao Chi était imminente, et il était nécessaire d'établir une autorité qui permette de donner des avertissements. De cette manière, la punition de Shen Qi et Liu Yi servait à faire savoir à ceux qui allaient partir en expédition dans le sud que la loi de l'empereur était claire. Ainsi bouleversés et avertis, ils ne feraient que se dévouer pour la victoire de la guerre. Comme il a été dit : « 100 000 généraux et soldats sont sur le point d'aller à la conquête du Giao Chi. En ce moment, une punition sévère sert à renforcer l'autorité impériale. »[31] En vertu de la politique impériale, l'empereur ne devait pas assumer la responsabilité. Le trône était censé être légitime et sacré ; ainsi, il ne fallait pas laisser le fils du Ciel Song Shenzong assumer cette responsabilité.

Pour la même raison, Wang Anshi fut rendu responsable des activités expansionnistes dans l'ère Xining, ainsi que de la chute de la dynastie Song. Aujourd'hui, influencés par le « politiquement correct » pour la compréhension des réformes de Wang Anshi, certains chercheurs ont amplifié le rôle de celui-ci dans la politique de l'ère Xining[32]. Ces dernières années, les chercheurs ont mené une nouvelle réflexion sur la relation entre Song Shenzong et Wang Anshi dans le cadre de cette politique, en soulignant que l'empereur y joua un rôle prédominant. De plus, même avant les réformes de Xifeng, il en avait déjà eu l'idée, en vue d'enrichir l'État et de renforcer sa puissance militaire[33]. En effet, Shenzong était l'initiateur et le décideur du plan visant à récupérer le Xihe, les Xia occidentaux et le Giao Chi ; Wang Anshi n'en était que le partisan. Afin de dévoiler les faits historiques masqués par l'écran de fumée politique, il est nécessaire de sortir des confins du monde ancien et moderne, et enlever à Wang Anshi l'aura et le blâme. Sous le système politique dictatorial de la dynastie Song, si Wang Shao, Zhang Dun, Shen Qi, Chong E, Xu Xi et d'autres fonctionnaires frontaliers n'avaient pas été autorisés par l'empereur, ils n'auraient pas pu mener des activités expansionnistes à long terme, qui étaient planifiées et successives, tout comme Liu Yi n'aurait pas eu le pouvoir de transférer les soldats réguliers du Guangxi. Il suffit de connaître le système militaire et politique de la dynastie Song pour comprendre cette idée. Wang Anshi l'a

---

30. *Xu Zizhi tongjian changbian*, juan 373, jimao, mars, première année de l'ère Yuanyou, p. 9027.

31. *Xu Zizhi tongjian changbian*, juan 273, gengyin, février, neuvième année de l'ère Xining, p. 6639.

32. Les chercheurs tels que Wang Zengyu et Wang Shengduo ont mené une réflexion approfondie sur ce sujet. Voir Wang, Zengyu. « Apeçu des réformes de Wang Anshi. » *Zhongguo shehui kexue*. Issue 3. 1980. Wang, Shengduo. « Wang Anshi est-il un réformateur économique ?. » *Xueshu yuekan* (« *Mensuel académique* »). Issue 6. 1989.

33. Cf. Cui, Yingchao. « Une analyse du rôle de Song Shenzong dans les réformes de Xifeng. » *Jinan xuebao* (« *Journal de Jinan* »). Issue 3. 2004 ; « Le brassage des réformes de Xifeng. » *Gansu shehui kexue* (« *Sciences sociales du Gansu* »). Issue 5. 2002. Li, Huarui. « Recherches sur les rôles respectifs de Song Shenzong et Wang Anshi dans les affaires d'État. » *Wen shi zhe* (« *Journal de littérature, histoire et philosophie* »). Issue 1. 2008.

également fait constater : « Bien que les soldats ne soient pas directement commandés par la cour impériale, les affaires frontalières sont sous la juridiction de l'empereur. »[34] En d'autres termes, les fonctionnaires frontaliers commirent certainement diverses erreurs dans la mise en œuvre, mais ils n'étaient pas les décideurs du plan visant à étendre le territoire. Que la responsabilité ultime fût attribuée à Wang Anshi ou à d'autres fonctionnaires frontaliers est une interprétation principalement politique, qui permettait que la faute n'incombe pas à l'empereur.

Désormais, il est nécessaire d'explorer le nom sous lequel la dynastie Song procéda aux opérations militaires à la frontière, ainsi que la question de la responsabilité des barbares. Se croyant héritière des Han et des Tang, la dynastie des Song du Nord se distinguait des barbares tels que les *Man, Yi, Rong* et *Di* dans les relations diplomatiques. Elle devait, selon elle, bénéficier d'un statut supérieur et dominant. À l'exception de la famille Yelü, tous les barbares devraient être des vassaux placés sous le système de *Jimi*[35]. Ceux qui n'étaient pas soumis au *Zhongguo* (littéralement « pays du Milieu ») lui feraient honte[36]. En d'autres termes, en dehors de son statut d'égal avec les Liao, la dynastie Song considérait être dans une relation de souveraineté et de vassalité avec tous les autres régimes et nations. Selon ce postulat théorique, l'extension territoriale des Song vers les quatre barbares serait légitime et justifiée : d'un côté, il s'agissait de punir les vassaux rebelles, et de l'autre de récupérer les anciennes terres. Par exemple, Song Shenzong déclara que, si des opérations militaires contre le Giao Chi furent menées, c'était parce que (Li) Qiande défiait l'autorité impériale[37]. De même, l'édit que Wang Anshi écrivit au sujet de l'attaque contre le Giao Chi énonçait : « Le Giao Chi envahit les villes, massacre les habitants, et enfreint les lois. Ces crimes sont impardonnables, ce qui justifie les opérations militaires de la cour Song contre lui. »[38] C'était également pour punir les Xia occidentaux que la dynastie Song procéda aux activités militaires contre ces derniers. En répondant aux Liao, Shenzong énuméra trois crimes des Xia : premièrement, des troubles civils y eurent lieu et leur souverain fut emprisonné ; deuxièmement, ils manquèrent de respect lorsqu'ils reçurent de la part des Song, un contre-don ou des cadeaux d'anniversaire ; troisièmement, ils envoyèrent des dizaines de milliers de soldats perturber les frontières[39].

Le Gao Chi et les Xia furent les premiers à déclencher les hostilités, ce qui donna une raison aux Song pour partir à leur conquête. Cependant, comme nous pouvons le constater, la dynastie Song avait déjà projeté de les reconquérir bien avant l'invasion de ces deux régimes. En menant à grande échelle les activités expansionnistes et en rétablissant la relation avec le Goryeo, qui avait

---

34. *Xu Zizhi tongjian changbian*, juan 214, wuwu, août, troisième année de l'ère Yuanyou, p. 5197.

35. Il s'agissait d'un système administratif sous lequel les dirigeants barbares, soumis à l'autorité centrale des Hans, gardaient leur statut d'origine et exerçaient chacun le pouvoir autonome dans leur fief. (note du traducteur)

36. « Discussions sur la soumission des Xia : sincère ou hypocrite. » juan 8 dans Yin Zhu. *Henan xiansheng wenji* (« *Recueil de M. Henan* »). tome 821 dans *Sibu congkan chubianben*.

37. « Shenzong et la conquête du Giao Chi. » juan 17 dans Peng Baichuan. *Taiping zhiji tonglei* (« *Mémoriaux du règne de l'empereur dans l'ère Taiping Xingguo* »). tome 408 dans *Siku Quanshu*, Wenyuan Ge. Taipei : The Commercial Press, 1990. p. 446.

38. *Xu Zizhi tongjian changbian*, juan 271, guichou, décembre, huitième année de l'ère Xining, p. 6651.

39. *Xu Zizhi tongjian changbian*, juan 315, bingyin, août, quatrième année de l'ère Yuanfeng ; juan 322, guimao, janvier, cinquième année de l'ère Yuanfeng, p. 7626 et p. 7765.

été interrompue depuis longtemps, la dynastie Song savait pertinemment que, si les Khitans en étaient informés, ils ne fermeraient pas les yeux sur ces éléments[40]. En parallèle, les Liao ressentaient clairement la menace : « Une fois les Xia conquis, le Youyan sera la prochaine cible. »[41] Bien que la dynastie Song soulignât que ses opérations militaires contre les Xia consistant à les punir n'avaient rien à voir avec les Liao, ces derniers n'y crurent pas. Sachant que, pour vaincre l'ennemi, il faudrait frapper les premiers, ils ne cessèrent de contrarier le projet d'expansion territoriale des Song[42], comme ils l'avaient fait à l'ouest en perturbant les activités d'extension vers le Hehuang. En faisant alliance par le mariage avec Dong Zhan, les Liao gagnèrent l'empire du Tibet et les Xia qui placeraient la dynastie Song entre le marteau et l'enclume. De plus, les Liao envoyèrent des émissaires pour aider les Xia à se réconcilier avec Dong Zhan. Pour qualifier ces actes des Khitans, Shenzong déclara : « C'est comme travailler les champs des autres tout en laissant à l'abandon les siens. »[43] Dans le nord, les Liao firent obstacle aux activités expansionnistes des Song grâce à des moyens comme le déplacement des postes militaires et la dispute sur le territoire frontalier[44]. Dans la même tentative, ils rassemblèrent des troupes à la frontière, au moment où la dynastie Song était engagée dans la conquête du Giao Chi. En multipliant les incidents, les Liao essayèrent de faire pression sur la dynastie Song. Face à cela, Shenzong ordonna à Guo Kui de terminer le plus vite possible l'opération militaire dans le sud[45]. Selon l'analyse des Song, ces manœuvres des Liao traduisaient qu'ils voulaient en retirer un maximum d'avantages, alors que leur grand ennemi s'affairait aux combats. Dès le début de son règne, Shenzong se concentra sur les activités expansionnistes. Quelques décennies plus tard, la dynastie Song, devenue plus puissante, viserait la région de Youyan. À ce moment-là, il serait trop tard pour les Khitans : ils ne pourraient pas repousser les Song. Dans cette optique, les Liao préféraient agir avant que leur ennemi ne devînt trop fort[46].

Si ce fut effectivement le cas d'une grande puissance comme la dynastie Liao, il aurait été encore plus improbable que les Xia occidentaux et le Giao Chi, cibles des activités expansionnistes des Song, ne réagissent pas et ne se préparassent pas. En effet, les petits régimes voisins, comme le Giao Chi, les Xia et le Goryeo, se montraient bien plus attentifs et vigilants aux mouvements

---

40. Han, Qi. « Rapport destiné à Shenzong à propos des affaires du Nord. » juan 137 dans *Songchao zhuchen zouyi* (« *Rapports des fonctionnaires destinés aux empereurs des Song* »). Shanghai : Shanghai guji chubanshe, 1999. p. 1541.

41. *Xu Zizhi tongjian changbian*, juan 220, gengwu, février, quatrième année de l'ère Xining, p. 5351.

42. Han, Qi. « Rapport destiné à Shenzong à propos des affaires du Nord. » juan 137 dans *Songchao zhuchen zouyi*. p. 1541.

43. *Xu Zizhi tongjian changbian*, juan 250, gengchen, février, septième année de l'ère Xining ; juan 325, jisi, avril, cinquième année de l'ère Yuanfeng ; juan 338, jimao, août, sixième année de l'ère Yuanfeng, p. 6092, p. 7822 et p. 8139.

44. *Xu Zizhi tongjian changbian*, juan 235, jiawu et wuzi, juillet, cinquième année de l'ère Xining ; juan 238, bingwu, septembre, cinquième année de l'ère Xining ; juan 248, wuwu, novembre, sixième année de l'ère Xining, p. 5701, p. 5709, et pp. 6046-6047.

45. *Xu Zizhi tongjian changbian*, juan 276, renzi, juin, neuvième année de l'ère Xining, p. 6757.

46. *Xu Zizhi tongjian changbian*, juan 220, gengwu, février, quatrième année de l'ère Xining ; juan 238, bingwu, septembre, cinquième année de l'ère Xining, p. 5351et p. 5787.

des Song et des Liao que ces deux grandes puissances ne l'étaient aux leurs. Lors de la sixième année de l'ère Xining (1073), alors que l'extension des Song vers le Hehuang battait son plein, les Xia se préparèrent vigoureusement à la guerre en entreprenant, par exemple, la fortification de Liangzhou[47]. Lors de la quatrième année de l'ère Yuanfeng (1081), une période encore éloignée de la date que la dynastie Song avait fixée pour son expédition vers l'ouest, les Xia commencèrent à rassembler leurs troupes à grande échelle. Les routes du Shaanxi signalèrent les unes après les autres l'arrivée de l'armée des Xia. Ces derniers envoyèrent dans un premier temps 20 000 hommes pour attaquer la dynastie Song. Face à cela, Shenzong déclara : « Nous n'avons jamais envahi les Xia tandis qu'ils envoient une grande armée pour nous attaquer, ce qui nous donne un motif de plus pour mener la guerre contre eux. »[48] Autrement dit, l'invasion des Xia ne faisait que légitimer davantage les opérations militaires qu'entreprenait la dynastie Song en vue d'étendre ses frontières.

De même, les activités d'envergure des Song au Guangxi, qui consistaient à préparer la conquête du Giao Chi, faisaient croire à ce dernier qu'il en serait la cible. Pour justifier son invasion de la dynastie Song, le Giao Chi saisit les prétextes suivants : « C'est pour mettre la main sur les rebelles réfugiés aux Song. » ; « Les *Dongding* sont rassemblés et entraînés à Guizhou » ; « C'est pour libérer les paysans endettés et appauvris par la mise en application de la loi des "pousses vertes" (*qingmiao fa*) et de celle sur la corvée (*zhuyi fa*) »[49] ; « Nous n'avons pas eu l'intention d'envahir la Chine et c'est l'un des vôtres qui nous y incite. » En ce qui concernait ce dernier prétexte, le Giao Chi faisait allusion à Xu Baixiang, un lettré originaire du Lingnan (sud des Cinq Chaînes), qui proposa de frapper le premier plutôt que d'attendre d'être conquis par les Song[50]. Ce fut à travers ces prétextes que le Giao Chi réagit aux activités que la dynastie Song menait depuis des années durant dans le but de le conquérir. Depuis le règne de l'empereur Renzong, les relations entre ces deux pays n'avaient cessé de se dégrader. Le Giao Chi cherchait toujours à contrôler le royaume de Champā, et rivalisait avec le Chenla, tout en empiétant sur les Song au nord[51]. Ainsi, l'expansion du Giao Chi suscita des tensions avec la dynastie Song, et le premier déclara la guerre à la seconde. Cependant, cela ne pouvait pas nier l'existence et la mise en œuvre du plan de Shenzong, qui visait à récupérer le Giao Chi. L'expansion vietnamienne d'un côté et les activités de reprise des Song de l'autre contribuèrent ensemble à faire éclater la guerre entre les deux pays.

---

47. *Xu Zizhi tongjian changbian*, juan 244, dingyou, avril, sixième année de l'ère Xining, p. 5943.

48. *Xu Zizhi tongjian changbian*, juan 313, renwu, juin, quatrième année de l'ère Yuanfeng ; juan 315, xinyou, xinwei et gengchen, août, quatrième année de l'ère Yuanfeng, p. 7593, p. 7621 et p. 7633.

49. *Xu Zizhi tongjian changbian*, juan 271, guichou, décembre, huitième année de l'ère Xining, p. 6651.

50. Juan 13 dans Sima Guang. *Sushui jiwen* (« *Notes de Sushui* »). Zhengzhou : Daxiang chubanshe (Presse d'éléphant), 2003. p. 163.

51. Dans « Études des relations entre la dynastie Song et le Giao Chi » (*Zhongguo bianjiang shidi yanjiu* (« *Études de l'histoire et de la géographie de la frontière chinoise* »). Issue 2. 1991.), Su Guanchang signale les causes de la guerre de l'ère Xining : d'une part, elle était liée à l'expansion du Giao Chi et son invasion de la dynastie Song ; d'autre part, la seconde avait pris depuis l'ère Huangyou des mesures ridicules envers le premier. Par ailleurs, Huang Chunyan et Wang Xiaoning soulignent également l'impact du projet de récupération initié par Shenzong (« La guerre de l'ère Xining et les relations entre les Song et le Vietnam. » *Xiamen daxue xuebao*. Issue 6. 2006).

À travers le discours de « l'ancien territoire des dynasties Han et Tang », les opérations de récupération des Song furent fondées. Ainsi, ce fut sous la bannière de « reprise du Helong » que la dynastie Song lança les activités d'extension vers le Xihe. Même Fu Bi, qui avait persuadé Shenzong de ne pas s'engager dans la guerre pendant 20 ans, était en faveur de cette initiative : « C'est une bonne chose pour notre pays de restaurer les anciennes frontières ».[52] La quatrième année de l'ère Yuanfeng, les Xia attaquèrent la dynastie Song, ce qui ne faisait que légitimer davantage les opérations qu'avait prévues cette dernière depuis longtemps, en vue de reconquérir les premiers. En d'autres termes, le fait que les Xia lancent l'attaque ou non n'aurait pas affecté la mise en œuvre du plan de restauration de la dynastie Song. À ce sujet, Wang Anshi s'exprima de manière plus directe :

> Si notre puissance était suffisante pour conquérir les Xia, cela ne poserait aucun problème de trouver un prétexte. Lorsque nous exerçons les droits naturels du gouvernement central, ceux qui s'y opposent sont censés être attaqués. Si les Xia qui nous ont déclaré leur soumission ne viennent pas rendre hommage, nous pouvons le saisir comme prétexte pour les attaquer. Cependant, d'après moi, ce qui inquiète, ce n'est pas le manque de prétexte, mais celui de la force pour les dompter.

Shenzong était d'accord avec lui[53]. Ainsi, lorsque Wen Yanbo demanda sous quel nom il devait déclencher la guerre contre la dynastie Liao, Shenzong et Wang Anshi répondirent tous deux la même chose : « Le principal enjeu n'est pas de trouver un bon prétexte, mais plutôt un ensemble de puissances. »[54] Puisque la dynastie Song se considérait comme l'héritière des dynasties Han et Tang, elle s'octroyait naturellement le pouvoir de gouverner tous les régimes, Hans et barbares confondus. Sur cet aspect, quelle que soit la nature de la guerre, la dynastie Song ne serait jamais incriminée. Cela implique que, si les Xia et le Giao Chi ne se soumettaient pas, elle aurait le droit de procéder au recouvrement des territoires.

## 3. La logique historique et le discours moderne portés sur les relations internationales en Asie de l'Est ancienne

Comme l'écrit Chen Zhaoyang dans son article, « afin de renforcer les frontières, Shen Qi et Liu Yi prirent tous deux une série d'initiatives ». Il poursuit : « Pour un État souverain, il n'y avait rien de mal à renforcer la frontière et à mener des exercices militaires. C'était juste les opposants à Wang Anshi qui considéraient ces deux hommes comme auteurs des troubles frontaliers. » Le même auteur affirme : « L'entraînement des *Dongding*, et la mise en application de la loi des

---

52. *Xu Zizhi tongjian changbian*, juan 276, renzi, juin, neuvième année de l'ère Xining, p. 6753.
53. *Xu Zizhi tongjian changbian*, juan 237, renwu, août, cinquième année de l'ère Xining, p. 5760.
54. *Xu Zizhi tongjian changbian*, juan 238, dingwei, septembre, cinquième année de l'ère Xining, p. 5791.

"pousses vertes" et de celle sur la corvée relevaient des affaires intérieures de la dynastie Song. Le Giao Chi n'avait pas autorité pour aller sur le territoire des Song pour "sauver les paysans". En réalité, le soi-disant sauvetage s'avérait être un véritable massacre. » Ainsi, selon Chen Zhaoyang, l'acte du Giao Chi qui critiquait les réformes de Wang Anshi représentait une ingérence dans les affaires internes de la dynastie Song. Deux concepts sont abordés ici : ceux d'« État souverain » et d'« ingérence dans les affaires intérieures ». Le même article indique également que « depuis le règne de Shenzong, Lý Thánh Tông se proclama empereur, ce qui signifiait que le Giao Chi avait la pleine conscience et la capacité d'un État souverain indépendant »[55]. Chen Zhaoyang n'est pas le seul à traiter de la guerre entre les Song et le Vietnam en utilisant des termes modernes tels que « État souverain » et « ingérence dans les affaires intérieures ». De même, Su Guanchang souligne que le conflit opposant le Giao Chi à la dynastie Song dans l'ère Taiping Xingguo fut causé par l'intervention de la seconde dans les affaires intérieures du premier[56]. Plus précisément, la cinquième année de l'ère Taiping Xingguo (980), l'empereur Song Taizong utilisa l'usurpation de Lê Hoàn comme prétexte pour lancer une guerre contre le Giao Chi. Il le fit dans la tentative de restaurer ce dernier comme comté, ce qui constitue, selon le chercheur Su, une ingérence dans les affaires intérieures. Selon cette simple logique, ces interprétations semblent valables et correctes. Cependant, en réalité, cela correspond à expliquer l'histoire en utilisant des termes modernes qui font fi de la logique historique. Nous ne nions pas les jugements de ces chercheurs sur la guerre entre les Song et le Vietnam ; nous souhaitons simplement souligner qu'il est préférable de commenter les événements historiques en nous appuyant sur la logique de l'histoire.

Le concept d'État souverain et le principe de non-ingérence dans les affaires intérieures sont fondamentaux dans les relations internationales modernes. Le principe de non-intervention dans les affaires internes a été présenté pour la première fois dans le pacte de la Société des Nations, qui fut signé en 1919. Ce dernier dispose que les événements qui relèvent essentiellement de la juridiction intérieure d'un État ne peuvent pas être inscrits à l'ordre du jour d'autres États ou organisations internationales, et que ceux-ci n'ont pas le droit d'y intervenir[57]. Ce principe est essentiel au droit international, et découle de celui de la souveraineté des États. Les traités de Westphalie signés en 1648 ont marqué la naissance de l'État souverain moderne, et le pacte de la Société des Nations de 1919 ainsi que la Charte des Nations Unies de 1945 ont confirmé et renforcé le principe de souveraineté nationale[58]. Selon ces principes, l'anarchie est considérée

---

55. Chen, Zhaoyang. « Études de la guerre entre les Song et le Giao Chi à la fin de l'ère Xining. » *Zhongguo shi yanjiu*. Issue 2. 2012. En outre, le Giao Chi devint un État indépendant depuis Đinh Bộ Lĩnh, qui en était le premier empereur. Les expressions des titres conférés à Lê Hoàn et à Li Gongyun indiquent que l'auteur ne connaît pas très bien le statut politique du Giao Chi par rapport à la dynastie Song et le système définissant les titres que la seconde octroya au dirigeant du premier.

56. Cf. Su, Guanchang. « Études des relations entre la dynastie Song et le Giao Chi ».

57. Wang, Qinghai et Zhang, Lantu. « Nouvelle théorie sur le concept des affaires intérieures et sur le principe de non-ingérence dans les affaires intérieures en droit international. » *Jilin daxue shehui kexue xuebao* (« *Journal des sciences sociales de l'Université du Jilin* »). Issue 4. 2001.

58. Liu, Rui. « Sur le principe de non-ingérence dans les affaires intérieures en droit international. » *Fazhi yu shehui* (« *Le système juridique et la société* »). Issue 1. 2009.

comme la conception de base, ou l'hypothèse théorique des relations internationales. D'après cette théorie, les relations entre les États sont horizontales et égalitaires, plutôt que verticales et hiérarchiques. Néanmoins, il existe une hiérarchie de fait dans les relations internationales, en raison des différences en matière économique ou militaire. Cette hiérarchie est née des échanges nécessaires entre les États. En effet, un pays qui dispose des avantages militaires ou économiques bénéficie en théorie de « l'autorité relationnelle ». Ainsi, cette hiérarchie de fait est théoriquement en contradiction avec la conception de base des relations internationales modernes, qui sont anarchiques[59].

En revanche, le concept de la distinction entre les Hans et les barbares était fondamental dans les relations internationales en Asie de l'Est ancienne. Les Hans, qui se distinguaient des barbares, se croyaient supérieurs à ces derniers. Les dynasties, qui se prétendaient légitimes sur le territoire chinois, établirent une relation tributaire avec d'autres, qui leur prêtaient allégeance. Dans ce contexte, il était raisonnable et indispensable d'établir un système de relations internationales, à savoir le système tributaire. Ce dernier, qui était basé sur la distinction entre les Hans et les barbares, était vertical et hiérarchique. La dynastie Song se considérait comme le successeur légitime des dynasties Han et Tang. À l'exception des Liao, qui bénéficiaient d'un statut égal à celui des Song après la signature du traité de Shanyuan, tous les autres pays et régimes étaient censés faire acte d'allégeance à ces derniers à travers la pratique des rituels et l'acceptation de titres officiels. Il est donc possible de constater que les relations internationales modernes, basées sur le concept d'État souverain et le principe de non-ingérence dans les affaires intérieures, sont horizontales et égalitaires, tandis que celles qui sous-tendaient l'Asie de l'Est ancienne étaient régies par la conception de la distinction entre les Hans et les barbares, et donc davantage verticales et hiérarchiques. La différence fondamentale entre ces contextes réside dans ce point.

Il convient cependant de signaler que, dans les relations internationales réelles, la distinction entre les Hans et les barbares n'était pas absolue. En revanche, ce concept était flexible et variable selon les circonstances. Par exemple, après de nombreuses batailles, et en particulier la lourde défaite de la guerre de l'ère Yongxi, la dynastie Song se rendit compte que, soumettre les Liao afin d'unifier les Hans et les barbares constituait un objectif irréalisable. Ainsi, elle décida de se concentrer sur ses affaires intérieures et reconnut la dynastie Liao comme son égal à travers la signature du traité de Shanyuan. Ainsi, le concept de distinction entre les Hans et les barbares céda la place à la réalité des rapports de force. La deuxième année de l'ère Qingli (1042), la dynastie Liao réclama la terre de Guannan, et Fu Bi alla négocier. Il apporta avec lui deux lettres de créance et trois lettres de serment, envisageant ainsi plusieurs possibilités : « Si le mariage était possible, nous ferions alliance avec les Liao. Si ces derniers pouvaient convaincre les Xia de nous prêter allégeance, nous augmenterions de 200 000 taëls d'argent le montant que nous devons payer chaque

59. Cf. Xiong Jie. *Wuzhengfu zhuangtai yu shijie zhixu* (« *Anarchie et ordre mondial* »). Hangzhou : Zhejiang renmin chubanshe (Maison d'édition du peuple du Zhejiang), 2001 ; David Lake (États-Unis). *Guoji guanxi zhong de dengjizhi* (« *Hiérarchie dans les relations internationales* »). Shanghai : Shanghai renmin chubanshe (Maison d'édition du peuple de Shanghai), 2013.

année aux Liao ; autrement, de 100 000 taëls. »[60] Ici, nous remarquons que la dynastie Song, tout en se distinguant des barbares, ne s'interdit pourtant pas de former des liens de parenté avec eux. De même, alors que les Xia occidentaux, le Giao Chi et le royaume de Dali respectaient le système tributaire imposé par la dynastie Song, ils pratiquaient tous le système impérial sur leurs propres territoires. La dynastie Song ne rompit pas avec eux pour autant, ni n'essaya de changer leurs pratiques par la force. Cela montre que le concept de distinction entre les Hans et les barbares était, aux yeux des Song, flexible et variable selon les circonstances. En réalité, les États vassaux portaient différents regards sur le système tributaire prescrit par la dynastie Song : certains le suivaient tant à l'extérieur qu'à l'intérieur, et certains, comme les Xia occidentaux, l'acceptaient formellement, mais pratiquaient à leur gré le système impérial chez eux. D'autres ne pouvaient ni le comprendre ni le respecter. Le plus souvent éloignés de la dynastie Song, ces pays présentaient de grandes différences culturelles avec cette dernière, et n'avaient aucun besoin politique d'elle. Cependant, aux yeux des Song, tous ces États tributaires étaient ses vassaux[61]. Les Xia occidentaux et le Giao Chi étaient considérés comme faisant partie de « l'ancien territoire des dynasties Han et Tang ». C'était également la raison pour laquelle Song Shenzong les avait inscrits dans son projet d'expansion territoriale, alors que ces deux régimes traitaient différemment le système tributaire établi par la dynastie Song : à l'extérieur, ils le respectaient, tandis qu'à l'intérieur, ils mettaient en place le système impérial.

Ainsi, dans leurs relations avec la dynastie Song, les États vassaux tels que les Xia occidentaux et le Giao Chi reconnaissaient leur statut inférieur et la supériorité de cette dernière. Dès le début de leurs relations, le dirigeant du Giao Chi reçut le titre de « roi de commanderie » de la part de l'empereur Song, avant d'être promu « roi de Nanping », puis « roi de Nanyue » après sa mort. Avant l'ère Qingli, le titre de roi de Xiping était réservé au dirigeant des Xia. Six autres titres officiels étaient également attribués, tels que *tejin*, *sangong* (« trois ducs »), *jiedushi* (« gouverneur militaire régional ») et *shangzhuguo*[62]. En se présentant devant l'empereur Song, les envoyés des Xia, qui étaient d'un rang inférieur, effectuaient des génuflexions et des prosternations. Ces rituels étaient également suivis par les autres États tributaires, tels que le Giao Chi et le Goryeo.[63] En parallèle, l'empereur Song, qui se considérait à la fois comme le maître des Hans et des barbares, n'hésitait pas à recourir à la force armée pour punir les vassaux « révoltés ». C'était ce qu'avaient fait Taizong envers le Giao Chi lors de la cinquième année de l'ère Taiping Xingguo (980), et Shenzong face aux Xia durant la quatrième année de l'ère Yuanfeng (1081). Les Xia, le Giao Chi et le Goryeo respectaient tous lesdits rituels dans leurs rapports avec la dynastie Song. Bien qu'ils

---

60. *Xu Zizhi tongjian changbian*, juan 137, guihai, septembre, deuxième année de l'ère Qingli, p. 3291. « Xingzong (II). » juan 19 dans *Histoire des Liao*. p. 227.

61. Huang Chunyan. *Songdai chaogong tixi yanjiu* (« *Études du système tributaire à l'époque des Song* »). Beijing : The Commercial Press, 2014. p. 462.

62. Huang, Chunyan. « Le système définissant les différents titres officiels des États vassaux de la dynastie Song. » *Xiamen daxue xuebao*. Issue 4. 2013.

63. Huang Chunyan. *Songdai chaogong tixi yanjiu*. Beijing : The Commercial Press, 2014. p. 372.

se défendissent farouchement contre cette dernière, ils ne remirent pas en question sa légitimité et sa supériorité.

Ainsi, les principes modernes de l'égalité souveraine des États et de non-ingérence dans les affaires intérieures sont difficilement applicables aux relations internationales en Asie de l'Est ancienne. Cependant, même à l'époque des Song, si deux États faisaient jeu égal, il aurait également été inacceptable qu'ils s'octroient des titres officiels les uns aux autres. Par exemple, les dynasties Song et Liao arrivèrent à s'affirmer comme étant égales grâce à la signature du traité de Shanyuan. Des lettres de créance furent échangées en lieu et place des décrets impériaux. Le titre d'empereur fut utilisé par chacune des deux parties. Le calendrier de chaque camp fut conservé, et aucun titre officiel ne devait être octroyé à leurs envoyés. La première année de l'ère Xuanhe (1119), les envoyés de la dynastie Jin, qui incuaient Li Shanqing et San Duo, se rendirent à Kaifeng. L'empereur Song Huizong désigna le premier pour le poste de *xiuwulang*, le second comme *congyilang* et Bo Da en tant que *bingyilang*, en leur accordant un salaire complet. San Duo accepta également le titre de *tuanlianshi* (« chef de milice locale ») de la part de l'empereur Song[64]. Ces désignations signifiaient que la dynastie Song traitait les envoyés des Jin ainsi que leur dirigeant comme ses subordonnés. Quand Li Shanqing et les autres furent retournés aux Jin, l'empereur Taizu se mit très en colère et les fit flageller avant de les révoquer[65]. En revanche, les rapports entre la dynastie Song et ses deux États tributaires, à savoir le Giao Chi et les Xia occidentaux, qui acceptaient les titres et les cérémonies rituelles symbolisant leur infériorité par rapport à la puissance dominante, traduisaient des concepts et principes peu compatibles avec l'égalité souveraine des États et la non-ingérence dans les affaires intérieures appliquées dans les relations internationales modernes.

Selon le concept de distinction entre les Hans et les barbares et le discours de « l'ancien territoire des dynasties Han et Tang », le Giao Chi et les Xia occidentaux étaient tous deux des « comtés chinois », qui existaient temporairement hors de la carte, et qui faisaient l'objet de « récupération ». De Taizu jusqu'à Shenzong, la dynastie Song caressa l'ambition de restaurer ces deux régimes en tant que comtés. Taizong échoua à atteindre cet objectif. Lorsque Yuanhao se proclama empereur, la dynastie Song fut déterminée à écraser les Xia par la force. En dépit de l'échec, elle continua à considérer les Xia comme faisant partie de « l'ancien territoire des dynasties Han et Tang ». Shenzong remit à l'ordre du jour la « récupération » du Giao Chi et des Xia, mais elle fut également sans issue. La dynastie Liao chercha à entraver le projet de « restauration » des Song par divers moyens, mais elle ne remit pas en question sa légitimité.

Finalement, le principe de distinction entre les Hans et les barbares fut reconnu et suivi dans les relations entretenues entre la dynastie Song et ses subordonnés, y compris le Giao Chi, les Xia occidentaux, l'empire du Tibet, l'Armée Guiyi et le Goryeo. La dynastie Song conféra des

---

64. « Zhenxuan Shangzhi (III). » juan 3 (dingsi, le 10 janvier, deuxième année de l'ère Chonghe) dans *Sanchao beimeng huibian* (« *Annales des relations avec les Jin sous trois empereurs des Song* »). Shanghai : Shanghai guji chuabanshe, 1987. p. 16.

65. « Mémoires de l'empereur Taizu. » juan 2 dans *Jin shi* (« *Histoire des Jin* »). Beijing : Zhonghua shuju, 1975. p. 33.

titres officiels à ses districts militaires du Giao Chi, des Xia et de l'empire du Tibet. Ces trois régimes, qui pratiquaient en leur sein le système impérial, reconnurent la supériorité de la dynastie Song à l'extérieur. Ce type de relations tributaires ne peut donc pas être jugé à l'aune du concept diplomatique qui régit les rapports entre les États souverains modernes, ni de celui du nationalisme des Hans, qui a favorisé la dynastie Song. Par exemple, certaines critiques portant sur les relations entre les Song et les Xia ont déclaré, de manière relativement naïve, qu'il n'est pas difficile de séparer le bon grain de l'ivraie : les seconds faisaient sécession, et la justice était notablement du côté des premiers[66]. De manière générale, nous devons comprendre l'histoire dans son intégralité : il est important de ne pas juger des rapports entre les pays ou régimes antiques à partir des concepts ou principes applicables aux relations internationales modernes. En revanche, les relations interétatiques en Asie de l'Est ancienne ne peuvent être éclaircies qu'à la lumière du concept de distinction entre les Hans et les barbares. Le Giao Chi, les Xia, et l'empire du Tibet, régimes barbares, étaient tous, selon la dynastie Song, les subordonnés de cette dernière. Cela ne doit pas être traité différemment des autres éléments, même si le premier est finalement devenu un État indépendant, alors que les deux derniers se trouvaient en deçà des frontières de la Chine actuelle. Dans le cas contraire, nous serions détachés de la logique interne qui régissait les relations entre la dynastie Song et ses États vassaux, et nous ne pourrions pas appréhender dans son ensemble l'expansion territoriale sous le règne de l'empereur Shenzong.

## 4. Conclusion

Les érudits Song furent divisés en ce qui concernait la responsabilité de l'expansion territoriale sous le règne de l'empereur Shenzong, et les chercheurs d'aujourd'hui en ont fait des commentaires diamétralement opposés. Cependant, pour mieux comprendre les activités militaires que la dynastie Song mena respectivement contre le Giao Chi, l'empire du Tibet et les Xia occidentaux, il convient de les recontextualiser au sein du projet global d'expansion territoriale de Shenzong, au lieu de les traiter séparément. Considérés comme faisant partie de « l'ancien territoire des dynasties Han et Tang », le Giao Chi, l'empire du Tibet, les Xia et la région de Youyan furent tous inscrits dans ce projet, qui aurait été mis en œuvre étape par étape. Le fait que le Giao Chi ait frappé le premier ne nie pourtant pas l'intention de la dynastie Song, qui s'est longuement préparée à le récupérer. Dans la mesure où l'objectif global était de restaurer « l'ancien territoire des dynasties Han et Tang », l'extension des Song vers le Giao Chi, l'empire du Tibet et les Xia a constitué un échec complet.

Du point de vue global, l'empereur Shenzong fut l'initiateur et le décideur du projet de l'expansion territoriale. Wang Anshi en fut le plus important partisan et promoteur, et Wang Shao, Shen Qi, Zhang Dun, Xu Xi et d'autres fonctionnaires frontaliers n'en furent que les exécutants.

---

66. Chen, Shouzhong. « Les réformes de Wang Anshi et la bataille de Xihe. » *Xibei shifan daxue xuebao* (« *Journal de l'Université normale du Nord-Ouest* »). Issue 3. 1980.

Néanmoins, dans le contexte de la politique impériale et au regard du concept de distinction entre les Hans et les barbares, la responsabilité de la guerre aurait été interprétée politiquement sur la base des principes suivants : « l'empereur n'assume pas la responsabilité » et « la faute n'est pas sur les Hans ».

En réalité, le concept de distinction entre les Hans et les barbares était flexible, et variait selon les circonstances. Malgré tout, dans leurs relations avec la dynastie Song, les États vassaux tels que le Giao Chi, les Xia occidentaux et le Goryeo, tous reconnurent leur statut inférieur en respectant les rituels tributaires. Ce concept, et la logique qu'il traduit, n'avaient rien à voir avec les principes de l'égalité souveraine des États et de la non-ingérence dans les affaires intérieures qui régissent désormais les relations internationales modernes. Par conséquent, pour comprendre tout ce qui se rapportait à l'expansion territoriale sous le règne de Shenzong ainsi qu'à d'autres sujets similaires, il convient de se référer à la logique historique, au lieu de tenter de les expliquer à l'aide des concepts et principes d'aujourd'hui.

# CHAPITRE 3

## Jeux diplomatiques des Song du Nord avec d'autres royautés de l'Asie de l'Est dans un système multiétatique autour des pourparlers

Tout comme aux périodes des Printemps et Automnes et des Royaumes combattants (770-476, 475-221 avant notre ère), l'Asie de l'Est à l'époque des Song du Nord (960-1127) était régie par un « système multiétatique »[1], au sein duquel une pluralité de royautés s'opposaient les unes aux autres. Pourtant, les idées guidant les pratiques diplomatiques et les relations forgées entre les multiples royaumes différaient en raison de la diversité des contextes historiques. Au cours des Printemps et Automnes et des Royaumes combattants, les règnes régionaux des seigneurs étaient tous placés sous l'égide des rois Zhou, qui n'exerçaient plus qu'une autorité symbolique, et bénéficiaient d'un statut égal[2]. Cependant, durant la période des Song du Nord, au moins deux

---

1. Selon John Chaffee, l'Asie de l'Est à l'époque des Song était régie par un « système multiétatique » qui, caractérisé par sa stabilité, influait sur le commerce maritime. D'après Xin Wanxiang, à l'époque des Printemps et Automnes et des Royaumes combattants, le « système multiétatique » existait déjà et était composé de règnes seigneuriaux régionaux sous le régime féodal. Cf. : John, Chaffee. « La dynastie Song & le système multinational et le commerce en Asie de l'Est. » *Beijing daxue xuebao* (« *Journal de l'Université de Beijing* »). Issue 2. 2009 ; Xin, Wanxiang *et al.*. « Les différentes logiques guidant les comportements des acteurs sous le 'système multinational' et leurs explications. » *Shijie jingji yu zhengzhi* (« *Économie et Politique mondiales* »). Issue 3. 2010.

2. Ye, Zicheng. « Origine de la diplomatie chinoise : de la nature de la royauté Zhou et celle des règnes régionaux des seigneurs aux périodes des Printemps et Automnes et des Royaumes combattants. » *Guoji zhengzhi yanjiu* (« *Journal des Études internationales* »). Issue 1. 2005. Selon certains chercheurs, la diplomatie chinoise date des périodes des Printemps et Automnes et des Royaumes combattants. À l'exception de la royauté Zhou, les règnes régionaux des seigneurs sont indépendants, et les relations diplomatiques entre eux sont très similaires à celles des États actuels qui sont indépendants et souverains. Yang, Kuan et Wang, Huan. « Les règnes régionaux des seigneurs aux périodes des Printemps et Automnes et des Royaumes combattants sont-ils des États indépendants et souverains ?--discussion avec M. Ye Zicheng. » *Zhongguo bianjiang shidi yanjiu* (« *Études de l'Histoire et de la Géographie de la Frontière chinoise* »). Issue 4. 2005. D'ailleurs, Xin Wanxiang et Zeng Xianghong trouvent, eux aussi, qu'étant tous sous l'égide des rois Zhou, les règnes régionaux des seigneurs aux périodes des Printemps et Automnes et des Royaumes combattants ne sont pas des États indépendants et souverains.

types de relations coexistaient. D'une part, les Song, les Liao et les Jin, qui s'opposaient les uns aux autres, faisaient jeu égal ; d'autre part, ces trois dynasties établissaient, chacune de leur côté, un système appelé tributaire, caractérisé par son organisation hiérarchique. Les grandes royautés se contrebalançaient en se concurrençant, tandis que les petites s'efforçaient de survivre en se développant : telle était la situation géopolitique à cette époque. Cette dernière était complexe, les jeux diplomatiques étant fréquents et intenses. Dans ce contexte, comment un ordre multiétatique relativement stable a-t-il pu s'établir ? Quelles idées et relations ces jeux diplomatiques reflètent-ils au sein de ce système ? Ces questions attendent des réponses. En se focalisant sur les pourparlers, ce texte essaie d'ouvrir le débat.

## 1. Les relations complexes des Song du Nord avec d'autres royautés de l'Asie de l'Est dans un système multiétatique

À l'époque, la dynastie des Song du Nord, héritière des Zhou postérieurs, et la dynastie des Liao étaient les deux seules puissances qui dominaient en Asie orientale. Elles réussirent à s'affirmer en faisant jeu égal grâce à la signature du traité de Shanyuan. Des lettres de créance furent échangées en lieu et place des décrets impériaux. Le titre d'empereur fut utilisé par chacune des deux parties, lesquelles se dénommaient l'une et l'autre d'après leurs liens de parenté. De chaque côté, le calendrier fut conservé, et leurs émissaires devaient être traités de manière égale. Par ailleurs, ces deux royautés respectaient et reconnaissaient les systèmes tributaires établis de part et d'autre. Ayant en commun les États subordonnés des Xia occidentaux, le Goryeo, le royaume de Qocho et l'empire du Tibet, ces deux puissances promettaient de ne pas intervenir dans les relations tributaires de l'autre.[3]

Or, en pratique, cela était une tout autre histoire. Ces deux grands pays prédominants ne cessaient de se défier en se concurrençant. D'une part, ils se disputaient sans arrêt les États vassaux, tout en s'efforçant de gêner l'autre en soutenant des royautés périphériques. Après la guerre de l'ère Yongxi, les Liao passèrent à l'attaque du Goryeo, et, trente ans après, réussirent à le soumettre ; ce dernier dut ainsi se détourner des Song. La dynastie Liao s'est justifiée de cette action : « Il est intolérable de voir celui qui, confinant avec nous, fait allégeance de l'autre côté de la mer. »[4] Elle écrivit à la royauté coréenne pour lui reprocher sa soumission aux Song[5] : « Que voulez-vous en

---

3. Cf. *Wang Gengwu zixuan ji* (« *Œuvres choisies de Wang Gengwu* »). Shanghai : Shanghai jiaoyu chubanshe (Maison d'édition de l'éducation de Shanghai), 2017. p. 71. « La relation diplomatique égalitaire entre les Song et les Liao. » chap. II dans Tao Jinsheng. *Song Liao guanxi shi yanjiu* (« *Études de l'histoire des relations entre les Song et les Liao* »). Taipei : Linking publishing company, 1984. pp. 23-42. Huang Chunyan. *Songdai chaogong tixi yanjiu* (« *Études du système tributaire à l'époque des Song* »). Beijing : The Commercial Press, 2014. pp. 83-89.

4. « Biographie de Seo Hee. » juan 94 dans *Gaoli shi* (« *Histoire du Goryeo* »). Kyujanggak, Université Nationale de Séoul.

5. « Chroniques du Goryeo. » juan 487 dans *Song shi* (« *Histoire des Song* »). Beijing : Zhonghua shuju (Société de livres de Zhonghua), 1977. p. 14050.

tissant des liens et avec les Jürchen à l'est, et avec les Song à l'ouest ? »[6] Ainsi menacé, le voisin coréen n'osa plus, depuis lors, faire acte d'allégeance à la dynastie des Song du Nord, et ce jusqu'à la fin de cette dernière. Malgré tout, les Song ne souhaitaient pas abandonner le Goryeo, et redoublaient d'efforts pour l'attirer dans ses rangs. Sous le règne de Shenzong (1067-1085), le Goryeo renoua des liens avec les Song, à des fins économiques, et car « Shenzong avait l'ambition d'éduquer les barbares (Khitans) ». « Il voulait s'allier au Goryeo contre les Khitans ».[7] C'était aussi l'intention de Huizong (1100-1126), qui, en voulant reconquérir les Seize préfectures, cherchait à s'attirer le soutien du Goryeo en lui accordant davantage de privilèges diplomatiques : « Les envoyés furent promus messagers de l'État, supérieurs à ceux des Xia occidentaux, et leur réception fut effectuée tout d'abord par le « Service national chargé des affaires étrangères » (« *Kesheng* »), puis par la Cour des affaires militaires (« *Shumiyuan* »), selon les coutumes des Liao. »[8] Néanmoins, à partir de l'an 994, les Liao s'avéraient toujours plus puissants que les Song dans les conquêtes du Goryeo.

Les Xia occidentaux et l'empire du Tibet n'échappèrent pas, eux non plus, aux disputes des deux puissances. Se croyant héritière des Tang et des Cinq Dynasties, la dynastie Song était largement limitée par ses traditions, caractérisées notamment par la distinction entre les Hans et les barbares. Cependant, elle ne pouvait, par exemple, ni nommer le dirigeant des Xia roi, ni s'apparenter avec eux. Pour attirer ces derniers, elle commerçait avec eux, et leur octroyait annuellement une somme d'argent conséquente, ce qui était hors de portée des Liao sur le plan économique. En revanche, les Liao marièrent à Li Jiqian, baptisé « roi des Xia », la princesse Yi Cheng, fille de Yelü Xiang, gouverneur militaire régional[9]. Li Jiqian accepta son nom (Li), donné par les Liao, renonçant ainsi à son ancien patronyme « Zhao », accordé par les Song. En donnant aux Xia des privilèges politiques que les Song ne pouvaient leur offrir, les Liao arrivèrent à séduire les premiers, et à éloigner les seconds. Zhang Qixian y voyait clair :

Les Khitans, toujours soucieux de leur sécurité, font preuve d'une grande prévoyance. Li Jiqian, bénéficiant de la faveur des Song, s'en approcherait, et les Liao perdraient leur bras droit (les Xia). Inquiets, les Liao décident de donner le titre de roi à Li, et envoient en même temps des représentants pour l'intimider. Le titre de gouverneur militaire régional que les Song lui ont accordé perd ainsi de son effet.[10]

---

6. « Famille de Munjong (II). » juan 8 dans *Gaoli shi*.

7. *Xu Zizhi tongjian changbian* (« Longue ébauche de la continuation du *Zizhi tongjian* (« *Miroir compréhensif pour aider le gouvernement* ») »), juan 452, yiwei, décembre, cinquième année de l'ère Yuanyou. Beijing : Zhonghua shuju, 2004. p. 10 851. « Chroniques du Goryeo. » juan 487 dans *Song shi*. p. 14046.

8. « Ordre impérial sur la réception des envoyés du Goryeo par la Cour des Affaires militaires selon les coutumes des Liao. » juan 237 dans *Song dazhaoling ji* (« *Recueil des décrets impériaux des Song* »). Beijing : Zhonghua shuju, 1962. p. 928.

9. « Shengzong (II). » juan 11 ; « Shengzong (IV). » juan 13 dans *Liao shi* (« *Histoire des Liao* »). Beijing : Zhonghua shuju, 1974. p. 119, p. 127, et p. 140.

10. Zhang, Qixian. « Rapport destiné à Zhenzong à propos des affaires du Shaanxi. » juan 130 dans *Songchao zhuchen zouyi* (« *Rapports des fonctionnaires destinés aux empereurs des Song* »). Shanghai : Shanghai guji chubanshe (Maison d'édition classique de Shanghai), 1999. p. 1438.

En parallèle, les Liao ne firent pas fi des Tibétains, pourtant éloignés sur le plan géographique, et s'apparentèrent avec eux. Alors que les Song de Shenzong s'attaquaient à l'empire tibétain, les Khitans conclurent une alliance avec Dong Zhan à travers le mariage. Grâce aux soutiens des Xia au nord-ouest, et à ceux des Tibétains à l'ouest, les Liao arrivèrent à entourer les Song. Ces derniers accusèrent les Khitans d'envahir leur domaine réservé : « S'apparenter avec un tel pays éloigné du sien, sans ménager ses affaires intérieures, c'est exactement comme travailler les champs des autres tout en laissant à l'abandon les siens. »[11] Shenzong chargea Li Xian de choisir des envoyés pour apporter à Dong Zhan et à A Ligu (fils de Dong) le message suivant : « Vous n'en tirerez aucun avantage à s'allier à un pays, fort éloigné. Il vaudrait mieux que vous teniez parole, en luttant avec les Song contre les Khitans. »[12] À partir de là, il est possible d'observer les disputes intenses des deux puissances sur l'empire du Tibet.

Dans une autre mesure, les deux puissantes dynasties faisaient tout leur possible pour limiter l'expansion de leur rival. Les Song du Nord essayèrent à plusieurs reprises d'étendre leur territoire, et, à chaque fois, les Liao y portèrent une attention particulière, en ne visant qu'à les perturber. Song Taizu en 969, puis Song Taizong en 979, allèrent à la conquête des Han du Nord. À chaque fois, les Khitans leur vinrent en aide, cherchant à empêcher les Song de dévorer l'État[13]. En 982, la dynastie Song envoya Wang Yande, et voulut établir une alliance avec le royaume de Qocho contre la dynastie Liao. Cette dernière envoya à son tour un émissaire pour avertir le dirigeant, tout en s'efforçant d'empêcher les Song de s'étendre vers l'ouest : « La région de Qocho faisait partie du territoire chinois. Aujourd'hui, les Song envoient des gens chez vous, ce qui impliquerait des complots. Sa majesté devrait y regarder de plus près. »[14] Les Song de Shenzong voulaient récupérer, au Nord, Hehuang, les Xia occidentaux et Youyan, et, au Sud, le Giao Chi. Comme toujours, cela n'échappa pas à l'attention des Liao, qui ne tardèrent pas à se mettre en garde. Apparentée à Dong Zhan et alliée des Xia, la dynastie Liao avait tout pour contrer les Song. La quatrième année de l'ère Xining (1071), les Liao prêtèrent 300 000 soldats aux Xia. Cela s'explique notamment par le fait que la conquête des Xia serait catastrophique pour les Liao, car Youyan serait alors la prochaine cible des Song. Cela est également lié au fait que les Liao « désiraient en retirer un maximum d'avantages au moment où les Song s'affairaient aux combats »[15]. De plus, les Liao envoyèrent, entre-temps, et à trois reprises, des émissaires pour négocier la frontière du Hedong (actuel Shanxi). Selon Wang Anshi, cela aurait permis d'« en tirer profit, au moment où l'on s'engage dans la guerre »[16]. La dynastie Liao remuait ciel et terre pour empêcher son grand rival de s'agrandir. Durant l'ère Yuanfeng (1078-1085), lors de la guerre contre les Song, les Xia recoururent à l'aide des Liao. Grâce à ces derniers, les Xia purent se réconcilier avec les Tibétains, et bâtir l'alliance anti-Song.[17]

---

11. *Xu Zizhi tongjian changbian*, juan 250, gengchen, février, septième année de l'ère Xining, p. 6092.

12. *Xu Zizhi tongjian changbian*, juan 338, jimao, août, sixième année de l'ère Yuanfeng, p. 8139.

13. « Famille des Han du Nord. » juan 482 dans *Song shi*. p. 13939.

14. « Biographie du Qocho. » juan 490 dans *Song shi*. p. 14113.

15. *Xu Zizhi tongjian changbian*, juan 220, gengwu, février, quatrième année de l'ère Xining, p. 5350.

16. *Xu Zizhi tongjian changbian*, juan 251, bingchen, mars, septième année de l'ère Xining, p. 6122.

17. *Xu Zizhi tongjian changbian*, juan 338, jimao, août, sixième année de l'ère Yuanfeng, p. 8139.

Dans l'ère Xining (1068-1077), la guerre des Song de Shenzong contre le Giao Chi était, elle aussi, gênée par les Liao. Durant la guerre, des ministres des Song firent la remarque suivante : « Engagé au Sud, on risquerait de faire fi des défenses de l'Ouest et du Nord ; exposés ainsi aux ennemis susceptibles de nous attaquer par surprise, nous serions en grand danger. »[18] Plus précisément, les troupes cantonnées au Hedong ont été mutées contre l'ennemi vietnamien. En empruntant ainsi les forces militaires à l'Ouest (actuel Shaanxi) et au Nord (actuel Shanxi) pour les engager dans les batailles du Sud, la dynastie Song ouvrirait une brèche pour les ennemis avertis.[19] Les faits leur donnèrent raison. Sitôt mis au courant par Zhu Wen, chargé de la réception, Yelü Xiaochun, envoyé des Liao aux Song, réagit[20]. De ce fait, Shenzong écrivit le message suivant à Guo Kui, commandant de la guerre contre l'invasion vietnamienne : « Averti de notre mobilisation vers le Sud, l'ennemi du Nord risquerait de nous gêner. Dans ce cas-là, il serait préférable de terminer rapidement au lieu de s'y éterniser. »[21] Les Song ne pouvaient donc pas mener de longues batailles au Sud. En réalité, depuis toujours, les Liao ne se permirent d'ignorer, à leur profit, aucune opération des Song dans le Sud. Au cours de l'ère Huangyou (1049-1054), lorsque les Song se mobilisaient vers le Sud pour réprimer les rebelles tenaces sous la direction de Nungz Cigaoh aux Liangguang (les actuels Guangxi et Guangdong), les Liao rassemblaient, de leur côté, leurs troupes à la jonction du nord-ouest de l'actuel Hebei (ancien royaume de Yan) et du nord-est de l'actuel Shanxi (ancien royaume de Dai), dans le but d'attaquer les Xia occidentaux. Des ministres des Song, informés de la situation, doutaient de l'action des Liao et faisaient la remarque suivante :

> Il est fort probable que les Xia ne soient pas la véritable cible...un rassemblement soudain, c'est étrange. À un moment où nos troupes sont toutes occupées à sauver les villes et régions tombées dans les mains des bandits au sud, déchaînés et tenaces, il ne faut pas que les Khitans aient de mauvaises intentions. Sinon, avec deux ennemis sur le dos, cela serait fort inquiétant.[22]

C'est ainsi que les Liao parvinrent à perturber l'action militaire des Song, en attendant chaque occasion de passer à l'attaque.

En plus des deux grandes royautés qui, opposées l'une à l'autre, étaient toujours affairées à d'âpres rivalités, les plus petites recouraient à tous les moyens diplomatiques possibles pour survivre. Ainsi, elles formèrent des situations très complexes, où se multipliaient les regroupements régionaux et les relations triangulaires. Il est intéressant d'aborder les relations entre les trois royaumes suivants : les Song, les Liao et le Goryeo. Comme nous l'avons évoqué précédemment, les dynasties Song et Liao désiraient toutes deux se servir du Goryeo pour contrebalancer leurs

---

18. Yang, Hui. « Rapport destiné à Shenzong à propos de Li Xian dans la guerre contre le Giao Chi. » juan 143 dans Zhao Ruyu. *Songchao zhuchen zouyi*. p. 1619.

19. « Biographie de Li Ping. » juan 464 dans *Song shi*. p. 13571.

20. *Xu Zizhi tongjian changbian*, juan 275, bingchen, mai, neuvième année de l'ère Xining, p. 6721.

21. *Xu Zizhi tongjian changbian*, juan 276, renzi, juin, neuvième année de l'ère Xining, p. 6753.

22. « Sur le rassemblement du Nord. » juan 1088 dans Hu Su. *Wengong ji* (« *Recueil de Wengong* »). dans *Siku Quanshu* (« *Livres complets des Quatre magasins* »), Wenyuan Ge (« Belvédère de la profondeur littéraire »). p. 673.

pouvoirs respectifs. Minuscule et tiraillé entre deux puissances, le royaume de Goryeo rencontrait un seul souci fondamental : celui de sa sécurité. Il n'avait d'autre choix que de prendre ses décisions selon les résultats des rivalités entre les deux géants. À la suite de la guerre de l'ère Yongxi, le Goryeo, qui prenait peu à peu de la distance avec les Song vaincus, déclara, cette fois-ci, sa soumission aux Liao. Sous le règne de Shenzong, le Goryeo recommença à payer tribut aux Song, sans pour autant nier leur totale allégeance aux Liao.

La deuxième relation triangulaire était constituée autour des Song, des Liao et des Xia. De même, les dynasties Song et Liao s'efforçaient de se servir des Xia occidentaux, dans le but de se contenir mutuellement. Les Liao ne souhaitaient pas voir les Xia s'agrandir et se rapprocher des Song. En cas de désobéissance des Xia, ils rabaissaient le grade de leur dirigeant d'une part, et y envoyaient des troupes de l'autre. *A contrario*, les Liao faisaient tout leur possible pour empêcher les Song d'attaquer les Xia. En réclamant aux Song le territoire que ces derniers avaient pillé aux Xia, les Khitans cherchaient à s'allier aux seconds, contre les premiers. La dynastie Song, quant à elle, préférait recourir à des moyens militaires et économiques, visant à empêcher, d'une part, l'expansion et l'invasion des Xia, et, d'autre part, leur totale soumission aux Liao. La dynastie Xia, quant à elle, essayait de tirer profit de la concurrence des deux puissances. Elle payait tribut aux deux, alors qu'elle les affrontait sans hésitation afin de s'étendre vers l'ouest.

La troisième relation triangulaire concernait les Song, les Xia et l'empire du Tibet. La dynastie Song s'efforçait de se servir des Tibétains pour embarrasser les Xia, tandis que ces derniers convoitaient, depuis longtemps, la région tibétaine. Pour lutter contre les Xia, l'empire tibétain choisit de s'approcher de la dynastie Song. Pourtant, cette dernière se contentait de séduire les Tibétains à travers des intérêts économiques, sans leur fournir de soutien militaire en contrepartie.

La quatrième et dernière relation triangulaire était forgée entre les Song, le Giao Chi et le Champā. Avant la guerre de l'ère Xining, entre la dynastie Song et le Giao Chi, la première avait pour objectif de récupérer le second. Elle s'allia ainsi au royaume de Champā, lui donna des privilèges diplomatiques et l'aida à lutter contre le Giao Chi. Le Champā, quant à lui, déclara sa soumission aux Song, et en dépendit pour résister aux attaques de son voisin du Nord. Après la guerre de l'ère Xining, la dynastie Song décida pourtant de renoncer à son but initial, en abandonnant la stratégie d'une alliance avec le royaume de Champā contre le Giao Chi. Ce dernier en profita pour soumettre le Champā.[23]

Dans le cadre de cette situation complexe, où se multipliaient les compétitions et les complots, personne ne manquait de recourir au moyen le plus extrême : la guerre. C'était exactement ce qu'avait fait la dynastie Song sous les règnes de Taizong, Shenzong et Huizong, en tentant de récupérer les Xia, le Giao Chi, le Hehuang et le Youyan. Le but était d'atteindre de grands desseins politiques. En parallèle, les petits conflits et frictions étaient les plus nombreux. Malgré tout, dans l'histoire des Song du Nord, qui a duré plus de 160 ans, la paix régnait la plupart du temps sur les relations bilatérales. Les compétitions entre les royautés se traduisaient principalement par des

---

23. Pour en savoir plus sur les relations triangulaires, cf. Huang Chunyan. *Songdai chaogong tixi yanjiu*. pp. 187-245.

échanges des diplomates, des négociations ou encore des alliances par le mariage. Il est pourtant nécessaire de noter que, en dehors des cas contraires, l'échange des « émissaires normaux » à l'occasion des anniversaires, qui consistait à montrer la normalisation des relations bilatérales, ne faisait pas partie des intrigues diplomatiques. En réalité, les négociations autour des événements importants brossent le reflet le plus direct et le plus complet du jeu diplomatique. Elles étaient nombreuses à la période des Song du Nord, qui était marquée par les rivalités entre royaumes. Entre les Song et les Liao, il faut noter le traité de Shanyuan (ère Jingde), les négociations sur la région de Guannan (ère Qingli) ou sur la frontière du Hedong (ère Xining) ; entre les Song et les Xia, le traité de paix (ère Qingli) et la négociation sur les frontières (ère Yuanfeng) ; entre les Song et le Vietnam, la négociation sur les frontières (ère Yuanfeng) ; entre les Song et les Jin, l'Alliance maritime et le traité de paix de Kaifeng (ère Xuanhe) ; et entre les Liao et le royaume de Goryeo, le traité de paix (ère de Tonghe). Les buts et logiques des jeux diplomatiques à l'époque des Song se reflètent à travers l'ensemble de ces négociations et de ces signatures de traités.

## 2. Jeux diplomatiques des Song du Nord avec d'autres royautés de l'Asie de l'Est dans un système multiétatique : les objectifs

### (1) Le premier objectif des jeux diplomatiques : le statut politique

D'après les théoriciens des relations internationales modernes, la communauté internationale est anarchique, ou sans gouvernement central, ce qui est fondamental. Les pays, grands ou petits, sont tous égaux. Cependant, en réalité, la hiérarchie existe dans les relations internationales modernes : elle est liée au fait que les pays se développent différemment, notamment sur les plans militaire et économique. Cette hiérarchie s'oppose évidemment à la théorie fondamentale des relations interétatiques[24]. À l'époque, l'égalité existait dans les relations diplomatiques en Asie orientale[25]. Néanmoins, ces dernières étaient notamment régies par un ordre hiérarchique, établi en fonction de la distinction entre les Hans et les barbares. Ainsi, le premier objectif des jeux diplomatiques serait de déterminer le statut de chaque partie. Cela était d'autant plus important pour les dynasties Song et Liao, qui se proclamaient toutes les deux légitimes sur le territoire chinois.

Des ministres renommés de la dynastie Song, tels que Fan Zhongyan, Yu Jing et Yin Zhu, soulignaient que le premier objectif de la diplomatie était de protéger le statut du pays. Selon

---

24. Cf. Xiong Jie. *Wuzhengfu zhuangtai yu shijie zhixu* (« *Anarchie et ordre mondial* »). Zhejiang : Zhejiang renmin chubanshe (Maison d'édition du peuple du Zhejiang), 2001. David Lake (États-Unis). *Guoji guanxi zhong de dengjizhi* (« *Hiérarchie dans les relations internationales* »). Shanghai : Shanghai renmin chubanshe (Maison d'édition du peuple de Shanghai), 2013.

25. À l'instar des dynasties Song et Liao qui établissaient entre elles une relation équivalente par la signature du traité de Shanyuan, d'autres puissances comme l'Armée Guiyi, le royaume ouïgour de Ganzhou et le royaume de Khotan, s'échangeaient elles aussi sur un pied d'égalité. Cf. Huang Chunyan. *Songdai chaogong tixi yanjiu*. The Commercial Press, 2014. pp. 255-257.

eux, « il serait honteux de le sacrifier pour faire la paix immédiate. » « Le statut des Song est l'un de nos Trésors sacrés. Comment se fait-il que ça se prête ! »[26] « Nous ne devons jamais céder la terre et l'identité statutaire aux barbares. »[27] « La terre » ancestrale désigne « l'ancien territoire des dynasties Han et Tang », et « l'identité » est un Trésor sacré des Song. Ces deux concepts sont étroitement liés à la légitimité du régime. Lors des négociations avec les Xia occidentaux dans l'ère Qingli, la dynastie Song avait pour première préoccupation la nécessité de protéger son statut politique.

Depuis toujours, les Song du Nord ont considéré les Xia occidentaux comme leurs vassaux. En 1038 (première année de l'ère Baoyuan), Li Yuanhao se proclama empereur des Xia, brisant ainsi l'ordre qui avait été établi en ce qui concerne leur statut par rapport aux Song. Défiés, ces derniers lancèrent l'attaque sans hésitation, promettant également une récompense à quiconque capturerait Yuanhao. Après des années de guerre, les Song, n'ayant remporté aucune victoire, subissaient de lourdes pertes. Les Xia, accablés par le fardeau de la guerre et coupés de liens économiques avec les Song, se trouvaient également en grande difficulté. Cette situation poussa les deux camps à négocier la paix. Les Xia, en prenant l'initiative, relâchèrent l'espion des Song Wang Song, qui rentra ainsi accompagné de Li Wengui, le *jiaolianshi* (chargé de l'entraînement militaire) des Xia. L'empereur Song Renzong désirait également arrêter la guerre. Il envoya Pang Ji, qui cumulait les fonctions de commissaire militaire et de *zhaotaoshi* (chargé de réprimer les rebelles) du Luyan, pour qu'il reçoive Li Wengui à Yanzhou (actuelle Yan'an, province du Shaanxi). Le premier sujet qu'ils abordèrent fut celui du statut politique. Les Xia voulaient conserver le titre d'empereur ; Pang Ji refusa. Après en avoir informé Yuanhao, Li Wengui retourna à nouveau auprès des Song et insista sur sa demande. Renzong affirma que Yuanhao pourrait être empereur chez lui, à condition d'accepter sa soumission aux Song. Cependant, Pang Ji, qui était opposé à cette idée, considérait qu'accorder un tel statut des Xia était déraisonnable. Ces derniers proposèrent alors l'établissement d'un rapport entre les petits pays et les grands pays, en écrivant dans des lettres la formule suivante : « Votre fils Yuanhao des Xia saluant mon père l'empereur des Song ». Pourtant, Pang Ji insistait sur la soumission des Xia aux Song, puisque cela serait la seule façon de rétablir le statut politique de chacun. Sinon, il refuserait d'en informer Renzong. Les Song envoyèrent cette fois-ci Shao Liangzuo pour raccompagner He Congxu aux Xia, dans le but de continuer les négociations. Yuanhao consentit à déclarer sa soumission aux Song, à condition que ceux-ci lui accordent le titre de « maître de l'État » (« *guozhu* »). He Congxu repartit pour la dynastie Song, et, après une intense activité diplomatique, l'accord fut enfin conclu. Les Song acceptèrent

---

26. Chen, Jun. « Yuanhao demande de faire acte d'allégeance. » juan 12 (janvier (calendrier lunaire), troisième année de l'ère Qingli) dans *Jiuchao biannian beiyao* (« *Essentiel chronologique des neuf dynasties* »). tome 328 dans *Siku Quanshu*, Wenyuan Ge. p. 298. Fan, Zhongyan. « Sur la demande de paix de Yuanhao- trois raisons de refus et trois raisons de se protéger contre lui. » juan 1 dans *Fan Wenzheng ji bubian* (« *Complément du recueil de Fan Wenzheng* »). tome 1089 dans *Siku Quanshu*, Wenyuan Ge. p. 804.

27. « Discussions sur la soumission des Xia : sincère ou hypocrite. » juan 8 dans Yin Zhu. *Henan xiansheng wenji* (« *Recueil de M. Henan* »). tome 821 dans *Sibu congkan chubianben* (« *Éditions préliminaires des quatres séries* »).

la condition de Yuanhao et, de plus, lui octroyèrent chaque année de la soie, du thé et de l'argent, pour une valeur totale de 255 000 taëls. En échange, les Xia leur faisaient acte d'allégeance.[28] En renonçant au titre d'empereur et à une relation équivalente de père à fils pour se contenter du titre de « maître de l'État », Yuanhao semblait perdant dans cette négociation, sans pouvoir modifier son statut d'infériorité par rapport aux Song. Cependant, en réalité, le statut politique des Xia s'élève à « l'État » ; ils ne constituent plus un simple district militaire des Song, dirigé par le gouverneur militaire régional ou le roi de Xiping. La somme d'argent conséquente que les Song doivent leur verser tous les ans constitue également une victoire.

Si, dans cette négociation, la dynastie Song attache une telle importance au maintien de son statut supérieur aux Xia, c'est parce que cela influence, de manière plus générale, sa relation avec les Liao et l'ordre établi en fonction des statuts de ces trois parties. Les Song et les Liao partagent des États vassaux, dont les Xia. Si les Song avaient reconnu les Xia comme étant leur égal, les Liao se seraient trouvés dans la position suprême. Ils n'auraient pas tardé à prétendre : « Les Xia se sont soumis à la fois à nous et aux Song. Maintenant qu'ils bénéficient d'un statut égal à celui des Song, tous les deux s'accordent donc à reconnaître la suprématie des Khitans. »[29] Auquel cas, l'ancien ordre que les Song ont établi avec les Liao serait appelé à être modifié. « Au cas où les Liao réclament un autre statut, comment leur répondre ? »[30] De ce point de vue, l'ordre des statuts établi entre les Song et les Xia influe sur l'ordre de toute l'Asie orientale, et en fait partie intégrante.

De même, lors des négociations pour constituer l'Alliance maritime, les Song et les Jin avaient pour première préoccupation de déterminer le statut politique de chacun. En 1119 (première année de l'ère Xuanhe), les Jin envoyèrent à Kaifeng des représentants, dont Li Shanqing et San Duo. L'empereur Song Huizong les désigna pour occuper des postes militaires, tels que *xiuwulang, congyilang, bingyilang, tuanlianshi*, avec le salaire complet associé à ces fonctions. Cette désignation signifiait que Huizong traitait les envoyés des Jin, ainsi que leur dirigeant, comme ses subordonnés. En d'autres termes, la dynastie Song considérait les Jin comme l'un de ses États vassaux.[31] Faute d'expérience, les envoyés acceptèrent par inadvertance le statut proposé par la dynastie Song. Dès qu'ils furent retournés aux Jin, l'empereur Taizu se mit très en colère et les fit flageller, avant de les révoquer.[32] En réalité, avant leur retour, les Song hésitaient à leur répondre en lettres de créance ou en décrets impériaux : Zhao Liangsi était favorable au premier et Zhao Youkai au second. Les Song demandèrent l'avis de Li Shanqing. Ce dernier répondit : « N'importe lequel ce que vous voulez. » La dynastie Song choisit alors le second. Aguda s'en indigna et réagit : « Si vous voulez faire l'alliance pour conquérir la dynastie Liao, veuillez nous

28. « La défense de la frontière et la résistance aux ennemis – les Xia occidentaux. » juan 11 dans *Sushui jiwen* (« *Notes de Sushui* »). Beijing : Zhonghua shuju,1989. p. 208.

29. Fu, Bi. « Destiné à Renzong : ne soyez pas trop tolérant envers les envoyés des Xia. » juan 134 dans *Songchao zhuchen zouyi*. p. 1489.

30. « La demande de ne pas faire la paix avec le bandit de l'ouest. » juan 20 dans Cai Xiang (auteur). Wu Yining (correcteur). *Cai Xiang ji* (« *Recueil de Cai Xiang* »). Shanghai : Shanghai guji chubanshe, 1996. p. 354.

31. Juan 3 (dingsi, le 10 janvier, deuxième année de l'ère Chonghe) dans *Sanchao beimeng huibian* (« *Annales des relations avec les Jin sous trois empereurs des Song* »). Shanghai : Shanghai guji chubanshe, 1987. p. 16.

32. « Mémoires de l'empereur Taizu. » juan 2 dans *Jin shi* (« *Histoire des Jin* »). p. 33.

répondre en lettres de créance dès que possible. Autrement, aucune alliance ne sera envisagée. »[33] En vue de sceller l'alliance contre les Liao, les Song acceptèrent de considérer les Jin comme leurs égaux. Les lettres de créance adressées aux Song incluaient « L'empereur des Jin saluant l'empereur des Song », et les lettres de créance adressées aux Jin indiquaient « L'empereur des Song saluant l'empereur des Jin ».[34] À travers cette négociation, les Jin imposèrent aux Song d'abandonner une désignation unilatérale, et obtinrent un statut d'égal avec les Song.

En outre, à l'occasion des négociations de paix entre la dynastie Liao et le royaume de Goryeo, le premier objectif était également de déterminer leurs statuts politiques respectifs. En 993, les Liao lancèrent leur première attaque contre le Goryeo. Ce dernier se défendit de toutes ses forces et remporta une victoire à Anrong. Frustrés, les Liao demandèrent la reddition du Goryeo. Les deux parties entamèrent alors des pourparlers de paix. La dynastie Liao proposa que le Goryeo, qui lui cédait du terrain, prêtât allégeance. Le Goryeo envoya Seo Hee négocier avec le général des Liao Xiao Xunning, tous deux étant placés sur un pied d'égalité. Cependant, ce dernier demanda au premier de se prosterner. Seo Hee rétorqua : « Le fonctionnaire se prosterne devant l'empereur. Comment se fait-il que les fonctionnaires de deux États, lors de leur rencontre, pratiquent cette cérémonie rituelle ? » Cela dit, tous deux se saluaient en inclinant le corps avant de s'asseoir face à face, l'un à l'est et l'autre à l'ouest.[35] Le statut du Goryeo était inférieur à celui des Liao. Ainsi, le statut de Seo Hee était inférieur à celui de Xiao Xunning. Pourtant, à l'aide de sa stratégie diplomatique, Seo Hee parvint à convaincre Xiao, qui manquait d'expérience en la matière, d'accepter précipitamment un statut égal, et d'offrir au Goryeo des centaines de *li* (unité de distance équivalente à 500 mètres) sur la rive droite du fleuve Yalu, que les Liao avaient arrachées aux mains des Jürchens.[36] Toutefois, beaucoup moins puissant que son ennemi, le Goryeo accepta la soumission aux Liao par crainte de se voir envahir par ces derniers à l'avenir[37]. À partir de l'an 994, le Goryeo mit en application le calendrier des Liao (ère Tonghe), tout en y envoyant des représentants.[38]

L'élaboration du statut politique est considérée comme un processus visant à établir une relation interétatique hiérarchisée. Dans le système tributaire, fondé sur la distinction fondamentale des Hans et des barbares, il paraît donc raisonnable et indispensable d'établir, en Asie de l'Est, un système de relations interétatiques hiérarchisé et au sein duquel coexistent les États dominants et les États vassaux. Se croyant héritière des Han et des Tang, la dynastie Song se distinguait, dans les relations diplomatiques, des barbares comme les *Man, Yi, Rong, Di*. Ainsi, elle devrait, selon elle, bénéficier d'un statut supérieur et dominant. À l'exception de la famille Yelü, l'ensemble de

---

33. Juan 4 (le 18 mars et le 25 décembre, première année de l'ère Xuanhe) dans *Sanchao beimeng huibian*. p. 24.

34. « Lettres de créance destinées aux Jin. » juan 228 dans *Song dazhaoling ji*. p. 881.

35. « Biographie de Seo Hee. » juan 94 dans *Gaoli shi*.

36. « Mémoires de Shengzong. » juan 13 dans *Liao shi*. p. 143.

37. Juan 2 (octobre, douzième année de Chengzong) dans *Gaoli shi jieyao* (« *Extrait de l'histoire du Goryeo* »). Kyujanggak, Université Nationale de Séoul.

38. « Famille de Chengzong. » juan 3 dans *Gaoli shi*.

ces barbares seraient des vassaux placés sous le système de *Jimi*[39]. Ceux qui n'étaient pas soumis au *Zhongguo* (litt. « pays du Milieu ») lui auraient fait honte.[40] La dynastie Liao considérait également descendre de Yandi (également appelé Chidi)[41]. Au cours de la dernière ère de Shengzong, celui-ci affirmait explicitement que les Liao succédaient à la dynastie des *Jin* et détenaient la « puissance de l'eau » (« *Shuide* »). À l'instar des Song, les Liao étaient, eux aussi, légitimes sur le territoire chinois.[42] Ces deux dynasties établirent, chacune de leur côté, un système tributaire, unifié et à de multiples niveaux. Dans ce système, la détermination du statut politique constitue ainsi la prémisse de l'établissement des relations bilatérales et d'un ordre général.

Cependant, à l'image du concept d'anarchie, qui, selon les théoriciens d'aujourd'hui, caractérise la communauté internationale et ne correspond pas toujours aux faits, l'idée de distinction entre les Hans et les barbares qui était faite à l'époque en Asie orientale n'était ni inaltérable, ni le reflet de l'état réel de toutes les relations interétatiques. Au contraire, cet ensemble était flexible et pouvait varier avec le temps. La prise de conscience de la dynastie Song concernant le changement de leurs relations avec les Liao en témoigne. Au début de la dynastie des Song du Nord, l'empereur se concentrait sur l'unification de tout le territoire, habité par les Hans et les barbares. Pour cela, le plus grand enjeu était de soumettre ou d'anéantir les Khitans. Durant cette période, la dynastie Song considérait les postes des Liao comme étant faux et illégaux, et leurs envoyés, surnommés *kuanfushi*, étaient perçus comme des admirateurs et subordonnés des Song.[43] Bien avant le lancement de la campagne militaire de l'ère Yongxi par Song Taizong, l'objectif de détruire les Khitans était explicitement indiqué dans les décrets impériaux destinés au Goryeo, au Bohai et aux autres puissances, et les Song étaient assez confiants pour remporter la victoire.[44] Après sa défaite dans la guerre de l'ère Yongxi, la dynastie Song se rendit compte qu'il lui était difficile de défier la dynastie Liao par la force. Lors des négociations pour le traité de Shanyuan, la dynastie Song, se passant de l'examen de la question de la légitimité, s'engagea directement dans les discussions portant sur la région de Guannan et sur le montant qu'elle devrait payer aux Liao. Un accord fut enfin conclu, et la dynastie Song dut contribuer chaque année à l'entretien de l'armée des Liao en lui versant des sommes d'argent, sans que son identité statutaire ne soit atteinte.[45] Incapable de soumettre les Liao, la dynastie Song se contentait désormais d'une relation équivalente, tout en

---

39. unité administrative de l'ancienne Chine, appliquée aux ethnies minoritaires ou pays barbares pour les contrôler. (note du traducteur)

40. Yin, Zhu. « Discussions sur la soumission des Xia : sincère ou hypocrite. » juan 8 dans *Henan xiansheng wenji*.

41. « Arbre généalogique. » juan 63 dans *Liao shi*. Beijing : Zhonghua shuju,1974. p. 949.

42. Liu, Pujiang. « La dispute de *Deyun* et le problème de légitimité des dynasties Liao et Jin. » *Zhongguo shehui kexue* (« *Sciences sociales en Chine* »). Issue 2. 2004. Zhao, Yongchun. « Analyses sur les points de vue chez les Liao sur 'Zhongguo'. » *Wen shi zhe* (« *Journal de littérature, histoire et philosophie* »). Issue 3. 2010.

43. « Barbares (I). » dans *Song huiyao jigao* (« *Ébauche de compilation de documents importants de la dynastie Song* »). pp. 9711-2.

44. Cf. Huang, Chunyan. « Expansion des Song de Shenzong au nom de 'l'ancien territoire des Han et Tang'. » *Lishi yanjiu* (« *Recherche historique* »). Issue 1. 2016.

45. *Xu Zizhi tongjian changbian*, juan 58, gengchen et guiwei, décembre, première année de l'ère Jingde, p. 1288.

s'efforçant de la maintenir. Lors des négociations portant sur la frontière du Hedong à l'ère Xining, Xiao Su, le conseiller adjoint de la Cour des Affaires militaires et du *Tongpingzhangshi* (chargé de la coordination du secrétariat) des Liao, voulait s'asseoir face au sud, afin d'affirmer son statut de supériorité par rapport aux Song. Ces derniers insistèrent pour le recevoir de la même manière que l'hôte reçoit des invités. Les deux parties ne parvinrent pas à se mettre d'accord sur les cérémonies rituelles pendant trois mois, et les lettres firent l'aller-retour à une dizaine de reprises, jusqu'à ce que la référence d'un récit soit trouvée : en 1054 (première année de l'ère Zhihe), les Song avaient reçu Xiao De, messager de l'État et Premier ministre des Liao, en tant qu'invité.[46]

Alors que les dynasties Song et Liao dominaient toutes deux l'Asie de l'Est, la distinction entre les Hans et les barbares, qui paraissait avant insurmontable, devenait flexible et ambiguë. À ce propos, Confucius expliquait dans le *Chunqiu* (« *Annales des Printemps et Automnes* ») : « Les barbares, envahissant la Chine, se sinisent : ils occupent le territoire des Chinois, asservissent ces derniers, utilisent leurs calendriers, nourrissent leurs familles, nomment leurs talents, lisent leurs livres, portent leurs costumes, se servent de leurs véhicules, et appliquent leurs lois. Ils agissent exactement comme les Chinois. Comment pouvaient-ils être considérés comme d'anciens barbares ? »[47] La ligne de démarcation entre les Hans et les barbares pourrait alors s'embrouiller, d'autant plus que la dynastie Song modifiait avec le temps son attitude vis-à-vis de cette distinction, notamment lorsqu'elle avait affaire aux Liao. En 1042 (deuxième année de l'ère Qingli), la dynastie Liao demandait à s'apparenter avec les Song, qui étaient en guerre contre les Xia, tout en revendiquant la région de Guannan. Certains ministres des Song signalaient la chose suivante : « Faire alliance par mariage avec les barbares est humiliant, et aucune concession territoriale ne devrait être permise. »[48] Toutefois, lorsque Fu Bi se rendit chez les Liao, il apportait avec lui deux lettres de créance et trois lettres de serment, envisageant ainsi plusieurs possibilités : « Si le mariage était possible, nous ferions alliance avec les Liao. Si ceux-ci pouvaient convaincre les Xia de nous prêter allégeance, nous augmenterions de 200 000 taëls d'argent le montant que nous devons payer chaque année aux Liao ; autrement, de 100 000 taëls. »[49] À partir de là, il est possible de remarquer que la dynastie Song, en se distinguant des barbares, ne s'est pourtant pas interdite de former des liens de parenté avec eux. Elle s'est même permis de céder du terrain. Alors qu'elle attaquait l'empire du Tibet, les Liao en a profité pour négocier la frontière du Hedong. À la suite de quatre ans de pourparlers, les Song cédèrent cinq cents *li* de territoire, s'étendant de l'est à l'ouest.[50] Bien que les Xia occidentaux, le Giao Chi et le royaume de Dali fussent trois États vassaux des Song, ceux-ci ne leur interdisaient pas d'appliquer le système impérial sur leurs

---

46. *Xu Zizhi tongjian changbian*, juan 256, wushen, septembre, neuvième année de l'ère Xining, p. 6253.

47. Fu, Bi. « Rapport destiné à Renzong à propos de treize stratagèmes pour la défense du Hebei. » juan 135 dans Zhao Ruyu. *Songchao zhuchen zouyi*. p. 1502.

48. *Xu Zizhi tongjian changbian*, juan 138, wuchen, octobre, deuxième année de l'ère Qingli, p. 3320.

49. *Xu Zizhi tongjian changbian*, juan 137, guihai, septembre, deuxième année de l'ère Qingli, p. 3291. « Xingzong (II). » juan 19 dans *Liao shi*. p. 227.

50. Juan 2 dans Li Xinchuan (auteur). Jin Yuan (correcteur). *Jiuwen zhengwu* (litt. « *Vérification et correction des rumeurs anciens* »). tome 8 dans *Quansong biji VI* (« *Notes des Song* »). Zhengzhou : Daxiang chubanshe (Presse d'éléphant), 2013. p. 385.

propres territoires. Cela prouve une nouvelle fois que l'attitude adoptée par la dynastie Song vis-à-vis de son statut politique n'était pas immuable.

### (2) L'objectif principal des jeux diplomatiques : les bénéfices

À l'époque des Song du Nord, tous les pays, quelle que soit leur taille, avaient l'objectif principal d'en retirer un maximum d'avantages à travers les jeux diplomatiques. Contrairement aux dynasties Song et Liao, qui, se déclarant toutes les deux légitimes, s'attachaient à leur identité statutaire, les petits royaumes, tels que les Xia occidentaux, l'empire du Tibet, le Giao Chi et le Goryeo, se souciaient davantage du territoire, de l'argent et du marché lors de leurs interactions avec les grandes puissances. Dans l'ère Qingli, la dynastie Song consentit, après plusieurs négociations, à octroyer aux Xia 255 000 taëls d'argent par an, permettant ainsi à ces derniers d'ouvrir le marché près de la frontière. En échange, les Xia prêtèrent allégeance aux Song. En 993, sous la pression de la grande armée déployée par les Liao sur le territoire du Goryeo, Seo Hee demanda malgré tout aux premiers d'expulser les Jürchens habitant sur la rive droite du fleuve Yalu, pour que son pays puisse y construire des fortifications et des routes.[51] Afin d'attirer le Goryeo contre les Song, les Liao décidèrent de satisfaire leur demande. En déclarant sa soumission aux Liao, le royaume de Goryeo était pourtant le grand gagnant. En acquérant le territoire fluvial des Jürchens, il put ainsi mettre en œuvre leur politique d'expansion vers le nord, sans que les Liao ne puissent les en empêcher.

À la suite de la guerre de l'ère Xining, les dynasties Song et Lý commencèrent en 1078 (première année de l'ère Yuanfeng) les négociations destinées à redessiner leur frontière. Le Giao Chi réclamait les préfectures de Guangyuan et de Jilang. La dynastie Song a affirmé qu'elle répondrait à sa demande à condition qu'il lui rende les civils de Yongzhou, Qinzhou et Lianzhou.[52] Après sept ans de négociations, en 1084 (septième année de l'ère Yuanfeng), la frontière fut finalement fixée, au long des huit passages stratégiques, comprenant Gengjian, Qiuju, Jiaoyue, Tongkuang, Gengyan, Dunli, Duoren et Gounan. Les six comtés comprenant Bao, Le, Lian, Miao, Ding, Fang, et les deux ethnies Su et Sang, situés au sud de cette frontière, appartenaient au Giao Chi.[53] Après des confrontations relativement intenses au cours de l'ère Yuanfeng, les Song et les Xia commencèrent à délimiter leur frontière en 1089 (quatrième année de l'ère Yuanyou). Pourtant, les négociations se terminèrent sans issue. L'année suivante, les Xia proposèrent la chose suivante : « Pour mieux marquer la frontière, toutes les activités, y compris la fortification, les cultures, les pâturages, seront interdites dans les dix *li* le long de l'intérieur de Suizhou (actuel Shaanxi). Par contre, le long de l'extérieur de ce terrain vague, on fait ériger des monticules de terre. » La dynastie Song l'accepta. En 1096 (troisième année de l'ère Shaosheng), les deux États se déclarèrent la guerre, et la dynastie Xia protesta : « Nous venons d'entreprendre des négociations sur la

---

51. « Biographie de Seo Hee. » juan 94 dans *Gaoli shi*. Kyujanggak, Université Nationale de Séoul.

52. « Barbares (IV). » dans *Song huiyao jigao*. Shanghai : Shanghai guji chubanshe, 2014. p. 9793. *Xu Zizhi tongjian changbian*, juan 292, guiwei, septembre, première année de l'ère Yuanfeng, et juan 287, yimao, janvier, première année de l'ère Yuanfeng, p. 7011 et p. 7133.

53. *Xu Zizhi tongjian changbian*, juan 349, wuzi, octobre, septième année de l'ère Yuanfeng, p. 8372.

frontière. Il n'y a eu que peu de divergences. Alors que nous sommes prêts à discuter, les Song se repentissent, en dessinant la frontière au long des positions militaires. » En 1099 (deuxième année de l'ère Yuanfu), les deux parties convinrent à nouveau de ne pas envahir le territoire de l'autre.[54] Ainsi, pour la première fois, la dynastie Song délimita ses frontières avec le Giao Chi et les Xia. Ces deux États acquirent ainsi du territoire, mais aussi, de manière plus importante, ils obtinrent, à travers ces négociations, le renoncement des Song dans leur volonté de les récupérer. Cela était particulièrement significatif pour le Giao Chi. Depuis sa fondation, la dynastie Song considérait ce dernier comme faisant partie de « l'ancien territoire des dynasties Han et Tang », et avait ainsi l'objectif de le récupérer. Les pourparlers à propos de la frontière que la dynastie Song avait entrepris avec le Giao Chi signifiaient que l'indépendance du second était reconnue par la première. Ainsi, le Giao Chi éloigna entièrement le danger de se faire un jour absorber par la dynastie Song.

Au sein des jeux diplomatiques entre les dynasties Song et Liao, les bénéfices étaient également au centre des préoccupations. Lors des négociations pour le traité de Shanyuan, la dynastie Liao proposa tout d'abord de reprendre la région de Guannan : « L'objectif de notre présence est la reprise de la région de Guannan, et tout l'État sera mécontent à moins que la demande ne soit satisfaite. » L'envoyé des Song, Cao Liyong, lui répondit : « Aux ordres de l'empereur, je fais mon devoir, même au risque de ma vie. Si vous insistez sur votre demande sans regret, celle-ci ne sera pas satisfaite et il n'y aura pas la paix entre nous. » Il poursuivit : « Vous avez déjà l'intention de négocier un traité de paix. Si vous souhaitez que les Song contribuent avec de l'argent pour vous épargner des charges militaires, les négociations pourraient probablement continuer. » Les Liao abandonnèrent enfin leur demande de territoire et acceptèrent de l'argent. Liyong promit de leur offrir 200 000 rouleaux de soie et 100 000 taëls d'argent par an. Ainsi, les Liao obtinrent annuellement 300 000 taëls d'argent des Song.[55] En 1042 (deuxième année de l'ère Qingli), les négociations entre les dynasties Song et Liao se déroulaient également autour des avantages que les deux parties pourraient en tirer. La dynastie Liao réclama à nouveau la région de Guannan, en sachant que les Song ne céderaient pas une entité territoriale étroitement liée à son identité statutaire. Sa véritable intention était alors d'augmenter le montant des versements. Le ministre Fu Bi, connaissant bien leur intention, répondit à l'empereur des Liao : « Vous violerez notre traité par la demande de concession territoriale. La dynastie Song n'y cédera jamais. Vous risquez de provoquer la guerre. Une fois la guerre déclenchée, le résultat sera imprévisible. Supposons que vous remportiez la victoire, les fonctionnaires se chargeront-ils de la perte des soldats et des chevaux ? Ou est-ce vous qui vous en chargerez ? En revanche, le maintien des relations pacifiques entre nous vous apportera la richesse. Vous savez bien distinguer ce qui est avantageux de ce qui est préjudiciable. » En prenant conscience du profit qu'il pourrait en retirer, l'empereur des Khitans n'arrêta pas d'exprimer ses admirations pour Fu et accepta la proposition d'augmenter de 200 000 le montant que les Song devaient payer depuis la signature du traité de Shanyuan.[56]

---

54. « Royaume des Xia (II). » juan 486 dans *Song shi*. pp. 14016-17.

55. *Xu Zizhi tongjian changbian*, juan 58, guiwei, décembre, première année de l'ère Jingde, p. 1290.

56. *Xu Zizhi tongjian changbian*, juan 137, renxu, juillet, deuxième année de l'ère Qingli, pp. 3283-4.

De la même manière, le profit constituait également le point principal des négociations autour de l'Alliance maritime et du repli de Kaifeng entre les Song du Nord et les Jin. En ce qui concernait l'Alliance maritime, au-delà des manœuvres militaires qui visaient à lancer les invasions conjointes contre les Liao, il s'agissait également du versement d'un tribut par les Song, équivalent à celui qu'ils versaient aux Liao, et de la question de l'ouverture du marché commercial aux frontières.[57] Lors de la crise de la première bataille de Kaifeng, la dynastie Song envoya Li Zhuo, conseiller adjoint de la Cour des Affaires militaires, au camp des Jin pour effectuer la négociation. À la rencontre du général des Jin, Wolibu, Li Zhuo, en sa qualité de très haut fonctionnaire des Song, s'agenouilla et se prosterna devant son homologue. Il était si effrayé qu'il perdit sa langue pendant longtemps. Les conditions que proposèrent les Liao pour faire la paix étaient les suivantes : les Song devaient offrir aux Jin 50 millions de taëls d'argent, cinq millions de taëls d'or, dix millions de rouleaux de soie, dix millions de rouleaux de satin, 10 000 chevaux, 10 000 mules, 10 000 bovins et mille chameaux. Cela incluait également d'autres demandes : l'empereur Song appellerait l'empereur Jin « Grand Oncle » ; la rétrocession des prisonniers au Yanyun capturés par les Song ; la concession des préfectures Hejian, Taiyuan et Zhongshan, et enfin les prises en otage du prince impérial et du Premier ministre des Song. À cause de la peur, Li Zhuo partit sans rien répliquer. Cela suscita le mépris des Jin, qui s'en moquaient : « C'est une femme »[58]. Sans même évoquer les autres conditions, le seul tribut que demandaient les Jin était bien au-delà de la capacité des Song.

Lors des négociations diplomatiques, la dynastie Song évitait de céder le moindre territoire associé à son statut politique. Elle refusa par exemple fermement les deux revendications de contrôle du Guannan qu'avaient faites les Liao. Malgré tout, elle n'avait pas pu éviter la cession successive des territoires qui délimitaient la frontière avec les Liao, le Giao Chi, les Xia occidentaux ainsi que les Jin. D'ailleurs, la dynastie Song avait adopté une politique de concession passive économique. Pour le traité de Shanyuan et la négociation de paix (ère Qingli) entre les Song et les Liao, la négociation de paix entre les Song et les Xia, l'Alliance maritime et la négociation de paix à Kaifeng entre les Song et les Jin, la dynastie Song a dépensé une somme très conséquente. Selon elle, l'argent et la soie perdus sans que son statut politique ne soit compromis pourraient être regagnés. Cette logique se traduit à travers le commentaire fait par l'empereur Song Zhenzong à propos de la concession territoriale de la dynastie des Jin postérieurs (Hou Jin) aux Liao : « Pourquoi l'empereur des Jin a-t-il cédé la terre et les habitants à l'ennemi au lieu de lui verser de l'argent ! Ce choix a créé des ennuis qui nous dérangent encore aujourd'hui. Il manquait de talents à la dynastie. »[59] Aux yeux des Song, « bien qu'il reste moins d'argent en fin d'année, le tribut annuel versé aux Liao n'occupe qu'une petite partie des budgets militaires consacrés à la guerre. De ce point de vue, la signature du traité de Shanyuan n'était pas un mauvais choix. »[60] La

---

57. « Lettres de créance destinées aux Jin. » juan 228 dans *Song dazhaoling ji.* p. 881.

58. « Jingkang zhongzhi. » juan 29 (yihai, le 9 janvier, première année de l'ère Jingkang) dans Xu Mengshen. *Sanchao beimeng huibian.* p. 216.

59. *Xu Zizhi tongjian changbian*, juan 55, bingxu, août, sixième année de l'ère Xianping, p. 1211.

60. Fu, Bi. « Rapport destiné à Renzong à propos de treize stratagèmes pour la défense du Hebei. » juan 135 dans Zhao Ruyu. *Songchao zhuchen zouyi.* p. 1501.

dynastie se servait donc de l'argent comme d'un remède omnipotent : « L'État au nord revendiqua du territoire et une promesse de soie en réponse, tandis que l'État à l'ouest demanda le statut d'égal et une autre promesse d'argent en réponse. »[61] Ainsi, l'argent semble apparaître comme la seule solution de la dynastie Song pour résoudre les crises diplomatiques auxquelles elle faisait face.[62]

En réalité, les pays, grands ou petits, qui étaient à la recherche d'un statut politique ou de profit à travers les jeux diplomatiques, avaient cependant l'objectif ultime de poursuivre la sécurité nationale. Par exemple, la dynastie Song, qui établissait des alliances avec les Liao et les Xia occidentaux en payant à chacune des parties un tribut annuel, visait à échanger de l'argent contre la paix et la sécurité du pays. Cette stratégie reposait sur le fait que les ennemis, avides de richesse, hésiteraient alors à lancer des attaques contre les Song. En réponse au refus de payer, chaque année, 300 000 taëls d'argent aux Liao, Bi Shi'an s'est exprimé : « Il faut un montant assez élevé pour que les Khitans hésitent à nous attaquer. Sinon, la paix ne durera pas longtemps. »[63] En ce qui concerne les Xia occidentaux, les Song fermaient leurs frontières lorsque ceux-ci lançaient des attaques, arrêtant ainsi leurs relations commerciales. Dans ce cas-là, les Xia se trouvaient en grande difficulté. En revanche, s'ils prêtaient allégeance aux Song, ils bénéficiaient de 250 000 taëls d'argent par an.[64] Un ordre stable répondait aux besoins de sécurité et des bénéfices des deux parties. Cela était d'autant plus véridique pour les petits pays, qui faisaient tout leur possible dans les relations diplomatiques pour assurer leur sécurité. Su Shi a dit : « Si le Goryeo s'est soumis aux Khitans, c'est parce que les Khitans sont assez forts pour le détruire, tandis que nous en sommes incapables. »[65] En 1058 (troisième année de l'ère Jiayou), la possibilité de recommencer à payer tribut aux Song était discutée au sein du Goryeo. Certains ministres signalèrent la chose suivante : « Si nous maintenons une relation tributaire avec la dynastie Liao, il n'y aura pas de conflits frontaliers et notre peuple vivra en paix et se complaira dans ses occupations. C'est la meilleure politique. Par contre, les Song nous apportent peu. Si nous ne voulons pas rompre définitivement avec les Khitans, il ne convient pas de reprendre la relation tributaire avec les Song. »[66] En répondant d'abord à l'ordre de Shenzong, puis de Huizong, qui demandèrent tous les deux la soumission aux Song au Goryeo, ce dernier exprima sa difficulté : « Notre pays est bordée par la dynastie Liao. Si nous lui faisons allégeance, il s'agira d'un voisin amical ; dans le cas contraire, ce sera un puissant ennemi qui menacera notre sécurité nationale. Nous avons déjà déclaré notre soumission aux Liao depuis longtemps. Par conséquent, nous ne pouvons pas

---

61. « Discussions sur la soumission des Xia : sincère ou hypocrite. » juan 8 dans Yin Zhu. *Henan xiansheng wenji*.

62. « À propos de la négociation de paix avec les Xia : cinq interrogations destinées aux ministres. » juan 102 dans *Ouyang Xiu quanji* (« *Collection complète d'Ouyang Xiu* »). Beijing : Zhonghua shuju, 2001. p. 1562.

63. « Biographie de Bi Shi'an. » juan 281 dans *Song shi*. p. 9521.

64. Han, Qi. « Rapport destiné à Renzong à propos d'un avantage et de trois inconvénients des négociations de paix avec les Xia. » juan 136 dans Zhao Ruyu. *Songchao zhuchen zouyi*. p. 1516.

65. *Xu Zizhi tongjian changbian*, juan 481, xinhai, février, huitième année de l'ère Yuanyou, p. 11438.

66. « Famille de Wenzong (II). » juan 8 dans *Gaoli shi*.

obéir à vos ordres. »[67] Le seul choix politique du royaume de Goryeo a donc consisté à assurer sa sécurité nationale.

## 3. Jeux diplomatiques des Song du Nord avec d'autres royautés de l'Asie de l'Est dans un système multiétatique : conditions et moyens

### (1) La puissance de l'État : les bases des jeux diplomatiques

Le concept d'anarchie ne signifie pas que la domination et l'agression sont nécessairement absentes de la société internationale actuelle. De même, en Asie de l'Est, il était impossible d'établir un ordre en s'appuyant uniquement sur le concept de distinction entre les Hans et les barbares, même pour la dynastie Song, qui se proclamait légitime sur le territoire chinois. Wang Anshi l'avait en effet constaté : « Les droits naturels peuvent être utilisés au service de l'expansion des Song. S'y opposant, les autres sont censés être attaqués. Cependant, ce qui inquiète, ce n'est pas le manque de prétexte, mais celui de la force pour les dompter. »[68] L'action extérieure de l'État dépend de sa puissance.

Dès la signature du traité de Shanyuan, la dynastie Song dut renoncer à l'objectif d'éliminer les Khitans, dans une tentative d'unifier les Hans et les barbares. Désormais, les Liao, considérés comme des barbares, pouvaient faire jeu égal avec leur rival. Cela était notamment dû à l'écart des deux parties en matière de puissance militaire : les Liao prenaient le dessus. Depuis sa fondation, la dynastie Song connut de nombreux conflits et combats contre les Liao : « Quatre-vingt-une batailles de toute envergure eurent lieu entre les deux parties, mais la dynastie Song ne remporta qu'une seule victoire, soit celle de la campagne menée par Zhang Qixian à Taiyuan. »[69] En particulier après les grandes guerres en 979 (ère Taiping Xingguo) et en 986 (ère Yongxi), les deux parties, qui possédaient une meilleure connaissance de leur rival, décidèrent de réorienter leurs politiques étrangères, ce qui se traduisit par le traité de Shanyuan. À l'occasion de la signature de ce traité puis des négociations de l'ère Qingli, les Liao demandèrent aux Song de leur payer un tribut annuel, en les menaçant de reprendre la région de Guannan. Par crainte de son rival, plus puissant qu'elle, la dynastie Song céda à chaque demande.

Le traité de Shanyuan, signé entre les Song et les Liao, était issu des guerres. Il en allait de même pour la négociation de paix, durant l'ère Qingli, entre les Song et les Xia occidentaux. Le dirigeant de ces derniers se proclama empereur, au lieu de se soumettre à la dynastie Song qui se déclara de « la Chine orthodoxe ». Défiée, cette dernière lança l'attaque sans hésitation, et à une dizaine de reprises. Cependant, à chaque fois, la bataille se termina par la victoire des Xia.[70] « À

---

67. « Famille de Ruizong (II). » juan 13 dans *Gaoli shi*. « Chroniques du Goryeo. » juan 487 dans *Song shi*. p. 14046.

68. *Xu Zizhi tongjian changbian*, juan 237, renwu, août, cinquième année de l'ère Xining, p. 5760.

69. Juan 4 dans Chen Shidao (auteur). Li Weiguo (correcteur). *Houshan tancong* (litt. « Série des discussions derrière les montagnes »). tome 6 dans *Quansong biji II*. Zhengzhou : Daxiang chubanshe, 2013. p. 105.

70. Fu, Bi. « Rapport destiné à Renzong à propos des sept affaires du Hebei. » *Songchao zhuchen zouyi*. p. 1515.

Haoshuichuan, des milliers de soldats sont morts sous le commandement de Ren Fu. Lors de la bataille de Fengzhou, les Song ont perdu, et du territoire, et des soldats. À Zhenrong, le conflit a donné la mort à des dizaines de milliers de soldats, dirigés cette fois-ci par Ge Huaimin. Comment se fait-il que les Song remportent la victoire ? »[71] Dans ce cas-là, Renzong décida de négocier la paix, en étant prêt à reconnaître Li Yuanhao comme empereur des Xia occidentaux. En effet, ces derniers ne pouvaient pas mener de longues batailles contre les Song. Bien moins puissants que ces derniers, les Xia dépendaient de leur rival de manière significative en matière d'économie. Ainsi, ils déclarèrent leur soumission aux Song. En échange, ces derniers reconnurent « l'État » des Xia, qui n'était plus qu'un simple district militaire, acceptèrent de lui octroyer chaque année une somme considérable et lui permirent d'ouvrir le marché frontalier. Grâce à leur puissance militaire, les Xia occidentaux remportèrent une victoire diplomatique majeure.

De même, la puissance de l'État, en particulier sur le plan militaire, influait de manière déterminante sur les jeux diplomatiques qui se tenaient entre la dynastie Liao et le Goryeo. Se montrant particulièrement hostile envers les Liao, ce dernier envoya en exil leurs émissaires et laissa mourir de faim les chameaux qu'ils lui avaient offerts[72]. Il s'agissait d'un solide allié des Song. En 993, la dynastie Liao déclara la guerre au royaume coréen, pour que ce dernier lui porte allégeance plutôt qu'aux Song. Face à ce grand ennemi, le Goryeo ne céda en rien. Il remporta même une victoire à Anrong, et poussa son rival à proposer des négociations de paix. En dépit de ces éléments, l'objectif des Liao fut atteint, et, en s'appuyant sur leurs forces militaires particulièrement puissantes, ils réussirent finalement à soumettre le Goryeo. En parallèle, grâce à une résistance acharnée, ce dernier absorba les six cités situées sur la rive droite du fleuve Yalu. En 1019, le royaume de Goryeo remporta à nouveau la victoire, lors de la dernière guerre avec les Liao à Guizhou. Il en profita pour négocier la paix avec son ennemi, en établissant les bases solides de relations pacifiques. Suite à trente années de guerre avec la dynastie Liao qui, par ailleurs, s'avérait plus puissante que les Song, le royaume coréen se rendit compte que « la rupture avec les Liao aboutirait certainement à des désastres »[73], et choisit de ce fait le camp des Liao.

La puissance de l'État détermine de la même manière les relations diplomatiques entre les Song du Nord et la dynastie Jin. Lors de l'accord sur l'Alliance maritime, la dynastie Song était une grande puissance aux yeux des Jin. Ces derniers, en revanche, parvinrent à vaincre à plusieurs reprises les Liao, qui ont été poussés jusqu'à conférer au dirigeant rival le titre d'« empereur de Donghuai ». Compte tenu de la puissance des Jin, la dynastie Song décida d'établir avec eux une relation équivalente. Lors de la première guerre de Kaifeng, Li Zhuo, avait si peur qu'il ne parvint même pas à se tenir droit devant Wolibu, le commandant général des Jin : il n'est ainsi pas nécessaire de parler de la question des négociations en sa présence. Les Song furent obligés de récompenser massivement les troupes des Jin, en leur cédant trois villes (Hejian, Zhongshan et Taiyuan). Avant la deuxième guerre de Kaifeng, les Song envoyèrent Li Ruoshui pour qu'il

---

71. *Xu Zizhi tongjian changbian*, juan 140, renxu, avril, troisième année de l'ère Qingli, p. 3368.
72. « Famille de Taizu (II). » juan 2 dans *Gaoli shi*.
73. « Biographie de Wang Kedao. » juan 94 dans *Gaoli shi*.

négocie avec les Jin. Ils proposèrent d'attribuer tous les loyers et impôts desdites villes aux Jin. En échange, ceux-ci devaient retirer leurs troupes et annuler l'accord sur la cession des trois villes. Le Premier ministre des Jin, très en colère, hurla : « Un accord a été conclu et vous acceptez de donner les trois villes. Dans ce cas-là, les loyers et impôts nous appartiennent. Comment pouvez-vous formuler une telle proposition ? Ce faisant, vous rompez l'accord. » Plus courageux que Li Zhuo, Li Ruoshui était resté au camp des Jin, pour insister sur ces demandes. Cependant, les Jin, intransigeants, déclarèrent : « Si nous ne pouvons pas obtenir les terres et habitants des trois villes, la paix est impossible. Nous discuterons en attendant de l'envoi de notre armée jusqu'à Kaifeng. » Li Ruoshui dut partir sans qu'aucune de ses demandes ne soit satisfaite.[74] La ville de Kaifeng étant conquise, Qinzong déclara sa soumission aux Jin. Les Song n'avaient plus accès aux négociations, car les Jin, n'y prêtant plus attention, décidèrent de les éliminer.

## (2)  Les politiques étrangères : les indicateurs des jeux diplomatiques

Les jeux diplomatiques tiennent, d'une part, aux forces des deux parties qui se contrebalancent, et, d'autre part, à leurs politiques étrangères respectives. Par exemple, l'aboutissement des négociations entre les Song et les Liao et la signature du traité de Shanyuan étaient directement liés aux décisions prises par Zhenzong, qui prévoyait que les Liao négocieraient l'obtention de la région de Guannan et le montant d'argent que les Song devraient leur payer annuellement. Avant son départ pour les négociations avec les Liao, Cao Liyong avait été prévenu par Zhenzong : « Sans être satisfaits de leur demande de territoire, les Khitans revendiqueront de l'argent. »[75] En effet, comme prévu, la dynastie Liao réclama dans les lettres de créance la souveraineté de la région de Guannan. Zhenzong fit savoir la chose suivante : « En qualité d'héritier, je tiens à garder notre territoire. Et je ne permettrai à aucun de l'amputer. Nous perdrions de peu si nous donnions de l'argent par an en lieu et place. » En suivant cette logique, il dit à Cao Liyong : « Il ne faut guère sacrifier le territoire. En revanche, il est acceptable de satisfaire les demandes financières. »[76] Les Song choisirent ainsi de leur donner de l'argent au lieu de leur céder la région de Guannan. Avant son départ, pour la deuxième fois, afin de négocier avec les Liao, Cao demanda à Zhenzong le montant qui serait autorisé. Celui-ci lui répondit : « Le cas échéant, le seuil d'un million pourrait être dépassé. » À ces mots, le résultat issu des négociations était plus prévisible. Cao arriva finalement à limiter le nombre à 300 000. Au moment du retour de Cao, Zhenzong était en train d'être servi à table. Il envoya l'un de ses chambellans pour demander le montant négocié. Sans mot dire, Cao ne fit que lever trois doigts devant lui. Le chambellan supposa qu'il s'agit de trois millions. Zhenzong le trouva un peu trop élevé, pour ensuite laisser échapper ces mots : « Tant que l'affaire est conclue. » Après avoir été mis au courant du vrai nombre, Zhenzong était fou de joie.[77] Il préférait acheter la paix, et était prêt à payer un million.

---

74. « Jingkang zhongzhi. » juan 55 (wuyin, le 15 septembre, première année de l'ère Jingkang) dans Xu Mengxin. *Sanchao beimeng huibian.* pp. 409-411.

75. « Biographie de Cao Liyong. » juan 290 dans *Song shi.* p. 9705.

76. *Xu Zizhi tongjian changbian*, juan 58, genchen, décembre, première année de l'ère Jingde, p. 1288.

77. *Xu Zizhi tongjian changbian*, juan 58, dinghai, décembre, première année de l'ère Jingde, p. 1292.

*A contrario*, Kou Zhun proposa de poursuivre les négociations jusqu'à ce que les Liao déclarent leur soumission et cèdent la région de Youzhou. Comme son avis allait à l'encontre de celui de Zhenzong, il devait y renoncer. Compte tenu du seuil d'un million qu'avait permis Zhenzong, Kou s'est adressé à Cao en privé : « Malgré la permission impériale, vous ne pouvez pas dépasser la barre des 300 000. Sinon, je vous tuerai. » Cao réussit à accomplir la mission.[78] En réalité, la proposition qu'avait faite Kou n'était pas réalisable, car elle portait atteinte à l'identité statutaire et à la sécurité des Liao. Ces derniers perdirent Da Lan, un de leurs généraux, mais leur force principale en sortit sans atteinte sérieuse. Si Kou avait été écouté, des conflits de grande envergure, tels que celui de l'ère Yongxi, auraient eu lieu. Cependant, c'est en partie grâce à lui et à ses mots menaçants que le montant annuel que les Song devaient payer aux Liao se limitait à 300 000. Pour cette raison, Kou était considéré comme le plus méritant dans la conclusion du traité de Shanyuan, alors que le mérite de Cao, qui avait fait des allers et retours pour négocier la paix, était négligé.

En effet, Cao Liyong, qui était fidèle à Zhenzong, avait bel et bien rempli sa mission. Lors de la sélection du négociateur, Cao s'était proposé : « Je vous servirai au prix de ma vie. » Il était également recommandé par Wang Jiying, le conseiller général de la Cour des Affaires militaires.[79] Avant d'aller négocier avec les Liao, Cao avait de nouveau exprimé sa loyauté envers Zhenzong : « Je n'oserai pas accepter les demandes excessives de la part des Liao, même au prix de ma vie. » Lorsque les Liao réclamèrent la région de Guannan, Cao refusa sans aucune hésitation : « Je doute que Sa Majesté accepterait la proposition de vous payer une somme annuelle. Et je n'oserai même pas le mettre au courant de votre demande de territoire. »[80] « Aux ordres de l'empereur, je fais mon devoir, même au risque de ma vie. Si vous insistez sur votre demande sans regret, celle-ci ne sera pas satisfaite et il n'y aura pas de paix entre nous. »[81] Cela permet de remarquer l'attitude ferme de Cao. Les Khitans, en supposant que celui-ci ne changerait pas d'avis, décidèrent de signer la paix. La loyauté et l'inflexibilité de Cao furent ainsi appréciées par les historiens des Song.[82]

Au début de cette époque, les frictions et les conflits entre les Song et les Liao étaient nombreux. Ayant subi plusieurs défaites, les Song disposaient toutefois d'une force suffisante pour se défendre, notamment avant la signature du traité de Shanyuan : les Song prenaient en effet l'avantage dans les combats. Les villes de la région de Hebei, qui résistait à l'ennemi, étaient bien défendues, et Xiao Talin, le général des Liao, fut tué. Il n'était pas nécessaire, pour les Song, d'acheter la paix au prix d'une somme annuelle conséquente, et encore moins lorsque c'était la dynastie Liao qui proposait la négociation. Bien que la proposition de Kou Zhun semble peu réalisable, il était très probable que les Song arrivent à forcer le retrait des troupes des Liao sans dépenser un seul sou. En effet, Zhenzong adopta une politique étrangère héritée de son père, Taizong, qui préférait mettre l'accent sur les affaires intérieures, tout en résistant, de manière hésitante, à l'invasion de

---

78. « Biographie de Kou Zhun. » juan 281 dans *Song shi*. p. 9531.

79. *Xu Zizhi tongjian changbian*, juan 58, yisi, octobre, première année de l'ère Jingde, p. 1278.

80. « Biographie de Cao Liyong. » juan 290 dans *Song shi*. pp. 9705-9706.

81. *Xu Zizhi tongjian changbian*, juan 58, kuiwei, décembre, première année de l'ère Jingde, p. 1290.

82. « Biographie de Cao Liyong. » juan 290 dans *Song shi*. p. 9706 et p. 9708.

l'extérieur. Taizong, le frère de Taizu, qui était le fondateur de la dynastie des Song du Nord, n'était pas l'héritier légitime. Il s'inquiétait, de ce fait, d'éventuelles agitations dans la cour impériale. Pour cette raison, il souhaitait s'y imposer grâce à la conquête des Khitans. Toutefois, il subit deux défaites importantes et la trahison de ses ministres, dans une tentative de le remplacer par le fils de Taizu. En se rendant compte que les menaces contre son autorité étaient plus grandes et plus imminentes à l'intérieur qu'à l'extérieur, il décida de rétablir l'ordre intérieur avant de s'occuper des affaires étrangères. Ainsi, il renonçait peu à peu à son projet de conquérir les Khitans afin de rétablir l'ordre général par l'unification des Hans et des barbares. En héritant de ces idées et de ces tendances, Zhenzong préférait acheter une paix durable avec les Liao.

Le choix de Zhenzong était basé sur les relations de longue durée entre les Song et les Liao. En revanche, des décisions étaient également prises en fonction des politiques à court et à moyen termes. Par exemple, dans l'ère Xining, au moment où les Song cherchaient à s'étendre vers l'ouest, les Liao en profitaient en proposant une négociation au sujet de la frontière du Hedong. Compte tenu de son grand projet d'expansion, la dynastie Song choisit de faire des compromis face aux demandes des Liao. En vue d'étendre son territoire vers le nord, Shenzong élabora un plan d'action divisé en trois étapes. En premier lieu, Wang Shao était chargé de conquérir le Xihe pour briser le flanc droit des Xia occidentaux. Ensuite, il prévoyait de s'emparer de la ville de Lingwu, dans une tentative d'en faire de même avec les Liao, avant de finalement assurer la reconquête de la région de Youyan[83]. La dynastie Liao faisait tout ce qui était en son pouvoir pour empêcher la mise en place de ce plan. Les Song désiraient reprendre les Xia occidentaux, amputant ainsi le bras droit des Liao. Or, avant que cet objectif ne soit atteint, les Song devaient faire des concessions face aux Liao, afin d'éviter d'être attaqués de deux côtés. Cela explique les compromis accordés par la dynastie Song lors des disputes sur les *liangshuhu* (les résidents appartenant simultanément aux Song et aux Liao), le déplacement des postes militaires à Xiongzhou, et à l'occasion de la négociation portant sur la frontière du Hedong. La dynastie Song avait confiance en elle-même. Elle était prête à récupérer les Seize préfectures, puis à détruire la dynastie Liao. « Il faut voir grand. Il n'est pas nécessaire de se disputer avec les Khitans à propos de la préfecture de Xiongzhou. Tout sera réglé dès que nous les aurons conquis. » « L'empereur d'un grand mérite et qui connaît un grand succès s'avère généreux, stratégique et prévoyant. »[84] « Pour l'instant, il est davantage nécessaire de conquérir les Xia que de se disputer avec les Khitans à propos de l'installation des postes militaires. »[85] Peu importe les concessions faites à propos de l'installation des postes militaires et de Xiongzhou, tout rentrerait dans l'ordre une fois les Xia et les Khitans conquis.[86]

---

83. « La conquête du Giao Chi sous le règne de l'empereur Song Shenzong. » juan 17 dans *Taiping zhiji tonglei* (« *Mémoriaux du règne de l'empereur dans l'ère Taiping Xingguo* »). tome 408 dans *Siku Quanshu*, Wenyuan Ge. p. 442.

84. *Xu Zizhi tongjian changbian*, juan 238, bingwu et dingwei, septembre, cinquième année de l'ère Xining, p. 5787 et p. 5791.

85. *Xu Zizhi tongjian changbian*, juan 237, dingyou, août, cinquième année de l'ère Xining, pp. 5772-3.

86. Cf. Huang, Chunyan. « Expansion des Song de Shenzong au nom de 'l'ancien territoire des Han et Tang'. » *Lishi yanjiu*. Issue 1. 2016.

En mars 1074, les Liao envoyèrent Xiao Xi négocier avec les Song à propos de la frontière du Hedong. Les représentants des Song comprenaient un responsable, Liu Chen, et deux assistants, Xiao Shiyuan et Lü Dazhong. Or, cette rencontre n'aboutit à rien. En avril, les Liao envoyèrent cette fois-ci Xiao Su, le conseiller adjoint de la Cour des Affaires militaires et du *Tongpingzhangshi*. Néanmoins, à cause de leurs désaccords au sujet des cérémonies rituelles, les négociations ne démarrèrent qu'en septembre, à Dahuangping. Après plusieurs rencontres, ces négociations ne menèrent, à leur tour, à aucun résultat. En mars de l'année suivante, les Liao envoyèrent de nouveau Xiao Xi, reçu par Han Zhen de la part des Song. Suite à quatre ans de négociations, durant la période allant du début de l'année 1074 à la fin de l'année 1077, les deux parties arrivèrent à un accord au sujet de la nouvelle frontière, les Song délaissant aux Liao sept cents *li* d'un territoire qui s'étendait de l'est à l'ouest.[87]

Lü Dazhong, l'un des participants des pourparlers de Dahuangping, proposa d'atermoyer : « Il ferait mieux de fatiguer notre rival. Délimitant la frontière dans la préfecture de Daizhou, on négocie quand il vient et on laisse faire lorsqu'il veut partir. On se détend, tout en fatiguant notre rival. »[88] C'était aussi ce qu'avait conseillé Lü Huiqing à Shenzong, qui avait demandé son avis en la matière : « Il ne faudrait ni refuser ni accepter. Essayez de prendre du retard. Ne cessez d'envoyer des gens à négocier. Cela pourrait durer des années. Qu'importe. À quoi servirait-il d'accélérer les choses ? »[89] Ce fut l'une des tactiques adoptées par les Song. Pour négocier, les deux parties passaient des mois à se mettre d'accord sur les rituels et le lieu. Au début, Xiao Su refusa de rencontrer les représentants des Song. Puis, plus de dix mille soldats envoyés par les Liao traversèrent la frontière de Daizhou, dans une tentative de contraindre les négociateurs des Song, alors que ces derniers souhaitaient ralentir les pourparlers. Lorsque Xiao Su invita ses homologues Song à négocier dans la vallée de Hengdu, il essuya d'abord un refus, puis reçut la même réponse en proposant un autre lieu. Finalement, les deux parties consentirent à se rencontrer à Dahuangping, à trois ou quatre reprises. Au cours des négociations, Xiao Su se montrait très ferme, insistant pour délimiter la frontière selon les lignes de faîte, sans préciser laquelle. Les représentants des Song demeuraient cependant inflexibles. À plusieurs reprises, Lü Dazhong l'emporta sur Liang Ying, de la part des Liao, qui n'arrivaient plus à tenir le choc : les deux parties ne pouvaient négocier qu'en échangeant des lettres.[90] Face aux Song, qui cherchaient à prolonger les négociations qui avaient eu lieu sur place, les Liao changèrent de stratégie et envoyèrent Xiao Xi à Kaifeng pour s'y éterniser jusqu'à ce que leurs demandes fussent satisfaites. La dynastie Song demanda à Xiao De se rendre sur le terrain avec Han Zhen, ce qui fut refusé. Elle proposa de redessiner les frontières à Changliancheng et à Liufanling, et Xiao refusa à nouveau. En général, les envoyés d'autres États se permettaient de rester dans la capitale des Song pendant moins de dix jours. Néanmoins, Xiao refusait de partir tant que son objectif n'était pas atteint. Un mois après, les Song acceptèrent de

---

87. Juan 2 dans Li Xinchuan (auteur). Jin Yuan (correcteur). *Jiuwen zhengwu*. p. 385.
88. *Xu Zizhi tongjian changbian*, juan 260, renshen, février, huitième année de l'ère Xining, p. 6334.
89. *Xu Zizhi tongjian changbian*, juan 262, bingyin, avril, huitième année de l'ère Xining, p. 6384.
90. *Xu Zizhi tongjian changbian*, juan 258, renshen, décembre, septième année de l'ère Xining, p. 6306.

délimiter les frontières en suivant les lignes de faîte, et Xiao s'en alla.[91]

La position des Song dans les négociations avec les Liao fut influencée par une autre logique, qui guidait Shenzong : il ferait tout son possible pour éviter les guerres. En discutant avec Lü Huiqing à propos de la concession du terrain, Shenzong, inquiet, lui fit remarquer la chose suivante : « Il y aurait des guerres si nous refusions. À ce moment-là, qui peut assurer que la situation ne se dégrade pas ? »[92] Shenzong s'opposait donc à ceux qui refusaient de céder du terrain à la dynastie Liao. Han Yuzhuang, qui était chargé d'accompagner Xiao Xi, faisait partie de ces derniers irréductibles. Devant Shenzong, il argumentait en analysant la situation géographique du terrain pour illustrer son importance géopolitique. En revanche, Shenzong, en rejoignant son argument, réagit pourtant d'un ton menaçant : « Vous êtes obstiné dans l'opinion qui va à l'encontre de la nôtre. Au cas où les Khitans nous déclareraient la guerre, pouvez-vous garantir la sécurité de votre famille ? » En octobre 1074, Shenzong demanda l'avis de Han Qi, de Fu Bi, de Zeng Gongliang et de Wen Yanbo à propos des négociations sur la frontière du Hedong. Tous les quatre étaient opposés à Shenzong.[93] Cependant, celui-ci s'en tenait à sa position. Liu Chen était également en contradiction avec Shenzong et refusait d'offrir cinq cents *li* de territoire à l'ennemi : il ne céderait aucune parcelle, même au prix de sa vie. Lü Dazhong, qui était relativement ferme, se plaçait au même rang que Liu. Shenzong essayait de convaincre Liu : « Incapable de se justifier, l'ennemi risquerait de s'en indigner. Il vaudrait mieux lui donner ce qu'il veut. » Liu refusa. Shenzong essaya à nouveau, en s'adressant cette fois-ci à Liu et à Lü : « Vous faites preuve d'une loyauté en tenant beaucoup à notre territoire. Mais à quoi sert-il, alors que nous sommes toujours sous la menace ? » Têtus, les deux négociateurs n'obéirent pas aux ordres. Shenzong décida de ne plus les envoyer négocier avec les Liao.[94]

En effet, comme Lü Dazhong l'analysait, la dynastie Liao n'osait pas s'opposer à la dynastie Song qui lui versait un tribut annuel significatif. De plus, les Liao, affaiblis, n'étaient pas aussi puissants que dans les ères de Xianping et de Jingde : ils étaient alors sous la menace des Xia occidentaux et des Tatars.[95] Cela correspond à ce que signalèrent Han Qi, Fu Bi, Zeng Gongliang et Wen Yanbo : « Si les Liao proposent de négocier sur la frontière du Hedong, c'est parce qu'ils redoutent que, avec toutes nos mobilisations sur les frontières qui sont en cours, notre vrai but soit de récupérer les Seize préfectures. Ils choisissent de provoquer en premier pour ne pas être trop passifs. Une fois que les Liao nous attaquent, nous pouvons arrêter de les payer, tout en nous préparant à la guerre. »[96] Cependant, par prudence, Shenzong décida de céder le pas aux Liao et donna la priorité à la conquête des Xia occidentaux. Sans le soutien de Shenzong, Liu Chen et Lü Dazhong faisaient des efforts en vain dans les négociations.

---

91. *Xu Zizhi tongjian changbian*, juan 262, bingyin, avril, huitième année de l'ère Xining, pp. 6377-9.

92. *Xu Zizhi tongjian changbian*, juan 262, bingyin, avril, huitième année de l'ère Xining, p. 6384.

93. Juan 2 dans Li Xinchuan (auteur). Jin Yuan (correcteur). *Jiuwen zhengwu*. pp. 384-6.

94. *Xu Zizhi tongjian changbian*, juan 251, renxu, mars, septième année de l'ère Xining, pp. 6132-3.

95. *Xu Zizhi tongjian changbian*, juan 260, renshen, février, huitième année de l'ère Xining, pp. 6334-5.

96. Juan 2 dans Li Xinchuan (auteur). Jin Yuan (correcteur). *Jiuwen zhengwu*. p. 386.

En résumé, la puissance et la politique étrangère des États constituent les deux éléments fondamentaux qui influent sur les jeux diplomatiques. Par ailleurs, la compétence des différents diplomates eut également un certain impact, comme en témoignent de nombreux exemples. En 1042, lors des négociations portant sur la région de Guannan, Fu Bi, qui connaissait l'empereur des Liao sur le bout des doigts, réussit à sauver le statut politique des Song. En utilisant à son avantage les désaccords des Liao avec les Xia occidentaux, Fu parvint à persuader les premiers qu'ils pourraient en tirer profit s'ils restaient en bonne entente avec les Song. Grâce à Fu, les Liao acceptèrent l'augmentation du montant que la dynastie Song leur payait chaque année, sans que cette dernière ne doive céder de terrain, ou s'apparenter avec les barbares. Dans l'ère Qingli, Pang Ji insistait sur le statut politique des Song lors de la négociation avec les Xia occidentaux. Il réussit à empêcher Renzong d'accorder le titre d'empereur au dirigeant des Xia, qui n'obtint que le titre de « maître de l'État ». Au mépris de son grand rival, Seo Hee réussit à convaincre les Liao de céder six cités de la rive droite du fleuve Yalu au Goryeo, ce qui permit ainsi à ce dernier de gagner du terrain pour s'étendre vers le nord. Cao Liyong, lors de la signature du traité de Shanyuan, et Liu Chen et Lü Dazhong, dans le cadre des négociations sur la frontière du Hedong, ont fait preuve d'un certain patriotisme et de courage, et avaient l'intention de sauvegarder l'intérêt de la dynastie Song, au prix de leur vie s'il le fallait. Ferme et intelligent, Xiao Xi choisit de s'éterniser à Kaifeng jusqu'à ce que la demande des Liao soit satisfaite. Il est possible que les diplomates compétents et intelligents exercent une influence positive sur le résultat des pourparlers. Cependant, il convient de noter que celui-ci est déterminé par deux éléments fondamentaux : la puissance et la politique étrangère des pays. Courageux et loyal, Li Ruoshui des Song ne pouvait pas agir devant le grand rival des Liao, sans parler des diplomates qui, peureux et maladroits, entravent la réalisation des objectifs. Faute d'expérience, San Duo reconnut la supériorité des Song par rapport aux Liao, en acceptant l'investiture accordée par Huizong. Devant le négociateur des Jin, Li Zhuo, venu de la part des Song, avait si peur qu'il perdit sa langue, sans parler des avantages qu'il pourrait apporter pour son pays. Cependant, en tout état de cause, les diplomates ne jouent qu'un rôle mineur dans les négociations.

## 4. Conclusion

À cette époque, les dynasties Song et Liao, deux grandes puissances, se faisaient contrepoids en se concurrençant, tandis que les petits pays s'efforçaient de survivre en se développant. La situation géopolitique était complexe : les jeux diplomatiques étaient fréquents et intenses. Dans un environnement où la distinction entre les Hans et les barbares était considérée comme fondamentale, il était essentiel d'établir un ordre interétatique hiérarchisé, qui se fondait sur le statut politique de chaque pays. L'objectif principal des jeux diplomatiques était de déterminer le statut de chaque partie, en particulier pour les dynasties Song et Liao, qui se déclaraient toutes deux légitimes sur le territoire chinois. Lors des négociations diplomatiques, l'ordre établi selon le statut politique de chaque partie influait non seulement sur les relations bilatérales, mais aussi sur la situation de l'Asie orientale dans son ensemble. Néanmoins, le concept de la distinction entre les Hans et les barbares n'était en réalité pas dogmatique. Au contraire, il était flexible et variable selon les circonstances. Que les pays aient été grands ou petits, la recherche du bénéfice constituait toujours l'objectif central des négociations diplomatiques. Cela est particulièrement vrai pour les pays de petite taille, comme les Xia occidentaux, le Ciao Chi et le royaume de Goryeo, qui ne prétendaient pas être des héritiers légitimes de la Chine. Au contraire, la dynastie Song avait tendance à sacrifier ses intérêts économiques pour protéger son statut politique, ce qui faisait partie intégrante de sa politique étrangère. En tout état de cause, si les pays poursuivaient les intérêts économiques ou le statut politique, ils visaient tous à maintenir leur sécurité.

La puissance de l'État déterminait le résultat des jeux diplomatiques. Ce constat s'applique à l'ensemble des entités politiques, y compris à la dynastie Song. Celle-ci ne pouvait pas établir l'ordre, d'après sa propre conviction qu'elle était la seule héritière légitime sur le territoire chinois. Il est possible de prendre l'exemple de sa relation évolutive avec la dynastie Liao. En premier lieu, les Song considéraient les Liao « barbares » comme inférieurs. Cependant, depuis la signature du traité de Shanyuan, la dynastie Song reconnaissait son grand rival comme bénéficiant du même statut qu'elle, et lui payait chaque année une somme considérable. Les Song devaient adapter leurs relations avec les Liao puissants. En suivant la même logique, il est possible d'éclairer les relations entre les deux grandes dynasties et les petits pays. En outre, les jeux diplomatiques étaient étroitement liés aux politiques étrangères des pays. À l'occasion de la signature du traité de Shanyuan, ou lors des négociations sur la frontière du Hedong, la dynastie Song, orientée par ses politiques étrangères, choisit de céder un terrain significatif aux Liao. De plus, les compétences des négociateurs avaient un certain impact sur les jeux diplomatiques, sans pour autant modifier la situation générale.

Dans un système interétatique, les jeux diplomatiques entre les Song du Nord et d'autres royautés en Asie orientale n'étaient pas limités aux relations bilatérales. Au contraire, tous les pays se liaient les uns aux autres, et leurs relations étaient complexes. La situation interétatique était marquée du temps. Cependant, à cette époque comme aux autres, les jeux diplomatiques servaient à établir un ordre hiérarchique, basé sur la distinction ethnique. La puissance de l'État et sa politique étrangère constituaient les deux éléments fondamentaux qui déterminaient le résultat des jeux diplomatiques. Enfin, chaque pays mettait en avant sa propre sécurité.

# CHAPITRE 4

## Le système tributaire et la sécrutié nationale sous la dynastie Song

Le système tributaire de la Chine ancienne était un ordre vertical de relations internationales que les dynasties chinoises établirent à travers leur propre perspective, et qui était centré sur elles-mêmes. Le concept de distinction entre les Hans et les barbares était utilisé comme base des relations tributaires. La sécurité nationale fait référence au pouvoir politique de l'État, à la souveraineté, à l'unité et à l'intégrité territoriale, au bien-être de la population, au développement économique et social durable et aux autres intérêts nationaux majeurs dans un pays relativement sûr et exempt de menaces internes et externes, ainsi qu'à la capacité d'assurer une sécurité continue. La sécurité nationale contemporaine comprend dix aspects, dont la sécurité de la population, des territoires, de la souveraineté, ainsi que la sécurité politique et militaire. [1] L'ancienne composition de la sécurité nationale était légèrement différente, mais les éléments de base sont restés les mêmes. L'existence et le mode de fonctionnement du système tributaire sous la dynastie Song ont déjà fait l'objet de recherches approfondies. [2] La construction de ce système n'était bien entendu

---

1. *Zhonghua renmin gongheguo guojia anquanfa* (« *Loi sur la sécurité nationale de la République populaire de Chine* »), 2015, article 2. Liu Yuejin. *Guojia anquan xue* (« *Études de la sécurité nationale* »). Beijing : Zhongguo zhengfa daxue chubanshe (Presse de l'Université chinoise de sciences politiques et de droit), 2004.

2. Huang Chunyan. *Songdai chaogong tixi yanjiu* (« *Études du système tributaire à l'époque des Song* »). Beijing : The Commercial Press, 2014. Huang, Chunyan. « La dynastie Song, le système multiétatique en Asie de l'Est et le monde du commerce. » *Beijing daxue xuebao* (« *Journal de l'Université de Beijing* »). Issue 2. 2009. Zhang, Shen. « Les échanges des dons entre la dynastie Song et les pays étrangers. » *Xueshu yanjiu* (« *Études académiques* »). Juin, 1998. Li, Yunquan. « Sur la relation tributaire sino-étrangère et le système tributaire sous la dynastie Song. » *Shandong shifan daxue xuebao* (« *Journal de l'Université normale du Shandong* »). Issue 2. 2003. Kim, Sung-kyu. « L'organisation et le caractère du système tributaire de la dynastie Song. » *Histoire*. Issue 146. 2002. Yuko Tsuchihiko. « Les hommages rendus par le Champā pendant la dynastie des Song du Sud-les tributs et les cadeaux de retour dans le *Livre des rites de Chung Hsing*. » *Journal des études historiques*. Issue 44. 2003. « Les hommages rendus par le Champā à la troisième année de l'ère Qiandao de la dynastie des Song du Sud : centré sur le litige de l'Arabe Wushi Dian. » *Journal des études historiques*. Issue 46. Association de recherche historique de l'Université des femmes du Japon, édition de 2005.

pas seulement élaborée dans le but de satisfaire la vanité des grands pays et les intérêts des petits pays, mais possédait aussi des effets plus pratiques. En tant qu'ordre international, ce système était étroitement lié à la sécurité nationale de la dynastie Song ainsi qu'à celle des États tributaires. Cet article tente de discuter de la sécurité nationale de la dynastie Song du point de vue du système tributaire et des relations internes et externes. Concentré sur le système tributaire de la dynastie Song et sans pour autant se passer de ceux des Liao et des Jin, il essaie d'examiner la relation entre la construction et la fin de ce système et la sécurité des Song ainsi que des différents régimes tributaires.

## 1.  La conception de la sécurité nationale avant et à l'époque des Song

### (1)  La conception de la sécurité nationale avant les Song

Pour comprendre les caractéristiques du concept de sécurité nationale en Chine ancienne, nous devons d'abord clarifier la notion de pays aux époques pré-Song. En effet, l'ancienne conception chinoise de pays était basée sur la vision de *tianxia* (littéralement « Sous le ciel »). Celle-ci était décrite comme un espace géographique composé de Neuf préfectures et de Quatre mers. Il en était ainsi formulé dans le *Liji* (« *Classique des rites* », attribué en particulier au Duc de Zhou) et qui parle des « Neuf préfectures à l'intérieur des Quatre mers » composant la structure du « monde sous le ciel ». Les « Quatre mers » étaient tout d'abord un concept géographique. Selon le principe des cinq éléments, l'ensemble des Neuf préfectures et Quatre mers, à savoir les mers de l'Est, du Sud, de l'Ouest et du Nord, constituaient l'espace géographique naturel du « monde sous le ciel ». Dans le même temps, les « Quatre mers » étaient également un concept intimement lié à l'ethnie et à la politique. D'après le *Erya shidi* (le plus ancien dictionnaire chinois), elles désignaient les neuf *Yi*, les huit *Di*, les sept *Rong* et les six *Man*. Les « quatre *Yi* », situés sur les quatre côtés de la « Chine », étaient les « Quatre mers » au sens de la géographie politique. Du point de vue de la géographie humaine et politique, le « monde sous le ciel » correspondait également à la structure composée de « Chine et quatre *Yi* ». Ainsi, les « Neuf préfectures et Quatre mers » constituaient la structure de « *Huaxia*[3] et quatre *Yi* » ou de « Chine et quatre *Yi* ». Cette dichotomie de « Chine et quatre *Yi* » est devenue la base idéologique et la logique fondamentale pour la construction de la sécurité nationale sous les dynasties successives.

Ainsi, l'ancienne conception chinoise de la sécurité nationale se caractérisait avant tout par la sécurité globale de l'ensemble des Hans et des barbares. Selon les anciennes dynasties chinoises, l'établissement d'un ordre qui, distinguant les Hans des quatre *Yi*, soumettait ces derniers, était à la fois une garantie et le modèle idéal pour la sécurité du pays. Dans le *Zuozhuan* (« *Commentaire de Zuo* »), il est dit :

---

3. Le terme de *Huaxia* désigne les populations de la Chine ancienne, constituant le noyau des futurs Hans. (note du traducteur)

Dans les temps anciens, les quatre *Yi* défendaient le « fils du Ciel » (*tianzi*). Lorsque le pouvoir de celui-ci était affaibli, il n'était défendu que par les seigneurs vassaux qui, eux-mêmes, étaient gardés par leurs quatre voisins. Lorsque les seigneurs étaient humbles, ils devaient eux-mêmes défendre les frontières. Si ces dernières étaient bien gardées, qu'une bonne entente se fît avec les voisins, que les habitants travaillassent la terre, qu'ils récoltassent ce qu'ils eussent semé, et qu'ils n'eussent pas de problèmes à l'intérieur, ni de craintes vis-à-vis de l'extérieur, aucun rempart ne serait ainsi nécessaire pour un pays.[4]

En d'autres termes, le meilleur moyen d'assurer la sécurité était, pour l'empereur, de soumettre les quatre *Yi*. Même si ce n'était pas possible, il suffisait de garder les frontières et de s'appuyer sur le peuple. De la sorte, il n'était pas nécessaire de construire des villes défensives à l'intérieur de l'empire. La sécurité nationale était donc celle de l'ensemble des Hans et des barbares.

Deuxièmement, le principe fondamental de la sécurité nationale reposait sur ce que le contrôle de l'intérieur fût le meilleur moyen d'assurer celui de l'extérieur. C'est-à-dire que pour soumettre les quatre *Yi*, la clé résidait dans la sécurisation au sein même de la « Chine ». Le concept de distinction entre les Hans et les barbares véhiculait la supériorité des premiers et l'infériorité des seconds, ce qui était essentiel. Les « *Huaxia* » ou la « Chine » constituait le principal corps et fondement dans les relations entre les Hans et les barbares. À l'époque des Tang, Li Daliang dit : « Le peuple chinois est la racine du monde, et les barbares sont comme des branches et des feuilles. » Ce n'est que si les racines sont fermes que les branches et les feuilles peuvent être attachées. Ainsi poursuivit-il : « Les Neuf préfectures prospèrent et les quatre barbares obéissent. » Dans ses premières années, la dynastie Tang dut prêter allégeance aux Turcs étant donné leur puissance et leur prospérité. Plus tard, ces derniers étant vaincus, l'empereur Tang Taizong réussit à les rendre tributaires, et déclara : « Dans le passé, les gens disaient qu'il n'y avait pas de stratégie suprême pour se défendre contre les *Rong*. Maintenant, en voyant une Chine bien gouvernée, les quatre barbares font volontairement acte d'allégeance. N'est-ce pas la meilleure politique ? » Soumettant lui-même les Turcs « à cheval », l'empereur Taizong se rendit compte que la meilleure façon de contrôler les quatre barbares n'était pas de les conquérir par la force, mais de bien gouverner la « Chine ». Cette idée de sécurité, à savoir « garder l'intérieur pour contrôler l'extérieur », fut poursuivie par toutes les dynasties.

Troisièmement, la conception de la sécurité nationale en Chine ancienne était axée sur la défense. Les gens croyaient généralement que la défense valait mieux que l'attaque, et que les lettres étaient plus efficaces que l'art militaire. Comme Confucius le dit : « Pour soumettre les barbares, il faut mettre l'accent sur l'éducation culturelle et morale à l'intérieur du pays. »[5] Sous la dynastie Xin, Yan You persuada l'empereur Wang Mang en disant :

---

4. *Zuozhuan* (« *Commentaire de Zuo* »), août, 23ᵉ année de l'ère Zhaogong. tome 144 dans *Siku Quanshu* (« *Livres complets des Quatre magasins* »), Wenyuan Ge (« Belvédère de la profondeur littéraire »). Beijing : Zhonghua shuju (Société de livres de Zhonghua), 1990. p. 459.

5. Huang Kan (auteur). Gao Shangju (annotations). *Lunyu yishu* (« *Commentaires sur les Entretiens de Confucius* »). Beijing : Zhonghua shuju, 2013. p. 423.

Les Xiongnu nous font du mal depuis longtemps, et n'ont fait l'objet d'aucune conquête depuis la dynastie Zhou. Cette dernière et les deux dynasties suivantes, Qin et Han, ont essayé de les vaincre, mais aucune d'entre elles n'a adopté la bonne stratégie. Moins bonne a été celle des Zhou qui les avaient expulsés. Encore moins a été celle des Han qui avaient choisi de pénétrer dans le fief des Xiongnu et de renforcer les défenses contre eux au prix de fatiguer la « Chine ». Les Qin qui avait épuisé le pays jusqu'à sa disparition n'en ont eu aucune.

Yan voulait exprimer par là que, la voie militaire n'était pas la bonne stratégie. L'empereur Tang Taizong dit également qu'au début de l'ère Zhenguan, certains lui avaient conseillé d'aller à la conquête des quatre barbares pour une démonstration de force de la puissance impériale. Seul Wei Zheng lui avait proposé de mettre l'accent sur l'éducation culturelle et morale, parce qu'il trouvait qu'il s'agissait de la bonne méthode pour gouverner la « Chine », de la stabiliser et enfin de soumettre les quatre barbares. L'empereur estimait lui aussi qu'il s'agissait de la meilleure politique.

L'ancienne conception chinoise de la sécurité nationale, qui était axée sur la défense, n'était pas seulement liée aux concepts de « quatre barbares défendant la Chine » et de « stabiliser la Chine pour soumettre les quatre barbares ». Elle était également associée à la supériorité de la civilisation *Huaxia*, et à la pensée de la civilisation agricole. Les *Huaxia*, ou la « Chine », pensait que son économie et sa culture étaient très en avance sur les quatre barbares. Alors que l'empire fut longtemps basé sur l'agriculture, les peuples barbares qui pratiquaient l'élevage nomade ou la pêche et la chasse comme principal moyen de subsistance, étaient souvent considérés comme des civilisations agricoles sous-développées. Les modèles économiques de la Chine et des barbares se distinguaient ainsi par ces deux formes. Cette économie basée sur l'agriculture influençait de façon décisive la manière dont les *Huaxia*, ou la population chinoise regardait les peuples barbares. Ils nommaient les territoires de ces derniers « terres inutiles », « terres incomplètes », « terres non-comestibles », « champs rocailleux » ou « terre stérile ». Di Renjie dit un jour : « La terre habitée par les quatre barbares est stérile. Ne pouvant être ni cultivée ni labourée, elle ne sert à rien pour accroître la richesse. » Depuis les dynasties Qin et Han jusqu'au début des Tang, la fiscalité s'appuyait sur l'économie agricole qui reposait sur la terre et la population. D'après cette norme, les terres des quatre barbares ne pouvaient pas être soumises aux recettes fiscales, et n'avaient donc aucune valeur économique. Ceci amena Di Renjie à dire : « Les quatre barbares sont destinés à être écartés et bloqués en dehors des frontières des dynasties chinoises : à l'est par la mer, à l'ouest par des sables mouvants, au nord par le désert et au sud par les montagnes. »[6] Ainsi, la distinction entre les Hans et les barbares était plutôt naturelle. Depuis la dynastie Han, les commanderies, liées aux politiques d'extension, gouvernaient les quatre barbares selon les coutumes de ces derniers, en ne leur faisant pas payer d'impôts[7] au lieu de procéder à une

---

6. « Biographie de Di Renjie. » juan 89 dans *Jiu Tang shu* (« *Ancien livre des Tang* »). Beijing : Zhonghua shuju, 1975. p. 2889.

7. « Sur la politique de Pingzhun. » juan 30 dans *Shi ji* (« *Mémoires historiques* »). Beijing : Zhonghua shuju, 1963. p. 1440.

conquête coloniale. De la sorte, pour assurer sa sécurité nationale, la Chine ancienne tendait à adopter l'approche défensive vis-à-vis des quatre barbares.

## (2) La conception de la sécurité nationale à l'époque des Song

Comme mentionné ci-dessus, la conception de la sécurité nationale comportait de nombreux éléments, notamment liés à la sécurité intérieure et extérieure. Ici, en abordant le système tributaire de la dynastie Song, l'article traite principalement de la sécurité de cette dernière vis-à-vis de l'extérieur. La conception de cette sécurité extérieure se caractérisait par les deux points suivants : (1) Ne pouvant plus se servir des quatre barbares soumis pour se protéger, la dynastie Song était obligée de « tracer les frontières pour se défendre » ; (2) Une tendance à mettre fin à la guerre par la paix et à prendre garde à tout risque intérieur pour contrôler l'extérieur. Avant la guerre de l'ère Yongxi, dans le but d'établir un ordre unifiant les Hans et les barbares, la dynastie Song mena une série d'activités diplomatiques intenses en vue de former des alliances avec les différents régimes du nord-est et du nord-ouest contre les Khitans. Ainsi Song Qi décrit-il à l'empereur Song Taizong la situation d'après-guerre :

> Les Khitans sont un moindre mal, et leur conquête se fera sous peu. Après, nous choisirons respectivement, au sein des royaumes de Xi et de Bohai, un descendant issu des familles de grande réputation pour être roi. Nous leur distribuerons les armes, les bannières et tambours, les chars et uniformes, et les armures, et les traiterons avec une grande faveur. De la sorte, ils feront de leur mieux pour servir votre Majesté pour toujours … avec eux qui nous prêtent allégeance, nous pourrons ainsi être défendus par les barbares.[8]

Nous pouvons voir qu'à ses débuts, la dynastie des Song du Nord avait pour objectif d'établir un ordre permettant d'être défendue par les quatre barbares. Sa sécurité était donc étroitement liée à ces derniers. Si le but de soumettre les Khitans pouvait être atteint, il serait alors envisageable d'établir un modèle de sécurité où la dynastie Song serait assurée par les quatre barbares, à la manière de Han Wudi et de Tang Taizong qui avaient vaincu respectivement les Xiongnu et les Turcs.

Cependant, l'échec de la guerre de l'ère Yongxi signifia que la dynastie Song fut incapable d'établir un ordre unifiant les Hans et les barbares, et un modèle de sécurité impliquant sa protection par ces derniers. Sa réflexion sur la sécurité nationale changea avec la contraction de la politique étrangère. Après le traité de Shanyuan, elle tendit progressivement à tracer les frontières pour se défendre. Il ne s'agissait pas seulement de faire des lignes de démarcation, mais aussi d'abandonner le flou qui entourait la conception de la sécurité nationale véhiculée par ce qu'un roi n'avait pas de frontière. De même, ceci montrait que la dynastie Song avait acquis une

---

8. *Xu Zizhi tongjian changbian* (« Longue ébauche de la continuation du *Zizhi tongjian* (« *Miroir compréhensif pour aider le gouvernement* ») »), juan 27, wuyin, janvier, troisième année de l'ère Yongxi, Beijing : Zhonghua shuju, 2004. p. 604.

meilleure connaissance sur elle-même et sur les barbares, et que la distinction entre l'intérieur et l'extérieur était devenue de plus en plus claire. Si les Song décidèrent de tracer les frontières pour se défendre, cela ne signifiait pourtant pas qu'ils se contentaient du *statu quo*. En revanche, ils préféraient étendre leur territoire en procédant activement à des activités expansionnistes. Le traité de Shanyuan reconnut les frontières entre les Song et les Liao. Les deux parties se mirent d'accord sur ce que l'armée, attachée aux préfectures frontalières de chaque côté, garderait les frontières.[9] Celles-ci étaient tracées soit par les *liangshudi* (territoires appartenant simultanément aux Song et aux Liao), soit le long des rivières. Sous le règne de Shenzong, la dynastie Song commença à dessiner les frontières avec d'autres régimes. La quatrième année de l'ère Xining, Song Shenzong et Wang Anshi ordonnèrent aux routes frontalières avec les Xia occidentaux, comme celle de Fuyan, de creuser des fossés en tant que lignes de démarcation. Fan Yu fit remarquer que, selon le *Zhou li* (« Rites des Zhou »), seuls les vassaux « chinois » mirent en place les fossés entre eux, mais pas avec les barbares. Lü Dazhong dit également :

> Dès lors, les frontières ont été dessinées par les terres que les deux régimes voisins ont convenu de ne pas cultiver. Ces terres pourraient s'étendre jusqu'à plusieurs dizaines de *li*, et la plus étroite n'était pas inférieure à trois ou cinq *li*. Malgré tout, elles pouvaient toujours être envahies par accident. La méthode actuelle de traçage des frontières consistant à séparer deux régimes d'un simple jet de pierre augmenterait le coût de la défense.[10]

En fait, Fan Yu et Lü Dazhong voulaient souligner que la pratique des Song n'était conforme ni à l'ancien système, ni à la tradition de la dynastie depuis sa création, tout en rendant la défense des frontières plus difficile.

La délimitation frontalière dans l'ère Xining changea l'ancienne pratique qui s'appuyait sur les géographies naturelle ou ethnique. De nouvelles frontières furent établies avec la dynastie Liao au cours de la septième année de cette période, avec le Giao Chi pendant les années de l'ère Yuanfeng, et avec les Xia occidentaux durant les années de l'ère Yuanfeng et de l'ère Yuanyou. En plus des rivières comme frontières, des fossés furent creusés à certains endroits, et des zones furent spécialement délimitées. Par exemple, avec les Xia occidentaux, cinq *li* de prairies furent réservés chacun de leur côté, et aucune des deux parties ne devaient les exploiter.[11] Après les pourparlers de paix de l'ère Shaoxing, la dynastie des Song du Sud et les Jin convinrent de délimiter les frontières le long de la rivière Huai, de Xuyi à Tangdeng, et par le col de Dasan (une montagne du Shaanxi).[12] Elles furent ainsi dessinées avec des points et des lignes. La dynastie des Song du Sud ordonna

---

9. *Xu Zizhi tongjian changbian*, juan 58, xinchou, décembre, première année de l'ère Jingde, p. 1299.

10. *Xu Zizhi tongjian changbian*, juan 228, jiayin, décembre, quatrième année de l'ère Xining, p. 5549.

11. *Xu Zizhi tongjian changbian*, juan 449, yiwei, octobre, cinquième année de l'ère Yuanyou, p. 10787.

12. « Biographie de Wanyan Kuang. » juan 98 dans *Jin shi* (« Histoire des Jin »). Beijing : Zhonghua shuju, 1975. pp. 2169-2170. « Gaozong (VII). » juan 30 dans *Song shi* (« Histoire des Song »). Beijing : Zhonghua shuju, 1977. p. 556.

aux généraux dans la région de la rivière Huai (sud et nord) de défendre les frontières tracées[13], à savoir les lignes de démarcation claires. Selon le concept d'unification des Hans et des barbares, la plus grande garantie pour la sécurité nationale de la dynastie Song serait la soumission de ces derniers. Bien qu'il existât de véritables frontières, il y eut très peu de discussions formelles sur la démarcation de ces dernières. Le fait que la dynastie Song choisit de tracer les frontières, même avec les Xia occidentaux et le Giao Chi, faisant partie intégrante de « l'ancien territoire des dynasties Han et Tang », montre un changement majeur dans sa conception de la sécurité nationale.

Après la guerre de l'ère Yongxi, la dynastie Song mit en valeur une stratégie de défense passive consistant à mettre fin à la guerre par la paix, et qui fut poursuivie de génération en génération.[14] Elle signa une série d'accords de paix avec les pays voisins : le traité de Shanyuan, les accords de l'ère Qingli et sur la frontière du Hedong avec les Liao ; l'Alliance maritime, les accords de l'ère Shaoxing (huitième et onzième années), de l'ère Longxing, et de l'ère Jiading avec les Jin ; les accords de l'ère Jingde, de l'ère Qingli, de l'ère Yuanfeng et de l'ère Yuanyou avec les Xia ; l'accord de l'ère Yuanfeng avec le Giao Chi, et ainsi de suite. Derrière ces accords se cachait l'échange des intérêts économiques contre la sécurité nationale. Pour la dynastie Song, acheter la paix constituait le meilleur choix à la fois pour gagner la sécurité et pour maintenir son statut politique. Par conséquent, les Song adoptèrent une attitude positive envers les traités de paix visant à assurer la sécurité nationale. Ainsi, Fan Yu déclara : « Défendre le champ de bataille ne vaut pas la signature d'un traité dont le respect fidèle est par contre le plus important. » Fu Bi dit également : « Bien qu'il reste moins d'argent en fin d'année, le tribut annuel versé aux Liao n'occupe qu'une petite partie des budgets militaires consacrés à la guerre. De ce point de vue, la signature du traité de Shanyuan n'était pas un mauvais choix. »[15] Li Gang jugea lui aussi positivement le traité de Shanyuan et les accords des Song du Sud :

> Depuis les dynasties Qin et Han, personne n'avait réussi à concevoir la bonne stratégie pouvant contrôler les barbares. Les Song ont été les premiers à signer avec les Khitans un traité, dit de Shanyuan. Son respect est assuré par la confiance mutuelle et la faveur que la dynastie Song accorde aux Liao. La frontière est sûre depuis plus de cent ans et sans recours à la force. La réconciliation est sans précédent.[16]

---

13. Juan 185 (xinmao, avril, 30e année de l'ère Shaoxing) dans *Jianyan yilai xinian yaolu* (« *Registres annuels des événements les plus importants depuis l'ère Jianyan* »). Beijing : Zhonghua shuju, 2013. p. 3579. « Rapport au sujet de la défense des frontières. » juan 20 dans Wu Yong. *Helin ji* (« *Collection de Helin* »). tome 1176 dans *Siku Quanshu*, Wenyuan Ge. Beijing : Zhonghua shuju, 1990. p. 195.

14. Chen, Feng. « Le concept de guerre dans la pensée traditionnelle des Song. » *Lishi yanjiu* (« *Recherche historique* »). Issue 2. 2009.

15. Fu, Bi. « Rapport destiné à Renzong à propos de treize stratagèmes pour la défense du Hebei. » juan 135 dans Zhao Ruyu. *Songchao zhuchen zouyi* (« *Rapports des fonctionnaires destinés aux empereurs des Song* »). Shanghai : Shanghai guji chubanshe (Maison d'édition classique de Shanghai), 1999. p. 1501.

16. « Rapport sur la défense. » juan 46 dans Li Gang. *Li Gang quanji* (« *Collection complète de Li Gang* »). Changsha : Yuelu shushe (Maison d'édition de Yuelu), 2014. p. 535.

En effet, tous les trois parlent de l'échange des intérêts économiques contre la sécurité nationale. Après le traité de Shanyuan, la signature des accords pour la paix devint même une loi ancestrale de la dynastie Song.

Il convient également d'éclairer la manière dont la dynastie Song traitait la relation entre les facteurs internes et externes affectant sa sécurité nationale. À ce sujet, deux approches se distinguaient, et étaient formulées en ces mots : « Pour résister aux agressions extérieures, il faut d'abord stabiliser l'intérieur », et « prendre garde à tout risque interne tout en négligeant les menaces externes ». Ces approches étaient considérées comme les politiques fondamentales de la dynastie Song, et l'empereur Taizong en était considéré comme l'initiateur. En réalité, ces deux approches ne correspondaient pas aux paroles originelles de Taizong, et elles en étaient plutôt déduites des mots suivants : « Si un pays n'a pas de soucis externes, il doit avoir des problèmes internes. Les premiers, qui ne viennent que des frontières, peuvent être prévenus, tandis que les seconds, difficiles à repérer, sont assez redoutables. L'empereur devrait toujours y faire attention ».[17] À l'époque des Song, personne ne dit jamais que « pour résister aux agressions extérieures, il faut d'abord stabiliser l'intérieur ». Un argument similaire ne peut être trouvé que chez Wang Shipeng, sous la dynastie des Song du Sud, qui suggéra : « Pour récupérer la terre des ancêtres, il faut d'abord stabiliser l'intérieur ».[18] De même, l'approche de « prendre garde à tout risque interne tout en négligeant les menaces externes » n'est repérable que dans le commentaire de Lü Zuqian sur le système du *tuntian* (une politique agraire) :

> Si le *tuntian* a été mis en œuvre, c'est parce qu'il s'avérait être un bon moyen de défendre les terres conquises qui permettaient d'étendre les frontières du pays. Par contre, aujourd'hui, nous cédons du territoire à l'ennemi, et nous préférons prendre garde à tout risque interne tout en négligeant les menaces externes. La constance est prise pour du changement, et ce qui est facile est considéré comme étant difficile. Aucun soldat n'est envoyé pour garder les frontières.[19]

Lü Zuqian critiquait la tactique de la dynastie des Song du Sud consistant à placer les troupes à l'intérieur de son territoire, mais ne parlait pas pour autant de la stratégie de défense des frontières. Ainsi, ce que les Song ne disaient jamais était considéré comme les politiques fondamentales de la dynastie. Ici, nous ne visons pas à analyser et discuter plus en détail les perspectives respectives des chercheurs. En effet, certains chercheurs ont récemment réfléchi sur cette problématique, et ils ont conclu que les propos de Song Taizong à la fin de son règne reflètent bien la vision passive de la défense extérieure. Li Hequn et Ji Xuejuan ont souligné qu'en termes de déploiement militaire de la dynastie des Song du Nord, la théorie de « prendre garde à tout risque interne tout en

---

17. *Xu Zizhi Tongjian changbian*, juan 32, dinghai, août, deuxième année de l'ère Chunhua, p. 719.

18. « Rapport concernant les révoltés du Guangnan et sur la mer. » juan 2 dans Wang Shipeng. *Wang Shipeng quanji* (« *Collection complète de Wang Shipeng* »). Shanghai : Shanghai guji chubanshe, 2012. p. 620.

19. « Tuntian. » juan 10 dans Lü Zuqian. *Lidai zhidu xiangshuo* (« *Présentation exhaustive des systèmes de toutes les dynasties* »). tome 923 dans *Siku Quanshu*, Wenyuan Ge. Beijing : Zhonghua shuju, 1990. p. 975.

négligeant les menaces externes » va à l'encontre des faits historiques. S'il est vrai que la dynastie Song restait vigilante sur tout risque interne tout en essayant de prévenir « la trahison » au sein du gouvernement central, elle ne négligeait pourtant pas les menaces externes, et adoptait plutôt une attitude défensive passive basée sur le principe de ne pas causer de problèmes avec le monde extérieur.[20] En fait, nous pouvons utiliser l'expression de « prendre garde à tout risque intérieur pour contrôler l'extérieur » afin de mieux décrire la manière dont la dynastie Song traitait la relation entre les facteurs internes et externes affectant sa sécurité nationale.

La dynastie des Song du Sud adopta une position défensive face à d'éventuelles menaces extérieures. Il lui était impossible d'être défendue par les quatre barbares. Ses quatre théâtres d'opérations étaient répartis en différentes zones, et les fournitures militaires étaient généralement approvisionnées sur place. La conception défensive de chaque théâtre d'opérations, basée sur l'unification des pouvoirs financier, militaire et politique, et qui pourtant se faisaient contrepoids, s'avérait moins coûteuse et plus efficace que le système des Song du Nord, qui consistait à approvisionner les troupes par une coordination centrale et des transports sur de longues distances. Par ailleurs, sous les Song du Sud, en termes de leurs conceptions institutionnelle et idéologique, les dirigeants ne négligeaient guère la défense des frontières. Toutefois, des questions se posaient quant à l'application des mesures adéquates et de leurs méthodes. Concernant la relation entre les Song et les Liao après le traité de Shanyuan, Wang Shipeng en parla en ces termes :

> Il n'y a pas un seul jour où la dynastie Song ne relâche la vigilance sur la défense de ses frontières. Elle accumule assez d'argent et de réserves de nourriture. Les soldats et les chevaux sont parmi les meilleurs, et les généraux méprisent la mort. Même si l'ennemi veut perturber les frontières des Song, aucune brèche ne lui est concédée. L'alliance que défendent les deux parties assure la stabilité de leur relation.

Ces mots reflètent objectivement que, si la dynastie Song n'avait pas attaché d'importance à la défense des frontières tout en en ayant la capacité, il n'y aurait eu aucune sécurité nationale. La non-agression des Liao était également garantie par cela. La dynastie des Song du Nord et celle des Song du Sud prêtaient une grande attention, autant l'une que l'autre, à la défense extérieure. De même, elles ne tardèrent pas à consolider les fondamentaux (axés sur leur peuple), tout en essayant d'éliminer les troubles internes, ce qui relevait du même concept que la stabilité de la Chine dépendait de sa capacité à soumettre naturellement les quatre barbares. Selon la dynastie Song, pour assurer sa sécurité nationale, il fallait au mieux soumettre les barbares, prendre garde à

---

20. Li, Hequn. « Remise en question de la politique nationale de "prendre garde à tout risque interne tout en négligeant les menaces externes" sous la dynastie des Song du Nord. » *Shixue yuekan* (« *Revue de la science historique* »). Issue 12. 2009. Ji, Xuejuan. « Nouvelles discussions sur la politique nationale de "prendre garde à tout risque interne tout en négligeant les menaces externes" sous la dynastie des Song du Nord. » *Shandong shifan daxue xuebao*. Issue 5. 2013. Ji Xuejuan a fait une bibliographie sur les recherches de la problématique de « prendre garde à tout risque interne tout en négligeant les menaces externes ».

tout risque intérieur pour contrôler l'extérieur, et se focaliser sur la défense. Le problème fut, qu'au fil du temps, elle devint de plus en plus passive jusqu'à ce qu'elle choisît de tracer les frontières avec les barbares.

## 2. Le système tributaire et la sécurité interne

### (1) Le système tributaire et la sécurité politique interne

Dans la politique de la Chine ancienne, déterminer le statut, à savoir la légitimité politique, était le premier problème qui devait être résolu, car comme le disait Confucius : « Si le nom n'est pas juste, il sera difficile d'être persuasif, et le but ne sera pas atteint. »[21] Ainsi, pour assurer sa sécurité politique, la dynastie Song devait d'abord résoudre la question de la légitimité politique, c'est-à-dire celle de l'orthodoxie. Dans « Zhengtong lun » (« Essai sur l'orthodoxie ») d'Ouyang Xiu, il est dit : « Celui qui est orthodoxe se charge de dompter les barbares pour réaliser l'unification du "monde sous le ciel". »[22] Celui qui est orthodoxe a le droit naturel de régner sur le « monde sous le ciel ». Comme mentionné ci-dessus, ce qui est « Sous le ciel » représente un espace qui englobe les Hans et les barbares. Celui qui est orthodoxe serait donc caractérisé par deux aspects : il est l'héritier légitime d'un côté, et il réalise l'unification des Hans et des barbares de l'autre. De même, les Chinois de la dynastie Song disaient : « Celui qui règne sur le "monde sous le ciel" est le fils du Ciel. Le "monde sous le ciel" comprend les Quatre mers qu'habitent les barbares. En Chine, nous appelons celui qui est orthodoxe roi du Ciel, et les barbares l'appellent fils du Ciel. »[23] Ainsi, pour être considéré comme orthodoxe, l'empereur Song devait prouver qu'il était maître à la fois des Hans et des barbares. La mise en place d'un système tributaire comprenant les quatre barbares s'avérait alors primordiale afin de démontrer la légitimité de l'empereur et de sa dynastie. C'est-à-dire que celui-ci était non seulement gouverneur de la dynastie, mais aussi maître commun aux Hans et aux barbares.

Ouyang Xiu dit : « La dynastie Song, réalisant l'unification du monde, n'est pas différente des trois périodes de Yao à Yu. C'est un fait qui va de soi. »[24] En réalité, loin d'être évidente, l'orthodoxie de la dynastie Song devait être construite et prouvée avec vigueur. Non seulement les Song échouèrent à unifier le « monde sous le ciel », mais ils furent souvent placés par les barbares dans une situation d'humiliation passive. Dans ce cas-là, il était nécessaire que la dynastie Song justifie son orthodoxie en-deçà de ses frontières. Pour ce faire, d'une part, elle fixa le *de* (« vertu »), mit en place le calendrier et pratiqua le système impérial. D'autre part, elle établit un

---

21. *Lunyu yishu*. p. 326.

22. « Essai sur l'orthodoxie. » juan 16 dans *Ouyang Xiu ji* (« *Recueil d'Ouyang Xiu* »). Beijing : Zhonghua shuju, 2001. p. 267.

23. Juan 11 dans Wei Shi. *Liji jishuo* (« *Livre des rites* »). tome 117 dans *Siku Quanshu*, Wenyuan Ge. Beijing : Zhonghua shuju, 1990. p. 32.

24. « Essai sur l'orthodoxie. » juan 16 dans *Ouyang Xiu ji*. p. 266.

ordre tributaire unifiant les Hans et les barbares pour prouver que l'empereur était bien le fils du Ciel. Les édits des empereurs de la dynastie Song (destinés aux autres régimes) utilisaient tous le discours qui trahissait ledit ordre. Par exemple, le décret de Taizong déclarait : « Tous les régimes sont placés sous mes auspices, et mes bienfaits sont omniprésents. Aucun d'entre eux n'hésite à me déclarer sa soumission. » ou « Les Hans et les barbares reconnaissent tous l'autorité impériale. »[25] À l'intérieur, les Song s'efforçaient également de donner l'impression que l'empereur était le maître commun aux Hans et aux barbares. Par exemple, dans « Mémorial des mérites de Gaozong », il est dit : « Le respect des lois des barbares vise à gouverner ces derniers. » ou « À l'intérieur, la société est stable et l'autorité impériale est rétablie ; à l'extérieur, tous les barbares déclarent leur soumission. »[26]

Le rite de *Fengchan* (pour rendre hommage au ciel et à la terre) par Song Taizong et Song Zhenzong, et celui que les empereurs de la dynastie des Song du Sud pratiquaient à Nanjiao (« banlieue sud »), soulignaient le rôle important du système tributaire pour la sécurité politique interne. Sima Guang décrivit ce qui faisait une époque pacifique et prospère : « L'empereur est lucide et les ministres sont fidèles. Les subordonnés obéissent aux ordres. Les quatre barbares font acte d'allégeance. Chaque ménage mange à sa faim. »[27] Song Taizong lui-même dit également : « J'ai entendu parler des rituels de consécration de *Fengchan* que pratiquent les grands empereurs. Je n'ai que peu de mérites. Les descendants se moqueront de moi. »[28] Ainsi, Song Taizong et Song Zhenzong n'étaient pas qualifiés pour mettre en place un tel rituel de *Fengchan*. Toutefois, Song Taizong n'était pas l'héritier légitime. La cinquième année de l'ère Taiping Xingguo, lors de la déroute de la bataille de la rivière Gaoliang, Taizong perdit momentanément le contact avec ses subordonnés, et ces derniers proposèrent d'élever le fils de Taizu, Zhao Dezhao, sur le trône. Cet incident indiquait que le règne de Taizong n'était pas légitime, et qu'il n'était pas pleinement reconnu. Song Zhenzong avait honte de faire alliance avec les barbares en signant le traité de Shanyuan. Des ministres, tels que Wang Qinruo et Ding Wei, rappelèrent alors qu'il était urgent de se couvrir. Ainsi, Song Taizong et Song Zhenzong recoururent tous au grand rite de *Fengchan* en raison de leur besoin de créer un système tributaire dans lequel les quatre barbares faisaient acte d'allégeance, et pour enfin renforcer leur sentiment de sécurité politique.

Au cours de l'ère Taiping Xingguo, les chefs des peuples barbares, des personnes âgées renommées et même des moines rendirent visite à Song Taizong en lui déposant des rapports

---

25. « Barbares (IV). » dans *Song huiyao jigao* (« *Ébauche de compilation de documents importants de la dynastie Song* »). p. 9833. « Chronique du Goryeo. » juan 487 dans *Song shi*. p. 14038.

26. « Mémorial des mérites de Gaozong à l'occasion de son anniversaire. » juan 13 dans Zhang Gang. *Huayang ji* (« *Recueil de Huayang* »).

27. *Xu Zizhi tongjian changbian*, juan 244, yichou, décembre, sixième année de l'ère Taihe. Beijing : Zhonghua shuju, 1956. p. 7880.

28. « Réponse au roi de Nanzhao qui prie l'empereur de pratiquer le rite de *Fengchan*. » juan 27 dans Wang Yucheng. *Xiaochu ji* (« *Recueil de Xiaochu* »). tome 1086 dans *Siku Quanshu*, Wenyuan Ge. Beijing : Zhonghua shuju, 1990. p. 268.

pour essayer de le convaincre de pratiquer le rite de *Fengchan*.[29] Certains fabriquèrent même un faux rapport qui écrivit : « Moi, roi de Nanzhao, rends service à sa Majesté pour si longtemps. J'éprouve un profond sentiment pour lui. De tout mon cœur et avec toute ma sincérité, je prie sa Majesté de prendre en considération le rite de *Fengchan*. »[30] Wang Qinruo chercha à persuader Song Zhenzong en lui disant : « Seule la pratique du rite de *Fengchan* permet de gagner le respect des barbares pour que l'autorité impériale s'y installe. »[31] Soit pour convaincre, soit pour assister aux pratiques de *Fengchan*, la cour impériale trouvait toujours des barbares pour appuyer ce rite. Avec plus de 20 000 personnes dont des barbares et des moines, le Premier ministre Wang Dan soumit à cinq reprises le rapport demandant la pratique du rite de *Fengchan*. Lors desdits rituels organisés au mont Tai, les représentants des régimes barbares (le Califat islamique, le royaume de Champā, etc.) furent également envoyés pour y assister.[32] Les tributs rendus à la dynastie des Song du Sud se réduisirent considérablement. Cependant, indispensable était la présence des barbares dans la grande cérémonie de Nanjiao, organisée tous les trois ans et qui consistait à montrer que l'empereur des Song était le maître du « monde sous le ciel ». Song Gaozong proclama dans l'édit : « À l'occasion des rituels de consécration en périphérie, la priorité pourrait être accordée aux représentants étrangers pour qu'ils puissent rendre hommage. Notre peuple sait alors que la cour impériale a l'autorité sur les barbares. »[33] En effet, lors de la cérémonie de Nanjiao, une étape incontournable était la remise des titres (officiels) aux envoyés étrangers. Cela permettait de montrer au peuple des Song l'existence du système tributaire, et d'assurer ainsi la sécurité politique interne. De ce point de vue, l'élaboration du système tributaire consistait à prouver que l'empereur des Song était le maître commun des Hans et des barbares, habitant le « monde sous le ciel ». De la sorte, sa légitimité politique sur le territoire chinois s'acquit et se renforça.

## (2) L'effondrement du système tributaire de la dynastie des Song du Nord et la crise de sécurité interne

La stabilité du système tributaire affectait directement la sécurité interne de la dynastie Song. Chen Yinke a discuté de la montée et de la chute des Tang qui étaient liées à celles des régimes étrangers, et de la relation entre les problèmes extérieurs et les affaires intérieures. Il a notamment souligné : « Un certain régime étranger a des contacts non seulement avec la Chine (sous le règne de la dynastie Tang), mais également avec d'autres pays. La montée de ces derniers pourrait

---

29. « Rapports des Grands Conseillers déposés à trois reprises en réponse aux décrets impériaux. » juan 116 dans *Song dazhaoling ji* (« *Collection des édits impériaux de la dynastie Song* »). Beijing : Zhonghua shuju, 1962. p. 393.

30. « Réponse au roi de Nanzhao qui prie l'empereur de pratiquer le rite de *Fengchan*. » juan 27 dans Wang Yucheng. *Xiaochu ji*. p. 268.

31. *Xu Zizhi tongjian changbian*, juan 67, gengchen, novembre, quatrième année de l'ère Jingde, p. 1506.

32. Huang, Chunyan. « Diverses formes et discours général : efforts de la dynastie Song dans la création de son image de maître des Hans et des barbares à travers les activités tributaires. » *Sixiang zhanxian* (« *Front idéologique* »). Issue 5. 2013.

33. « Barbares (IV). » *dans Song huiyao jigao*. Shanghai : Shanghai guji chubanshe, 2015. p. 9830.

provoquer la disparition ou le déclin de ce régime [...] Ainsi, la montée et la chute d'un régime barbare ne sont pas seulement associées à celles de la Chine, mais dépendent étroitement de celles des autres pays. » Chen a également déclaré que l'empire du Tibet et la dynastie Tang, qui déclinaient tous deux, cessèrent de contenir Nanzhao (royaume de Dali), et que celui-ci devint plus tard un problème frontalier pour la seconde dont la disparition s'en trouvait accélérée.[34] La théorie qu'a élaborée Chen s'adapte également aux relations des diverses puissances ethniques en Asie de l'Est à l'époque des Song. La sécurité interne était étroitement liée aux changements de l'environnement externe.

En général, lorsque la relation tributaire était relativement stable, la sécurité intérieure de la dynastie Song était moins menacée. À l'inverse, lorsque le système tributaire était mis à mal, la sécurité intérieure était davantage menacée. L'objectif initial de Song Taizu et Song Taizong était de récupérer le Youyun. Il ne s'agissait pas d'un problème régional, et il y aurait une bataille finale autour du Youyun entre les Song et les Liao. D'une part, la dynastie Song mena des activités diplomatiques intenses avec les différents régimes et nations, y compris le Goryeo, les royaumes de Bohai et de Qocho. D'autre part, comme ces derniers misaient sur la dynastie Song quant à l'issue de la future bataille décisive entre elle et les Liao, ils continuèrent de maintenir une relation tributaire avec elle. Ce genre de relation, qui créa un environnement international très favorable pour la dynastie Song, était sa garantie de sécurité.

Après le traité de Shanyuan, un ordre international relativement stable s'établit en Asie de l'Est. Les deux systèmes tributaires des Song et des Liao coexistèrent. Des relations plutôt stables furent maintenues dans le cadre du système tributaire de la dynastie Song. Parmi les pays directement liés à sa sécurité, la dynastie Song choisit de s'allier au nord-ouest avec les Tibétains pour contenir les Xia occidentaux, et au sud avec le royaume de Champā contre le Giao Chi. De même, elle recourut à des moyens économiques pour maintenir des relations stables avec les Liao et les Xia. Ces tactiques diplomatiques s'avérèrent relativement efficaces, puisqu'à part quelques crises de petite échelle, il n'y eut pas de grande menace pour la sécurité intérieure.

Toutefois, avec les activités expansionnistes sous l'égide de Song Shenzong, l'ordre international relativement stable commença à s'effondrer, ce qui constitua de fait une raison importante pour la disparition de la dynastie des Song du Nord. Le projet de l'expansion territoriale entraîna des changements dans la situation internationale en Asie de l'Est. Ce projet lancé par Song Shenzong consistait à prendre d'abord le Hehuang, puis à détruire les Xia occidentaux, et enfin à s'emparer du Youyan, ce qui conduisit finalement la dynastie Liao à se faire avaler. Dans le sud, le plan de récupérer le Giao Chi fut relancé. Cependant, cela fit éclater la guerre de l'ère Xining. L'expansion territoriale par Song Shenzong se solda par une défaite désastreuse. D'un côté, elle provoqua la perte de centaines de milliers de soldats. De l'autre côté, le statut et l'influence de la dynastie Song à l'échelon international en pâtirent. Dans le cadre du système tributaire de la dynastie Song, les relations qui avaient été relativement stables devinrent éloignées et hostiles. Par exemple, dès le

---

34. Chen Yinke. *Tangdai zhengzhi shixu lungao* (« *Commentaires de l'histoire politique des Tang* »). Shanghai : Shanghai guji chubanshe, 1997.

règne de Shenzong, les forces des Xia et des Liao s'infiltrèrent dans l'empire du Tibet. Aligu fit même alliance avec les Xia contre la dynastie Song.

À la fin du règne de Shenzong, la dynastie Song fut moins active dans son action extérieure. Au cours de la période de Yuanyou, elle adopta une politique relativement conservatrice. Cependant, Zhezong, qui prit la relève de Shenzong, décida de restaurer les lois mises en place sous ce dernier. Les activités d'expansion territoriale reprirent ainsi, en particulier avec Huizong qui, à l'instar de son père (Shenzong), voulait les déployer à grande échelle. Dans le nord-ouest, grâce aux efforts successifs de Shenzong, Zhezong et Huizong, la terre de Hengshan fut reprise, et les deux préfectures de Huangzhou et de Shanzhou dans la région de Xihe furent également récupérées.[35] De la deuxième année de l'ère Chongning à la première année de l'ère Xuanhe, Song Huizong mit pratiquement fin aux activités d'expansion territoriale. À la place de l'empire du Tibet (Qingtang), la dynastie Song installa quatre préfectures, une armée, un passage, six villes, dix villages et douze forteresses. De même, elle arriva à arracher des mains des Xia occidentaux des milliers de kilomètres de terre pour y installer une armée, sept villes, cinq villages et 24 forteresses.[36] Les grands exploits qu'avaient accomplis Huizong et ses ministres dans les activités d'extension vers le nord-ouest les incitèrent à poursuivre de plus grands objectifs. À ce sujet, Chen Bangzhan (personnalité politique de la dynastie Ming) dit : « Les succès dans la conquête des barbares de l'ouest donnent à croire que les Liao peuvent être conquis à leur tour. Des émissaires des Song ont alors été envoyés chez les Liao pour se renseigner. »[37] Pendant les années de l'ère Chongning, des ministres tels que Tong Guan et Cai Jing prévoyèrent de récupérer le Yanyun, tout en cherchant à se quereller avec les Khitans. La quatrième année de l'ère Chongning, la dynastie Song envoya chez les Liao Lin Shu et Gao Qiu. Cai Jing avait ordonné en secret à Lin de provoquer la dynastie Liao pour que cette dernière déclare la guerre contre les Song. Ceux-ci pourraient alors en profiter pour récupérer les Seize préfectures. Dans ce but, Lin Shu était tellement insolent chez les Liao que ceux-ci, très en colère, le privèrent d'aliments et faillirent le tuer.[38] La première année de l'ère Zhenghe, Tong Guan se vit confier la mission secrète de se rendre chez les Liao pour comprendre les mouvements de l'ennemi afin que la dynastie Song pût préparer une offensive. Ma Zhi, un des Khitans, révéla à Tong Guan : « Les Liao sont envahis par les Jürchens, et les dégâts ont été aggravés. Les bandits et voleurs sont partout. Le pays va périr. » Plus tard, Ma Zhi se rendit chez les Song, et Huizong accepta son conseil de s'allier aux Jürchens contre les Liao.[39] Des émissaires

---

35. « Les Xia occidentaux scrutèrent les frontières des Song. » juan 19 dans Li Xinchuan. *Jianyan yilai chaoye zaji* (« *Divers registres de l'empire depuis l'ère Jianyan* »). Beijing : Zhonghua shuju, 2000. p. 846.

36. « Stèle pour commémorer les exploits des conquêtes. » juan 194 dans Wang Yinglin. *Yuhai* (« *Mer de jade* »). Yangzhou : GuangLing shushe (Société de livres de GuangLing), 2003. p. 3565.

37. « Reprise du Yanyun. » juan 53 dans *Songshi jishi benmo* (« *Chronique des Song* »). Beijing : Zhonghua shuju, 2015. p. 539.

38. *Huangsong shichao gangyao jiaozheng* (« *Corrections de la chronique des règnes de dix empereurs des Song* »), juan 16, renzi, mai, quatrième année de l'ère Chongning. Beijing : Zhonghua shuju, 2013. p. 450.

39. « Zhengxuan shangzhi. » juan 1 (le 4 juillet, septième année de l'ère Zhenghe) dans *Sanchao beimeng huibian* (« *Annales des relations avec les Jin sous trois empereurs des Song* »). Shanghai : Shanghai guji chubanshe, 1987. p. 1.

furent envoyés prendre contact avec les Jürchens, et une alliance maritime fut ainsi formée au préjudice des Liao.

D'autre part, la tribu Jürchen, faisant allégeance à la dynastie Liao, commença à se développer au début du XIIᵉ siècle, et se révolta contre son suzerain avant d'établir son propre pays en 1115. Le jugement de Ma Zhi sur la montée en puissance des Jürchens et la chute des Liao s'avéra fondé. En Asie de l'Est, le paysage politique international connut d'importants changements. Huizong et ses ministres estimèrent qu'il s'agissait d'une opportunité pour la mise en place du projet d'expansion territoriale, et les activités en la matière furent ainsi encouragées. Le Goryeo suggéra aux Song : « La dynastie Liao, pays frère, aide à défendre les frontières, tandis que les Jürchens, féroces comme des tigres, ne sont pas crédibles. »[40] Le Goryeo était un petit pays qui cherchait à survivre dans un monde où deux grandes puissances comme les Liao et les Song se concurrençaient. Il était en contact avec les Jürchens depuis longtemps, et ne cessait d'être harcelé par ces derniers. Il connaissait alors mieux les Jürchens que la dynastie Song, et était également plus sensible à la situation internationale. Pour sa propre sécurité, le Goryeo espérait que la dynastie Song maintiendrait ses relations avec les Liao. Seraient alors maintenus la stabilité et l'équilibre de l'ordre international en Asie orientale. Dans leur propre intérêt, les Liao ne voulaient pas non plus que la dynastie Song fasse alliance avec les Jürchens. Ils essayèrent de persuader les Song en disant : « Pour acquérir des avantages immédiats, abandonner l'amitié d'une centaine d'années et être voisin avec les chacals et les loups, les futurs fléaux, est-ce raisonnable ? »[41] Des objections venant de la dynastie Song furent aussi formulées : « Détruire un bandit faible et être voisin d'un ennemi fort, ce ne serait pas une bénédiction pour la Chine. » ou « Il est certain qu'un jour, les Jürchens rompront l'alliance, et deviendront une grande menace pour la Chine. »[42] Les faits donneraient raison à tous ceux qui s'étaient opposés à l'alliance que la dynastie Song voulait mettre en place avec les Jürchens. Cependant, les décideurs, notamment Huizong et Cai Jing, se trouvèrent envoûtés par les perspectives qu'offrirait l'expansion territoriale. Ils furent dès lors incapables de prévoir les menaces qu'une telle alliance pourrait apporter à la sécurité du pays. Faisant fi des oppositions, ils insistèrent sur l'alliance avec les Jürchens contre les Liao.

La montée en puissance des Jürchens démantela non seulement de l'intérieur le système tributaire de la dynastie Liao, mais brisa également l'ordre international global qui régnait en Asie de l'Est. Celui-ci avait été pour autant stable grâce aux systèmes tributaires des Song et des Liao. Tout cela conduisit finalement à la destruction de la dynastie Song par les Jin (formés par les Jürchens). La dynastie des Song du Nord ne maintint ni les relations qu'elle avait établies avec les Liao par la signature du traité de Shanyuan, ni l'équilibre au sein de son propre système tributaire. Elle fit de mauvais choix face à la situation dans laquelle les Liao et les Jürchens s'opposaient. Dans le cas contraire, elle aurait pu exister plus longtemps, même si elle ne pouvait pas empêcher la destruction des Liao par la dynastie Jin. Cela montre que, le désir insatisfait de la dynastie des

---

40. « Chronique du Goryeo. » juan 487 dans *Song shi*. p. 14049.

41. « Biographie de Chong Shidao. » juan 335 dans *Song shi*. p. 14049.

42. Song, Zhao. « Rapport destiné à Huizong à propos de la rupture de l'alliance par les Jürchens. » juan 142 dans Zhao Ruyu. *Songchao zhuchen zouyi*. p. 1603.

Song du Nord pour l'expansion territoriale, la rupture du modèle stable du système tributaire et de la relation entre les Song et les Liao qui en découlait, ainsi que le mauvais jugement et la réponse inappropriée à la montée en puissance des Jin, furent des facteurs importants qui ont accéléré la chute des Song.

La disparition de la dynastie des Song du Nord ne fut que le début de la crise de sécurité intérieure qui parcourut le régime Zhao. Le désordre régnait en son sein, et son peuple perdit confiance en lui. Au début de la dynastie des Song du Sud, tout le pays fut plongé dans le chaos. Nombreuses étaient les révoltes populaires. Il y avait Yang Yao au Hubei, Deng Zhuang et Hu Yuanshi au Hunan, Fan Ruwei au Fujian, Wang Nianjing au Jiangxi, Wu Zhong au Guangdong, Juzheng, Xu Ming, et He Sanwu au Zhejiang, etc. De même, les anciens fonctionnaires de la dynastie des Song du Nord se rebellèrent les un après les autres : d'abord Zhang Bangchang qui fut choisi (par les Jin) comme dirigeant fantoche (Chu), puis Liu Yu (Qi) qui lui succéda, et des dizaines de milliers de soldats qui erraient partout, tels que Li Cheng, Kong Yanzhou, et Cao Cheng. Ainsi, les Jürchens, les révoltes populaires et les soldats errants apportèrent une succession de malheurs. Comme Zhu Shengfei le dit : « Il existe aujourd'hui trois menaces pour la sécurité interne : les Jin, les voleurs paysans et les bandits errants. »[43] L'anarchie dominait alors dans tout le pays.

Comme évoqué plus haut, la crise de la dynastie Zhao se réflétait également par ce que son peuple perdit confiance en elle. À ce propos, Shi Jie dit :

Ceux qui savent gouverner le « monde sous le ciel » ne sont pas ceux qui peuvent réprimer les révoltes, mais ceux qui sont capables de gagner le cœur du peuple. Ce dernier est le fondement du pays. Bien que le monde soit chaotique, il n'y aura pas assez de soucis si le cœur du peuple est gagné. À l'inverse, si le peuple n'apporte plus de soutien, ce sera inquiétant, même si le monde paraît gouverné.

Il signala également :

Dès lors, nous savons que la Chine ne peut pas être détruite ni par les quatre barbares, ni par les ministres révoltés. Il n'y aura que le peuple qui est capable de l'anéantir. Si les barbares et les ministres ne peuvent pas détruire la Chine, c'est parce que le peuple ne perd pas encore la confiance en son dirigeant.[44]

Ce qui était essentiel pour assurer la sécurité nationale, c'était de gagner le cœur du peuple. Sinon, il ne serait pas impossible que les quatre barbares détruisissent la Chine. Avec l'effondrement de Yangzhou, le peuple des Song du Sud commença à perdre confiance en son dirigeant. Après

---

43. *Jianyan yilai xinian yaolu*, juan 42, yiyou, février, première année de l'ère Shaoxing, Beijing : Zhonghua shuju, 2013. p. 905.

44. « Rapport de Shi Jie. » juan 106 dans Yang Shiqi *et al. Lidai mingchen zouyi* (« *Rapports des ministres célèbres de toutes périodes* »). tome 436 dans *Siku Quanshu*, Wenyuan Ge. Beijing : Zhonghua shuju, 1990. pp. 73-74.

avoir reçu la nouvelle annonçant que les Jürchens avaient conquis l'armée de Tianchang (ville de l'Anhui), Song Gaozong ne prit que cinq ou six cavaliers pour s'échapper. En voyant cela, les gens s'enfuirent avec leur empereur, et toute la ville fut plongée en plein chaos. Quant aux ministres, y compris Huang Qianshan et Wang Boyan, sitôt qu'ils apprirent la fuite de Gaozong, s'enfuirent à leur tour à la hâte. Dans cette fuite chaotique, la distinction entre le monarque et ses ministres risquait de se brouiller. Sur le pont du Yangsé, Gaozong assassina personnellement les gardes insolents. Lorsqu'il traversa le Yangsé, il ne fut suivi ni par ses ministres, ni par ses gardes.[45] Sur le chemin de la fuite vers le sud, il dut également faire face à une mutinerie à deux reprises : celle initiée par Miao (Fu) et Liu (Zhengyan), et celle des gardes (à Mingzhou). Lors de la première mutinerie, non seulement Gaozong fut-il forcé à abdiquer, mais son fils unique en eut si peur qu'il mourut peu de temps après. À Yuezhou, Lü Yihao transmit l'ordre impérial qu'à part les chambellans, le reste pouvait choisir de suivre l'empereur ou non. Gaozong dit : « Mes ministres sont raisonnables et loyaux, et ils me suivront. Sinon, ils ne sont pas différents des bandits ou voleurs. » Le fait était que certains choisirent de rester à Yuezhou, et la plupart d'entre eux préférèrent rentrer plutôt que de poursuivre la fuite avec l'empereur.[46] La réalité ne fut pas comme Gaozong l'espérait. Ses ministres ne pouvaient ni vivre ni mourir avec lui.

En s'échappant de Hangzhou, la reine mère Longyou et sa cour fuyèrent vers le Jiangxi. Les Jürchens arrivèrent jusqu'à Jizhou, tandis que le préfet Yang Yuan abandonna la ville et partit. L'impératrice douairière n'eut d'autre choix que de fuir Jizhou pendant la nuit. Lorsqu'elle arriva au comté de Taihe, les dix milliers de gardes qui l'avaient accompagnée se débandèrent, et il n'en resta qu'à peine une centaine. Les ministres se sauvèrent eux aussi dans la vallée. La reine ne fut suivie que par He Jian, Wang Gongji et Zhang Ming. Les vêtements, l'or et la soie qui avaient été emmenés furent complètement pillés. À Qianzhou, le trésor public de l'État fut volé. Ne pouvant pas être payés pour la nourriture, les gardes initièrent une révolte. Face à ce désordre, les forces locales et les soldats paysans ne sacrifièrent pourtant pas leur vie pour protéger la reine. Tout au contraire, les soldats paysans et les gardes s'affrontèrent, et toute la ville de Qianzhou partit en fumée. La vie de la reine fut ainsi menacée, et celle-ci en fut profondément choquée. Elle décréta pardonner aux soldats paysans, dans l'espoir d'apaiser les tensions. Cependant, ceux-ci n'acceptèrent pas ce pardon, et les généraux et les officiers s'assirent en observant le chaos qui régnait.

À l'époque, dans le cadre de la politique de pouvoir impérial, si Gaozong et Longyou avaient été tués par les Jürchens, ou par l'armée rebelle de la dynastie, le régime Zhao serait arrivé à ses fins. Avec la rupture de l'équilibre international, non seulement la sécurité nationale n'était plus garantie, mais la vie de Gaozong et celle de Longyou étaient gravement menacées. La sécurité territoriale, celle du régime ainsi que la sécurité politique et militaire de la dynastie des Song du Sud furent ainsi mises en grand danger. L'autorité de la famille royale, l'identité nationale et la loyauté des ministres à laquelle Gaozong croyait perdirent de leur sens. De même, la sécurité de

---

45. *Jianyan yilai xinian yaolu*, juan 20, renzi, février, troisième année de l'ère Jianyan, p. 454.

46. *Jianyan yilai xinian yaolu*, juan 29, jisi, novembre, troisième année de l'ère Jianyan, p. 677.

la population n'était plus du tout assurée. Après l'effondrement de Yangzhou, les Jürchens allèrent jusqu'à Guazhou. Il y avait encore plus de 100 000 personnes qui n'avaient pas encore traversé le Yangsé. La moitié d'entre elles étaient tombées dans le fleuve et étaient mortes [...] L'autre moitié s'étaient noyées en se serrant les unes contre les autres dès l'arrivée des Jürchens. Ceux-ci n'épargnèrent personne. Les habitants de Hongzhou et de Dingzhou, ainsi que les habitants d'autres lieux que les Jürchens avaient conquis furent tous massacrés.[47] Le peuple des Song vivait dans l'enfer.

### (3)  La reconstruction du système tributaire des Jin et l'établissement de la dynastie des Song du Sud

Depuis que les Jürchens avaient occupé Kaifeng et capturé les deux empereurs, la sécurité intérieure de la dynastie Song perdit de son sens. Les ministres ne protégeaient plus l'empereur, et celui-ci n'était plus soutenu par son peuple. Les Jürchens étaient comme le vent violent, et le chaos qui suivit le passage d'une énorme vague, tandis que Song Gaozong était un petit bateau sans aucun sentiment de sécurité. Tant que les Jin ne reconnaissaient pas la dynastie des Song du Sud, les deux parties restaient en guerre. Face à la forte pression militaire des Jürchens, Gaozong devait établir une relation stable avec la dynastie Jin et obtenir sa reconnaissance, pour que l'ordre intérieur des Song fût restauré et la sécurité nationale acquise.

Dans sa fuite, le moral de Song Gaozong s'effondra, en même temps que son sentiment de sécurité disparut. Ce qu'il voulait le plus, ce n'était ni récupérer les territoires des Plaines centrales, ni venger la captivité de son père, mais que la dynastie des Song du Sud pût être incluse dans le système tributaire des Jin. Pour ce faire, Gaozong supplia les Jürchens :

> Avec un pays qui risque de périr, soit on le défend, soit on l'abandonne pour chercher de nouveaux endroits. Le problème est que nous n'avons ni ceux qui défendent, ni une terre nouvelle pour nous installer. C'est pourquoi je vous prie de nous pardonner. Comme écrit dans les rapports que je vous ai déposés, nous sommes prêts à renoncer à notre propre calendrier, et à reconnaître la suprématie de la grande dynastie Jin dans ce « monde sous le ciel ».[48]

Afin que les Jin missent fin à la guerre en reconnaissant la dynastie des Song du Sud, Gaozong n'hésita pas à tuer Yue Fei pour montrer sa détermination et obtenir la sécurité interne. En même temps, il s'empara du pouvoir militaire pour rétablir l'ordre intérieur.

Song Gaozong espérait que l'ordre international serait reconstruit à partir du système tributaire des Jin qui dominaient. La huitième année de l'ère Shaoxing, la dynastie des Song du Sud devint officiellement l'un des États vassaux des Jin. Elle leur prêta allégeance, accepta l'investiture, et reçut les édits. Avant, les pays voisins, tels que les Qi, le Goryeo ou les Xia occidentaux, avaient déjà

---

47. *Jianyan yilai xinian yaolu*, juan 20, guichou, février, troisième année de l'ère Jianyan ; juan 30, yiwei, décembre, troisième année de l'ère Jianyan ; juan 32, guimao, mars, quatrième année de l'ère Jianyan, p. 456, p. 693 et p. 731.

48. *Jianyan yilai xinian yaolu*, juan 26, dingmao, août, troisième année de l'ère Jianyan, p. 524.

fait acte d'allégeance à la dynastie Jin. Désormais, la dynastie des Song du Sud était officiellement incluse dans ce système tributaire. De fait, depuis bien longtemps, Song Gaozong agissait comme un subordonné des Jin. Il échangeait des lettres de créance avec l'État de Qi, et appelait le dirigeant « empereur ».[49] De même, la dynastie des Song du Sud établit une relation d'égal à égal avec les Xia. Ces derniers déclarèrent la soumission aux Jin en 1124. En 1128, la dynastie Song et les Xia sont convenus de se reconnaître comme étant égaux l'un l'autre. La première année de l'ère Shaoxing, Song Gaozong décréta : « À partir d'aujourd'hui, les Xia ne reçoivent plus le calendrier des Song, et les deux pays sont depuis lors sur un pied d'égalité. »[50] Ainsi, la dynastie Song reconnut officiellement les Xia comme étant son égal. Tous ces deux régimes étaient vassaux des Jin. Si la dynastie Song traitait d'égal à égal avec les Xia, cela signifiait qu'elle était prête à reconnaître la suprématie des Jin.

Lors des pourparlers de paix, la huitième année de l'ère Shaoxing, Song Gaozong pratiqua les rites montrant l'infériorité des Hans par rapport aux barbares. En voyant cela, les soldats et le peuple Song pleurèrent. Gaozong, le visage sérieux, dit : « Le plus important, c'est de survivre. À Mingzhou, je me suis vainement prosterné, puisque les Jin nous ont complètement ignorés. »[51] Par là, Gaozong se référait à ses expériences navrantes. Poursuivi par les Jürchens, l'empereur s'était vu abandonné par ses ministres et son peuple. Il avait eu beau faire acte d'allégeance aux Jin en échange de la sécurité, puisqu'il avait été complètement ignoré. Ces expériences terribles expliquaient que Gaozong avait soif de la sécurité.

Les accords de l'ère Longxing permirent à la dynastie Song d'améliorer sa relation avec les Jin. Elle put se dispenser de pratiquer la prosternation devant les Jin. Au lieu d'être subordonné, le dirigeant des Song pouvait se nommer « neveu » de l'empereur Jin. La dynastie Song réalisa ainsi une relation d'égal à égal avec les Jin. Cependant, en réalité, elle se trouvait encore passive et humiliée, ce qui pouvait être constaté à travers les actes et les rituels diplomatiques, car la dynastie Jin restait toujours dominante en Asie de l'Est. Malgré tout, la huitième année de l'ère Jiading, la dynastie Song cessa de payer tribut aux Jin, et rétablit son propre système tributaire. Il est pourtant à signaler que, ce dernier était considérablement réduit par rapport à celui de la dynastie des Song du Nord. De plus, la dynastie des Song du Sud se montrait beaucoup moins active dans l'établissement du système tributaire. Ainsi, les pays du nord-ouest, le Goryeo et le royaume de Dali quittèrent progressivement le système tributaire de la dynastie des Song du Sud. Seuls le Giao Chi, le royaume de Champā, le Srivijaya, le Califat islamique, le Chenla et le Lavo continuèrent de lui payer tribut. Toutefois, il n'y avait que le Giao Chi qui entretenait une relation relativement stable avec la dynastie des Song du Sud. Le royaume de Champā était le deuxième pays qui rendait le plus hommage, mais le fit seulement à six reprises et à but commercial. Quant au Giao Chi, il paya tribut pour un total de 29 fois pendant toute la dynastie des Song du Sud. À deux reprises, il fut autorisé à visiter l'empereur Song : la 25ᵉ année de l'ère Shaoxing (1155) et la neuvième année

49. « Biographie de Liu Yu. » juan 77 dans *Jin shi*. p. 1760.

50. *Jianyan yilai xinian yaolu*, juan 16, jimao, juin, deuxième année de l'ère Jianyan ; juan 46, renchen, juillet, première année de l'ère Shaoxing, p. 332 et p. 838.

51. *Jianyan yilai xinian yaolu*, juan 124, wuyin, décembre, huitième année de l'ère Shaoxing, p. 2024.

de l'ère Qiandao (1173). Pour le reste, les tributs furent livrés au Guangxi.[52] La construction du système tributaire s'avérait encore indispensable, pour que la dynastie des Song du Sud expliquât sa légitimité politique en deça de ses frontières, et qu'elle assurât la sécurité intérieure. Toutefois, en raison de la domination des Jin et de sa propre force diminuée, la dynastie des Song du Sud ne pouvait ni voulait restaurer son système tributaire. Nous pouvons même dire que le système tributaire de la dynastie des Song du Sud semblait être absent, et que son impact sur la sécurité nationale était beaucoup moins important que pendant la dynastie des Song du Nord.

## 3. Le système tributaire et la communauté de sécurité

Comme mentionné en amont, en Chine ancienne, notamment à l'époque des Song, la conception de la sécurité nationale était caractérisée par la sécurité globale de l'ensemble des Hans et des barbares. La dynastie Song, en particulier celle des Song du Nord, attachait une grande importance à l'instauration de cette sécurité. Liu Anshi, opposé à la construction d'une capitale par les Song, dit : « Le fils du Ciel doit s'appuyer sur les quatre barbares pour la protection. Avec la capitale qui servira à se défendre contre l'ennemi, quelle sera l'utilité des barbares ? »[53] Partageant l'avis de Liu, Yu Jing et Fan Zuyu croyaient eux aussi que pour se défendre, la dynastie Song devait s'appuyer sur les quatre barbares plutôt que sur une muraille.[54] D'une part, la construction de la ville ferait gaspiller de la main-d'œuvre et de l'argent, et d'autre part, la mise en place d'un système tributaire soumettant les quatre barbares serait la garantie fondamentale de la sécurité nationale. Cette conception de la sécurité globale comportait deux aspects : *Hua* qui représentait la Chine, et *Yi* qui signifiait les pays tributaires. La construction du système tributaire par la dynastie Song visait à établir un ordre international propice à la sécurité du pays. Dans le même temps, la stabilité de cet ordre serait également favorable à la sécurité des pays placés sous ce système tributaire. Ce dernier était, de fait, un système de sécurité internationale dont les pays constituaient une communauté de sécurité.

    La construction du système tributaire par les Song visait avant tout à assurer la sécurité du pays. La dynastie Song étant dominante dans ce système, la stabilité de ce dernier déterminerait celle de l'environnement international du pays. Celui-ci avait recours aux moyens militaire et économique pour maintenir ce système et renforcer sa sécurité. D'une part, dans sa relation tributaire avec les Xia occidentaux, la dynastie Song utilisait ces derniers pour contenir les Liao afin de réduire la menace de ceux-ci. Pendant le règne de Renzong, avant d'aller à la conquête des Xia, la dynastie Liao demanda aux Song de rompre la relation tributaire avec ceux-ci, et d'envoyer des troupes

---

52. « Composition du système tributaire de la dynastie des Song du Sud. » dans Huang Chunyan. *Songdai chaogong tixi yanjiu*. Beijing : The Commercial Press, 2014. pp. 125-140.

53. « Prière de ne pas construire la capitale. » juan 6 dans Li Anshi. *Jinyan ji* (« *Collection des propos d'Anshi* »). tome 427 dans *Siku Quanshu*, Wenyuan Ge. Beijing : Zhonghua shuju, 1990. p. 241.

54. Yu, Jing. « Destiné à Renzong : prière de ne pas construire la capitale. » et Fan, Zuyu. « Destiné à Zhezong : prière de ne pas construire la capitale. » juan 126 dans Zhao Ruyu. *Songchao zhuchen zouyi*. pp. 1392-1393.

contre eux. La dynastie Song choisit de ne pas intervenir. D'après elle, si elle maintenait sa relation avec Yuanhao, les Khitans hésiteraient à s'opposer à elle, et cesseraient alors d'être une menace. Dans le même temps, Yuanhao pourrait se concentrer et se battre contre les Khitans. Ces deux pays étant en guerre, ce serait les Song qui pourraient en tirer le plus de profit.[55] D'autre part, la relation tributaire avec la dynastie Song permettait aux Xia d'ouvrir le marché frontalier et de pratiquer le commerce des dons. Dans ce cas-là, les Xia hésiteraient à saboter leur relation avec les Song.[56] Par ailleurs, dans la confrontation avec les Xia, la dynastie Song perdait plus qu'elle ne gagnait. Ainsi, dans le but de maintenir une relation tributaire avec les Xia, elle dut octroyer à ces derniers chaque année une somme considérable, et consentir à tracer les frontières avec eux. La dynastie Song entretenait également une relation tributaire avec l'empire du Tibet pour contenir les Xia. Selon elle, la meilleure politique était d'utiliser les barbares contre les barbares.[57] Depuis que Yuanhao ne déclarait plus sa soumission à la dynastie Song, celle-ci n'osait pas toujours pénétrer dans le Guanzhong (plaine de la rivière Wei) pour punir le « révolté ». Les Tibétains, insoumis aux Xia, représentaient pour ces derniers un grand ennui[58]. Suivant cette logique, la relation tributaire avec l'empire du Tibet permettrait à la dynastie Song de réduire la menace des Xia. En outre, si la dynastie Song développa des relations tributaires avec le Goryeo, l'empire du Tibet et les pays occidentaux, ce fut aussi parce qu'elle voulait perturber les ordres internationaux qu'établirent respectivement les Xia et les Liao :

> Les régimes du nord sont soumis aux Khitans, et ceux de l'ouest à Yuanhao. Ce faisant, deux grandes forces, sous forme d'une corne, sont susceptibles de nous attaquer de deux côtés. Les pays occidentaux, tels que Shazhou, Tiele, Mingzhu, et la tribu de Miezang, et les régimes près du nord, comme les Jürchens, le Goryeo et Shinro, qui ont eu tous des échanges avec les Song, se trouvent maintenant isolés à cause des Xia et des Khitans. Nous pouvons envoyer des émissaires dans ces pays pour les inciter à venir à notre cour. Les Xia et les Khitans en seront mécontents, et développeront de la méfiance à l'égard de ces pays. Semant ainsi la discorde, la dynastie Song en tirera profit.[59]

De même, par le maintien des relations tributaires avec la dynastie Song, les pays pouvaient non seulement obtenir d'énormes avantages économiques liés au commerce des dons et à l'ouverture du marché frontalier, mais aussi garantir leur sécurité nationale. Par exemple, dès que la dynastie Song cessait d'octroyer une somme annuelle, et interdisait d'ouvrir le marché aux frontières, la misère régnait chez les Xia, l'alimentation et les habits faisaient défaut, et le prix des marchandises

---

55. « La défense des frontières. » juan 326 et « Les quatre barbares. » juan 342 dans Yang Shiqi *et al. Lidai mingchen zouyi.* tome 442 dans *Siku Quanshu*, Wenyuan Ge. Beijing : Zhonghua shuju, 1990. p. 160 et p. 577.

56. *Xu Zizhi tongjian changbian*, juan 479, bingzi, décembre, septième année de l'ère Yuanyou, p. 11412.

57. *Xu Zizhi tongjian changbian*, juan 68, jiwei, avril, première année de l'ère Dazhong Xiangfu, p. 1538.

58. « Biographie de Sun Fu. » juan 295 dans *Song shi*. p. 9840.

59. Jia, Changchao. « Rapport destiné à Renzong à propos de six points pour la défense des frontières. » juan 133 dans *Songchao zhuchen zouyi*. p. 1483.

montait en flèche,[60] ce qui causait de l'instabilité à l'intérieur du pays. Depuis Li Deming, les Xia, faisant acte d'allégeance à la dynastie Song, lui payaient tribut de manière régulière. Lors du Nouvel An, de l'anniversaire de l'empereur ou du solstice d'hiver, les Xia envoyaient à la cour Song des émissaires pour offrir de divers dons.[61] Chaque année, en tant que subordonnés des Song, les Xia avaient droit en échange à une somme s'élevant jusqu'à 250 000.[62] À cela seraient ajoutés les intérêts commerciaux liés à l'ouverture du marché frontalier. Ainsi, les énormes avantages économiques obtenus auprès des Song permettraient à un petit pays comme les Xia de renforcer sa puissance nationale. De même, en prêtant allégeance à la dynastie Song, les Xia pouvaient alors éliminer la menace que représentait cette dernière. Par ailleurs, le maintien de la relation tributaire avec les Song aiderait les Xia à se défendre contre les Liao. Dans le même temps, les Xia déclarèrent leur soumission aux Liao, et utilisèrent ces derniers pour contenir la dynastie Song. Penchant en faveur des Xia, les Liao purent faire pression sur les Song. En cas d'urgence, les Liao pouvaient prêter des troupes aux Xia en guerre contre la dynastie Song. Les Xia et les Liao, formant une sorte de corne, pourraient attaquer de deux côtés les Song.[63] En effet, lors des conflits entre la dynastie Song et les Xia, les Liao envoyèrent à plusieurs reprises des troupes pour menacer la première tout en aidant les Tangoutes à récupérer leurs terres. Les Xia ne pouvaient faire autrement qu'en profiter. Pays tributaire à la fois aux Song et aux Liao, les Xia eurent tous les moyens à leur disposition pour tirer parti de la situation.

En tant que petit pays pris en étau entre deux puissances qu'étaient les Song et les Liao, le Goryeo avait une seule préoccupation fondamentale : sa sécurité. Au début de la dynastie des Song du Nord, le Goryeo fit acte d'allégeance à celle-ci. Avant la guerre de l'ère Yongxi, l'empereur Taizong ordonna au Goryeo d'envoyer des troupes pour attaquer côte-à-côte avec la dynastie Song les Liao. Comme tous les autres régimes du nord-est, le Goryeo préférait la victoire de la dynastie Song, dans l'espoir d'obtenir sa sécurité après la bataille décisive contre les Liao. Toutefois, après la guerre de l'ère Yongxi, lorsque le Goryeo fut attaqué par les Khitans, la dynastie Song refusa de prêter assistance. C'est pourquoi le Goryeo décida de déclarer sa soumission aux Liao.[64] Ainsi, le principe fondamental qui dictait au Goryeo de choisir entre le système tributaire des Song et celui des Liao reposait sur le fait que sa propre sécurité fût assurée. Comme le souverain et les ministres du pays le signalèrent lorsqu'ils discutèrent de la politique à l'égard des Song et des Liao : « Nous entretenons de bonnes relations avec la dynastie du Nord. Il n'y aura pas de menace sérieuse près des frontières, et notre peuple vivra en paix. C'est donc la meilleure politique pour protéger notre pays. »[65]

---

60. *Xu Zizhi tongjian changbian*, juan 405, wushen, août, deuxième année de l'ère Yuanyou, p. 9863.

61. « État des Xia (première partie). » juan 485 dans *Song shi*. p. 13992.

62. Han, Qi. « Rapport destiné à Renzong à propos d'un avantage et de trois désavantages des négociations de paix avec les Xia. » juan 136 dans Zhao Ruyu. *Songchao zhuchen zouyi*. p. 1516.

63. *Xu Zizhi tongjian changbian*, juan 124, dingsi, septembre, deuxième année de l'ère Baoyuan, p. 2927.

64. Fu, Bi. « Rapport destiné à Renzong à propos de treize stratagèmes pour la défense du Hebei. » juan 135 dans Zhao Ruyu. *Songchao zhuchen zouyi*. p. 1502.

65. « L'ancienne famille honorable de Wenzong (II). » juan 8 dans *Gaoli shi* (« *Histoire du Goryeo* »). Chongqing : Xinan shifan daxue chubanshe (Maison d'édition de l'Université normale du Sud-Ouest), 2014. p. 218.

Au début de la dynastie des Song du Nord, la relation tributaire avec celle-ci permit également au Champā de garantir sa sécurité nationale. À cette époque, ayant pour objectif de récupérer le Giao Chi, la dynastie Song choisit de s'allier au Champā afin de contenir ce dernier. Lorsque le Champā vint payer tribut, la dynastie Song lui accorda à plusieurs reprises des fournitures militaires, telles que des chevaux de guerre, des arcs, et des épées, que les autres pays ne pouvaient pas obtenir. En outre, la dynastie Song n'hésitait pas à intervenir pour stopper les intrusions du Giao Chi dans le Champā. Grâce à ces faveurs spéciales, le statut du Champā s'améliora parmi les pays voisins. Son roi dit ainsi :

Avant, la cour Song ne nous a jamais octroyé de bannières, d'arcs ou de flèches. Quel honneur j'ai aujourd'hui de recevoir seul une telle grâce. Généreux est Sa Majesté qui m'aide à renforcer le pays. Nos voisins en entendent parler, et savent que je reçois des faveurs spéciales d'une grande puissance. Par crainte de l'autorité impériale, ils n'osent nullement chercher à nous faire du mal.

La première année de l'ère Chunhua (990), le Champā accusa le Giao Chi de l'avoir attaqué, et tous les trésors furent pillés. L'empereur Song ordonna à Lê Hoàn de rester en deçà de ses frontières.[66] Grâce au prestige d'une grande puissance et en raison des revendications économiques du Giao Chi auprès de la dynastie Song, la seconde put, dans une certaine mesure, empêcher le premier d'envahir Champā. Cependant, après la guerre de l'ère Xining, la dynastie Song abandonna l'objectif de récupérer le Giao Chi, et elle n'offrit en même temps plus de traitement préférentiel ni la protection au Champā. La septième année de l'ère Yuanyou (1092), le Champā déclara à la dynastie Song : « Si Votre Majesté voulait punir le Giao Chi, nous serions prêts à couvrir l'attaque. »[67] La sixième année de l'ère Zhenghe (1116), le Champā demanda : « En dehors du système de *Jimi*, nous, subordonnés de la cour Song, n'avons pas droit à une rémunération. Nous souhaitons que Votre Majesté puisse faire une exception en notre faveur, pour que la situation d'un petit pays comme le nôtre s'améliore. »[68] La dynastie Song choisit de ne pas y répondre. Peu à peu, le Champā fut complètement contrôlé par le Giao Chi auquel il prêta allégeance, et son dirigeant se vit conféré le titre de « roi ».[69]

Malgré tout, l'entretien des relations tributaires ne fut pas la solution parfaite pour résoudre les problèmes de sécurité nationale. Certains régimes pouvaient respecter les frontières avec la dynastie Song, tandis que d'autres maintenaient leurs relations tributaires tout en envahissant et érodant celle-ci, comme le fit le Giao Chi. À ce sujet, certains disaient chez les Song : « Bien que le Giao Chi rende hommage, il est vraiment mauvais, et ronge souvent notre sol. »[70] Au milieu de

---

66. « Chronique du Champā. » juan 489 dans *Song shi*. p. 14081.

67. « Champā. » juan 332 dans *Wenxian tongkao* (« *Étude exhaustive des documents* »). p. 9161.

68. « Barbares (IV). » dans *Song huiyao jigao*. p. 9814.

69. « Chronique de la dynastie Lý (II). » juan 3 et « Chronique de la dynastie Lý (III). » juan 4 dans *Dayue shiji quanshu* (« *Livre complet de l'histoire du Vietnam* »). Chongqing : Xinan shifan daxue chubanshe, 2014. p. 230.

70. « Biographie de Xiao Zhu. » juan 334 dans *Song shi*. p. 10733.

la période de Tiansheng, les frontières entre la dynastie Song et le Giao Chi se situaient au niveau de la grotte de Yunhe. La quatrième année de l'ère Jiayou, elles s'étendirent sur des centaines de *li* en faveur des barbares.[71] La deuxième année de l'ère Chunyou, la dynastie Song demanda au Giao Chi de respecter les frontières, de rendre les terres occupées et le bétail pillé, et de prêter allégeance, tout en consentant à faire du commerce.[72] De même, pour les pays comme le Goryeo et le Champā, plus sensibles aux changements de l'ordre international, le système tributaire n'était qu'un des facteurs garantissant leur sécurité nationale, et était affecté par les politiques du pays dominant ce système.

## 4. Conclusion

L'ordre international établi par les dynasties Song, Liao et Jin et basé sur le concept de distinction entre les Hans et les barbares se manifestait sous la forme du système tributaire. D'après la vision du « monde sous le ciel » comprenant « Neuf préfectures et Quatre mers » ou « Chine et quatre barbares », la conception de la sécurité nationale en Chine ancienne se caractérisait par les trois points suivants : (1) La défense nationale s'appuyait sur les quatre barbares. (2) La Chine étant mise au centre, il faudrait garder l'intérieur pour contrôler l'extérieur. (3) L'accent était mis sur la défense. Ce fut également la conception de la sécurité nationale à l'époque des Song, mais de façon plus passive.

La sécurité intérieure des Song dépendait étroitement de son système tributaire, stable ou non. À la fin de la dynastie des Song du Nord, cette dernière mena une série d'activités de l'expansion territoriale, ce qui porta atteinte à son système tributaire qui devint instable. Par ailleurs, la montée en puissance des Jürchens perturba de l'intérieur le système tributaire des Liao, et ébranla ainsi l'ordre international en Asie de l'Est. La dynastie Song ne sut pas pour autant répondre à ces changements. Tout cela conduisit finalement à la disparition de la dynastie des Song du Nord, et à une grave crise de sécurité intérieure au début de la dynastie des Song du Sud. Cette dernière fut incluse dans le système tributaire reconstruit des Jin, ce qui constitua la raison principale de son rétablissement.

Le système tributaire était donc un système de sécurité international. Il avait une grande influence sur la sécurité de la dynastie Song et des États tributaires en son sein. Il constituait alors une communauté de sécurité, qui maintenait son existence et son équilibre par des moyens économique et militaire. Cette communauté était changeante, multiforme et à plusieurs niveaux. Au lieu d'être un simple système hiérarchique, elle était complexe, et les relations verticale et horizontale s'y entrelaçaient. Les pays du système tributaire avaient à la fois des intérêts communs et des conflits, des affrontements et des coopérations. Il s'agissait d'une communauté de sécurité plutôt dynamique.

---

71. *Xu Zizhi tongjian changbian*, juan 190, wushen, septembre, quatrième année de l'ère Jiayou, p. 4593.

72. « Biographie de Dong Huai. » juan 414 dans *Song shi*. p. 12403.

L'ancien système tributaire ne visait pas seulement à satisfaire la vanité des grandes puissances. En tant qu'ordre international, il était également un facteur important pour maintenir la sécurité nationale. Il s'agissait d'un mécanisme de sécurité internationale complet et complexe. Il n'était pas seulement lié à la sécurité régionale, mais aussi à la sécurité intérieure, comprenant la sécurité politique et celle de la population. Il est à signaler que la sécurité nationale se traduisait par de multiples formes, et qu'elle était influencée par différents facteurs liés les uns aux autres. Ainsi, le système tributaire n'était qu'un facteur important qui impactait la sécurité nationale de la dynastie Song.

# CHAPITRE 5

---

# Les modèles frontaliers et la prise de conscience des frontières sous la dynastie Song

Les dynasties Song et Liao établirent une relation d'égalité, et délimitèrent les frontières entre elles par le biais de la signature de traités, ce qui était remarquable d'un point de vue historique. Il en fut de même pour la démarcation des frontières entre la dynastie Song et les Xia, et celle entre cette dernière et les Jin. Des recherches ont été menées sur la délimitation des frontières de la dynastie Song avec les Liao, les Xia, et les Jin, et les modèles frontaliers, mais aucune conclusion générale définitive n'a été formulée à ce sujet.[1] Certains chercheurs pensent que la délimitation

---

1. Tao Jinsheng. *Song Liao guanxi shi yanjiu* (« *Études de l'histoire des relations entre les Song et les Liao* »). Beijing : Zhonghua shuju (Société de livres de Zhonghua), 2008. Tao Yukun. *Liao Song guanxi yanjiu* (« *Recherches sur les relations entre les Liao et les Song* »). thèse de doctorat de l'Université de Mongolie-Intérieure, 2005. Li Huarui. *Song Xia guanxi shi* (« *Histoire des relations entre les Song et les Xia* »). Shijiazhuang : Hebei renmin chubanshe (Maison d'édition du peuple du Hebei), 1998. Zhao Yongchun. *Song Jin guanxi shi* (« *Histoire des relations entre les Song et les Jin* »). Beijing : People's Publishing House, 2005. Pan Sheng. *Songdai dilixue de guannian tixi yu zhishi xingqu* (« *Concepts, systèmes et intérêts intellectuels en géographie sous la dynastie Song* »). Beijing : The Commercial Press, 2014. Lu, Renyong. « Le territoire et les frontières des Xia occidentaux. » *Ningxia daxue xuebao* (« *Journal de l'Université du Ningxia* »). Issue 1. 2003. Yang, Rui. « Recherches sur la frontière entre les Song et les Xia. » *Zhongguo bianjiang shidi yanjiu* (« *Études de l'histoire et de la géographie de la frontière chinoise* »). Issue 4. 2005. Li, Zhiqin. « Recherches sur les négociations frontalières du Hedong entre les Song et les Liao dans l'ère Xining – remise en question de l'opinion selon laquelle Wang Anshi abandonna des centaines de kilomètres de terres. » *Shanxi daxue xuebao* (« *Journal de l'Université du Shanxi* »). Issue 1. 1980. Ma, Li. « Extension territoriale vers les Xia occidentaux sous le règne de Song Zhezong et établissement de la nouvelle frontière au cours de l'ère Yuanfu. » *Songshi yanjiu lunwen ji* (« *Symposium des recherches sur l'histoire des Song* »). Shijiazhuang : Hebei jiaoyu chubanshe (Maison d'édition de l'éducation du Hebei), 1989. pp. 126-154. Tous ces documents susmentionnés ont étudié la démarcation et les frontières de la dynastie Song avec les Liao, les Xia et les Jin. Ils analysent également une partie des modèles frontaliers entre les Liao et les Song et entre ces derniers et les Xia. La thèse de doctorat *Songchao bianjiang dili sixiang yanjiu* (« *Recherches sur les pensées de la géographie de la frontière sous la dynastie Song* »), rédigée par Du Zhiming (Faculté d'histoire de l'Université du Sud-Ouest, 2011) analyse les modèles frontaliers sous la dynastie Song, mais sa compréhension de la nature de ces modèles est discutable. En outre, il existe des lacunes quant à la compréhension de l'évolution de ces modèles.

des frontières sous la dynastie Song était très importante. Pour la première fois, les dynasties Song et Liao établirent une relation claire d'« État à État », et prirent conscience des frontières.[2] De plus, lorsque l'on dessine les cartes géographiques des différentes entités à l'époque des Song, il est facile d'être tiraillé entre les positions contemporaines et la logique historique. Toutefois, la perception des Song vis-à-vis des frontières et leur raisonnement en la matière ne pourraient pas être parfaitement mises en lumière.[3] Il faudrait pouvoir comprendre les problèmes territoriaux de la dynastie Song de manière plus approfondie et plus détaillée. Par ailleurs, des analyses devraient être faites pour savoir si les frontières des Song jouèrent un rôle significatif dans l'évolution de l'expansion de la Chine ancienne. Pour cela, il convient d'éclaircir les modèles frontaliers et la prise de conscience des frontières sous la dynastie Song à travers une analyse globale.

## 1. La diversité des modèles frontaliers

### (1) La délimitation floue des frontières en pointillé

La dynastie Song délimita les frontières avec les Liao sous l'ère Xining, et avec le Vietnam sous l'ère Yuanfeng. De plus, elle était bordée par les Jin. En plus de cela, elle était séparée d'autres régimes étrangers par différentes zones intermédiaires. L'une d'entre elles correspondait à celle où habitaient une grande diversité de tribus qui n'étaient administrées directement par aucun régime. En général, les tribus qui bordaient la dynastie Song appartenaient aux zones de *jimi*[4] ou étaient des *Shuhu* (minorités ethniques soumises). Pour se démarquer d'elles, la dynastie Song établissait

---

2. Fu Haibo et Cui Ruide (eds.). *Jianqiao Zhongguo Liao Xixia Jin Yuan shi (907-1368)* (« *Cambridge : histoire de la Chine, des Liao, Xia, Jin et Yuan (907-1368)* »). Beijing : Zhongguo shehui kexue chubanshe (Presse des sciences sociales de Chine), 1998. p. 109. Ge, Zhaoguang. « L'émergence de la conscience de "Chine" sous la dynastie Song – une source éloignée de réflexion philosophique sur le nationalisme moderne. » *Wen shi zhe* (« *Littérature, histoire et philosophie* »). Issue 1. 2004. Ge Zhaoguang. *Hewei « Zhongguo » : jiangyu, minzu, wenhua yu lishi* (« *Qu'est-ce que c'est la « Chine » : territoire, nation, culture et histoire* »). Hong Kong : Oxford University Press, 2014. pp. 70-73. Zhang, Wen. « Conception de l'*État* et celle du "monde sous le ciel" en Chine ancienne : les coordonnées historiques pour la formation des zones frontalières et des frontières. » *Zhongguo bianjiang shidi yanjiu*. Issue 3. 2007.

3. Selon Tan Qixiang, rédacteur en chef du *Zhongguo lishi ditu ji* (« *Atlas de l'histoire chinoise* ») (Beijing : China Cartographic Publishing House, 1996), un territoire neutre entre les deux régimes n'était inclus dans aucun d'entre eux. Il s'agissait d'une zone commune. Cependant, cette zone fut incluse dans le territoire de la dynastie Song selon la carte complète des Liao et de la dynastie des Song du Nord, celle des Jin et de la dynastie des Song du Sud, et les sous-cartes des provinces le long de la frontière, présentes dans le sixième tome. De plus, en ce qui concerne les frontières de la dynastie Song avec le royaume de Dali et avec l'empire du Tibet, cet atlas présente de grandes différences avec « La Chine sous la dynastie des Song du Nord » et « Carte de la situation opposant les Song aux Jin » dans le *Zhongguo lishi ditu ji* (« *Atlas de l'histoire chinoise* ») (Beijing : China Cartographic Publishing House, 1955. pp. 18-19) édité par Gu Jiegang, et avec « Carte du territoire de la dynastie des Song du Nord » et « Carte des territoires de la dynastie des Song du Sud, des Jin et des Xia » dans le *Carte de l'histoire de Chine* dessinée par l'Université de la culture chinoise (Université de la culture chinoise, 1980. p. 60 et p. 62).

4. Le système de *jimi* : système établi pour les chefs étrangers ou barbares qui étaient soit subordonnés militairement, soit soumis et naturalisés. (note du traducteur)

en général des forteresses le long de ses frontières. Il s'agissait alors des limites floues en pointillé.

En général, les zones de *jimi* se trouvaient dans des régions montagneuses, près des rivières ou dans les vallées. Les minorités ethniques devraient passer par des vallées, des rivières ou de cols pour atteindre les zones placées sous l'administration directe de la dynastie Song. La zone des minorités ethniques au sud était alors appelée *Xidong* (litt. « ruisseaux et grottes »). Par exemple, de nombreux cols et passages aux frontières du Guangxi et du Hunan pouvaient tous conduire au *Xidong*. La dynastie Song mit en place des gardes sur les passages principaux, et des inspecteurs de patrouille pour les contrôles.[5] Elle faisait stationner les troupes dans les vallées, et sur les sentiers montagneux. Elle construisait des forteresses aux emplacements stratégiques pour empêcher les invasions barbares. Par exemple, Chenzhou mit en place 16 forteresses, plus de 1 400 gardes impériales et 600 soldats indigènes pour se défendre contre les *Xidong*.[6] Chaque forteresse contrôlait une partie des *Xidong*. La troisième année de l'ère Xining (1070), Chenzhou fit construire une forteresse sur la rive nord du Nuoxikou afin de mettre en garde Xizhou. Ainsi, les points-clés furent contrôlés, et les barbares ne pouvaient plus envahir le territoire des Song.[7] Dans le comté de Luxi, à Chenzhou, la rivière Wu était située à l'ouest, par laquelle on pouvait pénétrer chez les barbares[8]. Aux emplacements stratégiques, des forteresses dont celle de Manshui furent installées. Par exemple, la forteresse de Luxi, dans le comté de Zhaoyu, fut établie à Luxikou, qui contrôlait la voie navigable menant aux zones des barbares. Un autre exemple est l'implantation de la forteresse de Yongxing à Shizhou, qui, localisée à l'embouchure de la rivière Wulu, se défendait contre les barbares. Dans le comté de Lushan à Yazhou, la création de la forteresse de Lingguanzhen, qui se trouvait sur un terrain abrupt de tous côtés, permettait de contrôler parfaitement les frontières avec les barbares.[9] Il en allait de même pour Qinzhou au Shaanxi où furent construites des forteresses dans les cols des villes Shanggu, Daluomen et Yongning, situées au mont Guangwu, à l'embouchure des gorges Shandan, en vue de se protéger contre les envahisseurs barbares.[10] En revanche, la forteresse de Shidong, à Lizhou, fut démolie, car implantée sur le territoire des barbares, elle n'occupait pas un emplacement stratégique, et ne pouvait alors pas effectuer de contrôle efficace.[11]

---

5. « Barbares (V). » dans *Song huiyao jigao* (« *Ébauche de compilation de documents importants de la dynastie Song* »). Shanghai : Shanghai guji chubanshe (Maison d'édition Classique de Shanghai), 2014. p. 9900.

6. « Barbares (II). » juan 494 dans *Song shi* (« *Histoire des Song* »). Beijing : Zhonghua shuju, 1977. p. 14194, p. 14198 et p. 14192.

7. « Barbares (V). » dans *Song huiyao jigao*. p. 9888.

8. « *Défense frontalière.* » juan 20 (premier recueil) dans *Wujing zongyao* (« *Principes généraux du classique de la guerre* »). tome 726 dans *Siku Quanshu* (« *Livres complets des Quatre magasins* »), Wenyuan Ge (« Belvédère de la profondeur littéraire »). p. 569.

9. « Routes dans les gorges de l'est à l'ouest. » juan 19 (premier recueil) dans *Wujing zongyao*. tome 726. p. 552 et pp. 560-561.

10. *Xu Zizhi tongjian changbian* (« Longue ébauche de la continuation du *Zizhi tongjian* (« *Miroir compréhensif pour aider le gouvernement* ») »), juan 85, jiazi, juillet, huitième année de l'ère Dazhong xiangfu. Beijing : Zhonghua shuju, 2004. p. 1941.

11. « Territoires locaux (18). » dans *Song huiyao jigao*. p. 9643.

Ces points de contrôle clés séparaient ainsi la dynastie Song des territoires barbares. La frontière entre les Song et les barbares de Xizhou était un exemple typique. Au milieu de l'ère Tianfu de la dynastie des Jin postérieurs, le roi de Chu, Ma Xifan, et le chef des barbares de Xizhou, Peng Shichou, signèrent un traité après la guerre pour installer un pilier de cuivre afin de délimiter leurs territoires.[12] La dynastie Song utilisait encore ces piliers de cuivre comme frontières avec les barbares de Xizhou. Le principal passage permettant aux barbares de Xizhou d'accéder aux Song était la rivière Youshui. Le pilier de cuivre se trouvaient à Huixi, sur le cours inférieur de Youshui. La dynastie Song y installa successivement la ville de Huixi, et les trois forteresses de Chipeng, Zhenxi et Qian'an. L'empereur Song Taizong ordonna que Chenzhou ne retirât pas le pilier de bronze érigés par Ma Xifan sur le territoire des barbares de Xizhou.[13] De même, Zhang Lun signa un accord avec les barbares de Wuxi et Shidong (minorités ethniques de l'ouest du Hunan et au sud-ouest du Hubei), et tailla une pierre pour délimiter leurs frontières.[14] L'empereur Song Xiaozong ordonna au Hunan : « La province est bordée par la zone barbare. Si les anciens marqueurs qui délimitent les frontières persistaient, le commissaire militaire du Hunan devrait envoyer des gens pour les remplacer et installer des postes militaires en lieu et place. »[15] Selon cet ordre impérial, certains chercheurs en déduisent que les limites entre les préfectures légitimes (*zhengzhou*) des Song et les préfectures de *jimi* étaient linéaires, et signalées par les postes militaires.[16] Mais ce jugement est peu compatible avec les faits. Bien que la dynastie Song eût dressé aux emplacements stratégiques des piliers et des pierres de bornage pour se démarquer de divers groupes ethniques de *jimi*, elle n'eut pas clairement tracé l'ensemble des frontières avec eux.

La dynastie Song se servait également des montagnes, des vallées, des ruisseaux et des grottes comme frontières naturelles avec les *Xidong* et les minorités ethniques soumises. Par exemple, les comtés frontaliers du Sichuan étaient bordés pour la plupart d'entre eux par les barbares. Ces zones frontalières étaient reculées et montagneuses. Les grandes forêts s'étendaient sur des milliers de kilomètres, et les animaux sauvages dont les tigres et les loups y rôdaient. Les êtres humains y étaient peu présents. Pour empêcher les barbares d'accéder à la dynastie Song par ces régions forestières, cette dernière installa des postes militaires au pied des montagnes qui étaient interdites. Cela rendait même les huit forteresses le long des frontières inutiles.[17] Ces montagnes interdites, abondantes de forêts, servaient de barrière naturelle contre les barbares.[18] Chaque poste militaire contrôlait une partie des montagnes interdites, et l'ensemble de ces postes formait des frontières en pointillé, qui étaient plutôt floues. Il n'y avait pas de ligne de démarcation claire

---

12. « Les deux provinces du Jinghu. » juan 20 (premier recueil) dans *Wujing zongyao*. tome 726. p. 567.

13. « Les barbares du sud-ouest (première partie). » juan 493 dans *Song shi*. p. 14173.

14. « Biographie de Zhang Lun. » juan 426 dans *Song shi*. p. 12694.

15. « Recherches sur les quatres barbares (V). » juan 328 dans *Wenxian tongkao* (« *Étude exhaustive des documents* »). Shanghai : Shanghai guji chubanshe, 2014. p. 9022.

16. Du Zhiming. *Songchao bianjiang dili sixiang yanjiu*. p. 31.

17. « Code pénal (II). » dans *Song huiyao jigao*. p. 8360.

18. « Soldats (29). » dans *Song huiyao jigao*. pp. 9257-9258.

pour déterminer si un empiétement sur la frontière était commis, mais plutôt des montagnes interdites d'accès. Par exemple, Luzhou, Xuzhou et Changning étaient bordés par les barbares. Ils s'appuyaient tous sur les montagnes et les forêts interdites pour faire barrage. Les Hans n'étaient pas autorisés à transporter les marchandises à travers ces montagnes interdites jusque chez les barbares.[19]

Les frontières entre les préfectures et les comtés des Song et les régions de *jimi* étaient floues et délimitées en pointillé. Il ne s'agissait pas de limites clairement tracées et issues des négociations entre deux parties. Il suffisait d'établir des forteresses aux emplacements stratégiques pour marquer les frontières qui étaient floues. Le contrôle se faisait sur les points clés. En effet, il était courant d'utiliser l'environnement géographique pour effectuer des contrôles ponctuels ou établir une défense. Comme l'a souligné Victor Prescott, les déserts, les pics et les rivières larges étaient des barrières naturelles. Les défenseurs pouvaient concentrer leurs forces à ces endroits-là.[20] Les frontières entre la dynastie Song et les divers groupes ethniques de *jimi* étaient limitées par ou s'appuyaient sur l'environnement géographique.

## (2) La délimitation floue des frontières en flocon

Les zones intermédiaires entre la dynastie Song et les régimes voisins servaient également de frontières floues « floconneuses » entre eux. En s'appuyant sur les propos de l'empereur Song Taizu qui prit la rivière Dadu comme frontière, certains chercheurs en déduisent que la dynastie Song et le royaume de Dali étaient délimités par la rivière Dadu. Leurs frontières étaient linéaires, et marquées par la rivière.[21] En réalité, si Song Taizu fit un tel choix, c'est parce qu'il décida d'abandonner la domination impériale directe des divers comtés de Yuexi, au sud de la rivière Dadu. Avec cette zone qui séparait la dynastie Song et le Dali, le second ne pouvait ni envahir le premier ni lui rendre hommage.[22] Les diverses tribus de Yuexi étaient appelées « les barbares au-delà de la rivière Dadu », ou « les barbares de Lizhou »[23]. Elles se soumettaient simultanément à la dynastie Song et au royaume de Dali. Cette dernière reconnut leur subordination au Dali. Par exemple, elle nomma le chef des barbares de Qiongbuchuan, Nuoqu, qui vint payer tribut au nom du Dali, « maître d'État du Dali du Yunnan », « maître des fantômes d'une centaine de barbares de l'avant et l'arrière des montagnes aux frontières de la préfecture de Yaoxi, au sud de la rivière Dadu », « le grand général de Huaihua », et « roi de Zhongshun (litt. « fidèle et soumis ») ». Elle lui conféra également des titres spéciaux comme *jianjiao taibao* et le grand général de Guide.[24] Dans

---

19. « Code pénal (II). » dans *Song huiyao jigao*. p. 8356.

20. Victor Prescott (auteur). Kong Lingjie et Zhang Fan (traducteurs). *Guoji bianjiang yu bianjie : falü, zhengzhi yu dili* (« *Territoires frontaliers et frontières internationaux : droit, politique et géographie* »). Beijing : Shehui kexue wenxian chubanshe (Presse académique des sciences sociales), 2017. p. 34.

21. Du Zhiming. *Songchao bianjiang dili sixiang yanjiu*. p. 31.

22. *Jianyan yilai xinian yaolu* (« *Registres annuels des événements les plus importants depuis l'ère Jianyan* »), juan 105, guisi, septembre, sixième année de l'ère Shaoxing, Beijing : Zhonghua shuju, 2013. p. 1978.

23. « Barbares (V). » dans *Song huiyao jigao*. p. 9873. « Barbares (IV). » juan 496 dans *Song shi*. p. 14232.

24. *Xu Zizhi tongjian changbian*, juan 10, guisi, février, deuxième année de l'ère Kaibao. Beijing : Zhonghua shuju, 2004. p. 228-229.

le même temps, les tribus de cette région établirent un ordre indépendant de la dynastie Song et du Dali. Par exemple, la tribu Qiong était la plus arrogante et la plus rusée de la région. Elle recrutait des hors-la-loi, barbares ou Hans, pour envahir d'autres tribus et occuper les voies. Elle arriva enfin à soumettre l'ensemble des tribus. Son chef devint le « maître des fantômes de l'avant et l'arrière des montagnes au sud de la rivière Dadu », ou le « chef d'une centaine de barbares de l'avant et l'arrière des montagnes au sud de la rivière Dadu ».[25] Il est à noter que cette zone habitée par les diverses tribus de Yuexi n'était pas une limite que la dynastie Song et le Dali reconnurent tous les deux, mais plutôt une frontière naturelle et floue qui les séparait.

Entre la région à l'est du royaume de Dali et la dynastie Song, existaient des barbares tels que les brutes de Zuojiang et Youjiang, le Luodian, le Ziqi et les cinq clans. Il s'agissait d'une zone plus large que celle habitée par les barbares au-delà de la rivière Dadu. Cette région avait pour effet de contenir le Giao Chi et le Dali.[26] Cependant, hormis le commerce des chevaux de guerre entre la dynastie des Song du Sud et le royaume de Dali, les Song n'entretenaient que de rares contacts dans cette région. Au sujet de l'affaire de Nong Zhigao, l'empereur Song Renzong envoya pour la première fois des émissaires au Dali. Ce dernier était resté longtemps isolé de la dynastie Song. Les deux pays étaient séparés par de vastes forêts pleines de dangers, et de divers groupes ethniques qui parlaient une grande variété de langues. Il fallait une centaine de jours pour y parvenir.[27] Les barbares de cette zone intermédiaire n'avaient pas de relation de subordination, mais ils servaient également de frontière naturelle et floue qui séparait la dynastie Song du Dali.

En discutant de l'histoire de la dynastie Lý au Vietnam, certains chercheurs affirment : « Le dirigeant de la dynastie Lý se considérait comme l'empereur du sud, et croyait que sa frontière avec la Chine gouvernée par l'empereur du nord était sous la protection de l'empereur céleste et des dieux de la terre. »[28] Cependant, le Giao Chi n'avait pas dès le début de frontière tracée avec la dynastie Song. Depuis la fondation du Giao Chi, il existait des tribus qui, se trouvant entre ce dernier et la dynastie Song, n'étaient gouvernés directement par aucun des deux régimes. Comme mentionné plus haut, la dynastie Song et le Dali reconnaissaient mutuellement leur domination sur les « barbares au-delà de la rivière Dadu ». Toutefois, les Song et le Giao Chi ne cessaient de se disputer sur le contrôle des tribus dans la zone intermédiaire. Par exemple, la préfecture de Guangyuan était l'une des préfectures de *jimi* sous la juridiction de Yongzhou. Cependant, depuis la fondation du Giao Chi, elle servait en fait ce dernier. Lorsque Nong Zhigao créa l'État de Dali et celui de Nantian (« Ciel du sud »), la dynastie Song et le Giao Chi envoyèrent tous les deux des troupes contre lui.[29] Citons un autre exemple. La préfecture d'Enqing était un ancien village sous le contrôle de la préfecture de Qiyuan de la dynastie Song. Plus tard, elle fut envahie et prise par le

---

25. « Barbares (IV). » juan 496 dans *Song shi*. p. 14231 et pp. 14234-14235.

26. *Xu Zizhi tongjian changbian*, juan 349, wuzi, octobre, septième année de l'ère Yuanfeng, p. 8373.

27. *Xu Zizhi tongjian changbian*, juan 180, yisi, juin, deuxième année de l'ère Zhihe, p. 4355.

28. Nicholas Tallinn (ed.). He Shengda *et al.* (traducteurs). *Jianqiao dongnanya shi* (« *Cambridge : Histoire de l'Asie du Sud-Est* »). Kunming : Yunnan renmin chubanshe (Maison d'édition de l'éducation du Yunnan), 2003. p. 122.

29. « Barbares (III). » juan 495 dans *Song shi*. p. 14215.

Giao Chi, et rebaptisée « préfecture d'Enqing ». Cependant, elle fut accablée d'impôts, et se tourna vers la dynastie Song.[30] Par ailleurs, Li Mi, venant de la préfecture d'Anping des *Xidong*, était de connivence à la fois avec les ministres de la dynastie Song et avec le Giao Chi.[31] À cette époque, il n'y avait pas de frontière précise entre la dynastie Song et le Giao Chi. Le contrôle de la zone intermédiaire changeait constamment entre les deux parties. Par exemple, sous l'ère Tiansheng, la dynastie Song accusa le Giao Chi de percevoir des taxes dans la grotte de Yunhe. Jusqu'aux années de l'ère Jiayou, cette dernière fut occupée par le Giao Chi sur des centaines de kilomètres.[32] Cela rendit ainsi la frontière entre la dynastie Song et le Giao Chi floconneuse et floue. Lors de la guerre de l'ère Xining, la dynastie Song occupa les *Xidong*. Le Giao Chi perdit alors sa barrière, et son appui pour espionner la dynastie Song.[33] En d'autres termes, le Giao Chi ne pouvait plus s'appuyer sur les *Xidong* de la zone intermédiaire pour perturber la dynastie Song.

La dynastie Song était également séparée des Xia occidentaux et de l'empire du Tibet par des zones intermédiaires habitées par des *Shuhu* et des *Shenghu* (groupes ethniques non civilisés).[34] Il n'y avait donc pas de frontières nettes et précises entre eux. Après les négociations de paix sous l'ère Qingli, la dynastie Song discuta pour la première fois de la frontière avec les Xia occidentaux. Selon les anciens règlements de l'ère Qingli, la limite entre les deux régimes se trouvait dans les lieux où vivaient les Hans et les barbares.[35] Cependant, la dynastie Song accepta seulement que les frontières de Yanzhou et Bao'an pourraient être redessinées, tandis que le reste demeurait inchangé, comme auparavant. En effet, les limites entre les deux parties ne furent pas redessinées. Ainsi, la sixième année de l'ère Qingli (1046), des conflits concernant les frontières eurent lieu dans la province du Huanqing.[36] Cela dit, la zone intermédiaire où vivaient des Han et des barbares servait de frontières floues entre les deux régimes. La dynastie Song et l'empire du Tibet (au Hehuang) n'entamèrent pas de négociations portant sur les frontières. Ils étaient également séparés par la zone intermédiaire où habitaient les *Shenghu* et les *Shuhu*. Au cours de la huitième année de l'ère Yuanyou (1093), Aligu demanda l'accord de la dynastie Song pour promettre que les descendants des Hans et des barbares ne s'envahiraient pas mutuellement. La dynastie Song répondit : « Si vos descendants restent chez vous, et ne cherchent pas à nous envahir, nous ne vous perturberons sûrement pas. »[37] En fait, il ne s'agissait que d'un accord sur parole entre les deux parties, qui ne délimitaient pas clairement leurs frontières.

---

30. *Xu Zizhi tongjian changbian*, juan 259, jiwei, janvier, huitième année de l'ère Xining, p. 6324.

31. « Rapport à propos des affaires frontalières. » juan 8 dans Cai Kan. *Dingzhai ji* (« *Recueil de Dingzhai* »). tome 1157 dans *Siku Quanshu*, Wenyuan Ge. p. 650.

32. *Xu Zizhi tongjian changbian*, juan 190, wushen, septembre, quatrième année de l'ère Jiayou, p. 4593.

33. *Xu Zizhi tongjian changbian*, juan 291, guichou, août, première année de l'ère Yuanfeng, p. 7118.

34. Li, Shan. « Les *Shenghu* et les *Shuhu* des régions des minorités du Nord-Ouest sous la dynastie des Song du Nord. » *Sixiang zhanxian* (« *Front idéologique* »). Issue 2. 1992.

35. « Biographie de Yingbing Yilao. » juan 13 dans Su Zhe (auteur). Zeng Zaozhuang *et al.* (correcteurs). *Luancheng houji* (« *Recueil arrière de Luancheng* »). Shanghai : Shanghai guji chubanshe, 1987. p. 1305.

36. « Soldats (27). » dans *Song huiyao jigao*. p. 9202.

37. *Xu Zizhi tongjian changbian*, juan 480, jichou, janvier, huitième année de l'ère Yuanyou, p. 11417.

### (3) La délimitation claire des frontières en forme de bande

La dynastie des Song du Nord dessina des frontières claires « en forme de bande » avec les Liao au Hebei après la signature du traité de Shanyuan, et avec les Xia occidentaux après la cinquième année de l'ère Yuanyou. Ces frontières s'exprimaient à travers « des territoires communs et des axes centraux », ou « des terres non cultivables et des axes centraux ». L'axe central jouait un rôle crucial dans la délimitation des frontières. Selon le traité de Shanyuan, les deux parties reconnaissaient les limites existantes, et chacune gardait sa frontière, sans que les habitants ne se dérangeassent les uns les autres.[38] Au Hebei, les rivières étaient utilisées pour marquer la frontière qui séparait le Nord du Sud.[39] Les rivières limitrophes comprenaient la rivière Juma dans le nord de Xiongzhou, celle au nord de Bazhou, la rivière Bao au nord de Suicheng et la rivière Jian à Ansu.[40] La frontière ne serait pas dessinée au centre de la rivière, mais plutôt par sa rive nord.[41] Les habitants frontaliers des deux côtés n'étaient pas autorisés à pêcher dans les rivières limitrophes. Ces dernières constituaient alors des frontières parfaitement claires entre les deux pays.

Cependant, les rivières limitrophes ne bordaient pas les régions sous l'administration directe des deux pays. Autrement dit, il existait sur les deux rives de ces rivières des zones appartenant simultanément à la dynastie Song et aux Liao. Ces zones se situaient entre la ville fortifiée frontalière de chacune des deux parties et la rivière limitrophe. Les résidents vivant dans ces zones étaient appelés *Liangshuhu*. Comme ils devaient servir les deux régimes[42], ils étaient aussi connus sous le nom de « foyers qui payent des impôts à deux pays ». Par exemple, il existait des *Liangshuhu* dans la zone entre la rivière Juma et Xiongzhou, qui s'étendait sur une quarantaine de *li* (unité de distance équivalente à 500 mètres). On comptait plus de 16 900 *Liangshuhu* dans les comtés de Guixin et Rongcheng à Xiongzhou.[43] Il y avait aussi des *Liangshuhu* au nord des rivières limitrophes. Normalement, les *Liangshuhu* ne pouvaient vivre que sur les territoires appartenant simultanément à la dynastie Song et aux Liao. Ceux qui quittaient ces lieux étaient condamnés. Les *Liangshuhu* du Hebei n'étaient pas autorisés à traverser le sud du fleuve Jaune.[44] Les deux pays respectaient le principe de réciprocité pour la gestion et le recrutement des *Liangshuhu*. La dynastie Song interdisait à ses habitants de se marier avec les *Liangshuhu*. De même, ces derniers n'étaient pas autorisés non plus à s'apparenter avec les Khitans.[45] De plus, si l'un des deux pays apportait de l'aide aux *Liangshuhu*, il devait cesser immédiatement ses agissements selon les règlements.[46] La dynastie Song avait exonéré d'impôts les habitants du nord des rivières

---

38. *Xu Zizhi tongjian changbian*, juan 58, xinchou, décembre, première année d'ère Jingde, p. 1299.

39. « Eau d'étang. » juan 16 (premier recueil) dans *Wujing zongyao*. tome 726. p. 486.

40. « Distances des pays voisins. » juan 22 dans *Qidan guo zhi* (« *Histoire de l'État des Khitans* »). Beijing : Zhonghua shuju, 2014. p. 240.

41. Pan Sheng. *Songdai dilixue de guannian tixi yu zhishi xingqu*. p. 299.

42. *Xu Zizhi tongjian changbian*, juan 235, wuzi, juillet, cinquième année de l'ère Xining, p. 5703.

43. *Xu Zizhi tongjian changbian*, juan 59, dingmao, mars, deuxième année de l'ère Jingde, p. 1325. « Soldats (29). » dans *Song huiyao jigao*. p. 9237

44. *Xu Zizhi tongjian changbian*, juan 192, gengyin, juillet, cinquième année de l'ère Jiayou, p. 4634.

45. « Soldats (29). » dans *Song huiyao jigao*. p. 9237.

46. *Xu Zizhi tongjian changbian*, juan 295, bingchen, décembre, première année de l'ère Yuanfeng, p. 7185.

limitrophes. Cela leur permettait de ne payer les taxes qu'aux Liao. En revanche, ils devaient servir les deux pays. Selon Ouyang Xiu, si la dynastie Song ne percevait pas d'impôts auprès des *Liangshuhu*, elle perdrait progressivement le contrôle des terres qu'ils habitaient. Cela ne devait point être ignoré. Il insista alors sur une gestion égale des deux pays.[47] Tout cela montre que, lorsque les deux parties maintenaient une relation bilatérale normale, ces territoires habités par les *Liangshuhu* étaient des zones neutres, qui étaient gérées conjointement par chaque partie sans être placées sous l'administration directe d'aucune d'entre elles. Malgré tout, grâce à l'axe central de la rivière limitrophe, les frontières entre les deux parties étaient bien délimitées.

Au cours de la quatrième année de l'ère Xining, la dynastie Song et les Xia occidentaux délimitèrent partiellement leurs frontières, en traçant des terres non cultivables et des axes centraux. Avant l'ère Xining, la dynastie Song avait creusé unilatéralement de nombreuses tranchées aux frontières du Shaanxi. Cao Wei fit creuser des tranchées larges et profondes de cinq pieds dans la région frontalière de la province du Huanqing.[48] De même, lorsque Qin Han et Zhang Lun exerçaient leurs fonctions au Shaanxi, ils firent également creuser d'énormes tranchées aux emplacements stratégiques. Par exemple, les tranchées aux frontières de Yuanzhou s'étendaient sur environ 25 *li* jusqu'à Chedaoxian afin de contenir les barbares.[49] Selon certains, la dynastie Song aurait envoyé plus de 200 000 soldats qui, cachés derrière les tranchées, n'osaient pas combattre l'ennemi.[50] Ces tranchées frontalières étaient alors des lignes défensives unilatéralement créées par la dynastie Song, plutôt que des limites convenues par les deux parties. Le but et la fonction de ces tranchées étaient de contenir l'ennemi.[51] Par conséquent, leur creusement était une action hostile, et suscita des protestations de la part des Xia occidentaux. Ces derniers écrivirent une lettre à Li Jichang, l'administrateur des affaires militaires (*qianxia*) de la province du Fuyan, pour exprimer leur mécontentement.[52] En septembre de la quatrième année de l'ère Xining, les Song et les Xia discutèrent de la délimitation des frontières à l'extérieur de la ville de Suide. Une méthode de démarcation des frontières, appelée « ancien règlement de Suizhou », en fut issue. Elle fut essentielle pour la démarcation des frontières entre la dynastie Song et les Xia lors de l'ère Yuanyou. Plus précisément, la limite fut tracée à vingt *li* de la ville. Sur cette base, à dix *li*, des monticules de terre seraient érigées, alors que les autres dix *li* seraient laissés déserts.[53] Les Xia acceptèrent ce projet. Ils voulaient en profiter pour délimiter de manière claire leur frontière avec les Hans. La dynastie Song envoya des fonctionnaires pour négocier avec le chef des Xia.[54] Elle fit ériger

---

47. « Prière de ne pas exonérer les territoires communs des impôts ni de la corvée. » juan 118 dans Li Yi'an (correcteur). *Ouyang Xiu quanji* (« *Collection complète d'Ouyang Xiu* »). Beijing : Zhonghua shuju, 2001. p. 1807.

48. « Biographie de Cao Wei. » juan 258 dans *Song shi*. p. 8988.

49. *Xu Zizhi tongjian changbian*, juan 60, guichou, mai, deuxième année de l'ère Jingde, p. 1338 ; yihai, février, deuxième année de l'ère Tianxi, p. 2100.

50. *Xu Zizhi tongjian changbian*, juan 131, bingxu, février, première année de l'ère Qingli, p. 3099.

51. « Biographie de Cao Wei. » juan 258 dans *Song shi*. p. 8988.

52. *Xu Zizhi tongjian changbian*, juan 71, jimao, mars, deuxième année de l'ère Dazhong Xiangfu, p. 1599.

53. « Rapport concernant les approches adoptées à l'égard des Xia. » juan 44 dans Su Zhe. *Luancheng ji* (« *Recueil de Luancheng* »). p. 973

54. *Xu Zizhi tongjian changbian*, juan 228, jiayin, décembre, quatrième année de l'ère Xining, p. 5550.

des monticules de terre afin de se démarquer des Xia.[55] Comme convenu, ces derniers prirent l'initiative de déplacer leurs camps à vingt *li* de Suizhou et dressèrent eux aussi des monticules.[56] Ainsi, chacune des deux parties creusa des tranchées, et érigea des monticules le long d'une friche de dix *li*. Une zone frontalière de dix *li* de large fut alors formée.

L'empereur Song Shenzong voulait promouvoir cette méthode de délimitation des frontières appliquée à Suizhou, et comptait creuser des tranchées afin de se démarquer des Xia. Pour ce faire, il avait l'intention d'envoyer spécialement des fonctionnaires dans les provinces du Fuyan, du Huanqing, du Jingyuan, du Qinfeng et du Linfu. Toutefois, il se heurta à la résistance de ses ministres, dont Fan Yu. Ce dernier souligna que la frontière naturelle entre la dynastie Song et les Xia était caractérisée par des terres non cultivables, qui s'étendaient sur des dizaines de *li* au maximum, et sur quelques *li* au minimum. Employant ces terres comme barrière, les Hans et les barbares vivaient ainsi séparément, et s'engageaient chacun de leur côté dans les activités telles que la culture, l'élevage de vers à soie, l'abattage et le pâturage. Cependant, le creusement des tranchées se ferait sur un territoire aussi large que 1 500 à 1 600 *li*, allant de Linzhou et Fengzhou à l'est jusqu'à Qinzhou et Weizhou à l'ouest. Cela serait un projet énorme, et entraînerait des années de dur labeur par les habitants frontaliers. Lü Dazhong était du même avis. D'après lui, il était plus pratique d'avoir des terres non cultivables comme frontières floues, et les tranchées risquaient de provoquer des conflits.[57] Malgré la forte volonté de l'empereur Song Shenzong et de Wang Anshi, le creusement des tranchées frontalières à grande échelle ne fut finalement pas réalisé. Malgré tout, « l'ancien règlement de Suizhou » donna naissance à une méthode de démarcation des frontières claires en forme de bandeau. Cette méthode ne divisait pas la friche de dix *li*, mais des tranchées devaient être creusées à chaque côté de ce terrain vague.

Après l'échec de la guerre de l'ère Yuanfeng, la dynastie Song abandonna son plan d'éliminer les Xia occidentaux, et rouvrit les négociations portant sur les frontières. Au cours de la quatrième année de l'ère Yuanyou, la dynastie Song voulut utiliser les anciens règlements de l'ère Qingli, et dessiner la frontière au milieu de la zone habitée par les Hans et les barbares.[58] Toutefois, les Xia occidentaux préféraient la solution de Suizhou.[59] La dynastie Song accepta leur demande. L'ancien règlement de Suizhou fut modifié la cinquième année de l'ère Yuanyou. Un axe central serait plus précisément tracé sur un friche de dix *li*. Les deux « cinq *li* » seraient également interdits à la culture et à la construction des forteresses.[60] Ainsi, se forma une frontière claire en forme

---

55. *Xu Zizhi tongjian changbian*, juan 228, jiayin, décembre, quatrième année de l'ère Xining, p. 5547 et pp. 5549-5550 ; juan 274, wushen, avril, neuvième année de l'ère Xining, p. 6713.

56. *Xu Zizhi tongjian changbian*, juan 230, xinyou, mai, deuxième année de l'ère Xining, p. 5591. « Réponse au rapport du gouverneur des Xia. » juan 236 dans *Song dazhaoling ji* (« *Collection des édits impériaux de la dynastie Song* »). Beijing : Zhonghua shuju, 1962. p. 918.

57. *Xu Zizhi tongjian changbian*, juan 228, jiayin, décembre, quatrième année de l'ère Xining, pp. 5547-5549.

58. « Biographie de Yingbing Yilao. » juan 13 dans Su Zhe. *Luancheng houji*. p. 1305.

59. « Épitaphe du maître Teng (Yuanfa), ancien académicien du pavillon de Longtu. » juan 15 dans Kong Fanli (correcteur). *Su Shi wenji* (« *Collection littéraire de Su Shi* »). Beijing : Zhonghua shuju, 1986. p. 465.

60. *Xu Zizhi tongjian changbian*, juan 446, gengzi, août, cinquième année de l'ère Yuanyou, p. 10735 ; juan 449, yiwei, octobre, cinquième année de l'ère Yuanyou, p. 10787.

de bandeau composée de terres non cultivables et d'un axe central. Néanmoins, en raison de l'influence de la topographie, des sources d'eau et d'autres facteurs, la délimitation des frontières n'appliquaient pas toujours strictement les règles convenues. Selon ces dernières, le terrain vague devait mesurer dix *li*, et il ne fallait pas le rétrécir à cause de la topographie. Dans le nord-ouest, les gens vivait là où se trouvaient les sources d'eau. Les forteresses devaient alors être construites près de ces sources. Dans ce cas-là, il serait difficile de respecter les règles.[61] De même, en raison de son relief, la province du Xilan ne pouvait pas suivre strictement le règlement de Suizhou. Pour tracer un territoire de dix *li*, on partait de Yan'an, le Hedong jusqu'à Zhigu et Shengru du Xilan, mais cela ne fonctionnait pas à Dingxi.[62] Dans ces différentes situations, la dynastie Song négocia avec les Xia Occidentaux, et modifia les règlements selon les provinces.[63] Malgré tout, on respectait dans l'ensemble le principe de démarcation claire de frontières composées de « terres non cultivables et d'un axe central ».

## (4) La délimitation claire de la frontière-ligne

La dynastie Song traça une frontière-ligne nette et précise avec les Liao au Hedong sous l'ère Xining, et avec le Giao Chi au cours de l'ère Yuanfeng. Suite aux négociations de paix, les Song et les Jin délimitèrent également leur frontière-ligne. Après que la dynastie Song eut détruit les Han du Nord, elle borda directement les Liao au Hedong. Le traité de Shanyuan devait reconnaître la frontière de facto. En réponse à l'accusation des Liao selon laquelle la dynastie Song avaient envahi la frontière nord, les empereurs Renzong et Yingzong montrèrent aux émissaires des Khitans la « carte du Hedong », ou bien insistèrent sur le fait que le territoire au nord se trouvait bien dans les cartes.[64] Lorsque les envoyés des Liao vinrent discuter de la frontière du Hedong la septième année de l'ère Xining, Liu Chen, le représentant des Song, dit : « J'ai consulté les documents à la Cour des Affaires militaires. Nous n'avons commis aucune invasion de votre territoire. » Il proposa de se référer à l'ancienne carte.[65] Cette dernière devrait faire référence à celle reconnue par le traité de Shanyuan qui délimitait clairement les frontières entre les deux parties.

Cependant, après la prise du Hedong, surtout depuis l'expédition nord de l'ère Yongxi, la dynastie Song déplaça un grand nombre de résidents frontaliers vers l'intérieur de son territoire, laissant ainsi de vastes terres vacantes où la culture était interdite. Ces terres étaient alors connues sous le nom de « terrains interdits ». Daizhou, Kelan, Ninghua et Huoshan possédaient tous de ces terres interdites. Daizhou et Ninghua en avaient à eux seuls dix mille hectares.[66] Les Liao envahissaient souvent les « terrains interdits ». Par exemple, à Daizhou, le village de Yangwu était délimité par Liufanling. Dans les années de l'ère Kanding, les deux familles de Nie Zaiyou

---

61. « Soldats (28). » dans *Song huiyao jigao*. p. 9228.

62. *Xu Zizhi tongjian changbian*, juan 452, renchen, décembre, cinquième année de l'ère Yuanyou, p. 10846.

63. « Rapport concernant les approches adoptées à l'égard des Xia. » juan 44 dans Su Zhe. *Luancheng ji*. p. 974

64. « Barbares (II). » dans *Song huiyao jigao*. p. 9748 et p. 9750.

65. Juan 4 dans Shao Bowen. *Shaoshi wenjian lu* (« Notes de Monsieur Shao »). tome 7 dans *Quansong biji* (« Notes des Song »). deuxième édition. Zhengzhou : Daxiang chubanshe (Presse d'éléphant), 2006. p. 124 et p. 127.

66. « Soldats (IV). » juan 190 dans *Song shi*. p. 4713.

et Suzhi, habitants frontaliers des Liao, occupèrent une vingtaine de *li* de Liufanling. La dynastie Song se retira, et refit un pilier en pierre pour marquer la frontière. Après plusieurs années, les Khitans empiétèrent sur le sud du pilier, et les Song creusèrent alors une tranchée comme limite. Le temple Tianchi appartenait à l'origine à Henglingpu de Ninghua. Dans les années de Qingli, Wang Sirong, habitant des Liao, envahit la vallée Lengquan pour la culture.[67] Les « terrains interdits » étaient des terres vacantes laissées volontairement par la dynastie Song, et entraînaient constamment des litiges frontaliers avec les Liao.[68] Les barbares envahirent ces terres pour des raisons agricoles, et la dynastie Song perdit progressivement les frontières.[69] Ces derniers devinrent flous, et créèrent des risques pour la sécurité frontalière. La dynastie Song permit alors l'accès à ces « terrains interdits ». Selon elle, si les terres étaient définitivement occupées, il n'y aurait plus de différends frontaliers.[70] Toutefois, jusqu'au règne de l'empereur Song Shenzong, les litiges frontaliers dans la région du Hedong existaient toujours.

La septième année de l'ère Xining, l'émissaire général des Liao, Xiao Xi, affirma que la dynastie Song avait envahi leur territoire à Daibei. Il demanda alors à la dynastie qu'elle envoyât un émissaire pour délimiter la frontière.[71] Les longues négociations portant sur la limite du Hedong eurent ainsi lieu entre les deux parties. La dynastie Song proposa que les terres non cultivables entre les forteresses des deux pays fussent considérées comme la frontière. Les Liao refusèrent. La dynastie Song proposa alors de tracer la limite au milieu du terrain entre les forteresses. S'il n'y avait pas de terrain à cette endroit-ci, la frontière serait dessinée à l'extérieur des forteresses.[72] Cependant, l'émissaire des Liao réclama de fixer la frontière suivant la ligne de partage des eaux. Finalement, la dynastie Song fit une concession majeure et les Liao furnt permis de creuser des tranchées et de construire des forteresses le long des lignes de faîte.[73] À chaque endroit, une ligne de partage des eaux serait désignée en tant que frontière. À Lifuman, des tranchées furent creusées suivant la ligne de faîte ; à Shuiyunei, la ligne de partage des eaux se trouvait sur le mont Anxinpu ; au village de Xiying, la ligne de faîte était tracée sur le mont Baicaopu, et se joignait vers l'ouest à la ligne supérieure de la Grande Muraille ancienne ; sur la montagne Huangwei érigea une borne.[74] La ligne de partage des eaux était la crête de la montagne, qui était une frontière-ligne nette et précise, telle que celle du mont Damao (Hengshan).[75] Ainsi, des frontières linéaires claires furent dessinées le long de la ligne de faîte et sur les terrains plats, accompagnées de la construction de

---

67. « Barbares (II). » dans *Song huiyao jigao.* p. 9748.

68. « Rapport de demande de mise en culture de terres interdites. » juan 116 dans *Ouyang Xiu quanji.* p. 1762.

69. « Soldats (IV). » juan 190 dans *Song shi.* p. 4712.

70. « Rapport de demande de mise en culture de terres interdites. » juan 116 dans *Ouyang Xiu quanji.* p. 1763.

71. Juan 4 dans Shao Bowen. *Shaoshi wenjian lu.* p. 124.

72. *Xu Zizhi tongjian changbian,* juan 256, bingyin, avril, huitième année de l'ère Xining, p. 6253.

73. Juan 2 dans Li Xinchuan. *Jiuwen zhengwu* (litt. « *Vérification et correction des rumeurs anciennes* »). Beijing : Zhonghua shuju, 1981. p. 30.

74. *Xu Zizhi tongjian changbian,* juan 262, bingyin, avril, huitième année de l'ère Xining, p. 6382.

75. « De toutes choses (I). » juan 24 dans *Mengxi bitan* (litt. « *Discussions de pinceau depuis un petit ruisseau de rêve* »). tome 3 dans *Quansong biji.* deuxième édition. Zhengzhou : Daxiang chubanshe, 2013. p. 185.

tranchées et de monticules.[76]

Après la guerre de l'ère Xining, le Giao Chi demanda des pourparlers de paix afin de fixer la frontière.[77] Les deux parties envoyèrent donc des fonctionnaires pour négocier. La dynastie Song ordonna à la commission militaire d'envoyer des gens afin de tracer les frontières. Le Giao Chi affirma que les limites des *Xidong*, tels que les Wu'e et les Wuyang, n'avaient pas encore été clarifiées. La dynastie Song envoya alors des fonctionnaires pour négocier avec les représentants du Giao Chi, dont Li Wensheng. Après sept ans de négociations, la septième année de l'ère Yuanfeng (1084), les deux parties arrivèrent à fixer leur frontière, le long de huit passages stratégiques, comprenant Gengjian, Qiuju, Jiaoyue, Tongkuang, Gengyan, Dunli, Duoren et Gounan. Les six comtés (Bao, Le, Lian, Miao, Ding, et Fang) et les deux ethnies (Su et Sang), situés au sud de cette frontière, appartenaient au Giao Chi. Les dix-huit lieux, dont Shangdian, Xialei et Wen, étaient placés sous la gouvernance des Song.[78] Après la démarcation, les territoires de la dynastie Song et du Giao Chi se bordaient l'un l'autre à travers une série de cols comme frontière-ligne.

Au cours de la huitième année de l'ère Shaoxing (1138), la dynastie Song et les Jin négocièrent la paix. La dynastie des Song du Sud espérait utiliser le vieux fleuve Jaune comme frontière, et obtenir toute la terre de Liuyu. Toutefois, le nouveau fleuve Jaune devint finalement la véritable frontière.[79] Cela ne dura qu'à peine plus d'un an. La onzième année de l'ère Shaoxing (1141), la dynastie Song et les Jin convinrent de redessiner la frontière. Ces derniers voulaient délimiter Xiangyang à Yuhai, avec le fleuve comme frontière. Finalement, au prix de grands sacrifices économiques, la dynastie Song parvint à faire du milieu de la rivière Huai la limite.[80] Les deux préfectures à l'ouest, Tangzhou et Dengzhou, furent cédées aux Jin. Les 40 *li* au sud et à l'ouest de Dengzhou constituaient la frontière, et appartenaient à Dengzhou. La zone au-delà était celle de Guanghua de la dynastie des Song du Sud.[81] L'année suivante, les deux parties négocièrent la délimitation du Shaanxi, et convinrent que la frontière commençait par l'ouest de Dasanguan, et que Heshangyuan, Fangshanyuan, Fangtangbao et Qinzhou appartenaient aux Jin. À Shangzhou, la frontière se trouvait à Longmenguan.[82] Cela marqua l'achèvement de la démarcation complète entre les deux parties. À partir du sud des montagnes de Jishi, la frontière bifurquait à gauche pour continuer vers l'est, en passant par Taozhou et la forteresse de Yanchuan ; puis elle suivait la rivière Wei jusqu'au nord de Dasanguan, pour rejoindre les montagnes ; partant de Jingzhao, elle traversait Shangzhou, et continuait vers le sud jusqu'à quarante *li* au sud-ouest de Tangzhou et Dengzhou ; enfin, elle prenait le milieu de la rivière Huai qui était naturellement une frontière-

---

76. *Xu Zizhi tongjian changbian*, juan 267, renchen, août, huitième année de l'ère Xining, p. 6541 ; juan 319, dinghai, novembre, quatrième année de l'ère Xining, p. 7705.

77. *Xu Zizhi tongjian changbian*, juan 287, yimao, janvier, première année de l'ère Yuanfeng, p. 7011.

78. *Xu Zizhi tongjian changbian*, juan 349, wuzi, octobre, septième année de l'ère Yuanfeng, pp. 8372-8373.

79. « Shizhi bilu (litt. « Transcription des instructions pour les envoyés dans leurs négociations). » juan 9 dans Zhao Ding. *Zhong zheng de wenji* (litt. « *Collection littéraire sur la fidélité, l'intégrité et la vertu* »). tome 1128 dans *Siku Quanshu*, Wenyuan Ge. p. 753.

80. *Jianyan yilai xinian yaolu*, juan 142, xinyou, août, douzième année de l'ère Shaoxing, p. 2681.

81. « Biographie de Zong Bi. » juan 77 dans *Jin shi* (« *Histoire des Jin* »). Beijing : Zhonghua shuju, 1975. p. 1755.

82. *Jianyan yilai xinian yaolu*, juan 146, xinyou, août, douzième année de l'ère Shaoxing, p. 2748.

ligne. Celle-ci existait également dans les zones de Tangzhou et Dengzhou, et était marquée par des tranchées.[83] De plus, la cour Song dégradèrent de deux rangs les fonctionnaires Mo Jiang et Zhou Yu, qui n'étaient pas sur les lieux pour particpier à la délimitation de Tangzhou et Dengzhou.[84] La frontière du Shaanxi était fréquemment modifiée, mais généralement délimitée par la crête de Qinling. Les régions de Longxi (ouest du Shaanxi) et Chengji étaient divisées par la ligne de partage des eaux de la rivière Wei et le fleuve Jialing.[85] Les frontières entre les deux pays étaient relativement claires, car il n'y avait pas de zones tampons ni de *Shenghu* ou *Shuhu*.

## 2.  La prise de conscience des frontières et les modèles de relations

Il existait divers modèles frontaliers dans différentes régions et périodes sous la dynastie Song. Cette diversité reflète le fait que la dynastie Song n'avait pas de modèle frontalier uniforme ni de principes de démarcation, mais répondait principalement aux réalités complexes et changeantes. Derrière cette diversité et cette complexité des modèles se cache une variété de modèles de relations.

### (1)  La frontière entre les provinces administratives et les *Shuhu* et celle entre ces derniers et les *Shenghu*

En Chine ancienne, les relations entre les Hans et les barbares prenaient diverses formes. Sous la dynastie Song, selon les modèles de relations et les modes de gouvernance, le schéma politique centré sur celle-ci pouvait être divisé en trois niveaux : les comtés directement administrés, les zones de *jimi* et les *Huawai* (terme utilisé pour se référer aux groupes ethniques extérieurs non-civilisés) au-delà de cette dernière.[86] Les zone de *jimi* comprenaient les préfectures de *jimi* dans le Sud et les tribus barbares dans le Nord, qui reçurent des titres officiels de la part des Song. Les barbares vivant dans ces zones étaient appelés *Shuman*, *Shufan* ou *Shuhu*. Ils étaient tous soumis au régime des Plaines centrales. Cela reflète l'autorité de ce dernier qui gouvernait le « monde sous le ciel » (*tianxia*). À partir de là, deux genres de frontières émergèrent au sein de la dynastie Song : celle entre les provinces (préfectures légitimes) et les *Shuhu* et celle entre ces derniers et les *Shenghu*. Par exemple, au Hunan, les habitants des Song vivaient à l'intérieur de la province. À l'extérieur, se trouvaient les *Shuhu* et les *Shanyao* (groupes ethniques vivant dans les montagnes), appelés autrement « *Dongding* », qui étaient proches de la zone des *Shenghu*.[87]

---

83. « Géographie (I). » juan 24 et « Géographie (II). » juan 25 dans *Jin shi*. p. 549 et p. 592.

84. « Fonctionnaires (70). » dans *Song huiyao jigao*. p. 4929.

85. « Recherches sur la délimitation des frontières entre les Song et les Jin. » dans Zou Yilin. *Lishi dili yanjiu* (« *Recherches sur l'histoire et la géographie* »). deuxième édition. Shanghai : Fudan daxue chubanshe (Presse de l'Université de Fudan), 1990. pp. 186-189.

86. « Barbares. » dans Fan Chengda. *Guihai yuheng zhi* (« *Annales des régions reculées du sud* »). Beijing : Zhonghua shuju, 2002. p. 146.

87. « Barbares (V). » dans *Song huiyao jigao*. p. 9904.

Si la frontière entre les provinces et les *Shuhu* existait, c'était surtout en raison de leur différence de niveau de développement socio-économique. Pour la dynastie Song, la plus grande différence entre les habitants vivant dans les provinces et les *Shuhu* consistait en ce que les premiers, résidant sur son territoire, devaient s'acquitter des impôts et de la corvée. Par exemple, le long de la frontière du Hunan, les habitants provinciaux organisaient avec les *Shuhu* le trafic des terres. Plus précisément, les grandes familles de la province, qui voulaient se soustraire aux impôts et à la corvée, transféraient leurs terres sous le nom des *Shuhu*. Cela réduisait les recettes de l'empire, et provoquait des différends frontaliers.[88] Nous pouvons voir par là que les habitants provinciaux devaient payer les impôts et assumer la corvée, contrairement aux *Shuhu*. Par conséquent, la dynastie Song encouragea la récupération des terres qui étaient tombées aux mains des *Shuhu*, en exonorant des taxes pendant cinq ans. Elle paya même ceux qui achetaient les terres qui avaient été vendues aux *Shuhu* pour qu'elle pût taxer à nouveau ces terres.[89] Pour les habitants provinciaux qui fuyaient chez les *Xidong*, ceux qui seraient revenus seraient exonérés de taxes pendant trois ans.[90] Les champs des *Shuhu* étaient localisés en dehors du territoire des Song, qui ne les taxaient pas. Les Hans n'étaient pas autorisés à les acheter, comme il fut stipulé par une ordonnance spéciale concernant les *Xidong*. Toutefois, ce genre de commerce était de fait très fréquent. En tant qu'intermédiaires, les préfectures frontalières pouvaient tirer profit du commerce. Par ailleurs, les habitants provinciaux payeraient des impôts supplémentaires pour les terres qu'ils auraient achetées chez les *Shuhu*. Cela augmenterait les recettes locales.[91]

En plus du service militaire, les *Shuhu* devaient eux aussi payer les taxes dans trois cas. Le premier était celui des terres attribuées par le gouvernement Song. Ce dernier distribuait les champs par personne. Chacun payait comme loyer trois *dou* (dix litres) de grains par an, et n'assumait pas d'autre corvée. Leur charge était alors plus légère que celle des habitants provinciaux. Leurs champs étaient interdits aux affaires de vente.[92] Deuxièmement, il s'agissait des *Shuhu* qui cultivaient les terres provinciales. Par exemple, parmi les *Liren* du Hainan, ceux qui habitaient loin de la province, et qui ne contribuaient pas aux impôts ni à la corvée étaient appelés « *Shengli* ». Par contre, ceux qui cultivaient les terres provinciales, et qui payaient les impôts et assumaient la corvée étaient les *Shuli*.[93] Troisièmement, les préfectures de *jimi* (terre barbare) étaient converties en préfectures légitimes (terre provinciale). Désormais faisant partie intégrante du territoire des Song, ces préfectures ne pouvaient plus se soustraire aux impôts et à la corvée. Par exemple, comme les terres des *Lidong* du Hainan étaient intégrées au territoire provincial, ces derniers devaient assumer la corvée et payer les impôts avec les grains.[94] Il en était de même pour

---

88. « Barbares (V). » dans *Song huiyao jigao*. p. 9897.

89. « Barbares (III). » juan 495 et « Les barbares du sud-ouest (deuxième partie). » juan 494 dans *Song shi*. p. 14219 et p. 14190.

90. « Produits alimentaires (69). » dans *Song huiyao jigao*. p. 8068.

91. « Barbares (V). » dans *Song huiyao jigao*. p. 9904.

92. « Barbares (V). » dans *Song huiyao jigao*. p. 9904.

93. « Recherches sur les quatres barbares (VIII). » juan 331 et « Recherches sur les quatres barbares (VII). » juan 330 dans *Wenxian tongkao*. p. 9121 et p. 9085.

94. *Xu Zizhi tongjian changbian*, juan 310, gengshen, décembre, troisième année de l'ère Yuanfeng, p. 7520.

les barbares du village de Luogemou à Zizhou, qui devinrent des *Shuhu* provinciaux la septième année de l'ère Xining.[95] Sous le règne de l'empereur Song Shenzong, des activités expansionnistes furent menées à Nanjiang et à Beijiang. Les *Xidong* cédèrent leur terre à la dynastie Song l'un après l'autre. Ils furent prêts à être sujets de l'empereur Song, et à payer des impôts comme les Hans.[96] Les *Shuhu* de Shaozhou furent également convertis en habitants provinciaux. Sous la juridiction du comté de Shaoyang, ils payaient l'argent et le grain comme impôts, tout en assumant la corvée.[97] Wang Mingke a dit que les impôts étaient le prix douloureux pour les barbares qui intégraient le territoire des Plaines centrales.[98]

Toutefois, la plupart des régions barbares qui devinrent des terres provinciales étaient peu développées sur le plan économique, et elles ne pouvaient pas supporter les coûts nécessaires à l'établissement d'une administration directe. La dynastie Song était généralement très prudente quant à cette transformation. Par exemple, sous le règne de l'empereur Taizong, les quatre préfectures barbares de Xi, Jin, Xu et Fu demandèrent à Chenzhou de payer des impôts à l'instar des Hans. Cela ne fut pas approuvé. L'empereur ne leur ordonna que de soumettre des cartes décrivant leur situation géographique, y compris les positions des montagnes et des rivières.[99] Sous le règne de l'empereur Shenzong, la dynastie Song procéda à des activités expansionnistes au Jinghu, et convertit les préfectures de *jimi* en préfectures légitimes. Elle y envoya des fonctionnaires et des troupes, et mit en place des comtés. Ce faisant, les deux routes du Jinghu étaient vides de populations, et de financement. Pendant la période de l'empereur Song Huizong, Guanzhou (préfecture légitime) fut installé à la place de Nandan (préfecture de *jimi*), avec plus de 60 fonctionnaires et 1 000 gardes impériaux. Le coût annuel était de plus de 10 000 *guan* (un *guan* ou une chaîne égale mille sous), et plus de 8 000 *dan* (unité de mesure) de riz. Comme la préfecture n'avait pas d'impôts ni de loyers, elle devait dépendre entièrement des comtés voisins. De même, après la soumission de Pingzhou, préfecture de *jimi* sous la juridiction de Rongzhou, les dépenses furent même supérieures à celles de Guanzhou.[100] Dans ce cas-là, de nombreuses préfectures de *jimi* qui avaient été changées en préfectures légitimes, furent restaurées. Cependant, des résultats furent obtenus au Jinghu et au Sichuan. La transformation des préfectures de *jimi* en préfectures légitimes marqua non seulement l'intégration des habitants et des terres barbares, mais aussi le recul et la disparition progressive de la frontière entre les provinces et les *Shuhu*. Il s'agissait d'une tradition et d'une tendance, comme ce que Wang Mingke a dit à propos du mouvement vers l'ouest de la frontière entre le peuple *Qiang* (minorité ethnique) et les Hans

---

95. *Xu Zizhi tongjian changbian*, juan 303, xinhai, avril, troisième année de l'ère Xining, p. 7385.

96. « Les barbares du sud-ouest (première partie). » juan 493 dans *Song shi*. pp. 14179-14180.

97. *Xu Zizhi tongjian changbian*, juan 290, guimao, juin, première année de l'ère Xining, p. 7085.

98. Wang Mingke. *Huaxia bianyuan : lishi jiyi yu zuqun rentong* (« *Aux frontières de la Chine : mémoire historique et identité ethnique* »). p. 226.

99. « Les deux provinces du Jinghu. » juan 20 (premier recueil) dans *Wujing zongyao*. p. 567.

100. « Barbares (I). » juan 493 et « Barbares (III). » juan 495 dans *Song shi*. p. 14181 et pp. 14211-14212.

sous les dynasties Qin et Han.[101] Yao Dali a souligné que, dès que le régime des Plaines centrales obtint des avantages comparatifs par rapport aux tribus voisines, il ne cessa d'élargir ses frontières, et inclut continuellement les nouveaux groupes dont il prit connaissance dans la catégorie des barbares.[102] À travers les migrations, les guerres et l'intégration naturelle, les dynasties des Plaines centrales n'arrêtaient pas d'étendre et de dissoudre les limites entre les provinces et les *Shuhu*.

Par rapport à l'influence culturelle réciproque et à l'interpénétration entre les barbares et les Hans, la transformation économique était plus pratique pour la dynastie Song, directement liée aux impôts, à la corvée et aux bases de l'État. Par conséquent, la dynastie Song défendait fermement la frontière entre les provinces et les *Shuhu*, qui n'oseraient pas commettre des invasions.[103] En effet, la dynastie Song était très pragmatique quant à la distinction entre les provinces et les *Shuhu*. Certains fonctionnaires des Song signalèrent : « On (les généraux frontaliers) ne sait pas combien de pièces de monnaie et de céréales vont être dépensés pour l'armée, ni les impôts qui pourraient être récoltés avec les terres conquises. Il arrive le plus souvent que les habitants des Plaines centrales aillent labourer des champs éloignés et stériles. »[104] En Chine ancienne, les régimes des Plaines centrales étaient tradionnellement pragmatiques, en associant l'extension vers les quatre barbares à l'économie agricole, aux impôts et à la corvée de l'État. Sous la dynastie Han, on dit : « Les terres des Xiongnu acquises sont basses, salées et inhabitables. » ou « Les terres (des Xiongnus) sont stériles, et les gens inutiles. Un roi saint ne fatiguera pas son peuple pour cela. »[105] Les Tang déclarèrent également : « Les troupes sont mobilisées pour se disputer des terres lointaines et stériles. L'occupation de ces dernières et la soumission des habitants ne peuvent augmenter ni les impôts ni les champs cultivables. »[106]

En outre, la dynastie Song établit un système de gestion et de contrôle relativement complet et efficace dans les régions de *jimi*. Sur le plan politique, elle entretint une relation tributaire avec les divers groupes ethniques dans ces zones, et leur conféra des titres officiels ; sur le plan économique, elle leur donna des récompenses en échange des tributs, et ouvrit son marché frontalier ; militairement, elle construisit des forteresses. De plus, les forces barbares étaient dispersées, faibles et donc faciles à contrôler, et ne constituaient pas une menace pour la dynastie Song. De la sorte, il n'était pas nécessaire de négocier les frontières avec eux pour avoir une démarcation claire. Du point de vue de l'administration, bien que la limite entre les provinces et les *Shuhu* fût plutôt

---

101. Dans son ouvrage *Huaxia bianyuan : lishi jiyi yu zuqun rentong*, Wang Minke souligne que, si la frontière entre les *Qiang* et les Hans s'étendait continuellement vers l'ouest, ce n'était pas simplement dû à la migration des premiers, mais plutôt à l'expansion progressive de la frontière chinoise vers l'ouest (p. 51).

102. Yao, Dali. « Comment les "frontières de la Chine" ont-elles été barbarisées ? » *Sixiang zhanxian*. Issue 1. 2018.

103. *Jianyan yilai xinian yaolu*, juan 152, jihai, octobre, quatorzième année de l'ère Shaoxing, p. 2878.

104. *Xu Zizhi tongjian changbian*, juan 367, wuzi, février, première année de l'ère yuanyou, p. 8842.

105. « Xiongnu (première partie). » juan 94 (première partie) et « Biographie des barbares du Sud-Ouest. » juan 95 dans *Han shu* (« Livre des Han »). Beijing : Zhonghua shuju, 1962. p. 3757 et p. 3844.

106. « Biographie de Di Renjie. » juan 89 dans *Jiu Tang shu* (« Ancien livre des Tang »). Beijing : Zhonghua shuju, 1975. p. 2889.

floue, la conscience d'une frontière était claire. Neanmoins, les habitants frontaliers portaient plus d'attention aux avantages économiques qu'ils pourraient tirer des interactions transfrontalières, et n'avaient pas conscience d'une frontière au sens politique du terme, ni de la distinction entre les Hans et les barbares. Pour les groupes ethniques le long de la frontière, celle-ci entre les provinces et les *Shuhu* était également floue. En forme de bandeau, elle n'était pas linéaire, et ne séparait pas clairement les Hans des non-Hans.[107] Cela n'était pas seulement véridique pour la frontière entre les provinces et les *Shuhu*, mais aussi pour les limites claires qui devinrent des zones tampons en raison de l'interaction des habitants des deux côtés. À ce propos, Owen Lattimore dit :

> Peu à peu, la frontière-ligne perdit de sa fonction de restriction ou d'isolement, pour laisser place à des zones intermédiaires. D'une limite physique, elle se transforma pour être marquée par les habitants des zones frontalières.[108]

De là, nous pouvons voir que le gouvernement impérial et son peuple portaient des regards différents envers les frontières.

En général, la dynastie Song séparait les zones sous son administration directe, à savoir celles des Hans, des zones habitées par les barbares. Par exemple, à l'intérieur des trois préfectures de Yizhou, Rongzhou et Liuzhou vivaient des Hans.[109] Excepté les régimes étrangers, les zones barbares voisines de la dynastie Song étaient divisées entre celle des *Shuhu* et celle des *Shenghu*. Par exemple, dans le Nord-Ouest, les barbares étaient composés de *Shuhu* et *Shenghu*. Ceux qui bordaient la zone des Hans, et qui pouvaient entrer dans les villes, étaient appelés *Shuhu*. En revanche, ceux qui vivaient dans des montagnes reculées et qui commettaient des invasions et des pillages étaient appelés *Shenghu*.[110] Sur l'île de Hainan, ayant comme centre le mont Limu, de nombreuses tribus barbares vivaient autour de lui. La partie intérieure correspondait aux zones des *Shengli*, et la partie extérieure était réservée aux *Shuli*.[111] Plus précisément, les *Shuli* étaient soumis aux comtés et préfectures sous l'administration directe des Song, alors que les *Shengli* vivaient dans les grottes, et ne contribuaient pas aux impôts ni à la corvée.[112] Les *Shenghu* comprenaient aussi les *Moyao*, *Yiren*, *Liaoren*, etc. Les appellations étaient innombrables.[113] Ces *Shenghu* ne se soumirent pas à la dynastie Song, et ne contribuaient pas aux impôts ni à la corvée. Ils ne recevaient aucun titre officiel, et la dynastie Song ignorait le nombre de leurs soldats et

---

107. Wang Mingke. *Huaxia bianyuan : lishi jiyi yu zuqun rentong*. p. 228.

108. Owen Lattimore (auteur). Tang Xiaofeng (traducteur). *Zhongguo de yazhou neilu bianjiang* (« *Frontières de la Chine en Asie intérieure* »). Nanjing : Jiangsu renmin chubanshe (Maison d'édition du peuple du Jiangsu), 2005. p. 160.

109. « Décret ordonnant à Hou Ting de donner des instructions aux trois préfectures Yi, Rong et Liu pour maintenir la stabilité intérieure. » juan 187 dans *Song dazhaoling ji*. p. 683.

110. « Biographie de Song Qi. » juan 264 dans *Song shi*. p. 9129.

111. « Recherches sur les quatres barbares (VIII). » juan 331 dans *Wenxian tongkao*. p. 9121.

112. « Barbares (III). » juan 495 dans *Song shi*. p. 14219.

113. « À l'ouest du Guangxi. » juan 20 (premier recueil) dans *Wujing zongyao*. p. 597.

chevaux.[114] Cela dit, ils représentaient une plus grande menace pour la sécurité de la dynastie Song que les *Shuhu*.

La division entre les *Shenghu* et les *Shuhu* visait en premier lieu à stabiliser ces derniers. La dynastie Song avait recours à divers moyens pour contrôler les *Shuhu* et réduire la menace qu'ils faisaient peser sur la dynastie tout en contribuant à élaborer une barrière de sécurité qui séparait les provinces des *Shenghu*. En d'autres termes, comme le dirent les Song, les lois et les règlements spécialement appliqués aux *Xidong* (*Shuhu*) ne se résumaient à rien de plus qu'à des politiques destinées à stabiliser la frontière.[115] Les *Shuhu* envahirent également les provinces des Song. Toutefois, grâce à ces politiques, ils étaient différents des *Shenghu*, et pouvaient être incorporés dans les provinces.[116] En général, la dynastie Song était capable de contrôler les *Shuhu* pour les utiliser comme barrière protectrice contre les invasions étrangères.[117] Ainsi, les *Shuhu* à la frontière étaient appelés *fanli* (« barrière »).[118] Depuis toujours, les *Shuhu* protégeaient le régime des Plaines centrales.[119] Si les habitants provinciaux pouvaient vivre en paix et en sécurité, c'est parce qu'ils étaient protégés par les *Shuhu*, y compris les *Shanyao* et les *Dongding*. Lorsque les *Shenghu* envahirent les provinces, ces dernières unirent les *Shuhu* pour lutter contre les envahisseurs.[120] La dynastie Song considérait même Xizhou (barbare) comme un mur protecteur de Chenzhou. Les habitants pouvaient ainsi vivre en paix. Cela dit, la zone des *Shuhu* devint une zone de sécurité entre les provinces et les *Shenghu*. Il est à signaler que la frontière entre les *Shenghu* et les *Shuhu* tracée par la dynastie Song d'après sa relation avec ces deux entités n'était pourtant pas reconnue par ces dernières. Lorsque la dynastie Song établit une gouvernance indirecte sur les *Shenghu*, ces derniers seraient transformés en *Shuhu*. Par exemple, un chef des *Liren*, qui portait le nom de famille Wang, vivait dans la zone de *huawai*. Comme il avait aidé la dynastie Song à réprimer les révoltés dans la zone des *Liren*, cette dernière lui conféra des titres, et il devint ainsi *Shuli*.[121] Les *Shenghu* pourraient même devenir des habitants provinciaux. Par exemple, la huitième année de l'ère Chunxi (1181), les *Shengli*, qui voulaient eux aussi bénéficier de la faveur de la cour impériale, furent prêts à payer des impôts comme les citoyens provinciaux.[122]

---

114. Han Qi (auteur). Li Zhiliang et Xu Zhengying (correcteurs). *Anyang ji biannian jianzhu II* (« *Recueil d'Anyang et annotations des annales* »). Chengdu : Bashu shushe (Société de livres de Bashu), 2000. p. 1834.

115. « Code pénal (II). » dans *Song huiyao jigao*. p. 8366.

116. *Xu Zizhi tongjian changbian*, juan 296, jimao, janvier, deuxième année de l'ère Yuanfeng, p. 7195.

117. « Recherches sur les quatres barbares (VII). » juan 330 dans *Wenxian tongkao*. p. 9083.

118. « Dix stratégies pour les questions frontalières. » juan 14 dans Xia Song. *Wenzhuang ji* (« *Recueil de Wenzhuang* »). tome 1087 dans *Siku Quanshu*, Wenyuan Ge. p. 173.

119. *Xu Zizhi tongjian changbian*, juan 204, bingwu, février, deuxième année de l'ère Zhiping, p. 4949.

120. « Code pénal (II). » et « Barbares (V). » dans *Song huiyao jigao*. p. 8366 et p. 9904.

121. « Les barbares du sud-ouest (première partie). » juan 493 et « Barbares (III). » juan 495 dans *Song shi*. p. 14174 et p. 14220.

122. « Notes au pavillon Leting de Qiongzhou. » juan 79 dans *Hui'an xiansheng zhuwengong wenji* (« *Collection littéraire de M. Hui'an* »). *Siku Quanshu*, Wenyuan Ge. Shanghai : Shanghai guji chubanshe. Hefei : Anhui jiaoyu chubanshe (Maison d'édition de l'éducation de l'Anhui), 2010. p. 3763.

## (2)  La frontière entre les différents « États »

Si la frontière entre les provinces et les *Shuhu* et celle entre ces derniers et les *Shenghu* étaient toujours conformes à l'ordre du « monde sous le ciel », qui était centré sur le régime des Plaines centrales, les limites précises entre les « États » étaient préjudiciables à cet ordre, et étaient apparues principalement à la suite de choix et de réponses réalistes. Ce genre de frontières entre la dynastie Song et les régimes étrangers qui lui étaient fortement opposés, était le résultat de conflits et d'affrontements. Leur clarté était proportionnelle à l'intensité de la confrontation. L'existence de frontières claires montrait que les deux parties se reconnaissaient mutuellement en tant qu'État. Les vagues frontières séparant les provinces des *Shuhu* qui existaient entre les deux « États » avant leur démarcation claire disparaîtraient ensuite.

### 1)  L'apparition de frontières précises suite à des conflits

Sous la dynastie Song, une frontière précise se dessina entre cette dernière et les Liao. Au début, les deux rives des rivières limitrophes du Hebei étaient situées à l'intersection des zones de contrôle militaire des deux États. Comme la dynastie Song visait à reprendre les régions de Youyan, il était impossible pour les deux parties de négocier les frontières. Cette zone ne pouvait alors pas devenir la limite reconnue par les deux pays. Il serait également moins possible pour les rivières limitrophes de devenir une frontière claire. Cependant, cette situation changea avec la signature du traité de Shanyuan. Les zones de contrôle militaire furent transformées en frontières précises composées de rivières limitrophes et de territoires communs. Comme le décrit le poème d'Ouyang Xiu, « Bianhu » (« Résidents frontaliers ») :

> Ils vivent à la frontière de génération en génération ; année après année, ils ont dû rester toujours vigilants à l'égard du peuple *Hu* (Khitans). Depuis que le traité de Shanyuan a été signé, les habitants du Sud et du Nord s'en réjouissent. Bien qu'ils s'épargnent le service militaire, ils doivent payer des impôts aux deux côtés. Les généraux et les officiers prennent garde aux troubles ; la cour impériale avait un plan pour le futur. Ils (les résidents frontaliers) habitent au bord des rivières limitrophes, et n'osent pas y pêcher.[123]

La zone où vivaient les résidents frontaliers était délimitée par les deux côtés comme une frontière précise en forme de bandeau, axée sur les rivières limitrophes. Cette frontière résultait des guerres entre les deux parties. Après les deux expéditions dans le nord lors de la quatrième année de l'ère Taiping Xingguo (979) et de la troisième année de l'ère Yongxi (986), et à l'issue d'une série de batailles, la dynastie Song signa avec les Liao le traité de Shanyuan, et fixa au Hebei la frontière composée de rivières limitrophes et de territoires communs. De plus, les deux parties reconnurent les frontières existantes au Hedong. Toutefois, au début, la dynastie Song déplaça les résidents frontaliers, et des « terrains interdits » furent alors laissés. Cela préparait dans une certaine mesure les négociations sur la frontière du Hedong proposées par les Liao pendant les

---

123. « Résidents frontaliers. » juan 5 dans *Ouyang Xiu quanji & Jushi ji* (« *Recueil de Jushi* »). p. 87.

années de Xining.

De même, la dynastie Song délimita avec les Xia occidentaux et le Giao Chi des frontières nettes qui avaient été floues. Cela traduit le changement de statut politique des deux pays, qui n'étaient plus des districts militaires de la dynastie Song, et qui étaient reconnus en tant qu'État. Après les négociations de paix sous l'ère Qingli, la dynastie Song discuta pour la première fois de la frontière avec les Xia occidentaux. Au commencement, la dynastie des Song du Nord considérait les Xia occidentaux comme l'un de ses districts militaires, et leur conféra des titres officiels. Après que Li Yuanhao se fût autoproclamé empereur, la dynastie Song ne réussit pas à le faire revenir dans le rang par la force. Alors les deux parties négocièrent la paix. La dynastie Song nomma le dirigeant des Xia « maître d'État », et reconnut ainsi ces derniers en tant qu'État. La délimitation de frontières entre les deux pays suivit « l'ancien règlement de Qingli » précité. Au cours de la quatrième année de l'ère Xining, lorsque la dynastie Song se concentra sur l'exploitation du Hehuang, elle délimita la frontière avec les Xia occidentaux dans la ville de Suide, ce qui donna naissance aux « anciens règlements de Suide ». Après la guerre de l'ère Yuanfeng entre la dynastie Song et les Xia occidentaux, les deux parties négocièrent à nouveau les frontières. La cinquième année de l'ère Yuanyou, une limite précise constituée d'un « axe central avec des terres non cultivables de chaque côté » fut élaborée. En ce qui concernait le Giao Chi, la dynastie Song lui conféra également des titres officiels de district militaire dès le début, dans le but de le récupérer en tant que commanderies lui appartenant. Cependant, les deux parties s'infligèrent de lourdes pertes dans la guerre de l'ère Xining. La dynastie Song abandonna donc son projet de reconquête. En réalité, le statut d'État du Giao Chi fut reconnu, et les deux parties entamèrent les pourparlers portant sur les frontières. Cela leur permit de fixer une frontière précise.

La démarcation entre la dynastie des Song du Sud et les Jin se fit même à la suite d'une série de guerres tragiques. Après la chute de la dynastie des Song du Nord, les Jin ne reconnurent que les régimes fantoches de Zhang Chu et Liu Qi qu'elle soutint successivement. Les Jin ne reçurent que les émissaires de Chu, et ne prirent pas la dynastie Song au sérieux. Les Jin et les Song se confrontaient comme l'eau et le feu.[124] Après une série de guerres, l'empereur Song Gaozong avait hâte de négocier la paix, et la dynastie Jin estima également qu'il était difficile de conquérir ce pays. Par conséquent, les deux parties négocièrent la paix la huitième année de l'ère Shaoxing, avec la rivière comme frontière. Cependant, ils reprirent bientôt la guerre jusqu'à la onzième année de l'ère Shaoxing où les deux parties firent la paix, et fixèrent une frontière-ligne nette, suivant le milieu de la rivière Huai.

Les groupes ethniques de *jimi* ne constituaient pas une grande menace pour la dynastie Song. Quelquefois, dix à cent personnes s'emparaient de récoltes, et volaient du bétail et des chevaux.[125] Toutefois, les Liao, les Jin, les Xia occidentaux et le Giao Chi étaient assez forts pour affronter la dynastie Song, et constituaient de réelles menaces. À ce propos, Li Gang dit, en faisant allusion à ces régimes, : « Depuis les temps anciens, nous n'avons jamais vu de tels barbares qui apportent

---

124. *Jianyan yilai xinian yaolu*, juan 17, wuwu, août, deuxième année de l'ère Jianyan, p. 406.
125. « Soldats (29). » dans *Song huiyao jigao*. p. 9252.

tant de malheurs à la Chine. »[126] Les conflits entre la dynastie Song et ces derniers les conduisirent finalement à délimiter les frontières, afin de maintenir la paix et l'équilibre entre eux. Comme le dit Wang Anshi, les conflits étaient souvent causés par des frontières floues. Il fallait les fixer clairement afin d'empêcher les fonctionnaires frontaliers de commettre des invasions.[127] La dynastie des Song du Nord savait que l'ennemi de l'empire n'était pas les *Xirong* (« barbares de l'Ouest »), mais les *Beilu* (« barbares du Nord »).[128] La dynastie Liao savait aussi que leur vrai ennemi était la dynastie Song.[129] Après de féroces batailles, les deux parties se rendirent compte que la meilleure façon de maintenir l'équilibre était de fixer les frontières, de les garder et de s'abstenir d'empiéter sur celles des autres. De même, la dynastie Song, les Xia occidentaux et le Giao Chi croyaient tous que la condition préalable au maintien de relations stables était la délimitation de leurs frontières. Cela dit, la dynastie Song demanda à plusieurs reprises aux Xia occidentaux : « Dès que les frontières de toutes les provinces auront été fixées, vous nous déclarerez votre soumission, et payerez tribut chaque année. En échange, nous vous donnerons des récompenses conformément à l'ancienne pratique. »[130] Ainsi, la dynastie Song voulait qu'une fois les frontières tracées, les récompenses annuelles pussent être accordées.[131] Toutefois, les Xia occidentaux insistèrent sur ce que les limites ne devraient être discutées qu'après la réception du don annuel.[132] Au cours de la première année de l'ère Yuanfeng, le Giao Chi demanda de reprendre sa relation tributaire avec la dynastie Song. En même temps, cette dernière ordonna à la commission militaire d'envoyer des gens pour tracer la frontière qui ne devait pas être violée.[133] Si le fort et le faible pouvaient maintenir la paix et l'équilibre entre eux, ils bénéficieraient l'un de l'autre.[134] Les Liao, les Xia occidentaux et les Jin reçurent chaque année de grosses sommes d'argent de la dynastie Song, et celle-ci put faire la paix à un coût bien inférieur aux dépenses militaires. Quant au Giao Chi, la dynastie Song reconnut progressivement son statut indépendant au cours de la démarcation des frontières. Cela signifiait que la menace de « récupération » de la part de la dynastie Song n'existait plus.

## 2) Les mécanismes pour résoudre les questions frontalières

Comme nous l'avons vu plus haut, les frontières précises entre la dynastie Song et les régimes politiques tels que les Liao, les Xia, le Giao Chi et les Jin étaient le résultat de négociations

---

126. « Rapport destiné à l'empereur. » juan 56 dans *Li Gang quanji* (« *Collection complète de Li Gang* »). Changsha : Yuelu shushe (Maison d'édition de Yuelu), 2004. p. 626.

127. *Xu Zizhi tongjian changbian*, juan 229, dingwei, janvier, cinquième année de l'ère Xining, p. 5578.

128. « Défense frontalière. » juan 326 dans Yang Shiqi *et al. Lidai mingchen zouyi* (« *Rapports des fonctionnaires célèbres de toutes périodes* »). Shanghai : Shanghai guji chubanshe, 1989. p. 4222.

129. « Biographie des domestiques de Xiao Han. » juan 103 dans *Liao shi* (« *Histoire des Liao* »). Beijing : Zhonghua shuju, 1984. p. 1447.

130. « Décrets aux Xia. » juan 236 dans *Song dazhaoling ji*. p. 921.

131. *Xu Zizhi tongjian changbian*, juan 447, gengshen, août, cinquième année de l'ère Yuanyou, p. 10759.

132. « Rapport à propos des négociations sur les frontières à l'ouest. » juan 46 dans Su Zhe. *Luancheng ji*. p. 1019.

133. *Xu Zizhi tongjian changbian*, juan 287, yimao, janvier, première année de l'ère Yuanfeng, p. 7011.

134. « Gouvernance nationale. » juan 92 dans *Lidai mingchen zouyi*. p. 1256.

réciproques. Elle négocia même à plusieurs reprises avec certains de ces régimes. Par exemple, avec les Xia, plusieurs discussions furent menées dans les années de Qingli, Xining, Yuanyou et Yuanfu, etc. La dynastie Song tint quatre débats avec les Jin, à savoir les huitième, onzième et 32<sup>e</sup> années de l'ère Shaoxing et la première année de l'ère Jiading (1208). Après le traité de Shanyuan, la dynastie Song renégocia la frontière avec les Liao au Hedong sous l'ère Xining. En plus de la délimitation des frontières par le biais de négociations, ils formèrent également un ensemble de mécanismes stables pour résoudre les questions frontalières.

Premièrement, un mécanisme de démarcation des frontières et de règlement des différends frontaliers relativement stable fut mis en place. La démarcation des frontières fut négociée par les fonctionnaires des deux côtés, comme la dynastie Song l'avait fait avec les Liao, les Xia, le Giao Chi et les Jin. Par exemple, les Song et les Liao dessinèrent la frontière au Hedong dans les années de Xining. La septième année de l'ère Xining, les Liao envoyèrent Xiao Xi à la dynastie Song pour affirmer que cette dernière avait envahi leur territoire à Daibei. Ils demandèrent alors que la dynastie Song envoyât un émissaire pour délimiter la frontière.[135] Cette demande fut satisfaite[136], et Liu Chen fut choisi pour mener les négociations avec le Premier ministre des Liao, Xiao Su. Les deux parties négocièrent à plusieurs reprises, et procédèrent à des enquêtes sur le tas. Par exemple, les Liao proposèrent que les trois préfectures de Weizhou, Yingzhou et Shuozhou devaient être délimitées par les lignes de faîte des collines. Cependant, les deux parties ne virent aucune colline sur le terrain.[137] Lors des discussions sur la frontière avec les Xia la quatrième année de l'ère Xining, l'empereur Song Shenzong croyait que la limite pouvait être tracée sans consulter les autres. Wang Anshi s'y opposa, et trouvait que cela porterait atteinte au prestige d'une grande puissance. Il proposa alors que la frontière devait être discutée par les deux parties. De même, pour délimiter la frontière avec les Xia sous l'ère Yuanyou, la dynastie Song envoya des fonctionnaires conformément au décret impérial, et insista pour en discuter.[138] Dès que les émissaires des Xia seraient arrivés, les fonctionnaires des Song déclareraient d'abord la volonté de l'empereur, pour ensuite entamer les discussions portant sur la frontière.[139] Au cours de la première année de l'ère Yuanfeng, la dynastie Song et le Giao Chi délimitèrent la frontière, et pour ce faire, envoyèrent des officiers.[140] La délimitation entre la dynastie Song et les Liao sous l'ère de Xining au Hedong et celle entre cette dernière et les Xia dans les années de Yuanyou furent interrompues à plusieurs reprises en raison de différences d'intérêts. Enfin, les dynasties revinrent aux négociations, et fixèrent la frontière. Lorsque la dynastie Song discuta de la frontière avec les Xia, les deux parties n'arrivèrent pas à se mettre d'accord. Elles interrompirent les négociations, et s'en allèrent chacune chez soi. Finalement, elles reprirent les négociations et parvinrent à un

---

135. « Rapport concernant les concessions de terres. » juan 20 dans *Qidan guo zhi*. p. 219.

136. « Barbares (II). » dans *Song huiyao jigao*. p. 9751.

137. « Empereur Tianfu, (Liao) Daozong. » juan 9 dans *Qidan guo zhi*. p. 101.

138. *Xu Zizhi tongjian changbian*, juan 229, dingwei, janvier, cinquième année de l'ère Xining, p. 5579 ; juan 437, gengyin, janvier, cinquième année de l'ère Yuanyou, p. 10546.

139. « Décrets aux Xia occidentaux. » juan 236 dans *Song dazhaoling ji*. p. 921.

140. « Barbares (IV). » dans *Song huiyao jigao*. p. 9792.

accord.[141] Au cours de la onzième année de l'ère Shaoxing, les émissaires des Song et des Jin firent également des allers-retours pour négocier la frontière, et menèrent une opération de démarcation sur le terrain. Parmi les émissaires des Song, il y avait Zhou Yu qui était chargé de délimiter la province du Jingxi, Zheng Gangzhong, la province du Shaanxi, et Mo Jiang, les deux préfectures de Tangzhou et Dengzhou. Tous délimitèrent les frontières conformément aux règles énoncées dans le livre de serment signé par les deux parties.[142]

Une fois la frontière délimitée, il existait également un mécanisme relativement précis pour régler les différends frontaliers. Cette tâche était confiée aux fonctionnaires frontaliers.[143] Par exemple, lorsque les Liao construisaient des forteresses en transgressant la frontière avec la dynastie Song, les fonctionnaires frontaliers étaient chargés de résoudre ce problème sans l'intervention de la cour impériale.[144] La septième année de l'ère Xining, l'émissaire des Liao, Xiao Xi, vint rendre visite à la dynastie Song, et souleva le problème de la frontière floue au Hedong. Song Shenzong lui répondit : « C'est une affaire locale qui peut être résolue par les responsables des frontières. Alors pourquoi envoyer un émissaire ? Je vais envoyer un fonctionnaire, et vous en envoyez également un pour les négociations. Cela vous convient-il ? »[145] Cette réponse révèle que les différends frontaliers étaient généralement réglés par les responsables des frontières au moyen de négociations.

Deuxièmement, un système d'archivage concernant les frontières fut créé, et devint la base pour régler les questions frontalières. Quant aux Song et Liao, ils se basaient sur le livre des serments de l'ère Jingde pour résoudre les conflits frontaliers. Wen Yanbo dit à ce propos : « S'il y a un différend, avec le livre des serments comme référence, l'ennemi n'y pourra rien faire. Il aura beau chicaner. »[146] Selon le livre des serments de l'ère Jingde, les deux parties pouvaient réparer les villes fortifiées frontalières, mais il était interdit d'en construire de nouvelles et d'envahir la frontière. Sous le règne de l'empereur Song Renzong, Ouyang Xiu signala : « Les barbares du nord ont violé le livre des serments en construsant des forteresses. »[147] Au cours de la cinquième année de l'ère Qingli, les Liao établirent des forteresses près de la ville de Yinfang, en envahissant le territoire des Song sur dix *li*. Conformément au livre des serments, la dynastie Song demanda aux Liao de les détruire. Il en fut de même lors de la première année de l'ère Huangyou (1049).[148] La pêche dans une rivière limitrophe représentait un différend courant, et le livre des serments fut également utilisé pour négocier. Les Liao protestèrent : « Notre peuple est condamné pour

141. *Xu Zizhi tongjian changbian*, juan 444, xinyou, juin, cinquième année de l'ère Yuanyou, p. 10687.

142. *Jianyan yilai xinian yaolu*, juan 143, guiyou, décembre, onzième année de l'ère Shaoxing, p. 2692.

143. *Xu Zizhi tongjian changbian*, juan 452, renchen, décembre, cinquième année de l'ère Yuanyou, p. 10844.

144. « Prière d'ordonner aux fonctionnaires frontaliers de délimiter des frontières claires. » juan118 dans *Ouyang Xiu quanji*. p. 1817.

145. *Xu Zizhi tongjian changbian*, juan 251, bingchen, mars, septième année de l'ère Xining, p. 6122.

146. « Réponse aux décrets impériaux. » juan 22 dans Wen Yanbo. *Lugong wenji* (« *Collection littéraire de Lugong* »). tome 1100 dans *Siku Quanshu*, Wenyuan Ge. p. 715.

147. « Prière d'ordonner aux fonctionnaires frontaliers de délimiter des frontières claires. » juan 118 dans *Ouyang Xiu quanji*. p. 1816.

148. « Barbares (II). » dans *Song huiyao jigao*. p. 9747.

avoir pêché dans une rivière limitrophe. Est-ce raisonnable ? » La dynastie Song leur répondit : « Nos deux dynasties doivent tenir notre engagement, et vous pouvez consulter le document à Zhuojun. » « Depuis l'ère Datong, la pêche a été interdite dans les rivières limitrophes, et le texte est toujours là. »[149] Lors de la démarcation avec les Liao au Hedong sous l'ère Xining, la dynastie Song utilisa comme preuve les textes approuvés par le traité de Shanyuan. Elle souligna : « Si le livre des serments n'était pas suffisant comme preuve, les cartes et les textes pourraient également servir de référence pour le territoire de Daibei. »[150] De plus, elle dit : « Depuis longtemps, nous faison référence aux cartes et textes pour délimiter les frontières. »[151] Avant d'aller négocier les frontières, Liu Chen avait consulté les documents à la Cour des Affaires militaires, et n'avait vu aucun empiètement sur le territoire de l'ennemi.[152] Cependant, la dynastie Song s'enlisait dans la guerre à l'ouest, et les Liao pouvaient en profiter pour en tirer un maximum d'avantages. Ainsi, malgré les cartes et les textes très clairs, les Liao en firent fi, et faussèrent les faits.[153] La dynastie Song ne put faire que des concessions. Après la démarcation de la frontière au Hedong, la dynastie Song conserva les cartes et les documents, qui avaient dessiné et précisé, le long de la limite, les vallées, les noms de lieux, les tranchées, les forteresses et leurs positions. Le dialogue avec les Liao fut également consigné et préservé.[154] De même, les négociations sur la frontière entre la dynastie Song et les Xia occidentaux furent toutes conservées, et utilisées comme des « anciens règlements ». Lors des négociations sur les frontières sous l'ère Yuanyou, la dynastie Song proposa initialement de suivre les « anciens règlements de Qingli », tandis que les Xia occidentaux insistèrent pour utiliser les « anciens règlements de Suizhou ». La dynastie Song accepta finalement et appliqua ces derniers. Les Xia les conservèrent comme preuve.[155] Le livre des serments, signé la onzième année de l'ère Shaoxing par les Song et les Jin qui fixèrent la frontière au milieu de la rivière Huai et dans la zone entre Tangzhou et Dengzhou, fut pris également pour référence lors des négociations de l'ère Longxing et de l'ère Jiading.

## 3) Les frontières territoriales comme frontière impériale, et la protection des frontières équivalente à celle d'un pays

Après la délimitation des frontières entre les Song et les Liao, la rivière limitrophe du Hebei devint la frontière de l'empire. La traversée de cette rivière signifiait la sortie du territoire impérial. La quatrième année de l'ère Xuanhe (1123), la dynastie Song envoya des troupes dans la région de Youyan. Ces dernières firent face à la contre-attaque de l'armée Liao immédiatement après avoir traversé la rivière limitrophe. Elles n'osèrent pas s'engager, et se retirèrent sur la rivière Bin au

---

149. « Biographie de Cheng Shimeng. » juan 331 et « Biographie de Zhang Xiyi. » juan 290 dans *Song shi.* p. 10661 et p. 9712.

150. « Réponse aux décrets impériaux. » juan 22 dans Wen Yanbo. *Lugong wenji.* p. 715.

151. *Xu Zizhi tongjian changbian*, juan 262, bingyin, avril, huitième année de l'ère Xining, p. 6392.

152. Juan 4 dans *Shaoshi wenjian lu.* p. 124.

153. « Édit de l'empereur Shenzong qui veut se renseigner. » juan 22 dans Wen Yanbo. *Lugong wenji.* p. 714.

154. *Xu Zizhi tongjian changbian.*

155. *Xu Zizhi tongjian changbian*, juan 282, yihai, mai, dixième année de l'ère Xining, p. 6918 ; juan 446, gengzi, août, cinquième année de l'ère Yuanyou, p. 10735.

sud de la rivière-frontière, pour y stationner. La dynastie Liao vint pour accuser les Song de rompre leur engagement.[156] Il s'ensuivit que les deux côtés considérèrent la rivière limitrophe comme frontière nationale. Zhang Shuye fut capturé par les Jin qui le déportèrent vers le nord. Il fit une grève de la faim en chemin. Lorsqu'ils arrivèrent à Baigou, le gardien des Jin dit : « La rivière limitrophe a été traversée. » À ces mots, Shuye se leva brusquement, et poussa un long soupir, pour ensuite ne rien dire. Le lendemain, il était mort.[157] Pour lui, la traversée de la rivière-frontière signifiait quitter son pays, de sorte qu'il était mort de tristesse. Lors de la démarcation des frontières entre les Song et les Xia, les deux parties convinrent de construire des forteresses et de permettre l'agriculture et le pastoralisme à l'intérieur des terres sur dix *li*, et d'ériger les monticules à l'extérieur sur dix *li* avec la terre laissée vacante, pour identifier la frontière entre elles.[158] L'intérieur de la frontière était gardé par les Hans, et l'extérieur était occupé par les Xia occidentaux.[159] Les patrouilles se faisaient en-deçà des monticules.[160] La dynastie Song et les Jin convinrent également de clarifier les frontières entre eux.[161] Puisqu'il y avait une limite précise, la défense impériale devait se concentrer sur la protection de celle-ci. C'est-à-dire que si la frontière était fixée, il fallait la protéger coûte que coûte.[162] La frontière entre les uns et les autres ne se violaient pas.[163] Par exemple, la dynastie Song chargea des fonctionnaires d'exécuter à tour de rôle des patrouilles le long des rivières limitrophes au Hebei.[164] Après la délimitation avec les Xia, la dynastie Song ordonna aux provinces de procéder à des patrouilles le long de la frontière clairement tracée. En même temps, les officiers et les soldats qui gardaient les villes fortifiées ne devraient pas traverser la frontière, si les Xia occidentaux ne venaient pas les envahir. En contrepartie, les Xia devraient faire de même, et superviser strictement les responsables frontaliers pour qu'ils ne transgressassent pas la limite.[165] Les deux parties gardaient chacune leur propre frontière.

La frontière territoriale était considérée comme une frontière nationale, et son franchissement constituait naturellement une infraction. La dynastie Song ordonna aux fonctionnaires qui se trouvaient le long de la frontière entre les Song et les Xia de bien garder la frontière. Si le cheval de l'ennemi envahissait la frontière des Hans, ils pouvaient le capturer. Cependant, pour ne pas provoquer une dispute frontalière, ils n'étaient pas autorisés à franchir la frontière pour attraper

---

156. *Sanchao beimeng huibian* (« *Annales des relations avec les Jin sous trois empereurs des Song* »), juan 7, le 3 juin, quatrième année de l'ère Xuanhe. Shanghai : Shanghai guji chubanshe, 1987. p. 10735. Juan 10 dans *Duxing zazhi*. tome 5 dans *Quansong biji*. quatrième édition. Zhengzhou : Daxiang chubanshe, 2008. p. 198.

157. « Biographie de Zhang Shuye. » juan 352 dans *Song shi*. p. 11142.

158. « État des Xia (deuxième partie). » juan 486 dans *Song shi*. p. 14016.

159. « Soldats (28). » dans *Song huiyao jigao*. p. 9228.

160. « Décrets pour répondre aux Xia. » juan 236 dans *Song dazhaoling ji*. p. 921.

161. *Jianyan yilai xinian yaolu*, juan 190, xinmao, mai, 31ᵉ année de l'ère Shaoxing, p. 3679.

162. « Préface du *Huarong luwei xinlu*. » juan 66 dans Su Song. *Su Weigong wenji* (« *Collection littéraire de Su Weigong* »). Beijing : Zhonghua shuju, 1998. p. 1004.

163. « État des Xia (deuxième partie). » juan 486 dans *Song shi*. p. 14018.

164. *Xu Zizhi tongjian changbian*, juan 80, gengwu, avril, sixième année de l'ère Dazhong xiangfu, p. 1823.

165. « Décrets aux Xia. » juan 236 dans *Song dazhaoling ji*. p. 921.

et tuer des coupables.[166] Quant aux rivières limitrophes entre les Song et les Liao, les soldats et les habitants du Henan le long de ces rivières étaient interdits de pêcher. De même, les Khitans qui pêchaient dans les rivières-frontière étaient également condamnés.[167] Lorsque Zhao Zi était préfet de Xiongzhou, le peuple Liao envahit la rivière-frontière pour pêcher et transporter du sel. Il ordonna aux soldats de patrouille d'arrêter et de tuer ceux qui venaient en bateau, et puis de rendre les bateaux à Zhuozhou. Ainsi, les pêcheurs disparurent.[168] Les fonctionnaires le long de la frontière au Hedong devaient vérifier de manière régulière si les Khitans avaient envahi ou traversé la frontière, et s'il y avait des bûcherons des Liao.[169] Lorsque les Khitans traversèrent la frontière, et construisirent un mur en pierre, la dynastie Song enverrait des gens pour le démolir.[170] S'ils revenaient, les Song recommenceraient.[171] Il est cependant nécessaire de souligner que, pour discuter de la question de la frontière « impériale » sous la dynastie Song, il convient de suivre la logique historique de l'époque. De plus, il faut comprendre les perspectives de la dynastie Song envers les régimes politiques environnants du point de vue du peuple Song.

## 3. Tradition ou nouveaux changements ?

Se considérant comme étant légitime sur le territoire chinois, la dynastie Song signa pourtant des traités qui délimitaient ses frontières avec les « États barbares ». Il s'agissait alors d'un grand changement selon certains spécialistes tels que Fu Haibo et Ge Zhaoguang, cités plus haut. En général, les opinions sur cette « révolution » peuvent être divisées en deux catégories : l'une est basée sur la théorie moderne de l'État-nation, donnant à la délimitation entre les Song et les Liao une dimension de « modernité ». Par exemple, dans l'œuvre intitulée *Jianqiao Zhongguo Liao Xixia Jin Yuan shi (907-1368)* (« *Cambridge : histoire de la Chine, des Liao, Xia, Jin et Yuan* »), éditée par Fu Haibo et Cui Ruide, la frontière entre les Song et les Liao, du bord de la mer au tournant du fleuve Jaune, était clairement délimitée, et surveillée avec vigilance par les deux États. Elle constituait donc une véritable frontière internationale au sens moderne du terme, ce qui était sans précédent dans l'histoire de la Chine. Cela représente également le point de vue d'une partie des spécialistes occidentaux.[172] En outre, certains chercheurs chinois portent un regard similaire. Selon eux, avant l'époque des Song, les frontières des dynasties précédentes n'étaient en

---

166. *Xu Zizhi tongjian changbian*, juan 378, wuchen, mai, première année de l'ère Yuanyou, p. 9175.

167. *Xu Zizhi tongjian changbian*, juan 63, guiwei, août, troisième année de l'ère Jingde, p. 1418.

168. « Biographie de Zhao Zi. » juan 324 dans *Song shi*. p. 10497.

169. *Xu Zizhi tongjian changbian*, juan 315, xinyou, août, quatrième année de l'ère Yuanfeng, pp. 7621-7622.

170. « Soldats (28). » dans *Song huiyao jigao*. p. 9226.

171. *Xu Zizhi tongjian changbian*, juan 369, bingwu, février (intercalaire), première année de l'ère Yuanyou, p. 8905.

172. Fu Haibo et Cui Ruide (eds.). *Jianqiao Zhongguo Liao Xixia Jin Yuan shi (907-1368)*. p. 109. Tian, Hao. « Traité de Shanyuan aux yeux des savants occidentaux. » dans Zhang Xiqing *et al.* (eds.). *Chanyuan zhi meng xinlun* (« *Nouvelle analyse du traité de Shanyuan* »). Shanghai : Shanghai renmin chubanshe (Maison d'édition du peuple de Shanghai), 2007. p. 92-112.

fait que des lignes de contrôle militaire, et ne servaient pas de frontières impériales. Toutefois, les lignes de contrôle militaire entre les Song, les Liao et les Jin étaient des frontières interétatiques. Il faut signaler aussi qu'en termes juridiques, ces lignes de contrôle restaient encore des frontières traditionnelles entre les régimes politiques, plutôt que des frontières nationales. En revanche, la frontière, négociée et fixée à travers un accord entre les Qing et la Russie tsariste, et reconnue par les pays occidentaux, était juridiquement interétatique. Dès lors, les dynasties chinoises abandonnèrent la conception basée sur le « monde sous le ciel », mais reconnurent les différents pays. La frontière entre les États au sens moderne prit finalement forme.[173] En d'autres termes, d'après la théorie occidentale de l'État-nation, la dynastie Song représentait une révolution limitée dans une conception toujours fondée sur le « monde sous le ciel ».

Selon la deuxième catégorie, les frontières de la dynastie Song eurent une importance quant à la transformation des traditions en Chine ancienne. Certains chercheurs s'opposent à l'application de la théorie occidentale de l'État-nation et des normes européennes « modernes », affirmant que, sur cette question, l'histoire de la Chine n'a pas besoin d'être adaptée à l'histoire européenne. Ils contestent le fait que la Chine ancienne n'avait que des « territoires frontaliers », et aucune « limite », et qu'il existe des « territoires » et des « frontières nationales » dans la Chine moderne. Toutefois, ils pensent que la tendance vers un État-nation doté d'une frontière nette, d'une identité claire et d'une nationalité homogène, émergea sous la dynastie Song, et présente une construction nationale différente de celle de l'Europe. Au cours de la dynastie Song, la « démarcation » officielle signifiait en fait la formation progressive d'une conception limitée de « nation / État » dans la conscience collective. La « frontière / limite nationale » vit également le jour. Cela permit à la Chine d'avoir pour la première fois une « frontière nationale » claire, et la conscience d'une diplomatie réciproque entre les différents États, ce qui était pratiquement sans précédent en Chine avant la dynastie Tang. Avec des frontières nationales et la conscience de souveraineté nationale, émergeant sous la dynastie Song, l'idéologie du nationalisme auto-confirmée de la Chine se développa clairement.[174] D'autres chercheurs affirment que la démarcation politique des frontières ne commença pas avec celle entre les Song et les Liao. Néanmoins, les négociations et la délimitation des frontières entre la dynastie Song et les différents régimes furent de nouveaux facteurs dans la géographie politique. Ces nouveaux facteurs étaient sans précédent non seulement dans l'histoire chinoise, mais aussi dans le contexte de l'histoire politique mondiale. Bien que cela ne soit pas jugé par la théorie moderne de l'État-nation, ces chercheurs pensent également que la démarcation de la frontière entre les Song et les Liao indiquait l'émergence de « la conscience d'État » similaire à celle de l'État-nation moderne à cette époque.[175]

---

173. Zhang, Wen. « Conception de l'*État* et celle du "monde sous le ciel" en Chine ancienne : les coordonnées historiques pour la formation des zones frontalières et des frontières. » *Zhongguo bianjiang shidi yanjiu.* Issue 3. 2007.

174. Ge Zhaoguang. *Hewei « Zhongguo » : jiangyu, minzu, wenhua yu lishi.* pp. 63-64, p. 66, p. 70 et p. 73. En outre, dans « L'émergence de la conscience de "Chine" sous la dynastie Song – une source éloignée de réflexion philosophique sur le nationalisme moderne », Ge Zhaoguang évoque qu'il n'y avait pas de frontière précise en Chine ancienne. Sous la dynastie des Song du Nord, tout changea, et le pays acquit des frontières précises.

175. Pan Sheng. *Songdai dilixue de guannian tixi yu zhishi xingqu.* p. 290 et p. 292.

Que l'on prenne comme référence la théorie occidentale de l'État-nation ou que l'on mette l'accent sur les changements intervenus dans la tradition de la Chine ancienne, l'interprétation de la nature transformatrice de la dynastie Song en matière de délimitation de frontières claires repose sur le critère de la « modernité ». Si l'on prend comme référence les théories modernes des frontières en Europe, il semble que le processus de formation des frontières et les modèles de ces dernières au cours de la dynastie Song comportent des éléments modernes évidents. Victor Prescott divise l'évolution ou la formation des frontières terrestres en quatre étapes : la répartition, la démarcation, l'abornement et la gestion. La répartition fait référence à la décision politique concernant la distribution du territoire. La démarcation implique la sélection de sites spécifiques le long des frontières. L'abornement est le marquage des frontières sur le terrain, et la gestion fait référence à l'entretien des frontières. La différence entre la démarcation et l'abornement est que, la première se réfère au traçage des limites en mots ou sur papier, tandis que le second est l'étape finale de la détermination des frontières, c'est-à-dire le marquage de ces dernières sur place.[176] Le processus de formation des frontières peut également être divisé en trois étapes : la détermination (c'est-à-dire la répartition), la démarcation et l'abornement. Selon le *Droit international*, édité par Shao Shaping, la formation d'une frontière repose sur deux faits principaux : premièrement, elle est formée par une coutume traditionnelle, c'est-à-dire une ligne de démarcation traditionnelle, et deuxièmement, elle est délimitée par un traité. En outre, la démarcation de la frontière comprend également des étapes telles que la cartographie et l'établissement de bornes, pour servir de base à la gestion et à l'entretien des frontières. De plus, les deux parties signent généralement un traité qui impose l'obligation d'entretenir les bornes aux frontières, et de prendre les mesures nécessaires pour éviter qu'elles ne soient endommagées ou déplacées.[177]

En ce qui concerne les types de bornes, l'*Oppenheim's international law* (« *Droit international d'Oppenheim* ») indique qu'en général, les bornes peuvent être divisées en deux catégories. La première est la limite utilisant des marqueurs naturels tels que les montagnes et les rivières, et la seconde se réfère aux frontières artificielles, qui se servent de murs de pierre, de clôtures, etc.[178] Les frontières artificielles modernes comprennent également les limites géométriques définies par des arcs ou des lignes droites, ou les limites astronomiques déterminées par la latitude et la longitude. Les frontières naturelles terrestres sont généralement tracées le long d'éléments distinctifs tels que les lignes de partage des eaux et les crêtes de montagne, ou suivant la ligne médiane de la rivière ou du chenal principal.[179] Il existe trois méthodes de délimitation des cours d'eau, à savoir la médiane du cours d'eau, celle du chenal principal et la rive.[180]

---

176. Victor Prescott. *Guoji bianjiang yu bianjie : falü, zhengzhi yu dili.* pp. 61-62.

177. Shao Shaping (eds.). *Guoji fa* (« *Droit international* »). Beijing : Zhongguo renmin daxue chubanshe (Presse de l'Université de Renmin de Chine), 2015. pp. 152-153.

178. James Watts (correcteur). Wang Tieya *et al.* (traducteurs). *Oppenheim's international law* (« *Droit international d'Oppenheim* »). Beijing : Zhongguo Dabaike quanshu chubanshe (Maison d'édition de l'encyclopédia de la Chine), 1995. p. 60.

179. Zhu Wenqi (eds.). *Xiandai guoji fa* (« *Droit international moderne* »). Beijing : The Commercial Press, 2013. p. 223.

180. Victor Prescott. *Guoji bianjiang yu bianjie : falü, zhengzhi yu dili.* p. 213.

La démarcation des frontières de la dynastie Song avec les Liao, les Jin, les Xia et le Giao Chi se déroula essentiellement en trois étapes : la détermination (c'est-à-dire la répartition), la démarcation et l'abornement, et qui comprenait également la gestion des frontières. Par exemple, pour délimiter la frontière entre les Song et les Liao dans la région de Hedong, les deux parties envoyèrent d'abord des fonctionnaires pour les négociations. Puis, ceux-ci délimitèrent la frontière, l'abornèrent sur le terrain, et dessinèrent des icônes. Les deux parties convinrent également d'entretenir la frontière conformément aux accords. Les modèles forntaliers de la dynastie Song comportaient des limites naturelles telles que les crêtes de montagne, les lignes de partage des eaux et les cours d'eau, et des limites artificielles y compris des bornes, des murs et des fossés. Par exemple, parmi les frontières-rivière, la dynastie Song utilisa les rives avec les Liao, et le milieu de la rivière Huai avec les Jin. Cependant, le processus de formation des frontières et leurs modèles sous la dynastie Song ont-ils été les premiers du genre dans l'histoire de la Chine ? Un tel « élément moderne » implique-t-il un changement ? Ces méthodes de délimitation sont-elles un nouveau produit de la société humaine de l'ère moderne ?

Ge Zhaoguang souligne que la conscience de la frontière nationale et de l'État-nation commença à émerger en Chine ancienne à partir de l'abornement sous la dynastie Song, et que son évolution jusqu'aux Qing montre un processus différent de l'Europe.[181]Cet argument suggère que nous ne pouvons pas appliquer mécaniquement la théorie occidentale moderne de l'État-nation, ni considérer les « frontières nationales » sous la dynastie Song comme étant non juridiques, définies par un pacte ou un document entre les deux parties. Tao Jinsheng souligne que les Song avaient déjà deux concepts importants du « système international pluraliste » : premièrement, ils considéraient les Plaines centrales et la dynastie Liao comme des « États » ; deuxièmement, ils percevaient l'existence de frontières nationales. L'importance que les Song attachaient aux frontières nationales était suffisante pour réfuter l'opinion de certains auteurs récents selon laquelle il n'y avait pas de « frontières claires de droit et de pouvoir » entre la Chine ancienne et les étrangers barbares.[182] Les frontières de la dynastie Song avec les Liao, les Xia, les Jin et le Giao Chi étaient bien les « frontières de droit et de pouvoir », convenues par les deux parties, et fixées par convention. Les deux chercheurs ont raison.

La délimitation des frontières sous la dynastie Song a-t-elle été une révolution dans l'histoire de la Chine ? Il semblerait que non. Le processus de formation des frontières et leurs modèles sous la dynastie Song n'étaient pas les premiers du genre dans l'histoire chinoise. Ils existaient déjà auparavant. La Grande Muraille en est un bon exemple. Elle était une frontière aux significations multiples. Elle représentait la frontière des ressources du nord de l'Empire chinois unifié, et la frontière ethnique du nord de la Chine.[183] Elle était également une frontière politique et nationale.[184] Si la Grande Muraille était principalement une frontière unilatérale sous la dynastie Qin, elle

---

181. Ge Zhaoguang. *Hewei « Zhongguo » : jiangyu, minzu, wenhua yu lishi.* p. 72-74.

182. Tao Jinsheng. *Song Liao guanxi shi yanjiu* (« *Étude de l'histoire des relations entre les Song et les Liao* »). Beijing : Zhonghua shuju, 2008. pp. 84-85.

183. Wang Mingke. *Huaxia bianyuan : lishi jiyi yu zuqun rentong.* p. 216.

184. Victor Prescott. *Guoji bianjiang yu bianjie : falü, zhengzhi yu dili.* p. 34.

fut reconnue par les Xiongnus et d'autres peuples du Nord sous la dynastie Han. L'empereur Han Wendi écrivit aux Xiongnus en disant : « Comme autrefois, les peuples situés au nord de la Grande Muraille, où l'on tire des flèches, sont soumis aux ordres de Shanyu[185], et ceux qui vivent à l'intérieur de la Grande Muraille, où l'on porte des coiffes, sont sous mon contrôle. » Les deux parties convinrent qu'aucun Xiongnu ne devait entrer dans la Grande Muraille, et qu'aucun Han n'en sortirait. De plus, elles entretenaient une relation réciproque. Les lettres de créance faisaient référence aux « deux États », aux « deux seigneurs » et aux « États ennemis voisins ». L'empereur des Hans disait même : « Shanyu et moi, sommes les seuls parents ». Dans les lettres, on lisait : « Le Grand Shanyu des Xiongnus demande respectueusement à l'empereur s'il va bien », et « L'empereur demande respectueusement au Grand Shanyu des Xiongnus s'il va bien ».[186] Ainsi, la Grande Muraille était une frontière communément reconnue par les deux parties.

La dynastie Tang utilisa toutes les procédures susmentionnées de la dynastie Song pour négocier sa frontière avec l'empire tibétain. Les négociations les plus importantes en la matière furent celles de l'ère Jianzhong. Elle fut présidée par des fonctionnaires de haut rang des deux pays. Lors de la première réunion du premier mois de la quatrième année de l'ère Jianzhong (783), Zhang Yi, le vice-directeur du Secrétariat impérial, et le Premier ministre tibétain Shang Jiezan se rencontrèrent à Qingshui, et arrivèrent à fixer la frontière entre les deux pays. La frontière des Hans fut la suivante : de l'ouest de Jingzhou jusqu'à l'embouchure occidentale de la gorge de Tanzheng ; de l'ouest de Longzhou jusqu'au comté de Qingshui ; de l'ouest de Fengzhou à Jiannan xishan (à l'est de la rivière Dadu) en passant par le comté de Tonggu. Celle des Tibétains se trouvait à Lanzhou, Weizhou, Yuanzhou et Huizhou, à l'ouest jusqu'à Lintao, et à l'est jusqu'à Chengzhou, pour se terminer à l'ouest de Jiannan où vivaient les barbares Moxie, au sud-ouest de la rivière Dadu. Ils convinrent également qu'au nord du fleuve Jaune, de l'ancienne armée (*jun*) de Xinquan, droit au nord jusqu'au grand désert, et droit au sud jusqu'à Luotuoling des montagnes Helan, toute la zone intermédiaire serait laissée vacante.[187] En plus des frontières-ligne telles que les crêtes de montagne, les cours d'eau comme le fleuve Jaune et la rivière Dadu, les frontières entre les deux États se présentaient également sous la forme de bandeau, à savoir « frontière des Tang + champs inoccupés + frontière tibétaine ». Puisque les frontières des Tang et des Tibétains étaient relativement claires, celles en forme de bandeau l'étaient également. Après les négociations à Qingshui, les deux parties érigèrent des bornes le long de la frontière convenue, comme un signe inviolable. Comme le déclara plus tard le Premier ministre de l'empire du Tibet, Shang Jiezan : « Les bornes ont été à l'origine établies, de peur que les deux royaumes ne rompent l'alliance, et

---

185. Titre donné aux chefs des Xiongnu durant les dynasties Qin et Han. (note du traducteur)

186. « Xiongnu (première partie). » juan 94 dans *Han shu*. p. 3756, p. 3758 et pp. 3762-3764.

187. « Empire du Tibet (deuxième partie). » juan 196 dans *Jiu Tang shu*. pp. 5247-5248. Le *Hong shi* (litt. « *Histoire rouge* »), document tibétain et traduit en chinois par Ren Xiaobo, fait référence au *Xin Tang shu* (« *Nouveau livre des Tang* ») concernant le texte du traité de Qingshui : « Tous les territoires à l'ouest de cette ligne sont tibétains, et ceux à l'est sont aux Tang. Les zones de Xinquan, Daqi, Tuotaling du mont Helan entre les frontières sont des terrains libres. » Cela reflète la compréhension des Tibétains pour le traité (« La tradition narrative des frontières sino-tibétaines dans l'historiographie tibétaine. » *Lishi dili* (« *Histoire et géographie* »). 30ᵉ édition. Shanghai : Shanghai renmin chubanshe, 2014. p. 202).

n'empiètent l'un sur l'autre. » [188] Après la fixation de la frontière, le Premier ministre de la dynastie Tang Li Zhongchen et son homologue tibétain Qu Jiazan dressèrent un autel à Chang'an pour prêter serment. Ils lirent le texte de l'alliance, et le conservèrent dans le temple ancestral, avec chacun une copie.[189] Ainsi, la délimitation entre les deux pays sous l'ère Jianzhong comprenait les négociations, la démarcation, l'abornement sur le terrain, et l'archivage des documents pertinents.

La frontière possède deux fonctions essentielles : premièrement, elle distingue le « nous » de « l'autre », c'est-à-dire qu'elle adopte une fonction de séparation ; deuxièmement, elle assure la sécurité nationale, à savoir une fonction de défense. Ce sont les besoins fondamentaux qui garantissent la survie d'un régime ou d'une nation, tant dans le passé que dans le présent. La nécessité de se distinguer plus clairement l'un de l'autre apparaîtra, lorsqu'il y a une puissante force extérieure antagoniste. Alors que les deux parties, sur un pied d'égalité, éprouvent toutes cette nécessité, elles tendent naturellement à négocier la frontière, de sorte que des limites claires se forment. Tous ces éléments ne représentent pas pour autant un passage de la tradition à la modernité. Le droit international moderne définit la frontière « comme une ligne imaginaire sur la carte, qui sépare le territoire d'un État de celui d'un autre »[190]. « La frontière est une ligne qui sépare le territoire d'un État de celui d'un autre ou de la zone hors de la juridiction de l'État, et qui sert à déterminer l'étendue du territoire entre les États. »[191] Victor Prescott souligne également que les frontières ont une fonction de défense importante dans l'histoire. Une fois que les étrangers les auront franchies, ils en subiront les conséquences.[192] Ainsi, les frontières anciennes et modernes jouent toutes le rôle de séparation et de défense.

Selon Victor Prescott, la Grande Muraille avait pour but d'empêcher l'intrusion des nomades d'un côté, et l'exode des citoyens de l'autre.[193] Elle avait une fonction défensive. En parallèle, Owen Lattimore souligne qu'une frontière fixe répondait aux intérêts nationaux de la Chine. Elle protégeait tout ce qui convenait vraiment à la Chine, tout en isolant ce qui ne pouvait s'y adapter. La Grande Muraille était une manifestation de cette croyance.[194] Ainsi, la dynastie Han et les Xiongnus convinrent qu'aucune partie ne devait traverser la frontière de l'autre sans autorisation.[195] Les Tang déclarèrent que la fonction des barrières frontalières était de poser les limites avec les pays étrangers, de séparer les Hans des barbares, de renforcer la sécurité avec les forteresses, et de contenir les mauvais. Le traité de paix ente la dynastie Tang et l'empire tibétain comprenait également un accord selon lequel les deux parties devaient respecter les frontières délimitées,

---

188. « Ministres barbares – plaintes. » juan 997 dans Wang Qinruo. *Cefu yuangui* (litt. « *Tortue primaire du département des livres* »). Beijing : Zhonghua shuju, 1960. p. 11706.

189. « Empire du Tibet (deuxième partie). » juan 196 dans *Jiu Tang shu*. p. 52478.

190. James Watts. *Oppenheim's international law*. p. 60.

191. Wang Tieya (eds.). *Guoji fa*. Beijing : Falü chubanshe (Presse de droit), 1995. p. 243.

192. Victor Prescott. *Guoji bianjiang yu bianjie : falü, zhengzhi yu dili*. p. 141.

193. *Op. cit.* p. 34.

194. Lattimore. *Zhongguo de yazhou neilu bianjiang*. pp. 276-277 et p. 304.

195. « Chroniques des Xiongnus. » juan 110 dans *Shiji* (« *Registres du grand historien* »). Beijing : Zhonghua shuju, 1959. p. 2903.

et ne pas les envahir.[196] Tout cela montre que la frontière avait une fonction de séparation et de défense. La dynastie Song considérait également la frontière comme la séparation des Hans et des barbares, ainsi que la limite de l'État. Dans l'histoire, la conscience de « l'État délimité » de la Chine s'est probablement formée sous la dynastie Song. La Chine est progressivement sortie de l'imaginaire selon lequel elle dominait « un monde sous le ciel » sans limite, et où vivaient les Hans et les barbares. Elle commença à accepter la réalité d'un monde dans lequel toutes les nations se tenaient côte à côte, tout en fixant les frontières pour se distinguer des autres.[197] Ces points de vue concernant la dynastie Song ne sont pour autant pas complètement corrects.

En fait, les dynasties antérieures aux Song devaient également faire face à la réalité, en adoptant une approche souple face à des dilemmes complexes et divers. Dans le cas où les Plaines centrales étaient assez fortes pour maintenir un système tributaire centré sur elles-mêmes, il n'était pas nécessaire de définir des frontières avec les quatre barbares. Les frontières naturelles étaient suffisantes pour les isoler, assurer la sécurité et ne pas porter atteinte à la dignité de la « Chine ». Comme l'explique Xing Yitian, la Grande Muraille avait une double signification : « De façon idéale, la construction de la Grande Muraille signifiait que l'empereur chinois n'était pas capable de dominer toutes les tribus barbares, devenant le véritable maître du « monde sous le ciel ». Elle symbolisait l'impuissance et l'humiliation. Dans les faits, sa construction isolait les prairies du nord des zones agricoles du sud. Elle symbolisait une frontière infranchissable entre la civilisation et la barbarie, la Chine et l'étranger, les humains et les animaux, l'agriculture et le nomadisme. »[198] Les anciens préféraient utiliser les expressions qui protégeaient la dignité de la Chine, comme celle selon laquelle

> Les quatre barbares sont nés en dehors des frontières de nos ancêtres. Celles-ci sont délimitées à l'est par la mer, à l'ouest par les sables mouvants, au nord par le désert et au sud par les montagnes. C'est la volonté de l'empereur céleste qui veut isoler les barbares et les séparer de la Chine.[199]

La dynastie Song aurait pu avoir l'occasion d'inverser l'ordre entre les Hans et les barbares, et de changer sa position passive vis-à-vis des Liao, comme les Han et les Tang. Cependant, en raison de facteurs internes et externes, la situation continua à se détériorer, de sorte que les Xia occidentaux et le Giao Chi, eux aussi, s'opposèrent vivement à la dynastie Song. Ne pouvant pas prendre le dessus, celle-ci dut les reconnaître comme « États », et définir avec eux les frontières. Le peuple Song s'exclama : « Le mont Yan (une partie de la Grande Muraille) est comme un long serpent, s'étendant sur des milliers de kilomètres, et sépare les barbares des Hans. » ou bien « Le

---

196. « Fonctionnaires (II). » juan 43 et « Empire du Tibet (deuxième partie). » juan 196 dans *Jiu Tang shu.* p. 1839 et p. 5248.

197. Ge Zhaoguang. *Hewei « Zhongguo » : jiangyu, minzu, wenhua yu lishi.* p. 64 et p. 72.

198. Xing Yitian. *Tianxia yijia : huangdi, guanliao yu shehui* (« *La famille du « monde sous le ciel » : empereur, fonctionnaires et société* »). Beijing : Zhonghua shuju, 2011. p. 134.

199. « Biographie de Di Renjie. » juan 89 dans *Jiu Tang shu.* p. 2889.

mont Yan est installé par l'empereur céleste pour distinguer les Hans des barbares. »[200] Toutefois, cette frontière naturelle devenait de plus en plus inefficace. Les relations de la dynastie Song avec ses voisins étaient plutôt caractérisées par une confrontation équilibrée, même passive et humiliante. Il était sans précédent qu'une pression extérieure aussi forte affectait la gouvernance de la dynastie de manière si profonde et si durable que la démarcation complète des frontières avec les Liao, les Xia, le Giao Chi et les Jin devint un choix incontournable pour assurer la sécurité.

Par conséquent, la délimitation des frontières était une nécessité pour que la dynastie Song et ses États voisins qui l'affrontaient, maintinssent des relations normales. En d'autres termes, les fonctions de la frontière correspondaient à ce que voulaient deux pays qui était sur un pied d'égalité. Selon Tao Jinsheng, les anciens politiques chinois comprenaient que le maintien de la paix avec les étrangers était mis en avant par rapport à la relation tributaire. Puisque la paix était d'une importance primordiale, la politique étrangère devait être plus souple. Cela dit, en plus de l'ordre caractérisé par la supériorité des Hans par rapport aux barbares, la Chine établit également et fréquemment avec les pays étrangers des relations équivalentes. C'est-à-dire que lorsque l'ordre idéal ne pouvait pas être réalisé, il fallait accepter de telles « relations réelles ». Il en fut de même de la période des Printemps et Automnes et des Royaumes combattants jusqu'à la dynastie Tang. La Chine ancienne avait une forte tradition de maintenir un ordre centré sur elle-même, obligeant les pays voisins à lui déclarer leur soumission et à lui payer tribut. Cependant, il y avait aussi une autre tradition, à savoir celle d'entretenir des relations réciproques réelles avec les pays voisins.[201] Comme nous l'avons signalé plus haut, la délimitation des frontières constituait de réels besoins pour la dynastie Song, les Liao, et les Jin.

Si le processus de formation des frontières et leurs modèles sous la dynastie Song n'étaient pas révolutionnaires, est-ce qu'en revanche l'existence des frontières nationales et la conscience de la souveraineté nationale au cours de cette période, signifiaient-elles la formation claire d'une idéologie nationaliste auto-confirmée dans la Chine des Hans, ou un changement dans la conception de la distinction entre les Hans et les barbares, à savoir celle entre l'intérieur et l'extérieur ? La réponse est évidemment non. La délimitation des frontières sous la dynastie Song reflétait l'explication « idéale » et la réponse à la « réalité ». L'explication « idéale » devait insister sur le concept absolu, à savoir celui de la distinction entre les Hans et les barbares. En revanche, la réponse à la « réalité » exigeait des normes plus souples.[202] Qu'il s'agît de la frontière floue entre les provinces et les *Shuhu*, ou de la limite claire entre les pays, la fonction de ces frontières était de distinguer les Hans des barbares, c'est-à-dire la « Chine » de la « non-Chine ». Géographiquement, ce que la dynastie Song appelait « Chine » désignait les commenderies et les comtés sous son administration directe ainsi que les habitants sur son territoire. Xing Yitian

---

200. « Le mont Yan. » juan 16 dans *Luancheng ji*. p. 396. *Sanchao beimeng huibian*, juan 20, renchen, le 20 janvier, septième année de l'ère Xuanhe, p. 143.

201. Tao Jinsheng. *Song Liao guanxi shi yanjiu*. pp. 3-5 et p. 7.

202. Huang, Chunyan. « Concepts absolus et normes souples : l'utilisation des concepts de « Hua-Yi » et de « Chine » dans le champ politique de la dynastie Song. » *Nanguo xueshu* (« *South China Quarterly* »). Issue 2. 2019. pp. 305-320.

dit : « Depuis l'unification de la Chine par la dynastie Qin, en réalité, les seuls habitants qui lui obéissaient étaient ceux qui vivaient dans les commanderies et les comtés sous sa juridiction directe. »[203] Ces derniers composaient la « Chine » au vrai sens du terme de la dynastie Qin. Il en était de même pour les Song.

Sur le plan politique, la dynastie des Song du Nord ne trouvait pas que les Liao, les Xia et les autres groupes ethniques voisins faisaient partie de la « Chine ». Jia Changchao affirme : « Les pays à l'ouest, tels que Shazhou, Gyalsé, Mingzhu, et la tribu de Miezang, et les régimes près du nord, comme les Jürchens, le Goryeo et le Silla, qui échangent tous avec les Song, se trouvent maintenant isolés à cause des Xia et des Khitans. Nous pouvons envoyer des émissaires dans ces pays pour les inciter à venir à notre cour. Les Xia et les Khitans en seront mécontents et développeront de la méfiance à l'égard de ces pays. Semant ainsi la discorde, la Chine en tirera profit. »[204] De même, les différents groupes ethniques de *jimi*, eux non plus, ne faisaient pas partie de la « Chine ». Par exemple, à propos des tribus du sud-ouest, Wangjian occupaient Xichuan à la fin de la dynastie Tang sans lien avec la Chine. Les barbares de Xizhou ne connaissaient pas les rites chinoises. Les *Xidong* de Meishan étaient isolés de la Chine. Les barbares du Guangxi commencèrent à entrer en contact avec la Chine à partir de la dynastie Song, etc.[205] Nous pouvons constater que ce que la dynastie des Song du Nord appelait « Chine » au sens géographique ne concernait que les commanderies et les comtés sous sa juridiction directe. Sous la dynastie des Song du Sud, l'empereur et les ministres appelaient les Jin « Yidi » (« barbares ») lors de leurs discussions. Par exemple, l'empereur Song Xiaozong dit à propos des Jin : « Bien que les *Yidi* soient forts, ils ne pourront pas surpasser la Chine. »[206] Les termes « Lu » (« captif »), « Choulu » (« captif moche »), « Jinlu » (« captif Jin ») et « Yidi » étaient plus courants dans le discours des fonctionnaires. Par ailleurs, la loi concernant l'interdiction de l'usage des monnaies en cuivre sous la dynastie des Song du Sud comprenait l'article sur la « sortie de la Chine des monnaies en cuivre ».[207] Ici, la « Chine » désignait les commanderies et les comtés sous la juridiction directe de la dynastie des Song du Sud. Ainsi, nous pouvons constater que la « Chine » que la dynastie des Song du Sud voulait séparer des quatre barbares correspondait aussi aux commanderies et comtés sous son administration directe.[208] Au sujet de la séparation que la dynastie Song fit entre

---

203. Xing Yitian. *Tianxia yijia : huangdi, guanliao yu shehui*. Beijing : Zhonghua shuju, 2011. p. 124.

204. Jia, Changchao. « Rapport destiné à Renzong à propos de six points pour la défense des frontières. » juan 133 dans Zhu Ruyu (auteur). Centre de recherche sur l'histoire chinoise ancienne de l'Université de Beijing (correcteur). *Songchao zhuchen zouyi* (« *Rapports des fonctionnaires destinés aux empereurs des Song* »). p. 1483. Shanghai : Shanghai guji chubanshe, 1999. p. 1483.

205. « Biographie des barbares du Sud-Ouest. » juan 496, p. 14223 ; « Les barbares du sud-ouest (première partie). » juan 493, p. 14179 ; « Les barbares du sud-ouest (deuxième partie). » juan 494, p. 14196 et « Barbares (III). » juan 495, p. 14216 dans *Song shi*.

206. « Fontionnaires (52). » dans *Song huiyao jigao*. p. 4445.

207. *Jianyan yilai xinian yaolu*, juan 186, jiyou, octobre, 30e année de l'ère Shaoxing, p. 3615.

208. Dans « Concepts absolus et normes souples : l'utilisation des concepts de « Hua-Yi » et de « Chine » dans le champ politique de la dynastie Song » cité en amont, Huang Chunyan a également discuté des connaissances géographiques de la « Chine » sous la dynastie Song.

la « Chine » et les quatre barbares, la frontière « nationale » avec les régimes voisins et la frontière avec les *Shuhu* ne différaient essentiellement pas l'une de l'autre et avaient les mêmes fonctions.

En plus du concept de distinction entre les Hans et les barbares, l'autre outil d'interprétation utilisé par la dynastie Song était la « sinisation des barbares ». Les Song affirmèrent que les Khitans et les Xia occidentaux possédaient tout ce qu'avait la Chine. À ce propos, Confucius dit : « Ils (barbares) occupent le territoire des Chinois, asservissent ces derniers, utilisent leurs calendriers, imitent leur système de fonctionnaires, nomment leurs talents, lisent leurs livres, portent leurs costumes, se servent de leurs véhicules, et appliquent leurs lois. Ils agissent exactement comme les Chinois. Comment pourraient-ils être considérés comme d'anciens barbares ? » Les Liao sinisaient même toutes les réglementations, les reliques culturels, l'art culinaire et les vêtements. Ils ne ressemblaient plus aux Xiongnus sous la dynastie Han, ni aux Turcs sous la dynastie Tang, qui étaient des barbares, différents des Chinois.[209] Évidemment, ils étaient déjà des barbares presque « sinisés ». La dynastie des Song du Sud utilisa également la « sinisation des barbares » pour interpréter sa relation avec les Jin. Le disciple de Zhu Xi dit : « Jin Shizong applique une gouvernance bienveillante, et le peuple des Plaines centrales l'appelle 'Xiaoyaoshun' (litt. « petit Yao ou Shun »). » Zhu Xi lui répondit : « S'il pouvait gouverner à la manière de Yao et Shun, il serait libre de son choix d'être 'Dayaoshun' (litt. « grand Yao ou Shun »). »[210] Cela montre que l'empereur Jin était déjà un barbare sinisé. Il n'était donc pas préjudiciable à la dignité de la Chine de discuter de la délimitation des frontières avec de tels barbares. Cela offrait une explication raisonnable à la démarcation des frontières.

## 4. Conclusion

Il n'y avait pas de modèle frontalier unifié ni un seul principe de démarcation sous la dynastie Song. Divers modèles frontaliers, à la fois ambigües et claires, se formèrent à la suite de relations différentes et changeantes. Les principaux facteurs influençant ces modèles étaient la contrôlabilité et la confrontation des relations. Le degré de clarté d'une frontière était positivement proportionnel à l'antagonisme. Les frontières floues en pointillé existaient principalement entre les provinces de la dynastie Song et les *Shuhu* qui pouvaient être contrôlables et utilisés. Les frontières floues en flocons étaient délimitées généralement avec les régimes qui n'étaient pas antagonistes, ou qui ne se révélaient pas encore très hostiles. Les frontières claires en bandeau et linéaires étaient le résultat de la confrontation et du conflit entre la dynastie Song et les régimes étrangers. La recherche sur les modèles frontaliers nous permet de mieux comprendre l'étendue de la dynastie Song et les différents niveaux des frontières.

---

209. Han, Qi. « Rapport destiné à Renzong à propos de sept points pour la défense. » juan 134 et Fu, Bi. « Rapport destiné à Renzong à propos de treize stratagèmes pour la défense du Hebei. » juan 135 dans Zhao Ruyu. *Songchao zhuchen zouyi.* pp. 1493-1494 et p. 1502.

210. « Barbares. » juan 133 dans *Zhuzi yulei* (« *Recueil des propos de maître Zhu* »). Shanghai : Shanghai guji chubanshe ; Hefei : Anhui jiaoyu chubanshe, 2010. p. 4161.

La démarcation des frontières de la dynastie Song était avant tout une réponse à de réels problèmes de sécurité. Elle visait principalement à séparer les Hans des barbares, et à protéger les sources des impôts et de la corvée, et la sécurité de la « Chine », c'est-à-dire les commanderies et les comtés directement sous l'administration de la dynastie Song. Cela démontre qu'en plus de la construction d'un ordre caractérisé par la supériorité des Hans par rapport aux barbares, la dynastie Song adopta également une approche pragmatique dans ses relations avec les voisins. Du point de vue des fonctions de séparation et de défense de la frontière, qui séparait la « Chine » des quatre barbares, et le territoire chinois du territoire non-chinois, et qui protégeait la sécurité des commanderies et des comtés sous l'administration directe de la dynastie Song, la frontière entre les provinces et les *Shuhu*, et celle entre les États, s'avéraient essentiellement les mêmes, à ceci près que la première était issue d'une nécessité de se distinguer des barbares contrôlables, tandis que la seconde était le résultat d'une confrontation équilibrée. En effet, il n'y avait pas de différence réelle entre la frontière du « monde sous le ciel » et la frontière avec les États étrangers ou avec les préfectures de *jimi*.

Que ce fût en termes d'exemples historiques ou de ressources idéologiques, le processus de formation des frontières, leurs modèles et les concepts qu'elles incarnaient sous la dynastie Song s'inscrivaient généralement dans la continuité des différentes traditions. Ces dernières se traduisaient notamment par l'idéal du « monde sous le ciel », la réponse à la réalité, la distinction entre les Hans et les barbares, la « sinisation des barbares », la disparition progressive des frontières floues et le développement des frontières nettes. Cependant, la complexité et la diversité des relations environnantes auxquelles la dynastie Song était confrontée conduisirent à la coexistence de différents phénomènes, traditions et concepts qui avaient été historiquement présentés. La délimitation des frontières sous la dynastie Song était spécifique à son époque, mais elle n'était pas substantiellement transformatrice, encore moins « moderne » au sens d'un parcours historique occidental.

*CHAPITRE 6*

---

# Concepts absolus et normes souples : l'utilisation des concepts de « Hua-Yi » et de « Chine » dans le champ politique de la dynastie Song

La « Chine » ancienne fait depuis longtemps l'objet de recherches, et il existe une multitude de travaux sur ce sujet, mais principalement sur la signification de la « Chine » ancienne et ses changements. Pour aller plus loin dans cette étude, nous devons nous concentrer sur les dynasties, puisque « ces dernières sont précisément l'expression la plus caractéristique de la Chine ancienne »[1]. La dynastie Song se trouvait dans une situation de concurrence entre de nombreux pays, et a dû faire face aux « barbares » puissants, et au problème de sa propre « légitimité ». D'où est venu le grand dilemme concernant les deux questions de « Chine » et de « Hua-Yi ». Des études ont été menées sur la perception de la « Chine » et du « Hua-Yi » par la dynastie Song, à la fois en termes d'idéologie et de modèles relationnels.[2] Cet article vise à explorer comment les concepts de « Chine » et de « Hua-Yi » ont été utilisés dans la pratique politique de la dynastie Song. Il essaie de répondre aux questions qui jusqu'ici, n'ont pas été bien résolues. Autrement dit, comment la dynastie Song façonna-t-elle l'orthodoxie dans sa pratique politique en adhérant aux concepts absolus de « Hua-Yi » et de « Chine » ? Comment l'utilisation flexible de ces concepts permet-elle de répondre à des dilemmes réels, et de parvenir à l'adaptabilité et à l'unité entre les interprétations internes et externes ?

---

1. Lou, Jin. « Quelques questions sur le récit et la construction de la "Chine" ces dernières années. » *Zhongguo shehui kexue pingjia* (« *Évaluation chinoise des sciences sociales* »). Issue 1. 2017. pp. 42-57.

2. Tao Jinsheng. *Song Liao guanxi shi yanjiu & Song Liao jian de pingdeng waijiao guanxi* (« *Études de l'histoire des relations entre les Song et les Liao-Relations diplomatiques équivalentes entre les Song et les Liao* »). Taipei : Linking Publishing Company, 1984. Morris Rossabi. *China Among Equals : The Middle Kingdom and Its Neighbors, 10th-14th Centries.* Berkeley : University of California, 1983. Ge, Zhaoguang. « L'émergence de la conscience de "Chine" sous la dynastie Song – une source éloignée de réflexion philosophique sur le nationalisme moderne. » *Wen shi zhe* (« *Littérature, histoire et philosophie* »). Issue 1. 2004. pp. 5-12.

## 1. Dilemmes concernant le concept de « Hua-Yi » et réponses

Après son établissement, la dynastie Song se proclamait légitime sur le territoire chinois, et insistait sur le concept absolu de « Hua-Yi » pour s'expliquer. Ce concept était basé sur deux aspects essentiels : premièrement, les *Hua*, à savoir les Hans, étaient supérieurs, tandis que les *Yi*, c'est-à-dire les barbares, étaient inférieurs ; deuxièmement, les *Hua* se distinguaient des *Yi*. L'ordre établi sur ce concept était vertical, en unifiant les Hans et les barbares, avec le dirigeant des premiers comme empereur. Cependant, depuis sa fondation, la dynastie Song était confrontée à l'énorme dilemme concernant le concept de « Hua-Yi », dans ses relations environnantes. Après des décennies de guerre avec les Liao, la dynastie des Song du Nord perdit progressivement sa force, et signa finalement avec l'ennemi le traité de Shanyuan au cours de la première année de l'ère Jingde (1004), qui établit entre les deux parties un rapport d'égal à égal. Ce faisant, la dynastie Song était la première dynastie « légitime » à établir par la signature des traités une relation d'égalité avec un État « barbare » (la dynastie Liao). Ainsi, le titre d'empereur fut utilisé par chacune des deux parties, qui bénéficiaient d'un statut égal dans les échanges diplomatiques. Par ailleurs, la dynastie Song devait verser annuellement une somme d'argent aux Liao. À ce propos, Chen Liang affirma : « La dynastie Song conclut une alliance avec les Khitans, et partage le titre d'empereur, ce qui est sans précédent. »[3] Sous le règne de Song Renzong, les fonctionnaires prétendirent : « Tous vivent en paix dans le "monde sous le ciel" unifié. Les Hans et les barbares sont une famille. » Pourtant, en réalité, il y avait encore des *Man* (litt. « brutes ») du Sud qui osaient tuer les fonctionnaires nommés par le fils du Ciel, des *Di* de l'Ouest qui se faisaient rois, et des *Rong* du Nord qui se proclamaient empereur. La dynastie Song était donc confrontée à un dilemme : « Les quatre barbares ne sont pas soumis, la Chine n'est pas respectée, et il n'y a pas de fait de "monde sous le ciel" unifié. »[4] Après l'incident de l'ère Jingkang, la dynastie Jin traversa le fleuve Yangtsé à la poursuite des Song, et Zhao Gou était contraint de fuir par la mer. Les Song dirent à ce propos :

> Pendant longtemps, les troubles des barbares n'ont jamais atteint le sud du fleuve Yangtsé. Des années durant, les Qin, Qi, Jin et Wei ont été brutalisés par les barbares. Ces derniers ont pillés complètement les Plaines centrales, à l'exception du fleuve Yangtsé qu'ils n'osaient pas traverser.[5]

Jusqu'au traité de l'ère Shaoxing, la dynastie Song déclara sa soumission aux Jin, et leur paya

---

3. « Questions & Réponses. » dans Chen Liang. *Longchuan ji* (« *Recueil de Longchuan* »). tome 1171 dans *Siku Quanshu* (« *Livres complets des Quatre magasins* »), Wenyuan Ge (Belvédère de la profondeur littéraire). Taipei : The Commercial Press, 1990. p. 537.

4. « Essai fondamental. » dans Ouyang Xiu. *Ouyang Xiu quanji & Jushi waiji* (« *Collection complète d'Ouyang Xiu & Recueil (complémentaire) de Jushi* »). Beijing : Zhonghua shuju (Société de livres de Zhonghua), 2001. p. 621.

5. « Un rapport destiné au vice-directeur de la Chancellerie. » dans Su Zhou. *Shuangxi ji* (« *Recueil de Shuangxi* »). tome 1136 dans *Siku Quanshu*, Wenyuan Ge. p. 186.

tribut. L'ordre entre les Hans et les barbares était alors totalement inversé, ce qui était une situation sans précédent. Quant aux régimes ethniques voisins bien moins puissants que les Liao et les Jin, tels que le Giao Chi, les Xia occidentaux et les Tibétains, qui faisaient partie de « l'ancien territoire des dynasties Han et Tang », bien qu'ils fussent considérés comme des vassaux par la dynastie Song, ils pratiquaient tous le système impérial chez eux, ou utilisaient le titre de tsenpo (titre donné au dirigeant de l'empire du Tibet).[6] Le royaume de Dali pratiquait également le système impérial. Nous pouvons voir que le problème auquel la dynastie Song devait faire face n'était pas l'invasion occasionnelle du territoire par les barbares, mais une « perturbation » de l'ordre politique sous-jacent.

En fait, depuis sa fondation, la dynastie Song était toujours confrontée à une pression énorme et persistante de la part des barbares, et ne réussit pas à prendre le dessus. En ce qui concernait les deux questions de « Chine » et de « Hua-Yi », d'une part, la dynastie Song dut souligner la distinction entre les Hans et les barbares, pour interpréter sa légitimité ; d'autre part, elle était obligée d'établir des relations équivalentes avec des barbares, et de se soumettre à eux. Pour une dynastie légitime, le concept de « Hua-Yi » était censé être à la fois un principe de base de la politique intérieure, et une idée fondamentale pour établir et interpréter les relations avec les régimes et les groupes ethniques voisins. Cependant, sous la dynastie Song, il ne s'agissait pas d'un principe universellement diffusé aux quatre coins de l'empire, puisque ce dernier établit des rapports d'égal à égal avec les barbares, leur déclara sa soumission, et même permit aux divers régimes et groupes ethniques faisant partie de « l'ancien territoire des dynasties Han et Tang » de pratiquer chez eux le système impérial. Un tel schéma de perturbation de l'ordre distinguant les Hans des barbares ne pouvait jamais être reconnu, ni devenir un discours public dans l'arène politique intérieure des Song. Dans le cas contraire, l'empereur Song ne serait plus le fils du Ciel légitime, qui unifiait les Hans et les barbares. Toutefois, la distinction absolue entre les Hans et les barbares ainsi que l'ordre établi sur celle-ci ne pouvaient pas être appliqués aux relations politiques réelles de la dynastie Song avec les Liao, les Jin, ou même avec le Giao Chi et les Xia occidentaux, qui ont déjà mis en œuvre le système impérial chez eux. Dans ce cas-là, la dynastie Song adopta dans sa pratique politique une approche flexible à l'extérieur, et des concepts absolus à l'intérieur. En d'autres termes, elle adopta une approche flexible concernant les perturbations de l'ordre entre les Hans et les barbares par les régimes voisins, en fonction des relations qu'elle entretenaient avec eux, tout en faisant du concept de « Hua-Yi » un discours absolu dans l'arène politique intérieure.

Tout au long du règne de l'empereur Song Taizu, et durant les premières années de Song Taizong, la dynastie Song avait pour objectif d'inverser l'ordre avec les Liao qui, considérés comme barbares, faisaient toujours l'objet de la conquête. Si la dynastie Song arrivait à soumettre les Liao, elle pourrait alors établir un ordre politique qui unifierait les Hans et les barbares, à

---

6. La dynastie des Song du Nord considéra progressivement les Xia occidentaux, l'empire du Tibet (Hehuang), le Giao Chi et le Youyun comme « l'ancien territoire des dynasties Han et Tang ». Cf. Huang, Chunyan. « L'expansion territoriale de Song Shenzong au nom de "l'ancien territoire des dynasties Han et Tang". » *Lishi yanjiu* (« *Recherche historique* »). Issue 1. 2016. pp. 24-39.

l'instar des dynasties Han et Tang qui avaient vaincu respectivement les Xiongnus et les Turcs. Cependant, l'échec de la bataille de la rivière Gaoliang au cours de la quatrième année de l'ère Taiping Xingguo (979) et celui de l'expédition nord la troisième année de l'ère Yongxi (986) ont conduit la dynastie Song à abandonner progressivement son objectif de conquérir ou même de détruire les Liao. Son attitude et son approche envers ces derniers ont également changé. Puis, par la signature du traité de Shanyuan, la dynastie Song établit une relation équivalente avec les Liao. En ce qui concernait l'ordre entre les Hans et les barbares, les deux parties utilisaient toutes le titre d'empereur, et leurs propres calendriers. D'ailleurs, les lettres de créance échangées entre elles se référaient toutes au titre d'empereur. Chen Liang, cité plus haut, a affirmé que la dynastie Song partageait le titre d'empereur avec les Liao, ce qui était sans précédent. En effet, une concurrence impériale existait déjà auparavant. Le fait que la Chine utilisait le titre d'empereur dans les lettres de créance destinées aux barbares était plutôt sans précédent. Par ailleurs, depuis le serment de l'ère Jingde, les deux pays avaient recours à leurs propres noms d'année dans les lettres de créance. Dans les activités diplomatiques, ils se servaient également de leurs calendriers respectifs. Par exemple, lorsque Su Song était en mission chez les Khitans, c'était juste le jour du solstice d'hiver. Comme le calendrier des Song précédait d'un jour celui des Liao, ces derniers ont demandé à Su Song lequel était le bon. Celui-ci a déclaré :

> Les calendriers des deux dynasties diffèrent peu dans l'arithmétique, et sont légèrement en avant ou en retard. Si nous prenons l'heure *hai* (21h00-23h00), aujourd'hui est un jour férié. Si nous prenons l'heure *Zi* (23h00-13h00), à savoir quelques instants plus tard, ce sera demain. Chacun peut suivre le calendrier de sa propre dynastie, que ce soit avant ou après.[7]

Les Liao furent convaincus, et tout le monde choisit son propre jour férié. Après le retour de Su Song dans son pays, l'empereur Song Shenzong, bien content, lui avoua : « J'ai réfléchi à ce point très difficile, mais ce que vous avez dit est très raisonnable. »[8] La raison pour laquelle cette question était la plus difficile à traiter s'explique par le fait que le calendrier était une question d'orthodoxie.

Après la guerre de l'ère Yongxi entre les Song et les Liao, le Goryeo passa progressivement sous le contrôle de ces derniers, et leur prêta allégeance. Malgré l'entretien de relations avec la dynastie Song, le Goryeo ne s'y soumit pas. Plus précisément, depuis la capitulation du roi Wang Hui, le Goryeo continuait les échanges diplomatiques avec les Song. Cependant, il recevait les titres officiels de la part de la dynastie Liao, et considérait cette dernière comme souveraine. Certains de ses rapports destinés aux Song utilisaient même les noms d'année de la dynastie Liao, comme celui de Jiazi.[9] Il est arrivé qu'un émissaire du Goryeo fût envoyé pour faire un rapport à

---

7. « Biographie de l'ancien académicien du palais de Guanwen maître Su (Song). » dans Zou Hao. *Daoxiang ji* (« Recueil de Daoxiang »). tome 1121 dans *Siku Quanshu*, Wenyuan Ge. p. 517.

8. *Ibid.*

9. « Chronique du Goryeo. » dans Tuotuo (Toqto'a). *Song shi* (« Histoire des Song »). Beijing : Zhonghua shuju, 1977. p. 14049.

la dynastie Song, où a été écrit par erreur le nom d'année des Liao. La dynastie Song a rejeté son rapport.[10] L'utilisation de l'année des Liao lui était inacceptable. Toutefois, à l'exception de rares cas, où par exemple Su Shi, alors inspecteur préfectoral (*tongpan*) de Hangzhou dans l'ère Xining, demanda à l'envoyé du Goryeo de changer le nom de Jiazi pour celui de la dynastie Song[11], cette dernière approuvait le plus souvent que les Coréens n'écrivaient pas ses années, afin de maintenir ses relations avec les Liao.

La dynastie des Song du Nord a utilisé la même formule de document, et les mêmes rituels diplomatiques à l'égard des pays et régimes en dehors de ses frontières, à l'exception des Liao, envers lesquels elle se servait de « lettres » pour marquer une relation équivalente. Plus précisément, excepté les Liao, et les Jin sous les règnes de Huizong et Qinzong, la dynastie des Song du Nord utilisait les termes qui trahissaient son statut de suzerain, tels que *zhao* (« décret »), *zhi* et *chi* (« édit »), dans les documents destinés aux régimes politiques comme les Xia occidentaux, le Goryeo, le Giao Chi et l'empire du Tibet. Par exemple,

> « *Zhao* en réponse au maître d'État des Xia qui a prié de recevoir plus tôt l'investiture » « *Zhao* pour pacifier la tribu barbare de Qinzhou, Shangboyu » « *Zhi* au roi du Dali Duan Heyu pour lui accorder plus de faveurs » « *Zhi* faisant de Wang Zhou le roi du Goryeo » « *Zhi* nommant comme avant Gyalsé gouverneur militaire régional de la région d'Hexi, et lui octroyant le nouveau titre de ministre méritant » « *Chi* pour récompenser le roi de commanderie du Giao Chi, Li Gande » « *Chi* pour conférer la cinquième année de l'ère Tianshing aux Ouïgours de Ganzhou ».[12]

En même temps, une formule différente a été utilisée pour les Liao.
Su Zhe accusa la dynastie Song de son attitude envers les Liao :

> Honorer les ignorants barbares, se lier d'amitié avec eux et leur payer les pièces, les traiter comme des frères dans un pays fraternel, et les adorer comme des fils fiers, sans oser contredire leurs désirs, tout cela suffit à gâcher l'esprit des patriotes, et à faire croître l'arrogance des barbares.[13]

Su avait raison d'affirmer que la dynastie Song n'osait guère contredire les désirs des Liao. En fait, tant que ces derniers consentiraient à établir un rapport d'égal à égal avec la dynastie Song, celle-ci pouvait tout accepter, y compris la concession de terres, le versement annuel des pièces

---

10. « La famille honorable de Xuanzong. » dans Zheng Linzhi. *Gaoli shi* (« *Histoire du Goryeo* »). Beijing/Chongqing : Renmin chubanshe (Maison d'édition du peuple)/Southwest Normal University Press, 2018. p. 293.

11. « Biographie de Su Shi. » dans Tuotuo. *Song shi.* p. 10808.

12. Si Yizu (correcteur). *Song dazhaoling ji* (« *Collection des édits impériaux de la dynastie Song* »). Bejing : Zhonghua shuju, 1962. p. 916, p. 923, p. 932, pp. 935-936, p. 942, et p. 946.

13. « Sur les *Di* du Nord. » dans Su Zhe. *Luancheng yingzhao ji* (« *Recueil des réponses aux décrets impériaux de Luancheng* »). Shanghai : Shanghai guji chubanshe (Maison d'édition classique de Shanghai), 1987. p. 1622.

de monnaie, et même l'apparentement. Selon certains spécialistes, la dynastie Song rejetait tout mariage avec les autres régimes.[14] Il semblait que sur ce point, la même norme fût appliquée aux Liao ainsi qu'aux autres régimes. Néanmoins, en réalité, la dynastie des Song du Nord pouvait accepter de s'apparenter avec les Liao, et étaient de plus prête à le faire. Par exemple, pendant les années de Qingli, Fu Bi se rendit chez les Liao. Pour essayer de satisfaire les demandes de l'ennemi, qui réclamait de la terre, et qui voulait faire alliance par le mariage, il apportait avec lui deux lettres de créance et trois lettres de serment, envisageant ainsi plusieurs possibilités, y compris l'apparentement. Enfin, la négociation se termina par l'augmentation du montant que la dynastie Song devait payer chaque année aux Liao.[15] Wang Gongchen dit à ce propos : « Votre Majesté n'a qu'une fille. Si l'on (les Liao) demandait de s'apparenter avec nous, comment pourrions-nous faire ? » L'empereur Song Renzong lui répondit : « Comment pourrais-je ne pas sacrifier une fille pour le bien du pays ? »[16] En fin de compte, la dynastie Song recourut à des moyens économiques et évita de s'apparenter avec les barbares.

Comme la dynastie des Song du Nord ne pouvait pas inverser l'ordre entre les Hans et les barbares avec les Liao afin d'atteindre l'objectif d'unification, et par souci d'interprétations politiques et de relations de *realpolitik*, elle établit progressivement les confins de « l'ancien territoire des dynasties Han et Tang », incluant le Giao Chi, les Xia occidentaux, l'empire du Tibet (Hehuang) et le Yanyun. L'interaction politique avec les régimes compris dans « l'ancien territoire des dynasties Han et Tang » était d'une grande importance pour démontrer le concept de « Hua-Yi ». Depuis sa fondation par Đinh Bộ Lĩnh, le Giao Chi mit en place le système impérial. En 1038, les Xia occidentaux appliquèrent eux aussi le système impérial, alors que le chef de l'empire du Tibet était appelé « tsenpo ». Au début, la dynastie Song reprocha au Giao Chi et aux Xia occidentaux de pratiquer le système impérial chez eux, allant même jusqu'à régler cette affaire par la force. Đinh Bộ Lĩnh nomma son pays nouvellement fondé « Đại Cồ Việt », et fixa les rituels de cour. Les ministres lui donnèrent le titre d'empereur Dashengming.[17] La troisième année, le pays commença à utiliser le nom d'année « Taiping ». Informée de tout cela, la dynastie Song envoya une lettre à Đinh Bộ Lĩnh, en le réprimandant pour ses excès, et l'avertit : « Vos actes amèneraient la

---

14. Cui Mingde affirme que la dynastie Song refusa de s'apparenter avec les Liao et les Xia occidentaux en raison de préjugés ethniques. Cf. « Examen préliminaire du concept d'apparentement sous la dynastie Song. » *Yantai daxue xuebao* (« *Journal de l'Université de Yantai* »). Issue 3. 2006. pp. 24-36. Selon Jiang Chunhui, la dynastie des Song du Nord refusa fermement l'apparentement également en raison de sa supériorité culturelle et de sa politique de « prendre garde à tout risque interne tout en négligeant les menaces externes ». Cf. « Une analyse des raisons du refus des Song de s'apparenter (avec les barbares). » *Hubei shifan xueyuan xuebao* (« *Journal de l'Université normale du Hubei* »). Issue 2. 2009. pp. 82-87.

15. Li Tao. *Xu Zizhi tongjian changbian* (« Longue ébauche de la continuation du *Zizhi tongjian* (« *Miroir compréhensif pour aider le gouvernement* ») »), juan 85, guihai, septembre, deuxième année de l'ère Qingli. Beijing : Zhonghua shuju, 2004. p. 3291.

16. Wei Tai. *Dongxuan bilu* (« *Notes de Dongxuan* »). tome 8 dans *Quansong biji* (« *Notes des Song* »). deuxième édition. Zhengzhou : Daxiang chubanshe (Presse d'éléphant), 2006. p. 68.

17. « Annales de la dynastie Đinh. » dans Wu Shilian. *Dayue shiji quanshu & Benji quanshu* (« *Annales complètes du Vietnam & Annales complètes courantes* »). Tokyo : Dongji daxue dongyang wenhua yanjiusuo (Institut de culture orientale de l'Université de Tokyo), 1984. p. 181.

cour impériale jusqu'à prendre des mesures extrêmes. Au moment où vous aurez été puni, ce sera trop tard de regretter »[18]. Le Giao Chi ignora cet avertissement. Au cours de la cinquième année de l'ère Taiping Xingguo (980), la dynastie Song envoya des troupes au Giao Chi, et le qualifiait d'État illégitime qui s'en est séparé[19], sans pour autant atteindre son objectif de le « récupérer ». Par la guerre de l'ère Xining, la dynastie Song chercha de nouveau à le restaurer en tant que comtés, mais en vain. En fin de compte, le Giao Chi fut autorisé à pratiquer le système impérial chez lui, mais dut respecter les rituels tributaires, et reconnaître la supériorité de la dynastie Song dans ses relations avec cette dernière. Il reçut de la part des Song des titres officiels de district militaire, et leur déclara sa soumission.

Les Xia occidentaux n'étaient pas à l'origine ennemis de la dynastie Song, et étaient plutôt ses vassaux. Dans ce contexte, la cour impériale était déterminée à utiliser la force contre Yuanhao, qui se proclama empereur. Aux yeux de la dynastie Song, dans son propre ordre tributaire, elle contrôlait les pays barbares depuis 90 ans. À l'exception de la famille Yelü, l'ensemble des barbares seraient des vassaux placés sous le système de *Jimi*. Ceux qui n'étaient pas soumis au *Zhongguo* (litt. « pays du Milieu ») lui auraient fait honte. De là, la bataille contre les Xia occidentaux fut lancée. Le but était de les restaurer comme son district militaire. Cependant, la dynastie Song n'a remporté aucune victoire dans les guerres contre les Xia occidentaux. Elle ne pouvait ni réprimer leur désobéissance, ni abolir leur nom d'année, pour les obliger à observer les rites vassaux. Elle ne pouvait qu'accepter de payer annuellement aux Xia une somme d'argent conséquente, afin de maintenir son statut politique de suzerain dans ses relations avec ces derniers, qui étaient permis pour autant de continuer à pratiquer le système impérial en leur sein. Yin Zhu interrogea : « Si c'est le cas, alors cette soumission est-elle bénéfique pour nous ou pour les Xia occidentaux ? »[20] En réalité, il s'agissait d'une approche flexible pour les deux parties, chacune avec ses propres avantages et compromis lorsque la réalisation des objectifs souhaités était difficile. L'attitude de la dynastie Song envers le chef tibétain de Hehuang, qui s'appelait lui-même « tsenpo », était la même que celle envers le Giao Chi et les Xia occidentaux. C'est-à-dire qu'elle lui octroyait des titres officiels d'un côté, tout en lui permettant de pratiquer le système impérial chez lui. En premier lieu, la dynastie Song refusa de reconnaître officiellement le titre de « tsenpo ». Le chef tibétain, Lizun, a requis à plusieurs reprises le titre de « tsenpo ». La dynastie Song considérait pourtant que ce dernier était synonyme du Khan. Si elle autorisait un tel titre, elle reconnaîtrait l'empire du Tibet comme « État », ce qui remettrait en cause son statut politique de suzerain. De la sorte, elle n'a accordé à Lizun que le titre de gouverneur militaire régional (*jiedushi*) de Baoshun.[21] De même, pour les successeurs de Gyalsé, la dynastie Song ne conférait que les titres officiels de

---

18. « Annales de la dynastie Đinh. » dans *Yue shi* lüe (« *Histoire du Vietnam* »). tome 466 dans *Siku Quanshu*, Wenyuan Ge. p. 573.

19. « L'édit impérial de Taizong sur la conquête du Giao Chi en août de la cinquième année de l'ère Taiping Xingguo. » dans Li Ze. *Annan zhilüe* (« *Chronique de l'Annam* »). Beijing : Zhonghua Shuji, 2000. p. 60.

20. « Discussions sur la soumission des Xia : sincère ou hypocrite. » juan 8 dans Yin Zhu. *Henan ji* (« *Recueil de M. Henan* »). tome 1090 dans *Siku Quanshu*, Wenyuan Ge. p. 37.

21. « Chronique de l'empire du Tibet. » et « Biographie de Cao Wei. » dans Tuotuo. *Song shi*, p. 14160 et p. 8986.

district militaire, au lieu de ceux d' « État ».

La politique et l'attitude de la dynastie des Song du Sud envers les Jin brisèrent le concept de « Hua-Yi » dans une mesure beaucoup plus grande. La dynastie des Song du Nord conclurent l'Alliance maritime avec les Jin. Elle voulait à l'origine établir son statut politique de suzerain *de facto* vis-à-vis de l'ennemi, par le biais des édits impériaux, et l'octroi de titres aux envoyés des Jin. Tous ces actes furent contestés, et rejetés par l'empereur Jin Taizu. Dans ce cas-là, les deux parties ont finalement conclu l'alliance sur un pied d'égalité.[22] Au cours de la deuxième bataille de Kaifeng, l'empereur Song Qinzong présenta une lettre de reddition, dans laquelle il demandait de se soumettre à la dynastie Jin, en la reconnaissant comme étant légitime. Au pied de la lettre, il se nommait « sujet », et utilisait l'année des Jin : « Avec crainte et trépidation, moi, votre sujet, incline la tête. Je me soumets à vous respectueusement. En décembre de la quatrième année de l'ère Tianhui. »[23] La dynastie Jin l'ignora. Au cours de la troisième année de l'ère Jianyan (1129), l'empereur Song Gaozong exprima à la dynastie Jin sa volonté : « Je suis tout prêt à retirer mon titre honorifique, et à mettre en application votre calendrier en tant que l'un de vos vassaux. » De plus, il promettait : « Je supprimerai le nom de la dynastie, et tout le "monde sous le ciel" appartiendra au grand pays des Jin. Je ne déclarerai ma soumission qu'à vous. »[24] La dynastie Jin l'ignora de nouveau. Jusqu'à la huitième année de l'ère Shaoxing (1138), la paix fut enfin négociée, et une relation entre suzerain et vassal a été établie. La dynastie Jin a intronisé le roi Kang comme gouverneur des Song, qui serviraient de vassaux pendant des générations[25]. L'empereur Song Gaozong accepta toutes les demandes de la dynastie Jin, telles que le paiement du tribut annuel, et la réception de décrets impériaux à genoux. Bien que le statut des Song se fût amélioré grâce à l'accord de paix de l'ère Longxing, il y avait toujours une relation entre suzerain et vassal *de facto* dans les rituels diplomatiques.

Comme nous l'avons vu ci-dessus, la dynastie Song fit preuve d'une grande flexibilité dans l'utilisation du concept de « Hua-Yi » pour ses relations avec les Liao, les Jin, le Giao Chi et les Xia occidentaux. Ces ajustements étaient basés sur les rapports de force entre la dynastie Song et ces régimes, y compris les affrontements militaires. Nous pouvons même dire qu'ils étaient imposés par les défaites militaires. Si la dynastie des Song du Sud ne pouvait plus se mettre sur un pied d'égalité avec les Jin, jusqu'à les supplier d'entretenir une relation entre suzerain et vassal, c'était surtout à cause de son infériorité militaire. La dynastie Song ne pouvait développer ses relations politiques avec ces régimes dans un contexte réaliste qu'en adoptant une approche flexible du concept de « Hua-Yi ».

---

22. Xu Mengshen. *Sanchao beimeng huibian* (« *Annales des relations avec les Jin sous trois empereurs des Song* »), le premier mars, cinquième année de l'ère Xuanhe. Shanghai : Shanghai guji chubanshe, 1987. p. 103.

23. « Texte de reddition du seigneur des Song. » dans Auteur Inconnu. *Dajin diaofa lu* (« *Registres des conquêtes de la grande dynastie Jin* »). Congshu jicheng chubian (« *Première édition de la série de livres intégrés* »). Beijing : Zhonghua shuju, 1985. p. 82.

24. Li Xinchuan. *Jianyan yilai xinian yaolu* (« *Registres annuels des événements les plus importants depuis l'ère Jianyan* »), dingmao, août, troisième année de l'ère jianyan. Beijing : Zhonghua shuju, 2013. p. 524.

25. « Biographie de Zong Bi. » dans Tuotuo (Yuan). *Jin shi* (« *Histoire des Jin* »). Beijing : Zhonghua Shuju, 1975. p. 1756.

La dynastie des Song du Nord paya une somme annuelle aux Liao, et la dynastie des Song du Sud déclara sa soumission aux Jin. Ce renversement de l'ordre entre les Hans et les barbares a fait de la dynastie Song une puissance de second rang en Asie de l'Est. Il avait également un impact et une pression énormes sur la légitimité de l'empereur Song, et sur son identité en tant que maître commun des Hans et des barbares dans la politique intérieure. Les interprétations dans le champ politique intérieur s'avéraient alors particulièrement importantes. Dans ce champ politique, la cour Song devait adhérer strictement au concept de « Hua-Yi ». De plus, elle construsait et interprétait cet ordre en recourant à trois moyens : les institutions juridiques, les activités tributaires et le discours politique, de sorte que ce concept devint absolu. L'établissement des institutions juridiques cherchait avant tout à fixer l'élément ou le *de* (litt. « vertu » ou « puissance »), pour établir la légitimité. Au début de la dynastie Song, Zhao Kuangyin fixa le nom de l'État (Song), et celui de l'année (Jianlong), établissant ainsi la position orthodoxe. Dès la première année de l'ère Jianlong (960), la cour Song affirma : « Nous sommes héritiers de la dynastie Zhou, qui représente la vertu du bois. Comme le bois donne naissance au feu, notre dynastie représente la vertu du feu. »[26] À l'instar de la dynastie Tang, elle était le successeur légitime du Mandat du Ciel, à savoir la vertu. Une autre façon d'interpréter l'ordre de « Hua-Yi » était de recourir aux rituels de consécration politiques. Pour cela, nous citons notamment la grande cérémonie de Nanjiao (litt. « banlieue sud »), et le rituel sacrificiel de *Fengchan*, qui étaient les plus représentatifs. En organisant le grand rituel de Nanjiao, la dynastie Song voulait montrer l'ordre de « Hua-Yi » : « Les Hans et les barbares sont réunis dans le rire. Tout l'univers est en harmonie. » ou « Les quatre barbares sont tous invités, et toutes les nations vassales sont bien gouvernées. »[27] De plus, il fallait que les barbares envoyassent leurs félicitations, et même s'y présentassent, pour créer une image que la dynastie Song était soutenue à la fois par les Hans et les non-Hans. Lors du rituel de Nanjiao dans la deuxième année de l'ère Zhidao (996), le chef des barbares de Fuzhou, Xiang Tonghan, écrivit à la cour impériale, en affirmant : « L'homme saint pratique le rituel sacrificiel en banlieue, et ses grâces se répandent dans le monde entier. » De plus, il demanda à cette occasion de se faire introniser.[28] La troisième année de l'ère Jianyan, lors du rituel de Nanjiao, le roi du royaume de Dupo a été nommé inspecteur général, et s'est vu conférer la terre de noble tenure, dont il pouvait récolter les impôts.[29] Dès lors, jusqu'à la troisième année de l'ère Chunxi, à savoir pendant 48 ans, le roi du royaume de Dupo a été anobli pour 18 fois.[30] Néanmoins, sous la dynastie des Song du Sud, il n'existait aucune trace d'une seule visite de ce royaume. L'anoblissement est devenu plutôt une forme rituelle pour montrer l'ordre de « Hua-Yi », et n'avait pas besoin d'être lié à l'hommage

---

26. « Divination (I). » dans Xu Song (ed.). *Song huiyao jigao* (« *Ébauche de compilation de documents importants de la dynastie Song* »). Shanghai : Shanghai guji chubanshe, 2014. p. 2679.

27. « Décret destiné à gracier le "monde sous le ciel" à l'occasion de la cérémonie de Nanjiao dans la quatrième année de l'ère Chunhua. » et « Décret destiné à gracier le "monde sous le ciel" à l'occasion de la cérémonie de Nanjiao dans la première année de l'ère Yuanfu. » dans Si Yizu (correcteur). *Song dazhaoling ji*. p. 409 et p. 416.

28. « Les barbares du sud-ouest (première partie). » dans Tuotuo. *Song shi*. p. 14174.

29. « Chronique du royaume de Dupo. » dans Tuotuo. *Song shi*. p. 14093.

30. Huang Chunyan. *Songdai chaogong tixi yanjiu* (« *Études du système tributaire à l'époque des Song* »). Beijing : The Commercial Press, 2014. p. 139.

réel. En d'autres termes, comme le dit l'empereur Song Gaozong : « À l'occasion des rituels de consécration en périphérie dans le futur, la priorité pourrait être accordée aux représentants étrangers pour qu'ils puissent rendre hommage. Notre peuple sait alors que la cour impériale a l'autorité sur les barbares. »[31] Les rituels sacrificiels, organisés sous le règne de l'empereur Song Zhenzong, visaient également à créer une situation où les quatre barbares étaient soumis :

> Les Khitans veulent faire alliance, et les Xia occidentaux demandent des titres de fonctionnaires. Tout cela est dû au prestige et à la vertu de Votre Majesté. Notre dynastie connaît des âges d'or comme dans les années de l'ère Zhenguan et de l'ère Kaiyuan des Tang. Les quatre barbares nous déclarent leur soumission, et l'autorité impériale s'impose parmi les *Rong* et les *Di*.[32]

Au moment de la cérémonie de *Fengchan*, les barbares des *Xidong* (groupes ethniques du sud-ouest) ont présenté des objets précieux au Mont Tai.[33] De plus, les pays barbares tels que le Califat islamique et le Champā, ont envoyé leurs émissaires au Mont Tai pour assister à la cérémonie.[34] Par ailleurs, un certain habitant arabe a offert un jade. Selon lui, ce jade se transmet sur cinq générations, spécifiquement pour le moment où le saint souverain chinois célébrerait la cérémonie de *Fengchan*[35]. Il est évident que dans le champ politique intérieur, l'ordre de « Hua-Yi » était la plupart du temps créé par la dynastie Song de sa propre initiative, avec des images réelles et imaginaires. Elle visait en général à démontrer la nature absolue de cet ordre.

Les activités tributaires étaient une expression typique de l'ordre de « Hua-Yi ». Les rituels et les documents tributaires pouvaient montrer le statut orthodoxe de la dynastie Song. Concernant les rituels, ceux que pratiquaient les envoyés des Xia occidentaux, du Goryeo, du Giao Chi, des pays d'outre-mer et des barbares de *jimi*, lorsqu'ils venaient rendre hommage, et ceux qu'ils suivaient quand ils prenaient congé, pouvaient tous interpréter l'ordre de « Hua-Yi ». Les envoyés tributaires étaient tenus d'accomplir les rituels tels que « s'agenouiller », « s'incliner à nouveau », « se prosterner », et « danser ». Les émissaires des Khitans devaient également s'agenouiller et danser, mais ils ne se prosternaient pas. De plus, ils pratiquaient le rituel de danse selon les normes de leur propre pays.[36] Ces rituels permettaient de montrer dans le champ politique intérieur de la dynastie que l'empereur Song était le souverain commun des Hans et des barbares. La dynastie

---

31. « Barbares (IV). » dans Xu Song (ed.). *Song huiyao jigao*. p. 9830.

32. Li Tao. *Xu Zizhi tongjian changbian*, wuyin, gengchen, novembre, quatrième année de l'ère Jingde. Beijing : Zhonghua shuju, 2004. p. 1506.

33. « Les barbares du sud-ouest (première partie). » et « Chroniques des barbares de Lizhou » dans Tuotuo. *Song shi*. p. 14176 et p. 14234.

34. « Chronique du Califat islamique. » dans Tuotuo (Yuan). *Song shi*. p. 14120. « Barbares (IV). » dans Xu Song (ed.). *Song huiyao jigao*. p. 9810 et p. 9819. Li Tao. *Xu Zizhi tongjian changbian*, wuyin, xinyou, novembre, première année de l'ère Dazhong Xiangfu, p. 1575.

35. « Hommages des quatre barbares. » dans Zhang Ruyu. *Qunshu kaosuo* (« *Enquêtes sur une multitude de livres* »). *Siku Quanshu*, Wenyuan Ge. p. 897.

36. « Rites (22). » dans Tuotuo. *Song shi*. p. 2805.

Song utilisait également des documents diplomatiques pour créer une atmosphère politique dans laquelle les quatre barbares étaient soumis. Elle stipulait que les documents envoyés à la dynastie Song devaient être rédigés dans les formules et la langue trahissant l'ordre de « Hua-Yi ». Par exemple, le « rapport de remerciements au grand empereur des Song pour l'octroi du calendrier » du Goryeo utilisait le nom de l'année de la dynastie Song, et des expressions telles que « par la grâce de sa Majesté », « en obéissance à la dynastie orthodoxe »[37]. En parallèle, avant d'entrer dans le champ politique intérieur, les documents qui ne se conformaient pas au format montrant l'ordre de « Hua-Yi » devaient être modifiés et reformulés. La dynastie Song allait même jusqu'à rédiger des documents au nom des pays qui ne lui avaient pas réellement payé tribut. L'objectif était de mettre en scène la dynastie Song qui, régnant sur la Chine, pacifiait également les quatre barbares.[38] Face à tout comportement des divers régimes et groupes ethniques faisant partie de « l'ancien territoire des dynasties Han et Tang », qui allait à l'encontre de l'ordre de « Hua-Yi », la dynastie Song était déterminée à le corriger, afin d'établir un ordre de « Hua-Yi » absolu dans le champ politique intérieur. Au cours des négociations de paix dans l'ère Qingli, les Xia occidentaux ont signé de leurs propres noms officiels, en appelant leurs ministres *taiwei*. Toutefois, le *taiwei* égalait le *shanggong* (« ministre supérieur ») de l'empereur, et les ministres des pays vassaux ne pouvaient pas être nommés ce titre. L'intention de nommer des fonctionnaires à telle manière serait de résister à la cour impériale. D'ailleurs, Yuanhao s'est fait appeler fils, plutôt que ministre, et s'est nommé *wuzu* (seigneur des Xia occidentaux). Ce dernier équivalait en chinois à l'homonyme *wuzu* (« mon ancêtre »). Selon la dynastie Song, en permettant aux pays vassaux d'utiliser leurs propres titres officiels, la cour impériale introduirait des rituels allant à l'encontre de l'ordre de « Hua-Yi ».[39] De même, dans une lettre à la commission militaire du Xihe, les Xia occidentaux a signé avec son propre nom de l'année, à savoir Da'an (deuxième année). La dynastie Song adressa alors un édit à la commission militaire du Fuyan, et lui ordonna d'envoyer une lettre à Youzhou (des Xia), pour questionner sur l'usage arbitraire du nom de l'année. Elle dénonça et rejeta alors fermement ce genre de comportement.[40] Sinon, il y aurait eu de graves conséquences politiques. D'une part, l'ordre de « Hua-Yi » façonné à l'intérieur du pays en pâtirait ; d'autre part, si la dynastie

---

37. « Rapport de remerciements au grand empereur des Song pour l'octroi du calendrier. » dans *Dongwen xuan* (« *Extrait des œuvres du pays de l'Est* »). Kyujanggak, Université Nationale de Séoul.

38. Huang, Chunyan. « Diverses formes et discours général : efforts de la dynastie Song dans la création de son image du maître à la fois des Hans et des barbares à travers les activités tributaires. » *Sixiang zhanxian* (« *Front idéologique* »). Issue 5. 2013. pp. 13-21.

39. Li Tao. *Xu Zizhi tongjian changbian*, guisi, décembre, deuxième année de l'ère Qingli ; yimao, janvier, troisième année de l'ère Qingli ; yiyou, mars, troisième année de l'ère Qingli ; yimao, janvier, troisième année de l'ère Qingli ; guisi, juillet, troisième année de l'ère Qingli, p. 3332, p. 3343, p. 3348, p. 3358 et p. 3409. Les Xia occidentaux ont expliqué que *wuzu* correspondait aux anciens titres tels que chanyu et khan. Selon le juan 12 du *Xixia shushi jiaozheng* (« *Révisions de la chronique des Xia occidentaux* ») (Lanzhou : Gansu wenhua chubanshe (Maison d'édition de la culture du Gansu), 1995. p. 149), *wuzu* signifiait en chinois « fils du Ciel bleu », alors que l'empereur de la « Chine » était appelé « fils du Ciel jaune ». De là, nous pouvons voir que les Xia occidentaux voulaient égaler la dynastie Song.

40. « État des Xia (première partie). » et « État des Xia (deuxième partie). » dans Tuotuo. *Song shi*. p. 14000, p. 14003, p. 14015 et p. 14024.

Song permettait aux rebelles (les Xia occidentaux) de ne pas déclarer leur soumission, les *Rong* du Nord réclamerait un autre statut politique, ce qui constituerait un grave problème.[41] La dynastie Song aurait eu un statut inférieur aux Liao. Dans les relations politiques avec l'étranger, la dynastie des Song du Sud a été plus réservée que la dynastie des Song du Nord. Malgré tout, lorsque le Giao Chi soumit un rapport en y mettant son propre nom de l'année, les fonctionnaires des Song du Sud ont utilisé l'exemple de Fan Zhongyan, qui avait rejeté le rapport des Xia occidentaux, et ont refusé de le transmettre à la cour impériale.[42]

Le discours sur le concept de « Hua-Yi » était un moyen important pour la dynastie Song de promouvoir celui-ci de façon plus fréquente dans son champ politique intérieur. Bien que la dynastie Song n'ait pas pu récupérer le Yanyun, et qu'elle ait perdu le contrôle du Lingwu et du Hexi, elle affirma toujours en ces termes suivants : « Les Song sont désignés par le Ciel pour unifier le monde, et les quatre coins seront à leur tour pacifiés. »[43] ou « Le seul souverain est en Chine, et tous à l'intérieur ou à l'extérieur du pays sont ses sujets. »[44] De même, les mots utilisés dans les édits de l'empereur Song Taizong ont traduit également l'ordre de « Hua-Yi » : « Tous les régimes sont placés sous mes auspices, et mes bienfaits sont omniprésents. Aucun d'entre eux n'hésite à me déclarer sa soumission. » ou bien « Les Hans et les barbares reconnaissent tous l'autorité impériale. »[45] Même la dynastie des Song du Sud, qui ne disposait que de la moitié de son territoire, utilisait des expressions telles que : « se trouver dans une position orthodoxe et faire face à toutes les nations » ; « utiliser les lois des *Rong* pour les gouverner » ; « la société stable et sûre et les barbares soumis » ; « remporter un grand succès afin de sécuriser les Quatre mers » et « Tous les régimes viennent se soumettre ».[46] Ces mots ne pouvaient pas être proclamés aux Liao, ni aux Jin. Leur principale fonction était de souligner dans le champ politique intérieur la position légitime de l'empereur en tant que souverain commun des Hans et des barbares.

L'utilisation du discours sur le concept de « Hua-Yi » dans le champ politique intérieure s'est faite également par l'appellation des peuples non-Hans, y compris les Liao et les Jin, qui étaient tous qualifiés de barbares. Li Gang dit :

---

41. « Sur les avantages et les inconvénients des négociations de paix avec le bandit de l'ouest. » dans Ouyang Xiu. *Ouyang Xiu quanji & Zouyi* (« *Rapports* »). p. 1531.

42. « Biographie de Shi Songzhi. » dans Tuotuo. *Song shi*. p. 12425.

43. « Récit de voyage de Xiazhou à Xiting. » dans Ouyang Xiu. *Ouyang Xiu quanji & Jushi ji* (« *Recueil de Jushi* »). p. 564.

44. « Rapport de démission des postes de *Zhisheren* (chargé de rédiger les décrets impériaux), *Liuneiquan* (chargé de la sélection et de la promotion des fonctionnaires) du ministère du personnel, et vice-directeur du pavillon de Tianzhang. » dans Chen Xiang. *Guling ji* (« *Recueil de Guling* »). tome 1093 dans *Siku Quanshu*, Wenyuan Ge. p. 520.

45. « Barbares (IV). » dans Xu Song. *Song huiyao jigao*. p. 2679. « Biographie du Goryeo. » juan 487 dans Tuotuo. *Song shi*. p. 14038.

46. « Louanges de Gaozong lors de la fête d'anniversaire de l'empereur. » dans Zhang Gang. *Huayang ji* (« *Recueil de Huayang* »). tome 1131 dans *Siku Quanshu*, Wenyuan Ge. p. 80.

Sous la dynastie des Song du Nord, nous nous lions d'amitié avec notre voisin du nord les Khitans. À l'ouest, nous arrivons à contenir les Xia. À l'est, nous avons gagné le Goryeo, et au sud, le Giao Chi a été apaisé. Tous se sont soumis les uns après les autres, et nous n'avons aucun souci venant des barbares.[47]

Tous les régimes à l'extérieur de la dynastie Song étaient alors qualifiés de barbares. Il n'est pas nécessaire de mentionner que la dynastie Song désignait les Xia occidentaux, le Giao Chi et tous les groupes ethniques de *jimi* sous le nom de *Yidi* ou barbares. Cependant, sur le plan de la politique intérieure, si la dynastie Song appelait les Liao ou les Jin barbares, c'était surtout pour créer un ordre de « Hua-Yi ». Les Song et Liao se désignaient mutuellement comme la « dynastie du Sud » et la « dynastie du Nord » dans les contextes diplomatiques. Par contre, dans le champ politique intérieur, la dynastie Song appelait les Liao *Rongdi*. Pour ce faire, les appellations souvent utilisées comprenaient *Lu*, *Lu* du Nord, *Di* du Nord, *Rong* et *Quanrong*. C'était le cas avant et après le traité de Shanyuan. La deuxième année de l'ère Yongxi, Tian Chongjin et Lu Hanyun disaient dans leurs rapports : « Pénétrer dans la frontière des *Lu*, pour prendre le col de Qigou » ou « Les *Lu* du Nord ont envahi le sud ». Au cours de la première année de l'ère Zhidao, l'empereur Song Taizong déclara : « Les *Lu* du Nord méprisent souvent les *Rong* de l'Ouest (les Xia occidentaux). » La quatrième année de l'ère Yongxi, le même empereur disait : « Les *Lu* du Nord n'ont pas encore été pacifiés. » Les mêmes appellations ont été utilisées après la signature du traité de Shanyuan. Par exemple, la quatrième année de l'ère Jingde, l'empereur Song Zhenzong dit à propos des réparations de la ville de Bazhou : « Les *Lu* du Nord les ont critiquées. »[48] Su Zhe a évoqué également les Liao sous le nom de *Lu* dans son rapport, en disant : « Cette rivière (le fleuve Jaune) entre dans la frontière des *Lu* »[49]. L'édit impérial de la sixième année de l'ère Zhenghe (1116) a déclaré également : « Les *Lu* du Nord sont immoraux, et ont provoqué les Jürchens. » La quatrième année de l'ère Xuanhe, les Song ont parlé même de « la fausse reine Xiao des *Lu* du Nord »[50]. Au cours de l'ère Qingli, lorsque Wang Gongchen discutait avec l'empereur Song Renzong à propos des négociations avec les Liao, il déclarait : « Les *Quanrong* sont insatiables, et espionnent les secrets de la Chine. »[51] La quatrième année de l'ère Chongning, l'empereur Song Huizong de dit : « Il ne sert à rien de se comparer aux *Yidi*...... le nouveau seigneur des *Rong* fait beaucoup de choses contraires à l'éthique. »[52] Il compara même les Khitans à des bêtes, en les

---

47. « Sur les perturbations dues à la négligence et à l'incurie. » dans Li Gang. *Li Gang quanji* (« *Collection complète de Li Gang* »). Changsha : Yuelu shushe (Maison d'édition de Yuelu), 2004. p. 1420.

48. « Soldats (14). » « Soldats (22). » et « Soldats (27). » dans Xu Song. *Song huiyao jigao*. p. 8884, p. 8886, p. 9069 et p. 9189.

49. « Rapport concernant la rediscussion sur la recanalisation du fleuve Jaune. » dans Su Zhe. *Luancheng ji* (« *Recueil de Luancheng* »). Shanghai : Shanghai guji chubanshe, 1987. p. 922.

50. « Barbares (II). » dans Xu Song. *Song huiyao jigao*. p. 9756 et p. 9758.

51. Juan 9 dans Wei Tai. *Dongxuan bilu*. tome 8 dans *Quansong biji*. deuxième édition. Zhengzhou : Daxiang chubanshe, 2006. p. 68.

52. « Barbares (II). » dans Xu Song. *Song huiyao jigao*. p. 9756.

accusant d'être « avides et cupides comme des chiens et des cochons »[53]. Il disait également : « Les *Di* du Nord sont comme des bêtes. »[54] Quand Ouyang Xiu rédigea le *Wudai shi* (« *Histoire des Cinq Dynasties* »), il inclut les Khitans dans « Chroniques des quatre barbares ». Cela a déclenché les protestations des Liao, qui accusaient la dynastie Song de saper les rites fraternels, et d'autoriser ses ministres à écrire l'histoire hardiment, et sans réfléchir.[55] Cet incident suggérait que ces mots, une fois proclamés en dehors du territoire de la dynastie Song, ne pouvaient qu'enflammer les protestations de la dynastie Liao. Ils ne servaient à créer une perception de « Hua-Yi » dans le champ politique intérieur de la dynastie Song.

Bien que la dynastie des Song du Sud fût subordonnée aux Jin, les dirigeants et les ministres appelaient souvent ces derniers *Yidi* dans leurs délibérations. La onzième année de l'ère Shaoxing (1141), l'empereur Song Gaozong ordonna que les documents dont l'usage se limitait en deçà des frontières dussent également désigner les Jin comme *Dajin* (« le grand Jin ») : « Désormais, les textes officiels utilisent *Dajin*, et ne doivent pas comporter des critiques (contre ce dernier). »[56] Cela suggérait qu'avant, il était courant d'appeler les Jin *Yidi*. De même, l'empereur Song Xiaozong souligna la distinction entre les Hans et les barbares : « Bien que les *Yidi* soient forts, il ne faut pas les mélanger avec les Hans. Dans les échanges diplomatiques avec les Jin, nous les appelons *Dajin*, mais à l'intérieur de notre dynastie, nous utilisons plutôt *Jinguo* (« État des Jin »). » Autrement dit, les documents dont l'usage se limitait en deçà des frontières, désignaient les Jin comme *Jinguo*. Par contre, dans les échanges diplomatiques, y compris la réception et l'accompagnement des envoyés des Jin, la dynastie Song utilisait l'appellation *Dajin*.[57] Cela indique que la dynastie Jin était bien considérée comme barbare. Lorsque la relation entre les deux parties était tendue, ou dans les rapports personnels des fonctionnaires des Song, les Jin étaient souvent appelés *Lu*, *Yidi*, et ainsi de suite. La huitième année de l'ère Shaoxing, Hu Quan a désigné dans son rapport les Jin comme *Lu*, *Choulu* (litt. « barbares laids »), *Jinlu*, ou *Yidi*. Il dit aussi que les *Choulu* étaient des chiens et des sangliers.[58] La 31ᵉ année de l'ère Shaoxing (1161), l'édit de l'empereur Song Gaozong disait : « Les *Jinlu* sont avides et insatiables en rompant l'alliance...... C'est la volonté céleste que les *Lu* du Nord périssent...... Le peuple des Plaines centrales et les autres nations sont depuis longtemps tyrannisés par les *Jinlu*. »[59] S'opposant aux négociations de paix, Ye Shi déclara : « Rien ne justifie les pourparlers de paix d'aujourd'hui. Les *Lu* du Nord sont nos ennemis, et nous ne pouvons pas soumettre les *Yidi* sans les récupérer. Les fonctionnaires complotent à tort de les apaiser au nom des *Yidi*. »[60] Zhu Xi dit que la défense contre les *Rong* était toujours minée par la « paix » :

---

53. « Rapports sur les affaires de défense du Hebei. » dans Ouyang Xiu. *Ouyang Xiu quanji & Zouyi*. p. 1517.

54. « Sur les *Di* du Nord. » dans Su Zhe. *Luancheng yingzhao ji*. p. 1621.

55. « Biographie de Liu Hui. » dans Tuotuo. *Liao shi* (« *Histoire des Liao* »). Beijing : Zhonghua shuju, 1974. p. 1455.

56. Li Xinchuan. *Jianyan yilai xinian yaolu*, wuwu, novembre, onzième année de l'ère Shaoxing, p. 2292.

57. « Fonctionnaires (52). » dans Xu Song (éd.). *Song huiyao jigao*. p. 4445.

58. « Biographie de Hu Quan. » dans Tuotuo. *Song shi*. p. 11581.

59. « Soldats (7). » et « Soldats (15). » dans Xu Song (éd.). *Song huiyao jigao*. p. 874 et p. 8916.

60. « Essai sur les barbares (II). » dans Ye Shi. *Ye Shi ji* (« *Recueil de Ye Shi* »). Beijing : Zhonghua shuju, 2010. p. 687.

Plus tard, lorsque les gens ont vu que le traité de paix de l'ère Jingde était indemne, ils l'ont simplement gardé. En fait, à cette époque, la dynastie s'épanouissait, et elle a pu résister (aux Khitans). Plus tard, avec les Jürchens, comment régler le problème (face à un ennemi si puissant) ?[61]

Il a utilisé le discours de « Hua-Yi » en discutant des relations de la dynastie Song avec les Khitans et les Jürchens.

Nous pouvons voir qu'en politique intérieure, les dynasties des Song du Nord et du Sud appelaient toutes les Liao et les Jin *Yidi*, que ce fût dans les décrets impériaux, les rapports de fonctionnaires, ou les conversations entre l'empereur et ses ministres. Cela a permis d'établir des relations entre la dynastie Song et tous les autres pays et peuples selon l'ordre absolu de « Hua-Yi » dans le champ politique intérieur où l'empereur Song était le seul souverain commun des Hans et des barbares. Ouyang Xiu, dans « Zhengtong lun » (« Essai sur l'orthodoxie »), a affirmé que l'empereur Song, tout comme Yao, Shun et Yu, unifierait le « monde sous le ciel ». Cependant, la dynastie Song n'est pas parvenue à établir l'ordre unifiant les Hans et les barbares, comme Ouyang Xiu l'a dit dans « Zhengtong lun » : « Celui qui est légitime peut corriger ce qui est illégitime dans le "monde sous le ciel". Celui qui gouverne peut unifier ce qui est désuni dans le "monde sous le ciel" »[62]. En réalité, la dynastie Song devait affronter le dilemme de « Hua-Yi », et pour y répondre, elle a adopté une approche flexible à l'extérieur, tout en insistant sur un discours façonné à l'intérieur.

## 2. Inadéquation entre la « Chine » culturelle et la « Chine » géographique et les interprétations

Dans « Interprétation de la Chine », Hu Axiang souligne que la « Chine » ancienne a été divisée en « Chine » culturelle, « Chine » géographique et « Chine » politique. Avant 1912, il n'y avait pourtant pas de « Chine » politique, et la « Chine » était plutôt un concept géographique ou culturel. La « Chine » culturelle s'est déjà formée au cours de la période des Printemps et Automnes et des Royaumes combattants, avant l'unification par les dynasties Qin et Han. Elle s'est distinguée culturellement des barbares, sur le plan des rituels, de la musique et de l'éducation. La « Chine » géographique soulignait sa zone géographique, qui était en constante évolution.[63] Dans cet article, la « Chine » culturelle fait également référence à la « Chine » basée sur le système de la prédication confucéenne, tandis que la « Chine » géographique désigne la portée géographique

---

61. « Barbares. » juan 133 dans *Zhuzi yulei* (« *Receuil des propos de maître Zhu* »). Shanghai : Shanghai guji chubanshe ; Hefei : Anhui jiaoyu chubanshe (Maison d'édition de l'éducation de l'Anhui), 2010. p, 4166.

62. « Essai sur l'orthodoxie. » dans Ouyang Xiu. *Ouyang Xiu quanji.* p. 265.

63. « Interprétation de la Chine. » dans Hu Axiang. *Weizai siming-« Zhongguo » gujin chengwei yanjiu* (« *Le grand nom-Étude des noms anciens et modernes de la Chine* »). Wuhan : Hubei jiaoyu chubanshe (Maison d'édition de l'éducation du Hubei), 2001.

de la « Chine » selon les Song.

La dynastie Song se plaça en position d'autorité absolue sur la « Chine » culturelle, mais elle devait également faire face aux défis venant des dynasties Liao et Jin. En réponse à la prévalence du bouddhisme sous la dynastie Song, Shi Jie a préconisé une séparation stricte entre les Chinois et les barbares, et la préservation de la « Chine » culturelle. Il considérait le bouddhisme comme un représentant du rejet de la culture barbare. Il a signalé que le bouddhisme est venu en Chine depuis l'ouest, et qu'il s'agissait d'une religion barbare, qui a modifié la culture, les rites et la musique, la résidence, les vêtements, la nourriture et les rituels sacrificiels chinois. Ces apports extérieurs faisaient perdre aux Chinois les rituels institués entre un père et son fils, entre le souverain et son sujet, et le respect des maîtres et de leurs épouses. Il déplorait :

> Combien de personnes tourneront le dos à la Chine, et se convertiront au bouddhisme et au taoïsme sans les supprimer aujourd'hui ? Dans ce cas-là, comment allons-nous réagir ? Chaque régime gouverne son peuple, chacun suit ses propres coutumes, chacun croit en sa propre religion, chacun pratique ses propres rites, chacun porte ses propres vêtements, et chacun vit dans sa propre maison. Les barbares vivent dans leur coin, et la Chine sur son territoire. Chacun ne perturbe pas l'autre. C'est aussi simple que cela. Alors, la Chine et les barbares seront chacun à leur place.[64]

Shi Jie a fait également des « déclarations étranges », notamment en réponse au phénomène selon lequel les Chinois couraient après le bouddhisme, et les gens dans le « monde sous le ciel » se pressaient à imiter Yang Yi dans le taoïsme, pour défendre la « Chine » culturelle.[65] Il espérait que le « monde sous le ciel » était gouverné par un seul souverain, et que la Chine avait une seule religion, et aucune autre croyance.[66] Ouyang Xiu a fait constater que Shi Jie avait dénoncé le bouddhisme et le taoïsme dans ses écrits « Déclarations étranges » et « Essai sur la Chine ».[67] Huang Zhen a affirmé également que « Essai sur la Chine » était un ouvrage qui excluait le bouddhisme et le taoïsme.[68] Nous pouvons alors constater que Shi Jie n'a pas discuté de la réalité des relations extérieures de la dynastie Song, mais plutôt de la question de la « Chine » culturelle, dans la même veine que la théorie de Han Yu sur le rejet du bouddhisme. Ouyang Xiu lui-même a signalé que le bouddhisme représentait les barbares, les plus éloignés de la Chine. La raison pour laquelle le bouddhisme était un problème résidait dans ce que :

---

64. « Essai sur la Chine. » dans Shi Jie. *Shi xiansheng wenji* (« *Collection littéraire de M. Shi* »). Beijing : Zhonghua shuju, 1984. pp. 116-117.

65. « Les déclarations étranges (deuxième partie). » dans Shi Jie. *Shi xiansheng wenji*. Beijing : Zhonghua shuju, 1984. p. 63.

66. « Rapports destiné à Liu Gongbu. » dans Shi Jie. *Shi xiansheng wenji*. p. 153.

67. « Épitaphe du maître Culai. » dans Ouyang Xiu. *Ouyang Xiu quanji & Jushi ji*. p. 506.

68. « Lecture des livres confucéens. » dans Huang Zhen. *Huangshi richao* (litt. « *Transcription journalière de M. Huang* »). Tome 708 dans *Siku Quanshu*, Wenyuan Ge. p. 246.

Le pouvoir du souverain ferait défaut, et les rituels abolis. (Si nous nous débarrassons de l'influence du bouddhisme,) l'autorité impériale sera rétablie, et les rituels seront réparés. Dans ce cas-là, le bouddhisme ne pourra rien faire à notre peuple. Si le pouvoir impérial ferait défaut, et les rituels abolis, les ennuis des barbares arriveraient. Aujourd'hui, l'ennui principal est alors le bouddhisme.[69]

Tous pensaient que le système confucéen basé sur les rituels et la musique représentait la seule « Chine » culturelle, et que sa mise en application par la dynastie Song a fait de cette dernière la seule « Chine » culturelle.

La « Chine » culturelle servait de base théorique à la dynastie Song, pour qu'elle pût dominer le « monde sous le ciel » en unifiant les Hans et les barbares. La dynastie Song a été fondée par les Hans pour succéder aux vertus des dynasties Han et Tang. Elle a naturellement hérité des traditions rituelles, et prétendait être la seule « Chine », qui fût culturellement justifiée et évidente. Par exemple, dans « Essai sur l'orthodoxie » d'Ouyang Xiu, ce dernier a déclaré que le statut orthodoxe de la dynastie Song était clair et sans équivoque. Cette orthodoxie a mis l'accent sur le système de la prédication confucéenne, c'est-à-dire sur l'orthodoxie culturelle et la légitimité du statut. La dynastie Song prit d'abord le nom de « Chine » dans la perspective de la distinction entre les Hans et les barbares, et du système de la prédication confucéenne, à savoir de la culture, en affirmant :

La Chine bénéficie d'un statut supérieur et dominant. Elle se distingue alors des barbares. Elle gouverne les pays (barbares) depuis 90 ans. À l'exception de la famille Yelü, l'ensemble des barbares, y compris les *Man, Yi, Rong, Di*, sont tous des vassaux placés sous le système de *jimi*. Ceux qui ne sont pas soumis à la Chine lui feront honte.[70]

La dynastie Song visait à déclarer qu'elle était la seule à avoir droit au nom de « Chine », et qu'à l'exception des Liao, tous les autres barbares devaient se soumettre à la « Chine », à savoir à elle-même.

Le statut de « Chine » culturel de la dynastie Song, voire son seul statut, a été reconnu par les régimes et nations voisins pendant la dynastie des Song du Nord. Les Liao n'ont pas nié non plus ce statut de la dynastie Song. Ils ont déclaré par exemple dans une lettre destinée à la dynastie Song : « Yuanhao devrait être puni pour avoir trahi la Chine. »[71] Ici, la « Chine » faisait référence à la dynastie Song. De plus, l'empereur Liao a dit à l'envoyé des Song : « Depuis longtemps, nous entretenons de bonnes relations avec la Chine. »[72] Liao Daozong a fait l'éloge du portrait de Song Renzong, en le qualifiant de « vrai saint ». Il a affirmé également : « Si j'étais né en Chine, j'aurais

---

69. « Essentiel (II). » et « Essentiel (III). » dans Ouyang Xiu. *Ouyang Xiu quanji & Jushi ji*. p. 288 et p. 291.

70. « Discussions sur la soumission des Xia : sincère ou hypocrite. » dans Yin Zhu (Song). *Henan ji*. tome 1090. p. 37.

71. *Xu Zizhi tongjian changbian*, guiwei, juillet, quatrième année de l'ère Qingli, p. 3668.

72. « Biographie de Han Zong. » dans Tuotuo. *Song shi*. p. 10300.

été tout au plus un de ses ministres. »[73] Ils ont tous qualifié la dynastie Song de « Chine », et ont concédé en réalité que la dynastie Liao elle-même ne l'était pas. Song Dejin a signalé que, dans les échanges avec les Cinq Dynasties et la dynastie des Song du Nord, ainsi qu'au sein même de la dynastie Liao, cette dernière n'hésitait pas à s'appeler *Yi* ou *Fan*.[74] Selon elle, il s'agissait de son statut culturel. Les Xia occidentaux ont écrit également dans son rapport destiné à la dynastie Song : « Nous admirons les vêtements de la Chine. » D'ailleurs, ils ont déclaré à propos de la dynastie Song : « La Chine est un lieu où il y a des rites et de la musique, d'où viennent la grâce et la confiance, et où le mouvement et l'action se prêtent forcément à la justice. »[75] En réponse à l'interrogation des Liao sur son hommage rendu à la dynastie Song, le Goryeo a expliqué : « Nous payons tribut à la Chine à des dizaines d'années d'intervalle, alors que nous devons vous rendre hommage à six reprises par an. »[76] Il est clair que la dynastie Song était considérée comme la « Chine », et non la dynastie Liao. L'identification par le Goryeo de la dynastie Song à la « Chine » se faisait précisément dans le sens du système de la prédication confucéenne, c'est-à-dire de la culture. Par ailleurs, les émissaires du royaume de Dupo ont affirmé à propos de la dynastie Song : « La Chine est gouvernée par un souverain saint, et est couverte de prestige et d'éducation. »[77] En fait, les pays de la mer de Chine méridionale, comme le royaume de Dupo, et ceux dans le nord-ouest, tels que le Royaume de Khotan, ont tous appelé la dynastie Song « Chine ». Nous ne les énumérerons pas tous ici. De toutes façons, le statut de « Chine » culturelle de la dynastie des Song du Nord a été généralement reconnu, à la fois par elle-même et par les autres régimes, à l'exception de la fin des Liao, qui s'appelaient eux-mêmes « Chine », et qui ont constitué un défi à ce statut.

La dynastie des Song du Sud elle-même, malgré la perte des Plaines centrales et la réduction de son territoire à une petite partie, se considérait toujours culturellement comme la seule « Chine » de par ses racines culturelles, puisqu'elle a hérité du système rituel et musical orthodoxe. Chen Liang a qualifié la dynastie des Song du Sud de la seule « Chine » culturelle, non pas parce qu'elle a perdu la majeure partie de son territoire, mais parce que :

> La Chine est le lieu où réside la justice du monde, le lieu où se concentre le Mandat du Ciel, le lieu où se réunissent les cœurs du peuple, le lieu où se rassemblent les vêtements, les rituels et la musique, et le lieu où cent générations d'empereurs se sont succédées les unes après les autres. Bien que les (Song du Sud) aient été amenés à vivre dans un coin avec les vêtements et les rituels chinois, ils sont toujours préférés par le Mandat du Ciel, et soutenus par le peuple.[78]

---

73. Juan 1 dans Shao Bowen. *Shaoshi wenjian houlu* (« *Notes de Monsieur Shao* »). tome 6 dans *Quansong biji* (« *Notes des Song* »). quatrième édition. p. 8.

74. Song, Dejin. « La formation et le développement du concept orthodoxe de la dynastie Liao. » *Chuantong wenhua yu xiandaihua* (« *Culture traditionnelle et modernité* »). Issue 1. 1996. p. 43.

75. « État des Xia (deuxième partie). » dans Tuotuo. *Song shi*. p. 14012.

76. « Biographie du Goryeo. » dans Tuotuo. *Song shi*. p. 14050.

77. « Barbares (IV). » dans Xu Song (éd.). *Song huiyao jigao*. p. 9830.

78. « Le premier rapport destiné à l'empereur Xiaozong. » dans Chen Liang. *Longchuan ji*. p. 499.

Zhang Ruyu dit également :

La plupart des terres du sud-est, où sont portés les vêtements et les chapeaux, étaient toutes barbares dans les temps anciens. Le Nord-Ouest, actuellement sous domination étrangère, était l'endroit où se trouvaient toutes les capitales des anciens souverains. Nous avons tendance à nous référer aux régions de Yanyun et de Hehuang comme étant les plus importantes, en attachant peu d'importance aux celles du fleuve Bleu, de Hu, Chuan et Guang. Nous ne nous rendons pourtant pas compte que l'importance d'une région ou d'une autre varie selon la volonté céleste. Tous les endroits habitables pourraient être ceux des Chinois ou des barbares.[79]

Ainsi, la « Chine » géographique pourrait évoluer suivant la « Chine » culturelle. Le lieu où vivaient les Hans, et où se trouvait le Mandat du Ciel était la « Chine ». Selon cette logique, puisque le Mandat du Ciel se situait au sud-est, la Chine orthodoxe y était attachée.[80] La dynastie des Song du Sud était alors la Chine orthodoxe. Son pouvoir était dans le sud-est, là où se trouvait le Mandat du Ciel. Ainsi, la dynastie des Song du Sud ne considérait pas elle non plus que les Jin étaient la « Chine », mais plutôt qu'elle était la seule « Chine ». À ce propos, elle a déclaré :

Les Jürchens savent que la Chine s'attache aux deux empereurs qu'ils ont pris, que la haine de la Chine réside dans ces deux otages, et qu'elle craint l'utilisation militaire.

Nous pouvons alors constater que la dynastie des Song du Sud appelait les Jin « Jürchens », c'est-à-dire barbares, et se désignait comme « Chine ». Elle a dit également :

Les lois du ciel et de la terre sont plus strictes pour la Chine que pour les barbares. Comme elles sont strictes avec la Chine, cette dernière est un lieu civilisé et éduqué, et elle est forte en moralité. Par contre, les barbares, avec les lois moins strictes, courent après les exploits et les mérites, et sont forts en guerre.[81]

La dynastie Song se considérait comme « Chine » grâce à sa culture, tandis que les quatre barbares, dont les Jin, étaient naturellement classés comme *Yidi* en raison de leur infériorité culturelle.

La dynastie Song était également confrontée au problème des Liao et des Jin qui s'appelaient eux-mêmes « Chine ». Dans ses premières années, les Liao ont affirmé que l'ancien territoire des dynasties des Plaines centrales était appelé « Chine ». Ils ont signalé également que Liao Taizong entra dans la ville de Bianliang (Kaifeng), vainquit les Jin (postérieurs), et gagna la Chine, qui

---

79. « Terres. » dans Zhang Ruyu. *Qunshu kaosuo.* tome 938 dans *Siku Quanshu*, Wenyuan Ge. p. 593.

80. « Rapport en réponse à l'empereur. » juan arr. 6 dans Li Zengbo. *Kezhai xugao* (« *La suite des manuscrits de Kezhai* »). tome 1179 dans *Siku Quanshu*, Wenyuan Ge. p. 750.

81. Li Xinchuan. *Jianyan yilai xinian yaolu*, bingxu, mai, cinquième année de l'ère Shaoxing ; bingxu, septembre, cinquième année de l'ère Shaoxing, p. 1720 et p. 1789.

devait, selon eux, être gouvernée par les Chinois. D'ailleurs, ils ont déclaré : « Quant à l'empereur (Liao) Taizong, il gouvernait la Chine (et les Liao) séparément, avec des fonctionnaires répartis entre le nord et le sud. Il gouvernait les Khitans par le système d'État, et traitait les Hans avec le système des Hans. »[82] Tous considérait alors l'ancien territoire des dynasties des Plaines centrales, qui se trouvait au sud de la région de Youyun (la région comprise) comme la « Chine ». Ici, la « Chine » était plutôt géographique. Cependant, la dynastie Liao ne qualifiait pas encore tout son territoire de « Chine ». Les Liao se désignaient explicitement sous le nom de « Chine » dans un rapport de Liu Hui, à la fin de l'ère Da'an de l'empereur Liao Daozong :

> Les différentes tribus aux frontières occidentales causent des ennuis, et les soldats y sont stationnés, bien loin. Le peuple chinois a du mal à les approvisionner. C'est un problème qui nécessitera une meilleure solution.[83]

Ainsi, les Liao se désignaient eux-mêmes sous le nom de « Chine », et les autres groupes ethniques environnants étaient considérés comme « tribus » ou « barbares ».[84] Avant que les Jin ne pénétrassent dans les Plaines centrales à ses débuts, ils appelaient encore la dynastie Song la « Chine ». Par exemple, l'empereur Jin Taizu dit : « Le mont Yan est entre nos mains depuis lors. Comment la Chine peut-elle le reconquérir ? »[85] Ici, la « Chine » faisait référence au régime des Song du Nord. Au cours de la première année de l'ère Jianyan, les fonctionnaires des Jin essayaient de persuader l'empereur Taizong : « La Chine n'a aucun talent disponible. Nous pouvons approvisionner nos soldats sur place. »[86] La « Chine » ici ne désignait que les frontières géographiques de la dynastie Song, puisque les Jin ne reconnaissaient pas le régime des Song du Sud. Après les pourparlers de paix entre la dynastie des Song du Sud et les Jin dans la huitième année de l'ère Shaoxing, les seconds ont commencé à reconnaître la première, mais pas son statut de « Chine ». Pourtant, bien que la dynastie Jin n'ait pas apprécié, dans un premier

---

82. « Biographie de Zhang Li. » et « Fonctionnaires (I). » dans Tuotuo. *Liao shi*. p. 685 et p. 1252.

83. « Biographie de Liu Hui. » dans Tuotuo. *Liao shi*. p. 1455.

84. Cela correspondait à la période de la fin de la dynastie Liao. Les avis divergent sur le moment où la dynastie Liao s'appela « Chine ». Song Dejin souligne que la dynastie Liao ne s'est pas désignée comme la « Chine » dans ses relations avec la dynastie Song avant le règne de l'empereur Xingzong. Cependant, depuis les règnes des empereurs Xingzong et Daozong, la dynastie Liao s'est nommée « Chine », « Zhuxia » et « Quxia ». (Song, Dejin. « La formation et le développement du concept orthodoxe de la dynastie Liao »). L'opinion de Liu Pujiang est similaire à celle de Song Dejin. Cf. « Dispute sur la vertu et la question de la légitimité des dynasties Liao et Jin. » *Zhongguo shehui kexue* (« *Sciences sociales chinoises* »). Issue 2. 2004. p. 190. Zhao Yongchun, analysant la conscience politique de la dynastie Liao, a déclaré que cette dernière commença à s'appeler « Chine » dès le début de sa fondation, et que la « Chine » est un concept avec une signification politique particulière. Cf. Zhao, Yongchun et Li, Yujun. « Recherches sur les Liao qui se prétendaient la "Chine". » *Shehui kexue jikan* (« *Journal des sciences sociales* »). Issue 5. 2010. pp. 143-149. Cet article reconnaît également que l'autoproclamation explicite en tant que « Chine » signifiait que la dynastie Liao commença à s'appeler « Chine ». Il en était de même pour la dynastie Jin.

85. Xu Mengshen. *Sanchao beimeng huibian*, le 17 avril, cinquième année de l'ère Xuanhe, p. 112.

86. Li Xinchuan. *Jianyan yilai xinian yaolu*, mai, première année de l'ère Jianyan, p. 11.

temps, l'appellation de « barbare », elle l'a progressivement acceptée, reconnaissant de fait le statut de « Chine » culturelle de la dynastie Song. Néanmoins, le roi Hailing (Wanyan Liang) avait honte d'être qualifié de « barbare », et voulait poursuivre le statut orthodoxe de « Chine ». Son successeur Jin Shizong prit ce statut, et désigna la dynastie des Song du Sud comme *Manyi*, et le Goryeo comme *Daoyi* (« barbares des îles »).[87] L'empereur Jin Zhangzong lança même le débat sur la vertu (*Deyun*). Il hérita de la vertu des Song du Nord (le feu), avant de la changer pour celle de la terre.[88] Ce faisant, il affirma sa propre légitimité, tout en niant celle de la dynastie des Song du Sud, qui représentait la vertu du feu, et le statut de « Chine » culturelle de cette dernière.

Si les Liao et les Jin s'appelaient eux-mêmes « Chine », c'est parce que d'une part, ils occupaient les anciens territoires des dynasties « chinoises », et d'autre part ils empruntaient pour les mettre en application les systèmes rituels et musicaux de ces dernières. Ainsi, culturellement, la dynastie Song devait encore expliquer ses relations avec les régimes barbares des Liao et des Jin, qui s'appelaient eux-mêmes « Chine ». Sous la dynastie Song, les études du *Chunqiu* (« *Annales des Printemps et Automnes* ») étaient florissantes. D'une part, elle défendait avec force la doctrine des *Printemps et Automnes*, à savoir « la distinction entre les Hans et les barbares », et affirmait l'orthodoxie chinoise de la dynastie Song. D'autre part, elle soulignait la signification des *Printemps et Automnes* concernant les barbares qui, envahissant la Chine, pouvaient se siniser.[89] À partir de ces études, les Song ont déclaré par exemple :

> Selon la doctrine du *Chunqiu*, la Chine est supérieure aux barbares. À cette époque, même si les seigneurs s'appelaient eux-mêmes « Chine », s'ils allaient à l'encontre de la doctrice confucéenne, ils deviendraient barbares. Par contre, ceux qui étaient barbares pouvaient devenir Chinois s'ils étaient capables de saisir le vrai sens de la doctrine confucéenne.

Ils ont affirmé même :

> La justice du « monde sous le ciel » réside dans le *Chunqiu*, où l'accent sur le bien et le mal n'est pas mis sur la question de savoir s'il s'agit des Chinois ou des barbares. Par exemple, le *Chunqiu* dit : l'État de Xu est allé attaquer l'État de Ju. Le premier appartenait à l'origine à la Chine. Comme il ne pratiquait pas la bienveillance, il n'était pas différent des barbares. Selon ce même ouvrage, le peuple Qi et le peuple Di se sont alliés à l'État de Xing. Le peuple Di était à l'origine barbare. Puisqu'il pratiquait la bienveillance, il n'était pas différent des Chinois.[90]

---

87. Song, Deji. « Conception de la légitimité et culture de la dynastie Jin. » *Lishi yanjiu*. Issue 1. 1990. pp. 70-85. Qi, Chunfeng. « Sur l'évolution du concept de "Hua-Yi" de la dynastie Jin. » *Shehui kexue jikan*. Issue 6. 2002. pp. 110-114.

88. « Zhang Zong (III). » dans Tuotuo. *Jin shi*. p. 259.

89. « Le lettré Zhang prenant le nom de Zhang Guilu. » dans Shi Jie. *Shi xiansheng wenji*. p. 82.

90. « Rapports destinés à l'empereur Renzong. » et « Han Feizi (I). » dans Shi Qisong. *Tanjin ji* (« *Recueil de Tanjin* »). tome 1091 dans *Siku Quanshu*, Wenyuan Ge. p. 491 et p. 582.

Les Song ont signalé encore à propos des Liao et des Xia occidentaux :

> (Ils) occupent le territoire des Chinois, asservissent ces derniers, utilisent leurs calendriers, nourrissent leurs familles, nomment leurs talents, lisent leurs livres, portent leurs costumes, se servent de leurs véhicules, et appliquent leurs lois. Ils agissent exactement comme les Chinois. Comment pourraient-ils être considérés comme d'anciens barbares ?

Les Song ont évoqué notamment les Liao, qui sinisaient même toutes les réglementations, les reliques culturels, l'art culinaire et les vêtements. Les Khitans ne ressemblaient plus aux Xiongnus sous la dynastie Han, ni aux Turcs au cours de la dynastie Tang, qui étaient barbares, différents des Chinois. Leur mépris pour la Chine était évident.[91] Le disciple de Zhu Xi a fait constater : « Jin Shizong applique une gouvernance bienveillante, et le peuple des Plaines centrales l'appelle "Xiaoyaoshun" (litt. « petit Yao ou Shun »). » Zhu Xi lui répondit : « S'il pouvait gouverner à la manière de Yao et Shun, il serait libre de son choix d'être 'Dayaoshun' (litt. « grand Yao ou Shun »). »[92] La dynastie Song utilisa ainsi la « sinisation des barbares » pour interpréter ses relations avec les Liao et les Jin. Cependant, dans le même temps, ces derniers étaient toujours considérés comme des barbares, à ceci près qu'ils pratiquaient les coutumes des Hans, et étaient culturellement proches de la « Chine ». Les barbares « sinisés » restaient des barbares. Comme l'a fait valoir Zhu Xi : « A-t-il changé les habitudes des barbares ? Je crains qu'il ne soit que doué, et qu'il ne se conforme occasionnellement à un gouvernement bienveillant. »[93]

Les Song ont identifié deux crises de la « Chine » auxquelles ils devaient faire face : l'empiètement géographique et le mélange culturel. Dans son œuvre *Essai sur la Chine*, Shi Jie a mis en évidence deux crises :

> Les barbares venant de l'extérieur des frontières de l'île de Jiuzhou (« Neuf préfectures », ancien nom de la Chine) entrent dans les limites. Il s'agit de changement géographique. Si les rituels entre un souverain et ses ministres, entre un père et son fils, entre un mari et sa femme, entre les frères, entre les invités et enfin entre les amis n'étaient plus respectés, la moralité humaine serait violée. Si le désordre régnait, que les barbares envahissent, et que la moralité humaine était violée, la Chine ne serait plus la Chine.[94]

De même, Chen Liang des Song du Sud a fait également référence à l'arrivée des barbares par la frontière, et à la confusion entre les Hans et les barbares, comme étant les « deux maux »[95]. Tous les deux savants ont parlé de l'empiètement géographique de la « Chine » par les barbares.

---

91. Li Tao. *Xu Zizhi tongjian changbian*, wuwu, juin, quatrième année de l'ère Qingli ; jiawu, juillet, troisième année de l'ère Qingli, p. 3412 et p. 3641.

92. « La dynastie courante (VII). » et « Barbares. » juan 133 dans *Zhuzi yulei*. p. 4161.

93. *Idem.*

94. « Essai sur la Chine. » dans Shi Jie. *Shi xiansheng wenji*. p. 116.

95. « Questions & Réponses. » dans Chen Liang. *Longchuan ji.* p. 537.

Alors que la crise culturelle pouvait être faussement déguisée par une interprétation unilatérale, l'empiètement géographique posait un réel défi au statut « chinois » des Song. Ye Shi a souligné la réduction du territoire de la dynastie Song par rapport aux dynasties Han et Tang :

> Les empereurs Taizu et Taizong, qui avaient été désignés par le Ciel, sont arrivés à unifier les sept régimes, et à reprendre la terre des dynasties Han et Tang. Cependant, ils n'ont pas réussi à récupérer les territoires de Yanji, qui avaient été précédemment occupés par les Khitans. Les frères Zhao Baoji (Li Jiqian) ont initié un soulèvement à l'ouest, et les préfectures de Lingzhou et Xiazhou sont successivement tombées. Plus tard, le clan Yelü est devenu tout arrogant, et Li Jiqian a établi son propre pays. Craignant de ne pas pouvoir défendre son territoire, (la cour Song) a décidé d'aller attaquer les deux ennemis, en voulant pacifier le Nord-Ouest.[96]

En réalité, à part les régions de Yanyun et de Lingxia, la dynastie Song restait encore loin de restaurer « l'ancien territoire des dynasties Han et Tang ».

Au cours de la dynastie des Song du Sud, les Jin ont aboli le régime de Liu Qi, pour régner directement sur les Plaines centrales. Ils s'appelaient « Chine », et nommait la dynastie Song « Jiangnan » (« sud du fleuve (Yangsté) »). Si la dynastie Jin s'appelait « Chine » géographique, c'est parce qu'elle occupait les Plaines centrales. Au moment où le roi Hailing allait en expédition vers le sud, sa mère Tushan et ses ministres essayaient de l'en empêcher : « Pour attaquer les Song, nous mobilisons maintenant les troupes, en traversant la rivière Huai et le Yangtsé, ce qui épuisera la Chine. » ou bien « Le recrutement des soldats venus du monde entier fatiguera la Chine. » « Il ne faut pas épuiser les forces utiles de la Chine. »[97] Ici, la « Chine » désignait clairement la dynastie Jin. Cette « Chine » était plus géographique que culturelle. Les Jin ont dit : « Bien que la dynastie Song soit confinée dans la région du sud du Yangtsé, elle n'oublie pas la Chine, mais n'est pas assez forte. » Ils ont signalé également : « (La dynastie des Song du Sud) a mis en place l'armée Zhongyi et l'armée Baojie, en prenant les anciens noms d'ère tels que Kai Bao et Tian Xi, a-t-elle oublié la Chine ? »[98] Ici, la « Chine » que la dynastie des Song du Sud ne pouvaient oublier désignait les Plaines centrales. Après l'accord de paix de l'ère Shaoxing, les Jin ont reconnu la dynastie des Song du Sud, mais pas son statut de « Chine ». Par contre, ils ont opposé la dynastie des Song du Sud à la « Chine ». Par exemple, ils ont dit : « Le thé est issu de l'herbe du pays des Song, et est utilisé en échange des choses utiles telles que la soie et le brocart chinois. »[99] Ils ont souligné que la dynastie Jin était « Chine » et que la dynastie Song ne l'était pas. Ils ont également déclaré que la tribu tibétaine de Qingyi avait l'intention de se soumettre à la Chine en raison de l'irrégularité du gouvernement Song.[100] Aucun autre groupe ethnique, y compris la dynastie Song, n'était considéré

---

96. « Les premières discussions (I). » dans Ye Shi. *Ye Shi ji*. p. 757.

97. « Biographie de la reine Tushan. » « Biographie de Liang Chong. » et « Biographie de Li Shi. » dans Tuotuo. *Jin shi*. p. 1506, p. 1915 et p. 1915.

98. « Biographie de Duji Sizhong. » et « Biographie de Wanyan Kuang. » dans Tuotuo. *Jin shi*. p. 2064 et p. 2167.

99. « Nourriture et objets du quotidien (IV). » dans Tuotuo. *Jin shi*. p. 1109.

100. « Biographie de Wanyan Gang. » dans Tuotuo. *Jin shi*. p. 2175.

comme la « Chine ». La dynastie Jin est alors devenue la seule « Chine ».

Depuis que la dynastie Jin a reconnu le régime des Song du Sud, elle l'appelait « Jiangbiao » ou « Jiangnan » (« sud du fleuve » (Yangtsé)). Par exemple, au cours des pourparlers de paix lors de la huitième année de l'ère Shaoxing, l'édit impérial apporté par l'ambassadeur Jin a écrit le nom de Jiangnan, non celui des Song du Sud. Après les négociations, le nom de Jiangnan a pu être changé pour celui des Song, et désormais, la dynastie des Song du Sud recevait de la part des Jin des « lettres d'État », en lieu et place des édits impériaux.[101] En fait, la lettre des Jin destinée à introniser Zhao Gou en tant qu'empereur des Song disait encore : « Vous vous trouvez à Jiangbiao. »[102] Plus particulièrement, les Jin appelaient chez eux la dynastie Song « Jiangnan » : « Nous comptons attaquer le Jiangnan. Si ce dernier l'apprenait, il s'enfuirait loin. » ou « Par la suite, le Jiangnan a déclaré sa soumission. » ou « Le Jiangbiao était notre vassal. » ou encore « Selon l'ancien système, ceux qui sont au service de la dynastie depuis longtemps pourront être envoyés au Jiangbiao. » et ainsi de suite.[103] Le « Jiangbiao » susmentionné n'était pas seulement un concept géographique, mais une référence au régime des Song du Sud. En fait, cette qualification était consultable non seulement dans le *Jin shi* (« *Histoire des Jin* »), mais également dans les propres documents de la dynastie Song lorsqu'elle consignait les propos des Jin : « La grande puissance (la dynastie Jin) avait décidé de remettre les préfectures et les comtés du Huainan (sud de la rivière Huai) au royaume de Qi. Cependant, plus tard, le "Jiangnan" les a pris sans permission. »[104] Les Jin considéraient en réalité la dynastie des Song du Sud comme les Wu de l'Est et les Tang du Sud, qui n'étaient pas les régimes orthodoxes, pour mettre en valeur leur statut en tant que « Chine ».

En termes de perception géographique, la dynastie Song distinguait la « Chine » des barbares. Selon elle, la « Chine » désignait les préfectures et comtés qui, sous son administration directe, contribuaient aux impôts et à la main-d'œuvre militaire, qui servaient de base à sa gouvernance, tandis que les barbares comprenaient les groupes ethniques de *jimi* qui n'étaient pas placés sous sa juridiction directe, et les *Manyi* à l'extérieur de son territoire. Ainsi, la « Chine » géographique revendiquée par la dynastie Song ne faisait pas référence aux Liao, au Goryeo, aux tribus du Nord-Est, ni aux pays du Nord-Ouest et en mer de Chine méridionale. Elle ne désignait pas non plus les régimes faisant partie de « l'ancien territoire des dynasties Han et Tang », ni même les différents groupes ethniques en deçà des frontières des Song. Elle correspondait uniquement aux comtés et préfectures placés sous l'administration directe des Song du Nord. Par exemple, les Song ont déclaré : « Les deux barbares (les Liao et les Xia) rompent l'un avec l'autre, et s'affrontent. Tous les commentateurs disent que cela profite à la Chine. »[105] Cela montre que les Liao et les

---

101. Li Xinchuan. *Jianyan yilai xinian yaolu*, wuwu, décembre, huitième année de l'ère Shaoxing, p. 2327. « Biographie de Qin Hui. » dans Tuotuo. *Song shi*. p. 13755.

102. « Biographie de Zong Bi. » dans Tuotuo. *Jin shi*. p. 1756.

103. « Biographie de Zong Ben. » « Biographie de Li Qiong. » « Biographie de Zong Hao. » et « Biographie de Jia Guheng. » et « Biographie de Zhang Zhongke. » dans Tuotuo. *Jin shi*. p. 1736, 1782, p. 2078, p. 2093 et p. 2782.

104. Li Xinchuan. *Jianyan yilai xinian yaolu*, jichou, octobre, quatrième année de l'ère Shaoxing. p. 1535.

105. « À propos de l'empiètement des Khitans sur la frontière terrestre. » dans Ouyang Xiu. *Ouyang Xiu quanji*. p. 1823.

Xia occidentaux n'étaient pas considérés comme la « Chine ». De plus, le Giao Chi et l'empire du Tibet n'étaient pas eux non plus la « Chine » selon les Song. Par exemple, l'édit que la dynastie Song accorda au Giao Chi disait : « Il faut défendre notre Chine pour qu'il n'y ait aucun souci frontalier. »[106] La cour Song a fait l'éloge du rapport de l'empire du Tibet : « Les mots trahissent une loyauté et une sagesse aussi remarquables que n'importe quel érudit ou savant chinois engagé dans le service public. »[107] En parlant des *Xidong* du sud-ouest, les Song ont affirmé : « C'est seulement parce que les gens éloignés ne connaissent pas les rites chinois. » ou « (Ils) n'ont pas communiqué avec la Chine dans le passé. »[108] Les lois promulguées par la dynastie des Song du Sud comprenaient un article sur la « sortie de la Chine des monnaies en cuivre », qui interdisait de vendre des êtres humains chez les *Xidong*, et d'utiliser les monnaies en cuivre en dehors de la Chine[109], à savoir dans les régimes étrangers et les groupes ethniques de *jimi*. Nous pouvons alors constater que la « Chine » géographique revendiquée par les dynasties des Song du Nord et du Sud n'incluait ni les régimes étrangers, ni les divers groupes ethniques de *jimi*, mais uniquement les comtés et préfectures sous leur domination directe. La dynastie Song ne considérait même pas les barbares qui, vivant sur son territoire, n'étaient pas placés sous son administration directe comme Chinois. Par exemple, dans les vastes montagnes au sud de Hengzhou, il y avait ce genre de barbares. Parfois, des Chinois s'y enfuyaient, et se faisaient passer pour des barbares, pour devenir enfin voleurs. Les barbares, qui savaient que la Chine était incapable de faire quoi que ce soit, venaient à son secours.[110] Nous pouvons voir que la « Chine » des Song était aussi culturelle que géographique.

D'une part, la dynastie Song affirmait qu'elle était absolument la seule « Chine » culturelle, mais d'autre part, son territoire était non seulement très réduit par rapport à la « Chine » géographique inaugurée par les dynasties Han et Tang, mais continuait également à se rétrécir. D'ailleurs, aux yeux des Liao et des Jin, l'ancien territoire « chinois » était plutôt la « Chine ». De plus, la dynastie Jin niait le statut de la dynastie Song en tant que « Chine ». Ainsi, la non-correspondance entre la « Chine » culturelle et la « Chine » géographique, et la représentation irréelle de cette dernière ont conduit les Song à donner des explications. Pour ce faire, d'un côté, la dynasties Song insistait sur le concept absolu de « Hua-Yi » chez elle, et de l'autre côté, elle a fixé les « anciens territoires », qu'elle visait à « récupérer ». L'« ancien territoire » établi par la dynastie des Song du Nord était celui des dynasties Han et Tang. Elle a souligné : « Si nous parlons des anciens territoires, nous devons

---

106. « Décret impérial destiné à octroyer des grâces à Lý Thánh Tông. » dans Wang Anshi. *Wang Anshi quanji* (« *Collection complète de Wang Anshi* »). Shanghai : Fudan daxue chubanshe (Presse de l'Université de Fudan), 2016. p. 875.

107. « Biographie de l'empire du Tibet. »dans Tuotuo. *Song shi*. p. 14165.

108. « Les barbares des *Xidong* du sud-ouest (première partie). » et « Les barbares des *Xidong* du sud-ouest (deuxième partie). » dans Tuotuo. *Song shi*. p. 14179 et p. 4196.

109. Li Xinchuan. *Jianyan yilai xinian yaolu*, jiyou, octobre, treizième année de l'ère Shaoxing, p. 3615. « Gaozong (IV). » dans Tuotuo. *Song shi*. p. 508.

110. « Épitaphe de maître Chen (Liangqi), *sinongqing* (responsable de l'agriculture) de Nanjing. » dans Wang Anshi. *Wang Anshi quanji*. p. 1535.

prendre les dynasties Han et Tang comme références. »[111] Il est pourtant à noter que « l'ancien territoire des dynasties Han et Tang » ne correspondait pas à l'ensemble des territoires des dynasties Han et Tang, mais plutôt aux frontières définies par la dynastie Song en fonction des réalités et des besoins politiques. Jusqu'au règne de l'empereur Song Renzong, « l'ancien territoire des dynasties Han et Tang » était fixé, et comprenait le Youyun, le Giao Chi, le Hehuang et les Xia occidentaux (y compris le Hexi). C'était également dans ce domaine que l'empereur Song Shenzong établit et mit en œuvre un plan de l'expansion territoriale au nom de « l'ancien territoire des dynasties Han et Tang ».[112] L'empereur Song Huizong, qui a fait alliance avec la dynastie Jin, essayait également de restaurer autant que possible « l'ancien territoire des dynasties Han et Tang ». Il a déclaré dans son édit : « La région de Youyan est de l'ancien territoire. Elle est malheureusement tombée aux mains des *Rong* du Nord pendant les Cinq Dynasties. »[113] Zhao Liangsi a persuadé l'empereur Song Huizong de s'allier avec les Jürchens au nom de la récupération des anciens territoires de la Chine.[114] Song Huizong et ses ministres croyaient tous que la récupération des anciens territoires signifiait celle de la région de Youji.[115]

　　Le discours de « l'ancien territoire » concernait la légitimité de la dynastie des Song du Sud. Son importance s'est reflétée à travers les paroles que Hu Quan avait adressées à l'empereur Song Gaozong : « Le "monde sous le ciel" est créé par les ancêtres. La position que Votre Majesté occupe est aussi celle des ancêtres. »[116] Cependant, « l'ancien territoire » fixé par la dynastie des Song du Sud a été réduit aux anciennes frontières des Song du Nord, et comprenait les territoires qui, sous l'administration directe des Song du Nord, étaient tombé aux mains des Jin. Il ne correspondait plus à « l'ancien territoire des dynasties Han et Tang », défini par la dynastie des Song du Nord. L'« ancien territoire », comme l'ont souligné à plusieurs reprises les fonctionnaires des Song du Sud, était les « anciennes frontières des ancêtres ».[117] Li Gang, en expliquant la « Chine », disait :

> Le Shaanxi est la région où les soldats et les chevaux sont les plus forts de la Chine. Le Hebei et le Hedong constituent le bouclier de la Chine. La capitale ainsi que l'est et l'ouest de la capitale constituent le cœur de la Chine. Les régions du fleuve Yangtsé, et de la rivière Huai, le Jinghu, le Sichuan et le Guangxi sont les branches de la Chine.[118]

---

111. « Biographie de Zhong Shidao. » dans Tuotuo. *Song shi.* p. 10750.

112. Huang, Chunyan. « L'expansion territoriale de Song Shenzong au nom de "l'ancien territoire des dynasties Han et Tang". » *Lishi yanjiu.* Issue 1. 2016. p. 24.

113. « Soldats (VIII). » dans Xu Song (éd.). *Song huiyao jigao.* p. 8762.

114. « Biographie de Zhao Liangsi. » dans Tuotuo. *Song shi.* p. 13734.

115. « Rapport sur les affaires frontalières. » dans Yang Shiqi, Huang Huai, *et al. Lidai mingchen zouyi* (« *Rapports des fonctionnaires célèbres de toutes périodes* »). tome 442. p. 167.

116. « Rapport destiné à l'empereur Gaozong. » dans Hu Quan. *Dan'an wenji* (« *Collection littéraire de Dan'an* »). tome 1137 dans *Siku Quanshu*, Wenyuan Ge. p. 19.

117. « Affaires inachevées. » dans Zong Ze. *Zongzhong jianji* (« *Recueil bref de Zongzhong* »). tome 1125 dans *Siku Quanshu*, Wenyuan Ge. p. 72. « Rapport de remerciments destiné à l'empereur pour le banquet. » dans Li Gang. *Li Gang quanji.* p. 556. « Rapport sur le grand plan de défense. » dans Li Guang. *Zhuangjian ji* (« *Recueil de Zhuangjian* »). tome 1128 dans *Siku Quanshu*, Wenyuan Ge. p. 555.

118. « Le premier rapport pour discuter de la tournée impériale. » dans Li Gang. *Li Gang quanji.* pp. 671-672.

Ici, la « Chine », telle que Li Gang l'a définie, correspondait au territoire de la dynastie des Song du Nord. Cheng Bi a souligné également : « Les Plaines centrales constituent le cœur (de la Chine), tandis que les régions de Wu, Shu, Jing et Xiang en sont les quatre membres. Quand le cœur est violé, aucun membre ne sera à l'abri. »[119] Ainsi, il fallait considérer les Plaines centrales et les régions de Wu, Shu, Jing et Xiang occupées par la dynastie des Song du Sud comme un ensemble. Chen Liang, dans un rapport destiné à l'empereur Song Xiaozong, a fait constater que la dynastie des Song du Sud ne devait pas penser qu'elle pût être en sécurité pendant longtemps, tout en mettant la Chine hors de sa portée. Il a également déclaré : « Le Ciel ne permettra pas à la dynastie des Song du Sud de se confiner au sud du fleuve (Yangtsé), pour ne pas constituer un ensemble avec la Chine. »[120] La « Chine » dont il parlait était l'ancien territoire de la dynastie des Song du Nord, qui était tombé aux mains des Jin.

De même, « l'ancien territoire ancestral » constituait à la fois l'objet de « récupération » et le discours politique pour la dynastie des Song du Sud. À ce propos, nous énumérons ici quelques citations :

« L'ancien territoire ancestral est la porte occidentale du pays. Sa Majesté n'oublie jamais le projet de le récupérer. »[121] « Rassembler le courage des soldats pour récupérer l'ancien territoire de nos ancêtres. »[122] « L'ancien territoire ancestral n'est pas encore restauré, la honte de la cour impériale n'est pas encore effacée, et la traîtrise des barbares est inhabituelle. »[123] « Un pas en avant, nous pouvons restaurer l'ancien territoire de nos ancêtres, et un pas en arrière, nous pouvons préserver les fondements de la dynastie Song. »[124] « Si la gouvernance interne est parfaite, nous n'aurons pas besoin de nous inquiéter des problèmes externes, et l'ancien territoire de nos ancêtres sera restauré dans un avenir proche. »[125] « (Zhang Jun) est préoccupé par le fait que l'ancien territoire ancestral n'est pas encore récupéré. »[126] « Restaurer l'ancien territoire ancestral et réunir les vassaux dans la capitale orientale (Luoyang). »[127]

---

119. « Rapport destiné à l'empereur dans l'année de bingzi. » dans Cheng Bi. *Mingshui ji* (« *Recueil de Mingshui* »). tome 1171 dans *Siku Quanshu*, Wenyuan Ge. p. 231.

120. « Le premier rapport destiné à Xiaozong. » et « Un nouveau rapport destiné à Xiaozong à wushen. » dans Chen Liang. *Longchuan ji*. p. 499 et p. 512.

121. « Trois démissions sans en faire part à l'empereur. » dans Li Zengbo. *Kezhai zagao* (« *Manuscrits divers de Kezhai* »). tome 1179. p. 341.

122. Xu Mengshen. *Sanchao beimeng huibian*, renyin, le 4 décembre, 31ᵉ année de l'ère Shaoxing, p. 1770.

123. « Rapport en réponse aux ordres impériaux à renwu. » dans Zhu Xi. *Hui'an xiansheng wenji* (« *Collection littéraire de M. Hui'an* »). p. 571.

124. « Discussions de Zhao Ruyu sur la défense des frontières. » dans Yang Shiqi, Huang Huai, *et al. Lidai mingchen zouyi*. tome 442. p. 409.

125. « Rapport de Wang Shiyu. » dans Yang Shiqi, Huang Huai, *et al. Lidai mingchen zouyi*. tome 434. p. 415.

126. « Biographie de Zhang Weigong (Jun). » dans Yang Wanli. *Yang Wanli ji jianzhu* (« *Corrections du recueil des textes de Yang Wanli* »). Beijing : Zhonghua shuju, 2007. p. 4423.

127. « Rapport concernant les révoltés du Guangnan et sur la mer. » juan 2 dans Wang Shipeng. *Wang Shipeng quanji* (« *Collection complète de Wang Shipeng* »). Shanghai : Shanghai guji chubanshe, 2012. p. 620.

Bien que la dynastie des Song du Sud n'ait pas mis la « récupération » en pratique, sauf au début de l'ère Shaoxing et lors de l'expédition du Nord dans l'ère Kaixi, « l'ancien territoire ancestral » est devenu un discours très important pour interpréter la légitimité du régime des Song du Sud. Comme le dit l'empereur Song Gaozong au début de l'ère Shaoxing : « Nous devons essayer de restaurer progressivement (les anciens territoires). Comment pourrions-nous construire une nation si nous ne faisions que suivre nos vieilles méthodes, et nous replier ? »[128] La « récupération » et « l'ancien territoire » étaient alors les deux faces de la même pièce qui constituait le solide socle des Song du Sud.

La théorie de la « récupération » des Song du Sud changea avec la situation de la guerre. Dès le début de son règne, l'empereur Song Gaozong a fixé son objectif : « Développer et renforcer la Chine, retourner dans l'ancienne capitale et accueillir les deux empereurs (qui ont été emprisonnés par les Jin). » La tâche principale des ministres était d'aider à réaliser ce plan de récupération : « Le plan de récupération doit être mentionné jour après jour, pour rappeler à la cour impériale d'être diligente dans sa gouvernance, et d'expulser les barbares. Il ne faut jamais oublier la récupération. »[129] Après le traité de paix de l'ère Shaoxing, l'empereur Song Gaozong a déclaré : « Ceux qui parlent de la récupération professent des paroles inutiles, qui n'ont aucune signification pratique. Il faut suivre les étapes pour l'utilisation de l'armée. Plus précisément, nous devons tout d'abord entraîner les soldats pour qu'ils soient capables de combattre et de défendre. Puis, nous attendons que l'ennemi provoque le premier. À ce moment-là, nous pouvons enfin lancer la contre-attaque pour procéder à la récupération. »[130] Comme la « récupération » était étroitement liée à la légitimité du régime des Song du Sud, les empereurs successifs ne pouvaient nullement abandonner ce discours. Par exemple, l'empereur Song Xiaozong a affirmé qu'il voulait restaurer les anciennes frontières : « Je n'oublie pas la récupération, et je veux unifier le "monde sous le ciel". »[131] Même l'empereur Song Ningzong, qui savait bien que la « récupération » était hors de portée, déplorait : « La récupération ne serait-elle pas une belle chose ? Mais elle n'est pas à notre portée. »[132] D'ailleurs, les ministres ne cessaient de proposer la « récupération » dans leurs rapports destinés à l'empereur, comme l'a fait Chen Gang[133]. De même, devant l'empereur, Wang Shipeng a parlé de la « récupération », tout en proposant les stratégies.[134] Même les partisans de la paix ont dit : « L'accord de paix d'aujourd'hui vise la récupération dans l'avenir. » ou « Il faut attendre que notre pays soit assez puissant pour parler de la récupération. »[135] ou encore

---

128. Tuotuo. *Songshi quanwen* (« *Texte intégral de l'histoire des Song* »), wuwu, janvier, cinquième année de l'ère Shaoxing. Beijing : Zhonghua shuju, 2016. p. 1383.

129. Li Xinchuan. *Jianyan yilai xinian yaolu*, xinhai, cinquième année de l'ère Shaoxing, p. 1590.

130. Li Xinchuan. *Jianyan yilai xinian yaolu*, xinhai, onzième année de l'ère Shaoxing, p. 2639.

131. Tuotuo. *Songshi quanwen*, dingmao, septembre, sixième année de l'ère Chunxi, p. 2233.

132. « Biographie de Han Tuozhou. » dans Tuotuo. *Song shi*. p. 13777.

133. Li Xinchuan. *Jianyan yilai xinian yaolu*, bingshen, 16e année de l'ère Shaoxing, p. 2944.

134. Tuotuo. *Songshi quanwen*, renyin, septembre, 30e année de l'ère Shaoxing, p. 1872.

135. Tuotuo. *Songshi quanwen*, bingyin, novembre, première année de l'ère Longxing, p. 2052.

« Avant de procéder à la récupération, il faut d'abord élaborer un plan bien détaillé, pour assurer la réussite. »[136] Comme la « récupération » était étroitement associée à la légitimité de la dynastie des Song du Sud, elle est devenue « politiquement correcte » pour être prônée par le souverain et ses ministres, ainsi que par les partisans de paix et les belligérants.

## 3. Les solutions de la dynastie Song aux problèmes historiques

Comme mentionné plus haut, selon Shi Jie et Chen Liang, la dynastie Song a dû faire face aux dilemmes de « Hua-Yi » et de « Chine », ou au fléau des barbares, qui se traduisaient principalement par l'empiètement géographique et le mélange culturel. Pourtant, ces problèmes n'étaient pas propres à la dynastie Song. Comme l'a souligné l'empereur Song Shenzong : « Le problème des barbares se pose depuis longtemps à la Chine. »[137] En fait, il s'agissait d'un dilemme historique depuis la période des Printemps et Automnes et des Royaumes combattants. D'une part, les relations entre les différentes civilisations, en particulier entre les civilisations nomade et agraire, se caractérisaient par l'interdépendance et la fusion, et par le conflit et le changement des rapports de force. Sur la base du concept de « Hua-Yi », selon lequel les Hans, se distinguant des barbares, étaient supérieurs à ces derniers, un ordre vertical devrait être établi : les Hans seraient dominants, et les barbares, dominés. Néanmoins, la frontière entre les Hans et les barbares n'était pas claire, ni stable, que ce fût en termes d'espace, de culture ou de race. Dans ce cas-là, il arrivait souvent que l'interaction et l'intégration entre les Hans et les barbares brouillâssent leurs frontières ethniques et culturelles. En même temps, l'essor des barbares et le déclin du pouvoir chinois portaient atteinte à l'ordre de « Hua-Yi ». Tout cela a créé le dilemme de « Hua-Yi ». D'autre part, les barbares traversaient la frontière, et occupèrent les Plaines centrales. Ils osaient même s'appeler « Chine ». D'où est né le dilemme de « Chine » géographique. Ces deux dilemmes sont devenus les problèmes historiques récurrents auxquels chaque dynastie devait faire face.

La solution idéale aurait été, bien sûr, de faire une distinction très claire entre les Hans et les barbares, comme le dit Shi Jie : « La Chine se trouve au centre du "monde sous le ciel", tandis que les quatre barbares vivent en périphérie. La Chine est à l'intérieur, et les quatre barbares sont à l'extérieur. Chacun de leur côté, les Hans et les barbares vivent en paix. S'ils se mélangeaient, ce serait le chaos. »[138] Dans la pratique, cependant, il était difficile d'y parvenir. Chaque dynastie devait répondre de manière réaliste aux circonstances auxquelles elle était confrontée. Wang Anli dit à ce propos :

---

136. Tuotuo. *Songshi quanwen*, wuwu, décembre, sixième année de l'ère Gandao, p. 2096.

137. « Questions pour l'examen impérial de la cinquième année de l'ère Yuanfeng. » dans Wang Anli. *Wang Weigong ji* (« *Recueil de Wang Weigong* »). tome 1100 dans *Siku Quanshu*, Wenyuan Ge. p. 39.

138. « Essai sur la Chine. » dans Shi Jie. *Shi xiansheng wenji*. p. 116.

Dans les temps anciens, quant à la défense contre les barbares, il y avait ceux qui ordonnaient aux généraux et aux commandants de les attaquer, ceux qui construisaient la Grande Muraille pour les isoler, ceux qui offraient de l'or et des pièces de monnaie pour faire la paix, et ceux qui les ont conquis pour les soumettre.

Quant aux stratégies pour se défendre contre les barbares, selon Yan You, il n'y avait pas de meilleure stratégie dans les temps anciens. Les Zhou avaient une stratégie moins bonne. Encore moins a été celle des Han, et les Qin n'en avaient aucune.[139] D'après Su Zhe, les ancêtres ont adopté trois stratégies à l'égard des barbares : la première consistait à utiliser la force militaire pour les attaquer ; la deuxième était de faire alliance par le mariage ; la troisième visait à se replier sur soi-même.[140] Li Gang les a résumé de manière plus concise en disant : « Les barbares restent depuis longtemps un problème pour la Chine. Les trois seules stratégies pour y faire face seront : la paix, la guerre et la défense. »[141]

Comme nous l'avons signalé en amont, la dynastie Song devait être confrontée à deux dilemmes : celui de « Hua-Yi » et celui de « Chine ». Qu'elle pouvait les surmonter ou pas serait largement déterminé par ses relations avec les Liao et les Jin. Cela était de la même manière que les relations avec les Xiongnu au début des Han, avec les Turcs au début des Tang, et plus tard avec les Tibétains, ont déterminé le statut de la Chine des deux dynasties des Plaines centrales. Si la dynastie Song avait atteint son objectif d'éliminer ou de soumettre les Khitans à ses débuts, et qu'elle ait remporté la victoire dans la bataille de la rivière Gaoliang la quatrième année de l'ère Taiping Xingguo, ou lors de l'expédition du Nord dans l'ère Yongxi, elle aurait pu inverser l'ordre de « Hua-Yi », et réaliser l'unification. Cependant, contrairement aux dynasties Han et Tang, les Song devaient être confrontés à des barbares, qui pouvaient rester puissants pendant des centaines d'années. Les dynasties Liao et Jin perduraient, presque aussi longtemps que les Song, et prenaient toujours le dessus dans leurs relations avec ces derniers. La dixième année de l'ère Xining (1077), Su Song est retourné de sa mission diplomatique pour les Liao. L'empereur Song Shenzong a fait des discussions avec lui en comparant les Khitans avec les Xiongnu sous la dynastie Han et les Tibétains sous la dynastie Tang. Su Song dit :

Comme les Khitans font la paix avec nous depuis longtemps, ils adoptent les règles et les rituels chinois pour gouverner. Il n'existe pas de troubles ni de séparatistes chez eux. Dans le passé, les gens ont dit que les Xiongnu n'avaient que cent années, et que leur prospérité et leur déclin étaient prévisibles.

---

139. « Questions pour l'examen impérial de la cinquième année de l'ère Yuanfeng. » dans Wang Anli. *Wang Weigong ji*. p. 40.

140. « La théorie selon laquelle les souverains ne gouvernent pas les barbares. » dans Su Zhe. *Luancheng yingzhao ji*. pp. 1698-1699.

141. « Rapport destiné à l'empereur. » dans Li Gang. *Li Gang quanji*. p. 625.

L'empereur lui répondit : « Cela fait déjà plus de 100 ans que les Khitans règnent depuis Yelü Deguang. » Su Song poursuivait :

> Han Wudi a dit que l'empereur Han Gaozu lui a laissé le souci de Pingcheng (actuel Datong). Bien qu'il ait été diligent dans ses conquêtes depuis longtemps, les Xiongnu ne se sont pas soumis. Jusqu'au règne de l'empereur Han Xuandi, le chanyu Hu Hanye lui a prêté allégeance et est devenu son vassal. Depuis le milieu de la dynastie Tang, la région de Hehuang est tombée aux mains des Tibétains. Chaque fois que l'empereur Xianzong lisait le *Zhenguan zhengyao* (« *Essence de la politique de l'ère Zhenguan* »), il avait l'intention de la récupérer. Jusqu'au règne de l'empereur Xuanzong, trois passages et sept préfectures ont été rendus à la dynastie Tang. De là, nous pouvons constater que les rébellions des barbares sont plutôt irrégulières, et ne sont pas associées à la prospérité ou au déclin de la Chine.

L'empereur en était tout à fait convaincu.[142] Face aux Khitans qui ne déclinaient pas depuis cent ans, la dynastie Song ne pouvait que se consoler en disant que les rébellions des barbares étaient irrégulières, et n'étaient pas associées à la prospérité ou au déclin de la Chine.

Les Han et les Tang, en tant que grandes dynasties unifiées, ont tous connu un changement radical dans leurs relations avec les barbares. Au début, ces derniers ont pris le dessus, et l'ordre de « Hua-Yi » a été inversé ; après, les dynasties Han et Tang ont réussi à rétablir leur statut de souverain par rapport aux barbares. D'ailleurs, les deux dynasties ont toutes recouru aux trois stratégies suivantes : la paix, la guerre et la défense. Pendant les premières années de la dynastie des Han occidentaux, la relation entre cette dernière et les Xiongnu était marquée, comme Jia Yi l'a signalé, par l'ordre de « Hua-Yi » inversé. Les Han et les Xiongnu sont convenus : « Les peuples situés au nord de la Grande Muraille, où l'on tire des flèches, seront soumis aux ordres du chanyu, et ceux qui vivent à l'intérieur de la Grande Muraille, où l'on porte des coiffes, seront gouvernés par l'empereur Han. » De plus, les deux parties se sont mises d'accord sur ce qu'aucun Xiongnu ne devait entrer dans la Grande Muraille, et qu'aucun Han n'en sortirait. Par ailleurs, dans les lettres de créance échangées entre elles, on lisait : « Le Grand chanyu des Xiongnu demande respectueusement à l'empereur s'il va bien », et « L'empereur demande respectueusement au Grand chanyu des Xiongnu s'il va bien ».[143] Cela suggère que les deux parties commençaient à faire des échanges sur un pied d'égalité. Cependant, contrairement aux dynasties Song et Liao qui ont établi une relation d'égal à égal à travers la signature du traité de Shanyuan, à savoir par des accords, la dynastie Han avait choisi, à ses débuts, de faire alliance par le mariage, c'est-à-dire d'utiliser des femmes et des objets tels que le jade et la soie. Plus tard, l'empereur Han Wudi lança la guerre contre les Xiongnu, et remporta le succès. Ainsi, la dynastie Han rétablit son statut de souverain par rapport aux Xiongnu. Comme l'a affirmé Su Song, jusqu'au règne de l'empereur

---

142. « Biographie de l'ancien académicien du palais de Guanwen maître Su (Song). » dans Zou Hao. *Daoxiang ji.* p. 518.

143. « Xiongnu (première partie). » juan 94 dans Ban Gu. *Han shu* (« *Livre des Han* »). Beijing : Zhonghua shuju, 1964. p. 3756, p. 3762 et p. 3764.

Han Xuandi, le chanyu Hu Hanye prêta allégeance, et commença à payer tribut. Depuis lors, bien que la dynastie Han ait connut des hauts et des bas, et que le problème des barbares fût récurrent, il n'y avait plus de barbares qui pussent rivaliser avec celle-là.

À la fin de la dynastie du Nord, le Khaganat turc devint rapidement la puissance la plus importante au nord. Les Zhou du Nord et les Qi du Nord se pressèrent tous à se soumettre aux Turcs. Jusqu'à l'établissement de la dynastie Sui, l'ordre de « Hua-Yi » restait toujours inversé. La situation changea avec l'empereur Sui Wendi. Il attaqua les Turcs au nord, les divisa, et remporta la victoire. Le Khaganat turc oriental et le Khaganat turc occidental furent tous les deux assujettis à la dynastie Sui. Cependant, vers la fin de cette dernière, le pays était en ébullition, et les Turcs, qui devinrent à nouveau puissants, avec des millions de soldats, convoitaient les Plaines centrales. Les régimes séparatistes de Xue Ju, de Dou Jiande, de Liu Wuzhou, de Wang Shichong, de Liang Shidu, de Li Gui et de Gao Kaidao se soumirent l'un après l'autre aux Turcs. Ces derniers intronisèrent Liu Wuzhou comme Dingyang Khan, et Liang Shidu comme Dadu Pijia Khan (qui reçut également le titre de fils du ciel de Jieshi). Lorsque l'empereur Tang Gaozu (Li Yuan) commença son soulèvement à Taiyuan, il se soumit aux Turcs pour stabiliser cette ville, et envoya à ces derniers des lettres sous la forme de *qi*, qui était utilisé pour s'adresser à un supérieur, plutôt que de *shu* (litt. « livre »), qui trahissait une relation équivalente entre les deux parties. Ce faisant, Li Yuan, soumis aux seuls Turcs, pouvait pour autant dominer les autres. Selon lui, il s'agissait d'une stratégie temporaire, qui consistait à « se boucher les oreilles en volant une cloche ».[144] Pendant les premières années de la dynastie Tang, celle-ci ne cessait d'être envahie par les Turcs. Bien que la dynastie Tang fît preuve d'humilité et de générosité envers les Turcs, elle ne pouvait pas échapper au danger d'être anéantie par ces derniers. Elle envisageait même de déplacer sa capitale de Chang'an vers un autre endroit pour éviter le fléau des Turcs. Cette situation changea en 629, où la dynastie Tang, après une décennie de développement, soumit enfin les Turcs, qui demandaient de s'apparenter avec elle. L'année suivante, la dynastie Tang vainquit l'empire turc une fois pour toutes, et captura Jieli Khan. Après, le Khaganat turc occidental devint puissant pendant un certain temps, mais il ne pouvait plus constituer de menace écrasante comme il l'avait fait au début de la dynastie Tang. Depuis l'empereur Taizong, la dynastie Tang et l'empire du Tibet entretenaient une relation équivalente. Ils se sont rencontrés à plusieurs reprises pour s'allier, et s'apparenter. Depuis le milieu des Tang, l'empire du Tibet prospérait, et occupa les régions de Hehuang et de Hexi. Cependant, sa prospérité n'a pas duré pendant un siècle. À la fin de la dynastie Tang, le Khaganat ouïgour était alors trop puissant pour être contrôlé. La dynastie Tang arriva à maintenir son statut de suzerain par rapport à son ennemi puissant par le biais de l'apparentement et des échanges commerciaux.

Au cours des dynasties Han et Tang, le fléau des « barbares » fluctuait sans cesse, et la crise n'était parfois pas moins grave que celle de la dynastie Song. Toutefois, dans l'ensemble, les dynasties Han et Tang ont pu la désamorcer grâce aux trois stratégies susmentionnées de

---

144. Wen Daya. *Datang chuangye qiju zhu* (« *Chroniques de la fondation de la grande dynastie Tang* »). Shanghai : Shanghai guji chubanshe, 1983. p. 11.

guerre, de défense et de paix. La plupart du temps, elles ont pu maintenir leur statut de suzerain par rapport aux barbares. Il n'existait aucun traité formalisant des relations équivalentes avec les Xiongnu, les Turcs ou d'autres barbares, ou spécifiant l'infériorité des Hans par rapport à ces derniers. Il n'y avait eu aucun barbare qui s'appelait lui-même « Chine », pour rivaliser avec la dynastie des Plaines centrales.

La dynastie Song prétendait être unifiée, mais en réalité, il y avait un affrontement entre le nord et le sud. Cela était d'autant plus vrai que la moitié de la dynastie des Song du Sud est tombée aux mains des Jin. Ainsi, la dynastie Song retrouva le même dilemme qu'à l'époque des Jin orientaux et des dynasties du Nord et du Sud, lorsque les Hans et les barbares s'affrontaient. Sous la dynastie Jin de l'Est, celle-ci se confinait sur la rive gauche du fleuve (Yangtsé), tandis que les barbares occupaient les Plaines centrales, ce qui rendait la question de la « Chine » et celle de « Hua-Yi » plus importantes. Murong Jun dit directement à l'émissaire des Jin orientaux : « Retournez et rapportez à votre maître que j'ai été élu empereur par les Plaines centrales, en raison de la rareté des talents. »[145] Il s'est fait appeler empereur de la « Chine », aux côtés des Jin orientaux. Par ailleurs, le Qin antérieur, qui unit le nord, prétendait même être la « Chine ». Cependant, les régimes barbares du nord s'appelaient « Chine », mais pas encore « Hua ». Sur le plan culturel, ils reconnaissaient qu'ils étaient à l'origine barbares, et que la légitimité ne leur appartenait pas.[146] Par contre, la dynastie Jin de l'Est se désignait comme « empire chinois orthodoxe ». Fondée sur le système de la prédication confucéenne, elle prétendait être la « Chine », et ne reconnaissait pas le statut de « Chine » des régimes barbares du nord. Bien que la dynastie Jin de l'Est s'opposât vivement pendant un certain temps à des régimes barbares tels que le Qin antérieur et les Yan, son statut de « Chine », en particulier celui de la « Chine » culturelle, n'était pas renié par ces derniers. Au contraire, face aux Jin, la dynastie des Song du Sud ne pouvait même pas défendre son statut politique. Dans les échanges avec les Jin, elle n'a pu obtenir aucune reconnaissance pour son statut de « Chine » culturelle ou géographique.

Au cours des dynasties du Nord et du Sud, ces dernières se désignaient toutes sous le nom de « Chine ». Les dynasties du Sud ne reconnaissaient pas le statut orthodoxe des dynasties du Nord. Contrairement à l'époque des Jin orientaux, les dynasties du Nord ne considéraient pas non plus les dynasties du Sud comme « Huaxia » et « Chine ». Les Wei du Nord utilisaient « Wei » comme nom d'État, et affirmait avoir hérité du statut orthodoxe de Cao Wei, pour être « seigneur de Chine », dépouillant ainsi les Jin orientaux et les dynasties du Sud de leur légitimité.[147] Les dynasties du Nord et du Sud se désignaient mutuellement comme le Sud et le Nord dans leurs échanges diplomatiques. Toutefois, à l'intérieur de leurs pays, le Nord appelait le Sud *Daoyi*

---

145. « Dossier sur Murong Jun. » dans Fang Xuanling *et al. Jin shu* (« *Livre des Jin* »). Beijing : Zhonghua shuju, 1974. p. 2834.

146. « Annales des Jin. » octobre, septième année de l'ère Taiyuan, dans Sima Guang. *Zizhi tongjian*. Beijing : Zhonghua shuju, 2011. p. 3304.

147. He, Dezhang. « Le nom de l'État des Wei du Nord et la question de l'orthodoxie. » *Lishi yanjiu*. Issue 3. 1992. p. 116.

(« barbares des îles »), et le Sud dénommait le Nord *Suolu* (« barbares aux longues nattes »).[148]Les deux parties étaient alors antagonistes et irréconciliables sur la question de « Hua-Yi » et sur celle de « Chine ». Nous pouvons constater que les Jin orientaux et les dynasties du Sud, qui se prétendaient orthodoxes, ont été confrontés aux mêmes dilemmes de « Hua-Yi » et de « Chine », que les dynasties des Song du Nord et du Sud, qui se trouvaient également dans une situation d'affrontement entre le Sud et le Nord, mais avec des relations et des réponses différentes.

Néanmoins, qu'il s'agisse des dynasties Han et Tang, qui se prétendaient unifiées, ou des dynasties Jin de l'Est et du Sud, divisées et confrontées, et quelle que fussent les crises de « Hua-Yi » et de « Chine » auxquelles elles devaient faire face, elles insistaient absolument sur le concept de « Hua-Yi » dans le champ politique intérieur, pour qu'elles pussent se prendre pour la seule orthodoxie chinoise. Au début de la dynastie des Han occidentaux, les Xiongnu étaient plus puissants que cette dernière. Malgré tout, l'empereur des Han et ses ministres parlaient toujours de la question des Xiongnu en utilisant le discours de « Hua-Yi ». Par exemple, dans son rapport destiné à l'empereur, Jia Yi dit :

> La situation actuelle est extrêmement difficile et dangereuse. Elle ressemble à celle d'un homme suspendu, la tête en bas. Le fils du Ciel est la tête du « monde sous le ciel ». Pourquoi dire comme cela ? Parce que le fils du Ciel est suprême. Les barbares sont les pieds du monde. Pourquoi dire comme cela ? Parce qu'ils sont de modestes vassaux. Actuellement, les Xiongnu sont arrogants, insultent la cour, usurpent des terres, et pillent des biens. Ils manquent de respect (à la dynastie Han), et causent au monde d'innombrables troubles. Pourtant, la cour Han leur offre chaque année de l'or, de la soie, du coton et des tissus colorés. Lorsque les barbares donnent des ordres, ils exercent l'autorité du souverain ; lorsque le fils du Ciel paie tribut, il pratique les rites d'un vassal.[149]

La conquête des Xiongnu et d'autres activités expansionnistes initiées par l'empereur Han Wudi étaient également exprimées dans le discours de « Hua-Yi ». Par exemple, ils affirmaient : « Xiaowu (Han Wudi) se défend contre les quatre barbares à l'extérieur, et réforme les lois à l'intérieur. » ou « (Il) attaque les quatre barbares, et s'attache à la force militaire. »[150] Après avoir conquis les Xiongnu, les Han ont même déclaré : « Le monde est en paix, et les quatre barbares sont obéissants. »[151] Lorsque Li Yuan procéda au soulèvement à Taiyuan, il était encore soumis aux Turcs. Cependent, lorsqu'il discuta avec ses subordonnés pour savoir s'il fallait utiliser « qi » ou « shu » pour leurs documents destinés aux Turcs, il qualifia toujours ces derniers de barbares :

---

148. Mou, Fasong. « Brève discussion sur les relations culturelles entre le Nord et le Sud à travers les échanges diplomatiques entre les dynasties du Nord et du Sud. » *Wei Jin Nanbeichao Sui Tang shi shuju* (« *Données sur l'histoire des dynasties Wei, Jin, du Nord et du Sud, Sui et Tang* »). Wuhan : Wuhan daxue chubanshe (Presse de l'Université de Wuhan), 1996. quatorzième édition.

149. « Biographie de Jia Yi. » dans Ban Gu. *Han shu*. p. 2240.

150. « Biographie de Wen Weng. » et « Rites et musique. » dans Ban Gu. *Han shu*. p. 3623 et p. 1032.

151. « Biographie de He Wu. » dans Ban Gu. *Han shu*. p. 3481.

(La Chine) est en ébullition depuis un temps, et beaucoup de (Hans) ont été tués. De nombreux érudits se réfugient chez les ennemis, et leur rendent service. Dans ce cas-là, les barbares apprennent et pratiquent eux aussi les rites de la Chine. Même si je montre du respect, l'ennemi ne me ferait pas confiance. Si je le méprise, ses soupçons ne pourraient que grandir.[152]

La première année de l'ère Wude (618), le document qui intronisa Li Yuan le désignait comme maître commun des Hans et des barbares : « Les *Rong* de l'ouest sont soumis, et les *Yi* de l'est sont pacifiés. » ou « Tous les Hans et barbares, lointains ou proches, viennent prêter allégeance. »[153] Après la défaite des Turcs, l'empereur Tang Taizong ne cessait de proclamer :

« Le monde est en paix. Les monarques et les chefs des régions bien éloignées viennent tous rendre hommage. Les émissaires-traducteurs de différents barbares se rencontrent sur les routes. » ou « Le peuple chinois est la racine et le tronc du "monde sous le ciel", tandis que les barbares en sont les branches et les feuilles. » ou encore « Si l'île des Neuf préfecture (Chine) est riche et prospère, les quatre barbares prêteront volontairement allégeance. »[154]

Les dynasties Jin de l'Est et du Sud et les régimes barbares du Nord s'affrontaient, et les seconds n'étaient pas soumis aux premiers. Dans ce cas-là, les dynasties d'origine chinoise devaient insister encore plus fortement sur le concept de « Hua-Yi » dans leur champ politique intérieur, pour renforcer leur légitimité et leur identification interne. Cela a été parfaitement illustré par le *Xi Rong lun* (« *Propos sur le déplacement des barbares* »), rédigé par Jiang Tong. Si ce dernier a écrit cet ouvrage, c'est parce qu'il était indigné que les quatre barbares troublassent la « Chine », et qu'il proposait de les éliminer dès le début. Il a cité et souligné la théorie préconisée dans le *Chunqiu*, selon laquelle les Hans devaient vivre au centre du « monde sous le ciel », et les barbares en périphérie. D'ailleurs, il a analysé les succès et les échecs des dynasties précédentes, surtout ceux des Han, dans leurs relations avec les barbares. Il a conclu que parmi les quatre barbares, les *Rong* et les *Di* étaient les plus menaçants. Ce faisant, il a proposé de les déplacer en dehors de la « Chine », pour les reconduire sur leurs anciens territoires. L'objectif était de les séparer de la « Chine », pour qu'ils ne pussent pas envahir cette dernière, comme il l'a dit dans son ouvrage :

Les *Rong* et les Jin ne se mélangent pas, et chacun vit de son côté. Bien éloignés de la Chine, et en séparés par des montagnes et des rivières, les *Rong* seraient incapables de causer de graves dommages, même s'ils procédaient à des invasions.[155]

---

152. Wen Daya. *Datang chuangye qiju zhu*. p. 11.

153. *Ibid.*, p. 44.

154. « Intégrité. » et « Sécurité de la frontière. » dans Wu Jing. *Zhenguan zhengyao* (« *Essence de la politique de l'ère Zhenguan* »). Shanghai : Shanghai guji chubanshe, 1978. p. 183 et pp. 276-277.

155. « Biographie de Jiang Tong. » dans Fang Xuanling. *Jin shu*. p. 1532.

Bien que la proposition de Jiang Tong fût irréalisable, elle a montré le fait que, plus la confrontation entre les Hans et les barbares était intense pendant les périodes de conflit et de division, plus il serait nécessaire de souligner la distinction entre eux au sein du régime.

Cependant, la dynastie Song était confrontée à des dilemmes de « Hua-Yi » et de « Chine » différents de ceux des dynasties précédentes, comme il l'a été illustré à travers les citations suivantes :

> Dans les temps anciens, lorsque les barbares étaient extrêmement faibles, ils se soumettaient ; lorsqu'ils étaient moyennement faibles, ils disparaissaient ; lorsqu'ils étaient extrêmement forts, ils envahissaient ; lorsqu'ils étaient moyennement forts, ils pillaient. Malgré tout, si nous avions une armée forte et bien nourrie, des généraux sages et des soldats courageux, nous n'aurions pas de soucis (des barbares) dans les Plaines centrales. Pourtant, aujourd'hui, nous n'attendons pas des barbares qu'ils se soumettent et disparaissent. Nous ne pouvons même pas leur demander de cesser leurs déprédations.[156]

Le fléau des barbares, les Xiongnu sous la dynastie Han, les Turcs et les Tibétains sous la dynastie Tang, apparut, puis disparut. Par exemple, dans le cas des Xiongnu, ces derniers, selon certains, n'avaient que 100 années, et leur prospérité et leur déclin étaient prévisibles. Toutefois, contrairement aux Xiongnu sous la dynastie Han, et aux Turcs et aux Tibétains sous la dynastie Tang, les Khitans auxquels la dynastie Song devait faire face, semblaient impérissables, puisqu'ils régnaient déjà pendant plus de 100 ans depuis Yelü Deguang[157]. Ainsi, la dynastie Song ne pouvait nullement appliquer tel quel les stratégies des anciennes dynasties. Les méthodes habituelles, comme le mariage ou la conquête en réunissant toutes les forces, ne seraient plus adéquates.[158]

Dans ce cas-là, Shi Jie a proposé que les barbares et la Chine, chacun de son côté, ne perturbassent pas l'un et l'autre. Cependant, il est évident que cette proposition était irréalisable. De même, Ye Shi a élaboré trois principes pour surmonter le dilemme de « Chine ». Premièrement, la Chine, en pratiquant la bienveillance, ne cherchait pas à dominer les barbares. Deuxièmement, en défendant son statut politique, la Chine devait se distinguer des barbares. Troisièmement, si les barbares venaient, la Chine devrait exercer son pouvoir pour les gouverner.[159] D'après Ye Shi, le traité de Shanyuan qui disposait que les deux parties le respectent sans s'envahir l'une et l'autre constituait une solution conforme aux trois principes. Pourtant, ce qu'a élaboré Ye Shi reflétait également une conception idéalisée de « Hua-Yi » et de « Chine », et n'était qu'une reprise de la théorie de Jiang Tong qui proposait de déplacer les *Rong*. Sa vision apparemment bien conçue ne pouvait pas être mise en pratique dans la politique étrangère, ni dicter les échanges extérieurs.

---

156. « Procès contre l'ennemi. » dans *Sansu quanji & Su Xun ji* (« *Collection complète du clan Su & Recueil de Su Xun* »). Beijing : Yuwen chubanshe (Presse de la langue et de la culture), 2001. p. 1201.

157. « Biographie de l'ancien académicien du palais de Guanwen maître Su (Song). » dans Zou Hao. *Daoxiang ji*. p. 518.

158. « Questions et réponses. » dans Chen Liang. *Longchuan ji*. p. 537.

159. « Essai sur les barbares (I). » dans Ye Shi. *Ye Shi ji*. p. 684.

Face aux barbares qui « ne devraient pas être rejetés s'ils venaient, ni être poursuivis lorsqu'ils partaient »[160], les politiques des Song, qui étaient plus pratiques que les érudits, ont pris des mesures plus souples. Ils entretenaient une relation équivalente avec les Liao. Face aux Jin, ils ont même prêté allégeance, en leur payant tribut pendant un certain temps. Ils demandaient au Giao Chi et aux Xia occidentaux de respecter les rituels tributaires, tout en leur permettant de pratiquer le système impérial chez eux. Comme la dynastie Song ne pouvait pas la plupart du temps prendre le dessus dans les confrontations militaires, elle tendait à recourir aux moyens économiques dans les échanges extérieurs. Ainsi, les Song se moquaient d'eux-mêmes en disant : « L'État au nord revendique du territoire, et une promesse de soie en réponse, tandis que l'État à l'ouest demande le statut d'égal, et une autre promesse d'argent en réponse. Les deux barbares savent bien que nous ne pourrons jamais leur céder la terre ni le statut, ils en profitent pour tirer des avantages. »[161] ou « Les crises diplomatiques auxquelles la dynastie Song doit faire face ne pourraient être surmontées qu'avec de l'or et de la soie. »[162] Malgré tout, il s'agissait d'une solution qui s'adaptait aux réalités de l'environnement politique interne et externe.

En résumé, depuis sa création à l'époque pré-Qin, le concept de « Hua-Yi » servait de base pour que les dynasties successives établissent l'ordre du « monde sous le ciel ». La « Chine » était la bannière sous laquelle elles s'acquirent la légitimité sur le plan à la fois culturel et géographique. De ce point de vue, le concept de « Hua-Yi » et la « Chine » s'avéraient être essentiels, et les dynasties devaient les interpréter, puisqu'ils étaient étroitement associés à leur statut politique et à leur légitimité. Théoriquement, une dynastie qui se prétendait légitime devrait être une « Chine », respectée par le « monde sous le ciel », et à laquelle les quatre barbares étaient soumis. Ce serait la situation idéale. Cependant, en réalité, aucune dynastie ne pouvait s'épargner les invasions des barbares et la destruction de leur statut légitime. En effet, les problèmes de « Hua-Yi » et de « Chine » existaient depuis l'époque pré-Qin. Dans la pratique, l'utilisation des concepts de « Hua-Yi » et de « Chine » s'adaptait à l'environnement politique et aux différentes relations. Dans le cas de la dynastie Song, comme tous ses prédécesseurs, elle était confrontée aux dilemmes de « Hua-Yi » et de « Chine », et pour les surmonter, elle insistait absolument sur ces concepts dans le champ politique intérieur, tout en adoptant une approche souple à l'extérieur. En même temps, elle a fait des choix propres à son époque. Se croyant héritière des Han et des Tang, la dynastie Song se prétendait légitime, mais elle devait faire face à des barbares, qui restaient puissants depuis un siècle. Dans ses relations avec les Liao et les Jin, la dynastie Song était confrontée à de nombreux dilemmes de « Hua-Yi » et de « Chine ». Elle ne pouvait pas à l'instar des dynasties Han et Tang, rétablir l'ordre de « Hua-Yi » avec les stratégies de guerre, de défense et de paix. Elle ne pouvait pas non plus défendre son statut de « Chine » face à la menace des barbares, comme

---

160. « La théorie selon laquelle les souverains ne gouvernent pas les barbares. » dans Su Zhe. *Luancheng yingzhao ji*. p. 1699.

161. « Discussions sur la soumission des Xia : sincère ou hypocrite. » juan 8 dans Yin Zhu (Song). *Henan ji*. p. 38.

162. « À propos de la négociation de paix avec les Xia : cinq interrogations destinées aux ministres. » juan 102 dans *Ouyang Xiu quanji*. p. 1562.

l'avaient fait les dynasties Jin de l'Est et du Sud. Dans ce contexte, concernant les questions de « Hua-Yi » et de « Chine », la dynastie Song a adopté une approche souple à l'extérieur. Ce faisant, elle a réussi à maintenir des relations réalistes, tout en assurer sa sécurité extérieure. Sur le plan interne, la dynastie Song tenait absolument aux concepts de « Hua-Yi » et de « Chine », pour justifier le statut de l'empereur Song en tant que souverain commun des Hans et des barbares. Elle ne visait pas, comme les dynasties Han et Tang, à établir un ordre unifiant les Hans et les barbares en soumettant ces derniers. En fait, le statut de la « Chine » culturelle de la dynastie Song n'était pas moins défié, alors que son statut de la « Chine » géographique n'était plus pertinent dans la mesure où elle se prétendait héritière des dynasties Han et Tang. Dans ce cas-là, elle a dû élaborer le discours de « l'ancien territoire des dynasties Han et Tang » qu'elle comptait « récupérer », pour interpréter sa légitimité politique. L'« ancien territoire des dynasties Han et Tang », en tant que discours politique, ne correspondait pas pour autant à tout le territoire des Han et des Tang. De plus, sa « récupération » n'était pas toujours un objectif nécessaire. Excepté les activités expansionnistes que Song Shenzong a menées au nom de la « récupération », et les quelques tentatives infructueuses sous le règne de l'empereur Huizong, et pendant la période de Kaixi des Song du Sud, la dynastie Song se préoccupait généralement du renforcement de l'autorité impériale, tout en se défendant passivement contre les barbares. Pour surmonter les dilemmes de « Hua-Yi » et de « Chine », la dynastie Song a élaboré des stratégies à partir des concepts en la matière développés depuis la période des Printemps et Automnes, et qui seraient difficilement liées au nationalisme ou à la prise de conscience de l'État-nation.

# CHAPITRE 7

## La guerre de l'ère Yongxi et l'évolution de la situation politique en Asie du Nord-Est

La guerre de l'ère Yongxi fut la bataille la plus importante et la plus influente du début de la dynastie des Song du Nord. Le processus de cette bataille, les raisons de l'échec et son influence sur les politiques interne et externe de la dynastie Song ont été pleinement discutés par les chercheurs.[1] Après cette guerre, un nouvel ordre politique s'établit en Asie de l'Est. Les politiques interne et externe de la dynastie Song, et la relation entre celle-ci et les Liao s'en trouvèrent influencées. De même, les relations entre la dynastie Liao et les différents régimes du Nord-Est, comprenant le Goryeo, et celles entre ce dernier et les Song changèrent. Certains chercheurs en ont fait des études qui ne sont pourtant pas systématiques[2]. Cet article tente de discuter de l'évolution de la situation politique en Asie du Nord-Est de la fin des Cinq Dynasties au début de la dynastie Song. Il examinera en outre l'impact de la guerre de l'ère Yongxi sur cette situation politique. À travers cet article, nous voulons donner un aperçu du processus de formation de l'ordre international en Asie de l'Est à l'époque des Song.

---

1. Cf. Zhang, Qifan. « De la défaite de la rivière Gaoliang à l'expédition nord de l'ère Yongxi. » *Huanan shifan daxue xuebao* (« *Journal de l'Université normale de la Chine du Sud* »). Issue 3. 1983. Gu, Quanfang. « À propos de l'expédition nord de l'ère Yongxi sous la dynastie des Song du Nord. » *Zhongzhou xuekan* (« *Journal académique de Zhongzhou* »). Issue 2. 1984. Qi, Xia. « L'expédition nord de l'ère Yongxi sous Song Taizong. » *Hebei xuekan* (« *Journal académique du Hebei* »). Issue 2. 1992. Zeng Ruilong. *Jinglüe Youyan : Song Liao zhanzheng junshi zainan de zhanlüe fenxi* (« *Pour la conquête du Youyan : analyse stratégique du désastre militaire de la guerre entre les Song et les Liao* »). The Chinese University of Hong Kong Press, 2003.

2. Cf. Jin Weixian. *Qidan de dongbei zhengce* (« *La politique du Nord-Est des Khitans* »). Taipei : Huashi chubanshe (Presse de Huashi), 1981. Tao Jinsheng. *Song Liao guanxi shi yanjiu* (« *Études de l'histoire des relations entre les Song et les Liao* »). Taipei : Linking Publishing Company, 1986. Yang Weisheng. *Song Li guanxi shi yanjiu* (« *Études de l'histoire des relations entre les Song et le Goryeo* »). Hangzhou : Hangzhou daxue chubanshe (Presse de l'Université de Hangzhou), 1997.

## 1. La situation politique en Asie du Nord-Est à la veille de la dynastie Song

À la veille de la création de la dynastie Song, la situation politique en Asie du Nord-Est subissait de grands changements. Il s'agissait d'une période mouvementée. À la fin des Tang et pendant les Cinq Dynasties, les Plaines centrales étaient en ébullition, alors que les Khitans prospéraient rapidement. D'une tribu subordonnée au régime des Plaines centrales, les Khitans fondèrent leur propre pays, qui devint progressivement une grande puissance en Asie de l'Est sous le règne du premier empereur Yelü Abaoji. Après plus de vingt ans de guerre, ils détruisirent en 926 le royaume de Bohai, régime le plus puissant dans le Nord-Est, et gagnèrent cinq mille *li* (de territoire), des centaines de milliers de soldats, cinq capitales, quinze sièges gouvernementaux et soixante-deux préfectures, ce qui les rendit encore plus puissants.[3] Plus tard, à la place du royaume de Bohai, les Khitans fondèrent l'État de Dongdan, et le prince Yelü Bei en fut nommé roi. Néanmoins, avant cela, l'empereur des Khitans avait personnellement conquis les Xi de l'Est et de l'Ouest en 911. Ce faisant, leur territoire s'étendait à l'est jusqu'au bord de la mer, au sud à Baitan (dans l'actuel Hebei), à l'ouest jusqu'au désert et au nord jusqu'à la Rivière Jaune (la Shira Mören)[4]. En 923, les cinq tribus des Xi furent divisées en six zones, et un roi fut nommé pour les gouverner. Grâce à leur puissance militaire, les Khitans arrivèrent à soumettre la plupart des régimes du nord-est[5], dont les Jürchens, les Shiwei (ethnie mongole), et les Tieli. Avant l'éradication du royaume de Bohai, les Khitans avaient établi des relations diplomatiques avec le Goryeo et son prédécesseur, le royaume de Taebong. Toutefois, après que le royaume de Bohai fut détruit, les relations entre le Goryeo et les Khitans furent rompues, et les seconds s'unirent au royaume de Baekje contre le premier. Malgré l'existence des forces hostiles comme le Goryeo, les Khitans réussirent dès l'époque de Taizu, à acquérir une position dominante en Asie du Nord-Est.

Sous les Jin postérieurs, Shi Jingtang prêta allégeance à la dynastie Liao, accepta les titres conférés par celle-ci, et céda les Seize préfectures de Youyun, ce qui coupa les passages terrestres entre le régime des Plaines centrales et les Xi, les Jürchens et le Goryeo. Ainsi, le contrôle des Liao sur les diverses tribus du nord-est n'en fut que renforcé. Par exemple, les Xi, qui avaient payé tribut au régime des Plaines centrales, furent obligés de se soumettre aux Liao.[6] De plus, ces derniers pouvaient désormais pénétrer dans les Plaines centrales. Même les Tang du Sud et le royaume de Wuyue développèrent activement des relations diplomatiques avec la dynastie Liao. Dès la deuxième année de l'établissement des Jin postérieurs (en 937, soit la douzième année de l'ère Tianxian des Liao, la deuxième année de l'ère Tianfu des Jin postérieurs), les Tang du

---

3. « Le système militaire(I). » juan 34 dans *Liao shi* (« *Histoire des Liao* »). Beijing : Zhonghua shuju (Société de livres de Zhonghua), 1974. p. 396.

4. « Taizu (I). » juan 1 dans *Liao shi*. pp. 4-5.

5. « Défense des frontières & Histoires des Xi, du Bohai et des Jürchens. » juan 16 dans Zeng Gongliang *et al.* *Wujing zongyao* (« *Principes généraux du classique de la guerre* »). premier recueil. *Siku Quanshu* (« *Livres complets des Quatre magasins* »), Wenyuan Ge (« *Belvédère de la profondeur littéraire* »).

6. « Les Xi. » juan 28 dans *Wudai huiyao* (« *Documents importants des Cinq Dynasties* »). Shanghai : Shanghai guji chubanshe (Maison d'édition Classique de Shanghai), 1978. p. 453.

Sud envoyèrent des émissaires pour rendre hommage aux Liao. De la douzième année de l'ère Tianxian à la septième année de l'ère Yingli (957), en vingt-et-un ans, les Tang du Sud payèrent tribut aux Liao à 24 reprises, dont quatre pendant la première année de l'ère Huitong (938), quatre la deuxième année de l'ère Yingli (952), et trois lors de la quatrième année de l'ère Huitong. Si les Tang du Sud déclarèrent leur soumission à la dynastie Liao, c'était parce qu'ils voulaient s'appuyer sur celle-ci pour conquérir les Plaines centrales. Comme il le fut signalé dans « Les anciennes familles honorables des Tang du Sud » (juan 478, *Song shi* (« *Histoire des Song* »)) : « Au début du règne de Li Jing, les Tang du Sud étaient prospères, tandis que les Plaines centrales avaient de nombreux problèmes. L'idée d'aller à la conquête de la Chine est ainsi née chez les Tang du Sud. » Par exemple, au cours de la troisième année de l'ère Huitong, les Tang du Sud envoyèrent aux Liao des émissaires qui portaient avec eux des documents secrets scellés dans des boulettes de cire, et dont le contenu concernait les Jin (postérieurs). La deuxième année de l'ère Tianlu (948), de nouveaux documents furent envoyés par les Tang du Sud pour discuter de l'attaque contre les Han (postérieurs). La cinquième année de la même ère (951), les Han du Nord furent attaqués par les Zhou postérieurs, et demandèrent l'aide de la dynastie Liao. Les Tang du Sud firent la même requête par l'envoi d'émissaires chez les Liao.[7] Le royaume de Wuyue établit plus tôt des relations diplomatiques avec les Khitans, tout en leur payant tribut en 915. Jusqu'à la sixième année de l'ère Huitong (943), il rendit hommage à la dynastie Liao à douze reprises.[8] De là, nous pouvons voir que, jusqu'à la période des Jin postérieurs et des Han postérieurs, le régime des Plaines centrales perdit son autorité au niveau international, tandis que la dynastie Liao devint incontestablement hégémonique en Asie du Nord-Est.

Song Taizu dit : « Depuis les dynasties Jin (postérieurs) et Han (postérieurs), les Khitans sont tellement puissants qu'aucune d'entre elles n'a pas pu les soumettre. À tel point que les Jin ont dû prêter allégeance aux barbares. »[9] Ainsi, la position désavantageuse du régime des Plaines centrales dans sa relation avec la dynastie Liao atteignit un niveau extrême. Après l'établissement des Zhou postérieurs, la situation s'améliora pour le régime des Plaines centrales. Contrairement aux Jin postérieurs et aux Han postérieurs, les Zhou refusèrent de prêter allégeance aux Liao, et arrivèrent à faire jeu égal avec ces derniers. Ainsi, aux yeux de la dynastie Liao, les Jin étaient comme un fils, tandis que les Liang, les Tang et les Zhou étaient des ennemis.[10] Zhou Shizong (Chai Rong), courageux, avait de grands mérites. En 958, il prit les quatorze préfectures de Huainan. L'année suivante, les trois passages de Waqiao, Yukou et Yujin furent conquis. Face aux Tang du Sud qui voulaient s'allier aux Khitans pour conquérir les Plaines centrales, Zhou Shizong fustigea :

> Vous êtes ignorant et stupide. Osez-vous vous autoproclamer empereur sans vous soumettre
> à la Chine ?! Sous les Jin et les Han, les Plaines centrales étaient en ébullition, alors que vous

---

7. Cf. « Taizu (I). » juan 3, « Taizong (II). » juan 4, « Shizong. » juan 5 et « Muzong (I). » juan 6 dans *Liao shi*.

8. Cf. « Taizu (I). » juan 1, « Taizu (II). » juan 2, « Taizong (I). » juan 3 et « Taizong (II). » juan 4 dans *Liao shi*.

9. « Barbares (I). » dans *Song huiyao jigao* (« *Ébauche de compilation de documents importants de la dynastie Song* »). Beijing : Zhonghua shuju, 1957.

10. « Le système militaire & L'armée des États vassaux. » juan 36 dans *Liao shi*. p. 433.

faisiez des Khitans des amis qui sont devenus une grande menace aux frontières.

Au début, Li Jing espérait avoir une relation fraternelle avec Zhou Shizong. Sans avoir reçu aucune réponse de la part de ce dernier, il n'eut d'autre choix que de prêter allégeance aux Zhou postérieurs. Cependant, il ne renonça pas à l'idée d'utiliser les Khitans pour lutter contre les Plaines centrales. Il envoya alors un émissaire pour chercher de l'aide aux Khitans. Celui-ci fut pourtant arrêté près de la frontière[11], et les Tang du Sud déclarèrent officiellement leur soumission aux Zhou, tout en abandonnant le plan d'unir les Khitans pour gagner les Plaines centrales.[12] Dès lors, les Tang du Sud reçurent de la part du régime des Plaines centrales des « décrets », au lieu des « lettres de créance », et son empereur fut renommé « maître de l'État ».[13] Les Zhou postérieurs qui prirent les Quatorze préfectures de Huainan tout en soumettant les Tang du Sud faisaient peur aux autres pays, de sorte que Gao Baorong (souverain du Jingnan) écrivit à son homologue des Shu postérieurs pour lui demander de prêter allégeance aux Zhou.[14] Les réactions des Tang du Sud et d'autres royaumes méridionaux montrent que, le statut international des Zhou s'améliora considérablement par rapport à celui des Jin et des Han.

Alors que la puissance et le statut international des Zhou postérieurs ne cessaient de se renforcer, d'autres forces émergèrent en Asie du Nord-Est. Sous Song Taizong, Song Qi analysa la situation de divers groupes dans le nord-est :

> Au temps de Liu Rengong et de son fils (Liu) Shouguang, les Xi, le visage tatoué, ont été sous le commandement de l'armée Yan. En termes de soldats, de chevaux et de territoire, les Xi sont inférieurs aux Khitans, mais de peu. Depuis qu'ils ont été conquis par ces derniers, ils renferment une haine profonde. Le royaume de Bohai est plus puissant que les Xi. Étant obligés d'être soumis aux Khitans, les habitants de l'ancien royaume ne veulent que se venger de ces derniers qui ont tué leur maître et détruit leur pays. De plus, dans les préfectures, derrière les montagnes, Yunzhou et Shuozhou, Shatuo et Tuhunyuan, entre autres, ne sont pas des révoltés, mais des groupes ethniques également conquis par les Khitans.[15]

Cela reflète essentiellement la situation de la fin des Cinq Dynasties au début de la dynastie Song.

Après la destruction du royaume de Bohai, les survivants s'engagèrent activement dans un mouvement de renaissance. Jin Weixian, en traitant ce sujet, divise ce mouvemment de renaissance

---

11. « Les anciennes familles honorables des Tang du Sud. » juan 62 dans *Xin Wudai shi* (« *Nouvelle histoire des Cinq Dynasties* »). Beijing : Zhonghua shuju, 1974. pp. 773-4.

12. « Les anciennes familles honorables des Tang du Sud. » juan 478 dans *Song shi* (« *Histoire des Song* »). Beijing : Zhonghua shuju, 1977, p. 13855.

13. *Xu Zizhi tongjian changbian* (« Longue ébauche de la continuation du *Zizhi tongjian* (« *Miroir compréhensif pour aider le gouvernement* ») »), juan 2, renxu, septembre, deuxième année de l'ère Jianlong. Beijing : Zhonghua shuju, 1992. p. 53.

14. « Les anciennes familles honorables des Shu postérieurs. » juan 64 dans *Xin Wudai shi*. p. 805.

15. « Biographie de Song Qi. » juan 264 dans *Song shi*. p. 9124.

en trois temps. La première période fut celle de lutte entre les anciennes forces locales de Bohai et les Khitans juste après la disparition du royaume. La deuxième période fut celle allant du règne de Liao Taizong à celui de Liao Shengzong durant les années de l'ère Tonghe. Les survivants de Bohai s'organisèrent sporadiquement en groupes de défense, tels que Ding'an, et Wure (également connu sous le nom de Wushe), et s'allièrent aux régimes des Plaines centrales (les Cinq Dynasties et la dynastie Song) pour résister aux Khitans. Au cours de la troisième période, les sujets de l'ancien royaume de Bohai, qui avaient été rattachés aux Khitans pour les servir, se rebellèrent contre le gouvernement cruel, et essayèrent de reconstruire leur pays.[16] Liao Taizong déplaça le royaume de Dongdan au gouvernement de Dongping, en affaiblissant le contrôle de divers groupes ethniques dans le nord-est. Une partie des survivants de Bohai établirent les royaumes de Ding'an et de Wure, qui étaient complètement hostiles aux Liao. D'autres, au nom du royaume de Bohai, entretinrent des liens avec le régime des Plaines centrales, et s'engagèrent dans un mouvement de résistance à la dynastie Liao pour restaurer leur pays. Les tribus de Jürchens, au nombre total de 36, furent également très actives. En particulier, les Jürchens du fleuve Yalu, qui occupaient l'embouchure du cours d'eau, profitèrent de leur position favorable leur permettant de tisser des liens par voie navigable avec le régime des Plaines centrales. Au nom du royaume des Jürchens, ils avaient rendu hommage à la dynastie des Zhou postérieurs.[17] Ils développèrent également leur forces de manière active, et attendirent leur heure.

Le Goryeo considérait également la dynastie Liao comme un ennemi puissant. À partir de l'an 922, il commença à envoyer des émissaires chez les Khitans. Pourtant, ces derniers s'étendirent activement vers l'est, et détruisirent le royaume de Bohai en 926. Ils entrèrent ainsi en conflit avec le Goryeo qui voulait s'étendre vers le nord. De plus, avec la disparition du royaume de Bohai, le Goryeo se trouvait exposé à la menace directe des Khitans. Dans ce contexte, le Goryeo se détourna des Liao, et développa des relations avec la Chine pour se protéger.[18] En 927, le Goryeo envoya encore des émissaires chez les Khitans (ce qui est uniquement évoqué dans le *Liao shi* (« *Histoire des Liao* »), mais non dans le *Gaoli shi* (« *Histoire du Goryeo* »)). Toutefois, après, jusqu'en 993, aucun émissaire du Goryeo ne fut envoyé vers la dynastie Liao pendant plus de 60 ans. En 933, le Goryeo commença à mettre en application le calendrier des Tang postérieurs (ère Changxing)[19], et en accepta l'investiture. En 942, la dynastie Liao, qui voulait attaquer les Jin postérieurs de Shi Chonggui, dépêcha des émissaires vers le Goryeo en lui offrant 50 chameaux comme cadeau. Ce faisant, elle souhaitait gagner le soutien du Goryeo pour stabiliser ses arrières. Cependant, le Goryeo ne faisait pas confiance à son grand voisin, puisque ce dernier, qui avait été l'allié du royaume de Bohai, douta soudainement de celui-ci et l'anéantit. Il ne voulait donc guère se lier d'amitié avec les Khitans. Il délaissa les trente émissaires des Liao sur une île, et laissa mourir de faim les chameaux sous le pont de Wanfu.[20] Ainsi s'opposa-t-il catégoriquement aux

---

16. D'après Jin Weixian. *Qidan de dongbei zhengce*. p. 33.
17. « Biographie de Zhou Shizong(VI). » juan 119 dans *Jiu Wudai shi* (« *Ancienne histoire des Cinq Dynasties* »).
18. Préambule dans *Gaoli shi* (« *Histoire du Goryeo* »). Kyujanggak.
19. « Famille de Wenzong (I). » juan 7 dans *Gaoli shi*.
20. « Famille de Taizu (II). » juan 2 dans *Gaoli shi*.

Khitans. En 943, le premier roi du Goryeo, Wang Geon, au moment de mourir, recommanda à ses descendants : « Les Khitans sont un peuple bestial. Leurs coutumes, leur langue ainsi que leur habillement sont différents des nôtres. Il ne faut pas les imiter. »[21] Par ailleurs, le Goryeo s'adressa à la dynastie des Jin postérieurs : « Le royaume de Bohai est notre parent. Son roi est pris par les Khitans. Nous prions Sa Majesté de nous aider à le sauver. »[22] Après la fondation des Zhou postérieurs, le Goryeo continua d'utiliser le calendrier de son suzerain, et en accepta l'investiture.

## 2. La situation politique en Asie du Nord-Est au début des Song et les activités diplomatiques de la dynastie

Succédant aux Zhou postérieurs, la dynastie Song renforça sa puissance et son statut international, et dès sa fondation, elle donna aux régimes environnants une nouvelle atmosphère vigoureuse. Le Premier ministre des Shu postérieurs, Li Hao, disait-il ainsi à son maître : « Les Song ne sont semblables ni aux Han postérieurs, ni aux Zhou postérieurs. Vivant trop longtemps dans le chaos, les gens aspirent à l'ordre. Il est donc fort probable que les Song réussissent l'unification. »[23] Le ministre du Jingnan, Sun Guangxian, persuada Gao Baoxu et Gao Jichong en disant :

> Si la dynastie Song arrive à unifier « le monde sous le ciel », les quatre barbares lui déclareront leur soumission. La Chine sous Zhou Shizong a déjà eu vocation à unifier « le monde sous le ciel ». Successeur des Zhou postérieurs, la dynastie Song vise plus haut.[24]

Depuis sa fondation, la dynastie Song recevait sans cesse les envoyés des Jürchens et du royaume de Bohai. Sous Song Taizu, les Jürchens y vinrent rendre hommage à huit reprises : les deuxième (961) et troisième années de l'ère Jianlong, la première année de l'ère Qiande (963), les troisième (970) et cinquième (972) années de l'ère Kaibao.[25] Les tributs des Jürchens consistaient notamment en chevaux. Au cours de la première année de l'ère Qiande, la dynastie Song décida même d'alléger les impôts des habitants de l'île de Shamen à Dengzhou, pour que ces derniers pussent fabriquer des bateaux pour le transport des chevaux des Jürchens.[26] La troisième année de l'ère Kaibao, le roi de Ding'an Lie Wanhua, ensemble avec les envoyés des Jürchens, vint également

---

21. *Op. cit.*

22. « Chronique des Jin postérieurs (VI). » juan 285 dans *Zizhi Tongjian*. Beijing : Zhonghua shuju. p. 9298.

23. *Xu Zizhi tongjian changbian*, juan 4, dingchou, mai, première année de l'ère Qiande, p. 92.

24. *Xu Zizhi tongjian changbian*, juan 2, jiazi, septembre, deuxième année de l'ère Jianlong ; juan 4, bingxu, février, première année de l'ère Qiande, p. 53 et p. 84.

25. *Xu Zizhi tongjian changbian*, juan 2, xinhai, août, deuxième année de l'ère Jianlong ; juan 3, gengchen, janvier, et dingchou, mars, troisième année de l'ère Jianlong ; juan 4, jimao, janvier, et guisi, août, et wuchen, septembre, première année de l'ère Qiande ; juan 11, bingchen, septembre, troisième année de l'ère Kaibao ; juan 13, wuchen, juin, cinquième année de l'ère Kaibao.

26. *Xu Zizhi tongjian changbian*, juan 4, dingwei, août, première année de l'ère Qiande, p. 104.

payer tribut aux Song.[27] La quatrième année de l'ère Taiping Xingguo (979), le commandant Dalan Han conduisit un groupe de 16 personnes originaires de l'ancien royaume de Bohai et 300 chevaux jusqu'à la dynastie Song pour capituler.[28]

La troisième année de l'ère Jianlong, le Goryeo commença à envoyer des émissaires à la dynastie Song. L'année suivante, il mit en application le calendrier des Song. À l'instar des Zhou postérieurs, la dynastie Song conféra au dirigeant du Goryeo des titres tels que préfet de Xuantu, *shangzhuguo*, et roi du Goryeo, de la terre, et le titre de *gongchen* (« ministre méritant »).[29] Ainsi, le Goryeo devint officiellement vassal des Song. De la troisième année de l'ère Jianlong (962) à la cinquième année de l'ère Chunhua (994), le Goryeo envoya des émissaires à 25 reprises pour rendre hommage à la dynastie Song.[30] D'après « Chronique du Goryeo » (juan 487, *Song shi*), les Jürchens se plaignirent à la dynastie Song du Goryeo, qui avait incité les Khitans à envahir leur pays :

> Pour aller attaquer les Jürchens, les Khitans devraient traverser les frontières du Goryeo. C'est pourquoi les Jürchens croient que le Goryeo a provoqué le malheur. En rendant hommage à la dynastie Song avec des chevaux comme tributs, les Jürchens en ont profité pour déclarer que le Goryeo, s'appuyant sur les Khitans, avait pillé leurs habitants sans les libérer.

Lorsque l'envoyé du Goryeo Han Suiling vint payer tribut, Song Taizong fit montrer l'acte de secours (en bois) qu'avaient soumis les Jürchens. Le Goryeo s'en trouva très inquiet. Quand l'envoyé des Song, Han Guohua, alla au Goryeo, le roi lui expliqua :

> Les Khitans se sont vengés de l'invasion des frontières par les Jürchens. Nous sommes venus en aide aux Jürchens, tandis que ces derniers ont envoyé des troupes envahir le Goryeo. Étant donné que les Jürchens rendent également hommage à la Chine, nous n'avons pas osé riposter. Comment ont-ils pu porter de fausses accusations devant Sa Majesté pour nous dénoncer ?! La Chine est le seul suzerain du Goryeo, et c'est notre devoir de vous payer tribut. Nous sommes fidèles, et n'osons guère communiquer avec les pays étrangers.

Cet incident reflète que les deux grandes puissances en Asie du Nord-Est, le Goryeo et les Jürchens, considéraient, toutes deux, la dynastie Song comme leur suzerain. Se montrant hostiles aux Khitans, elles essayèrent d'exprimer leur loyauté envers les Song.

Face à la dynastie Song qui mit en place son projet d'unification du sud au nord, les régimes méridionaux se sentaient menacés de manière plus forte. Après la fondation de la dynastie Song, les Tang du Sud n'y vinrent rendre hommage qu'avec prudence et respect. Depuis que Li Yu était

---

27. *Xu Zizhi tongjian changbian*, juan 11, bingchen, septembre, troisième année de l'ère Kaibao.

28. *Xu Zizhi tongjian changbian*, juan 20, gengwu, juin, quatrième année de l'ère Taiping Xinguo.

29. « Chronique du Goryeo. » juan 487 dans *Song shi*.

30. Cf. Le tableau : Chronologie des relations entre les Song et le Goryeo dans Yang Weisheng. *Song Li guanxi shi yanjiu*.

monté sur le trône, il commençait à recevoir les édits impériaux sans y être appelé par son nom. La quatrième année de l'ère Kaibao (971), les Tang du Sud changèrent de nom pour celui de Jiangnan, et il en était de même pour le sceau de l'État. En même temps, Li Yu déposa un rapport demandant d'être appelé par son nom dans les édits impériaux qu'il recevait. Par ailleurs, il dérogea au système officiel du pays, et traita la dynastie Song avec plus de courtoisie. Lorsque l'armée Song dut parcourir des milliers de kilomètres pour aller à la conquête des Han du Sud, certains ministres proposèrent à Li Yu d'en profiter pour récupérer le Huainan ou détruire le royaume de Wuyue. Le seigneur des Tang du Sud pensait que cela ne ferait qu'accélérer sa propre chute.[31] L'attitude de Wuyue fut identique. Ce dernier consacra toute sa trésorerie aux Song seulement pour retarder son anéantissement, et n'osa rien entreprendre pour survivre, puisque cela ne le conduirait qu'à une ruine plus rapide. Au moment où la dynastie Song alla à la conquête des Tang du Sud, Li Yu écrivit à Qian Chu : « Si aujourd'hui je suis anéanti, demain ce sera votre tour. Vous ne serez plus roi, mais seulement un des sujets des Song. » Lorsque le royaume de Wuyue fut prêt à aider la dynastie Song à attaquer les Tang du Sud, le Premier ministre Shen Huzi essaya encore de persuader le roi de ne pas faire un tel choix : « Les Tang du Sud sont un paravent pour nous. Si vous le retirez, comment pourrons-nous nous protéger ? »[32] Qian Chu comprenait bien que le royaume de Wuyue et les Tang du Sud dépendissent étroitement l'un de l'autre, mais rien ne pouvait empêcher la dynastie Song de procéder à l'unification.

De plus, au début, la dynastie Song ne visait pas seulement à unifier les Plaines centrales, mais également à restaurer « l'ancien territoire des Tang ». Song Taizu lança le plan d'unification, et arriva à conquérir successivement les Shu postérieurs, le Jingnan, le Hunan, les Han du Sud et les Tang du Sud. En même temps, il s'apprêtait activement à résoudre le problème de Youyun. Avec l'excédent fiscal et la richesse des pays qu'il avait conquis, il fit construire des dépôts, en étant prêt à acheter à la dynastie Liao le Youyun, ou pour couvrir les dépenses militaires si la reprise de cette région devait se faire par la force. Il dit également : « Si les *Rong* (du nord) osent perturber nos frontières, j'échangerai vingt-quatre pièces de soie contre une de leurs têtes. Le nombre de leurs soldats d'élite ne dépassera pas 100 000, et cela ne me coûtera au total que deux millions de pièces de soie pour les anéantir. »[33] La neuvième année de l'ère Kaibao (976), les ministres proposèrent la distinction de *yitong taiping* (« unification et paix ») en tant que titre honorifique à Taizu. Celui-ci rétorqua : « De quel droit puis-je mériter cette qualification, alors que la région de Youyan n'est pas encore récupérée ? » Selon le projet d'unification, Song Taizu visait à restaurer « l'ancien territoire des Tang », plutôt que de détruire les Khitans. Toutefois, il espérait également inverser l'ordre

---

31. « Les anciennes familles honorables des Tang du Sud. » juan 478 dans *Song shi. Xu Zizhi tongjian changbian*, juan 3, yisi, décembre, troisième année de l'ère Jianlong.

32. « Les anciennes familles honorables de Wuyue. » juan 480 dans *Song shi*. p. 13899. *Xu Zizhi tongjian changbian*, juan 16, guichou, avril, huitième année de l'ère Kaibao.

33. « Recherches sur les quatre barbares (23). » juan 346 dans *Wenxian tongkao* (« *Étude exhaustive des documents* »). Beijing : Zhonghua shuju, 1986. Cependant, selon « Pour la conquête du Youyan. » (juan 20 dans Li You. *Songchao shishi* (« *Faits sur la dynastie Song* »)), il est plutôt dit : « Trente pièces de soie sont échangées contre une des têtes ennemies. Le nombre des soldats d'élite ne dépassera pas 100 000, et cela ne coûtera au total que trois millions de pièces de soie. »

entre les Hans et les barbares, qui prévalait dans les relations avec les Liao depuis la dynastie des Jin postérieurs. La huitième année de l'ère Kaibao (975), la dynastie Liao envoya des émissaires pour négocier la paix. Song Taizu dit alors à ses ministres :

> Depuis les Cinq Dynasties, l'ennemi du nord était puissant, tandis que les Plaines centrales étaient affaiblies. Dans ce contexte, les Jin durent prêter allégeance aux barbares. Toutefois, aujourd'hui, ces derniers qui nous admirent, nous rendent visite. La chance tourne, et notre temps est venu.[34]

Au début de son règne, Song Taizong poursuivit les objectifs stratégiques fixés par son prédécesseur, et pour cela, lança une campagne diplomatique active. Il voulait établir par là une alliance militaire contre la dynastie Liao. La sixième année de l'ère Taiping Xinguo, Taizong envoya donc des émissaires pour donner l'édit au roi du Bohai, et lui ordonna de prêter des troupes en sa faveur. Dans l'édit, il est dit : « Il convient de mobiliser toutes vos troupes pour m'aider à conquérir les Khitans. Dès que ces derniers auront été vaincus, je vous récompenserai. La région de Youyan étant reprise par les Song, tout le territoire au-delà vous sera donné. »[35] Selon le *Song huiyao jigao* (« *Ébauche de compilation de documents importants de la dynastie Song* »), ce même édit disait : « Tous les régimes sont placés sous mes auspices, et mes bienfaits sont omniprésents. Aucun d'entre eux n'hésite à me déclarer sa soumission. Seuls les Khitans du nord s'entremêlent avec des forces perfides, et perturbent les frontières. »[36] La même année, l'empereur Song donna l'édit au roi du Ding'an afin que le pays pût attaquer des deux côtés les Liao. Dans l'édit, Taizong essaya de persuader le roi :

> Depuis des générations, vous vivez dans la honte que les Khitans vous font subir. Maintenant, je suis décidé à punir ces insoumis. Vous devez en profiter, et mobiliser toutes vos troupes pour vous venger. Dès que les Khitans auront été anéantis, vous serez récompensés. Il faut penser à l'avenir, et ne pas rater cette opportunité. De plus, le Bohai se tient prêt à combattre côté à côté avec les Song l'ennemi du Nord. C'est son souhait depuis toujours. En unissant nos forces, nous nous engagerons dans le combat à la date prévue.[37]

De même, la dynastie Song envoya Han Guohua pour demander au Goryeo de détruire conjointement avec elle les Liao. L'édit au Goryeo disait : « Les Hans et les barbares reconnaissent tous l'autorité impériale. Il n'y a que les Khitans qui cherchent à défier mon pouvoir. » Le Goryeo fut exhorté à envoyer des soldats pour aider les Song à anéantir les Khitans. Il s'agissait d'une opportunité que le Goryeo devait, selon la cour Song, saisir. De plus, cette dernière permit au

---

34. « Pour la conquête du Youyan. » juan 20 dans Li You. *Songchao shishi.*
35. *Xu Zizhi tongjian changbian*, juan 22, bingshen, juillet, sixième année de l'ère Taiping Xingguo, p. 493.
36. « Barbares. (IV) » juan 103 dans *Song huiyao jigao.*
37. *Xu Zizhi tongjian changbian*, juan 22, jiachen, novembre, sixième année de l'ère Taiping Xingguo, p. 504. « Chronique du royaume de Ding'an. » juan 491 dans *Song shi.* p. 14129.

Goryeo de récompenser ses généraux et ses soldats avec des captifs, du bétail, des biens et des armes qu'ils auraient conquis dans la guerre contre les Khitans.[38] À la veille de l'expédition nord de l'ère Yongxi, Song Qi déclara à Taizong :

> Les Khitans sont un petit ennemi, et ils seront vaincus sous peu. À ce moment-là, nous choisirons respectivement, au sein des Xi et du Bohai, un descendant issu des familles de grande réputation pour être roi. Nous leur distribuerons les armes, les bannières et tambours, les chars et uniformes, et les armures, et les traiterons avec une grande faveur. De la sorte, ils feront de leur mieux pour servir votre Majesté pour toujours [...] avec eux qui nous prêtent allégeance, nous pourrons ainsi être défendus par les barbares.[39]

Les édits destinés au Bohai, au Ding'an et au Goryeo, et ce que déclara Song Qi, reflètent la vision de la dynastie Song. Déterminée, cette dernière prévoyait la conquête des Liao, et la soumission du Goryeo, du Ding'an, des Jürchens, des Xi ainsi que du Bohai, pour rétablir l'ordre international en Asie orientale qui serait dominé par elle-même.

Pourtant, la dynastie Song provoqua des réactions différentes. Le royaume de Ding'an donna la réponse la plus positive et la plus claire. Le roi Wu Xuanming, subissant l'invasion et les insultes des Khitans, et voulant s'appuyer sur la Chine pour se venger, était alors bien content d'avoir reçu l'édit impérial. Lorsque les émissaires des Jürchens, qui allaient payer tribut à la dynastie Song, passèrent par le royaume de Ding'an, Wu Xuanming les chargea d'apporter un rapport en réponse à l'édit impérial. Dans ce rapport, il évoqua également le fait que le gouvernement de Puyŏ avait trahi les Khitans, ce qui était catastrophique pour ces derniers. En outre, le roi du Ding'an déclara qu'il n'osait pas désobéir aux ordres impériaux, et que le royaume était prêt à envoyer ses soldats pour aider les Song à punir les Khitans.[40] Quant au Goryeo, ce dernier choisit de tarder à répondre à l'édit impérial, qui lui demandait de conduire ses troupes vers l'ouest pour rejoindre l'armée Song. Han Guohua le pressa à plusieurs reprises, et n'hésita pas à utiliser la carotte et le bâton pour avoir une réponse. Le roi du Goryeo promit enfin d'envoyer des troupes. Au même moment, et à l'approche de la grande guerre, la dynastie Liao faisait elle aussi tout son possible pour obtenir le soutien du Goryeo. En 986, en janvier, les Khitans envoyèrent Jue Lie chez le Goryeo pour demander la paix.[41] De fait, pour des raisons de sécurité, le Goryeo ne participa pas à la guerre. Ce fut également le cas pour le royaume de Bohai qui n'avait même pas répondu à l'édit impérial.[42] Les Jürchens, qui multiplièrent les tributs à la dynastie Song à ses débuts, n'eurent pas, eux non plus, envoyé de troupes.

---

38. « Chronique du Goryeo. » juan 487 dans *Song shi*. p. 14038.

39. *Xu Zizhi tongjian changbian*, juan 27, wuyin, janvier, troisième année de l'ère Yongxi, p. 604.

40. *Xu Zizhi tongjian changbian*, juan 22, jiachen, novembre, sixième année de l'ère Taiping Xingguo, pp. 504-5. « Chronique du royaume de Ding'an. » juan 491 dans *Song shi*.

41. « Chronique du Goryeo. » juan 487 dans *Song shi*. « Les anciennes familles honorables & Chengzong. » juan 3 dans *Gaoli shi*.

42. *Xu Zizhi tongjian changbian*, juan 22, bingshen, juillet, sixième année de l'ère Taiping Xingguo, p. 493.

Malgré tout, nous pouvons voir que, pour la dynastie Song qui montait en puissance, un environnement international favorable se forma grâce à ses efforts diplomatiques. Comme Fu Bi le révélait en analysant les avantages issus du soutien du Goryeo :

> Si nous gagnons l'appui du Goryeo, il ne sera pas nécessaire d'attendre que les Khitans bougent pour que nous demandions de l'aide. Les Khitans se doutent que le Goryeo posera un problème à l'arrière, et ils n'oseront alors pas envoyer toutes leurs troupes vers le sud. Seulement, cela constituera un grand avantage pour la Chine.[43]

En effet, le fait que le Goryeo, le Bohai, le Ding'an et les Jürchens se tenaient clairement dans le camp de la dynastie Song permit à celle-ci de prendre le dessus dans la compétition avec les Liao. Si lesdits pays se montraient extrêmement prudents en ce qui concernait l'envoi des troupes, cela faisait partie des réactions normales pour les petits pays moins puissants. La bataille décisive entre les deux forces majeures, les Song et les Liao, pouvait déterminer le sort de ces petits pays. Tant que l'issue était incertaine, même ceux qui étaient ouvertement hostiles aux Liao comme le Goryeo, n'osaient pas agir à la hâte. Cependant, si la dynastie Song pouvait atteindre son objectif stratégique à travers la guerre de l'ère Yongxi et vaincre les Khitans, la victoire militaire apporterait des fruits politiques. Un nouvel ordre international en Asie du Nord-Est dominé par la dynastie Song se formerait, ce qu'espéraient le Goryeo, le Ding'an, le Bohai et les Jürchens.

## 3. L'influence de la guerre de l'ère Yongxi sur la situation politique en Asie du Nord-Est

En mars de la troisième année de l'ère Yongxi, la dynastie Song lança une expédition vers le nord, avec Cao Bin, Tian Chongjin et Pan Mei à la tête de trois grandes armées. À l'est, Cao Bin dirigeait l'armée vers Youzhou. Au milieu et à l'ouest, Tian Chongjin et Pan Mei étaient chargés de prendre d'abord les territoires derrière les montagnes, pour ensuite se joindre à Cao Bin dans la ville de Youzhou. L'objectif de récupérer les Seize préfectures de Youyun serait atteint. Après la guerre, Song Taizong en expliqua le plan et les objectifs en disant :

> Au moment où je sélectionnais les généraux, Cao Bin a été chargé de rester à Xiongzhou et à Bazhou, pour ne montrer à l'ennemi que la puissance de l'armée Song, bien nourrie et équipée. Sitôt que Tian Chongjin et Pan Mei seraient arrivés à conquérir les préfectures derrière les montagnes pendant un ou deux mois, il irait se joindre à eux à Youzhou. Les trois

---

43. Fu, Bi. « Rapport destiné à Renzong à propos de treize stratagèmes pour la défense du Hebei. » juan 135 dans Zhao Ruyu. *Song mingchen zouyi* (« *Rapports des fonctionnaires célèbres destinés aux empereurs des Song* »). *Siku Quanshu*.

armées s'uniraient pour faire fuir les barbares au fin fond du désert. Après, nous contrôlerions les positions stratégiques, et les anciennes frontières seraient restaurées. Voilà ce que je veux.[44]

Cependant, le combat ne fut pas mené suivant le plan, et la guerre de l'ère Yongxi devint un désastre militaire pour la dynastie Song.[45]

Au moment où les régimes du nord-est tels que le Goryeo, le Ding'an et le Bohai, se rapprochaient activement de la dynastie Song, les Liao décidèrent de lancer de nouveau l'expédition vers l'est pour essayer de briser l'alliance construite par son grand rival. De 982 à 986, la dynastie Liao attaqua à plusieurs reprises les Jürchens et le royaume de Ding'an. À la veille de la guerre de l'ère Yongxi, en janvier de l'an 986, la dynastie Liao remporta de nouveau une grande victoire lors de son expédition vers l'est. Yelü Sezhen s'est acquis après le combat contre les Jürchens, cent milliers de captifs, deux cents milliers de chevaux, et la liste n'était pas finie. Il en était de même pour Xiao Dalin.[46] D'après Jin Weixian, l'une des cibles principales de cette expédition était le royaume de Ding'an. Après avoir subi de lourdes pertes, ce dernier risquait de périr.[47] Après la guerre de l'ère Yongxi, la dynastie Liao accéléra le pas pour renforcer le contrôle de diverses forces en Asie du Nord-Est. La deuxième année de l'ère Chunhua (991), le dirigeant des Jürchens, Yi Lejin, rapporta : « Les Khitans s'indignent que nous rendions hommage à la Chine. Ils ont alors érigé trois palissades à quatre cents *li* de la côte, et y ont placé trois mille soldats, coupant ainsi la route que nous avions empruntée pour payer tribut. »[48] La dynastie Liao bloqua ainsi de force les voies de communication entre les Jürchens et les Song. La quatrième année de l'ère Chunhua, la dynastie Liao alla à la conquête du Goryeo avec une armée de 800 000 hommes. Gravement menacé, le Goryeo proposa de négocier la paix, et déposa un rapport pour présenter ses excuses aux Liao. Ces derniers accordèrent au Goryeo des centaines de *li* sur la rive droite du fleuve Yalu, que les Liao avaient arrachées aux mains des Jürchens.[49] L'année suivante, le Goryeo mit en application le calendrier des Liao (ère Tonghe), et leur déclara sa soumission.[50]

Quant à la dynastie Song, elle abandonna progressivement son plan stratégique de récupérer le Youyun, et sa politique envers les différentes forces en Asie du Nord-Est subit d'énormes changements. Face aux Liao qui s'employaient à étendre leur influence en Asie du Nord-Est, la dynastie Song préféra rester à l'écart. En fait, les Jürchens ne changèrent pas d'attitude envers les Liao et les Song après la guerre de l'ère Yongxi. La quatrième année de l'ère Yongxi (987), les Khitans voulurent enrôler les Jürchens. Ces derniers envoyèrent Ananai à Dengzhou pour en informer la dynastie Song[51]. La deuxième année de l'ère Chunhua (991), lorsque les Jürchens

---

44. « Le plan et l'action de Taizong pour conquérir les Khitans. » juan 3 dans Peng Baichuan. *Taiping zhiji tonglei* (« *Mémoriaux du règne de l'empereur dans l'ère Taiping Xingguo* »). *Siku Quanshu.*

45. Cf. Zeng Ruilong. *Jinglüe Youyan : Song Liao zhanzheng junshi zainan de zhanlüe fenxi.*

46. « Shengzong (II). » juan 11 dans *Liao shi.* p. 119.

47. D'après Jin Weixian. *Qidan de dongbei zhengce.* pp. 70-71.

48. *Xu Zizhi tongjian changbian*, juan 32, décembre, deuxième année de l'ère Chunhua, p. 728.

49. « Biographie de Shenzong. » juan 13 dans *Liao shi.* p. 143.

50. « Les anciennes familles honorables & Chengzong. » juan 3 dans *Gaoli shi.*

51. « Recherches sur les quatre barbares (IV). » juan 327 dans *Wenxian tongkao.*

furent attaqués par les Liao, ils naviguèrent jusqu'à la dynastie Song, et lui demandèrent d'envoyer des troupes pour les aider à détruire les trois palissades empêchant la communication entre les deux pays. Dès que la cour Song aurait fixé la date de départ, les Jürchens rassembleraient leurs soldats pour attendre le moment venu. Cependant, la dynastie Song ne fournit aucune aide militaire, et se contenta de délivrer un édit pour donner du réconfort, de sorte que les Jürchens prêtèrent allégeance aux Khitans. La même année, le prince du Ding'an, Da Yuan, rendit hommage à la dynastie Song avec les émissaires des Jürchens, et n'y revint jamais depuis. Ce fut également cette année-là que la dynastie Song ordonna aux Jürchens d'attaquer le royaume de Bohai, puisque ce dernier n'avait versé aucun tribut. Ceux qui auraient tué un homme de Bohai seraient récompensés de cinq pièces de soie.[52] La dynastie Song ne recevrait naturellement pas de réponse de la part des Jürchens. Cet incident montrait également que le royaume de Bohai avait lui aussi rompu le contact avec la dynastie Song.

La cinquième année de l'ère Chunhua (994), le roi du Goryeo envoya Yuan Yu chez les Song en espérant que ces derniers l'aideraient à lutter contre les Khitans qui envahissaient son territoire. Toutefois, la dynastie Song pensa que c'était normal qu'il existât des conflits entre les barbares, et qu'il valait mieux ne pas recourir à la force, puisque cela ne faisait pas longtemps qu'elle avait établi la paix avec les Khitans. Elle récompensa bien l'émissaire du Goryeo, qui rentra avec un édit de louanges et d'éloges. Dès lors, le Goryeo n'allait plus rendre hommage[53], et cessait temporairement d'être vassal de la dynastie Song. Néanmoins, sous la pression des Liao, le Goryeo espérait toujours s'appuyer sur les Song, car il ne lui suffisait pas de s'unir aux Jürchens. La deuxième année de l'ère Xianping (999), des émissaires du Goryeo furent envoyés à la dynastie Song. Ils déclarèrent que la population du Goryeo admirait le style chinois, alors qu'elle subissait le pillage et le contrôle des Khitans.[54] La sixième année de l'ère Xianping (1003), le Goryeo envoya de nouveau des représentants chez les Song pour demander de faire alliance contre les Khitans. Il espérait que la dynastie Song pourrait de la sorte envoyer des troupes près des frontières pour gêner l'armée Liao.[55] Bien que la dynastie Song n'y eût pas répondu, l'action du Goryeo suscita la vigilance des Liao. La troisième année de l'ère Dazhong Xiangfu (1010), la dynastie Liao accusa le Goryeo : « Que recherchez-vous, en tissant des liens, et avec les Jürchens à l'est, et avec les Song à l'ouest ? »[56] De plus, sous prétexte que Gang Jo avait tué le roi Wang Song, elle compta attaquer de nouveau le Goryeo, et n'oublia pas d'en informer les Song. L'empereur Zhenzong en discuta avec Wang Dan : « Les Khitans attaquent le Goryeo. Si le Goryeo, en détresse, en venait à chercher une protection, ou demander de l'aide militaire, comment y répondrions-nous ? » Wang Dan dit : « Nous venons d'établir la paix avec les Khitans, alors qu'il fait des années que le Goryeo ne vient pas payer tribut. » L'ordre fut alors donné à Dengzhou :

---

52. *Xu Zizhi tongjian changbian*, juan 32, décembre, deuxième année de l'ère Chunhua, p. 728.

53. *Xu Zizhi tongjian changbian*, juan 36, gengxu, juin, cinquième année de l'ère Chunhua, p. 789.

54. « Les anciennes familles honorables & Muzong. » juan 3 dans *Gaoli shi*.

55. « Chronique du Goryeo. » juan 487 dans *Song shi*. p. 14042.

56. « Les accusations contre le Goryeo. » juan 1dans Chen Shu (éd.). *Quan Liao wen* (« *Textes complets des Liao* »). Beijing : Zhonghua shuju, 1982. p. 13.

S'il y a des émissaires du Goryeo qui viennent demander de l'aide militaire, dites que, puisque leur pays ne verse plus de tributs depuis des années, vous n'osez pas transmettre leur demande à la cour impériale. S'il y a ceux qui viennent chercher une protection, acceptez-les, et vous n'aurez pas besoin de faire de rapport.[57]

La huitième année de l'ère Dazhong Xiangfu (1015), le Goryeo demanda de nouveau l'aide de la dynastie Song : « Des années durant, nous souffrons de l'invasion des Khitans. Sa Majesté est sage, clairvoyant et généreux. Nous sommes en grand danger, et toute notre gratitude sera exprimée à la cour impériale qui prête secours. »[58] La dynastie Song répondit pourtant : « Il existe des désaccords entre vous et les Khitans. La cour impériale n'accordera la faveur à aucune des deux parties. » Elle préférait alors être médiatrice, et réunit les émissaires des Liao et du Goryeo, qui participaient aux mêmes banquets, en partageant les mêmes réceptions.[59] Bien qu'en cette année, le Goryeo réutilisât le calendrier de la dynastie Song[60], l'attitude de la seconde conduirait sûrement le premier à se faire contrôler par les Liao. En 1020, le Goryeo et la dynastie Liao mirent fin à leur guerre vieille d'une dizaine d'années pour négocier la paix. En 1022, le Goryeo réutilisa le calendrier des Khitans[61], et depuis lors, cessa complètement d'être vassal de la dynastie Song. En fait, pendant la période où le Goryeo reprit sa relation tributaire avec les Song, les Jürchens vinrent rendre hommage avec les émissaires coréens à plusieurs reprises, la huitième année de l'ère Dazhong Xiangfu (1015), les première (1017) et troisième années de l'ère Tianxi, etc[62]. En outre, les cinq pays, à savoir Tiele, Penne, Wantu, Pahu, Yaolimei, tous bordés par les Jürchens, se soumirent aux Khitans à partir de l'ère Tiansheng, et ne payèrent plus tribut à la dynastie Song[63].

Nous pouvons voir par ce qui précède que, pendant les années de l'ère Chunhua de Song Taizong, les différents groupes ethniques du nord-est rompirent successivement leur relation tributaire avec la dynastie Song, pour être de nouveau contrôlés par les Liao. Jusqu'en 1022 où le Goryeo devint irréversiblement subordonné à la dynastie Liao, un ordre international dominé par cette dernière se forma en Asie du Nord-Est, et du Nord-Ouest. Comme Fu Bi le décrivit pendant la période de Qingli : « Pour l'instant, les Khitans arrivent à soumettre tous les barbares, tels que Yuanhao, les Ouïghours, le Goryeo, les Jürchens, le Bohai, Weire, Tiele, Heishui Mohe, les Shiwei, les Tatars, et Buxi. Ils occupent le territoire des faibles, alors que les forts leur versent les tributs, et payent les impôts. »[64] Selon le *Liao shi*, le nombre de vassaux de la dynastie Liao atteignait jusqu'à 59, et les tributs étaient sans cesse versés. Au nord-est, il y avait le Goryeo, Tieli, Mohe, Wushe, les Shiwei, les Xi, les Jürchens, etc., et au nord-ouest, nous comptons les Xia

---

57. *Xu Zizhi tongjian changbian*, juan 74, novembre, troisième année de l'ère Dazhong Xiangfu, p. 1695.

58. « Les anciennes familles honorables & Xianzong (I). » juan 4 dans *Gaoli shi*.

59. « Barbares (VIII). » dans *Song huiyao jigao*.

60. « Les anciennes familles honorables & Xianzong (I). » juan 4 dans *Gaoli shi*.

61. *Op. cit.*

62. *Xu Zizhi tongjian changbian*, juan 85, guiyou, novembre, huitième année de l'ère Dazhong Xiangfu ; juan 90, guihai, novembre, première année de l'ère Tianxi ; juan 94, jimao, novembre, troisième année de l'ère Tianxi.

63. « Recherches sur les quatre barbares (IV). » juan 327 dans *Wenxian tongkao*.

64. *Xu Zizhi tongjian changbian*, juan 150, wuwu, juin, quatrième année de l'ère Qingli, p. 3650.

occidentaux, les Turcs, les Tangoutes, Shatuo, les Arabes, les Ouïgours de Ganzhou, les Khotanais, l'Armée Guiyi, les Ouïgours de Shazhou et ainsi de suite.[65] Dès lors, ce paysage international en Asie de l'Est se constitua, et dura une centaine d'années.

Si ce paysage international put se former, c'était parce que d'une part, les Liao étaient très puissants sur le plan militaire, et menaient activement une politique d'expansion en Asie du Nord-Est, et d'autre part, parce que la dynastie Song adoptait une position défensive depuis la fin de la guerre de l'ère Yongxi. Fu Bi éclaira la raison pour laquelle le Goryeo se tourna vers les Liao : « Le Goryeo a envoyé des émissaires à quatre reprises, et voulait reprendre sa relation tributaire avec la dynastie Song. À chaque fois qu'il exprimait sa volonté de se soumettre à la cour impériale plutôt qu'aux Khitans, il a été rejeté. »[66] La responsabilité incombait alors au retrait de la dynastie Song. C'était également le cas pour les Jürchens et le royaume de Ding'an qui, eux aussi, rompirent leur relation tributaire avec la dynastie Song. Après la guerre de l'ère Yongxi, la politique et l'attitude de cette dernière connurent de grands changements. Cela lui fit perdre le statut international croissant du régime des Plaines centrales, qui existait depuis les Zhou postérieurs jusqu'à ses débuts, ainsi que l'environnement favorable où les forces d'Asie du Nord-Est, comprenant le Bohai, le Ding'an, les Jürchens et le Goryeo, se rapprochaient activement d'elle.

---

65. « Le système militaire (II) & L'armée des États vassaux. » juan 36 dans *Liao shi*. pp. 429-433.

66. Fu, Bi. « Rapport destiné à Renzong à propos de treize stratagèmes pour la défense du Hebei. » juan 135 dans Zhao Ruyu. *Song mingchen zouyi.*

CHAPITRE 8

———

# Les relations entre le royaume de Khotan et la dynastie des Song du Nord

Le royaume de Khotan[1] était un pays qui faisait beaucoup d'échanges politiques et économiques avec la dynastie des Song du Nord. Il était situé loin dans les territoires occidentaux, et était séparé de la dynastie des Song du Nord par les Xia occidentaux, tandis que le nombre d'hommages qu'il a rendus à cette dernière, et l'ampleur des échanges commerciaux avec elle étaient considérables. L'étude de la relation entre les deux pays est représentative, puisqu'elle aide à éclairer les liens entre les régions occidentales et le régime des Plaines centrales, et le fonctionnement de la route de la soie dans le nord-ouest. Actuellement, des recherches approfondies ont été menées sur les questions politique, sociale et économique du royaume de Khotan. Des discussions ont été également faites sur les échanges commerciaux entre le royaume de Khotan et la dynastie Song, et sur les voies de communication.[2] Toutefois, des questions restent à explorer, et en traitant les relations entre le royaume de Khotan et la dynastie des Song du Nord, cet article essaie de mettre en lumière les trois points suivants : (1) la perception des deux pays quant à leur relation politique ; (2) les objectifs économiques des deux pays à travers leurs échanges ; (3) les relations bilatérales dans un monde tripolaire constitué de la dynastie Song, des Liao et des Xia occidentaux.

---

1. Le royaume de Khotan mentionné dans cet article renvoie au royaume bouddhique de Khotan et à celui-ci après sa conquête par les Qarakhanides, communément appelés « Khotan » dans les archives historiques de la dynastie Song.
2. Cf. Zhang Guangda et Rong Xinjiang. *Yutian shi congkao* (« *Études de l'histoire du Khotan* »). Beijing : Zhongguo renmin daxue chubanshe (Presse de l'Université de Renmin de Chine), 2008. Wang, Xin. « La société et l'économie du Khotan à la fin de la dynastie Tang et au début des Song. » *Zhongguo lishi dili luncong* (« *Journal de la géographie historique chinoise* »). Issue 1. 2004. Yang, Jin. « Les premières études des routes commerciales entre le royaume de Khotan et la dynastie des Song du Nord. » *Xinjiang daxue xuebao* (« *Journal de l'Université de Xinjiang* »). Issue 4. 2008. Ren, Shumin. « Le royaume de Khotan à l'époque des Song du Nord. » *Xiyu yanjiu* (« *Études des régions occidentales* »). Issue 1. 1997.

## 1. La perception des deux pays quant à leur relation politique

À ses débuts, la dynastie des Song du Nord tentait de rivaliser avec les Liao concernant les régions occidentales. À la veille de la guerre de l'ère Yongxi, elle envoya alors Wang Yande et Bai Xun au royaume de Qocho. Ces deux derniers quittèrent la capitale en mai de la sixième année de l'ère Taiping Xingguo, et arrivèrent au royaume de Qocho en avril de l'année suivante. Sur leur route, ils accordèrent au nom de l'empereur de longues robes, des rubans d'or et des tissus de soie aux dirigeants des pays qu'ils traversaient pour essayer de les gagner. Dans l'optique de conquérir le Youyun, l'envoi des émissaires au royaume de Qocho visait à unir celui-ci contre les Khitans. Ces derniers, mis au courant de l'action des Song, dépêchèrent également des émissaires pour dire au roi du Qocho : « La région de Qocho faisait partie du territoire chinois. Aujourd'hui, les Song envoient des gens chez vous, ce qui impliquerait des complots. Sa majesté devrait y regarder de plus près. » Wang Yande, informé de ces propos, réagit auprès du roi : « Depuis toujours, les Khitans se révoltent contre la Chine. Maintenant, ils osent envoyer des gens pour vous inciter à faire de même. Je prévois de les tuer. » Mais le roi l'a convaincu de renoncer à un tel choix. Une guerre diplomatique fut ainsi lancée entre les Song et les Liao. Nous ne savons pas si le royaume de Khotan figurait parmi les pays que Wang Yande essaya de solliciter. Cependant, dans un contexte où Song Taizu menait une politique étrangère active, les émissaires du Khotan seraient sûrement bien accueillis. Par exemple, au cours de la troisième année de l'ère Qiande, par le moine Seng Shanming, le royaume fit part aux Song de sa volonté de tisser des liens avec ces derniers. Taizu y répondit avec une lettre, des équipements et des pièces de monnaie. La deuxième année de l'ère Kaibao, le royaume vint payer tribut, et les Song le récompensèrent bien[3]. Ainsi, pendant la période de Taizu, le nombre de tributs que le royaume de Khotan versa à la dynastie Song atteignit son premier pic, avec un total de six fois, qui serait dépassé sous le règne de Shenzong (voir le tableau ci-joint).

Toutefois, pendant plus de trente ans, allant de la quatrième année de l'ère Kaibao à la première année de l'ère Dazhong Xiangfu (971-1008), le royaume de Khotan ne rendit pas hommage à la dynastie Song. D'après Ren Shumin, la raison en était que le royaume, qui était tout occupé à lutter contre les Qarakhanides, n'en avait pas le temps. En effet, il restait rattaché à la dynastie de Transoxiane au cours de la période de Zhidao (995-997). Il ne reprit sa relation tributaire avec la dynastie Song que la deuxième année de l'ère Dazhong Xiangfu (1009). Les recherches de Zhang Guangda et Rong Xinjiang ont révélé que le royaume de Khotan fut détruit par les Qarakhanides vers 1006, et que son arbre généalogique royal l'a bien présenté.[4] Après l'an 1006 (troisième année de l'ère Jingde de Song Zhenzong), le royaume de Khotan fut contrôlé par les Qarakhanides, et une situation relativement stable se forma. Cependant, sous les trois règnes de Zhenzong, Renzong et Yingzong, le royaume de Khotan ne rendit hommage à la dynastie Song

---

3. « Chronique du Khotan. » juan 490 dans *Song shi* (« *Histoire des Song* »).

4. Ren, Shumin. « Le royaume de Khotan à l'époque des Song du Nord. » *Xiyu yanjiu*. Issue 1. 1997. « À propos du nom de l'État, des années de règne et de l'arbre généalogique royal du Khotan à la fin de la dynastie Tang et au début des Song. » dans Zhang Guangda et Rong Xinjiang. *Yutian shi congkao*.

que pour un total de quatre fois. En ce qui concernait les Song, à la fin de son règne, Taizong abandonna la politique de l'expansion territoriale qui avait été activement menée au début de la dynastie des Song du Nord. Il ne voulait plus soumettre les Xia occidentaux « révoltés », et préférait replier ses troupes. Sous Zhenzong, la volonté de recourir à la force était encore moins forte, et avec l'abandon de Lingzhou, la dynastie Song signa la paix avec les Xia à la période de Jingde. À l'égard de l'annexion du Hexi par les Xia, les Song adoptèrent une attitude passive et de laisser-faire.[5] Lorsque le royaume de Khotan paya tribut à la dynastie Song la deuxième année de l'ère Dazhong Xiangfu, cette dernière, qui menait une politique passive dans le nord-ouest, se montra alors très indifférente. Le royaume demanda à la dynastie Song d'envoyer des émissaires pour rassurer ceux qui habitaient dans les régions occidentales, mais cette dernière refusa : « Envoyer spécialement des émissaires qui doivent parcourir de longues distances, ce serait coûteux en termes de ressources humaines et financières. Je peux délivrer un édit, et vous y irez avec en lieu et place. Il n'y aura pas de différence. »[6] Cet incident pourrait expliquer en partie pourquoi le royaume de Khotan n'envoya pas d'émissaire à la dynastie Song durant les dix années suivantes. Les deuxième et troisième années de l'ère Tiansheng, le royaume vint rendre hommage, et la dynastie Song ne connut plus l'enthousiasme exprimé lors des périodes de Qiande et de Kaibao.

Si la dynastie Song voulait utiliser les divers groupes ethniques pour contenir les Xia occidentaux, elle ne visait pour autant pas à former des alliances. Sa stratégie consistait à faire s'entre-attaquer les barbares entre eux pendant qu'elle s'asseyait en attendant d'en récolter les bénéfices. Ainsi, lorsque les Ouïghours de Ganzhou et les Tibétains de Liugu vinrent demander une assistance militaire, ou proposer une attaque conjointe, la dynastie Song ne fit que des promesses en l'air sans aucune action réelle. Au plus fort des tensions entre les Song et les Xia, l'empereur Renzong envoya au cours des premières années de Baoyuan et de Kangding Lu Jing et Liu Huan chez Gyalsé pour le rallier. Ce dernier pourrait attaquer les Xia par derrière, et disperser ainsi leurs forces.[7] L'envoi de ces émissaires répondait aux propres besoins politiques de la dynastie Song, et son attitude envers Gyalsé pourrait s'expliquer par ce que Cheng Lin dit : « En acquérant de la terre, Gyalsé se renforcerait, et deviendrait un nouveau Yuanhao. Par contre, la Chine pourrait en tirer profit si elle arrivait à opposer les deux barbares. »[8] Cela dit, lorsque les Tibétains se battirent contre les Xia, les Song n'apportèrent aucun soutien réel. Cette attitude de la dynastie Song réduisit considérablement le nombre d'hommages que lui rendirent les groupes ethniques du nord-ouest. Au début de la période de Qingli, Wu Yu, en réponse à cette longue absence d'hommage venant des régions occidentales, déclara :

---

5. Li Huarui. *Song Xia guanxi shi* (« *Histoire des relations entre les Song et les Xia* »). Shijiazhuang : Hebei renmin chubanshe (Maison d'édition du peuple du Hebei), 1998. pp. 26-39.

6. « Biographie du Khotan. » juan 490 dans *Song shi*.

7. « Biographie du Qocho. » juan 490 et « Chronique des Tibétains. » juan 492 dans *Song shi*.

8. *Xu Zizhi tongjian changbian* (« Longue ébauche de la continuation du *Zizhi tongjian* (« *Miroir compréhensif pour aider le gouvernement* ») »), juan 123, bingyin, juin, deuxième année de l'ère Kaiyuan.

Profitant de ce que les *Rong* de l'ouest n'ont pas payé de tribut des années durant, Yuanhao peut envahir ses voisins, et les absorber. Sans être gêné par ceux qui l'entourent, le régime de Yuanhao ne fait que se renforcer. Déchaîné et arrogant, il agit sans se soucier. Il convient de demander à Gyalsé et aux autres tribus de se disperser. Ils pourront attaquer ensemble les Xia, et nous les ferons se partager les récompenses. Voilà de la tactique.

Il soumit également un rapport sur tout ce qui concernait les hommages que les divers groupes occidentaux rendirent sous le règne de Zhenzong.[9] Le royaume de Khotan et les Xia étaient séparés par plusieurs entités, à savoir les Ouïghours de Xizhou, les Ouïghours à tête jaune, l'Armée Guiyi, les Ouïghours de Ganzhou et les diverses tribus tibétaines. Après que les Xia eussent occupé le corridor de Hexi et annexé l'Armée Guiyi et les Ouïghours de Ganzhou, ces deux territoires n'étaient toujours pas frontaliers. Ainsi, pour la dynastie Song, il ne s'agissait pas d'un contrepoids direct aux Xia, de sorte qu'elle n'envoya jamais d'émissaires au royaume de Khotan.[10] Dans ce contexte, le nombre d'hommages que le royaume de Khotan rendit à la dynastie Song atteignit son niveau le plus bas, avec un seul hommage sous Zhenzong, trois sous Renzong, et aucun sous Taizong et Yingzong.

Shenzong, Zhezong (sauf pendant les années de l'ère Yuanyou) et Huizong menèrent activement une politique d'expansion territoriale dans le nord-ouest, et s'efforcèrent de séduire les divers régimes. Dans ce contexte, le royaume de Khotan connut la période la plus prolifique pour ses échanges avec la dynastie Song. Il lui paya tribut au total 39 fois, dont 29 sous les règnes de Shenzong, Zhezong et Huizong (voir le tableau ci-joint). La troisième année de l'ère Xining, la dynastie Song installa à Guwei (« Wei ancien ») le *shiyiwu* (institution destinée à réglementer le commerce), avec un fonds d'amorçage de 300 000 *min* (unité monétaire), et présidé par Wang Shao. L'année suivante, ce dernier fut nommé responsable de la commission militaire du Qinfeng, et commença à procéder à l'extension vers le Xihe. Ce fut également à partir de cette année-là que le royaume de Khotan multiplia ses tributs versés à la dynastie Song. Zhezong et Huizong continuèrent à promouvoir les politiques de Shenzong. Ainsi, d'après « Chronique du Khotan » (dans *Song shi* (« *Histoire des Song* »)), depuis la période de Xining, le royaume de Khotan paya tribut à la dynastie Song à un à deux ans d'intervalle au maximum. Il lui arrivait même de payer plusieurs fois dans une année. Le but principal de la dynastie Song qui maintint la relation avec le royaume de Khotan consistait à gagner politiquement ce dernier. Après la chute de Lingzhou, Zhang Qixian avait averti l'empereur de l'extension des Xia vers le Hexi en disant : « Si Zhao Deming attaque les Tibétains de Liugu, il est fort probable que les préfectures de Guazhou, Shazhou,

---

9. « Biographie de Wu Yu. » juan 491 dans *Song shi*.

10. D'après « Chronique du Khotan » (juan 490, *Song shi*), au début de la période de Tianxi, la dynastie Song envoya un soldat de Chanzhou, appelé Wang Gui, au royaume de Khotan pour récupérer un sceau en jade avec l'inscription « Trésor du roi Zhao Wanyong ». Cette affaire était en réalité absurde et peu crédible. Pour donner au peuple l'impression que la dynastie était dans un état stable, beaucoup d'affaires de ce genre étaient imaginées sous Song Zhenzong. Nous pouvons citer, par exemple, l'invention des lettres soumises par la dynastie Chola ou par le Champā qui faisaient l'éloge du règne de Zhenzong. L'affaire de Wang Gui s'inscrivait dans la même lignée.

Ganzhou, et Suzhou, ainsi que le royaume de Khotan soient progressivement contrôlés par lui. »[11] Cependant, Song Zhenzong n'y prêta pas d'attention, et les préfectures susmentionnées furent annexées par les Xia. En entreprenant l'extension vers le Xihe, Song Shenzong visait à couper le bras droit des Xia. Il tira les leçons du passé, et préféra ainsi attirer le royaume de Khotan.

Les Khotanais jouèrent un certain rôle dans la gestion du nord-ouest par la dynastie Song, et envoyèrent même des troupes pour attaquer les Xia (voir ci-dessous). Toutefois, la contribution politique que le royaume de Khotan apportait à la dynastie Song se fit au prix d'un énorme retour tributaire. Li Fu, dans son rapport « Prière d'ouvrir le marché frontalier », déclara :

> Au nom de payer tribut, les Ouïghours à tête jaune, les habitants du Khotan et du Lugan viennent en Chine avec leurs divers produits pour y faire du commerce. Mis au courant de leur vrai but, la cour (impériale) ordonne de les bloquer sur la route du Xihe. Tous les ans en nombre limité et par ordre d'arrivée, ces derniers sont permis d'aller rendre hommage. Nombreux sont ceux qui arrivent, et qui attendent d'être envoyés. Il y a même ceux qui sont bloqués sur cette route pendant plus de dix ans. La plupart des produits éparpillés sur les routes sont interdits, et les transactions privées sont effectuées par la population. Les produits qu'apportent les barbares pourraient coûter jusqu'à 100 000 *min*, dont la valeur ne serait en général pas inférieure à 50 000 ou 70 000 *min*.[12]

Ce rapport devrait être soumis pendant les années de l'ère Chongning et de l'ère Zhenghe (règne de Huizong), puisque nous pouvons y lire : « La préfecture de Huangzhou vient d'être restaurée [...] ». Cependant, la fréquence et l'ampleur des hommages tributaires étaient un problème déjà apparu sous les empereurs Shenzong et Zhezong.

Politiquement, la dynastie Song tendait à empêcher le royaume de Khotan de choisir le camp des Xia, au lieu de s'appuyer sur son aide pour détruire ces derniers. Ce faisant, face à la demande toujours croissante d'hommages de la part du royaume de Khotan, la dynastie Song prit des mesures restrictives. Depuis la période de Xining, nombreux étaient les Khotanais qui étaient venus avec divers produits mais sans lettre scellée sur eux[13]. Ils se mélangeaient avec ceux qui étaient envoyés pour payer tribut. La première année de l'ère Yuanfeng, la dynastie Song stipula que seuls ceux qui transportaient avec eux la lettre du roi pouvaient entrer dans la capitale. Les conditions d'entrée furent restreintes. De plus, il était interdit de verser comme tribut l'encens, et d'en faire le commerce :

> Dès maintenant, seuls les Khotanais qui auront porté avec eux la lettre du roi seront permis de payer tribut. Le nombre de personnes ne peut pas dépasser 50. À part les ânes et les chevaux, le reste des tributs doit être envoyé à Xizhou et à Qinzhou. Une personne doit être spécialement

---

11. « Biographie de Zhang Qixian. » juan 265 dans *Song shi*.

12. « Veuillez ouvrir le marché frontalier. » juan 1 dans Li Fu. *Yushui ji* (« *Recueil de Yushui* »).

13. « Biographie du Khotan. » juan 490 dans *Song shi*.

chargée de s'occuper de leur commerce. Par ailleurs, l'encens, qui est inutile, n'est pas autorisé à être emmené dans la capitale ni à être commercialisé à divers endroits. Les autres produits peuvent être, comme avant, versés comme tributs et circuler sur le marché.

Comme les Khotanais venaient rendre hommage de manière irrégulière, et à de multiples reprises en une année, et que les récompenses que la cour impériale leur accordait pouvaient souvent atteindre des millions, la dynastie Song voulait changer cette situation, et stipula la deuxième année de l'ère Yuanyou : « Les envoyés khotanais qui soumettent le tribut du roi (*fangwu*) vont recevoir des dons. Les autres, avec ou sans tributs, seront récompensés tous de 300 000 sous. » Cependant, le fait était que, bien que le royaume de Khotan envoyât à la dynastie Song des émissaires à de multiples reprises chaque année, des récompenses supplémentaires ne seraient attribuées qu'une seule fois. De plus, la dynastie Song déclara : « Les envoyés khotanais qui transportent avec eux la lettre du roi seront permis de rendre hommage une fois tous les deux ans. Les autres peuvent faire du commerce de leurs produits à Xizhou et à Qinzhou. » Elle enjoignit tout particulièrement aux émissaires khotanais de faire part de cette nouvelle demande dès leur retour. La quatrième année de l'ère Yuanyou, la dynastie Song fixa le temps durant lequel les envoyés khotanais seraient autorisés à rester dans la capitale : « Les Khotanais qui viennent payer tribut ne peuvent séjourner que moins de cent jours. »[14] Le fait que la dynastie Song restreignit les hommages tributaires montre que le besoin économique qu'elle éprouvait dans ses relations avec le royaume de Khotan était très limité, et qu'il ne s'agissait pas d'un objectif important.

Les deux exigences furent bien respectées pendant un temps. Les envoyés khotanais venaient rendre hommage tous les deux ans, et l'encens ne figurait plus parmi les tributs. D'après « Barbares (IV) » (juan 16 dans *Song huiyao jigao* (« *Ébauche de compilation de documents importants de la dynastie Song* »)), la troisième année de l'ère Yuanfeng, les émissaires khotanais qui virent payer tribut apportèrent avec eux de l'encens. Bien que la cour Song les eussent récompensés de pièces de monnaie, elle demanda au commissaire des transports de trouver ceux qui avaient laissé passer l'encens. Les fonctionnaires tenus pour responsables furent limogés. La sixième année de l'ère Yuanyou, le royaume de Khotan envoya trois groupes d'émissaires, la commission militaire de la route du Lanmin (région de Xihe) rapporta :

> Trois groupes d'envoyés khotanais sont aux frontières. Nous laisserons passer le groupe qui a déjà obtenu la permission d'aller payer tribut. Puisque l'ordre est qu'un pays est permis de rendre hommage une fois tous les deux ans, les deux autres seront autorisés à vendre leurs produits à Xizhou et à Qinzhou avant d'être renvoyés chez eux.[15]

Pendant les années de l'ère Shaosheng, le préfet de Qinzhou You Shixiong signala :

---

14. « Barbares (IV). » juan 16-18 dans *Song huiyao jigao* (« *Ébauche de compilation de documents importants de la dynastie Song* »).

15. « Barbares (IV) .» juan 17-18 dans *Song huiyao jigao*.

De nombreux pays, entre autres le royaume de Khotan, les Arabes et l'Empire byzantin, viennent payer tribut l'un après l'autre. Si les barbares étrangers parcourent des milliers de kilomètres pour venir chez nous, c'est parce qu'ils nous admirent. Cependant, pour se dispenser d'un retour tributaire, les fonctionnaires responsables les bloquent près des frontières, et leur demandent de rendre hommage une fois tous les deux ans. Il ne s'agit pas de la bonne méthode pour attirer ceux qui viennent de loin.

La stipulation qu'un pays peut payer tribut une fois tous les deux ans fut alors annulée. Dès lors, les hommages tributaires redevinrent dynamiques. You Shixiong déclara également :

Depuis la récupération de Taozhou, le royaume de Khotan, les Arabes, l'Empire byzantin et le Miaoli (un ancien pays étranger enregistré dans les livres d'histoire de la Chine ancienne) ont tous peur de la dynastie Song, et y envoient alors leurs émissaires pour rendre hommage.[16]

Cependant, il s'agissait d'un discours trompeur. L'empereur Song Huizong menait en réalité une politique tributaire plus active vis-à-vis du royaume de Khotan. D'après « Barbares (IV) » (juan 18 dans *Song huiyao jigao*), la première année de l'ère Daguan, la Cour des Affaires militaires rapporta :

Le gouverneur de Fengxiang, Wang Jifu, et l'inspecteur préfectoral, Wang Yang, ont reçu les émissaires khotanais avec arrogance, et ont échoué à montrer le geste de bienvenue de la cour impériale à l'égard des hôtes qui viennent de loin.

De la sorte, les deux fonctionnaires furent limogés. D'après ce qui a été dit ci-dessus, il doit y avoir de nombreuses omissions quant au nombre d'hommages rendus par le royaume de Khotan dans les archives historiques.

En ce qui concernait la relation politique entre les deux parties, la dynastie Song considérait le royaume de Khotan comme l'un de ses vassaux. Avant d'être annexé par les Qarakhanides (851-1006), le royaume de Khotan avait accepté l'investiture par l'empereur Gaozu des Jin postérieurs. Par exemple, le roi Li Shengtian avait reçu le titre de « roi de grand trésor du Khotan ».[17] Cependant, d'après les archives historiques, la dynastie Song n'accorda aucun titre au royaume de Khotan sous le règne de Taizu. La huitième année de l'ère Jiayou, la dynastie Song conféra au roi du Khotan (sous les Qarakhanides) plusieurs titres : *tejin, guizhong baoshun* et *lin heihanwang*[18]. *Tejin*, faisait référence à un officiel au second échelon, et renvoyait naturellement à la nomination que le souverain faisait vis-à-vis de ses ministres. *Guizhong baoshun* désignait également l'allégeance des ministres au souverain, et ce même titre était attribué au roi des Ouïghours de Ganzhou.

---

16. « Biographie du Khotan. » juan 490 et « Biographie de You Shixiong. » juan 332 dans *Song shi*.

17. « Département des ministres étrangers & investiture (III). » juan 965 dans *Cefu yuangui*.

18. « Recherches sur les quatre barbares (XIIII). » juan 337 dans *Wenxian tongkao* (« *Étude exhaustive des documents* »).

*Lin* et *heihanwang* étaient tous des titres que le roi du Khotan revendiquait pour lui-même, et qui faisaient respectivement référence au chardonneret et au khan. Les archives historiques de la dynastie Song conserva plus de dix livres que cette dernière délivra au royaume de Khotan.[19] Dans tous ces livres, celui-ci était désigné comme un État vassal, et nous pouvons y lire comme titre « Le décret destiné au royaume de Khotan ...» ou « L'édit destiné au royaume de Khotan ... ». Le libellé des livres faisait également référence à la relation entre le souverain et le ministre. Par exemple, le « Décret destiné au *lin heihanwang* du royaume de Khotan qui paie tribut » (juan 240 dans *Song dazhaoling ji* (« *Collection des édits impériaux de la dynastie Song* »)) disait : « En tant que ministre, vous pensez à la cour impériale. Vous soumettez un rapport pour exprimer votre sincérité, et versez comme tributs les objets précieux et exotiques. » Dans le même juan, le « Décret destiné au *heihanwang* du royaume de Khotan qui félicite l'avènement de l'empereur » disait : « Vous, ministre des Song, habitez à l'ouest, et admirez la Chine. Vous êtes informé de mon avènement, et envoyez de loin des émissaires pour rendre hommage. »[20] Un autre exemple se trouve dans le « Décret destiné au royaume de Khotan qui paie tribut » (juan 24 dans *Su Weigong wenji* (« *Collection littéraire de Su Weigong* »)) disait : « Vous, ministre des Song, gardez les frontières de l'ouest. Vous vous ennuyez de la cour impériale, et envoyez de loin des émissaires pour payer tribut. » Cependant, le royaume de Khotan ne considérait pas la dynastie Song comme son suzerain. Leur relation n'était en réalité pas la même que celle entre un suzerain et ses États vassaux au sens strict du terme comme c'était le cas entre la dynastie Song et le Goryeo. Elle était également différente de celle entre un souverain et ses ministres, telle que les Song entretenaient avec le Giao Chi qui reçut les titres de « roi de commanderie » (*junwang*) et de « roi de Nanping », ou avec les Xia occidentaux auxquels les titres de « maître de l'État » (*guozhu*) et de « roi de Xiping » étaient conférés. Pour la dynastie Song, il ne s'agissait que d'un vassal lointain et peu important, alors que pour le royaume de Khotan, c'était un suzerain plus sur le papier que réel.

## 2. Les objectifs économiques des deux pays à travers leurs échanges

Avant d'être occupé par l'empire du Tibet, le royaume de Khotan était vassal de la dynastie Tang, et suivait strictement les règles. À part quelques-uns qui indiquaient le déroulement des années selon le cycle sexagésimal, la plupart des documents en chinois circulant dans la région khotanaise utilisaient le calendrier des Tang. En tant que l'une des quatre garnisons militaires d'Anxi, le royaume de Khotan reconnaissait la dynastie Tang comme son suzerain, et mettait en application son calendrier. Du début des Tang jusqu'à sa chute, le royaume de Khotan voyait beaucoup de ses rois ou ses habitants séjourner à Chang'an. Il était ainsi normal que les Khotanais

---

19. Il y en a deux selon le juan 240 du *Song dazhaoling ji* (« *Collection des édits impériaux de la dynastie Song* »), trois selon le juan 24 du *Su Weigong wenji* (« *Collection littéraire de Su Weigong* ») de Su Song, deux d'après le juan 24 du *Huayang ji* (« *Recueil de Huayang* ») de Wang Gui, un d'après le juan 8 du *Yunxi ji* (« *Recueil de Yunxi* ») de Zheng Xie, et cinq selon le juan 110 du *Dongpo quanji* (« *Collection complète de Dongpo* ») de Su Shi.

20. Le décret a été rédigé par Su Shi. Cf. juan 110 dans *Dongpo quanji*.

fussent bien familiers avec le système et la culture de la dynastie Tang, et que ces derniers eussent une profonde influence sur le royaume.[21] Cependant, après avoir obtenu son indépendance, et bien qu'il rendît hommage au régime des Plaines centrales, et qu'il acceptât même l'investiture par les Jin postérieurs, le royaume de Khotan appliquait son propre calendrier à l'intérieur du pays.[22] Lors de ses interactions avec les Ouïghours, le dirigeant de Khotan s'appelait quelquefois « khan », et le plus souvent « roi ». Il lui est arrivé toutefois de se nommer « empereur ». Par exemple, en 956, dans la « Lettre du Khotan en réponse à l'envoyé Suo Ziquan (de l'Armée Guiyi) en novembre de la septième année de l'ère Tianxing », il disait : « L'empereur séjourne au palais d'été. L'envoyé (Suo Ziquan) s'est incliné devant lui. La lettre courante vise à répondre à l'envoi de l'émissaire qui vient payer tribut à la grande dynastie (Khotan). » Face à l'envoyé, le roi du Khotan a affirmé également : « Vous prêtez allégeance à la dynastie de l'Est (la dynastie Song), et vous êtes parent de l'empereur khotanais. » Par ailleurs, les inscriptions dans les grottes n°61 de Mogao et n°25 de Yulin datant de vers 980 disent : « l'empereur céleste de la grande dynastie de Khotan », « l'empereur du royaume d'or et de jade de la grande dynastie de Khotan », etc[23]. Par contre, l'Armée Guiyi utilisait les titres officiels attribués par la dynastie Song dans ses échanges non seulement avec cette dernière, mais aussi avec les autres pays tels que les Ouïghours de Ganzhou et le royaume de Khotan. Avant même de bénéficier de ces titres, il respectait les règles, et employait les propos qui trahissaient son infériorité aux Song. Par exemple, dans son rapport destiné à la cour Song, Cao Yanlu se nommait « ministre » et « gouverneur militaire régional par intérim de l'Armée Guiyi ». Lorsqu'il évoquait son père et ses frères, il les désignait tous par les titres que la dynastie Song leur avait conférés.[24] En tant qu'État vassal de la dynastie Song, l'Armée Guiyi suivait alors strictement les règles. *A contrario*, le royaume de Khotan, bien qu'après son indépendance il rendît hommage aux régimes des Plaines centrales, y compris à la dynastie Song, il ne tarda pas à appliquer le système impérial à l'intérieur du territoire.

21. « À propos de la période des documents khotanais découverts à Hotan et les questions connexes. » et « À propos du nom de l'État, des années de règne et de l'arbre généalogique royal du Khotan à la fin de la dynastie Tang et au début des Song. » dans Zhang Guangda et Rong Xinjiang. *Yutian shi congkao*.

22. Les années de règne qui peuvent être connues sont celles de Tongqing, Tianxing, Tianshou, Tianzun et Zhongxing. Cf. « À propos du nom de l'État, des années de règne et de l'arbre généalogique royal du Khotan à la fin de la dynastie Tang et au début des Song. » dans Zhang Guangda et Rong Xinjiang. *Yutian shi congkao*.

23. Cf. « À propos du nom de l'État, des années de règne et de l'arbre généalogique royal du Khotan à la fin de la dynastie Tang et au début des Song. » dans Zhang Guangda et Rong Xinjiang. *Yutian shi congkao*. « Lettre du Khotan en réponse à l'envoyé Suo Ziquan en novembre de la septième année de l'ère Tianxing. » dans Tang Gengou (éd.). *Dunhuang shehui jingji wenxian zhenji shilu* (« *Interprétation et registre des documents authentiques sur la société et l'économie de Dunhuang* »). quatrième compilation, pp. 404-406. Les ponctuations sont légèrement différentes. Les dates correspondent à celles de Zhang Guangda et Rong Xinjiang.

24. Cf. « Rapport soumis par le gouverneur militaire régional par intérim de l'Armée Guiyi Cao Yanlu. » et « Lettre du petit frère Cao Yuangzhong de l'Armée Guiyi au khan des Ouïghours de Ganzhou. » dans Tang Gengou (éd.). *Dunhuang shehui jingji wenxian zhenji shilu*. quatrième compilation, p. 401 et p. 412. Rong Xinjiang. *Guiyijun shi yanjiu* (« *Études de l'histoire de l'Armée Guiyi* »). Shanghai : Shanghai guji chubanshe (Maison d'édition classique de Shanghai), 1996. pp. 339-343. Cf. également les trois lettres de l'Armée Guiyi au roi et au Premier ministre du Khotan, dont « Lettre du gouverneur militaire régional de l'Armée Guiyi à Shazhou CaoYuanzhong au roi du Khotan » dans Zhang Guangda et Rong Xinjiang. *Yutian shi congkao*. p. 295.

Après avoir été annexé par les Qarakhanides, le royaume de Khotan prétendait encore être vassal de la dynastie Song, mais cette relation restait difficilement visible, même dans les lettres diplomatiques officielles échangées entre les deux parties. Par exemple, selon « Chronquies du Khotan » (dans *Song shi*), le royaume de Khotan envoya la quatrième année de l'ère Yuanfeng des émissaires chez les Song pour soumettre un rapport qui trahissait une relation entre un oncle et son neveu. Ce type de relation était également entretenue par la dynastie Song avec d'autres ethnies du nord-ouest comme les Ouïghours et les Tibétains. Par exemple, dans le « Décret destiné aux Ouïghours de Ganzhou lors de la cinquième année de l'ère Tiansheng », nous pouvons y lire : « Moi, empereur-oncle, salue Yeluoge, mon neveu du royaume ouïghour de Ganzhou et khan de *guizhong baoshun*. »[25] Néanmoins, ce genre de relation était en fait basée sur celle qu'entretenaient le souverain et ses ministres. Ce n'était pas pour autant ce que comprenait le royaume de Khotan. Par exemple, le rapport que les Khotanais déposèrent à l'empereur Song Huizong disait :

> Au lever du soleil à l'est, la lumière majestueuse brille sur l'ouest. Moi, roi des Qarakhanides, salue mon oncle respectable, maître du "monde sous le ciel", illuminé par le grand soleil qui se lève à l'est. Le jade que tu as demandé, je le cherche partout. Ceux dont la taille répond à tes besoins sont rares. J'ai envoyé quelqu'un à sa recherche. Dès qu'il l'aura trouvé, je te l'enverrai.[26]

Bien que le dirigeant du Khotan appelât respectueusement l'empereur Song « oncle » et « maître du "monde sous le ciel" », il préférait utiliser « tu », « je », etc., au lieu des termes trahissant son statut inférieur tels que « souverain », « ministre », « suzerain » ou encore « vassal ». Cela montre que le royaume de Khotan n'avait pas de revendications politiques claires vis-à-vis de la dynastie Song, et qu'il ne lui était pas nécessaire de comprendre ni de respecter la relation entre suzerain et vassal voulue par cette dernière.

En fait, si le royaume de Khotan faisait des échanges avec la dynastie Song, c'était principalement à des fins économique et commerciale. Le commerce tributaire était particulièrement attrayant pour lui. En premier lieu, il pouvait bénéficier d'un retour énorme, puisque la dynastie Song était généralement très généreuse à l'égard des envoyés qui venaient payer tribut. Ces derniers seraient récompensés d'une grande quantité de pièces de cuivre et de produits nécessaires et de haute qualité qui étaient peu disponibles sur le marché. Dans un deuxième temps, le royaume de Khotan pouvait faire du commerce sur le territoire chinois. Comme les récompenses étaient proportionnelles aux tributs versés, ceux du Khotan étaient de plus en plus importants. D'après « Taizu (II) » (juan 2 dans *Song shi*), la troisième année de l'ère Qiande, les tributs versés par les Ouïghours de Ganzhou et le royaume de Khotan étaient déjà nombreux, et correspondaient à 1000 chevaux, 500 chameaux, 500 rouleaux de jades et 500 livres d'ambres. La dixième année de l'ère Xining, le royaume de Khotan rendit hommage avec 31 000 livres d'encens, qui coûteraient

---

25. « Décret destiné aux Ouïghours de Ganzhou lors de la cinquième année de l'ère Tiansheng. » juan 240 dans *Song dazhaoling ji*.

26. Juan 1 dans Cai Tao. *Tieweishan congtan* (« *Notes dans la montagne Tiewei* »).

44 000 *guan* (un *guan* ou une chaîne égale mille pièces de monnaie). La troisième année de l'ère Yuanfeng, le royaume de Khotan paya tribut avec de l'encens et divers articles de plus de 100 000 livres.[27] Comme l'encens était illégal et en trop grande quantité, Xizhou n'osait pas à en envoyer.

En général, le retour tributaire comprenait l'argent que coûtaient les tributs versés, les récompenses accordées à ceux qui venaient rendre hommage, les récompenses supplémentaires, des cadeaux pour le roi, etc. Selon « Décret destiné au *lin heihanwang* du royaume de Khotan qui paie tribut » (juan 240 dans *Song dazhaoling ji*), les tributs versés cette fois-ci par le royaume de Khotan comprenaient un cheval, 50 livres d'or, une bride et 18 pièces de soie. La dynastie Song donna en retour 200 *guan*, des pièces d'étoffes de soie du Zhejiang d'une valeur de 10 *guan* que coûtait le cheval, ainsi que des récompenses supplémentaires telles que des vêtements, des ceintures en or, de l'argenterie et des tissus. D'après « Décret destiné au royaume de Khotan qui paie tribut » (juan 24 dans *Su Weigong wenji*), les tributs versés rapportèrent 200 *guan*, et des pièces d'étoffes de soie du Zhejiang d'une valeur de 50 *guan* pour un cheval. Selon « Décret destiné au royaume de Khotan », le retour tributaire atteignit jusqu'à 15 000 *guan*. La troisième année de l'ère Tiansheng, les envoyés khotanais obtinrent ce que coûtaient les tributs versés, et des récompenses supplémentaires comprenant des vêtements, des ceintures en or, 200 taëls d'argenterie, etc.[28] D'après « Barbares (IV) » (juan 17 dans *Song huiyao jigao*), la huitième année de l'ère Yuanfeng, le royaume de Khotan offrit des chevaux, et reçut en retour 1 200 000 pièces et une récompense supplémentaire équivalente à 1 000 000 pièces. La troisième année de l'ère Yuanyou, la dynastie Song stipula qu'à part ce que coûtait le tribut versé par le roi, les envoyés khotanais ne pouvaient recevoir en retour 300 000 pièces de récompense supplémentaire qu'une seule fois pour une année. Ils auraient quand même droit aux cadeaux pour le roi, incluant des rubans d'or, des robes de soie, des vêtements et des pièces de monnaie.

Le but principal du royaume de Khotan qui rendait hommage à la dynastie Song était alors d'obtenir un retour tributaire énorme. La huitième année de l'ère Jiayou, les envoyés khotanais dont Luo Sawen, mécontents des récompenses accordées car bien insuffisantes selon eux, réclamèrent les dromadaires versés comme tributs. La dynastie Song leur donna une récompense supplémentaire de 5 000 *guan*, et retourna les chameaux sans pour autant récupérer l'argent qu'elle avait payé pour ces derniers.[29] Cette année-là, au moment où la délégation du Khotan quitta le territoire chinois, elle causa également beaucoup de problèmes à Qinzhou. Lorsque les émissaires khotanais passèrent à Qinzhou, le commissaire militaire leur accorda l'hospitalité. Toutefois, les émissaires se montrèrent arrogants et insolents. Ils séjournèrent plus d'un mois, cassèrent les ustensiles dans leur logement, et pillèrent les boissons et la nourriture au marché, de sorte que les foyers étaient fermés pour la journée.[30] Tout cela révèle que si le royaume de Khotan venait payer tribut, ce n'était pas parce qu'il respectait la dynastie Song en la reconnaissant comme son suzerain,

---

27. *Xu Zizhi tongjian changbian*, juan 285, gengchen, juillet, septième année de l'ère Xining ; juan 309, dingmao, octobre, troisième année de l'ère Yuanfeng.

28. « Chronique du Khotan. » juan 490 dans *Song shi*.

29. *Idem*.

30. « Biographie de Chen Xiliang. » juan 298 dans *Song shi*.

mais parce qu'il avait des revendications purement économiques vis-à-vis de cette dernière.

En plus d'un retour tributaire séduisant, les envoyés khotanais pouvaient faire du commerce sur le territoire chinois. Alors que la dynastie Song stipula la deuxième année de l'ère Yuanyou qu'un pays serait permis de rendre hommage une fois tous les deux ans, ses autres envoyés pouvaient vendre leurs produits à Xizhou et à Qinzhou. Comme mentionné ci-dessus, la sixième année de l'ère Yuanyou, le royaume de Khotan envoya simultanément trois missions. Bien qu'une seule d'entre elles fût permise d'entrer dans la capitale, les deux autres furent autorisées à faire du commerce à Xizhou et à Qinzhou. De la sorte, le royaume de Khotan était disposé à multiplier ses délégations dont certaines séjournèrent sur la route du Xihe pendant plus de dix ans en attendant l'occasion de rendre hommage. Les produits transportés par les délégations khotanaises comprenaient des perles, du jade, du corail, des émeraudes, de l'ivoire, de l'encens, de l'encens boisé, de l'ambre, des tissus d'étamine de fleur, du salammoniac, du sel de dragon, des brocarts occidentaux, des chevaux, des pénis et testicules d'otaries à fourrure, de l'astralite, du mercure, du styrax (résine de plantes), et du giroflier. Plus précisément, le royaume de Khotan était riche d'encens. Les émissaires khotanais en apportaient souvent avec eux une grande quantité pour faire du commerce avec les marchands locaux. Même s'ils n'arrivaient pas à les vendre, les préfectures et comtés hors capitale les achèteraient avec un prix élevé. Dans ce cas-là, de plus en plus nombreux étaient les Khotanais qui venaient chez les Song.[31] Ces derniers interdirent alors aux Khotanais de payer tribut avec de l'encens, dans le but de restreindre les possibilités de commerce. De plus, la dynastie Song pensait que si l'argent était accordé aux envoyés qui étaient venus payer tribut, ceux-ci, sous prétexte d'acheter des produits, s'éterniseraient sur son territoire pour faire du commerce. Cela dit, il était stipulé que le temps de séjour dans la capitale ne pouvait pas dépasser 100 jours, et que le retour tributaire devait être convertis en objets réels, comme des étoffes légères de soie, de la soierie fine et des brocarts.[32]

Accompagnées des émissaires, un grand nombre de caravanes commerciales privées vinrent. En plus des pièces de monnaie et des étoffes de soie, les produits que les Khotanais appréciaient le plus chez la dynastie Song étaient l'or, l'argent et le thé. Pendant le règne de Song Zhenzong, les Ouïghours à l'ouest introduisirent de l'or et de l'argent sur le marché des barbares. Les prix de ces deux produits dans la capitale (de la dynastie Song) s'en trouvaient augmentés.[33] Cela reflète l'ampleur du commerce à cette époque. Pendant la période de Yuanfeng, la dynastie Song s'efforça

---

31. Selon « Chronique du Khotan. » juan 490 dans *Song shi* ; *Xu Zizhi tongjian changbian*, juan 299, gengchen, juillet, deuxième année de l'ère Yuanfeng ; « Système rituel (II). » juan 12 dans *Songchao shishi* (« *Faits de la dynastie Song* ») ; « Barbares (IV). » et « Barbares (VII). » dans *Song huiyao jigao* ; juan 2 dans *Wulin jiushi* (« *Mémorial de Wulin* »), les produits et les tributs transportés par les délégations khotanaises comprenaient également du musc, du mercure, du cinabre, des bézoards, de l'or brut, des cornes de rhinocéros, du *ronghe*, des vêtements tissés à partir de poils de chameaux, du *sanyahe*, des brocarts de Doro, de l'ase fétide, du coptide chinois, des queues de yak, du *rongmao*, des cornes d'antilope, des pousses de bambusa, du cuir rouge et vert, des tablettes de jade, des ceintures de jade, de la verrerie, du tissu hu, des armures, des chevaux, des lions, des chameaux, des épées du Khotan.

32. « Barbares (VII). » juan 31 dans *Song huiyao jigao*.

33. *Xu Zizhi tongjian changbian*, juan 68, jiaxu, janvier, première année de l'ère Dazhong Xiangfu.

d'amener ces marchands privés à pratiquer le commerce sous les auspices des *shiyiwu* afin de les contrôler. Les marchands étrangers, y compris ceux du Khotan, vinrent commercer chez les Song. Les agents commerciaux faisaient pourtant du commerce privé avec ces marchands, et entraient à Qinzhou par de petites routes pour éviter d'avoir à payer des taxes. Des rapports furent alors soumis à l'empereur Song qui demandèrent que les *shiyiwu* de Qinzhou, de Xizhou, de Hezhou, de Minzhou et de l'armée de Tongyuan recrutassent les agents commerciaux, pour que le commerce des produits étrangers se fît sous leurs auspices.[34] Après la période de Xining, le commerce du thé du Sichuan contre les chevaux prospéra. La dynastie Song acheta chaque année 15 000 à 20 000 chevaux de guerre de tous les groupes ethniques du nord-ouest. Le thé de Mingshan à Yazhou était spécialement utilisé pour être échangé contre les chevaux.[35] En conséquence, une route pour le thé s'ouvrit à partir de Mingshan de Yazhou jusqu'à Miaochuan et au royaume de Khotan en passant par Lanzhou. La dynastie Song accorda également aux marchands khotanais un prix préférentiel pour l'achat du thé. Le *Chachangsi* (« Département du commerce et de la fiscalité du thé ») était permis d'exonérer le thé que les émissaires khotanais achetaient lorsqu'ils venaient payer tribut.[36] Dans ce contexte, pendant le règne de Huizong, Li Fu suggéra de mettre en place un marché à Huangzhou, pour que les étrangers pussent y faire du commerce, et sans qu'il fût nécessaire de les envoyer vers le palais impérial.[37]

Le gouvernement Song put obtenir de l'encens, de l'ivoire et d'autres parfumes et bijoux à travers un commerce maritime prospère. Par conséquent, afin de limiter l'ampleur du commerce, il interdit aux Khotanais de vendre de l'encens sur son territoire. Malgré tout, il éprouva des besoins pour certains produits du Khotan, dont le jade qui était un élément nécessaire dans de nombreuses occasions telles que les sacrifices. Un jour, Song Shenzong publia un édit destiné à Li Xian :

> Les tablettes *gui* et *zhang*, les disques *bi* et les *zan* utilisés par la cour impériale pour la pratique du culte manquent souvent de bon jade. Ces dernières années, le royaume de Khotan et d'autres pays ont versé comme tribut des jades, mais leur qualité est peu satisfaisante, et il n'y a que de la mauvaise pierre. Tu choisiras des marchands, chinois ou étrangers, et leur demande de recueillir massivement de bons jades.[38]

En effet, les tablettes *gui*, les épées et les autres trésors placés dans les tombes étaient tous fabriqués avec du jade du Khotan.[39] Comme mentionné ci-dessus, le rapport que les Khotanais

---

34. *Xu Zizhi tongjian changbian*, juan 299, gengchen, juillet, deuxième année de l'ère Yuanfeng.

35. Cf. « Vente du thé du Sichuan et commerce du thé en échange de chevaux. » dans Huang Chunyan. *Songdai chafa yanjiu* (« *Études de la législation du thé sous les Song* »). Kunming : Yunan daxue chubanshe (Presse de l'Université du Yunnan), 2002. pp. 193-205.

36. *Xu Zizhi tongjian changbian*, juan 290, xinhai, juin, première année de l'ère Yuanfeng ; juan 381, jiayin, juin, première année de l'ère Yuanyou.

37. « Veuillez ouvrir le marché frontalier. » juan 1 dans Li Fu. *Yushui ji.*

38. *Xu Zizhi tongjian changbian*, juan 347, jihai, juillet, septième année de l'ère Yuanfeng.

39. « Rites (25). » juan 122 dans *Song shi.*

déposèrent à l'empereur Song Huizong évoqua le fait que celui-ci leur avait demandé du jade. Le royaume de Khotan réussit plus tard à trouver du jade rare avec lequel la dynastie Song fit le « trésor de Dingming ». Le nombre de ses trésors atteignit alors neuf.[40] Dans le *Gui'er ji* (« *Recueil de Gui'er* ») de Zhang Duanyi, une anecdote est mentionné : les Khitans avaient un bol en jade, et la dynastie Song avait honte de ne pas posséder de tel outil. Elle fit acheter auprès du Khotan un grand jade brut. Puis, un sculpteur sur jade fut envoyé chez les Liao, et vit ce qu'était ce bol, de sorte qu'il pût fabriquer le même objet pour les Song. Les chevaux khotanais étaient également appréciés par la dynastie Song. Pendant la période de Zhenghe, le royaume de Khotan rendit hommage en donnant quatre chevaux. L'un mesurait six pieds et cinq pouces de haut, un autre six pieds et deux pouces, et les deux derniers cinq pieds et neuf pouces. Ils ne ressemblaient en rien à des chevaux ordinaires, et leur apparence était étrange.[41] Au Shaanxi, dans le commerce du thé contre les chevaux, celui de quatre pieds et sept pouces était déjà un cheval de guerre supérieur. Nous pouvons ainsi s'apercevoir que les chevaux khotanais étaient excellents. Les tissus d'étamine de fleur produits par le royaume de Khotan, qui étaient de bonne qualité, étaient très populaires chez les Song. Dans l'un de ses poèmes, Ouyang Xiu disait : « Les tissus d'étamine de fleur réchauffent ceux qui sont malades et maigres. » Par là, il faisait référence à une anecdote : la huitième année de l'ère Jiayou, le roi du Khotan envoya une mission pour rendre hommage. L'empereur octroya à ses ministres les tissus d'étamine de fleur qu'avaient versés les envoyés khotanais. Ces tissus étaient doux et blancs comme de la graisse figée. Ils étaient aussi efficaces que les vêtements en poils de chameaux pour se protéger du vent et du froid.[42] Dans les échanges frontaliers, les marchandises khotanaises comme des parfums et des bijoux, qui n'étaient pas produites chez la dynastie Song ou qui y étaient rares, étaient bien appréciées. Ces produits constituaient des demandes commerciales complémentaires avec le thé et la soie de la dynastie Song. Un vaste espace commercial et des relations stables ont pu ainsi se former.

## 3. Le choix du royaume de Khotan dans un monde tripolaire constitué de la dynastie Song, des Liao et des Xia occidentaux

Les Song et les Liao étaient les deux puissances qui dominaient l'ordre international en Asie de l'Est. Même si les seconds étaient très puissants sur le plan militaire, le royaume éloigné du Khotan se trouvait hors de leur portée. En matière économique, la dynastie Song pouvait, par rapport aux Liao, offrir au royaume de Khotan beaucoup plus d'avantages. Par conséquent, bien que les Khotanais rendissent hommage aux Liao, le nombre et l'ampleur des tributs qu'ils versaient à la dynastie Song étaient sans aucune commune mesure. Selon le juan 21 du *Qidan guo zhi* (« *Histoire de l'État des Khitans* »), les types de tributs que versaient le royaume de Khotan et

---

40. D'après le juan 1 dans *Tieweishan congtan*.
41. Juan 6 dans *Tieweishan congtan*.
42. « Sentiments pour les affaires. » juan 14 dans Ouyang Xiu. *Jushi ji* (« *Recueil de Jushi* »).

d'autres pays aux Liao étaient à peu près les mêmes que ceux aux Song, et comprenaient : du jade, des perles, des cornes de rhinocéros, de l'encens, de l'ambre, de l'agate, des armes en fer, du cuir noir, de la soie noire, de la soie de Mendes, du *palike*, du salammoniac et de la soie brune. D'après le même ouvrage, le royaume de Qocho, le Kucha, les Khotanais, les Arabes, l'État *Xiaoshiguo*, les Ouïghours de Ganzhou, et les régimes de Shazhou et de Liangzhou envoyaient une fois tous les trois ans plus de 400 personnes pour payer tribut aux Khitans. Les récompenses accordées par les Liao n'étaient pas inférieures à 400 000 *guan*. En réalité, certains pays mentionnés n'y envoyaient pas d'émissaires une fois tous les trois ans. Les deux chiffres 400 et 400 000 désigneraient le total de personnes et de *guan* pour tous les pays, et non pour chacun d'entre eux. Selon le *Liao shi* (« *Histoire des Liao* »), le royaume de Khotan rendit hommage aux Liao pour un total de six fois (en février, en mars et en novembre de la septième année de l'ère Tonghe, la huitième année de l'ère Tonghe, ainsi que les première et quatrième années de l'ère Kaitai)[43], tandis qu'il paya tribut à la dynastie Song à 39 reprises. De fait, les Khotanais considéraient les Khitans comme un obstacle qui les empêchait d'aller chez les Song faire du commerce et payer tribut. La sixième année de l'ère Yuanfeng, Song Shenzong demanda aux émissaires du Khotan : « Les pays que vous avez traversés vous ont-ils pillés ? » L'un d'entre eux répondit : « Nous craignons seulement les Khitans. » L'empereur continua : « L'endroit par lequel vous êtes passés est à quelle distance des Khitans ? » L'émissaire répondit : « À des milliers de kilomètres. »[44] Très inquiets, les envoyés khotanais faisaient tout leur possible pour éviter les problèmes avec les Khitans. De la sixième année de l'ère Taiping Xingguo à la première année de l'ère Yongxi, après que Wang Yande fût allé au royaume de Qocho, les Song abandonnèrent leur rivalité avec les Khitans concernant les régions occidentales. Dans ses relations avec les régimes des Plaines centrales, si le royaume de Khotan manifestait sa préférence pour la dynastie Song, c'est parce qu'il était entièrement motivé par les importants intérêts découlant des échanges commerciaux avec cette dernière.

Les Xia occidentaux occupaient les routes commerciales du nord-ouest, et affectaient de manière décisive les échanges entre le royaume de Khotan et la dynastie Song. Avant que Li Jiqian ne se rebellât contre les Song, les divers groupes ethniques du nord-ouest entrèrent en contact avec ces derniers principalement par la route commerciale du Hexi. La quatrième année de l'ère Qiande, des bonzes dont Seng Xingqin, se rendirent dans les territoires occidentaux pour chercher des écritures bouddhiques. Pour ce faire, ils empruntèrent la route du Hexi : « Ils sont passés par Ganzhou, Shazhou, Yizhou, et Suzhou, ainsi que des pays tels que le Karachahr, le Kucha, le royaume de Khotan et le Gelu. »[45] Lingzhou était un pivot important sur cette route commerciale. Selon « Biographie de Duan Sigong » (juan 270 dans *Song shi*), la deuxième année de l'ère Kaibao, les Ouïghours rendirent hommage en passant par Lingzhou, et commercèrent dans la ville. D'après le juan 10 du *Xu Zizhi tongjian changbian* (« Longue ébauche de la continuation du *Zizhi tongjian* (« *Miroir compréhensif pour aider le gouvernement* ») »), gengshen, novembre, deuxième année

---

43. « Tableau des États vassaux. » juan 70 et « Shengzong (VI). » juan 15 dans *Liao shi* (« *Histoire des Liao* »).

44. « Barbares (IV). » juan 17 dans *Song huiyao jigao*.

45. « Chronique de l'Inde. » juan 490 dans *Song shi*.

de l'ère Kaibao), cette même année, les envoyés ouïghours furent accompagnés de la mission mandatée par le royaume de Khotan pour payer tribut. Après que Li Jiqian se fut rebellé contre la dynastie Song, il y eut souvent des conflits entre les Xia et les régimes de Liangzhou et de Ganzhou. Malgré tout, les routes commerciales n'en pâtirent pas, ou peu s'en faut. Ce fut particulièrement le cas dans les premiers temps où les régimes de Ganzhou et de Liangzhou prirent le dessus, et la route du Hexi pouvait toujours fonctionner. La cinquième année de l'ère Xianping, Li Jiqian occupa Lingzhou, et les divers groupes ethniques du nord-ouest durent entrer dans l'armée de Zhenrong par Lanzhou pour rendre hommage.[46] La deuxième année de l'ère Dazhong Xiangfu, l'émissaire khotanais répondit à la question de Song Zhenzong en disant : « Les routes allant de Guazhou et Shazhou au royaume de Khotan sont calmes, et le voyage est fluide. »[47] Cependant, Zhao Deming et son fils Zhao Yuanhao occupèrent successivement Ganzhou (la sixième année de l'ère Tiansheng), Liangzhou (la première année de l'ère Mingdao), Guazhou, Shazhou et Suzhou (la troisième année de l'ère Jingyou), et laissèrent des troupes stationnées à Lanzhou. La route commerciale du Hexi fut ainsi complètement contrôlée.

Les Xia avaient également une forte demande commerciale pour la dynastie Song. Par exemple, à chaque fois que les Arabes rendaient hommage, ils se rendaient vers Qinting via la frontière ouest de Shazhou. Au début de la période de Qianxing, Zhao Deming leur demanda de passer par son pays, ce qui n'était pourtant pas autorisé par la dynastie Song. De plus, cette dernière demanda aux Arabes de venir par la mer.[48] Le transit des missions marchandes par les Xia serait rentable pour ces derniers. Cependant, comme les terres des Xia étaient stériles, et que leur économie était similaire à celle d'autres pays occidentaux, la complémentarité en matière commerciale entre eux s'avérait futile. Cela dit, les pays qui passaient par les Xia n'étaient rien d'autre que victimes de la privation, et ne pouvaient pas obtenir des avantages. Pour eux, les Xia manquaient d'attrait commerciaux. Dans le juan 15 du *Xixia shushi* (« *Livre des affaires des Xia* »), il écrivit :

> Parmi les produits autochtones ouïghours, les perles et le jade sont les plus représentés. La soierie comprend des brocarts de Doro, du coton laineux, des brocarts de ouistiti, de la soie, de la soierie fine et du tissu de laine brute sergé. Les médicaments incluent des pénis et testicules d'otaries à fourrure et du salammoniac. Les parfums comprennent de l'encens, du styrax et du térébinthe. Les Ouïghours sont doués pour fabriquer des couteaux en fer, de l'or noir et de l'argenterie. Les marchands ouïghours font du commerce en Chine, chez les Khitans, etc., et doivent passer par les Xia occidentaux. Il arrive souvent que ces derniers s'emparent de 10 % des produits, et des meilleurs. Les marchands ouïghours en souffrent. Ils essaient de cacher leurs meilleurs produits dans les picris, mais la situation ne s'en trouve pas améliorée.

---

46. Juan 3 dans Wei Tai. *Dongxuan bilu* (« *Registre d'événements de Dongxuan* »).
47. « Chronique du Khotan. » juan 490 dans *Song shi*.
48. *Xu Zizhi tongjian changbian*, juan 101, guimao, décembre, première année de l'ère Tiansheng.

Les Tibétains de Qingtang pouvaient obtenir de grands avantages en pratiquant le commerce des chevaux contre du thé de la dynastie Song. La huitième année de l'ère Dazhong Xiangfu, les Tibétains versèrent comme tributs des chevaux, et la dynastie Song leur accorda en retour 7,6 millions de pièces et 7000 taëls d'or. À cela s'ajoutèrent les récompenses complémentaires comme des robes de brocart, des ceintures en or, des objets destinés aux banquets, du thé et des médicaments.[49] Par conséquent, les Tibétains traitaient avec une grande faveur les pays de passage qui allaient payer tribut à la dynastie Song. Avant que les Xia ne contrôlassent la route du Hexi, étant donné que ces derniers pillaient souvent les émissaires des Ouïghours de Ganzhou, les Tibétains, témoignant leur gratitude envers la cour Song, envoyèrent des gens pour les accompagner. Les émissaires des Ouïghours de Ganzhou purent alors arriver dans la capitale chaque année.[50] Après que Yuanhao eut pris le gouvernement de Xiliang, les marchands de divers pays dont le royaume de Qocho allèrent tous faire du commerce à Shanzhou, et les Tibétains devinrent riches et forts.[51] L'Empire byzantin passa également par l'empire du Tibet pour se rendre chez les Song : « Pour aller en Chine, il entre d'abord au Califat islamique, puis au royaume de Khotan, puis passe par les Ouïghours de Ganzhou et le régime de Qingtang. »[52]

Les Xia tentèrent également de gagner le soutien de Khotan. La huitième année de l'ère Yuanfeng, le *dutong* (« attaché militaire ») du sud-ouest des Xia envoya à l'armée de Zhenrong un document qui disait : « Le territoire des Xia s'étend sur 5 000 kilomètres. Le nombre des soldats atteint des centaines de milliers. À l'ouest, les Xia sont limités par le royaume de Khotan, notre voisin aimable. Au nord, c'est notre allié puissant, les Liao. »[53] Toutefois, dans ses relations extérieures, le royaume de Khotan choisit de s'éloigner des Liao et des Xia pour se rapprocher de la dynastie Song. Les envoyés khotanais tenaient notamment les Song au courant de la situation des pays qu'ils traversaient pour venir. Par exemple, la sixième année de l'ère Yuanfeng, Song Shenzong se renseigna auprès des émissaires du Khotan sur les divers pays qu'ils avaient parcourus. La dynastie Song avait prévu d'envoyer des émissaires qui, en passant par l'empire du Tibet, se rendraient chez les Tatars, ennemis des Xia. Cela dit, Shenzong, portant une attention particulière aux Tatars, demanda : « Ceux qui sont souvent en conflit avec les Xia, sont bien les Tatars ? » L'un des émissaires lui répondit : « Oui, les Xia sont les ennemis de toujours des Tatars. » Les émissaires khotanais dessinèrent également pour la dynastie Song une carte qui montrait les positions de divers pays tatars par rapport à la Chine. Shenzong fit donner cette carte à Li Xian, alors responsable des affaires militaires du Shaanxi.[54] Lors de la guerre entre les Song et les Xia pendant la période de Yuanfeng, les Khotanais transportèrent par les chameaux de la nourriture pour les premiers. La sixième année de l'ère Yuanfeng, le *zhizhishi* (commissaire chargé de la planification militaire aux frontières) de la route du Xihe rapporta : « Les voleurs de l'ouest

---

49. *Xu Zizhi tongjian changbian*, juan 84, jiayin, février, huitième année de l'ère Dazhong Xiangfu.
50. *Xu Zizhi tongjian changbian*, juan 85, bingzi, septembre, huitième année de l'ère Dazhong Xiangfu.
51. « Chronique des Tibétains. » juan 492 dans *Song shi*.
52. « Chronique de l'Empire byzantin. » juan 490 dans *Song shi*.
53. *Xu Zizhi tongjian changbian*, juan 331, yisi, novembre, cinquième année de l'ère Yuanfeng.
54. *Xu Zizhi tongjian changbian*, juan 335, bingzi, mai, sixième année de l'ère Yuanfeng.

envahissent Lanzhou, détruisent Xiguan, pillent et emploient les Khotanais qui transportent par chameaux de la nourriture. »[55] La huitième année de l'ère Yuanyou, le royaume de Khotan pria la dynastie Song d'aller attaquer les Xia.[56] Toutefois, comme cette dernière adopta une politique d'apaisement à l'égard des Xia, elle n'était pas d'accord. La quatrième année de l'ère Shaosheng, les émissaires khotanais transmirent le message du prince des Qarakhanides : « Les Xia causent des troubles. Pour témoigner notre gratitude envers la cour impériale, nous avons déjà envoyé des troupes pour attaquer Guazhou, Shazhou et Suzhou. » Au moment du départ des émissaires, Song Zhezong déclara : « Le roi des Qarakhanides est loyal envers la cour. J'en suis très content. S'il arrive à conquérir les trois préfectures, il sera traité avec une plus grande faveur. »[57] Dans « Zhezong (II) » (juan 18 dans *Song shi*), il est dit : « Le roi des Qarakhanides est allé attaquer les trois préfectures des Xia, et a dépêché son fils pour en tenir au courant la cour Song. » Dans le juan 30 du *Xixia shushi*, il a été clairement écrit : « En février de la quatrième année de l'ère Shaosheng, le royaume de Khotan a conquis les trois préfectures de Guazhou, Shazhou et Suzhou. » Les Khotanais tinrent alors parole. En effet, les actions entreprises par le royaume de Khotan gênaient dans une certaine mesure les Xia. Lorsque le royaume de Khotan pria la huitième année de l'ère Yuanyou la dynastie Song d'aller attaquer les Xia, ces derniers durent s'y préparer en demandant de renforcer la défense des préfectures visées. Ainsi, les Xia étaient entourés par des ennemis : au nord-est par la Tartarie, au sud-ouest par l'empire du Tibet et à l'ouest par le royaume de Khotan. Avec tant de problèmes à l'extérieur[58], les Xia se trouvaient dans une situation extêmement défavorable.

Après que les Xia avaient pris le contrôle du Hexi, le royaume de Khotan communiqua avec la dynastie Song en passant par Qingtang. Sous les trois empereurs Shenzong, Zhezong et Huizong, qui menaient tous une politique active dans le nord-ouest, le royaume de Khotan maintint un contact étroit avec la dynastie Song à travers cette route. La sixième année de l'ère Yuanfeng, les émissaires khotanais rapportèrent à Song Shenzong :

> Sur notre passage, il y a les Ouïghours à tête jaune, la Tartarie, le régime de Dong Zhan, etc. Cela fait quatre ans que nous avons quitté notre pays. Nous avons passé deux ans sur les routes, et sommes restés chez les Tibétains pendant un an.[59]

Cependant, les Tibétains entravaient parfois la délégation khotanaise. Sous Song Renzong, les Khotanais payèrent tribut. Lorsqu'ils arrivèrent dans l'empire du Tibet, ce dernier refusa de les laisser partir. Plus tard, Muzheng retint également les envoyés du Khotan. Mais grâce à l'intervention des Song, tous ces problèmes furent résolus. Pendant le règne de Song Shenzong, le chef des différentes tribus à l'armée de Wusheng, Yao Sibu, barra le chemin, et pilla les tributs des

---

55. « Barbares (IV). » juan 17 dans *Song huiyao jigao*.
56. « Chronique du Khotan. » juan 490 dans *Song shi*.
57. « Barbares (IV). » juan 18 dans *Song huiyao jigao*.
58. Juan 30 dans *Xixia shushi*.
59. «Barbares (IV). » juan 17 dans *Song huiyao jigao*.

Khotanais. L'empereur Song envoya l'un de ses généraux, et le tua.[60] Ainsi, les échanges entre le royaume de Khotan et la dynastie Song pouvaient se faire sans trop d'obstacles.

**Tableau : Les tributs payés par le royaume de Khotan à la dynastie Song**

| Période | Source | Période | Source |
|---|---|---|---|
| deuxième année de l'ère Jianlong | « Barbares (VII) », juan 1, *Song huiyao jigao* | huitième année de l'ère Yuanfeng | « Barbares (IV) », juan 17, *Song huiyao jigao* |
| troisième année de l'ère Qiande | « Barbares (IV) », juan 88, *Song huiyao jigao* | première année de l'ère Yuanyou | « Barbares (IV) », juan 17, *Song huiyao jigao* |
| quatrième année de l'ère Qiande | juan 12, *Songchao shishi* | deuxième année de l'ère Yuanyou | « Barbares (IV) », juan 17, *Song huiyao jigao* |
| première année de l'ère Kaibao | « Barbares (IV) », juan 2, *Song huiyao jigao* | troisième année de l'ère Yuanyou | « Barbares (IV) », juan 17, *Song huiyao jigao* |
| deuxième année de l'ère Kaibao | « Barbares (VII) », juan 3, *Song huiyao jigao* | quatrième année de l'ère Yuanyou | « Barbares (IV) », juan 18, *Song huiyao jigao* |
| quatrième année de l'ère Kaibao | « Biographie du Khotan », *Song shi* | cinquième année de l'ère Yuanyou | « Zhezong (I) », *Song shi* |
| deuxième année de l'ère Dazhong Xiangfu | juan 12, *Songchao shishi* | février de la sixième année de l'ère Yuanyou | *Xu Zizhi tongjian changbian*, juan 455, gengzi, février, 6ᵉ année de Yuanyou |
| deuxième année de l'ère Tiansheng | juan 12, *Songchao shishi* | juin de la sixième année de l'ère Yuanyou | « Barbares (IV) », juan 18, *Song huiyao jigao* |
| troisième année de l'ère Tiansheng | « Barbares (VII) », juan 23, *Song huiyao jigao* | décembre de la sixième année de l'ère Yuanyou | « Barbares (IV) », juan 18, *Song huiyao jigao* |
| huitième année de l'ère Jiayou (première année de l'ère Zhiping)[61] | « Biographie du Khotan », *Song shi* ; « Barbares (VII) », juan 31, *Song huiyao jigao* | septième année de la l'ère Yuanyou | « Zhezong (I) », *Song shi* |
| quatrième année de l'ère Xining | « Barbares (VII) », juan 32, *Song huiyao jigao* | troisième année de l'ère Shaosheng | « Barbares (IV) », juan 18, *Song huiyao jigao* |
| cinquième année de l'ère Xining | « Barbares (VII) », juan 33, *Song huiyao jigao* | quatrième année de l'ère Shaosheng | « Barbares (IV) », juan 18, *Song huiyao jigao* |

---

60. « Biographie de Qian Mingyi. » juan 317, « Biographie de Wang Junwan. » juan 350 et « Chronique des Tibétains. » juan 492 dans *Song shi*.

61. Les deux ouvrages enregistrent deux hommages rendus la huitième année de l'ère Jiayou et la première année de l'ère Zhiping. Il est fort probable qu'il s'agit du même. Ils parlent tous de l'émissaire Luo Sawen, et de l'incident où la dynastie Song lui donna une récompense supplémentaire de 5 000 *guan* tout en retournant les dromadaires.

| Période | Source | Période | Source |
|---|---|---|---|
| sixième année de l'ère Xining | juan 12, *Songchao shishi* | deuxième année de l'ère Chongning | « Huizong (I) », *Song shi* |
| septième année de l'ère Xining | « Barbares (VII) », juan 33, *Song huiyao jigao* | première année de l'ère Daguan | « Barbares (IV) », juan 18, *Song huiyao jigao* |
| dixième année de l'ère Xining | « Barbares (VII) », juan 33, *Song huiyao jigao* | deuxième année de l'ère Daguan | « Barbares (IV) », juan 18, *Song huiyao jigao* |
| première année de l'ère Yuanfeng | « Barbares (IV) », juan 16, *Song huiyao jigao* | septième année de l'ère Zhenghe | « Huizong (III) », *Song shi* |
| deuxième année de l'ère Yuanfeng | « Barbares (IV) », juan 16, *Song huiyao jigao* | huitième année de l'ère Zhenghe | « Barbares (IV) », juan 18, *Song huiyao jigao* |
| troisième année de l'ère Yuanfeng | « Barbares (IV) », juan 16, *Song huiyao jigao* | première année de l'ère Chonghe | « Huizong (III) », *Song shi* |
| quatrième année de l'ère Yuanfeng | « Barbares (IV) », juan 16, *Song huiyao jigao* | sixième année de l'ère Xuanhe | « Barbares (IV) », juan 18, *Song huiyao jigao* |
| sixième année de l'ère Yuanfeng | « Barbares (IV) », juan 17, *Song huiyao jigao* | | |

# CHAPITRE 9

## Les politiques et les moyens de contrôle à l'égard des minorités ethniques du sud-ouest sous la dynastie Song

Le schéma politique centré sur la dynastie Song pouvait être grossièrement divisé en trois niveaux : les comtés sous l'administration directe, la zone de *jimi*[1] et les États tributaires. Plus précisément, il existait des différences spécifiques à chaque niveau, qui se manifestaient sous des formes complexes et variées. La région des minorités du sud-ouest de la Chine faisait partie des zones de *jimi*. La dynastie Song ne procédait pas toujours à la nomination des fonctionnaires locaux de cette zone, de sorte que les politiques spécifiques variaient également beaucoup. De nombreuses recherches ont été menées sur l'histoire des minorités du sud-ouest. Certaines d'entre elles, qui traitent de la politique ethnique de la dynastie Song, ont discuté de manière préliminaire de la politique de cette dynastie à l'égard des minorités du sud-ouest[2]. Malgré tout, les différentes formes de politiques menées dans cette région et la mise en œuvre du système de *jimi* doivent encore être interprétées de manière plus approfondie et détaillée. La présente recherche vise à développer cette question.

---

1. Le système de *jimi* : système établi pour les chefs étrangers ou barbares qui étaient soit subordonnés militairement, soit soumis et naturalisés. (note du traducteur)

2. Les ouvrages représentatifs comprennent : Jiang Yingliang. *Zhongguo minzu shi* (« *Histoire des ethnies chinoises II* »). Minzu chubanshe, 1990 ; You Zhong. *Zhongguo xinan minzu shi* (« *Histoire des ethnies du sud-ouest de la Chine* »). Kunming : Yunnan renmin chubanshe (Maison d'édition du peuple du Yunnan), 1985 ; An Guolou. *Songchao zhoubian minzu zhengce yanjiu* (« *Étude des politiques envers les ethnies environnantes de la dynastie Song* »). Beijing : Wenjin chubanshe (Presse de Wenchin), 1997. Les articles représentatifs incluent Liu, Fusheng. « Recherches sur le pays de Ziqi. » *Minzu yanjiu* (« *Études ethniques* »). Issue 5. 1993 ; Lin, Wenxun. « Innovations dans la politique ethnique frontalière de la dynastie Song et leurs significations historiques. » *Zhongguo bianjiang shidi yanjiu* (« *Études de l'histoire et de la géographie de la frontière chinoise* »). Issue 4. 2008.

## 1. Les politiques à plusieurs échelons et les multiples systèmes

Dans le premier juan « Jimi » du *Chaoye leiyao* (« *Les affaires importantes de l'empire* ») rédigé par Zhao Sheng, l'auteur évoque le fait que les barbares de Jing, Guang, Chuan, Xia et des autres tribus, qui étaient reconnus officiellement par la dynastie Song et qui payaient tribut, étaient tous classés au sein des préfectures de *jimi*. Par conséquent, les régions des groupes ethniques qui étaient officiellement reconnues par la dynastie Song et payaient tribut étaient appelées « préfecture de *jimi* ». Fan Chengda a également appelé les zones situées au-delà des frontières des préfectures de *jimi* « *huawai* » (terme utilisé pour se référer aux groupes ethniques extérieurs non-civilisés). De même, il est mentionné dans « Barbares » du *Guihai Yuheng zhi* (« *Annales des régions reculées du sud-ouest* ») que les zones au-delà des frontières des comtés faisaient partie des préfectures de *jimi* et que celles au-delà de ces dernières étaient appelées « *huawai* ». Fan Chengda a également dit qu'il y avait plus de dix comtés et préfectures de *jimi* sous la juridiction de Yizhou, qui étaient presque aussi mal gouvernés que les *huawai*. Il a tout de même souligné la différence entre les préfectures de *jimi* et les *huawai*. Dans un sens plus large, le Dali et l'Annam faisaient également partie des *huawai*. Tout comme Wu Jing l'a évoqué, les pays *huawai*, au-delà des frontières de Yongzhou, comprenaient le Dali et l'Annam.[3] La dynastie des Song du Sud considérait ces deux derniers comme vassaux, et appelait leurs chefs « roi » dans les lettres de créance, de sorte qu'ils étaient traités différemment de la préfecture de *jimi* et des pays *huawai*.

### (1) L'administration des préfectures de jimi durant la dynastie Song
La dynastie Song mit en œuvre un système dans lequel les préfectures frontalières administrées par la cour impériale, appelées *zhengzhou* (« préfecture légitime »), gouvernaient les préfectures de *jimi* voisines. Ainsi, il est dit « les préfectures de *jimi* sous la juridiction de telle ou telle préfecture (légitime) » ou « une tribu barbare sous la juridiction de telle ou telle préfecture ». Par exemple, les 60 sceaux accordés aux barbares sous la juridiction de Yizhou portaient tous l'inscription « sceau de telle préfecture de *jimi* sous la juridiction de Yizhou ». La même inscription était aussi accordée aux barbares de la route du Yechuan de Xishan sous la juridiction de Yazhou.[4] Les principales préfectures du Sichuan qui géraient les préfectures de *jimi* comprenaient Maozhou, Yazhou, Lizhou, Xuzhou, Rongzhou, Luzhou, Qianzhou et Shizhou. Yazhou gouvernait 46 préfectures de *jimi*, Maozhou dix, Lizhou 54, Rongzhou 30, Luzhou 18 et Shizhou cinq. Qianzhou gouvernait six sous-préfectures et dix préfectures de *jimi*. Sur la route du Jinghu, Lizhou administrait des dizaines de préfectures de *jimi*, et Chenzhou gouvernait 56 préfectures de *xidong* (minorités ethniques dans le sud-ouest) de Beijiang et Nanjiang. Les principales préfectures légitimes du

---

3. « À propos du commissaire militaire du Guangxi, chargé des affaires fiscales. » juan 2 et « À propos des pays *huawai* en dehors de Yongzhou. » juan 1 dans Wu Jing. *Zhuzhou ji* (« *Recueil de Zhuzhou* »). *Siku Quanshu* (« *Livres complets des Quatre magasins* »), Wenyuan Ge (« Belvédère de la profondeur littéraire »).

4. « Tenue militaire (VI). » juan 154 dans *Song shi* (« *Histoire des Song* »). Beijing : Zhonghua shuju (Société de livres de Zhonghua), 1977. p. 3594. « Barbares (V). » dans *Song huiyao jigao* (« *Ébauche de compilation de documents importants de la dynastie Song* »). Beijing : Zhonghua shuju, 1957. p. 3

Guangxi étaient Yizhou et Yongzhou. 18 préfectures de *jimi* dépendaient de l'administration de Yizhou, et Yongzhou gouvernait au total 36 préfectures de *jimi* et de *xidong* situés le long du fleuve Xijiang, dont 30 préfectures de *jimi*.[5] En fait, le nombre des préfectures de *jimi* pouvait varier. Par exemple, l'armée (ou *jun*, unité d'administration) de Changning et Binzhou passèrent de préfectures de *jimi*, sous les juridictions respectives de Yongzhou et de Luzhou, à des préfectures légitimes.[6] Donc, le nombre des préfectures de *jimi* gouvernés par chaque *zhengzhou* tel qu'il fut enregistré dans les documents historiques pouvait être différent. Par exemple, selon « Géographie (V) » du *Song shi* (« *Histoire des Song* »), Qianzhou gouvernait 49 préfectures de *jimi*, et 56 après la fondation de la dynastie des Song du Sud. Par ailleurs, selon « Géographie (VI) » du *Song shi*, Yongzhou administrait 44 préfectures de *jimi*, cinq comtés et onze grottes. Yizhou gouvernait dix préfectures de *jimi*, une armée et deux *jian* (qui correspondait au même niveau que le comté, subordonné à la préfecture). De plus, une préfecture de *jimi* était sous la juridiction de Rongzhou.

En premier lieu, les préfectures légitimes étaient chargées de contrôler et de se prémunir contre les préfectures de *jimi* (voir ci-dessous). En deuxième lieu, les affaires entre la cour impériale des Song et les préfectures de *jimi* étaient généralement traitées par l'intermédiaire des préfectures dont elles dépendaient. Par exemple, les affaires des barbares de Beijiang et Nanjiang étaient généralement traitées par Chenzhou. Plus précisément, les barbares de Nanjiang étaient placés sous la juridiction de Chenzhou, et pour ceux qui venaient payer tribut, la dynastie Song leur donnait des billets de relais de poste. À Beijiang, pour choisir les chefs des 20 préfectures sous la juridiction de l'un des Peng, ce dernier, appelé également *dushizhu*, devait réunir les chefs des tribus afin d'en discuter. Puis, il fallait faire part à Chenzhou des noms des élus à chaque préfecture pour avoir une autorisation. La commission de *qianxia* (une institution militaire locale) devrait également être mis au courant. De même, Peng Shihan, préfet de Xiaxizhou, qui était en place à Luoyang, s'enfuit et demanda à Chenzhou que sa famille pût retourner.[7] Peng Shiyan de la préfecture de Xiaxi postula pour devenir gouverneur par le truchement de Chenzhou. Lorsqu'il déclara sa soumission à la dynastie Song, ce fut le préfet de Chenzhou, Tao Bi, qui envoya des soldats pour garder la forteresse de Qian'an à Huixi, située dans la préfecture de Xiaxi.[8] Les barbares au-delà de la rivière Dadu utilisaient Lizhou comme intermédiaire. L'empereur Taizong de la dynastie Song avait ordonné à Lizhou de construire des bateaux pour recevoir les barbares du sud-ouest qui venaient payer tribut en traversant la rivière Dadu.[9] En outre, les préfectures légitimes qui gouvernaient les préfectures de *jimi* étaient également chargés de la médiation des conflits au sein de ces dernières. Par exemple, à Yongzhou, s'il y avait un différend entre les

---

5. « Défense frontalière. » juan 19 (premier recueil) et « Défense frontalière. » juan 20 (premier recueil) dans Zeng Gongliang *et al. Wujing zongyao* (« *Principes généraux du classique de la guerre* »). *Siku Quanshu*, Wenyuan Ge.

6. « Géographie (V). » juan 89 et « Géographie (VI). » juan 90 dans *Song shi*. p. 2243 et p. 2219.

7. « Barbares (I). » juan 493 dans *Song shi*. p. 14178 et p. 14180

8. « Shenzong et la conquête de Xiaxizhou. » juan 17 dans *Taiping zhiji tonglei* (« *Mémoriaux du règne de l'empereur à la période de Taiping Xingguo* »). *Siku Quanshu*. Wenyuan Ge.

9. « Les barbares du sud-ouest, soumis, versèrent comme tributs les tambours en cuivre. » juan 153 dans *Yuhai* (« *Mer de jade* »). Yangzhou : GuangLing shushe (Société de livres de GuangLing), 2003. p. 2816.

habitants des grottes, ils le soumettaient d'abord à leurs tribus respectives. Si ces dernières ne parvenaient pas à le résoudre, ils le soumettaient au *zhai* (« village clôturé ») ou au *tiju* (titre de fonctionnaire chargé des affaires du thé et du sel, d'hydraulique, etc.). Si les conflits demeuraient encore insolubles, ils pourraient être déposés au gouverneur de Yongzhou, et finalement au niveau du *shuaisi* (« commission militaire »).[10]

Les affaires des préfectures de *jimi* étaient partagées entre le préfet et l'inspecteur préfectoral (« *tongpan* ») de la préfecture légitime. Par exemple, à Lizhou, l'inspecteur préfectoral était en charge des chevaux, et le préfet était responsable des affaires frontalières.[11] Un édit publié dans la deuxième année de l'ère Xianping à l'intention des préfets de Yizhou, Yongzhou et Rongzhou dans le Guangnan déclarait : « Ceux qui seront parvenus à pacifier les barbares et à les rendre heureux seront récompensés. En revanche, si les barbares créent des problèmes, les préfets seront sévèrement punis. » La neuvième année de l'ère Dazhong Xiangfu, le préfet de Yizhou Dong Yuan fut démis de ses fonctions pour avoir échoué à pacifier les barbares.[12] Par ailleurs, en cas de rébellion barbare, le préfet avait la responsabilité de la réprimer. Par exemple, lorsque Liu Ping était préfet de Luzhou, les barbares envahirent Yujingjian. Il les repoussa avec 3 000 soldats paysans.[13]

En réalité, les préfectures légitimes avaient souvent le pouvoir de prendre les décisions toutes seules en traitant les affaires des barbares. Par exemple, Maozhou avait l'exclusivité sur toute affaire des préfectures de *jimi* sous sa juridiction. Chacune de ces dernières choisissait une personne pour être chef, et celui-ci devrait fréquenter la préfecture légitime pour recevoir des ordres.[14] Sous l'empereur Song Xiaozong, il était stipulé :

> Les troupes locales et les gardes impériaux stationnés à Lizhou sont sous le commandement du préfet de Lizhou. Les troupes à l'ouest de Lizhou sont également sous sa responsabilité au cas où il y aurait une rébellion à la frontière. Tous les soldats et généraux envoyés à Lizhou par le département des affaires militaires seront eux aussi sous le contrôle du préfet de Lizhou.[15]

Ainsi, la dynastie Song avait un contrôle plus fort sur les préfectures de *jimi* près de la frontière. Par exemple, lorsque Peng Shixi, préfet de Xiaxizhou qui était sous la juridiction de Chenzhou, rendit hommage, il en profita pour faire un procès aux fonctionnaires de la préfecture (légitime). La dynastie Song le réprimanda : « La cour impériale t'accorde des faveurs, mais tu es rusé et insatiable. Je choisirai donc parmi toutes les tribus celui qui peut prendre ta place. Réflichis-y

---

10. « Recherches sur les quatres barbares (VII). » juan 330 dans *Wenxian tongkao* (« *Étude exhaustive des documents* »). Zhonghua shuju, 1986. p. 2588.

11. « Recherches sur les quatres barbares (VII). » juan 330 dans *Wenxian tongkao*. p. 2590.

12. « Barbares (V). » dans *Song huiyao jigao*. p. 5.

13. « Biographie de Liu Ping. » juan 325 dans *Song shi*. p. 10499.

14. « Biographie de Cai Yanqing. » juan 286 dans *Song shi*. p. 9639.

15. « Barbares (V). » dans *Song huiyao jigao*. p. 55.

bien.» Peng Shixi prit peur, et n'osa pas alors reprendre le procès.[16]

## (2) Les barbares *huawai* sous la dynastie Song

Le terme « *huawai* » pouvait faire référence soit au concept géographique, soit au concept culturel. Géographiquement, les groupes ethniques situés au-delà des frontières de la dynastie Song étaient des *huawai*. Culturellement, ceux qui étaient en deçà des frontières des Song mais qui n'étaient pas influencés par la culture chinoise étaient également considérés comme des *huawai*. Par conséquent, les *huawai* sous la dynastie Song comprenaient à la fois les régions trop éloignées pour être gouvernées par cette dernière, dont le pays de Ziqi et celui de Luodian, ainsi que les *Shengli* et les *Shengman* (barbares non-civilisés).

Selon « Défense des frontières » dans le premier recueil (juan 20) du *Wujing zongyao* (« *Principes généraux du classique de la guerre* »), ceux qui se soumirent à la dynastie chinoise pouvaient être classés comme comtés. Ils avaient des chefs, comme les Chinois. D'autres qui n'avaient pas de dirigeant, et qui vivaient en groupes près des ruisseaux, étaient appelés *Moyao*. Ils vivaient de la récolte et de la pêche, sans payer aucun impôt. Ceux qui vivaient dans les vallées étaient appelés *Yiren*, *Liaoren* ou *Liren*. Il y avait également les *Danhu* qui habitaient près de la mer. Leurs noms étaient innombrables. Ceux qui étaient sous l'administration des comtés, appartenaient aux préfectures de *jimi*, et les autres étaient des *huawai*. Ainsi, les habitants de l'île de Hainan étaient divisés en trois catégories : les provinciaux, les *Shuli* (barbares cultivés) et les *Shengli*. Prenons le mont Limu comme centre. La partie intérieure correspondait aux zones des *Shengli* qui, éloignées des préfectures et des comtés, ne contribuaient pas aux impôts ni à la corvée. La partie extérieure était réservée aux *Shuli*, qui cultivaient la terre provinciale, payaient les impôts, et assumaient la corvée. Plus loin, ceux qui étaient sous la juridiction des préfectures et des comtés étaient des provinciaux.[17] En d'autres termes, ceux qui étaient placés sous le contrôle des préfectures étaient des *Shuli*, et ceux qui vivaient dans les montagnes et les grottes sans payer d'impôts étaient des *Shengli*.[18] Les *Shengli* pouvaient devenir *Shuli* ou provinciaux. La huitième année de l'ère Chunxi, Han Hou fit des réformes à l'égard des *Liren* sur la terre provinciale, et les coutumes locales s'en trouvèrent largement changées. Ayant appris cette nouvelle, les *Shengli* éprouvèrent de l'admiration, et furent prêts à payer des impôts comme les citoyens provinciaux.[19] En outre, les habitants des routes du nord et du sud du Jinghu dont Chenzhou furent divisés de la même manière : « Ceux qui vivent à l'intérieur du territoire sont des provinciaux ou des *Shuhu*, tandis que ceux qui habitent à l'extérieur sont des *Shanyao* ou *Dongding*, comme une

---

16. « L'épitaphe de Jia Gong (Changling). » juan 13 dans *Fan Wenzheng ji* (« *Recueil de Fan Wenzheng* »). *Siku Quanshu*, Wenyuan Ge.

17. « Les barbares d'outre-mer. » juan 2 dans Zhou Qufei. *Lingwai daida* (« *Réponses représentatives de la région au-delà des montagnes* »). Beijing : Zhonghua shuju, 1999. p. 70.

18. « Recherches sur les quatres barbares (VIII). » juan 331 dans *Wenxian tongkao*. p. 2599.

19. « Notes au pavillon Leting de Qiongzhou. » juan 79 dans *Hui'an ji* (« *Recueil de Hui'an* »). *Siku Quanshu*, Wenyuan Ge.

sorte de barrière protectrice. »[20] Selon « La défense frontalière par les *Dongding* » (juan 4) du *Lingwai daida* (« *Réponses représentatives de la région au-delà des montagnes* »), les résidents des préfectures de *jimi* étaient appelés *Dongding*. Autrement dit, les *Dongding* appartenaient aux comtés des préfectures de *jimi*, tandis que les *Shanyao* étaient les barbares *huawai*.

Dans « Barbares » du *Guihai yuheng zhi*, Fan Chengda déclarait :

> À l'extérieur de Nangjiang de Yongzhou, ce sont des pays comme le Luodian et le Ziqi. Luo-kong, Temo, Baiyi et Jiudao sont des *dao* (unité d'administration, équivalente aux préfectures). À l'ouest d'Ezhou, les tribus ont des chefs mais pas de dirigeant global. Les barbares de Suqi, Luozuo, Yemian, Jili, Liuqiu, Wanshou, Duoling et Awu, sont des *Shengman*.

Il s'agissait tous de *huawai*, en dehors des préfectures de *jimi*.

En tant que pays, le Luodian et le Ziqi étaient les plus développés parmi les barbares *huawai*. Sous la dynastie des Song du Nord, le royaume de Luodian commença à faire du commerce avec cette dernière. Selon « Recherches sur les quatre barbares (V) » du *Wenxian tongkao* (« *Étude exhaustive des documents* »), au milieu de la période de Huichang, la dynastie Tang conféra au dirigeant du Luodian le titre de « roi du Luodian », qui était héréditaire. Chaque année, les habitants du pays de Luodian venaient vendre des chevaux à Hengshan, et même à Yongzhou. Le roi du Luodian s'appelait Luo Lü. Celui qui amenait des chevaux était nommé barbare du sud-ouest, portait le nom de famille de Xie, et était gouverneur militaire régional (*jiedushi*) de Wuzhou. Ainsi, le pays de Luodian avait un roi, et des préfectures. Ce pays rendit hommage à l'empereur des Song pendant la période de Xuanhe. Ses échanges avec la dynastie Song ainsi que son indépendance en tant qu'État étaient antérieures à celles du royaume de Ziqi. Au début, le pays de Luodian devrait être plus développé que le royaume de Ziqi. Il possédait des textes, et certains, dans la classe dirigeante, connaissaient le chinois. Ainsi, le royaume de Ziqi engageait des professeurs du Luodian pour enseigner le chinois, la calligraphie et la peinture. Cela dit, le style de salutation dans les documents adressés à la dynastie Song n'était pas différent du style chinois.[21] Sous la dynastie des Song du Sud, le royaume de Ziqi devint le principal intermédiaire commercial entre les Song et le Dali. Il prit ensuite le dessus pour devenir le plus riche et le plus puissant des pays barbares au-delà des frontières de Yongzhou. Il prit le titre de roi pour son dirigeant, fixa les noms de période (*nianhao*), et constitua une grande armée puissante.[22] Le document soumis à Yongzhou par le royaume de Ziqi utilisait Qianzhen comme nom de période. Les fonctionnaires frontaliers de la dynastie Song l'accusèrent de ne pas utiliser le nom de période de la dynastie Song, et d'offenser le *miaohui* (noms des empereurs) de cette dernière.[23] Wu Jing souligna à plusieurs reprises :

---

20. « Barbares (V). » dans *Song huiyao jigao*. p. 70
21. « Dossier sur les coutumes des pays *huawai* en dehors de Yongzhou. » juan 10 dans Wu Jing. *Zhuzhou ji*.
22. Cf. Liu, Fusheng. « Recherches sur le pays de Ziqi ».
23. « Dossier sur les coutumes des pays *huawai* en dehors de Yongzhou. » juan 10 dans Wu Jing. *Zhuzhou ji*.

Le royaume de Ziqi, barbare *huawai*, a une forte armée et une vaste étendue. Il est arrogant et difficile à contrôler. Il dispose de plus de 100 000 soldats. Il s'agit d'une grande puissance qui l'emportent sur d'autres barbares. De plus, il occupe Yanchi du royaume de Dali, et soumet les autres barbares *huawai*, jusqu'aux frontières des préfectures de *jimi*.[24]

Nous pouvons voir que non seulement ce royaume n'était-il pas politiquement soumis à la juridiction et à l'asservissement de la dynastie Song, mais qu'il constituait aussi une menace pour cette dernière.

### (3) La gouvernance en fonction des coutumes locales

Selon « Défense des frontières » dans le premier recueil (juan 20) du *Wujing zongyao*, le système de *jimi* signifiait que les indigènes établissaient eux-mêmes des comtés, rendaient parfois hommage sans payer d'impôts, et que les chefs possédaient en général leur titre par droit héréditaire. La cour impériale suivit sa propre stratégie de défense : elle se contenta d'installer des garnisons aux points-clés de la ville. Lorsque les barbares venaient, elle les faisait passer ; quand ils partaient, elle s'en prémunissait. Il s'agissait de la tactique de *jimi* (attirer et contrôler). La politique de gouvernance en fonction des coutumes locales avec un chef héréditaire et l'absence d'imposition était également la stratégie globale adoptée par la dynastie Song envers les préfectures de *jimi* et les barbares *huawai*.

En premier lieu, selon cette politique, les chefs des barbares héritaient généralement de leur titre, comme c'était le cas pour Sizhou, situé au-delà de Qianzhou. Le *dushizhu* des barbares de Beijiang du Jinghu était du clan Peng. Depuis que le roi de Chu Ma Xifan (899-947) nomma Peng Shichou comme préfet de Xizhou, cette fonction était assumée par ses descendants.[25] Après la démission de Peng Yunshu, préfet de Xiaxizhou, son neveu Peng Wenyong lui succéda, jusqu'à ce que Peng Shixi fût nommé à cette même fonction. De Yunshu à Shixi, cinq générations se succédèrent. Le clan Peng assuma cette fonction jusqu'à la mise en œuvre de la politique de *gaitu guiliu* (« remplacement du dirigeant local et rattachement au gouvernement central ») sous la dynastie Qing. De plus, les chefs des préfectures sous la juridiction de Xiaxizhou héritaient également de leur titre. Par exemple, lorsque Tian Jingqian, préfet de Zhenzhou, mourut, la cour Song nomma son fils Yan Yi à cette fonction. Quand Peng Junbao, gouverneur de Shangxizhou, décéda, son frère cadet Peng Junzuo lui succéda.[26] Après la mort du chef des barbares de Qiongbuchuan, Nuoqu, son fils Aqiu prit la relève.[27] De même, à la suite de la mort du dirigeant des barbares du sud-ouest, également chef de la préfecture de Nanning, Long Yantao, son fils Han

---

24. « À propos des pays *huawai* en dehors de Yongzhou. » juan 1, « À propos de la demande de nomination du commissaire fiscal pour que celui-ci aide le commissaire militaire à gérer les affaires frontalières. » juan 2, « À propos du commissaire militaire du Guangxi, chargé des affaires fiscales. » juan 2 et « Dossier sur les coutumes des pay *huawai* en dehors de Yongzhou. » juan 10 dans Wu Jing. *Zhuzhou ji*.

25. « Shenzong et la conquête de Xiaxizhou. » juan 17 dans *Taiping zhiji tonglei*.

26. « Barbares (V). » dans *Song huiyao jigao*. p. 70, p. 73 et p. 81.

27. « Barbares (IV). » juan 496 dans *Song shi*. p. 14234.

Tang prit sa place. Lorsque Dong Qi, préfet de Baozhou, mourut, son fils Dong Shaochong lui succéda. Au moment où ce dernier décéda, son fils Dong Ba fit de même. Le préfet de Zhongzhou fut un titre héréditaire pendant neuf générations. Après la mort d'A Yong, son fils A Xiang prit la sucession.[28] Ce système s'appliquait aussi aux chefs de toutes les autres préfectures de *jimi*, mais nous ne les énumérerons pas ici. La dynastie Song ne permit pas seulement aux préfectures de *jimi* de mettre en œuvre le système héréditaire, mais essaya également de le maintenir. Par exemple, la troisième année de l'ère Dazhong Xiangfu (1010), Dong Zhongyi, préfet de Bazhou, préfecture de *jimi*, mourut, et son fils devait lui succéder. Néanmoins, comme ce dernier était encore très jeune, certains proposèrent que le frère cadet de Zhongyi, Dong Yanzao, prît sa suite. Cependant, l'empereur Song Zhenzong pensait que, lorsque le chef des préfectures de *jimi* mourrait et laisserait en conséquence sa place vacante, son fils devrait lui succéder. Il s'agissait de l'ancien système de la cour impériale. Ce faisant, il serait possible d'étouffer les idées mal intentionnées, pour que chacun sût rester à sa place. La modification de ce système causerait sûrement des problèmes. Ainsi, c'était le fils qui assumait cette fonction, tout en étant assisté par ses proches. L'année suivante, Dong Yanzhao tua Dong Shizhe, le nouveau gouverneur de Bazhou, et la cour Song ordonna encore que le fils de ce dernier lui succédât conformément à la coutume.[29]

Les empereurs Song Shenzong et Song Huizong, engagés dans l'expansion territoriale, ordonnèrent aux barbares de déclarer leur soumission. Malgré tout, le système héréditaire resta en vigueur dans la plupart des préfectures de *jimi*, à cela près que les chefs de ces dernières assumaient des fonctions militaires, ce qui était toujours le cas même sous la dynastie des Song du Sud. Par exemple, la troisième année de l'ère Daguan (1109), le chef des barbares du village d'Anxi à Luzhou, Muyue, se soumit à la dynastie Song, et fut nommé *congyilang*, en charge de l'inspection locale du rivage sud. La cinquième année de l'ère Xuanhe, il mourut, et son fils Wang Daohua lui succéda. Après la mort de ce dernier, comme son fils Wang Shizong décéda avant d'hériter de la place, Wang Aba, fils de Shizong, était censé prendre la relève. Cependant, celui-là souffrait d'une maladie, et n'avait pas de fils adulte, il demanda ainsi à son neveu, Wang Jian, de le remplacer. La dynastie Song nomma donc Wang Jian à la même fonction qu'avaient occupée ses prédécesseurs. Cela était vrai dans la plupart des préfectures de *jimi*. La deuxième année de l'ère Shaoxi (1191), selon l'ordre émis par l'empereur de la dynastie Song, les descendants des chefs des *Xidong* sur les routes du Jinghu, du Guangnan et du Chuanxia, avaient le droit d'hériter des positions, et ceux qui atteignaient l'âge de la majorité bénéficiaient de ces faveurs. La commission militaire de chaque route devait vérifier cela rapidement pour en faire ensuite part à la cour impériale. Depuis lors, le même ordre fut respecté à l'occasion des cérémonies sacrificielles.[30]

Le système héréditaire était encore plus courant chez les barbares *huawai*. Par exemple, après qu'une tribu *huawai* située à Qiongzhou déclara sa soumission à la cour impériale, ses trois générations de chefs reçurent des fonctions de la part de cette dernière. Pendant la période de

---

28. « Barbares (V). » dans *Song huiyao jigao*. pp. 10-12 et pp. 41-42.
29. « Barbares (V). » dans *Song huiyao jigao*. pp. 16-17.
30. « Barbares (V). » dans *Song huiyao jigao*. pp. 98-99 et p. 102.

Shaoxing, lorsque Huang était en poste, il réprima la rébellion, et la région frontalière retrouva la tranquillité. La dynastie Song lui accorda alors le titre de Yiren. Plus tard, sa fille Wang hérita du titre, et prit le commandement des 36 grottes des barbares.[31] Quant aux royaumes de Luodian et de Ziqi susmentionnés, ils étaient hors de contrôle de la dynastie Song, et cette dernière n'interféra pas dans la succession de leurs trônes.

En deuxième lieu, selon la politique de gouvernance en fonction des coutumes locales, les barbares ne payaient pas d'impôt. Selon « Défense des frontières » dans le premier recueil (juan 20) du *Wujing zongyao*, pour traiter efficacement le problème des barbares du Hainan, il ne fallait ni les chasser de leur territoire, ni changer leurs coutumes, puisque cela ne fatiguerait que les Hans (cour impériale). Il vaudrait mieux les contrôler sans essayer de les soumettre. Il ne serait pas nécessaire de leur demander de payer les impôts, sans la peine de les financer. La permission pourrait leur être accordée pour pratiquer leurs coutumes locales. Lorsque les barbares proposaient de payer des taxes à la dynastie Song, cette dernière ne l'acceptait pas. Sous le règne de l'empereur Taizong, les barbares de Xizhou demandèrent à Chenzhou de payer des impôts à l'instar des Hans. Cela ne fut pour autant pas approuvé. L'empereur ne leur ordonna que de soumettre des cartes décrivant leur situation géographique, y compris les positions des montagnes et des rivières, tout en leur accordant un sceau officiel.[32] La dynastie Song ne voulait que les contrôler sans interrompre les contacts avec eux. Au cours de la première année de l'ère Xianping (998), le chef de Fuzhou Xiang Tonghan demanda à nouveau de payer les impôts. L'empereur Song Zhenzong n'accéda pas à sa requête au motif que les régions éloignées n'étaient pas taxées.[33]

De même que le système héréditaire était autorisé et que les impôts étaient interdits, de même la structure sociale originale et les coutumes locales furent maintenues. Au cours de la première année de l'ère Zhidao (995), Longhan (Wang Yao), chef des barbares, envoya un émissaire pour payer tribut. Interrogé par l'empereur Taizong sur la géographie et leurs coutumes, l'émissaire lui répondit par l'intermédiaire du traducteur :

> Les habitants cultivent et chassent. Deux ou trois cents foyers composent une préfecture, dirigée par un chef. La seule punition consiste à utiliser le fouet. Ceux qui tuent ne seront pas condamnés à mort, mais ils doivent renoncer à tout leur argent. Le roi vit dans une ville sans barrières, et les gouvernements locaux avec des murailles basses. Il y a des *jiandafu* (titre de fonctionnaire, comme conseiller) qui sont nommés sans autorisation de la cour impériale.

Nous pouvons voir que l'investiture accordée par la dynastie Song ne modifiait pas les structures sociales locales. C'était encore plus vrai concernant leurs coutumes. Selon « Recherches sur les quatre barbares (VII) » du *Wenxian tongkao*, les barbares étaient généralement rudes et coriaces, avec des coutumes absurdes et étranges, et ne pouvaient pas tous être gouvernés par

---

31. « Barbares (V). » dans *Song huiyao jigao*. pp. 48-49.
32. « Shenzong et la conquête de Xiaxizhou. » juan 17 dans *Taiping zhiji tonglei*.
33. « Barbares (I). » juan 493 dans *Song shi*. p. 14174.

les rituels et les coutumes chinois. Par exemple, au cours de la première année de l'ère Chunhua, le barbare de Fuzhou, Xiang Wantong, tua des gens, et prit les cinq viscères et les têtes pour les sacrifier au démon. La cour Song ordonna de ne pas interférer avec leurs coutumes. L'empereur Song Zhenzong fit remarquer que les différends au sein des barbares devaient être réglés par des lois locales, non par celles de la dynastie. Il soulignait également qu'il s'agissait de la méthode de *jimi*.[34] Autrement dit, comme à l'égard des animaux, il ferait mieux de les contrôler tout en les attirant, et ce n'était pas la peine de les gouverner en les changeant.[35] Dans le cas des royaumes de Ziqi et de Luodian, ils étaient, d'une part, influencés par la civilisation des Plaines centrales. Leurs chefs pouvaient parler et écrire chinois, comme les enfants chinois. D'autre part, ils maintenaient des coutumes différentes de celles des Plaines centrales. Ils avaient des chignons, portaient des fourrures, et marchaient pieds nus. Certains d'entre eux avaient la tête ornée d'une coiffe. Leurs coutumes, produits, armes et vêtements n'étaient pas différents de ceux des barbares du sud-ouest.[36]

Les empereurs Song Shenzong et Song Huizong s'engagèrent dans l'expansion territoriale, et un grand nombre de préfectures de *jimi*, le long du Guangxi et de Nanjiang et de Beijiang du Jinghu, se soumirent. Toutefois, la plupart d'entre elles reprirent finalement leurs anciens systèmes. Sous le règne de Song Shenzong, Zhang Dun mena des activités expansionnistes à Nanjiang et à Beijiang. Le clan Shu de Nanjiang, le clan Peng de Beijiang, le clan Su de Meishan et le clan Yang de Chengzhou se soumirent successivement à la dynastie Song. Des forteresses furent créées. Les barbares, faisant désormais partie des sujets de l'empereur Song, payèrent des impôts comme les Hans. De même, au Guangxi, les *Xidong* déclarèrent leur soumission à la dynastie Song l'un après l'autre, et furent prêts à être sujets de l'empereur. Des forteresses furent également construites comme dans les Plaines centrales.[37] Néanmoins, la gouvernance directe dans une région dont la base économique et la structure sociale étaient très différentes de celles des Plaines centrales, était non seulement coûteuse, mais aussi impossible à réaliser. Par exemple, depuis la création de Yuanzhou et Chengzhou, situés à Nanjiang, le gouvernement Song y envoya des fonctionnaires et des troupes, mit en place des comtés, et recruta du personnel. Ce faisant, l'argent était largement dépensé, les secteurs public et privé étaient perturbés, et les deux routes du Jinghu étaient vides de gens, et de financement. Au milieu de la période de Yuanyou, certains demandèrent d'abolir tout ce qui avait été mis en place. Ainsi, un édit fut émis pour supprimer tous les préfectures et comtés nouvellement créés, et rétablir l'ancien système.[38] Après la période de Chongning, la cour impériale recommença à étendre le territoire, et plusieurs préfectures de *jimi* le long des frontières du Jinghu, du Guangxi et du Sichuan se soumirent, tout en s'apprêtant à payer les taxes.[39] Cependant, le coût restait toujours trop élevé. Par exemple, à la place de Nandan, fut installé Guanzhou, avec un

---

34. « Barbares (V). » dans *Song huiyao jigao*. p. 12, p. 74 et p. 43.
35. « Barbares (III). » juan 495 dans *Song shi*. p. 14209.
36. « Dossier sur les coutumes des pays *huawai* en dehors de Yongzhou. » juan 10 dans Wu Jing. *Zhuzhou ji*.
37. « Barbares (I). » juan 493 et « Barbares (III). » juan 495 dans *Song shi*. p. 14180 et p. 14209.
38. « Barbares (I). » juan 493 et « Barbares (III). » juan 495 dans *Song shi*. p. 14181 et p. 14209.
39. « Barbares (V). » dans *Song huiyao jigao*. pp. 93-94.

préfet, dix autres fonctionnaires, cinquante *liè* (postes de fonctionnaires) et plus de mille soldats. Le coût annuel était de plus de 12 900 *guan* (un *guan* ou une chaîne égale mille sous), et plus de 8 817 *dan* (unité de mesure) de riz. Comme la préfecture n'avait pas d'impôts ni de loyers, elle devait dépendre des comtés voisins, qui l'aidèrent à surmonter des difficultés en transportant des céréales. Les dépenses étaient énormes. De même, après la soumission de Pingzhou, préfecture de *jimi* sous la juridiction de Rongzhou, les dépenses furent même supérieures à celles de Guanzhou. Finalement, les deux préfectures furent abolies, et l'ancien système restauré.[40] La préfecture de *jimi* Baozhou, sous la juridiction de Xuzhou, fut changée en Qizhou, et Bazhou en Hengzhou, et des fonctionnaires y furent implantés, ce qui provoqua également une grande dépense d'argent et de riz. Dans ce contexte, la dynastie des Song du Sud pratiqua essentiellement la politique de « l'auto-gouvernance des barbares ».[41]

## 2. Moyens de contrôle politiques, économiques et militaires

### (1) Les hommages rendus et les titres conférés en retour

La dynastie Song se considérait comme légitime sur le territoire chinois. Elle se distinguait des barbares qui étaient tous, selon elle, ses vassaux. Elle gouvernait des milliers de pays (barbares). Pendant 90 ans, à l'exception de la famille Yelü, les *Man* (barbares du Sud), les *Yi* (barbares de l'Est), les *Rong* (barbares de l'Ouest), et les *Di* (barbares du Nord) furent tous soumis, et placés sous le système de *jimi*. Elle se sentirait honteuse s'il existait des barbares qui ne lui déclaraient pas leur soumission.[42] En d'autres termes, en dehors des Khitans, tous les autres devraient se soumettre à la dynastie Song, y compris les minorités du sud-ouest. La relation suzerain-vassaux entre la dynastie Song et les divers groupes barbares se traduisait par les hommages rendus et les titres conférés en retour.

La plupart des tribus du sud-ouest entretenaient des relations tributaires avec la dynastie Song. Selon « Défense des frontières » dans le premier recueil (juan 19) du *Wujing zongyao*, les cinq préfectures de *jimi* sous la juridiction de Shizhou rendirent hommage à la dynastie Song. Il en était de même pour les préfectures de *jimi* gouvernées par Qianzhou. Celles qui étaient sous la juridiction de Luzhou et Rongzhou étaient autorisées à perpétuer un système héréditaire et à payer tribut. Celles qui étaient sous l'administration du Guangxi maintenaient également des relations tributaires avec la dynastie Song.[43] Selon le premier juan du *Wenchang zalu* (« *Registre divers à Wenchang* ») rédigé par Pang Yuanying, les pays et les groupes ethniques qui rendaient hommage comprenaient les cinq clans du sud-ouest (Luo, Long, Fang, Zhang, et Shi), les *Xidong* sur la route du Jinghu, la tribu de Qiong, ainsi que les barbares comme Li et Ya. D'après « Rituels (XXII) » du

40. « Barbares (III). » juan 495 dans *Song shi*. pp. 14211-14212.

41. « Barbares (V). » dans *Song huiyao jigao*. p. 103.

42. « Discussions sur la soumission des Xia : sincère ou hypocrite. » juan 8 dans Yin Zhu. *Henan ji* (« *Recueil de M. Henan* »). *Siku Quanshu*, Wenyuan Ge.

43. « Barbares (III). » juan 495 dans *Song shi*. p. 14209.

*Song shi*, les pays et les tribus qui payaient tribut incluaient le royaume de Luodian, les barbares du sud-ouest, ceux de Qiongbuchuan et les *Xidong*. Ils venaient à plusieurs années d'intervalle, ou bien fréquemment, mais parfois très rarement. Leurs visites étaient ainsi irrégulières.

Certains barbares développèrent une relation tributaire plus stable. Par exemple, au cours de la première année de l'ère Mingdao (1032), la dynastie Song stipula que les barbares de Qiongbuchuan devaient payer tribut une fois tous les cinq ans. De même, dans les années de l'ère Yuanfeng, elle demanda que les cinq clans du sud rendissent hommage une fois tous les cinq ans, avec un nombre d'émissaires fixé et qui ne pouvait augmenter. Une autorisation spéciale serait nécessaire pour rendre hommage avant l'année dédiée. Par exemple, la deuxième année de l'ère Yuanyou (1087), le clan Shi du sud-ouest vint payer tribut avec une autorisation spéciale, puisque ce n'était pas encore l'année fixée.[44] Chaque année, les barbares de Xizhou payaient tribut le jour de l'anniversaire de l'empereur, le solstice d'hiver et le Nouvel An. La quatrième année de l'ère Qingli (1044), la dynastie Song rompit sa relation tributaire avec les barbares de Xizhou. Ces derniers déposèrent à plusieurs reprises des requêtes, et voulurent reprendre cette relation tributaire. Finalement, la troisième année de l'ère Huangyou (1051), ils leur fut permis de rendre hommage le jour de l'anniversaire de l'empereur comme avant. Il s'agissait alors d'une pratique habituelle de rendre hommage le jour de l'anniversaire de l'empereur. En outre, la cinquième année de l'ère Yuanyou, Peng Ruwu, gouverneur de Baojingzhou, sous la juridiction de Xizhou, versa comme tribut des tissus locaux le jour de l'anniversaire de l'empereur, le solstice d'hiver et le Nouvel An. Le chef de Xiaxizhou, Peng Shixi, demanda de rendre hommage tous les ans avec les 20 préfectures sous son administration.[45] La dynastie Song approuva.

Dans le même temps, la dynastie Song conféra des titres aux chefs et aux envoyés des préfectures de *jimi* afin d'établir une relation entre suzerain et vassaux. Les chefs de chaque tribu ne pouvaient obtenir le statut légal leur permettant d'échanger avec la dynastie Song qu'après avoir été officiellement anoblis par cette dernière. Par exemple, lorsque le chef des barbares du sud-ouest Long Hanxuan rendit hommage pour la première fois à la dynastie Song, il fut nommé préfet de Nanningzhou et émissaire des barbares. En même temps, il remit le sceau donné par le roi des Shu postérieurs (les Meng), tout en demandant de recevoir des titres conférés par l'empereur Song. Ce dernier le nomma général de Guide et préfet de Nanningzhou, et lui donna le sceau.[46] Son successeur devrait être à nouveau nommé à ces fonctions. Selon l'ancien système de la dynastie Song, si le chef des *Xidong* était mort, son successeur serait permis d'exercer les fonctions pour pacifier les barbares. Cinq ans après, la commission militaire (*anfusi*) pouvait soumettre à la cour impériale une requête afin que le successeur pût être officiellement nommé.[47]

En ce qui concernait les titres accordés aux préfectures de *jimi*, les grandes étaient désignées comme « préfecture », les petits comme « comté », et les plus petites comme « *dong* » (« grotte »).

---

44. « Barbares (IV). » juan 496 dans *Song shi*. p. 14234 et pp. 14241- 4242. « Barbares (V). » dans *Song huiyao jigao*. p. 32.

45. « Barbares (V). » dans *Song huiyao jigao*. p. 84 et p. 91.

46. « Barbares (V). » dans *Song huiyao jigao*. p. 11.

47. « Barbares (I). » juan 493 dans *Song shi*. p. 14185.

Leurs chefs étaient issus du système héréditaire, et il y avait les *zhizhou, quanzhou, jianzhou, zhixian,* et *zhidong* qui étaient tous placés sous le commandement de l'*anfusi* qui leur donnait les documents officialisant leur nomination. Il y avait également les *tongfaqian* et *quanfaqian,* appelés *guandian* (fonctionnaire de bas niveau), et placé sous l'administration de la préfecture à laquelle ils appartenaient.[48] Depuis les Cinq Dynasties, le clan Peng de Beijiang avait établi son propre système politique. Plus précisément, les 20 préfectures sous sa juridiction avaient chacune un préfet. Celui de Xiaxizhou cumulait la fonction de *dushizhu,* qui dirigeait les 19 autres préfectures. Après que ce dernier se fut soumis à la dynastie Song, le renouvellement des préfets devait obtenir la permission impériale. Comme mentionné plus haut, lorsque les chefs de toutes les préfectures sous la juridiction du clan Peng devaient se renouveler, les noms des nouveaux élus correspondant à chaque préfecture étaient censés être rapportés à la cour Song par l'intermédiaire de Chenzhou, afin d'obtenir un sceau impérial et un statut légal.

En plus des préfets et gouverneurs des comtés qui étaient nommés à des fonctions, la dynastie Song donna également aux chefs barbares divers titres d'inspecteurs et militaires. Par exemple, la sixième année de l'ère Taiping Xingguo (981), Dong Shaochong, chef des barbares Dong, reçut les titres de *yinqing guanglu dafu, jianjiao sikong, shichijie, Baozhou zhu junshi* (s'occupant des affaires militaires de *Baozhou*), préfet de Baozhou, *yushi dafu, shangzhuguo, kaiguonan* du comté de Longxi et *shiyi* de trois cent foyers. La première année de l'ère Zhidao (995), Dong Zhongyi, le nouveau préfet de Bazhou, fut nommé *yinqing guanglu dafu,* inspecteur du ministère des Travaux, *shichijie, Bazhou zhu junshi* (s'occupant des affaires militaires de Bazhou), préfet de Bazhou, *yushi dafu* et *shangzhuguo.*[49] La deuxième année de l'ère Yongxi (985), le chef des barbares de Qiongbuchuan, Nuoqu, envoya des émissaires pour payer tribut à la dynastie Song. Cette dernière le nomma général de Huaihua. La deuxième année de Chunhua (991), Nuoqu envoya à nouveau des ambassadeurs pour rendre hommage, et reçut le titre de Grand général de Huaihua avec un certificat officiel, un décret impérial et un calendrier. La neuvième année de l'ère Tiansheng (1031), le chef des barbares de Qiongbuchuan, Li Zai, fut nommé général de Baoyi, et plus de trente membres de sa tribu reçurent les titres de *langjiang, sige* et *sihou.*[50] La neuvième année de l'ère Qiandao (1173), le chef des barbares de Qiongbuchuan, Yawa, fut nommé *jinzi guanglu dafu,* lieutenant de Huaihua et *duguizhu.*[51] En effet, ces titres n'étaient pas nécessairement compris par les barbares. Par exemple, Peng Shixi, préfet de Xiaxizhou, reçut le titre de *jinzi guanglu dafu.* Cependant, il ne connaissait pas le rang de ce titre, et à plusieurs reprises, il demanda de supprimer les deux caractères (chinois) *jinzi* (litt. « or et pourpre »), qui ne contentaient pas ses attentes.[52] Malgré tout, ces attributions étaient d'une grande importance pour la dynastie Song qui voulait établir son statut supérieur par rapport aux barbares.

---

48. « Recherches sur les quatres barbares (VII). » juan 330 dans *Wenxian tongkao.* p. 2588.

49. « Barbares (V). » dans *Song huiyao jigao.* pp. 11-12.

50. « Barbares (IV). » juan 496 dans *Song shi.* p. 14234.

51. « Recherches sur les quatres barbares (VII). » juan 330 dans *Wenxian tongkao.* p. 2590.

52. « Barbares (V). » dans *Song huiyao jigao.* p. 84.

Dans certains cas, les titres étaient accordés à la demande des chefs des minorités eux-mêmes. Par exemple, après avoir offert le sceau de Huangzhou, le chef Tian Hanquan demanda sa nomination à la dynastie Song qui lui donna le titre de préfet de Huangzhou.[53] La dynastie Song accéda également à la demande de Degai, prince des barbares Wu, sous la juridiction de Luzhou, de rétablir Yaozhou. Il fut alors nommé chef de cette préfecture, et reçut un sceau officiel. De même, le chef des barbares de Qiongbuchuan, Nuoqu, demanda de lui donner un sceau portant les caractères de Daduhe Nanshan qianhou duguizhu (litt. « maître des fantômes de l'avant et l'arrière de la montagne du sud de la rivière Dadu »), et la dynastie Song accéda à sa demande. Juke, chef de Qiongbuchuan, envoya des émissaires pour payer tribut, et se qualifia lui-même de « chef des cent barbares devant et derrière les montagnes de la préfecture de Qiongbu, au sud de la rivière Dadu ». Après sa mort, son fils, Wei Ze, fut nommé lieutenant de Huaihua, et maître des fantômes de la préfecture de Qiongbu au sud de la rivière Dadu.[54] Toutefois, toutes les demandes ne furent pas reconnues par la dynastie Song. Par exemple, la deuxième année de l'ère Jingde, les chefs des barbares soumis sur la route du Kuizhou déterminèrent eux-mêmes les noms de leurs postes, et demandèrent l'autorisation de la dynastie Song, mais celle-ci refusa.[55]

Un pays, qui était sur un pied d'égalité avec un autre, ne conférait pas de titres aux émissaires de celui-ci, comme les dynasties Song et Liao. Cela dit, si la dynastie Song accordait des titres aux émissaires des barbares du sud-ouest, c'était pour marquer leur infériorité par rapport à elle. Par exemple, au cours de la première année de l'ère Yuanfu (1098), 151 émissaires du clan Long du sud-ouest, dont Long Yanqian, Long Yiliang, Long Yanjie et Long Wenshe, furent nommés Grand général de Guide, Grand général d'Anyuan, général de Guide, général de Ningyuan, général d'Anyuan, *langjiang* de Wuning, *langjiang* de Fenghua, *langjiang* d'Anhua et *langjiang* de Baoshun. De même, les 22 envoyés du clan Luo dont Luo Yizeng, reçurent les titres de *langjiang* de Fenghua et *langjiang* de Baoshun.[56] Bien que la dynastie Song ne conférât pas, dans la plupart des cas, de titres aux barbares *huawai*, il était demandé à ces derniers de maintenir des relations avec les Song en tant que vassaux. Comme mentionné ci-dessus, lorsque le royaume de Ziqi utilisa son propre calendrier de règne sans autorisation, les fonctionnaires frontaliers de la dynastie Song l'accusèrent fortement de ne pas utiliser le calendrier impérial, et d'offenser le *miaohui*.

## (2) Les moyens économiques mis en place pour gérer les relations avec les diverses ethnies du sud-ouest

Sous le règne de Song Renzong, certains ministres déclarèrent : « Les barbares sont si pauvres qu'ils ne violent pas à la légère la retenue car ils dépendent des Hans pour leur subsistance. Ce sont

---

53. « Barbares (V). » dans *Song huiyao jigao*. p. 74

54. « Barbares (IV). » juan 496 dans *Song shi*. p. 14235.

55. « Barbares (V). » dans *Song huiyao jigao*. p. 76.

56. *Xu Zizhi tongjian changbian* (« Longue ébauche de la continuation du *Zizhi tongjian* (« *Miroir compréhensif pour aider le gouvernement* ») ») ), juan 494, kuiwei, février, première année de l'ère Yuanfu ; juan 497, bingwu, avril, première année de l'ère Yuanfu. Zhonghua shuju, 2004. p. 11745 et p. 11837.

les Hans qui contrôlent leur destin. »[57] Cela dit, la dynastie Song pouvait profiter de la dépendance économique des minorités ethniques vis-à-vis des Hans, et utiliser des moyens économiques pour les restreindre. Lin Wenxun a souligné que l'accent mis sur les moyens économiques était une nouvelle caractéristique de la dynastie Song dans le traitement des questions ethniques.[58] Les instruments économiques utilisés pour gérer les relations ethniques sous la dynastie Song se traduisaient principalement par deux aspects : les échanges tributaires et les marchés frontaliers.

## 1) Le retour tributaire

Par le retour tributaire, les divers barbares qui venaient rendre hommage pouvaient obtenir ce qui leur était nécessaire. Selon le juan 24 du *Su Weigong wenji* (« *Collection littéraire de Su Weigong* »), le clan Cheng du sud-est versa comme tributs deux chevaux et deux feutres. En échange, ils reçurent de longs vêtements en brocart rouge, des ceintures et des étoffes de la dynastie Song. Le clan Long, quant à lui, paya comme tributs deux chevaux, 20 taels de cinabre et deux feutres, et la dynastie Song le récompensa avec un vêtement en brocart rouge, une ceinture de huit taels d'or argenté et quinze rouleaux d'étoffe. La dynastie Song était connue pour ses récompenses généreuses. Par exemple, la quatrième année de l'ère Shaoxing (1134), le clan Peng de Xizhou vint payer tribut. L'empereur Song Gaozong ordonna de le récompenser généreusement en évaluant la valeur des tributs. Ainsi, tous les ans, les chefs barbares de Xizhou versaient comme tributs des étoffes locales, et bénéficiaient d'un énorme retour tributaire. Ils étaient alors très obéissants.[59] De même, les barbares de Luzhou rendaient hommage avec des chevaux. La dynastie Song les remboursait avec de l'argent et des tissus dont la valeur dépassait largement celle des chevaux. Chaque cheval coûtait environ 20 000 pièces, alors que sa valeur pouvait atteindre jusqu'à plus de 90 000 selon le retour tributaire.[60]

En plus de l'argent que coûtaient les tributs versés, la dynastie Song accordait également des récompenses spéciales et des récompenses données aux émissaires. Par exemple, la septième année de l'ère Zhenghe, les *Liren* du Hainan vinrent payer tribut. Ils reçurent une récompense spéciale de 500 *guan* ainsi que des turbans, des chapeaux, des manteaux officiels et des ceintures après leur arrivée à la capitale.[61] Les récompenses spéciales venaient s'ajouter à l'argent que coûtaient les tributs payés et les récompenses accordées aux émissaires.[62] En effet, ces dernières étaient données en fonction du nombre des envoyés. Par exemple, la deuxième année de l'ère Huangyou (1050), concernant le retour tributaire pour le clan Long du sud-est, en plus des robes de brocart,

57. « Les premières recherches sur les rapports de Yizhou destinés à l'empereur. » juan 51 dans Liu Chang. *Gongshi ji* (« *Recueil de Gongshi* »). *Siku Quanshu*, Wenyuan Ge.

58. Cf. Lin, Wenxun. « Innovations dans la politique ethnique frontalière de la dynastie Song et leurs significations historiques ».

59. « Barbares (V). » dans *Song huiyao jigao*. p. 95. « Barbares (II). » juan 494 dans *Song shi*. p. 14192.

60. *Jianyan yilai xinian yaolu* (« *Registres annuels des événements les plus importants depuis l'ère Jianyan* »), juan 64, wushen, avril, troisième année de l'ère Shaoxing. Beijing : Zhonghua shuju, 1988. p. 1095.

61. « Barbares (V). » dans *Song huiyao jigao*. p. 44.

62. Cf. Huang, Chunyan. « La question des cadeaux de retour dans le commerce tributaire de la dynastie Song. » *Xiamen daxue xuebao* (« *Journal de l'Université de Xiamen* »). Issue 3. 2011.

des ceintures d'argent et des pièces de monnaie données en échange des tributs, chacun des 40 ambassadeurs reçut trois rouleaux d'étoffes de couleur.[63] Ainsi, puisque chaque personne se voyait octroyer un bien, les barbares augmentèrent la fréquence des hommages et le nombre des délégations pour obtenir davantage de récompenses en retour. Par exemple, les barbares de Luzhou rendaient hommage avec des chevaux chaque année, et le nombre des émissaires pouvait atteindre jusqu'à plus de 2 000. En échange, la dynastie Song dépensait plus de 4 000 taels d'argent et rouleaux de soie, et 6 000 livres de sel pour les recevoir et pour le retour tributaire.[64] À tel point que la dynastie Song stipula que les cinq clans des barbares devaient payer tribut une fois tous les cinq ans, et limiter le nombre d'ambassadeurs. Cependant, les délégations des barbares du sud-ouest venaient rendre hommage souvent avec des centaines, voire des milliers de personnes. Dans la première année de l'ère Xianping (998), 998 personnes furent envoyées. La cinquième année de l'ère Xianping (1002), le nombre des émissaires était de 1600. La deuxième année de l'ère Dazhong Xiangfu (1009), c'étaient 1 245 personnes qui vinrent. La sixième année (1013), plus de 200 ambassadeurs rendirent hommage, et l'année suivante, le nombre des envoyés atteignit jusqu'à 1500.[65] La situation était similaire pour les missions tributaires d'autres barbares, dont ceux de Qiongbuchuan. 172 personnes vinrent lors de la deuxième année de l'ère Yongxi, 350 dans la deuxième année de l'ère Duangong, au moins 191 la deuxième année de l'ère Chunhua, plus de 200 la cinquième année de l'ère Xianping, et 339 la quatrième année de l'ère Qingli.[66] Les barbares de Kui proposèrent d'envoyer une mission tributaire avec 1 500 hommes. Enfin, les barbares d'Anhua envoyèrent une mission de 488 personnes.[67]

Ainsi, la dynastie Song essaya de réduire les coûts en limitant le nombre d'émissaires et le nombre d'hommages. La neuvième année de l'ère Dazhong Xiangfu, la dynastie Song stipula qu'un total de 20 ou 30 chefs des barbares du sud-ouest pouvait venir rendre hommage. Chacun devait verser ses tributs, pour recevoir des récompenses généreuses. La situation ne s'améliora pas pour autant. Les barbares du sud-ouest envoyèrent 1300 personnes la troisième année de l'ère Tianxi (1019), 719 la cinquième année de l'ère Tiansheng (1027), et 890 la sixième année de l'ère Xining (1073). Sous le règne de l'empereur Song Shenzong, ce dernier décréta que le nombre maximum d'émissaires provenant des barbares du sud-ouest serait de 70.[68] Au cours de la quatrième année de l'ère Tiansheng, la dynastie Song ordonna que les *Xidong* versassent les tributs à Zhuozhou une fois tous les deux ans, et que les chefs fussent autorisés à se rendre à la capitale pour faire du commerce. Alors, ils n'étaient plus permis dès lors d'entrer dans la capitale tous les ans, comme autrefois.[69] De Zhuozhou, ils pouvaient aller commercer dans la capitale une fois tous les trois ans, et pour seulement deux ou trois personnes sur dix.[70] Au cours de la première

---

63. « Barbares (V). » dans *Song huiyao jigao*. p. 22.

64. *Jianyan yilai xinian yaolu*, juan 64, wushen, avril, troisième année de l'ère Shaoxing, p. 1095.

65. « Barbares (V). » dans *Song huiyao jigao*. pp. 12-24.

66. « Barbares (V). » dans *Song huiyao jigao*. p. 22.

67. « Barbares (V). » dans *Song huiyao jigao*. p. 78

68. « Barbares (V). » dans *Song huiyao jigao*. pp. 12-30.

69. « Barbares (VII). » dans *Song huiyao jigao*. p. 23.

70. « Barbares (V). » dans *Song huiyao jigao*. p. 82.

année de l'ère Mingdao (1032), les barbares de Qiongbuchuan demandèrent de payer tribut tous les trois ans. Toutefois, la dynastie Song insista pour qu'ils vinssent tous les cinq ans. Au début de la période de Jingyou, ces mêmes barbares firent à nouveau une demande, et subirent encore une fois un refus des Song. Au cours de la première année de l'ère Baoyuan (1038), la même requête fut renouvelée, mais ne fut toujours pas autorisée.[71]

Si les barbares étaient considérés comme coupables, la dynastie Song les punissait en refusant leurs tributs. Par exemple, à partir de la période de Xianping, les barbares de Beijiang, divisés en 20 préfectures, commencèrent à payer tribut, et reçurent chaque année des récompenses. Ils en bénéficiaient ainsi. Par contre, s'ils étaient considérés comme coupables, ils seraient interdits de rendre hommage. La quatrième année de l'ère Qingli, Peng Shibao, préfet de Zhongshun, ne fut plus autorisé à payer de tribut à cause de ses crimes. Il n'obtint la permission que la deuxième année de l'ère Huangyou (1050).[72] Le père et le fils Peng de Xizhou gardaient une rancune l'un envers l'autre. La dynastie Song pensait que la famille Peng manquait à ses devoirs, et ne l'autorisa plus à payer de tribut.[73] Au cours de la troisième année de l'ère Jingde (1006), les barbares de Fushui sous la juridiction de Yizhou envahirent la dynastie Song à plusieurs reprises. Leur chef se présenta à Yizhou, et souhaitait aller rendre hommage pour s'excuser de leurs erreurs précédentes. La dynastie Song répondit que, s'ils pouvaient rendre tout ce qu'ils avaient volés, ils seraient admis à la cour. En conséquence, les barbares purent enfin payer tribut une fois tous les deux ans, et cessèrent d'être un problème à la frontière.[74]

## 2. Les marchés frontaliers

Il y avait des échanges commerciaux le long des frontières du Sichuan, du Jinghu et du Guangxi. Au début de la dynastie Song, le clan Peng de Beijiang se soumit au gouvernement, et fut autorisé à commercer avec ce dernier.[75] Les barbares de Lizhou étaient permis de faire du commerce à Lizhou, et la dynastie Song leur donnait plus que ce que coûtaient leurs marchandises. De même, les barbares étaient également autorisés à commercer à Xuzhou.[76] Ceux d'Anhua, sous la juridiction de Yizhou, vendaient du bois chez les Song, et ces derniers en fixèrent le prix. De temps en temps, les *Shengli* de l'île de Hainan faisaient également du commerce avec les Song.[77] Ces marchés frontaliers se caractérisaient notamment par le commerce des médicaments aromatiques, du sel et des chevaux de guerre.

---

71. « Barbares (IV). » juan 496 dans *Song shi*. p. 14234. « Barbares (V). » dans *Song huiyao jigao*. p. 57.

72. « Barbares (I). » juan 493 dans *Song shi*. p. 14178.

73. « Rapport destiné à l'empereur Renzong : prière d'annuler l'expédition dans la zone de Wuxi. » juan 33 dans Liu Chang. *Gongshi ji*.

74. « Barbares (V). » dans *Song huiyao jigao*. p. 5 et p. 7.

75. « Barbares (V). » dans *Song huiyao jigao*. p. 84.

76. «Barbares (IV). » juan 496 dans *Song shi*. p. 14233. « Barbares (V). » dans *Song huiyao jigao*. p. 70.

77. « Barbares (V). » dans *Song huiyao jigao*. p. 7 et p. 43.

Les *Liren* de l'île de Hainan échangeaient principalement de l'encens contre des céréales, de l'argent, de la soie et des bœufs de labour vendus par les Hans. Selon le *Zhufan zhi* (« *Annales des pays barbares* »), les *Liren* s'engageaient dans le commerce de l'encens, et la plupart de leurs marchandises provenaient des *Lidong* (groupes ethniques sur l'île de Hainan). En échange, les Hans vendaient du sel, du fer, du poisson et du riz. Les navires en provenance de Quanzhou transportaient comme marchandises du vin, du riz, de la farine, du fil, de la soie, du laque et des porcelaines. Les fonctionnaires de l'armée de Jiyang (actuel Sanya) et les *Liren* se mirent d'accord pour que le marché se tînt les deux jours de Yin et You. Les *Liren* venaient commercer, soit avec les palanches sur les épaules, soit sur des radeaux. Ils étaient heureux, et les Hans pouvaient vivre en paix. Selon « Les barbares *Li* d'outre-mer » (juan 2) et « Porte de l'encens » (juan 7) dans le *Lingwai daida* (« *Réponses représentatives de la région au-delà des montagnes* »), le jour du marché, les barbares *Li* venaient par groupes de dix jusqu'à cent, changeant de costume pour entrer dans les marchés des préfectures et des comtés, sans que personne ne pût les distinguer. À la fin du jour, ils soufflaient dans les cornes des bovins pour faire du son, puis ils se rassemblaient en masse, et rentraient en groupes. Les marchands des Hans échangeaient surtout des bœufs contre de l'encens. Sur l'île de Hainan, l'encens valait le platine. Les habitants Hans pouvaient échanger un bœuf contre un quintal d'encens aux *Lidong*. En raison de l'importance du commerce, les quatre préfectures du Hainan prélevaient des taxes commerciales chaque année.

Le sel était très demandé par les groupes ethniques voisins. La cour Song offrait également du sel comme le retour tributaire. Par exemple, Peng Shiduan de Xiaxizhou vint rendre hommage. La dynastie Song lui accorda 300 livres de sel comme récompenses supplémentaires. Le sel était également devenu un moyen de gérer les relations ethniques sous la dynastie Song. Sous le règne de Song Zhenzong, les barbares Xi perturbaient la frontière. Les ministres pensaient que les barbares ne voulaient rien d'autre que du sel. La dynastie Song faisait donc du commerce du sel et des céréales avec les barbares, qui assuraient : « Le fils du Ciel nous aide pour le sel, et nous voulons bien approvisionner les soldats de céréales. » Dans les années de l'ère Xianping, lorsque les barbares Shi envahirent, la dynastie Song leur permit également d'échanger les céréales contre le sel. Les barbares en furent très satisfaits, et ne perturbèrent plus la frontière.[78] Les barbares Xuhen appelaient même le commerce du thé et du sel avec la dynastie Song leur « plan annuel ». De même, chaque année, cette dernière donna aux barbares Du et Dong rien de plus que de la soie, du thé et du sel.[79]

Le commerce le plus important entre la dynastie Song et les minorités du sud-ouest concernait les chevaux de guerre. Sous la dynastie des Song du Sud, les chevaux de guerre provenaient principalement du Sichuan, du Shaanxi et du Guangxi.[80] Au cours de la période de Chunxi, sous le règne de l'empereur Song Xiaozong, chaque année plus de 5000 chevaux étaient achetés

---

78. « Barbares (I). » juan 493 et « Barbares (IV). » juan 496 dans *Song shi*. p. 14178.

79. « Barbares (V). » dans *Song huiyao jigao*. p. 103.

80. « Zisheng majian pendant la période de Shaoxing. » juan 149 dans Wang Yinglin. *Yuhai*. p. 2740

au Shaanxi, 3 600 au Sichuan et 3 000 au Guangxi.[81] Le commerce des chevaux de guerre au Sichuan était principalement centré sur Lizhou. Dans la première année de l'ère Chunhua, le chef des barbares de Qiongbuchuan, Nuoqu, conduisit 250 chevaux jusqu'à Lizhou pour en faire le commerce. La cour Song accordait plus que ce que valaient les chevaux. En outre, Nuoqu fit même dire par le traducteur qu'il allait se rendre à l'ouest pour chercher de bons chevaux à échanger avec les Song.[82] Dans le sud-ouest de Lizhou, les barbares Baosai se rendaient également chez les Song pour vendre de bons chevaux. La deuxième année de l'ère Dazhong Xiangfu (1009), des barbares de Qiongbuchuan tuèrent des vendeurs de chevaux des barbares de Baosai, ce qui fut réglé par Lizhou. La 27ᵉ année de l'ère Shaoxing, un autre vendeur de chevaux de Lizhou fut tué par des Hans au sud de la rivière Dadu, et plus de 6 000 *guan* de chevaux furent volés. Le gouverneur de Lizhou ne fit que rembourser le prix des chevaux selon la loi locale des barbares. La cour impériale pensait qu'une telle façon de régler les affaires porterait atteinte à la politique sur les chevaux. Le préfet de Lizhou, Tang Ju, et l'inspecteur préfectoral Chen Boqiang, furent alors démis de leurs fonctions, et le chef des criminels se fit fouetter le dos avant d'être exilé. La première année de l'ère Qiandao (1165), le préfet de Lizhou, Yuwen Shaozhi, fut démis de ses fonctions pour ne pas avoir à payer les chevaux des barbares Qingqiang. Cela montre que l'une des tâches importantes du gouverneur de Lizhou était de gérer le commerce des chevaux de guerre.[83]

Le commerce des chevaux de guerre du Guangxi se faisait principalement au village de Hengshan à Yongzhou. Les chevaux du Guangxi provenaient principalement du Dali, et le commerce était contrôlé par les royaumes de Ziqi et de Luodian. Selon « Zisheng majian (l'endroit où le gouvernement faisait élever des chevaux) pendant la période de Shaoxing » dans l'ouvrage *Yuhai* (« Mer de Jade », juan 149), la plupart des chevaux étaient achetés aux barbares du Luodian et du Ziqi, alors que ces derniers échangeaient du brocart contre des chevaux au Dali. Autrement dit, le Dali était producteur de chevaux. Les royaumes de Ziqi et Luodian se procuraient des chevaux au Dali, pour les vendre ensuite à la dynastie Song. En réalité, le royaume de Ziqi prenait le dessus dans le commerce des chevaux de guerre. Lorsque les barbares de Temodao (actuel comté de Guangnan, Yunnan) vendaient des chevaux, ils étaient constamment gênés par le royaume de Ziqi, à tel point qu'ils ne produisaient plus de chevaux.[84] Les habitants du Ziqi étaient forts. Chaque année, ils rapportaient des chevaux en passant par le royaume de Ruodian.[85] Ils étaient des milliers, et venaient à Hengshan pour vendre des chevaux. Tous les ans, il y avait plus de 2 000 chevaux échangés à Hengshan, dont plus de 1 500 provenaient du Ziqi. Ce dernier fut ainsi de plus en plus riche. Il étendit son territoire sur des milliers de kilomètres, et devint plus puissant

---

81. « À propos de la politique sur les chevaux. » juan 137 dans Zhou Bida. *Wenzhong ji* (« *Recueil de Wenzhong* »). *Siku Quanshu*, Wenyuan Ge.

82. « Barbares (IV). » juan 496 dans *Song shi*. p. 14233.

83. « Barbares (V). » dans *Song huiyao jigao*. pp. 58-59.

84. « Dossier sur les coutumes des pays *huawai* en dehors de Yongzhou. » juan 10 dans Wu Jing. *Zhuzhou ji*.

85. « Achat de chevaux à Yizhou. » juan 5 dans Zhou Qufei. *Lingwai daida*. p. 190.

que les autres barbares.[86] De nombreux chevaux étaient également vendus par le royaume de Luodian. Par exemple, ce dernier amena 1 700 chevaux aux frontières de la dynastie Song.[87]

Le quota annuel de chevaux que Hengshan devait offrir était de 1 500. Si les fonctionnaires locaux échouaient à obtenir le quota réclamé, leur période de *mokan*[88] serait prolongée d'un an. S'ils achetaient 200 chevaux de plus, leur période de *mokan* serait réduite. S'ils achetaient 1 000 chevaux de plus, ils seraient promus. Les fonctionnaires cherchaient alors à acheter le plus que possible des chevaux. La septième année de l'ère Shaoxing (1137), 2 400 chevaux furent achetés. La 27e année de l'ère Shaoxing (1157), 3 500 furent achetés. La deuxième année de l'ère Chunxi (1175), le nombre fut de 3 000.[89] Il s'agissait d'un commerce extrêmement important. Dans les années de l'ère Shaoxing, la dynastie Song acheta 1 500 chevaux, pour un coût de 50 *yi* (ancienne unité de poids) d'or, 300 livres de platine, 200 pièces de brocart, 4 000 pièces de soie brute et 2 millions de livres de sel de Lianzhou.[90] Par ailleurs, en plus des chevaux, les barbares apportaient également d'autres marchandises telles que le musc, les moutons, les poulets aux longs cris, les feutres, les couteaux du Yunnan et divers médicaments. Les marchands de la dynastie Song vendaient du brocart, des peaux de léopard, des papiers et autres articles exotiques.[91] Tout ceci formait un marché commercial vaste et complet. Chaque année, le commerce officiel et privé de brocart à Hengshan atteignait des milliers de pièces, et d'autres étoffes diverses étaient innombrables.[92] Par conséquent, le royaume de Ziqi et d'autres pouvoirs tentaient de maintenir de bonnes relations avec la dynastie Song, afin d'obtenir les avantages du commerce des chevaux de guerre. Sous le règne de l'empereur Song Lizong, le roi du Ziqi, Naju, ensemble avec Cen Miao, déposa un rapport pour consolider l'accord selon lequel ils étaient permis de venir vendre des chevaux le printemps suivant.[93]

Pour la dynastie Song, le rôle principal du commerce était de gérer les relations ethniques. Les fonctionnaires de la dynastie Song disaient aux émissaires du royaume de Ziqi :

---

86. « Dossier sur les coutumes des pays *huawai* en dehors de Yongzhou. » juan 10 dans Wu Jing. *Zhuzhou ji.*

87. « À Liu Gongfu de la Cour des Affaires militaires. » juan 19 dans Zhang Shi. *Nanxuan ji* (« *Recueil de Nanxuan* »). *Siku Quanshu*, Wenyuan Ge.

88. Le système de *mokan* : système d'évaluation des performances et de promotion des fonctionnaires sous les dynasties Tang et Song. Pour les fonctionnaires civils, la période de *mokan* était de trois ans, et pour les fonctionnaires militaires, cinq ans. (note du traducteur)

89. « Essai de Fan Shihu-À propos des quatre inconvénients de la politique sur les chevaux. » juan 67 dans Huang Zhen. *Huangshi richao* (litt. « *Transcription journalière de M. Huang* »). *Siku Quanshu*, Wenyuan Ge. « Achat des chevaux par la commission militaire. » juan 5 dans *Lingwai daida*. p. 428. « Chevaux du Guangxi. » juan 18 dans *Jianyan yilai chaoye zaji* (« *Registres divers de l'empire depuis l'ère Jianyan* »). Zhonghua Shuju, 2000. p. 428.

90. *Jianyan yilai xinian yaolu*, juan 162, dingwei, janvier, 21e année de l'ère Shaoxing.

91. « Le marché frontalier de Hengshan à Yongzhou. » juan 5 dans Zhou Qufei. *Lingwai daida*. p. 194.

92. « Dossier sur les coutumes des pays *huawai* en dehors de Yongzhou. » juan 10 dans Wu Jing. *Zhuzhou ji.*

93. « Rapport visant à presser la mobilisation des troupes et à renvoyer l'académicien du palais de Guanwen. » juan arr. 9 dans Li Zengbo. *Kezhai zagao & xugao* (« *Manuscrits divers de Kezhai – Suite* »). *Siku Quanshu*, Wenyuan Ge.

Votre pays n'était autrefois qu'une petite tribu. Grâce à l'approbation de la cour impériale, vous pouvez venir échanger des chevaux chaque année. Maintenant cela fait plus de 30 ans, et vous obtenez plus de 200 000 taels d'argent et rouleaux de brocarts tous les ans. Votre pays peut ainsi devenir riche. Si vous ne savez pas être reconnaissant et avez des idées déplacées, vous serez dénoncé à la cour impériale, et ne pourrez plus vendre de chevaux.[94]

Malgré tout, comme le dit He Que, le commerce était à la fois un moyen de traiter les relations ethniques et une demande réciproque de part et d'autre sous la dynastie Song :

Chaque automne, les barbares du sud-ouest viennent vendre des chevaux, et en retour, les Song offrent généreusement de l'or et de la soie. Il s'agit de la stratégie de *jimi*. Depuis longtemps, la dynastie Song et les barbares font du commerce, et ont chacun leur part.[95]

La dynastie Song achetait tous les chevaux que les barbares de Lizhou venaient vendre chaque année. Lorsque Song Renzong avait l'intention de retourner les chevaux faibles et malades, ses ministres l'en dissuadèrent en disant :

Nous ne faisons pas du commerce avec les barbares dans le but d'en tirer profit. Aujourd'hui, les cinq tribus de l'avant et de l'arrière des montagnes en dépendent tous pour leur subsistance. S'ils en viennent à être déçus, ils risqueront de nous envahir. Il ne nous faudrait que quelques chevaux pour les pacifier.

L'empereur décida donc de conserver l'ancien système.[96] Cela signifie que la dynastie Song n'obtint pas seulement des chevaux de guerre, mais qu'en même temps, elle stabilisa les barbares. Ces derniers, qui profitaient des avantages du commerce, restaient obéissants, et n'osaient pas se rebeller.[97] De la sorte, la dynastie Song réussit à soumettre les barbares en commerçant avec eux, et les utilisait comme barrière protectrice dans le sud-ouest.[98]

---

94. « À propos des pays *huawai* en dehors de Yongzhou. » juan 1 dans Wu Jing. *Zhuzhou ji*.

95. « Barbares (V). » dans *Song huiyao jigao*. p. 38.

96. *Xu Zizhi tongjian changbian*, juan 153, renwu, novembre, quatrième année de l'ère Qingli, p. 3721.

97. « Rapport des affaires relatives à la défense. » juan arr. 5 dans Li Zengbo. *Kezhai zagao & xugao*. « Rapport du gouvernement de Chongqing à propos de cinq affaires au bénéfice du peuple. » juan 6 dans Duo Zheng. *Xingshantang gao* (« *Manuscrits du palais de Xingshan* »). *Siku Quanshu*, Wenyuan Ge.

98. « Recherches sur les quatres barbares (VII). » juan 330 dans *Wenxian tongkao*. « Barbares (IV). » juan 496 dans *Song shi*. p. 14235.

## 3. Des moyens militaires complémentaires

Le premier devoir des préfectures légitimes était de contrôler militairement les préfectures de *jimi* sous leur juridiction, pour que ces dernières n'envahissent pas la dynastie Song. Le chef des préfectures légitimes était généralement aussi l'inspecteur de patrouille des *Xidong*, comme celui de Chenzhou et de Yizhou. Le préfet de Yongzhou était également l'inspecteur de patrouille des *Xidong*, avec sous sa responsabilité les armées des sept préfectures (de *jimi*). Le gouverneur de Qiongzhou ne se vit pas attribué à un tel poste, mais était responsable de la commission des transports, de l'armée et de la lutte contre les voleurs. La cour impériale tendait à faire contrôler les points clés. Elle recrutait des soldats parmi les locaux, en désignait le responsable, et les mélangeait dans l'armée régulière pour défendre les frontières. Afin de se prémunir contre les cinq préfectures de *jimi* sous la juridiction de Shizhou, la dynastie Song mit en place douze forteresses, avec plus de 1 200 généraux, soldats volontaires et locaux. De même, à Qianzhou, elle installa 32 forteresses, avec 3400 soldats locaux.[99]

Les préfectures légitimes et leurs communes ainsi que les forteresses formaient le système permettant de contrôler les préfectures de *jimi*. Par exemple, les préfectures et comtés de *jimi* sous la juridiction de Yongzhou furent placés sous l'administration des forteresses, gouvernés par les *tiju* (titre officiel). Les quatre forteresses de Zuojiang (« rivière Gauche ») possédaient deux *tiju*, et les quatre forteresses de Youjiang (« rivière Droite ») avaient un *tiju*......au Zuojiang, les soldats étaient stationnés à Yongping et à Taiping, et au Youjiang, à Hengshan. Les *tiju* prenaient en charge toutes les affaires des *Xidong*, avec des soldats officiels pour les protéger tous. Le gouverneur de Yongzhou était choisi avec soin, et n'était pas nommé à la légère. 5 000 soldats étaient stationnés ici, et la capitale envoyait du personnel pour construire les défenses de la ville, de sorte que la frontière fût bien gardée.[100] En plus des soldats stationnés, il y avait plus de 100 000 *Dongding* dans les régions de Zuojiang et de Youjiang, qui pouvaient servir de barrière.[101] Yongzhou faisait notamment cultiver la terre par les barbares des préfectures de *jimi*, qui devaient payer chaque année les impôts au gouvernement Song. Ce dernier les gouvernait avec les fonctionnaires locaux, et réprimait les révoltés par l'armée. Les *Xidong* finançaient l'armée gouvernementale, et les soldats locaux étaient chargés de les rassembler ou les chasser. De haut en bas, les différents niveaux administratifs dépendaient les uns des autres, et fonctionnaient parfaitement. Bien que les chefs des grottes fussent nommés préfets ou gouverneurs des comtés, ils portaient des robes en tissu blanc, semblables à des *lizheng* (« chef du village ») ou à des *huzhang* (fonctionnaires ruraux chargés de la collecte des impôts). Les fonctionnaires de chaque forteresse tenaient tous un bâton à la main, affirmant qu'ils étaient attachés à la préfecture pour prévenir et dissuader les voleurs. Les barbares regardaient les chefs des forteresses comme les *lizheng* face au gouverneur, et les *tiju* comme les soldats face aux généraux. Ils prenaient le préfet de Yongzhou pour la cour impériale, et

---

99. « Défense frontalière. » juan 19 (premier recueil) et « Défense frontalière. » juan 20 (premier recueil) dans Zeng Gongliang *et al. Wujing zongyao.*

100. « Recherches sur les quatres barbares (VII). » juan 330 dans *Wenxian tongkao.* p. 2588.

101. « Chronique du royaume de Dali » juan 488 dans *Song shi.* p. 14073.

considéraient le commissaire militaire comme un dieu. Les ordres faisaient absolument autorité, et la sécurité était ainsi assurée.[102]

Dans son rapport, Li Zengbo élucida son approche face à l'invasion des *Liren* du Hainan :

> Les *Liren* sous la juridiction du Hainan sont instables, et causent des problèmes depuis des années. J'ai mobilisé des soldats et généraux, et ai fait préparer de l'argent et de la nourriture, dans le but de les attirer, ce qui constitue ma stratégie principale. Je n'ose pas les tuer ni les attaquer et être à la poursuite d'exploits.[103]

En réalité, la dynastie Song était parfois encore amenée à avoir recours à des moyens militaires. La huitième année de l'ère Dazhong Xiangfu (1015), les barbares de Xizhou envahirent la frontière. La dynastie Song envoya des troupes à Xiaxizhou, décapita 69 barbares, et captura 1 220 personnes, vieux et jeunes confondus. La deuxième année de l'ère Tianxi (1018), la dynastie Song enfonça les palissades fortifiées, tua plus de 60 barbares, et captura plus de 1 000 vieux et jeunes. Peng Rumeng, préfet de Xiaxizhou, fut obligé de se rendre.[104] Pendant le règne de Zhihe, Peng Shixi, préfet de Xiaxizhou, tua les généraux des treize préfectures sous sa juridiction, prit leurs sceaux, et occupa les terres. Se nommant roi Ruyi, il reçut les tributs et conféra des titres, en mettant en place des postes de fonctionnaires. Ces actes portèrent atteinte au statut politique de la dynastie Song en tant que suzeraine. De plus, Peng Shixi prit la femme de son fils Peng Shibao, et sema le désordre à l'intérieur du territoire. Ainsi, la dynastie Song envoya des milliers de soldats dans la grotte pour les réprimer. Vaincue, elle renvoya une grande armée pour punir les insoumis. Finalement, les deux parties pratiquèrent le rite en buvant du sang, et prêtèrent serment.[105]

La dynastie Song mena également des actions militaires contre d'autres régions. Pendant la période de Huangyou, les barbares de Yujingjian assiégèrent la ville durant de nombreuses années, et la dynastie Song envoya 20 000 soldats pour la libérer.[106] Dans la première année de l'ère Yuanfeng (1078), Qidi, chef des barbares de Guilaizhou, sous la juridiction de Luzhou, se rebella, et la dynastie Song envoya des troupes pour le réprimer. Pendant quatre ans, elle mobilisa des dizaines de milliers de soldats jusqu'à ce que Qidi fût vaincu la quatrième année de l'ère Yuanfeng. Elle offrit ensuite les terres de Guilaizhou au clan Luo. Dès lors, les barbares de Luzhou, pris de peur, cessèrent d'être un problème à la frontière.[107]

Dans l'ensemble, les moyens politiques et économiques de la dynastie Song étaient relativement efficaces pour traiter les relations avec les groupes ethniques du sud-ouest. La plupart de ces derniers commerçaient avec la dynastie Song, et lui payaient tribut. Bien qu'il y eût des pillages

---

102. « Recherches sur les quatres barbares (VII). » juan 330 dans *Wenxian tongkao*. p. 2589.

103. « Rapport destiné à l'empereur pour remercier de la nomination au responsable des affaires militaires du Jingxiang. » juan 18 dans Li Zengbo. *Kezhai zagao*.

104. « Barbares (V). » dans *Song huiyao jigao*. pp. 79-80.

105. « Barbares (I). » juan 493 dans *Song shi*. pp. 14178-14179. « Barbares (V). » dans *Song huiyao jigao*. p. 84.

106. « Barbares (V). » dans *Song huiyao jigao*. p. 22.

107. « Barbares (IV). » juan 496 dans *Song shi*. p. 12248.

occasionnels, il s'agissait de petits vols, qui ne constituaient pas de grands problèmes.[108] Sur le plan militaire, depuis l'empereur Song Taizu, une attitude conservatrice et retenue fut adoptée. À Lizhou, pendant plus de deux cents ans, après que l'empereur Taizu eut tracé à l'aide d'une hache en jade la rivière comme limite frontalière, il n'y eut aucun conflit à la frontière.[109] Le recours à la force dans d'autres régions fut peu fréquent, et il n'y eut pas de cas d'utilisation militaire active et à grande échelle.

## 4. Conclusion

Dans le système tributaire centré sur la dynastie Song, les minorités du sud-ouest, différentes des commanderies et comtés sous l'administration directe de la cour impériale, et des régimes indépendants voisins, constituaient une section particulière. En général, la dynastie Song adoptait une stratégie de *jimi* à l'égard de ces groupes minoritaires. Elle les divisait pourtant en différents échelons pour mettre en place des politiques spécifiques. Elle utilisait divers moyens politiques, économiques et militaires pour gérer ses relations avec eux.

En fonction de la conception et de la politique de la dynastie Song à l'égard des minorités ethniques du sud-ouest, ces dernières étaient divisées en préfectures et comtés de *jimi* et barbares *huawai*. Les gouverneurs des préfectures et comtés de *jimi* étaient nommés par la dynastie Song parmi les chefs des tribus, et étaient placés sous la juridiction des préfectures légitimes frontalières. Les barbares *huawai* comprenaient ceux qui se trouvaient à l'extérieur des préfectures et comtés de *jimi* et ceux qui se situaient sur le territoire de la dynastie Song, mais dont les fonctionnaires locaux n'étaient pas nommés par cette dernière. Par rapport aux barbares *huawai*, la dynastie Song avait un certain contrôle sur les préfectures et comtés de *jimi*, et les utilisait comme barrière protectrice contre les invasions étrangères.[110] De manière générale, elle tendait à gouverner les préfectures de *jimi* et les barbares *huawai* en fonction de leurs coutumes locales. Les chefs locaux possédaient un droit héréditaire, n'avaient pas à payer d'impôts, et pouvaient garder leurs coutumes d'origine.

D'un point de vue politique, concernant les différentes tribus, la dynastie Song leur faisait payer tribut, et leur conférait des titres pour montrer sa supériorité par rapport à eux, et pour essayer également de les amadouer. Les titres que la dynastie Song conférait aux chefs des tribus comprenaient *chaiqianguan* (poste temporaire), *sanguan* (qui n'a que le nom, et qui ne pratique pas les fonctions), *jianjiaoguan* (chargé de l'inspection et de la patrouille), *junzhi* (postes militaires), *xunjue* (titre de noblesse) et *shiyi*. D'un point de vue économique, la dynastie Song accordait des récompenses généreuses à ceux qui venaient rendre hommage, et ouvrait les marchés frontaliers pour satisfaire aux besoins des groupes minoritaires du sud-ouest, et pour réguler les

---

108. *Op. cit.*, p. 12244.

109. « Les quatre barbares. » juan 394 dans *Lidai mingchen zouyi* (« *Rapports des fonctionnaires célèbres de toutes périodes* »). *Siku Quanshu*, Wenyuan Ge.

110. « Recherches sur les quatres barbares (VII). » juan 330 dans *Wenxian tongkao*. p. 2588.

relations avec eux. Sur le plan militaire, la dynastie Song prit des mesures institutionnalisées pour se défendre contre les tribus du sud-ouest. Malgré tout, son attitude envers ces dernières était relativement conservatrice et retenue. Elle mena pour autant des actions militaires occasionnelles contre celles qui perturbaient ses frontières. Mais le recours militaire était plutôt complémentaire dans le traitement des relations de la dynastie Song avec les tribus.

La dynastie Song hérita des politiques ethniques des Han et Tang. Par exemple, elle gouvernait les groupes ethniques en fonction de leurs coutumes locales, et leur conférait des titres comme ce qui avait été fait de l'époque des dynasties du Nord et du Sud jusqu'aux Tang. Toutefois, elle n'accepta ni d'otages[111], ni de s'apparenter avec eux, ce qui constituait un changement majeur par rapport à l'ancien système des Han et Tang. À l'égard des groupes minoritaires du sud-ouest, la dynastie Song recourait à des moyens politiques, économiques et militaires. Le statut politique en tant que suzerain était un préalable. Les moyens économiques servaient de base, et les moyens militaires comme soutien. Dans l'ensemble, cette politique fut un succès, et permit de maintenir le développement harmonieux des relations entre la dynastie Song et les groupes ethniques du sud-ouest.

---

111. Selon le *Xu Zizhi Tongjian Changbian* (juan 64, yichou, septembre, troisième année de l'ère Jingde, p. 1427), au début, la dynastie Song prit en otage des personnes issues des groupes minoritaires du sud-ouest. Mais la troisième année de l'ère Jingde, les otages furent libérés. Dès lors, aucun autre otage ne fut pris à nouveau.

# CHAPITRE 10

## La collecte des informations sur le monde extérieur sous la dynastie Song

Sous la dynastie Song, l'affrontement Sud-Nord et le développement du commerce extérieur poussèrent les autorités Song à collecter des informations sur l'étranger et à en spécifier les modalités. Le monde extérieur, aux yeux des autorités Song, devint sans aucun doute plus vaste qu'avant. Les informations des pays, y compris celles des Liao et des Xia, collectées par les Song, sont devenues aujourd'hui des documents importants qui permettent de mener des recherches sur l'histoire de ces pays et de ces régions. De ce point de vue, la dynastie Song connut un grand succès dans la collecte des informations. Dans le milieu académique, il existe déjà de nombreuses recherches sur les sujets traités dans cet article, tels que les émissaires, les espions et les commerçants. Toutefois, les études relatives à la collecte des informations sont encore insuffisantes, sans parler d'une recherche systématique spécialisée dans ce domaine.[1] Dans cet article, nous essayons

---

1. Les ouvrages représentatifs des recherches sur les émissaires sont énumérés ci-dessous, et ils traitent de différents sujets. Une partie de ces ouvrages comprennent : Nie Chongqi. *Songshi congkao* (« *Recherche textuelle de l'histoire des Song* »). Beijing : Zhonghua shuju (Société de livres de Zhonghua), 1980 ; Fu Lehuan. *Liaoshi congkao* (« *Recherche textuelle de l'histoire des Liao* »). Beijing : Zhonghua shuju, 1984 ; Zhao Yongchun. *Song Jin guanxi shi* (« *Histoire des relations entre les Song et les Jin* »). Beijing : Renmin chubanshe (Maison d'édition du peuple), 2005 ; Li Hui. *Song Jin jiaopin zhidu yanjiu* (« *Recherche du système des échanges diplomatiques entre les Song et les Jin* »), thèse, Université Fudan, 2005 ; Li Huarui. *Song Xia guanxi shi* (« *Histoire des relations entre les Song et les Xia* »). Shijiazhuang : Hebei renmin chubanshe (Maison d'édition du peuple du Hebei), 1998 ; Yang Weisheng. *Song Li guanxi shi yanjiu* (« *Recherche sur l'histoire des relations entre les Song et le Goryeo* »). Hangzhou : Hangzhou daxue chubanshe (Presse de l'Université de Hangzhou), 1997 ; Jiang Zhongji. *Gaoli yu Song Jin waijiao jingmao guanxi shi lun* (« *Histoire des relations diplomatique, économique et commerciale entre le Goryeo et les dynasties Song et Jin* »). Taipei : Wenjin chubanshe (Presse de Wenchin), 2004 ; Wu Xiaoping. *Songdai waijiao zhidu yanjiu* (« *Recherche du système diplomatique de la dynastie Song* »). Hefei : Anhui renmin chubanshe (Maison d'édition du peuple de l'Anhui), 2007. Ils discutent principalement de la gestion, la sélection, le protocole et les délégations des émissaires. Les recherches telles que « Recherche sur le voyage et les citations des émissaires des Song aux Liao » de Fu Lehuan (*Liaoshi congkao*), « Recherche sur les citations des émissairess des Song aux Liao et aux Jin » de Zhao Yongchun (*Song Jin guanxi shi yanjiu* (« *Recherche sur l'histoire des relations entre les Song et les Jin* »). Changchun : Jilin jiaoyu

d'élucider les moyens par lesquels les informations extérieures furent collectées sous la dynastie Song. De plus, dans le peu d'espace disponible, nous discuterons également et de manière brève de l'efficacité de la dynastie Song dans la collecte des informations.

## 1. Les émissaires diplomatiques de la dynastie Song

En général, les émissaires, permanents ou provisoires, avaient pour tâche principale d'effectuer une mission diplomatique, tout en assumant la responsabilité de collecter des informations. Tao Yue et Wei Jing, qui furent envoyés chez les Jin, dirent : « Les émissaires doivent se renseigner sur les pays où ils vont avant même que l'empereur ne le demande. » ou « L'espionnage des pays ennemis correspond aux lois de la période des Printemps et Automnes (volonté de l'empereur), et la collecte des informations est la responsabilité des envoyés. »[2] Les émissaires pouvaient obtenir une grande variété de renseignements. Zhang Shuye divisa les informations qu'il avait collectées durant son séjour chez les Liao en cinq catégories : les montagnes et les fleuves, les villes, les habits, les outils et les rites. Celles collectées par Shen Kuo qui fut lui aussi envoyé chez la dynastie Liao, affirmaient : « Certaines montagnes sont dangereuses, alors que d'autres sont plus accessibles ; les rivières présentent les tracés rectilignes et sinueux ; les gens sont simples et soutiennent leur

---

chubanshe (Maison d'édition de l'éducation du Jilin), 1999) traitent l'enregistrement des informations extérieures. L'ouvrage *Diplomatic missions of the Sung State 960-1276* (« *Missions diplomatiques de la dynastie Song 960-1276* », The Australian national university, 1981) étudie les informations sur les mœurs, les voies et les murailles des villes collectées par les émissaires. L'article « Relation entre la dynastie des Song du Sud et le Goryeo » de Huang Kuanzhong (*Nansong shi yanjiu ji* (« *Collection des recherches sur l'histoire de la dynastie des Song du Sud* »). Taipei : Xinwenfeng youxian gongsi (Presse de Xinwenfeng), 1985) est consacré à l'étude des commerçants des Song du Sud qui collectaient des renseignements sur les Jin au Goryeo, et transmettaient des informations entre les Song et le Goryeo. Les recherches comme *Song Liao guanxi shi yanjiu* (« *Recherche de l'histoire des relations entre les Song et les Liao* ») de Tao Jingsheng (Beijing : Zhonghua shuju, 2018), « Guerres d'espionnage contre les Liao dans les villes frontalières du Hebei sous la dynastie des Song du Nord » de Yang Jun (*Junshi shi yanjiu* (*Recherche sur l'histoire militaire* »). Issue 4. 2006), « Les premières recherches sur la guerre de renseignements entre les Song et les Xia » de Wang Fuxin (*Ningxia shehui kexue* (« *Sciences sociales du Ningxia* »). Issue 9. 2004), *Songchao jiandie wenti yanjiu* (« *Étude des espions des Song* de Li Chen (mémoire de master, Université normale du Guangxi, 2008) et *Étude des activités d'intelligence des espions* ») de Zhang Lina (mémoire de master, Université de Xiamen, 2009) traitent de l'envoi des espions par des régions frontalières comme Xiongzhou, l'établissement de gestion des espions, les moyens de recrutement, les types de missions, la transmission des renseignements, etc., sans pourtant porter une attention particulière aux moyens par lesquels les espions collectaient les informations ni au contenu de ces dernières. L'ouvrage *Songdai haiwai maoyi* (« *Le commerce extérieur sous la dynastie Song* ») de Huang Chunyan (Beijing : Shehui kexue wenxian chubanshe (Presse académique des sciences sociales), 2003) se concentre sur les commerçants martimes des Song et les commerçants étrangers qui vinrent en Chine.

2. Xu Mengxin. *Sanchao beimeng huibian* (« *Annales des relations avec les Jin sous trois empereurs des Song* »). juan 6, le 23 avril, quatrième année de l'ère Xuanhe. Shanghai : Shanghai guji chubanshe (Maison d'édition classique de Shanghai), 1987. p. 38. « Rapport de Wei Jing. » juan 350 dans Yang Shiqi *et al. Lidai mingchen zouyi* (« *Rapports des fontionnaires célèbres de toutes périodes* »). *Siku Quanshu* (« *Livres complets des Quatre magasins* »), Wenyuan Ge (« Belvédère de la profondeur littéraire »).

dirigeant. »[3] L'ouvrage *Xuanhe fengshi Gaoli tujing* (« *Dossier illustré d'une ambassade pour le Goryeo durant l'ère Xuanhe* ») de Xu Jing contient l'ensemble le plus complet d'informations. Ces dernières incluent la situation géographique, les mœurs sociales, les règlements et les régimes, les rites de réception du Goryeo ainsi que les voies de communication avec les Song, etc. En effet, elles sont divisées en 28 catégories, réparties parmi plus de 300 articles. À part quelques citations, l'ouvrage est fruit de ce que l'auteur avait vu et entendu durant sa mission diplomatique.[4] En résumé, les informations collectées par les émissaires comprenaient les aspects ci-dessous.

Premièrement, il s'agissait des informations sur les conditions géographiques et sociales, y compris le relief, les itinéraires et, les mœurs et coutumes. Selon les documents existants, Wang Yande, qui fut envoyé au Qocho au cours de la période de Taiping Xingguo, fut le premier à rapporter systématiquement ces informations parmi lesquelles les trajets, les conditions géographiques, les mœurs et coutumes, les produits locaux, le calendrier, les croyances religieuses et les situations des pays voisins du Qocho.[5] Plus tard, Song Hao, en guise d'émissaire, se rendit au Giao Chi, et put se renseigner sur les montagnes, les fleuves, les routes et la construction des villes.[6] Lorsque Song Shou revint de sa mission pour les Liao, il obtint des informations comme le parcours entre les relais, les infrastructures de la résidence impériale, la répartition des habitants et les activités productives.[7] Wang Zeng enregistra, lors de sa mission diplomatique chez les Liao, la situation géographique de Xiongzhou à Yanjing et à Zhongjing, la distance entre les relais, les installations dans les cités, la répartition des ethnies et la production, etc. Xue Yin, quant à lui, prit des notes détaillées à propos des auberges et de la distance entre elles sur le trajet allant de Zhongjing à Shangjing.[8] Au retour des Liao, Su Song rapporta à l'empereur Song Shenzong les informations des Liao comme la situation géographique et le soutien populaire aux Khitans.[9] Ren Zhuan collecta des informations sur les produits et les coutumes, la géographie, les itinéraires et les emplacements stratégiques des Xia occidentaux,[10] lorsqu'il fut envoyé pour canoniser Li Liangzuo (Xia Yizong). Song Qiu, en tant qu'émissaire, se rendit au Goryeo. Il visita secrètement les montagnes et les fleuves, et observa le relief, les coutumes et les goûts du peuple.[11] Sous le règne

---

3. « Biographie de Zhang Shuye. » juan 353 et « Biographie de Shen Kuo. » juan 331 dans *Song shi* (« *Histoire des Song* ») (Zhonghua shuju, l'édition ponctuée et révisée). p. 11140 et p. 10655.

4. « Préface. » dans Xu Jing. *Xuanhe fengshi Gaoli tujing* (« *Dossier illustré d'une ambassade pour le Goryeo durant l'ère Xuanhe* »). Zhengzhou : Daxiang chubanshe (Presse d'éléphant), 2008 (édition ponctuée et révisée). p. 8.

5. « Chroniques du Qocho. » juan 490 dans *Song shi*. p. 14110-14113.

6. *Xu Zizhi tongjian changbian* (« Longue ébauche de la continuation du *Zizhi tongjian* (« *Miroir compréhensif pour aider le gouvernement* ») ») (qui s'abrége en *Changbian* dans le texte suivant), juan 31, gengyin, janvier, première année de l'ère Chunhua. Zhonghua shuju, l'édition ponctuée et révisée. p. 698-699.

7. *Changbian*, juan 97, jiashen, septembre, cinquième année de l'ère Tianxi, pp. 2253-2254.

8. « Notes de voyage de Wang Zeng de la dynastie Song. » juan 24 dans *Qidan guo zhi* (« *Histoire de l'État des Khitans* »). *Siku Quanshu*, Wenyuan Ge. *Changbian*, juan 88, jiyou, septembre, neuvième année de l'ère Dazhong Xiangfu, p. 2015.

9. « Biographie de Su Song » juan 340 dans *Song shi*. p. 10863.

10. « Biographie de Ren Zhuan » juan 330 dans *Song shi*. p. 10618.

11. « Biographie de Song Qiu. » juan 349 dans *Song shi*. p. 11064.

de l'empereur Song Lizong, Xie Ji fut envoyé au royaume de Dali. Le périple qu'il écrivit relate le trajet de Yongzhou au royaume de Dali[12].

Deuxièmement, les renseignements politiques et militaires portaient surtout sur les informations personnelles de l'empereur et des politiciens, le système bureaucratique, la prospérité (et le déclin) du pays ainsi que les politiques envers la dynastie Song. Song Hao, mentionné ci-dessus, rapporta en détail l'état de santé de Lê Hoàn, le nombre de soldats et l'armement, après avoir effectué sa mission diplomatique pour le Giao Chi. En tant qu'émissaire, Song Tuan se rendit chez les Liao, et collecta des informations sur l'empereur, les princes, l'impératrice et les chanceliers du pays ainsi que celles concernant les murs et les palais de la ville de Zhongjing. Chao Jiong, quant à lui, prit connaissance des activités quotidiennes de l'empereur des Liao[13]. Su Zhe collecta les informations de l'empereur des Liao, comme son âge, son état de santé, ses croyances religieuses et son attitude envers la dynastie Song, celles des princes et des chanceliers des Liao, et les informations détaillées relatives à l'impôt, à la justice et aux relations entre les ethnies, etc. De plus, sur cette base, il analysa et prévit l'approche politique des Liao envers la dynastie Song.[14] Lü Tao, durant son séjour chez les Khitans, arriva à savoir que le Khaganat ouïghour s'était soumis aux Liao, et qu'il s'y rendait fréquemment pour payer tribut. Il conseilla de se prémunir contre les émissaires du Khaganat ouïghour, qui essayeraient d'obtenir des renseignements en feignant de rendre hommage à la dynastie Song.[15] Song Shou, Zhang Mian, Li Wei, Bi Zhongyan, Su Song, Wang Hanzhi, Zheng Heng, Chen Guoting et Qian Xie, qui furent tous envoyés chez la dynastie Liao, rapportèrent également des informations sur l'empereur, les rites, les habits, la justice, le système bureaucratique, la prospérité (et le déclin) du pays.[16] Zhang Weiji se rendit chez les Xia occidentaux, et prévit que Li Yuanhao, très arrogant, trahirait certainement la dynastie Song[17]. L'empereur Song Qinzong discutait encore, à l'idée d'avoir de la chance, des avantages et des inconvénients de céder ou non des terres. Wu Ge se rendit chez les Jin, et était convaincu que ces derniers avaient l'intention d'anéantir les Song. Au retour des Jin, Zhao Wenshu rapporta à l'empereur Song Xiaozong les attitudes de Ge Wang (Jin Shizong)[18]. Au début des Song du Sud, les émissaires retenus par les Jin comme Yuwen Xuzhong, Hong Hao, Zhu Bian et Song Ruwei

---

12. « Rapport pour énoncer cinq événements en tant que gouverneur du Guangxi. » juan 17 dans Li Zengbo. *Kezhai zagao* (« *Manuscrits divers de Kezhai* »). *Siku Quanshu*, Wenyuan Ge.

13. *Changbian*, juan 68, dingmao, mars, première année de l'ère Dazhong Xiangfu, pp. 1257-1258.

14. « Rapport sur les faits du Nord au retour de l'envoyé. » juan 42 dans Su Zhe. *Luancheng ji* (« *Recueil de Luancheng* »). *Siku Quanshu*, Wenyuan Ge.

15. « Rapport destiné à l'empereur après la mission diplomatique chez les Khitans. » juan 5 dans Lü Tao. *Jingde ji* (« *Recueil de Jingde* »). *Siku Quanshu*, Wenyuan Ge.

16. Cf. « Biographie de Bi Zhongyan. » juan 281, « Biographie de Su Song. » juan 340, « Biographie de Zhang Heng. » juan 347, « Biographie de Wang Hanzhi. » et « Biographie de Chen Guoting. » juan 353 dans *Song shi*. *Changbian*, juan 64, yihai, octobre, troisième année de l'ère Jingde. « Épitaphe de Qian Xie. » juan 166 dans Li Gang. *Liangxi ji* (« *Recueil de Liangxi* »).

17. « Biographie de Zhang Weiji. » juan 467 dans *Song shi*. p. 13635.

18. « Biographie de Wu Ge. » juan 452 dans *Song shi*. p. 13290. « Zhao Wenshu et sa mission diplomatique pour le Nord. » juan 8 dans *Jianyan yilai chaoye zaji* (« *Registres divers de l'empire depuis l'ère Jianyan* »). Zhonghua shuju, édition ponctuée et révisée. p. 162.

réussirent à obtenir les renseignements selon lesquels l'ennemi envoyait des hommes chez la dynastie des Song du Sud pour inciter à une défection, et allait attaquer la région de Sichuan. De plus, ils reçurent une lettre de l'impératrice douairière, et envoyèrent quelqu'un faire part de ces informations.[19] Yu Rong fut envoyé chez les Jin, et rapporta pour la première fois que ces derniers étaient perturbés par les Tatars. Lorsque Zhen Dexiu alla lui aussi chez les Jürchens, il sut que la situation était urgente pour ces derniers, puisqu'ils étaient assiégés par les Tatars. Selon lui, les Jin ne résisteraient pas très longtemps, même s'ils ne périraient pas tout de suite.[20]

Certains émissaires avaient pour mission principale de collecter des informations, comme le fit remarquer Hu Yin : « L'envoi des émissaires vise à espionner. »[21] Dans la plupart des cas, ces émissaires était chargés de collecter les renseignements militaires dont la dynastie Song avait fort besoin. Par exemple, la première année de l'ère Tiansheng (1023), le chef des Khitans se présenta à Youzhou, ce qui éveilla la suspicion des Song. Ainsi, ces derniers envoyèrent Cheng Lin en tant qu'émissaire *zhengdan* (chargé de souhaiter la bonne année à l'empereur), pour que celui-ci pût savoir si les Khitans avaient l'intention d'envahir les Song.[22] Après avoir établi les stratégies visant à reprendre les Seize préfectures, l'empereur Song Huizong dépêcha à plusieurs reprises des gens pour collecter des informations chez les Liao. Cela dit, la première année de l'ère Zhenghe (1111), par ordre confidentiel, Tong Guan se rendit chez la dynastie Liao pour l'espionner. Au début de l'ère Xuanhe, Chen Yaochen y fut également envoyé. Il dessina la situation géographique le long du chemin, le portrait de l'empereur, et les montagnes et rivières. La quatrième année de l'ère Xuanhe (1122), Tao Yue, en tant qu'émissaire *hezheng* (chargé de souhaiter la bonne année à l'empereur), alla lui aussi chez les Liao pour s'informer de tous les mouvements du pays. Li Mida y fut également dépêché pour vérifier si les habitants de Yanzhou voulaient se soumettre aux Song. De retour, Li rapporta que la dynastie Liao, plongée dans l'anarchie, abandonnée par son peuple, et attaquée par les Jürchens, serait facile à être conquise.[23] De même, Wanyan Liang avait l'intention d'envahir les Song. Ces derniers envoyèrent (Ye) Yiwen chez les Jin pour les espionner. Celui-ci vit que l'ennemi avait rassemblé les soldats, dans le but d'attaquer les Song, et qu'il fabriquait des navires et des armes. Il conseilla alors à la cour impériale de déployer les troupes dans les emplacements stratégiques de la côte pour s'y préparer. Par ailleurs, Yu Yunwen

---

19. *Jianyan yilai xinian yaolu* (« *Registres annuels des événements les plus importants depuis l'ère Jianyan* ») (Zhonghua shuju, 1988), juan 39, renyin, novembre, quatrième année de l'ère Jianyan ; juan 58, dinghai, septembre, deuxième année de l'ère Shaoxing ; juan 140, bingshen, juin, onzième année de l'ère Shaoxing ; juan 142, guisi, décembre, onzième année de l'ère Shaoxing. « Biographie de Zhu Bian. » juan 373 et « Biographie de Song Ruwei. » juan 399 dans *Song shi*.

20. « Rapports (II). » juan 2 dans Zhen Dexiu. *Xishan wenji* (litt. « *Collection des œuvres littéraires des montagnes de l'Ouest* »). *Siku Quanshu*, Wenyuan Ge. « Soltats (29). » dans *Song huiyao jigao* (« *Ébauche de compilation de documents importants de la dynastie Song* »). Zhonghua shuju, édition photocopiée. p. 48.

21. « Rapport sur l'envoi des ambassadeurs. » juan 11 dans Hu Yin. *Feiran ji* (« *Recueil de Feiran* »). *Siku Quanshu*, Wenyuan Ge.

22. *Changbian*, juan 101, wuzi, septembre, première année de l'ère Tiansheng.

23. « Biographie de Li Mida. » juan 382 dans *Song shi*. Xu Mengxin. *Sanchao beimeng huibian*, juan 1, le 4 juillet, septième année de l'ère Zhenghe, p. 1 ; juan 6, le 23 avril, quatrième année de l'ère Xuanhe, p. 38. Juan 4 dans Wang Mingqing. *Huizhu houlu* (litt. « *Registre des discussions* »).

fut lui aussi dépêché chez les Jin, et rapporta que les ennemis, munis d'armures, avaient construit des navires, et qu'ils visaient sûrement à passer au Sud.[24] Au cours de l'ère Qiandao, certains disaient que les Jin voulaient rompre l'Alliance. Zheng Xingyi, au nom de l'émissaire adjoint (chargé de souhaiter le bon anniversaire à l'empereur), se rendit chez les Jin pour les épier.[25] Pour connaître leur attitude, l'empereur Song Ningzong envoya Qian Fu comme émissaire *hezheng*, pour espionner les ennemis. Il envoya également Wei Jing s'informer de la situation mongole.[26] À la fin de la dynastie des Song du Sud, les Mongols visaient à déborder les Song par le royaume de Dali et le Giao Chi. Ces derniers recoururent à tous les moyens possibles pour obtenir des renseignements. Par exemple, Tang Shiming et Yang Qingcheng furent envoyés à maintes reprises au Giao Chi. Tang réussit à faire venir Chen Bangyan, émissaire du Giao Chi, et Li Xiaoge qui avait été capturé par ce dernier. Yang apporta la lettre de remerciement du Giao Chi, et transmit sa demande d'assistance.[27]

Il est cependant à signaler que les émissaires avaient certainement un champ d'actions limité. Cela dit, ils cherchaient à se procurer des informations par des voies différentes. La sixième année de l'ère Tianbao (973), Lu Duoxun fut envoyé chez les Tang du Sud. En prétendant que la cour Song allait redessiner la carte du « monde sous le ciel », il arriva à obtenir les renseignements sur la situation géographique, la position de l'armée et le nombre des habitants des 19 préfectures au sud du Yangsté.[28] Lorsque Fu Bi rendit visite aux Liao, les locaux des quatre coins de la région le rejoignirent, et il s'informa également auprès des habitants des Liao. Il fit remarquer :

> Les envoyés précédents ne sont pas arrivés à rencontrer toutes les autorités des Liao, mais je les ai toutes vues. Je dis ce que les envoyés précédents n'ont pas osé dire. C'est pourquoi je connais sur le bout des doigts la situation des Khitans.[29]

Tong Guan fut dépêché chez les Liao, et sut auprès de l'un d'entre eux, appelé Ma Zhi, que les Khitans, agressés par les Jürchens, avaient des problèmes de plus en plus graves aux frontières, avec les voleurs qui se multipliaient. Ils connaîtraient ainsi une chute inévitable. Chez les Liao,

---

24. « Biographie de Ye Yiwen. » juan 384 dans *Song shi*. p. 11817 ; *Jianyan yilai xinian yaolu*, juan 182, jiashen, juin, 29e année de l'ère Shaoxing, p. 3023 ; juan 185, xinmao, mai, 30e année de l'ère Shaoxing, p. 3099 ; juan 190, bingshen, mai, 31e année de l'ère Shaoxing, p. 3177.

25. « Biographie de Zheng Xingyi. » juan 465 dans *Song shi*. p. 13594.

26. « Épitaphe de Qian Fu. » juan 8 dans Chen Qiqing. *Yunchuang ji* (« *Recueil de Yunchuang* »). *Siku Quanshu*, Wenyuan Ge. « Rapport de Wei Jing. » juan 350 dans Yang Shiqi et al. *Lidai mingchen zouyi*.

27. « Rapport sur les affaires de l'argent et des céréales. » et « Rapport destiné à l'empereur. » juan arr. 6 ; « Rapport sur les affaires frontalières. » juan arr. 7 dans Li Zengbo. *Kezhai zagao & xugao* (« *Manuscrits divers de Kezhai – Suite* »).

28. *Changbian*, juan 14, avril, sixième année de l'ère Kaibao, p. 299.

29. « Rapport destiné à Renzong à propos de treize stratagèmes pour la défense du Hebei. » juan 135 dans Zhao Ruyu. *Song mingchen zouyi* (« *Rapports des fontionnaires célèbres de la dynastie Song* ») (*Siku Quanshu*, Wenyuan Ge). *Changbian*, juan 140, jiawu, mars, troisième année de l'ère Qingli.

Tao Yue acheta partout des informateurs pour se renseigner sur les Khitans.[30] Lors de son séjour chez les Jin, Wang Lun trouva un commerçant, appelé Chen Zhong, qui lui dit secrètement où se trouvaient les deux empereurs.[31] Qian Fu, envoyé chez les Jin, acheta avec de l'or celui qui était chargé de le recevoir, pour obtenir des renseignements. Il fut ainsi mis au courant que l'empereur Jin comptait parler du montant que la dynastie Song devait offrir chaque année.[32] Durant son séjour chez les Jin, Hong Hao se rendit secrètement dans les lieux où se réunissaient les commerçants, pour chercher des espions. Enfin, il trouva Zhao De et Li Wei. Ces deux derniers feraient des rapports dès qu'ils se seraient procurés des informations importantes. Pendant quatre ans, neuf lettres furent envoyées.[33]

En ce qui concernait la collecte des informations, les émissaires bénéficiaient d'avantages. Sous la dynastie Song, le régime destiné à la sélection, à la gestion et à la surveillance des émissaires était strict. La plupart des envoyés étaient bien élevés, agissaient prudemment, et avaient des expériences politiques. De plus, le *Huangchengsi* (« Bureau de la sécurité de la capitale ») enverrait des gens surveiller les émissaires.[34] En outre, le *yulu* (« citation ») des émissaires était aussi un procédé de surveillance et de vérification. Non seulement les interprètes traduisaient et enregistraient ce qu'avaient dit les émissaires, ce qui suffisait à empêcher ces derniers de mentir[35], mais aussi la vérification était possible à travers la comparaison des propos rapportés par différents émissaires. Par exemple, le *Yushitai* (organisme de contrôle) compara « Ruguo suixing yulu » (litt. « Citations pendant tout le trajet pour un pays ») et « Bielu » (« Citations complémentaires ») rédigés par l'émissaire Wang Gongchen, avec des documents sélectionnés par les Song, et découvrit que les citations étaient truffées d'éléments qui ne se conformaient pas à la situation réelle à cause des corrections artificielles. Au retour de chez les Liao, Jian Xuchen fut accusé d'avoir accepté des cadeaux en violant les règlements et d'avoir été inconvenant dans sa conduite. Les trois départements (le Secrétariat impérial, la Chancellerie et le Département des Affaires d'État) et la Cour des Affaires militaires comparèrent ses propos avec ceux de Wang Zhao qui se rendit chez les Liao avec lui.[36] En outre, les Song avaient placé des espions dans la délégation diplomatique dans le but de vérifier les informations délivrées par les émissaires :

30. Xu Mengxin. *Sanchao beimeng huibian*, juan 1, le 4 juillet, septième année de l'ère Zhenghe, p. 1 ; juan 6, le 23 avril, quatrième année de l'ère Xuanhe, p. 38.

31. « Biographie de Wang Lun. » juan 371 dans *Song shi*. p. 11522.

32. « Épitaphe de Qian Fu. » juan 8 dans Chen Qiqing. *Yunchuang ji*.

33. « Propos du père décédé. » juan 74 dans Hong Shi. *Panzhou wenji* (« *Collection littéraire de Panzhou* »). *Siku Quanshu*, Wenyuan Ge.

34. Cf. l'œuvre de Wu Xiaoping citée dans les chapitres précédents, et Miao Shumei et Liu Xiurong. « Système de sélection des envoyés sous la dynastie Song » et « À propos du système de gestion des émissaires sous la dynastie Song » (*10-13 shiji Zhongguo wenhua de pengzhuang yu ronghe* (« *Collision et intégration de la culture chinoise du Xᵉ au XIIIᵉ siècles* »), *Chanyuan zhimeng xinlun* (« *Nouvelle étude sur le traité de Shanyuan* »). Shanghai : Shanghai renmin chubanshe (Maison d'édition du peuple de Shanghai), 2006, 2007).

35. « Lettre sur les faits du Nord au retour de l'émissaire. » juan 42 dans Su Zhe. *Luancheng ji*.

36. « Prière de soumettre les citations de Wang Gongchen au Yushitai. » juan 7 dans Zhao Bian. *Qingxian ji* (« *Recueil de Qingxian* »). *Siku Quanshu*, Wenyuan Ge. *Changbian*, juan 507, dingsi, mars, deuxième année de l'ère Yuanfu, p. 12077.

Chaque fois que les envoyés se rendent à l'extérieur, les autorités sélectionnent des espions qui iront également chez l'ennemi, et reviendront en avance avec les renseignements acquis. Lorsque les émissaires reviennent, les mots de ces derniers seront comparés avec ceux des espions pour les vérifier.[37]

Par conséquent, les informations collectées par les émissaires étaient bien variées, et généralement plus précises.

Cependant, les émissaires étaient également limités quant à la collecte d'informations. Comme Li Zengbo le dit :

Ceux qui se rendent dans les pays étrangers avec une délégation officielle par édit impérial sont des espions connus, tandis que les commerçants et les *Xidong* (minorités ethniques) de Yongzhou et Qinzhou peuvent faire des échanges sans restrictions avec eux.[38]

Ainsi, les envoyés étaient restreints dans leurs actions par leur statut et le protocole. En raison de l'organisation minutieuse de leur réception dans les pays où ils se rendaient, les émissaires ne pouvaient collecter que les informations que la partie adverse leur permettait de voir ou leur montrait intentionnellement. Par exemple, Song Hao se rendit au Giao Chi, et Lê Hoàn envoya des bateaux et des soldats à l'armée de Taiping (Lianzhou) pour l'accueillir. En principe, un jour suffirait pour atteindre le territoire du Giao Chi, et cinq à six jours la capitale. Cependant, Song Hao était obligé de mettre quinze jours pour y arriver, en prenant des voies détournées et dangereuses en mer. À ce propos, Zhou Qufei expliqua : « Le Giao Chi est tout près. Ils l'ont fait volontairement, dans le but de retarder les émissaires et de leur montrer que le Giao Chi est très éloigné. »[39] En effet, les pays tendaient à orienter les envoyés sur des chemins détournés. Liu Chang fut envoyé chez les Liao. Pour arriver à Zhongjing, il lui suffirait de partir de Songting en passant par Liuhe, ce qui ne nécessiterait que quelques jours. Toutefois, celui qui était chargé de son accueil le guida en faisant un détour. Après avoir parcouru plus de mille *li* (unité de longueur, égale à 0,5 kilomètre), il put enfin sortir des montagnes et arriver à Liuzhou. Plus tard, l'envoyé-réceptionniste des Liao avoua : « Nous avons fait un détour dans les montagnes pour vous faire

---

37. « La pierre tombale de Yang Yingxun. » juan 8 dans Wang Anzhong. *Chuliao ji* (« *Recueil de Chuliao* »). *Siku Quanshu*, Wenyuan Ge, édition photocopiée.

38. « Rapport de la commissaire militaire à propos de l'Annam. » juan arr. 5 et « Rapport en réponse à l'empereur. » juan arr. 6 dans Li Zengbo. *Kezhai zagao & xugao*.

39. « Le royaume d'Annam. » juan 2 dans *Lingwai daida* (« *Réponses représentatives des régions au-delà des montagnes* »). Zhonghua shuju, édition ponctuée et révisée. pp. 55-56. Selon le même juan, si le départ se faisait par bateau à Qinzhou, et que l'on naviguait vers le sud-ouest, on atteindrait la préfecture de Yong'an au Giao Chi un jour plus tard. Il fallait seulement cinq jours pour continuer, du village de Yushan Dapan jusqu'à sa capitale en passant par Yongtai et Wanchun. « Si l'on partait du village de Taiping et avançait vers le sud-est ... six jours suffiraient pour atteindre la capitale du Giao Chi ».

croire que les Liao se trouvent éloignés de la dynastie Song. »[40] De même, Yan Xun se rendit chez les Liao. Celui qui l'accueillit le mena de Songting à Xuedian en choisissant un itinéraire détourné. Yan Xun l'interrogea : « Votre comportement n'est pas pour exagérer l'étendue de votre territoire et pour nous duper ? » Wang Fu alla au Qingtang (aussi appelé le Tsongkha). Celui qui le reçut choisit un itinéraire détourné pour exagérer la distance entre les deux pays et le danger en route.[41] Lorsque Song Hao effectua sa mission diplomatique au Giao Chi, ce dernier mélangea les civils dans son armée, en dressant un drapeau blanc, et prit les bêtes domestiques pour des bœufs du gouvernement, dans le but de grossir sa puissance.[42] La quatrième année de l'ère Shaoxing (1134), Wang Hui fut envoyé aux Jin. Ces derniers lui montrèrent intentionnellement moins de soldats. Selon les espions de la dynastie des Song du Sud, l'armée Jin se divisait en quatre groupes, et chaque groupe comprenait 100 000 soldats. Toutefois, le nombre des soldats que Wang Hui vit ne dépassait pas 20 000.[43] De plus, les émissaires étaient souvent sous haute surveillance, et avaient donc beaucoup de difficultés à se procurer des informations. Selon Hu Yin, les émissaires chez les Jin étaient très pressés. Que ce fût le jour ou la nuit, ils étaient obligés de raccourcir le plus que possible leurs séjours chez les Jin. Dans de tels cas, il était bien difficile d'effectuer des activités d'espionnage.[44] Wei Jing dit en parlant de son expérience chez les Jin :

> L'ennemi a des règlements stricts. Jusqu'à présent, j'éprouve encore des doutes et des craintes. Lorsque je venais de mettre le pied sur le territoire de l'ennemi, quelqu'un m'a adressé la parole, et je n'ai même pas osé lui répondre. Arrivé à leur capitale, je comptais demander des renseignements, mais ils m'ont surveillé rigoureusement.[45]

En outre, comme les Song n'avaient des échanges diplomatiques qu'avec les Liao, les Jin, les Xia occidentaux, le Goryeo et le Qingtang, les émissaires ne pouvaient collecter les informations que de ces pays et régions.

## 2. Les espions de la dynastie Song

Sous la dynastie Song, l'affrontement Nord-Sud donna naissance à de nombreux espions. Sans ces derniers qui collectaient des informations, il aurait été difficile de connaître les mouvements

---

40. « Voyage de Liu Chang. » juan 35 dans Liu Ban. *Pengcheng ji* (« *Recueil de Pengcheng* »). *Siku Quanshu*, Wenyuan Ge.

41. « Biographie de Yan Xun. » juan 333 et « Biographie de Zhong Yi. » juan 335 dans *Song shi*. p. 10703 et p. 10748.

42. *Changbian*, juan 31, gengyin, janvier, première année de l'ère Chunhua, p. 698.

43. *Jianyan yilai xinian yaolu*, juan 83, yihai, décembre, quatrième année de l'ère Shaoxing, p. 1359.

44. « Rapport sur l'envoi des ambassadeurs. » et « Nouveau rapport sur l'envoi des ambassadeurs. » juan 11 dans Hu Yin. *Feiran ji*.

45. « Rapport de Wei Jing. » juan 350 dans Yang Shiqi *et al. Lidai mingchen zouyi*.

des ennemis.[46] De nombreuses recherches ont été menées sur les organismes d'espionnage, le rôle des espions, la transmission des messages, la prévention contre l'espionnage, les espions à Xiongzhou ainsi que le recrutement et l'identité des espions. Cette partie vise à discuter des informations extérieures acquises par les espions, et sur lesquelles les recherches actuelles ne sont pas suffisantes.

Les espions ne ressemblaient pas aux émissaires qui étaient sous la protection de leur identité diplomatique, et risquaient leur vie. Les espions qui servaient un pays, étaient pris pour des conspirateurs par un autre.[47] Les Liao exécutaient les espions des Song de manière épouvantable : ils les attachaient à une colonne, et leur tiraient des flèches sans discernement. Les espions, avec tellement de flèches plantées sur leur corps, ressemblaient à des hérissons. Cela était appelé le « tir des flèches démoniaques ». Quelquefois, les espions étaient démembrés au centre de la cité. Les Jin considéraient même tous les suspects comme des espions des Song, et les tuaient.[48] Zeng Gongliang classa les espions en cinq catégories parmi lesquelles les *sijian* étaient ceux qui risquaient le plus d'être tués par les ennemis. Même si les espions, comme les émissaires, étaient principalement envoyés dans les pays qui menaçaient directement la sécurité de la dynastie Song, ils avaient pour mission principale de collecter des informations militaires urgentes, comme le dit Zeng Gongliang : « Les espions y vont pour observer les mouvements des ennemis qui nous menacent »[49].

Les espions des Song concentraient le plus leur attention sur les mouvements anormaux des Liao, des Xia et des Jin. Sous la dynastie des Song du Nord, les espions prêtaient une attention particulière aux tentatives militaires des Liao et des Xia ainsi qu'à leurs mouvements anormaux vis-à-vis des Song. La cinquième année de l'ère Xianping (1002), les espions de Xiongzhou rapportèrent que les Khitans déplaçaient des troupes pour attaquer les Song[50]. La deuxième année de l'ère Yuanfeng (1079), les espions de Daizhou rapportèrent que Xiao Kechang, de la Cour des Affaires militaires du Nord des Khitans, dirigeait l'infanterie et un escadron pour inspecter les postes militaires le long des frontières. La cour Song ordonna aux fonctionnaires frontaliers de recruter rapidement des hommes pour espionner l'ennemi. La quatrième année de l'ère Yuanfeng, la commission militaire du Hedong informa que les Liao avaient l'intention de multiplier les casernes le long de leurs frontières nord. La dynastie Song accrut alors les siennes.[51] La même année, les espions transmirent le message qu'il était possible que l'empereur Liao réunît à Zhongjing les gouverneurs des cinq capitales, les généraux et les officiers des palais de princes

---

46. « Sur les espions de Guangxin. » juan 21 dans Zhang Fangping. *Lequan ji* (« *Recueil de Lequan* »). *Siku Quanshu*, Wenyuan Ge.

47. *Idem.*

48. « Rites (III). » juan 51 et « Shengzong (I). » juan 10 dans *Liao shi* (« *Histoire des Liao* ») (Zhonghua shuju, édition ponctuée et révisée). p. 845 et p. 112. « Biographie de Gao Changfu. » juan 128 dans *Jin shi* (« *Histoire des Jin* »). p. 2756.

49. « Espions. » juan 15 dans Zeng Gongliang *et al. Wujing zongyao* (« *Principes généraux du classique de la guerre* »). *Siku Quanshu*, Wenyuan Ge.

50. *Changbian*, juan 53, jiawu, novembre, cinquième année de l'ère Xianping, p. 1162.

51. « Soldats (28). » dans *Song huiyao jigao.* pp. 22-23.

du Sud et du Nord ainsi que les commissaires militaires à la mi-juillet pour discuter des affaires importantes. La cour Song ordonna alors aux commissions militaires de Xiongzhou et du Hebei d'y envoyer immédiatement des hommes pour vérifier ce message.[52] La deuxième année de l'ère Zhenghe (1112), l'empereur Liao résidait à Yanjing. De peur qu'il n'ourdît un complot, la dynastie Song demanda à tous les commissaires militaires de la région au nord du fleuve Jaune d'envoyer des espions pour observer les mouvements des Liao, le ravitaillement de leur armée, et les forteresses des villes.[53]

La septième année de l'ère Qingli (1047), Yang Shousu, chancelier important des Xia, arriva à Yanzhou pour négocier les affaires frontalières et les limites de Fengzhou du Hedong. La dynastie Song ordonna aux gouverneurs du Shaanxi et du Hedong d'envoyer des espions pour acquérir des informations plus concrètes et plus précises.[54] La cinquième année de l'ère Yuanfeng (1082), la commission militaire sur la route du Jingyuan rapporta que, selon le message des espions, les douze bureaux du commandement militaire locaux (*jianjunsi*) des Xia occidentaux rassemblaient les troupes dans les régions près de la rivière Hulu, avec un ravitaillement en vivres pour cinq mois, et qu'ils comptaient envahir Dachua à Zhenrong au mois d'août. En septembre, les espions rapportèrent que les soldats des Xia occidentaux avaient été rassemblés dans beaucoup de lieux, et qu'ils envisageaient d'attaquer les Song en automne.[55] L'année suivante, les espions de différentes routes, y compris Lingzhou et Fuzhou, dirent : « Les Xia occidentaux rassembleraient la moitié, ou neuf sur dix de leurs soldats des bureaux du commandement militaire du Henan et du Hebei, à la rivière Hulu le quinze décembre. »[56] La septième année de l'ère Yuanfeng (1084), le message des espions sur la route du Fuyan dit : « Cet automne, les Xia occidentaux vont certainement lancer des opérations offensives de grande envergure. » L'empereur Song Shenzong ordonna de sélectionner des hommes fiables pour s'infiltrer parmi les ennemis et acquérir des informations précises. Plus tard, les espions informèrent : « Les armes sont fabriquées en grande quantité chez les Xia occidentaux. Ces derniers rassemblent les soldats à l'échelle nationale, et prétendent vouloir attaquer Lanzhou. »[57] La troisième année de l'ère Yuanyou (1088), les espions sur les différentes routes découvrirent que les Xia occidentaux rassemblaient les troupes, et comptaient attaquer les Song cet automne. Toutefois, un espion sur la route du Huanqing informa que les Xia occidentaux n'arriveraient pas à rassembler les soldats à cause de la sécheresse. Les fonctionnaires conseillèrent de recruter plus d'espions pour mieux observer les mouvements de l'ennemi.[58] La quatrième année de l'ère Shaosheng (1097), le message venant de la route du Fuyan dit que, selon les renseignements des espions, les Xia occidentaux rassemblaient des soldats, et comptaient

---

52. *Changbian*, juan 313, dingchou, juin, quatrième année de l'ère Yuanfeng, p. 7591.
53. « Soldats (29). » dans *Song huiyao jigao*. p. 3.
54. « Soldats (27). » dans *Song huiyao jigao*. p. 39.
55. « Soldats (28). » dans *Song huiyao jigao*. pp. 27-28.
56. *Changbian*, juan 341, yihai, décembre, sixième année de l'ère Yuanfeng, p. 8207.
57. « Soldats (28). » dans *Song huiyao jigao*. p. 30.
58. *Changbian*, juan 413, yiyou, août, troisième année de l'ère Yuanyou, p. 11037.

attaquer Baiboliu et d'autres lieux de la route.[59] Comme les Xia étaient confrontés à des troubles politiques et se trouvaient dans une situation instable, après que leur monarque Li Bingchang avait été tué, la dynastie Song voulait en profiter pour les conquérir. Cependant, elle s'inquiétait que les Liao cherchassent à faire de même. Elle avait donc besoin des renseignements précis. Or, les espions transmirent des messages différents. Les fonctionnaires frontaliers ordonnèrent aux espions de s'infiltrer chez les Xia occidentaux pour connaître la vérité, mais sans résultats. Certains disaient que Li Bingchang aurait déjà été tué par son peuple, alors que d'autres informaient qu'il vivrait encore, mais qu'il ne s'occuperait pas des affaires politiques et qu'il serait emprisonné par sa mère. L'empereur Song Shenzong ordonna aux fonctionnaires frontaliers de sélectionner immédiatement des hommes pour se procurer des renseignements plus précis.[60] Les informations concernant l'héritier de Li Bingchang variaient d'une version à l'autre. L'empereur Song Zhezong chargea Zhao Xie de recruter des espions pour s'infiltrer chez les Xia occidentaux afin de savoir qui avait été choisi comme héritier, si la mère de Li Bingchang vivait toujours, et qui s'occupait des affaires du pays.[61]

La dynastie des Song du Sud prêtait une attention particulière aux mouvements des Jin contre elle, ainsi qu'à leurs autres activités anormales. La septième année de l'ère Shaoxing (1137), selon les espions, les Jin emmenèrent Liu Yu au nord. La dixième année de l'ère Shaoxing, les espions rapportèrent que les Jin transféraient des soldats et des vivres du Hedong et du Hebei jusqu'au Hezhong, et qu'ils envoyaient 30 000 hommes traverser le fleuve pour rapiécer la digue. Avant l'invasion de Wanyan Liang, les généraux frontaliers des Song apprirent par le biais des espions que le monarque des Jin arriva à Bianjing, et que ses armées puissantes étaient stationnées à Susi. Il était dit aussi qu'il serait à Qinghekou. La 30ᵉ année de l'ère Shaoxing (1160), selon les espions de Jiangzhou, le monarque des Jin était décédé, et le successeur venait de changer le nom de l'ère pour Xinde. Xu Zongyan fut chargé de vérifier ce renseignement. Cependant, l'espion qu'il envoya rapporta autre chose. Wang Yanrong apprit toutefois que le monarque des Jin était bien décédé.[62] La Mongolie agressa les Song. Ces derniers envoyèrent des espions qui avaient pour objectif principal de se procurer des informations militaires sur ce pays. Par exemple, Meng Gong envoya des hommes scruter les mouvements de l'armée mongole à De'an.[63]

---

59. *Changbian*, juan 489, wuchen, juillet, quatrième année de l'ère Shaosheng, p. 11612.

60. *Changbian*, juan 312, renshen, avril, quatrième année de l'ère Yuanfeng, p. 7566 ; juan 313, renxu, juin, quatrième année de l'ère Yuanfeng, p. 7585.

61. *Changbian*, juan 389, bingshen, octobre, première année de l'ère Yuanyou, p. 9468.

62. *Jianyan yilai xinian yaolu*, juan 117, wuchen, décembre, septième année de l'ère Shaoxing, p. 1884 ; juan 134, dingyou, mars, dixième année de l'ère Shaoxing, p. 2158 ; juan 185, renshen, août, 30ᵉ année de l'ère Shaoxing, p. 3114 ; juan 186, yimao, octobre, 30ᵉ année de l'ère Shaoxing (il manque l'enregistrement de ce qui se passe après renyin de septembre et en octobre dans la version du Shanghai guji chubanshe. Ici, c'est l'édition du *Siku Quanshu* (Wenyuan Ge)).

63. « Rapport à propos des rebelles rusés à De'an et du stratagème "Bruit à l'est, attaque à l'ouest" utilisé éventuellement par les Mongols. » juan 27 dans Wei Liaoweng. *Heshan ji* (« *Recueil de Heshan* »). *Siku Quanshu*, Wenyuan Ge.

Comme la dynastie Song était en conflit avec les Liao, les Xia et les Jin, l'acquisition des renseignements sur ces pays lui était alors très importante, que ce fût en temps de guerre ou de paix. Même dans les circonstances normales, la dynastie Song avait besoin d'envoyer des espions pour collecter les renseignements militaires et politiques de ses ennemis. Après la signature du traité de Shanyuan, l'empereur Song Zhenzong dit : « Même si nous maintenons une bonne relation avec eux et que nous avons réduit le nombre d'armées frontalières, il nous faut toujours être au courant de leurs mouvements. Nous devons suivre l'ancien régime et garder les espions. » Afin de prévenir que les Khitans imputassent la faute à la dynastie Song au cas où ses espions seraient pris, cette dernière ordonna de ne pas tuer les espions des Liao, et de les détenir en cas de nécessité future.[64] En général, les espions collectaient des renseignements militaires importants. Bao Zheng dit :

> Les espions n'ont qu'à chercher à savoir où se trouvent les chefs des pays adverses, qui sont les ministres et les généraux, les conditions de vie des habitants devant et derrière les montagnes, et si les autres pays se sont soumis à eux. D'ailleurs, tous les événements importants, y compris l'entraînement et le rassemblement des soldats, les complots, la récolte annuelle, et le transfert des vivres, doivent être rapportés. Toutefois, concernant les informations ordinaires et insignifiantes comme par exemple la chasse, le déplacement des tentes, la libération et la grâce des captifs, la réparation des villes, et les événements que tout le monde peut voir ainsi que les rumeurs qui restent à vérifier, il n'est pas nécessaire de les collecter, car ce serait gaspiller de l'argent, et il ne servirait à rien.[65]

Tian Xi demanda à l'empereur Song Taizong : « Il existe des pays au nord. Votre Majesté, avez-vous pu en connaître le nombre ? Lesquels de ces pays sont les ennemis des Liao ? » Il proposa alors de recruter les espions en les récompensant généreusement pour acquérir ces informations.[66] L'empereur Song Shenzong ordonna également aux fonctionnaires frontaliers de recruter des espions, qui devaient se renseigner sur le nom, la capacité, et le caractère du chef de l'armée ennemie, le nombre de soldats sous sa responsabilité, leurs compétences militaires, leur stationnement, la dimension de leur forteresse, la quantité des vivres et les voies par lesquelles ils se metteraient en marche. L'empereur Song Shenzong dit un jour à Wang Anshi : « Je conçois des soupçons contre le chef des ennemis, mais je n'en suis pas sûr. » Ce dernier répondit : « Votre Majesté, vous pourriez utiliser des espions si vous vouliez le savoir. »[67] Yang Fang s'adressa à l'empereur dans son rapport :

---

64. *Changbian*, juan 59, yisi, février, deuxième année de l'ère Jingde, p. 1320.

65. « Prière de sélectionner des espions. » juan 9 dans Bao Zheng. *Bao Xiaosu zouyi ji* (« *Recueil des rapports de Bao Xiaosu* »). *Siku Quanshu*, Wenyuan Ge.

66. « Rapport destiné à l'empereur Song Taizong pour donner des réponses sur les affaires frontalières. » juan 1 dans Tian Xi. *Xianping ji* (« *Recueil de Xianping* »). *Siku Quanshu*, Wenyuan Ge.

67. *Changbian*, juan 244, dingyou, avril, sixième année de l'ère Xining, p. 5943 ; juan 256, jiayin, septembre, septième année de l'ère Xining, p. 6258.

Les espions doivent chercher à savoir parmi les généraux des armées ennemies, qui est courageux, qui est peureux, qui est intelligent et qui est stupide, et pour les troupes militaires qu'ils dirigent, qui est fort, qui est faible, lesquelles sont nombreuses et lesquelles sont peu nombreuses.[68]

Hong Zun dit : « Un grand pays comme le nôtre, qui ne connaît pas le chef et les fonctionnaires de son ennemi, ni leurs compétences, ni leurs ambitions, courrait de grands risques. » Pour les informations acquises par la dynastie des Song du Sud, il indiqua : « Nous n'avons obtenu que les renseignements sur ceux qui avaient trahi Wanyan Liang, mais il ne nous a pas été possible de remarquer que ses confidents s'étaient unis pour comploter contre nous. »[69]

Après les négociations de paix la huitième année de l'ère Shaoxing (1138), la dynastie Song cessa d'envoyer des espions pendant un certain temps. Elle se trouva alors dans une situation très passive :

« Les généraux locaux obéissent à l'ordre impérial, et ont arrêté d'envoyer des espions dans les pays adverses. Néanmoins, les ennemis sont très rusés, et continuent à installer chez nous un grand nombre d'espions. Ils maîtrisent tous nos mouvements, mais ce qu'ils font, nous n'en savons rien. » ou « Actuellement, la cour nous empêche d'envoyer des espions, et nous ne pouvons pas connaître les mouvements des ennemis. » ou encore « Comme nous n'envoyons plus d'espions dans les pays adverses, de peur de nuire aux négociations de paix, nous n'avons aucune idée de ses mouvements. »[70]

En effet, la dynastie Song envoyait de manière régulière des espions chez les Liao, les Xia et les Jin. Néanmoins, l'envoi d'espions au Giao Chi, au royaume de Dali et au Goryeo était plutôt opportun. Avant la guerre de l'ère Xining, comme la dynastie Song avait toujours l'intention de conquérir le Giao Chi, les deux pays étaient ainsi en conflit. Cela dit, la dynastie Song dépêchait de temps en temps des espions au Giao Chi pour en observer la situation. Par exemple, la cinquième année de l'ère Qingli (1045), le Giao Chi attaqua le Champā. La cour Song ordonna à la commission des transports du Guangdong de recruter des hommes pour s'infiltrer au Giao Chi, et se renseigner sur ses troupes.[71] Pendant la guerre de l'ère Xining, les espions des Song au Giao Chi obtinrent une lettre qui n'avait pas été scellée, et dans laquelle il était écrit : « Les Hans sont en train d'appliquer la loi des "pousses vertes" et celle sur la corvée. Le peuple s'en trouve appauvri. Nous lançons une guerre pour le sauver. » La dynastie Song envoya aussi des espions à la fois au

---

68. « Rapport de Yu Qiaoyin adressé à l'empereur. » juan 1 dans Yang Fang. *Zixi ji* (« *Recueil de Zixi* »). *Siku Quanshu*, Wenyuan Ge.

69. Hong, Zun. « Rapport pour demander de bien sélectionner les espions. » juan 222 dans *Lidai mingchen zouyi*.

70. *Jianyan yilai xinian yaolu*, juan 129, jisi, juin, neuvième année de l'ère Shaoxing, p. 2088 ; juan 131, gengwu, août, neuvième année de l'ère Shaoxing, p. 2111.

71. *Changbian*, juan 157, bingchen, décembre, cinquième année de l'ère Qingli, p. 3812.

Giao Chi et au Champā pour collecter des renseignements.[72] Après la guerre de l'ère Xining, elle envoya à nouveau des espions au Giao Chi lorsque les Mongols l'envahirent. Le royaume de Dali s'entendait bien avec les Song, et ne constituait aucune menace pour ces derniers. Cependant, quand les Mongols attaquèrent le royaume de Dali, la dynastie Song y envoya également des espions. Étant donné qu'il existait de nombreuses minorités ethniques entre les deux pays, il était très difficile pour les espions des Song de se procurer les informations sur le Dali. Li Zengbo écrivit dans son rapport : « La plupart des espions envoyés par le Guangxi ont pu atteindre Temo, mais très peu d'entre eux sont arrivés au royaume de Dali, puisqu'il était difficile de passer par le territoire où vivent les barbares. » Il pria l'empereur d'ordonner à Xie Ji, gouverneur de Hengshan, qui connaissait bien les barbares ainsi que leur territoire, d'envoyer des espions au Dali pour obtenir des renseignements. L'homme envoyé par Xie Ji réussit à se procurer des informations utiles du Dali.[73] Sous la dynastie des Song du Sud, les espions furent envoyés au royaume de Goryeo afin de se renseigner sur les Jin. Par exemple, la cinquième année de l'ère Shaoxing (1135), la cour Song demanda à Wu Dunli, un homme ordinaire de Dengzhou, de se rendre au Goryeo pour collecter des renseignements sur les Jin. Il remplit la mission, et revint[74]. De même, l'empereur Song Gaozong envoya au Goryeo les commerçants de Quanzhou Liu Yue et Huang Shishun, et le marchand de Mingzhou Xu Derong, pour se renseigner sur les Jin. La dynastie Song envoya également des espions chez les imposteurs Qi. Par exemple, les espions se procurèrent des informations, comme celle que Liu Yu construisait des navires à Huaiyang.[75] Pourtant, d'après les documents consultés, la dynastie Song n'envoya pas d'espions dans les pays de la mer de Chine méridionale (exceptés le Giao Chi et le Champā), ni dans les régimes occidentaux, ni au Japon.

## 3. Les commerçants, les moines et les frontaliers

La dynastie Song n'envoya qu'une fois des émissaires dans les pays occidentaux et de la mer de Chine méridionale.[76] Aucun ambassadeur ne fut envoyé au Japon. C'était à travers les commerçants, les moines et les émissaires des pays étrangers que la dynastie Song se procurait les informations

---

72. « Biographie de Wang Anshi. » juan 327 dans *Song shi*. p. 10549. *Changbian*, juan 288, jihai, mars, première année de l'ère Yuanfeng.

73. « Rapport en réponse à l'empereur. » juan arr. 8 et juan arr. 9 dans Li Zengbo. *Kezhai zagao & xugao.*

74. *Jianyan yilai xinian yaolu*, juan 86, wuchen, février intercalaire, cinquième année de l'ère Shaoxing, p. 1429.

75. « Biographie de Shen Yuqiu. » juan 372 dans *Song shi*. p. 11542.

76. L'histoire sur Wang Yande qui fut envoyé au Qocho est déjà mentionnée dans les chapitres précédents. Celle où huit eunuques se rendirent aux pays en mer de Chine méridionale est enregistrée dans le chapitre « Fonctionnaires (44) » du *Song huiyao jigao* (p. 1). L'empereur Song Taizong octroya aux huit eunuques des édits, de l'or et des tissus de soie en les divisant en quatre groupes. Ils se rendirent dans les pays en mer de Chine méridionale pour inviter ces derniers à payer tribut à la dynastie Song, et acheter des médicaments aromatiques, des dents de rhinocéros, des perles et des bornéols. Chaque groupe apportait avec lui trois édits impériaux pour les octroyer aux monarques des pays où ils allaient. Ils visaient à faire du commerce, et ne cherchaient pas de pays en particulier à visiter.

de ces pays et régions. À propos de l'acquisition des renseignements des pays tels que les Liao, les Xia, les Jin, le Giao Chi et l'Empire du Tibet, les frontaliers jouaient également un rôle important.

Sous la dynastie Song, grâce au développement sans précédent du commerce extérieur, les commerçants à l'intérieur et à l'extérieur du pays fournissaient une grande partie de renseignements. Comme le commerce extérieur des Song se concentrait sur les zones maritimes du sud-est, ces derniers pouvaient obtenir plus d'informations relatives aux pays de la mer de Chine méridionale par rapport aux dynasties précédentes. Li Zengbo dit que les minorités ethniques et les commerçants pouvaient échanger entre eux sans restrictions. À l'étranger, les commerçants, plus libres que les émissaires, arrivaient parfois à acquérir des informations plus précises et plus concrètes. Par exemple, la première année de l'ère Zhidao (995), le commissaire des transports du Guangxi, Zhang Guan, rapporta que Lê Hoàn avait été expulsé par les Ding, et était déjà mort. L'empereur Song Taizong envoya quelqu'un au Lingnan pour vérifier le message. L'envoyé revint, et confirma le rapport de Zhang Guan. En réalité, Lê Hoàn était toujours en vie. Peu de temps après, des commerçants revinrent du Giao Chi, et dirent tous que Lê Hoàn était toujours dirigeant.[77] Citons un autre exemple. Pendant le règne de Renzong, le rebelle E Lin fuit jusqu'au Champā, alors que la cour Song croyait qu'il était mort. Le marchand Shao Bao parvint au Champā, et vit une centaine de traîtres dont E Lin qui était emprisonné dans ce pays. Rentré chez la dynastie Song, ce marchand rapporta ce qu'il avait vu. La cour Song envoya alors des gens dont Shao Bao au Champā, pour ramener E Lin.[78] À la fin de la dynastie des Song du Sud, dans le but de connaître les mouvements des Mongols au Giao Chi, la cour Song profita des commerçants du Fujian dans ce pays. Ces derniers y étaient nombreux, et beaucoup d'entre eux étaient nommés à des fonctions. En effet, bon nombre de fonctionnaires au Giao Chi étaient originaires du Fujian. Les gens du Fujian et du Guangnan allaient faire du commerce au Giao Chi, et certains d'entre eux y restaient pour assumer des fonctions.[79] La cour Song ordonna alors de choisir un Fujianais qui était fonctionnaire au Hubei ou au Hunan pour l'envoyer en Annam afin d'obtenir des renseignements. Enfin, Liao Yangsun, originaire de Nanjian, fut sélectionné. On lui donna la lettre et de l'argent, et lui demanda de se procurer le plus que possible des informations. Liao resta au Giao Chi pendant douze jours. Durant cette période, il contacta de son mieux les Fujianais au Giao Chi. Ces derniers lui fournirent beaucoup de renseignements, et donnèrent à la cour Song leurs conseils sur le traitement des problèmes du Giao Chi.[80]

Les marchands qui commerçaient dans les pays tels que les Liao, l'Empire du Tibet, la Mongolie et les imposteurs Qi apportèrent de nombreux renseignements militaires. Selon les documents historiques, la dynastie Song acquit des informations sur les Liao et la Mongolie grâce aux

---

77. « Chronique du Giao Chi. » juan 488 dans *Song shi*. p. 14062.

78. *Changbian*, juan 133, gengshen, septembre, première année de l'ère Qingli, p. 3175 ; juan 137, jisi, juillet, deuxième année de l'ère Qingli, p. 3287.

79. *Changbian*, juan 247, bingshen, octobre, sixième année de l'ère Xining, p. 6032 ; juan 273, renshen, mars, neuvième année de l'ère Xining, p. 6692.

80. « Rapport de la commissaire militaire à propos de l'Annam. » juan arr. 5 et « Rapport en réponse à l'empereur. » juan arr. 6 dans Li Zengbo. *Kezhai zagao & xugao*.

commerçants qui fréquentaient les marchés frontaliers. Au Hebei, les intermédiaires des marchés frontaliers de Xiongzhou, Bazhou, Ansu et Guangxin cherchaient à s'informer auprès des clients du Nord afin de collecter des renseignements sur les Liao pour la dynastie Song.[81] À Jingzhou, les Song ouvrirent un marché avec la Mongolie, et obtinrent peu de bénéfices. Cependant, l'ouverture de ce marché n'avait pas pour objectif de faire des profits, mais de collecter les renseignements sur l'ennemi au cours des échanges commerciaux. À travers ce marché, la dynastie Song pouvait espionner l'ennemi, acheter ses chevaux, et lier Jingzhou à Xiangyang. »[82] La neuvième année de l'ère Dazhong Xiangfu, des commerçants vinrent de Qinzhou, et avertirent que Gyalsé voulait se venger de Cao Wei (un général des Song).[83] De même, Ye Mengde proposa d'envoyer les commerçants Liu Yue et Huang Shishun au Goryeo pour obtenir des renseignements sur les Jin. Ces marchands, comme auparavant, allaient faire du commerce au Goryeo, et devaient rapporter tous les mouvements de l'ennemi. Avec les commerçants qui espionnaient tout le temps les ennemis, la dynastie Song pourrait connaître l'itinéraire que leurs troupes choisiraient et leur lieu de rassemblement au cas où ils comptaient l'attaquer. Lorsqu'il y avait des troubles dans les pays ennemis, les commerçants pouvaient également fournir des renseignements que la dynastie Song serait incapable de se procurer, ce qui ne lui serait guère insignifiant.[84] À la fin de l'ère Shaoxing, il était dit que les Jin avaient l'intention de s'allier au Goryeo, ce qui éveilla les soupçons des Song. Zhao Bogui, préfet de Mingzhou, envoya alors un habitant local, Xu Derong, au Goryeo pour collecter des renseignements. Ce dernier revint après avoir appris des informations importantes.[85] Xu Derong était un commerçant de Mingzhou qui fréquentait le Goryeo. Selon le *Gaoli shi* (« *Histoire du Goryeo* »), il s'y rendit à quatre reprises, à savoir les 3e, 16e et 17e années du règne de Uijong, et la troisième année du règne de Myeongjong. Il était appelé « *gangshou* (chef du convoi de marchandises) de la dynastie Song ». D'après ce même document, c'était la dynastie Song qui l'avait envoyé au Goryeo au cours de ses deux dernières visites.[86] De plus, les Song recourirent aux commerçants pour collecter les informations sur les imposteurs Qi. La deuxième année de l'ère Shaoxing (1132), des commerçants en provenance du Qi, arrivèrent à Jiankang. Selon eux, les habitants des Plaines centrales souffraient beaucoup de la tyrannie de Liu Yu, et s'attendaient à l'arrivée de l'armée Song. Ainsi, l'empereur Song Gaozong y dépêcha des officiels de manière à apaiser les populations locales. Kou Hong, préfet de Haozhou, et Chen Bian, gouverneur de Shouchun, finirent par se soumettre à la dynastie Song.[87]

---

81. *Changbian*, juan 299, jiaxu, juillet, deuxième année de l'ère Yuanfeng, p. 7267.

82. « Rapport sur quatre événements rédigé à Jingkun. » juan 18 dans Li Zengbo. *Kezhai zagao*.

83. « Biographie de Shi Pu. » juan 324 dans *Song shi*. p. 10474.

84. Ye, Mengde. « Prière d'envoyer quelqu'un au Goryeo pour espionner les Jin. » juan 348 dans Yang Shiqi *et al. Lidai mingchen zouyi*.

85. « Voyage de Zhao Bogui. » juan 86 dans Lou Yao. *Gongkui ji* (« *Recueil de Gongkui* »). *Siku Quanshu*, Wenyuan Ge.

86. Cf. « Uijong (I). » juan 17, « Uijong (II). » juan 18 et « Myeongjiong (I). » juan 19 dans *Gaoli shi* (« *Histoire du Goryeo* »). Kyujanggak, édition de luxe.

87. *Jianyan yilai xinian yaolu*, juan 51, gengyin, février, deuxième année de l'ère Shaoxing, p. 912.

Les marchands rapportaient également des informations concernant la situation géographique, le réseau routier et les mœurs sociales des pays tels que le Goryeo, le Japon et ceux de la mer de Chine méridionale. Ye Mengde, par exemple, se renseignait auprès de Liu Yue et Huang Shishun, grands commerçants de Quanzhou, surtout sur la situation géographique du Goryeo et la distance entre les différents lieux. De plus, il ne manquait pas de leur demander de dessiner les voies maritimes par lesquelles ils étaient passés. Pourtant, ce n'était pas dans cette optique que Liu Yue et Huang Shishun collectèrent ces renseignements. Restés pendant longtemps au Goryeo, ils obtinrent des informations involontairement en discutant avec les habitants locaux.[88] Zhou Shichang, commerçant maritime de Jianzhou, se trouva bloqué au Japon à cause du vent tempétueux, et y resta pendant sept ans. De retour, il présenta à l'empereur Song Zhenzong les mœurs sociales, les noms des préfectures et ceux des règnes du Japon. Comme la dynastie Song n'avait pas de relation diplomatique avec le Japon, les marchands jouaient un rôle important dans l'acquisition des informations sur ce pays : « Les commerçants du Sud transportaient de temps en temps des marchandises japonaises en Chine. »[89] La dynastie des Song du Sud achetait des chevaux du Dali, du Ziqi et du Luodian. À part les chevaux, d'autres marchandises barbares circulaient également sur le marché des Song. Les échanges commerciaux étaient plutôt intenses. La dynastie Song pouvait ainsi se procurer les informations détaillées des itinéraires allant du Guangxi au Dali, au Ziqi et au Luodian.[90] En outre, à travers les ouvrages du bouddhisme rapportés par les marchands qui faisaient du commerce au Dali, les Song apprirent que ce dernier employait encore le caractère « 圀 » (en *pinyin* : *guó*, une autre forme du caractère chinois « 国 » qui signifie « pays ») créé par Wu Zetian[91]. Sous le règne de l'empereur Shenzong, Huang Jin, marchand de Quanzhou, et qui faisait du commerce au Goryeo, rapporta la nouvelle que ce dernier voulait reprendre une relation diplomatique avec la dynastie Song. Les deux pays finirent par rétablir leurs relations rompues depuis une quarantaine d'années[92]. À la fin de l'ère Shaoxing, Xu Derong informa le gouverneur de Mingzhou que le Goryeo voulait envoyer des ambassadeurs chargés de souhaiter le bon anniversaire à l'empereur Song[93]. Ce Xu Derong était bien le commerçant Xu Derong de Mingzhou qui avait été envoyé par Zhao Bogui.

Ce qui reflétait le mieux le rôle des commerçants dans l'acquisition des informations extérieures, c'est que les Song arrivaient à mieux connaître les pays en mer de Chine méridionale. Le *Lingwai daida* (« *Réponses représentatives des régions au-delà des montagnes* ») consigna plus

---

88. Ye, Mengde. « Prière d'envoyer quelqu'un au Goryeo pour espionner les Jin. » juan 348 dans Yang Shiqi *et al. Lidai mingchen zouyi*.

89. « Chronique du Japon. » juan 491 dans *Song shi*. p. 14136.

90. « Les voies vers les pays étrangers. » juan 3 dans Zhou Qufei. *Lingwai daida*. p. 122-123 ; « Achat des chevaux à Yizhou. » et « La foire commerciale au village de Hengshan à Yongzhou. » juan 5 dans Zhou Qufei. *Lingwai daida*. pp. 189-194.

91. « De toutes choses. » dans Fan Chengda. *Guihai yuheng zhi* (« *Annales des régions reculées du sud* »). Zhonghua shuju, 2002, édition ponctuée et révisée. p. 130.

92. « Biographie de Luo Zheng. » juan 331 dans *Song shi*. p. 10646.

93. « Chronique du Goryeo. » juan 487 dans *Song shi*. p. 14052.

de 40 pays en mer de Chine méridionale, et le *Zhufan zhi* (« *Annales des pays barbares* ») plus de soixante-dix. La plupart de ces pays ne sont pas repérables dans les documents historiques des dynasties précédentes, particulièrement les pays situés dans les îles de l'Asie du Sud-est telles que les îles philippines et les îles indonésiennes, les pays côtiers de l'Afrique de l'Est et les pays au bord de la mer Rouge. Les informations sur les autres pays et régions étaient également riches.[94] Dans le *Lingwai daida*, Zhou Qufei dit que l'ouvrage était le résultat de ce qu'il avait vu et entendu au cours de sa conversation avec les intellectuels et les fonctionnaires locaux, lorsqu'il était gouverneur du Guangxi. Zhao Rukuo, quant à lui, dit que les informations enregistrées dans le *Zhufan zhi* provenaient des commerçants : « Je me suis informé auprès des commerçants étrangers en leur demandant le nom de leurs royaumes, leurs mœurs sociales, leurs réseaux routiers, leurs montagnes, et leurs fleuves. »[95] Ces deux livres consignèrent les hommages rendus par les pays dont le Srivijaya depuis l'ère Jianlong. De plus, le *Lingwai daida* décrit en détail le nombre et le type de tributs versés par le Giao Chi. Il est pourtant à signaler que les commerçants ne seraient pas capables de fournir toutes ces informations dont beaucoup dataient de plusieurs décennies ou même d'une centaine d'années auparavant. Il se peut donc que ces informations proviennent des registres officiels ou des documents historiques. Zhou Qufei se procura les renseignements dont il avait besoin à Qinzhou. Néanmoins, ce dernier était un port destiné aux échanges commerciaux avec le Giao Chi, et n'appartenait pas au système du commerce extérieur. De plus, les marchands du Giao Chi n'étaient pas permis de faire du commerce à Guangzhou[96]. Cela dit, à l'exception de celles directement fournies par les commerçants, les informations d'une quarantaine de pays qu'il acquit devaient provenir pour la plupart des documents officiels ou des biographies historiques privées. De toute façon, nous ne pouvons pas nier que les commerçants représentaient les sources principales du contenu de ces deux livres et des informations concernant les pays en mer de Chine méridionale maîtrisées par les Song. Selon les documents historiques, seulement une vingtaine de pays en mer de Chine méridionale avaient une relation tributaire avec la dynastie Song.[97] De ce point de vue, les informations de la plupart des pays en mer de Chine méridionale apparues dans les documents officiels et les œuvres privées devraient être principalement fournies par les commerçants. Plus précisément, seuls les commerçants qui allaient en personne faire du commerce à l'étranger pouvaient acquérir des informations concrètes sur les produits, les

---

94. Cf. « Tableau de comparaison des pays et des régions faisant du commerce extérieur sous les dynasties Tang et Song » dans l'ouvrage de l'auteur *Songdai haiwai maoyi*, p. 31-33.

95. Préface de Zhao Rukuo dans *Zhufan zhi* (« *Annales des pays barbares* »). Centre des recherches asiatiques de l'Université de Hong-Kong, 2000, édition notée par Han Zhenhua. p. 4.

96. Cf. l'article de l'auteur « Les échanges commerciaux entre la dynastie Song et le Giao Chi » *Zhongguo shehui jingji shi yanjiu* (« *Journal de l' histoire sociale et économique de la Chine* »). Issue 2. 2009.

97. Quatorze pays en mer de Chine méridionale sont énumérés dans le premier juan du *Wenchang zalu* (« *Registre divers à Wenchang* ») de Pang Yuanying (Daxiang chubanshe, 2006, édition ponctuée et révisée). Selon « Chroniques des pays étrangers » du *Song shi*, le *Changbian*, et « Barbares » du *Song huiyao jigao*, nous pouvons y ajouter le Butuan, le Sanmalan, les pays Pupo, le Ma-ï, le Pagan, le Zhenlifu, le Tubo, le Brunei, le Gulu Mojia et le Lavo.

marchandises et les marchés des pays en mer de Chine méridionale. Par exemple, le *Zhufan zhi* cite des dizaines de sortes de marchandises que les commerçants des Song vendaient dans quinze lieux (des dizaines de pays et de régions concernés), et les produits locaux des pays en mer de Chine méridionale. Ce livre décrit aussi en détail les caractéristiques du marché et les échanges commerciaux des pays tels que le Srivijaya, le royaume de Java et le Mindoro. En résumé, les activités des commerçants accrurent avec force et en profondeur les informations des pays en mer de Chine méridionale acquises par les Song.

Les moines constituaient depuis toujours un moyen de transmission des messages. Sous la dynastie Song, les moines à l'intérieur et à l'extérieur du pays permirent également au côté officiel de se procurer des informations extérieures. Par exemple, la dynastie Song n'avait pas d'échanges diplomatiques ni avec l'Inde ni avec le Japon. Pour les informations liées à ces deux pays et déjà consignées sous la dynastie Song, celles fournies par les moines étaient beaucoup plus nombreuses que celles rapportées par les commerçants. Selon « Chronique de l'Inde » dans le *Song shi* (« *Histoire des Song* »), la troisième année de l'ère Qiande (965), le moine de Cangzhou, Daoyuan, revint de l'Inde. L'empereur Song Taizu le convoqua, et lui demanda les mœurs sociales, la situation géographique et les voies des lieux qu'il avait parcourus. Il put tout retenir par cœur. La septième année de l'ère Taiping Xingguo (982), le moine de Yizhou appelé Guang revint de l'Inde, et fournit la liste des rois et des moines indiens. Shihu, moine indien, présenta en détail les pays par lesquels il était passé de l'Inde à la mer de l'Ouest et à la mer du Sud ainsi que la distance entre ces pays. Au cours de l'ère Yongxi, le moine brahmanique Yongshi atteignit la capitale, et présenta la vie quotidienne du roi et de la reine de son pays, les habits, les ministres d'État, les produits locaux, les mœurs sociales et la distance avec le Califat abbasside. Selon le *Wuchuan lu* (litt. « *Registres des bateaux de Wu* ») écrit par Fan Chengda, Jiye, un moine du monastère de Tianshou à Tokyo, rédigea le *Xiyu xingcheng* (litt. « *Voyage dans les régions de l'Ouest* ») après être allé en Inde pour chercher des *śarīra* (reliques bouddhiques). Selon Fan Chengda, malgré le manque d'informations plus concrètes, l'ouvrage était vérifiable en matière géographique, ce qui était très rare. Il enregistra le parcours depuis Jiezhou où Jiye était parti jusqu'en Inde, et les trajets ainsi que ses activités dans ce pays.

Les informations au sujet du Japon enregistrées d'après « Chronique du Japon » dans le *Song shi* étaient aussi principalement originaires des moines. La première année de l'ère Yongxi (984), un moine japonais appelé Fujiwara no Chōnen soumit le *Zhiyuan ling* (« *Code du personnel japonais* ») et le *Wang niandai ji* (« *Généalogie de la famille impériale japonaise* »), et présenta la diffusion des livres classiques chinois au Japon ainsi que les mœurs sociales, les produits locaux, les pièces de monnaie et la musique du pays. Grâce à l'ouvrage intitulé *Wang niandai ji* les Song avaient une connaissance sur la situation politique du Japon dont le système héréditaire de l'empereur japonais. Durant les ères Jingde et Xining, des moines japonais dont Jizhao et Chengxun, vinrent chez les Song. Dès lors, les Japonais payèrent tribut à plusieurs reprises, et ceux qui vinrent étaient tous moines. Par ailleurs, la troisième année de l'ère Qiande, un moine du royaume de Khotan, Shanming, se rendit chez la dynastie Song, et apporta la lettre du Premier ministre de son pays. La quatrième année de l'ère Kaibao, Jixiang, un autre moine du Khotan vint chez les Song avec la lettre de son roi.[98]

Parfois, la dynastie Song envoyait spécialement les moines récolter des informations extérieures. La cinquième année de l'ère Tiansheng, Li Yunze ordonna à un habitant de Xiongzhou qui s'appelait Zhang Wenzhi de feindre d'être moine pour observer les mouvements des Khitans.[99] La première année de l'ère Qianxing, Gyalsé et Li Lizun résidant à Zongge envoyèrent un émissaire déclarer leur soumission à la dynastie Song. Cette dernière en douta. Elle envoya alors un moine et Moluo, un espion qui avait été arrêté, à Zongge avec l'émissaire. Ils avaient pour objectif de chercher à connaître le résultat de la guerre entre le Tsongkha et les Xia occidentaux[100]. Zhong Shiheng dépêcha un moine appelé Wang Song chez les Xia occidentaux pour espionner les mouvements de Zhao Yuanhao.[101]

Les minorités ethniques résidant dans les régions où la dynastie Song avait des frontières communes avec les pouvoirs politiques du Nord, le Giao Chi et le Dali cohabitaient avec les Hans natifs. Parlant la même langue et ayant les mêmes coutumes que les Hans, ces minorités étaient parfois plus efficaces que les espions et les émissaires en matière de collecte d'informations étrangères. Les fonctionnaires des Song en parlèrent à maintes reprises. Qian Ruoshui analysa : « Les habitants frontaliers ont des parents dans les deux pays. Nous leur donnons des faveurs pour gagner leur cœur et leur fidélité. Ce faisant, une fois que les adversaires se préparent au combat, nous en serons informés. »[102] Li Zengbo, lui aussi, dit :

> Le Guangxi est séparé du Giao Chi et du Dali par les régions habitées par les minorités ethniques. Ces dernières sont variées et parlent des langues différentes. Il est difficile de passer par là. Nous pouvons donc voir qu'il n'est pas facile d'envoyer des espions du Guangxi parmi les ennemis. Il faut s'allier avec les barbares, et pénétrer dans les pays ennemis pour collecter des renseignements.[103]

Depuis la dynastie des Song du Nord, les fonctionnaires du Guangxi cherchaient activement à acquérir des informations sur les pays étrangers en profitant des ethnies frontalières. Au début de l'ère Xining, Xiao Zhu gouvernait Guizhou. Les chefs des tribus de Temodao à la préfecture de Tianchen lui rendirent visite. Xiao Zhu les interrogea sur les montagnes, les fleuves et les voies de communication ainsi que sur l'état des personnes âgées et des enfants. Cette attention gagna le

---

98. « Chronique du Khotan. » juan 490 dans *Song shi*. p. 14107.

99. *Changbian*, juan 105, yisi, septembre, cinquième année de l'ère Tiansheng, p. 2447.

100. *Changbian*, juan 99, jiaxu, novembre, première année de l'ère Qianxing, p. 2302.

101. « Les compétences des généraux. » juan 56 dans Jiang Shaoyu. *Songchao shishi leiyuan* (« *Liste des faits historiques de la dynastie Song* »). Shanghai : Shanghai guji chubanshe, 1981, édition ponctuée et révisée. p. 737

102. « Biographie de Qian Ruoshui. » juan 266 dans *Song shi*. p. 9168.

103. « Rapport pour énoncer cinq événements en tant que gouverneur du Guangxi. » juan 17 dans Li Zengbo. *Kezhai zagao.*

cœur des chefs. De ce fait, il était toujours mis au courant des mouvements de Li Qiande.[104] Pendant la guerre de l'ère Xining, le Giao Chi obligea les minorités ethniques des Song à se soumettre. La cour Song ordonna secrètement aux chefs de feindre leur soumission, et de continuer à espionner les ennemis en cachette avant que les forces Song ne vinssent.[105] Il y avait également Li Juming, qui rassemblait des renseignements sur le Giao Chi.[106] Tao Bi maintint une bonne relation avec les propriétaires fonciers locaux lorsqu'il gouvernait Yongzhou. Ainsi, ce que le Giao Chi désirait, Tao Bi le savait probablement à l'avance.[107] Lorsque les Mongols arrivèrent au Giao Chi et au Dali, la dynastie Song motiva plus activement les minorités ethniques aux frontières pour se procurer des informations. Pour se renseigner sur le Giao Chi et le Dali, Li Zengbo fit remarquer : « Il vaut mieux s'allier aux barbares et leur faire espionner les mouvements des adversaires. » La cour Song envoya alors Xie Ji, qui connaissait bien les barbares, et le chargea de faire alliance avec ces derniers pour espionner les ennemis. Nong Shigui de Temodao, Huang Bing de Simingzhou et le chef de Luchengzhou rapportèrent à la commission militaire du Guangxi qu'environ 100 000 soldats mongols avaient été tués au village de Huasha et dans un certain pays arabe, et que les Mongols construisaient des routes jusqu'à la rivière Duni à partir du Dali. De plus, le roi du royaume de Ziqi informa que les ennemis, armés de boucliers, comptaient traverser la rivière Duni le neuvième jour de ce mois-là.[108]

La dynastie des Song du Nord s'appuyait également sur les habitants frontaliers pour obtenir des informations sur les Liao et les Xia occidentaux. Quand He Chengju défendait le Hebei, il profita des habitants frontaliers pour collecter des renseignements. Lorsqu'un habitant frontalier venait fournir des informations confidentielles, il faisait partir les gardiens, et ne concevait pas le moindre soupçon contre cet habitant. Ainsi, il parvint à maîtriser tous les mouvements des Khitans.[109] Les autochtones frontaliers prenaient également l'initiative de collecter des informations pour la cour Song. Zhao Yanzuo, issu d'une grande famille de Xiongzhou, commença à nouer des liens amicaux avec les grands personnages des Liao sous le règne de l'empereur Song Taizong en dépensant beaucoup d'argent. Dès qu'il aurait obtenu des renseignements, il en ferait part au général de Baizhou. Lorsqu'il eut plus de 70 ans, il fut convoqué par l'empereur Song Zhenzong. Il présenta à ce dernier les mœurs sociales, la situation géographique et la distance entre les différents lieux du pays des Liao. Au cours de l'ère Xining, il y avait des propriétaires fonciers frontaliers qui,

---

104. « La conquête du Giao Chi sous le règne de l'empereur Song Shenzong. » juan 17 dans Peng Baichuan. *Taiping zhiji tonglei* (« *Mémoriaux du règne de l'empereur dans l'ère Taiping Xingguo* »). *Siku Quanshu*, Wenyuan Ge. édition photocopiée.

105. *Changbian*, juan 274, jiachen, avril, neuvième année de l'ère Xining, p. 6709.

106. *Changbian*, juan 285 jisi, novembre, dixième année de l'ère Xining, p. 6991.

107. « Biographie de Tao Bi, commissaire *dongshang gemen* et préfet de Kangzhou. » juan 8 dans Shen Liao. *Yunchao bian* (« *Compilation de Yunchao* »). *Siku Quanshu*, Wenyuan Ge.

108. « Rapport en réponse à l'empereur. » juan arr. 3, « Rapport de la commissaire militaire à propos de l'Annam. » juan arr. 5, « Rapport sur le déplacement progressif des troupes vers Yongzhou, Qinzhou, Yizhou et Rongzhou pour se défendre. » juan arr. 7, et « Rapport en réponse à l'empereur. » et « Rapport sur les affaires frontalières. » juan arr. 9 dans Li Zengbo. *Kezhai zagao & xugao*.

109. « Biographie de He Chengju. » juan 273 dans *Song shi*. p. 9329.

voulant profiter de leurs liens étroits avec les hommes influents du Nord, comptaient collecter des renseignements en dépensant leur propre argent.[110] Pendant l'ère Yuanfeng, la dynastie Song employa activement les tribus frontalières pour acquérir des renseignements avant d'attaquer les Xia occidentaux. La troisième année de l'ère Yuanfeng, un chef de l'ouest appelé Yuzang Huama envoya des émissaires dont Ba Ju avec une lettre traduite pour informer les Song que les Xia occidentaux rassemblaient les soldats, et s'apprêtaient à construire la cité de Sapu dazong.[111] La cinquième année de l'ère Yuanfeng, un fonctionnaire originaire d'une minorité ethnique appelée A Qi rapporta que les troupes des Xia occidentaux s'étaient rendues à Xingzhou, et envisageaient d'envahir les Song en prenant des itinéraires différents. La sixième année de l'ère Yuanfeng, le gouverneur du Hedong envoya des individus issus de minorités, dont Yi Tekai, aller espionner les Xia occidentaux. De même, Li Xian proposa que tous les gouverneurs notassent, dans les groupes minoritaires qu'ils géraient, les noms de ceux qui excelleraient à espionner, afin que ces hommes servissent d'émissaires en cas de besoin.[112]

## 4. Les émissaires étrangers, les autres étrangers, les défectionnaires et les captifs

Il arrivait souvent que la dynastie Song s'informât auprès des émissaires étrangers, ce qui était stipulé par les règlements. Le *zhuke langzhong* et le *yuanwai lang* du ministère des Rites assumaient alors la responsabilité de collecter des informations auprès de ces émissaires : « Dès l'arrivée des envoyés, nous devons dessiner leurs habits, et mettre sur écrit leur situation géographique et leurs mœurs. »[113] Dans le premier juan du *Wenchang zalu* (« *Registre divers à Wenchang* »), Pang Yuanying consigna les informations des 28 royaumes dont l'office Zhuke s'occupait lorsqu'il assumait la fonction de *zhuke langzhong*. La neuvième année de l'ère Qiandao, les émissaires du Giao Chi vinrent payer tribut à la dynastie Song. Le ministère des Rites ordonna à l'office Zhuke de se renseigner sur leurs mœurs sociales et le peuple, et de dessiner leurs habits et leurs apparences comme autrefois.[114] Sous les Tang, les fonctionnaires de la Cour du cérémonial national furent chargés de cette mission :

> Une fois que les étrangers arrivent, les fonctionnaires de la Cour du cérémonial national
> doivent s'informer de la situation géographique et des mœurs de leurs pays. C'est aussi à ces
> fonctionnaires qu'il incombe de faire un dessin correspondant et de soumettre toutes les

---

110. *Changbian*, juan 59, bingyin, mars, deuxième année de l'ère Jingde, p. 1324 ; juan 258, wushen, novembre, septième année de l'ère Xining, p. 6291.

111. « Soldats (28). » dans *Song huiyao jigao*. pp. 22-23.

112. *Changbian*, juan 326, xinmao, mai, cinquième année de l'ère Yuanfeng, p. 7848 ; juan 334, wushen, mars, sixième année de l'ère Yuanfeng, p. 8046 ; juan 337, renxu, juillet, sixième année de l'ère Yuanfeng, p. 8126.

113. « Fonctionnaires (III). » juan 163 dans *Song shi*. p. 3854.

114. « Recherche sur les quatre barbares (VII). » juan 330 dans *Wenxian tongkao* (« *Étude exhaustive des documents* »). The Commercial Press, *Wanyou wenku*, 1936. p. 9149.

informations au *Zhifangsi* (organisme qui fait partie du ministère des Guerres de la Chine impériale). Il faut surtout dessiner les traits et les habits des envoyés qui viennent payer tribut.[115]

La Cour du cérémonial national des Song assumait également cette responsabilité. La quatrième année de l'ère Jingyou, à la demande de Song Jiao, attaché à la Cour du cérémonial national, la dynastie Song stipula :

> Dorénavant, pour tous les envoyés étrangers qui viennent rendre hommage, il faut deman-der les informations sur leurs villes, leurs coutumes sociales, et la distance entre la dynastie Song et leur royaume. Concernant les deux exemplaires de rapports incluant les dessins sur l'apparence et les habits des émissaires étrangers, l'un sera soumis au palais impérial, et l'autre sera rangé dans les archives historiques.[116]

Les douanes de la ville (*shibosi*) et les organismes des régions frontalières comme la commission militaire et la commission des transports avaient également la responsabilité de collecter des informations auprès des émissaires étrangers. La troisième année de l'ère Chunhua, l'envoyé du royaume de Java arriva, et Zhang Suxian, commissaire des douanes de la ville de Mingzhou, envoya à l'empereur, à travers le relais de poste, un rapport dans lequel il décrivit les habits de l'envoyé[117]. La cinquième année de l'ère Zhenghe, le ministère des Rites dit :

> Le royaume de Lavo vient payer tribut pour la première fois. Il faut que les douanes de la ville, conformément au *Décret de Zhenghe*, demande aux émissaires la position, l'étendue et la puissance nationale de leur royaume, ainsi que les pays auxquels il a déjà payé tribut.[118]

Dans le sixième juan du *Baoqing Siming zhi* (« *Chronique de Siming pendant l'ère Baoqing* ») et dans le huitième juan du *Kaiqing Siming xuzhi* (« Suite de la *Chronique de Siming pendant l'ère Kaiqing* »), il est dit que les marchands du Japon et du Goryeo faisaient du commerce au port de Qingyuan, et que des gens de ces deux pays qui étaient perdus en mer reçurent de l'aide. Il s'agissait en fait des informations fournies par les douanes de la ville. La cinquième année de l'ère Yuanyou, les fonctionnaires proposèrent à l'empereur :

> Pour les pays qui viennent rendre hommage pour la première fois, il vaut mieux que les organismes comme la commission militaire, l'administration des affaires militaires et la com-mission des transports demandent aux émissaires la localisation et l'étendue de leur royaume, et qu'ils se renseignent sur les autres pays auxquels les émissaires payent aussi tribut.

---

115. « Fonctionnaires (I). » juan 46 dans *Xin Tang shu* (« *Nouveau Livre des Tang* »). p. 1198.
116. « Barbares (VII). » dans *Song huiyao jigao*. p. 25
117. « Chronique du Java. » juan 489 dans *Song shi*. p. 14092.
118. « Barbares (IV). » dans *Song huiyao jigao*. pp. 73-74.

La proposition fut enfin autorisée.[119]

Les fonctionnaires chargés de recevoir et d'accompagner les envoyés avaient également la responsabilité de s'informer auprès de ces derniers. La neuvième année de l'ère Tiansheng, les émissaires du Champā et du Kucha vinrent payer tribut. Yan Shu proposa à l'empereur :

> Comme avant, il faudrait charger le fonctionnaire accompagnant les émissaires de se renseigner sur leurs chemins et leurs coutumes, et de dessiner leurs habits, pour soumettre les informations et les dessins aux historiens.[120]

Au cours de l'ère Qingli, Xiao Ying et Liu Liufu, deux émissaires des Liao, rendirent visite à la dynastie Song. L'empereur avait hâte de savoir leurs intentions, et ordonna à Fu Bi de les accueillir et de les accompagner. En vue de connaître la réalité, ce dernier entreprit une conversation avec eux, et les invita à boire. Finalement, Liu Liufu dit à Fu Bi : « Pour les demandes mentionnées dans les lettres de créance, acceptez celles que vous pouvez accepter. Pour celles que vous n'acceptez pas, il vaut mieux réfléchir à une autre solution et donner une réponse satisfaisante. » Xiao Ying dit secrètement à Fu Bi : « Les lettres de créance ont pour objectif de reprendre les dix districts du Guannan cédés par l'empereur Gaozu des Jin postérieurs. » Il ajouta : « Un émissaire du Nord comme moi ne doit pas vous dire tout cela, mais je suis vraiment touché par votre sincérité. » Fu Bi communiqua ces renseignements à l'empereur. La cour Song sut ainsi l'intention des adversaires, et commença à s'y préparer.[121] Enfin, la dynastie Song résolut cette crise à un prix relativement faible, avec l'augmentation du tribut annuel. Cela était surtout possible grâce aux informations que Fu Bi avait obtenues auprès des émissaires des Liao. Sous le règne de Song Yingzong, Zhou Hang fut chargé d'accompagner l'envoyé des Liao. Les Song ne savaient pas l'âge de l'empereur des Khitans. En discutant avec l'émissaire, Zhou Hang obtint la réponse. Comme ce renseignement influait sur le protocole diplomatique entre les deux pays, l'émissaire regretta : « Nous sommes redevenus pays frère de la dynastie du Sud (la dynastie Song). »[122] Sous la dynastie des Song du Sud, les cas les plus célèbres de questionnement d'informations étaient ceux de Zhang Tao et de Zhao Xiong. À la fin de l'ère Shaoxing, l'envoyé des Jin, Shi Yisheng, vint, et le fonctionnaire d'accompagnement, Zhang Tao, vérifia auprès de lui le renseignement d'après lequel les forces Jin allaient attaquer le Sud. Shi Yisheng répondit en ces termes humoristiques : « Le vent du Nord souffle très fort aujourd'hui. » En même temps, il prit la plume mis sur la table, et dit : « La plume vient ! La plume vient ! »[123] (Le caractère chinois *bi* « 笔 » (« plume ») a la même prononciation qu'un autre caractère chinois *bi* « 必 » qui signifie « certainement ». Ici, l'émissaire voulait dire que

---

119. « Barbares (VII). » dans *Song huiyao jigao*. p. 40. *Changbian*, juan 441, bingchen, avril, cinquième année de l'ère Yuanyou.

120. *Changbian*, juan 110, gengshen, janvier, neuvième année de l'ère Tiansheng, p. 2552.

121. « Voyage de Fu Bi. » juan 17 dans Fan Chunren. *Fan Zhongxuan ji* (« *Recueil de Fan Zhongxuan* »). *Siku Quanshu*, Wenyuan Ge.

122. « Biographie de Zhou Hang. » juan 331 dans *Song shi*. p. 10644.

123. « Biographie de Shi Yisheng. » juan 79 dans *Jin shi*. p. 1787.

les forces Jin viendraient certainement. (note du traducteur)) Durant l'ère Qiandao, Zhao Xiong fut chargé d'accompagner l'émissaire des Jin. Au cours de la conversation avec lui, Zhao acquit beaucoup d'informations, telles que la construction de la colline (artificielle) de Wansuishan (actuel « Jingshan ») et des palais à Yanjing (actuel Beijing), le périmètre de la ville de Yanjing, le nombre et les horaires de chasse de l'empereur Jin en toute saison, le nombre de princes Jin, le prince aîné, le prince le plus fort, le nom et l'âge des commissaires de la Cour des Affaires militaires, du Premier ministre et d'autres fonctionnaires, la distance entre les quatre capitales des Jin et la ville du Dragon jaune, les murailles et les palais, etc. Il rapporta tous ces renseignements à l'empereur[124].

Lors de la rencontre avec les émissaires, les empereurs leur demandèrent également souvent des information extérieures. Par exemple, l'empereur Song Taizong interrogea l'envoyé du Califat abbasside sur la position et l'aperçu géographique de son pays. Ce dernier répondit :

> Nous sommes dominés par l'Empire romain, notre voisin. À présent, la population chez nous ne dépasse pas 10 000. Notre capitale se trouve entre la montagne et la mer. Nous produisons seulement des cornes de rhinocéros, des ivoires et des médicaments aromatiques.

Il raconta également à l'empereur le moyen de capturer des rhinocéros et des éléphants.[125] L'empereur Song Zhenzong demanda à l'envoyé du Khotan combien de temps il fallait pour venir et la distance entre le Khotan et la dyanstie Song. L'émissaire lui dit le temps qu'il avait mis pour arriver de son pays jusqu'ici et ce qu'il avait vu en route : « Nous passons par Guazhou et Shazhou pour arriver au Khotan. La route est calme, et sans obstacles. »[126] L'empereur Song Shenzong demanda également à l'envoyé depuis combien de temps il avait quitté son pays, par quels pays il était passé, les renseignements sur les Tatars, le Khaganat ouïgour et l'Empire du Tibet, la relation entre les Tatars et les Xia, et celle entre le Khotan et les Liao. L'émissaire du Khotan offrit également une carte qui marquaient les différentes positions des Tartars par rapport à la dynastie Song.[127]

Les informations que les émissaires étrangers fournirent à la dynastie Song concernaient surtout la distance entre leur pays et celle-ci, la localisation, le régime et les mœurs sociales du pays, et ce qu'ils avaient vu et entendu en route, comme celles que l'empereur Taizong demanda à l'émissaire du Califat abbasside au cours de la première année de l'ère Zhidao et celles que l'empereur Zhenzong voulait savoir auprès de l'envoyé du Khotan la deuxième année de l'ère Dazhong Xiangfu. Les documents historiques consignèrent également ces informations. Par exemple, la deuxième année de l'ère Jianlong, l'envoyé du Khotan rapporta la position de son pays, la distance entre le Khotan et la capitale des Song, la production de maïs et de vin, etc. La troisième année de l'ère Chunhua, la dynastie Song acquit auprès des envoyés du Java des informations sur le roi, la reine, les titres des principaux officiels et de leurs femmes, les habits

---

124. « Zhao Wenshu espionne les Jin. » juan 9 dans *Jianyan yilai chaoye zaji II.* p. 630.
125. « Chronique du Califat Abbasside. » juan 490 dans *Song shi.* p. 14120.
126. *Changbian*, juan 71, jisi, mars, deuxième année de l'ère Dazhong Xiangfu, p. 1598.
127. *Changbian*, juan 335, bingzi, jimao, mai, sixième année de l'ère Yuanfeng, p. 8061, p. 8063.

de la population, la relation entre le Java et le Srivijaya, etc. La huitième année de l'ère Dazhong Xiangfu, Suoli Sanwen, émissaire de la dynastie Chola, raconta en détail la distance entre son pays et le Guangdong et les pays par lesquels il était passé. Il dit qu'il lui fallut 1150 jours pour aller de son royaume au Guangdong, qui était à 411 400 *li* (unité de longueur, équivalent à 1/2 kilomètre). La même année, l'envoyé du Goryeo, Guo Yuan, vint payer tribut à la dynastie Song. Il fournit des informations sur le Goryeo, telles que la population de la capitale, la division administrative, l'étendue du territoire, l'armée, les foires, les outils, les produits locaux, les vêtements, etc.[128] De même, la dynastie Song se renseigna auprès de l'émissaire de l'Empire Byzantin sur le climat, les produits locaux, les instruments musicaux et les vêtements[129]. La neuvième année de l'ère Xining, l'émissaire du Champā rapporta le trajet allant du Champā au Chenla et au Giao Chi, le nombre de tribus, l'âge du roi et le système royal.[130] Au cours de l'ère Qiandao, Zhao Xiong se renseigna également auprès de l'émissaire des Jin, Yelü Zijing, sur la situation politique et les mœurs sociales de ces derniers, ainsi que les routes empruntées.

Des émissaires étrangers offrirent également des renseignements militaires à la dynastie Song. La sixième année de l'ère Yuanfeng, si l'empereur Shenzong interrogea l'envoyé du Khotan sur la relation entre les Tatars et les Xia, et sur celle entre le Khotan et les Liao, c'est parce que cela était lié aux politiques des Song envers les Liao et les Xia. L'empereur Shenzong voulait envoyer des émissaires se rendre chez les Tatars en passant par l'Empire du Tibet, et unir ces deux pays pour attaquer ensemble les Xia. Il donna les informations obtenues auprès de l'émissaire du Khotan et la carte à Li Xian qui s'occupait des affaires militaires du Shaanxi. De même, les informations fournies par Shi Yisheng jouèrent un rôle important dans la victoire de la lutte contre Wanyan Liang. Yue Ke dit en faisant un commentaire sur cette affaire : « Dès lors, nous avons été avertis. Lorsque Gao Jingshan est venu nous provoquer, nous étions déjà prêts. Shi Yisheng avait bel et bien révélé les secrets militaires de son pays. »[131]

D'autres étrangers fournissaient également des informations extérieures à la dynastie Song. Parmi eux, il y avait ceux qui avaient été convertis en espions des Song. Certains en prenaient l'initiative, tandis que d'autres faisaient défection. Sous le règne de Song Renzong, Li Xiu, originaire de Yizhou, collectait des renseignements pour Xiongzhou. Du Qing, originaire de Youzhou, recueillait également des informations pour Xiongzhou.[132] Yu Weixiao, un habitant des Liao, rapportait constamment à la dynastie Song ce qui se passait chez les Liao. De plus, il signala, et fit arrêter l'espion des Liao Li Jing[133]. Il arrivait également que les espions des ennemis fussent convertis en espions des Song. Lorsque Li Yunze gouvernait Xiongzhou, il traita bien un espion des Liao arrêté. Il lui indiqua que les nombres de pièces d'or, de grains, de soldats et de

---

128. Cf « Chronique du Khotan. » juan 490, « Chronique du Java. » et « Chronique de la dynastie Chola. » juan 489, et « Chronique du Goryeo. » juan 487 dans *Song shi*.

129. « Recherche sur les quatre barbares (XVI). » juan 339 dans *Wenxian tongkao*. p. 2664-2665.

130. « Biographie du Champā. » juan 489 dans *Song shi*. p. 14085.

131. « Shi Yisheng. » juan 1 dans Yue Ke. *Ting shi*. Zhonghua shuju, 1981, édition ponctuée et révisée. p. 10.

132. « Barbares (II). » et « Fonctionnaires (48). » dans *Song huiyao jigao*. p. 17 et p. 98.

133. *Changbian*, juan 295, yisi, décembre, première année de l'ère Yuanfeng, p. 7180.

chevaux de la dynastie Song collectés par cet espion n'étaient pas corrects. Il lui montra même le vrai registre, et lui accorda une grande faveur en le laissant retourner chez lui. Plus tard, cet espion rapporta des informations sur les forces militaires, la richesse et la situation géographique des Liao pour remercier Li Yunze de son bon traitement. C'est pourquoi Li Yunze connaissait bien la situation des Liao. Ces derniers cachèrent les déserteurs des Song, et le nièrent. Li Yunze put cependant indiquer précisément le lieu où ils se trouvaient[134]. Lorsque Zhang Kangquan gouvernait Yingzhou, il réussit à convertir une femme en espion. Cette femme, prise par un soldat ennemi, avait la chance de dormir avec le chef des ennemis, et tous les généraux et ministres la servaient. Elle rapportait tous les mouvements de l'ennemi[135]. Tous ceux qui habitaient chez les Liao pouvaient servir d'espions aux Song.

Les étrangers prenaient souvent l'initiative de fournir des informations importantes à la dynastie Song. Par exemple, selon « De toutes choses » (troisième juan) dans l'*Appendice de Mengxi bitan* (litt. « *Discussions de pinceau depuis un petit ruisseau de rêve* ») de Shen Kuo, à la fin de l'ère Xianping, Wang Jizhong, général des Song, fut capturé par les Liao, et fut désigné plus tard comme fonctionnaire. Avant la signature du traité de Shanyuan, Wang Jizhong, qui était resté chez l'ennemi, écrivit à l'empereur Song que le chef des Liao avait envie de demander la paix. La deuxième année de l'ère Qingli, l'empereur Liao envoya Liu Liufu réclamer la région du Guannan. Liang Jishi, originaire de Zhuozhou, s'était occupé des documents officiels chez les Liao, et vint rapporter que l'envoyé de ces derniers allait demander aux Song de céder du territoire. Ainsi, à l'arrivée de Liu Liufu, l'empereur et les ministres des Song furent tous calmes. Liu doutait si la lettre avait été révélée avant son arrivée. Selon le *Changbian*, Liang Jishi, espion de Xiongzhou, qui travaillait comme professeur pour les fils des fonctionnaires importants des Khitans, s'était procuré des lettres de créance des Liao, et les avaient données aux Song.[136] Des habitants d'un troisième pays espionnaient également les Liao pour les Song. La première année de l'ère Tianxi, Hong Juxian qui venait du Silla, fut envoyé par son roi, et rassembla des informations confidentielles sur les Liao pour les rapporter à la dynastie Song[137]. Quelquefois, les fonctionnaires des Song ne croyaient pas les informations offertes par les étrangers. Par exemple, la huitième année de l'ère Xining, un homme du Giao Chi rapporta que ce dernier allait attaquer et occuper la préfecture des Song. Le gouverneur de Qinzhou, Chen Yongtai, ne le crut pas, et Qinzhou fut finalement prise par le Giao Chi.[138]

Parmi les personnes qui se tournèrent vers la dynastie Song, ceux qui avaient occupé un poste important dans les pays ennemis pouvaient offrir des renseignements variés et importants. La sixième année de l'ère Xianping, Li Xin, fonctionnaire chargé des sacrifices chez les Liao, se

---

134. *Changbian*, juan 93, dingyou, juin, troisième année de l'ère Tianxi, p. 2152.

135. *Changbian*, juan 136, bingyin, mai, deuxième année de l'ère Qingli, p. 3269.

136. Chen Jun. *Jiuchao biannian beiyao* (« *Chroniques des neufs dynasties* »), juan 11, février, deuxième année de l'ère Qingli. *Siku Quanshu*, Wenyuan Ge. *Changbian*, juan 259, yimao, janvier, huitième année de l'ère Xining, p. 6322.

137. *Changbian*, juan 89, gengchen, février, première année de l'ère Tianxi, p. 2041.

138. « Zhuanzhi Dawang. » juan 10 dans *Lingwai daida*. p. 438.

plaça sous la protection des Song. Il présenta en détail la famille impériale des Liao, y compris l'empereur, ses femmes, les princesses et les princes, l'organisation des troupes des Han, des Khitans et des Xi à Youzhou, le nombre de soldats, les lieux armés, les frontières et les pays voisins des Liao, etc.[139] En parlant du fait que le *xuanhuishi* (chargé des rituels sacrificiels, des réunions cérémonielles, des banquets, de l'inspection des tributs, etc.) des Liao, Liu Sangu, demanda refuge aux Song, Ouyang Xiu dit :

> Puisqu'il est un personnage essentiel chez les Khitans, il devrait tout savoir sur ces derniers. Après son arrivée dans le Sud, nous saurons tous les renseignements sur les Liao. Si ceux-ci savent que Liu Sangu est bien chez les Song, nous ne serons plus inquiétés d'être attaqués par eux pour une durée de 30 à 40 ans.[140]

Zhao Zhizhong offrit également de nombreux renseignements après s'être tourné vers les Song. La première année de l'ère Qingli, Zhao Ying (qui prit plus tard le nom de « Zhao Zhizhong »), *zhongshu sheren* (secrétaire supérieur) des Liao, se tourna vers les Song. Il raconta presque tout ce qui s'était passé chez les Khitans avant l'ère Qingli. Après quoi, il révéla à maintes reprises les secrets des Khitans. De plus, il présenta successivement la carte des Liao, les dix juans du *Za ji* (« *Registres divers* ») où se trouvait l'arbre généalogique de la famille royale depuis la fondation de la dynastie Liao, le *Guosu guancheng yiwu lu* (litt. « *Catalogue des mœurs nationales, des titres des officiels et des ustensiles d'étiquette* »), les dix tomes du *Qidan fanhan bingma jishi* (litt. « *Les faits confidentiels des troupes Fan-Han des Khitans* ») ainsi que des peintures de chasse des Khitans. Jusqu'à la sixième année de l'ère Xining, il fut récompensé pour avoir parlé plusieurs fois des anciennes affaires des Khitans.[141] Sous la dynastie des Song du Sud, les 16 juans du *Yinshan zalu* (« *Registres divers de Yinshan* ») virent le jour. Ce livre présente en détail la succession des empereurs et des officiels, les montagnes, les fleuves, les coutumes et les produits locaux des Khitans. De même, dans le cinquième juan du *Zhizhai shulu jieti*, le juan de « Instructions sur les Xiongnus » rédigé par Tian Wei qui se réfugia chez les Song, présente la géographie et le système officiel des Liao, tandis que deux juans du *Jinguo zhi* (« *Chronique des Jin* »), écrites par Zhang Li qui se tourna également vers les Song, contient de façon détaillée des renseignements consignés sur les Jin.[142]

---

139. *Changbian*, juan 55, jiyou, juillet, sixième année de l'ère Xianping, p. 1207-1208.

140. « Rapport d'Ouyang Xiu. » juan 343 dans Yang Shiqi *et al. Lidai mingchen zouyi*. « Biographie de Du Yan. » juan 310 dans *Song shi*.

141. *Changbian*, juan 133, yiwei, août, première année de l'ère Qingli, p. 3169 ; juan 185, xinwei, avril, deuxième année de l'ère Jiayou, p. 4475 ; juan 191, wushen, mai, cinquième année de l'ère Jiayou, p. 4626 ; juan 247, guimao, septembre, sixième année de l'ère Xining, p. 6009. Par ailleurs, selon « Recherches sur les documents classiques (27) » du *Wenxian tongkao* (juan 200), le nom complet du *Za ji* (« *Registres divers* ») est *Luting zaji* (« *Registres divers du régime minoritaire* »). L'enregistrement des affaires des Liao commencent sous le règne de Yelü Abaoji (l'empereur Liao Taizu), et se terminent sous le règne de Yelü Zongzhen (l'empereur Liao Xingzong).

142. Juan 5 dans Chen Zhensun. *Zhizhai shulu jieti*. Zhonghua shuju, 2006, édition photocopiée. pp. 584-585.

Les Song se procuraient également des renseignements militaires au sein des captifs. Nous n'en présentons ici que deux exemples. Au début de la dynastie des Song du Sud, Zong Ze captura Wang Ce, général des Jin, et essaya de retourner ce dernier par tous les moyens. Wang Ce finit par raconter tous les mouvements de l'ennemi[143]. Lorsque la Mongolie envahit le Giao Chi, un captif mongol appelé Li Xiaoge fut envoyé chez les Song. Li Xiaoge raconta les détails de l'agression mongole, et les renseignements de l'ennemi au Dali. De plus, il dit que les soldats du Giao Chi, malgré leur grand nombre, avaient subi une défaite face à l'escadron mongol d'une dizaine de personnes, et que les barbares le long du chemin n'avaient pas osé les combattre. Ainsi, les Song comprirent que le Giao Chi était devenu progressivement l'appât de l'ennemi. Ils suspendirent alors leur plan de secours au Giao Chi pourtant déjà élaboré en tenant compte des renseignements acquis.[144]

## 5. Aperçu des informations extérieures obtenues par la dynastie Song

La dynastie Song se procura, à travers plusieurs moyens mentionnés ci-dessus, des informations générales telles que la localisation, les mœurs sociales et les produits locaux des pays étrangers, et des renseignements militaires et politiques. Cela permit, en outre, aux Song d'avoir une meilleure connaissance sur le monde extérieur. La recherche sur le niveau de connaissance que les Song avaient sur les pays étrangers est significative. Elle est pour autant irréalisable à cause de la longueur du livre. Dans ce chapitre, nous allons seulement citer des œuvres incluant les informations extérieures, rédigées par les Song, et discuter de l'efficacité de la collecte des renseignements militaires, pour se faire une idée de l'acquisition des informations par la dynastie Song.

### (1) Rédaction des documents concernant les informations extérieures

Les Liao et les Jin influaient le plus sur la sécurité de la dynastie Song. Cette dernière entretenaient alors des relations diplomatiques stables avec ces deux pays, puisqu'elle voulait recourir à tous les moyens pour collecter des informations sur eux. Parmi les documents que les Song rédigèrent au sujet des informations extérieures, ceux qui concernent les Liao et les Jin sont les plus diversifiés et les plus nombreux. Il est donc difficile de tout citer dans cet article. Nous ne pouvons en discuter que par le prisme des notes de voyage des émissaires. Ces dernières sont aussi appelées « citations des émissaires ». Il s'agissait en fait des rapports des missions diplomatiques que chaque délégation devait écrire et soumettre. Fu Lehuan en a déjà parlé[145]. Ce qui fut écrit dans les citations des envoyés correspondait bien aux informations acquises par les Song et mentionnées ci-dessus. Des

---

143. *Jianyan yilai xinian yaolu*, juan 14, bingxu, mars, deuxième année de l'ère Jianyan, p. 297.

144. « Rapport en réponse à l'empereur à propos des affaires d'Annam. » juan 6 dans Li Zengbo. *Kezhai Zagao & xugao*.

145. Fu, Lehuan. « Recherches sur le voyage et les citations des envoyés des Song aux Liao. » dans son œuvre *Liaoshi congkao*.

chercheurs ont préparé et étudié les notes de voyage chez les Liao et les Jin[146]. Celles-ci étaient en général conservées par la Cour des Affaires militaires, et servaient de références. Il arrivait que les émissaires des Song allassent les consulter à la Cour des Affaires militaires avant de prendre leur départ. Par exemple, avant de se rendre chez les Liao, Shen Kuo alla d'abord à la Cour des Affaires militaires pour lire les anciens dossiers et lettres[147]. L'empereur Song Shenzong ordonna à Wang Guan de vérifier les préfectures, les mœurs sociales et les habitants locaux sur le passage des émissaires des Liao et de corriger les fautes, pour que les fonctionnaires des Song pussent être prêts à répondre aux questions diplomatiques[148]. Beaucoup de notes de voyage des émissaires furent égarées sous les Song. La troisième année de l'ère Xining, Wang Gui dit : « J'entends dire que de nombreux dossiers conservés à la Cour des Affaires militaires sont perdus. »[149] La septième année de l'ère Shaoxing, certains disaient que les citations des envoyés étaient introuvables[150]. Toutefois, il existait quand même un grand nombre de citations sous la dynastie Song. En les recensant, nous pouvons avoir une vision plus précise sur l'acquisition des informations extérieures à l'époque des Song.

Zhao Yongchun a compilé et annoté 21 notes de voyage des émissaires qui furent envoyés aux Liao et aux Jin, y compris Lu Zhen, Wang Zeng, Xue Yin, Song Shou, Chen Xiang, Shen Kuo, Zhang Shunming, Zhao Liangsi, Xu Kangzong, Zheng Wangzhi, Li Ruoshui, Fu Pang, Wang Hui, Lou Yao, Fan Chengda, Zhou Hui, Ni Si, Cheng Zhuo et un émissaire anonyme. Fu Lehuan a compté le nombre de citations apparues dans les anciens ouvrages, et le nombre de citations existantes. Il a obtenu 14 citations d'émissaires des Song qui s'étaient rendus chez les Liao, parmi lesquelles

---

146. « Recherches sur le voyage et les citations des envoyés des Song aux Liao » de Fu Lehuan énumère quatorze citations des émissaires des Song aux Liao, qui sont encore vérifiables. Six d'entre elles existent jusqu'à présent. Les deux ouvrages de Chen Xuelin, à savoir *Fan Chengda « Lanpei lu » chuanben tansuo* (« *Recherches sur la version répandue de "Lanpei lu"de Fan Chengda* ») et *Lou Yao shijin suojian zhi huabei chengzhen* – « *Beixing rilu* » *shiliao juyu* (« *Villes de Chine du Nord vues par Lou Yao lors de sa visite aux Jin – Exemples des preuves historiques à partir de "Journal du voyage vers le nord "* ») (The Grand East book company, 1993) discutent des éditions des deux notes de voyage et de leurs valeurs historiques. Le *Wudai Song Jin Yuan ren bianjiang xingji shisan zhong shuzheng gao* (« *Treize recherches sur les notes de voyage dans les régions frontières pendant la période des Cinq Dynasties et sous les dynasties Song, Jin et Yuan* ») de Jia Jingyan (Zhonghua shuju, 2004) révise et annote les citations de cinq émissaires des Song qui furent envoyés chez les Liao, à savoir Lu Zhen, Wang Zeng, Shen Kuo, Xu Kangzong et Song Shou (Selon « Recherches sur le *Sanchao beimeng huibian* » de Chen Lesu et « Recherches sur le nom et l'auteur du livre *Xuanhe yisi fengshi lu* (« *Compte-rendu des émissaires à yisi dans l'ère Xuanhe* ») » de Zhang Qifan, l'auteur de *Xuanhe yisi fengshi lu* est Zhong Bangzhi, pas Xu Kangzong). Dans le *Fengshi Liao Jin xingcheng lu* (« *Notes de voyage des émissaires qui furent envoyés chez les Liao et les Jin* ») de Zhao Yongchun (Jilin wenshi chubanshe (Maison d'édition de la culture et de l'histoire du Jilin), 1995), l'auteur annote 37 documents historiques parmi lesquels 21 sont des notes de voyage des émissaires de la dynastie Song.

147. « Biographie de Shen Kuo. » juan 331 dans *Song shi*. p. 10655.

148. « Xining (Beidao Kanwu Zhi). » juan 16 dans *Yuhai* (« *Mer de jade* »). Yangzhou : Guangling shuju (Société de livres de GuangLing), 2003, édition photocopiée.

149. « Rapport sur les affaires du Giao Chi. » juan 8 dans Wang Gui. *Huayang ji* (« *Recueil de Huayang* »). *Siku Quanshu*, Wenyuan Ge.

150. Xu Mengxin. *Sanchao beimeng huibian*. juan 174, le 15 janvier, septième année de l'ère Shaoxing, p. 1253.

six existent encore aujourd'hui. Ces dernières ont été inclues dans le *Fengshi Liao Jin xingcheng lu* (« Notes de voyage des émissaires qui ont été envoyés *chez les Liao et les Jin* ») de Zhao Yongchun. Les huit autres sont : le *Qingli zhengdan guoxin yulu* (« *Citations du messager de l'État pour souhaiter la bonne année dans l'ère Qingli* ») de Yu Jing, le *Xining zhengdan guoxin lu* (« *Compte-rendu du messager de l'État pour souhaiter la bonne année dans l'ère Xining* ») de Dou Ka, le *Shiliao jianwen lu* (« *Compte-rendu d'une mission diplomatique pour les Liao* ») de Li Han, le *Fengshi lu* (« *Compte-rendu d'une mission diplomatique* ») de Kou Jian, le *Fengshi yulu* (« Citations d'une mission diplomatique »), le *Fengshi Bielu* (« *Compte-rendu d'une mission diplomatique* ») et le *Qidan yimeng bielu* (« *Compte-rendu de la discussion de l'alliance avec les Khitans* ») de Fu Bi, le *Daidou fengshi lu* (« *Compte-rendu d'une mission diplomatique* avec un voyage jour et nuit ») de Wang Shu et le *Shibei yulu* (« *Citations d'une mission diplomatique vers le Nord* ») de Liu Chang.[151] En plus des ouvrages cités par Fu Lehuan et Zhao Yongchun, il existe aussi : le *Beishi yulu* (« *Citations d'une mission diplomatique vers le Nord* ») de Ouyang Xiu, le *Shiliao yulu* (« *Citations d'une mission diplomatique pour les Liao* ») de Su Zhe, le *Shiliao yulu* (« *Citations d'une mission diplomatique pour les Liao* ») de Lu Dian, le *Xiangjian yulu* (« *Citations lors d'une rencontre* ») de Han Zhen, le *Shiliao yulu* (« *Citations d'une mission diplomatique pour les Liao* ») de Fan Tan, le *Fengshi lu* (« *Compte-rendu d'une mission diplomatique* ») de Ma Kuo, le *Jingkang fengshi lu* (« *Compte-rendu d'une mission diplomatique dans l'ère Jingkang* ») de Zheng Wangzhi, le *Xuanhe shijin lu* (« *Compte-rendu d'une mission diplomatique pour les Jin pendant l'ère Xuanhe* ») de Lian Nanfu, le *Fengshi zalu* (« *Registres divers d'une mission diplomatique* ») de He Zhu, le *Longxing fengshi shenyi lu* (« Compte-rendu d'une mission diplomatique pendant l'ère Longxing ») de Yong Xiji, le *Qiandao fengshi lu* (« *Compte-rendu d'une mission diplomatique pendant l'ère Qiandao* ») de Yao Lingze, le *Fengshi zhili lu* (« *Compte-rendu d'une mission diplomatique d'un fonctionnaire de rites* ») de Zheng Yan, le *Shiyan lu* (« *Compte-rendu d'une mission diplomatique pour les Yan* ») de Yu Rong, le *Jincheng lu* (« *Compte-rendu d'une mission diplomatique* ») de Yu Chou, le *Fengshi yulu* (« *Citations d'une mission diplomatique* ») de Wei Liangchen et le *Jinguo shengchen yulu* (« *Citations d'une mission diplomatique pour souhaiter le bon anniversaire de l'empereur Jin* ») de Han Yuanji, etc.[152]

En outre, les notes de voyage des émissaires qui furent envoyés dans d'autres pays que ceux des Liao et des Jin n'ont pas encore été mentionnées dans le milieu académique. Les premières notes de voyage existantes devraient être le *Xizhou chengji* (« *Notes de voyage vers la préfecture de l'ouest* ») que Wang Yande écrivit lors de sa visite au Qocho au cours de la sixième année de l'ère Taiping Xingguo[153]. « Chronique du Qocho » dans le *Song shi* et le *Changbian* (25e juan) en renferment

---

151. Fu Lehuan. *Liaoshi luncong* (« *Symposium de l'histoire des Liao* »). pp. 5-7.

152. « Chronique d'Ouyang Xiu. » dans *Wenzong ji* (« *Recueil de Wenzong* »). Juan 42 dans *Luancheng ji*. Juan 27 dans *Weinan wenji* (« *Collection littéraire de Weinan* »). Juan 121 dans *Jianyan yilai xinian yaolu*. Juan 6 dans *Zunbaitang ji* (« *Recueil de Zunbaitang* »). Juan 286 dans *Changbian*. « Biographie de Fan Tan. » dans *Song shi*. Juan 17 dans *Zhongxing xiaoji*. Juan 5 et juan 7 dans *Zhizhai shulu jieti*. « Art et culture (II). » dans *Song shi*.

153. « Biographie de Wang Yande. » juan 309 dans *Song shi*. p. 10157.

une version relativement complète. La première année de l'ère Chunhua, Song Hao revint de sa mission pour le Giao Chi. L'empereur lui ordonna de raconter la situation géographique du Giao Chi et tout ce qui concernait Lê Hoàn. Song Hao écrivit alors les notes de voyage, qui furent mises plus tard dans « Chronique du Giao Chi » du *Song shi* et le *Changbian* (31ᵉ juan). Les notes de voyage existantes les plus complètes sont sans aucun doute celles du *Xuanhe fengshi Gaoli tujing* (« *Dossier illustré d'une ambassade pour le Goryeo durant l'ère Xuanhe* ») de Xu Jing. Le *Jilin zhi* (« *Chronique du Jilin* ») écrites par Wang Yun après sa mission pour le Goryeo survivent aussi en partie. Le 16ᵉ juan du *Jianyan yilai xinian yaolu* (« *Registres annuels des événements les plus importants depuis l'ère Jianyan* ») inclut les citations de Yang Yingcheng lorsqu'il fut envoyé au Goryeo. Dans le cinquième juan du *Zhizhai shulu jieti*, ces dernières sont appelées *Jianyan jiadao Gaoli lu* (« *Compte-rendu d'une mission diplomatique pour le Goryeo dans l'ère Jianyan* »). Une partie des notes de voyage de Xie Ji qui fut envoyé au royaume de Dali peut être vue dans le 17ᵉ juan du *Kezhai zagao* (« *Manuscrits divers de Kezhai* ») de Li Zengbo. Par ailleurs, le *Shi Gaoli shizhuan* (« *Notes d'une mission diplomatique pour le Goryeo* ») de Fan Chunren, le *Daliguo xingcheng* (« *Voyage pour le royaume de Dali* ») d'un envoyé anonyme, le *Zhidao Yunnan lu* (« *Compte-rendu d'un voyage pour le Yunnan dans l'ère Zhidao* ») de Xin Yixian et le *Liushi xixing lu* (« *Compte-rendu d'un voyage de Liu pour l'Empire du Tibet* ») de Liu Huan sont tous perdus, mais les noms de ces œuvres sont vérifiables.[154] Même si les notes de voyage des émissaires des Song ont en grande partie disparu, leur rédaction et leur diffusion peuvent refléter l'abondance des informations extérieures acquises par la dynastie Song.

À travers le nombre croissant des dossiers sur les pays en mer de Chine méridionale, nous pouvons voir aussi que les Song se procuraient des informations extérieures abondantes. Le premier juan du *Wenchang zalu* a enregistré au total 28 pays étrangers dont l'office Zhuke s'occupait, excepté ceux du Sud-ouest et les Liao. Parmi ces 28 pays, ceux en mer de Chine méridionale sont les plus nombreux. Nous en comptons quinze, ce qui montre que les pays en mer de Chine méridionale devinrent essentiels à la dynastie Song pour les échanges extérieurs. Sous la dynastie Song, les œuvres qui consignèrent les informations les plus complètes et les plus abondantes sur les pays en mer de Chine méridionale sont le *Zhufan zhi* et le *Lingwai daida*, mentionnés ci-dessus. En outre, les médicaments aromatiques des pays en mer de Chine méridionale furent présentés dans « Médicaments aromatiques » du *Guihai yuheng zhi* (« *Annales des régions reculées du sud* ») de Fan Chengda. Li Fu et Ling Ce, qui avaient successivement gouverné le Guangdong, soumirent la « Carte du territoire d'outre-mer » et la « Carte géographique des pays d'outre-mer ». Cui Jun soumit la « Peinture des offrandes périodiques des pays situés sur les territoires chinois et non-chinois ». Sous la dynastie Song, le pavillon secret conservait encore des documents picturaux comme les Portraits des offrandes périodiques du Champā, du Srivijaya, du Lavo, du Giao Chi et du Chenla, la Peinture des offrandes périodiques des pays étrangers, la Peinture

---

154. « Art et culture (II). » et « Art et culture (III). » dans *Song shi*. « Biographie de Wang Yun. » dans *Song shi*. *Xuanhe fengshi Gaoli tujing*. Juan 7 dans *Zhizhai shulu jieti*. Juan 7 dans *Junzhai dushu zhi*. « Biographie de Shao Ye. » dans *Song shi*.

des offrandes périodiques des pays situés sur les territoires chinois et non-chinois, etc.[155] Ces peintures devraient ressembler au *Zhufan tu* (« *Carte des pays barbares* ») mentionné dans la préface du *Zhufan zhi* de Zhao Rukuo, et montreraient les itinéraires de navigation en mer du Sud, accompagnés des dangers des îles et des recifs, et limités par l'océan du Giao Chi et l'île Aur. Elles devraient montrer également la répartition des pays étrangers. D'autres documents ne peuvent être étudiés que par leur nom comme le *Jiaozhi shiji* (« *Chronique du Giao Chi* »), le *Guangnan shibo lu* (« *Registres des douanes de la ville du Guangnan* »), le *Zhanchengguo lu* (« *Chronique du Champā* »), l'*Annan biaozhuang* (« *Rapports de l'Annam* »), et le *Jiao Guang tu* (« *Carte du Giao Chi et du Guangdong* ») de Zhao Xie, l'*Annan bianshuo* (« *À propos des frontières de l'Annam* »), le *Nanman lu* (« *Chronique du Giao Chi* »), l'*Annan tugong fengsu* (« *Mœurs du tribut traditionnel de l'Annam* ») et le *Jiaozhi ji* (« *Chronique du Giao Chi* ») de Zhao Shiqing, le *Nanyue ji* (« *Chronique du Nanyue* ») de Chen Chengyun, l'*Annan yi* (« *Discussions sur l'Annam* ») de Chen Cigong ainsi que la carte de la région allant du Champā au Giao Chi dessinée par Luo Changhao.[156] De même, selon la deuxième partie du 24e juan du *Songshi quanwen* (« *Texte complet de l'histoire des Song* »), l'empereur Song Xiaozong dessina la carte de « Hua-Yi » sur le paravent du palais. Dans le juan 24 du *Liangxi ji* (« *Recueil de Liangxi* ») de Li Gang se trouve un poème intitulé « Séjour à Leizhou » dont le verset « Regardez Leizhou sur la carte de "Hua-Yi" ». La carte de « Hua-yi » mentionnée dans ces deux documents devrait comprendre aussi des informations des pays en mer de Chine méridionale. Ainsi, d'après les dossiers historiques existants, nous pouvons voir que les Song avaient une connaissance relativement précise de la position géographique des pays en mer de Chine méridionale, surtout celle de ceux qui avaient une relation tributaire et faisaient du commerce avec la dynastie. Selon la carte « *Gujin Huayi quyu zongyao tu* » (« *Carte des territoires chinois et non-chinois des temps ancien et moderne* »), la dynastie Chola, le Java et le Srivijaya se situaient à l'est de l'île de Hainan, et la dynastie Chola à l'est du Srivijaya. Cela ne peut évidemment pas refléter la précision des connaissances des Song sur les pays en mer de Chine méridionale.

## (2) Efficacité de la collecte des informations par la dynastie Song

La dynastie Song attachaient toujours une grande importance à la collecte des renseignements militaires sur les pays étrangers, mais l'efficacité n'était pas toujours constante. Jia Changzhao et Su Zhe ont dit tous deux que la collecte des renseignements était la plus fructueuse sous le règne de l'empereur Song Taizu. Il était alors possible de savoir tout ce qui se passait dans les pays étrangers, et il n'y eut aucun souci avec les régions du nord-ouest au cours des 20 années qui suivirent. Les Song étaient même au courant de ce que les ennemis prenaient aux trois repas. À chaque fois, ils savaient qu'une attaque allait se produire avant même que les ennemis ne la lançassent. Plus tard,

---

155. « La carte du territoire d'outre-mer dans l'ère Taiping Xingguo. » juan 16 et « La dynastie Chola vient rendre hommage au cours de l'ère Dazhong Xiangfu, et verse comme tributs les portraits des offrandes périodiques des quatre barbares. » juan 153 dans *Yuhai*.

156. Juan 7 dans *Zhizhai shulu jieti*. « Art et culture (II). » et « Art et culture (III). » dans *Song shi*. Juan 7 dans *Junzhai dushu zhi*. Juan 41 dans *Qingrong jushi ji* (« *Recueil de Qingrong jushi* »). Juan 16, juan 25, et juan 154 dans *Yuhai*.

la collecte des renseignements fut cependant de moins en moins productive. Les espions n'étaient pas fiables. Ils écoutaient les rumeurs, et croyaient à des affaires incertaines. Ils n'avaient qu'à sortir du territoire des Song pour s'informer auprès des minorités ethniques soumis à ces derniers. Les espions ne prenaient pas la peine de parcourir le territoire où ils allaient, et n'écoutaient que des rumeurs pour précipiter la mission. De ce fait, ils n'avaient aucune idée sur l'état des ennemis, la situation géographique de leurs pays, les dangers possibles en route, et les avantages et les inconvénients pour les Song. La raison principale de ce changement était la centralisation fiscale. Sous le règne de l'empereur Song Taizu, tous les profits tirés du monopole gouvernemental sur le sel et le fer étaient destinés à l'armée. Le commerce était permis sans impôt. Les officiels frontaliers étaient ainsi riches, et capables de former des espions fidèles. Néanmoins, ce n'était plus le cas plus tard. Tous les objets dont la lourdeur dépassait 1 *qian* (unité de poids) appartenaient aux trois commissions financières (commission du Sel et du Fer, commission du Budget et commission du Recensement). Celui qui les utilisait sans permission était appelé « voleur ». Les émissaires les plus riches avaient un maximum de milliers de ligatures de sapèques pour satisfaire tous leurs besoins. De plus, les commissions (de supervision) surveillaient toutes les recettes et dépenses des envoyés, et les puniraient selon le règlement. Quant à l'emploi des espions, le côté officiel leur donnait du thé et des tissus de soi en couleur. Cependant, 100 thés en boulettes et des bouquets de tissu en soie ne suffiraient pas à acheter la loyauté constante d'une personne. La cour Song n'accordait alors que des milliers de pièces de monnaie aux espions. Cela dit, certains appelaient à prendre pour référence le système de nomination des commandants adopté par l'empereur Song Taizu, et à laisser les commandants frontaliers gérer leur argent. Il vaudrait mieux désigner les commandants en leur donnant beaucoup d'argent pour que ces derniers pussent former le plus d'espions possible.[157] Song Qi dit également que les officiels frontaliers étaient trop limités dans l'utilisation des finances, et qu'ils n'avaient alors pas assez d'argent pour recruter des espions[158]. Il s'agissait du côté négatif de la centralisation fiscale, et leur demande était difficile à satisfaire. Jusqu'à la deuxième année de l'ère Yuanfeng, lors du recrutement des espions aux frontières du Hebei, seulement trois mille pièces de monnaie étaient versées à chaque personne.[159] Sous le règne de l'empereur Song Zhezong, la Cour des Affaires militaires signala également que la plupart des renseignements collectés étaient peu fiables, car les récompenses étaient trop minces pour motiver les espions.[160] Sous le règne de l'empereur Song Huizong, Zhang Shunmin dit : « Les espions ne sont pas dignes d'en porter le nom ces dernières années. En effet, ils n'ont pas envie d'espionner les ennemis à cause de récompenses trop minces. »[161]

---

157. *Changbian*, juan 138, wuchen, octobre, deuxième année de l'ère Qingli, p. 3319-3320. Su, Zhe. « Rapport adressé à l'empereur Song Shenzong dans le but de suprimer les fonctionnaires, les soldats et les frais supplémentaires. » juan 103 dans Zhao Ruyu. *Song mingchen zouyi.*

158. Song, Qi. « Rapport sur la défense contre les ennemis. » juan 328 dans Yang Shiqi *et al. Lidai mingchen zouyi.*

159. *Changbian*, juan 299, jiaxu, juillet, deuxième année de l'ère Yuanfeng, p. 7267.

160. *Changbian*, juan 470, jiwei, février, septième année de l'ère Yuanyou, p. 11218.

161. Zhang, Shunmin. « Rapport destiné à l'empereur Song Huizong : à propos des cinq points pour la défense frontalière du Hebei. » juan 140 dans Zhao Ruyu. *Song mingchen zouyi.*

La dynastie des Song du Nord ne manqua pas de succès dans la collecte de renseignements. Par exemple, la victoire remportée par les Song dans la guerre de Shanyuan était surtout due aux informations recueillies. Wang Jizhong transmit en premieu lieu le message suivant : « Les Khitans désirent demander la paix. » Puis, Zhang Hao rapporta : « Les Khitans envisagent d'envahir nos frontières du nord. » Les forces Song s'y étaient préparées, et tuèrent le général des Liao, Xiao Dalan (appelé aussi Xiao Dalin).[162] Au cours de l'ère Qingli, les Liao réclamèrent le Guannan. La cour Song apprit cette information en avance grâce aux émissaires des Liao, et ses propres espions. Wang Guo, gouverneur de Baozhou, soudoya un espion, et intercepta la lettre des ennemis.[163] Malgré tout, en comparaison avec les Liao, les Xia et le Giao Chi, la dynastie Song était beaucoup moins performante dans la collecte des renseignements. À ce propos, Wang Cun dit : « Les Liao connaissent sur le bout des doigts tout ce qui se passe chez nous, alors que nos officiels frontaliers ne savent que très peu sur l'ennemi. »[164] Pendant la guerre entre la dynastie Song et les Xia, les seconds étaient beaucoup plus forts que la première dans la collecte des renseignements. Cela explique en grande partie la victoire remportée par Li Yuanhao.[165] De même, pendant l'ère Yuanfeng, comme la dynastie Song était toujours faible quant à la collecte des informations, elle subit une défaite retentissante dans la guerre de Yongle contre les Xia. Même lorsqu'une dizaine d'espions se précipitèrent pour rapporter des informations, Xu Xi et les autres commandants s'en méfièrent.[166] Le Giao Chi connaissait également sur le bout des doigts les mouvements des Song. Avant que ces derniers ne mobilisassent leurs troupes au cours de l'ère Taiping Xingguo, le Giao Chi en fut averti. Pendant la guerre de l'ère Xining, si le Giao Chi pouvait surprendre Yongzhou, Qinzhou et Lianzhou, et se déplacer librement, c'est parce qu'il maîtrisait bien les renseignements de la dynastie Song. Par contre, c'était le cas contraire pour cette dernière. La première année de l'ère Zhidao, Zhang Guan rapporta par erreur la mort de Lê Hoàn. Avant la guerre de l'ère Xining, les renseignements collectés par les Song au sujet des troupes du Giao Chi qui ne dépassaient pas 10 000 soldats à cause du fait que ce dernier venait d'être vaincu par le Champā, ne correspondaient pas du tout à la réalité.[167] Le manque de renseignements conduisit également à la perte de Kaifeng et à la défaite des forces Song à Yangzhou. En parlant de la guerre à Kaifeng, Chao Yidao dit : « Comme nos commandants n'étaient pas performants sur le champ de bataille, et manquaient terriblement d'informations, les forces Jin ont pu occuper le Hebei, entrer sur le territoire du Hedong, et arriver jusqu'à la capitale. » Selon Lü Yihao, si le Hebei était tombé aux mains des ennemis au cours de la première année de l'ère Jingkang, c'était parce que les forces Song n'avaient

---

162. « *De toutes choses.* » juan 3 dans Shen Kuo. *Correction de l'appendice de Mengxi bitan* (litt. « *Discussions de pinceau depuis un petit ruisseau de rêve* »). Shanghai : Shanghai guji chubanshe, 1987, édition ponctuée et révisée. p. 1002.

163. « Biographie de Wang Guo. » juan 326 dans *Song shi.* p. 10529.

164. « Soldats (28). » dans *Song huiyao jigao.* p. 23.

165. Cf. les citations précédentes sur Wang Fuxin et Li Chen.

166. « Biographie de Xu Xi. » juan 334 dans *Song shi.* p. 10723.

167. Huang Chunyan. « Le commerce entre la dynastie Song et le Giao Chi. » *Zhongguo shehui jingji shi yanjiu* (« *Journal de l'histoire sociale et économique de la Chine* »). Issue 2. 2003.

pas bien espionné les ennemis, et ne s'attendaient pas à leur arrivée brusque.[168] Selon Zhang Yi, l'une des raisons qui conduisit à la défaite des Song à Yangzhou était que, faute d'enseignements, les soldats Song furent surpris par les Jin, et prirent la fuite en traversant le fleuve Yangtsé pour avancer vers l'est.[169]

Après que la dynastie des Song du Sud fut fondée dans le Sud, la collecte des informations s'améliora progressivement. La cour impériale augmenta les récompenses données aux espions. La première année de l'ère Shaoxing, elle recruta des hommes pour espionner les Jin et les imposteurs Qi au Henan. Chaque espion pouvait toucher 70 000 pièces de monnaie. S'il pouvait rapporter quelque chose d'utile le jour où il reviendrait, il recevrait le titre de *baoyilang*. En tant que gouverneur du Sichuan, Cui Yuzhi récompensait généreusement les espions pour les envoyer chez les ennemis. Ainsi, tous les mouvements de ces derniers étaient à sa portée, et la défense des frontières se fortifiait de jour en jour.[170] L'empereur et les fonctionnaires des Jin déploraient :

> La plupart du temps, les espions des Song du Sud peuvent acquérir des renseignements utiles chez nous. Par contre, nos espions ne réussissent pas souvent dans leur tâche. C'est parce que leurs espions peuvent toucher une récompense satisfaisante.[171]

L'efficacité du réseau de renseignements des Song du Sud est illustrée par les informations recueillies lors de l'invasion du sud par Wanyan Liang, et la collecte de renseignements mongols par le Guangxi. Plus précisément, avant l'invasion de Wanyan Liang, les Song avaient déjà reçu des informations provenant de plusieurs sources : comme mentionné ci-dessus, les émissaires des Song Ye Yiwen et Yu Yunwen, l'émissaire des Jin Shi Yisheng et les espions avaient tous rapporté la nouvelle de l'invasion. Pendant la bataille, la dynastie Song maîtrisait également des renseignements précis. Avant la bataille de Caishi, les Song savaient déjà que la dynastie Jin rassemblait tous les navires qu'elle avait pillés pour transporter ses soldats vers le sud. Il en fut de même pour la grande victoire de Jiaoxi (actuel Jiaozhou de la province du Shandong). Une année auparavant, la dynastie Song apprit que les Jin l'envahiraient par la voie maritime. Elle ordonna alors à Li Bao de stationner à Jiangyin. De plus, ce dernier envoya son fils s'infiltrer dans le territoire de l'ennemi pour l'espionner et vérifier les renseignements. Il croyait les espions et défia l'ennemi.[172] Lorsque les Mongols débordèrent la dynastie Song au sud-ouest, les organismes de tous les niveaux du

---

168. « Fuxin dui. » juan 3 dans Chao Yidao. *Jing Yusheng ji* (« *Recueil de Jing Yusheng* »). *Siku Quanshu*, Wenyuan Ge. « Rapport de Lü Yihao. » juan 90 dans Yang Shiqi *et al. Lidai mingchen zouyi.*

169. *Jianyan yilai xinian yaolu*, juan 45, wuyin, juin, première année de l'ère Shaoxing, p. 812.

170. *Jianyan yilai xinian yaolu*, juan 46, gengyin, août, première année de l'ère Shaoxing, p. 837. « Biographie de Cui Yuzhi. » juan 406 dans *Song shi*. p. 12261.

171. « Biographie de Zong Xu » juan 71 dans *Jin shi*. p. 1645.

172. « Rapport destiné à l'empereur en juin de la quatrième année, celle de dingyou. » juan 1 dans Xu Luqing. *Qingzheng cungao* (« *Manuscrits existants de Qingzheng* »). « Qinzheng lu. (litt. « Registre d'une conquête en personne ») » juan 163 dans Zhou Bida. *Wenzhong ji* (« *Recueil de Wenzhong* »). « Rapport du commissaire judiciaire du Fujian au sujet de la défense contre les pirates. » juan 1 dans Bao Hui. *Bizhou gaolüe. Siku Quanshu*, Wenyuan Ge.

Guangxi travaillèrent ensemble pour construire un réseau complexe de renseignements avec des émissaires, des groupes ethniques frontaliers, des émissaires étrangers et des captifs pour connaître le nombre, les activités et les directions de l'offensive des troupes mongoles au Dali, au Giao Chi, au Luodian et à Temodao. Du même coup, ils envoyèrent un grand nombre d'espions. Les fonctionnaires des préfectures frontalières comme Yongzhou, Yizhou, Yongzhou et Qinzhou demandèrent d'augmenter le nombre d'espions pour mieux s'informer à propos des Mongols. Parmi les espions envoyés, il y en a 20 dont le nom reste vérifiable : Zhou Chao, Tang Liangchen, Pan Zhu, Xie Tunan, Liang Cai, Qian Xing, Yu Dayou, Li Ming, Li Cai, Wu Shicong, Li Zhi, Zheng Li, Tang Zong, Huang Anzong, Li De, Wu Yizhong, Huang Cheng, Feng Long, Tian Jin et Wei Qiong[173]. L'amélioration de la collecte des renseignements sous la dynastie des Song du Sud était liée à l'élargissement du droit de décision des fonctionnaires frontaliers. Néanmoins, la corruption des fonctionnaires frontaliers et les inconvénients du régime militaire des Song du Sud faisaient apparaître la situation mentionnée par Xu Zongyan, à savoir que les espions envoyés par la Cour des Affaires militaires, le *Sanya* (les trois établissements qui s'occupaient de la garde royale sous la dynastie Song) et les commandants au bord du fleuve Yangtsé étaient originaires de Duliang et de Shanyang. Les espions de Duliang atteignaient au plus le fleuve Si, et ceux de Shanyang le fleuve Lian. Ils collectaient des rumeurs, et étaient indifférents à leur exactitude.[174] En outre, une amélioration partielle dans la collecte des renseignements ne suffisait pas à mettre fin à la situation générale dans laquelle la dynastie des Song du Sud était passive et humiliée.

## 6. Conclusion

La dynastie Song pouvait collecter des informations extérieures à travers ses propres émissaires, les émissaires étrangers, les espions, les commerçants, les moines, les frontaliers, d'autres étrangers, les défectionnaires et les captifs. En même temps, l'empereur, le service des affaires diplomatiques et certains organismes frontaliers en étaient responsables. Les informations qu'elle recueillit comprenaient non seulement des renseignements politiques et militaires étroitement liés à la sécurité nationale, mais aussi des informations géographiques et sociales telles que les montagnes et les fleuves, le réseau routier, les mœurs sociales et les produits locaux. La dynastie Song établit des relations diplomatiques avec les Liao, les Xia, le Goryeo et les Jin. En effet, ce genre de relation était surtout stable avec les Liao et les Jin. Grâce au développement sans précédent du commerce extérieur sous la dynastie Song, les échanges économique, politique et

---

173. « Rapport pour énoncer cinq événements en tant que gouverneur du Guangxi. » juan 17 dans Li Zengbo. *Kezhai zagao.* « Rapport en réponse à l'empereur dès l'arrivée à Jingjiang. » et « Rapport en réponse à l'empereur. » juan arr. 5 ; « Rapport destiné à l'empereur. » juan arr. 6 ; « Rapport sur les affaires frontalières. » juan arr. 7 ; « Rapport en réponse à l'empereur. » juan arr. 8 ; « Rapport pour énoncer les affaires frontalières et presser le déplacement des troupes. » « Rapport en réponse à l'empereur. » et « Rapport sur les affaires frontalières. » juan arr. 9 dans Li Zengbo. *Kezhai zagao & xugao.*

174. *Jianyan yilai xinian yaolu,* juan 186, gengchen, septembre, 30e année de l'ère Shaoxing, p. 3116.

culturel entre cette dernière et le monde au-delà de ses frontières devinrent intenses. Dans le même temps, la dynastie Song était toujours en confrontation avec les Liao, les Xia et les Jin. Cela dit, les émissaires, les commerçants et les espions jouèrent un rôle particulièrement important dans la collecte des informations extérieures par la dynastie Song. Grâce à eux, la dynastie Song obtint des informations complètes et approfondies sur les pays et régions directement liés à sa propre sécurité, tels que les Liao, les Xia et les Jin. Les informations sur les pays situés le long des côtes de l'Asie du Sud-Est et de l'océan Indien furent considérablement élargies et enrichies par rapport aux dynasties précédentes.

Les Song laissèrent derrière eux une multitude de documents sur les pays et régions au-delà de leurs frontières. Ce sont des sources importantes qui nous permettent aujourd'hui d'étudier l'histoire de ces pays et régions. Pour ceux dont les documents furent perdus, ou qui ne consignaient pas systématiquement leurs informations ou ne possédaient pas d'environnement idéal en la matière, les informations préservées par les Song sont même devenues la source de documentation la plus importante pour étudier l'histoire de ces pays et régions. C'est à travers les différents moyens mentionnés que la dynastie Song acquit toutes ces informations. L'étude de ces moyens permet de mieux comprendre les façons dont la dynastie Song regardait le monde extérieur, les perspectives sous lesquelles elle le voyait, et les caractéristiques avec lesquelles elle s'y intéressait. Elle favorise aussi une recherche plus approfondie sur la mesure dans laquelle la dynastie Song connaissait le monde extérieur.

## CHAPITRE 11

## Changements et formation : un nouveau modèle des routes maritimes de la soie sous la dynastie Song

Dans l'histoire du développement maritime en Chine, la dynastie Song marqua une période de changement. Le centre névralgique du commerce extérieur se déplaça de la terre vers la mer. Des changements eurent lieu dans le mécanisme de fonctionnement des routes maritimes de la soie. Il en fut de même pour les concepts et la culture de la mer. De la sorte, ce fut l'ensemble du développement maritime asiatique qui entra dans une nouvelle phase. Les études existantes ont examiné en détail le système du commerce maritime, la composition des produits et les ports commerciaux à l'époque des Song.[1] Sur cette base, cet article vise à éclairer les nouveaux facteurs et les changements du développement des routes maritimes de la soie sous la dynastie Song. Nous allons tenter d'illustrer de manière systématique le modèle de développement de ces routes à cette époque.

---

1. Pour les recherches du XXᵉ siècle, il est possible de faire référence à « Résumé des études du XXᵉ siècle sur le commerce extérieur sous la dynastie Song » (Wang Qingsong. *Haijiao shi yanjiu* (« *Journal des études de l'histoire maritime* »). Issue 2. 2004). Les études du XXIᵉ siècle comprennent : Billy K. L. So. *Prosperity, Region, and Institutions in Maritime China : The South Fukien Pattern, 946-1368* (« *Prospérité, région, et institutions dans la Chine maritime : le modèle du sud du Fukien (946-1368)* »). Havard University Asia Center (Centre asiatique de l'Université de Harvard), 2000 ; Huang Chunyan. *Songdai haiwai maoyi* (« *Le commerce extérieur sous la dynastie Song* »). Beijing : Shehui kexue wenxian chubanshe (Presse académique des sciences sociales), 2003 ; Yang Wenxin. *Songdai shibosi yanjiu* (« *Recherches sur les shibosi sous la dynastie Song* »). Xiamen : Xiamen daxue chubanshe (Presse de l'Université de Xiamen), 2013, etc.

## 1. Les routes maritimes de la soie et nouveaux centres du commerce extérieur

Les trois routes menant respectivement au nord-ouest, au sud-ouest et à la mer, et à travers lesquelles la Chine ancienne procédait à ses échanges extérieurs, étaient appelées respectivement « route de la soie du Nord », « route de la soie du Sud » et « routes maritimes de la soie ». Depuis l'époque de Han Wudi, ou plus tôt, ces trois routes furent documentées de manière claire dans l'histoire chinoise. Sous les dynasties Han et Tang, la route de la soie du Nord occupa une position dominante pour les échanges extérieurs. Premièrement, les facteurs politiques y jouèrent un rôle clé. Sous ces deux dynasties, l'accent politique fut mis sur le Nord-Ouest, et la défense contre les peuples nomades septentrionaux s'avérait être essentielle pour garantir la sécurité du pays. En conséquence, la gestion des régions occidentales était de nature stratégique pour contenir les nomades du nord. Cela correspondait à l'entreprise de Han Wudi qui avait essayé de conquérir les régions occidentales pour briser le flanc droit des Xiongnu.[2] Ainsi, avant l'époque des Song, l'histoire témoignait déjà des échanges entre la Chine et le Nord-Ouest. En revanche, très peu de documents furent élaborés sur les interactions entre la Chine et le Sud-Est, puisque cette région était lointaine, et qu'elle n'était pas d'ordre stratégique.[3] Ainsi, sous l'impulsion des Han occidentaux, nombreux étaient les émissaires qui faisaient des allers et retours entre les régions occidentales et les Plaines centrales. En une année, leur nombre pouvait atteindre plus de dix *bei* au maximum, et cinq ou six *bei* au minimum. Un *bei* égale au maximum des centaines de personnes, et plus de cent au minimum.[4] De telles conditions politiques manquaient à la route de la soie du Sud et aux routes maritimes de la soie.

Deuxièmement, le centre économique des dynasties Han et Tang se trouvait au nord. À une époque où le transport était difficile et que les biens de consommation de luxe étaient les principaux produits du commerce à longue distance, les zones centrées sur les deux cités de Chang'an et Luoyang étaient le principal fournisseur de biens d'exportation et le principal marché de vente de biens importés. De l'ouest de Congling (le Pamir) jusqu'au Daqin (Empire romain), des centaines de royaumes et des milliers de villes furent séduits, et pas un seul jour ne s'écoulait sans que les commerçants étrangers ne se précipitassent vers Chang'an.[5] Sous la dynastie Tang, les marchands étrangers qui étaient venus en Chine par la route de la soie réunissaient les vendeurs de galettes, mais également les grands commerçants possédant des milliards, qui séjournaient à Chang'an sur une longue durée.[6]

---

2. « Chroniques des régions occidentales (deuxième partie). » juan 96 dans *Han shu* (« *Livre des Han* »). Beijing : Zhonghua shuju (Société de livres de Zhonghua), 1964. p. 3928.

3. « Les quatre barbares. » (Appendix 3) juan 74 dans *Xin Wudai shi* (« *Nouvelle histoire des Cinq Dynasties* »). Beijing : Zhonghua shuju, 1974. p. 922.

4. « Biographie de Zhang Qian. » juan 61 dans *Han shu*. p. 2649. « Biographie de Dayuan. » juan 123 dans *Shi ji* (« *Mémoires historiques* »). Beijing : Zhonghua shuju, 1963. p. 3173.

5. Juan 3 dans Yang Xuanzhi (auteur). Fan Xiangyong (correcteur). *Luoyang jialan ji jiaozhu* (« *Annotations pour la présentation des temples bouddhiques de Luoyang* »). Shanghai : Shanghai guji chubanshe (Maison d'édition Classique de Shanghai), 2011. p. 161.

6. Cf. Xiang Da. *Tangdai Chang'an yu xiyu wenming* (« *Chang'an sous la dynastie Tang et les civilisations des régions occidentales* »). Beijing : The Commercial Press, 2015. pp. 38-41.

Troisièmement, sous les dynasties Han et Tang, les pays commerçant avec ces dernières se trouvaient principalement dans les régions occidentales, en Asie centrale et en Asie de l'Ouest. Pendant la dynastie Han, le Daxia (la Bactriane), le Dayuan, le Kangju et l'Anxi (Empire parthe) figuraient parmi les principaux pays échangeant avec la « Chine ». Ils étaient doués pour le commerce, et voulaient établir de bonnes relations avec les Hans. Au moment où Gan Ying se rendit au Daqin, l'Anxi voulut empêcher les échanges commerciaux entre la « Chine » et Rome en proposant de vendre la soie chinoise colorée à ce dernier.[7] Pendant les dynasties Wei, Jin, du Sud et du Nord, le Kucha et le royaume de Khotan vinrent tous les ans payer tribut, comme sous la dynastie Han[8]. Sous les Tang, les Turcs occidentaux s'affirmèrent. Ils pratiquèrent activement le commerce de la soie, et le poussèrent jusqu'à son apogée. Au milieu du VIIIe siècle, les échanges des chevaux ouïghours contre de la soie chinoise ramenèrent le commerce par la route de la soie du Nord-Ouest à son apogée.[9] La route de la soie du Nord-Ouest reliait les centres économiques se trouvant sur le continent chinois, au bord de la Méditerranée, en Iran et en Inde.[10]

La route de la soie du Sud traversait la région isolée du sud-ouest, avec comme principaux pivots le Shudi (bassin du Sichuan et les zones adjacentes) et le Yunnan. En termes de développement et de statut commercial, elle était loin d'être comparable à la route de la soie du Nord. Sous les Han, les routes maritimes de la soie prenaient leur départ à Xuwen (un *xian* de la province du Guangdong) et à Hepu (un *xian* de la province du Guangxi). En empruntant ces routes, il convenait d'avoir recours à de petits bateaux pour naviguer le long du rivage. De Xuwen à Huangzhi, sans prendre en compte le retard à mi-chemin, un aller simple nécessitait douze mois de voyage, et un aller et retour pouvait nécessiter des années. En effet, le voyage était parsemé de dangers tels que les attaques des barbares, et les noyades au cours des tempêtes.[11] De la sorte, les routes maritimes de la soie ne pouvaient être en rien comparées à la route de la soie du Nord. Sous les dynasties Wei, Jin, du Sud et du Nord, les régimes méridionaux accordèrent plus d'attention au trafic maritime, ce qui permit au commerce maritime de se développer de manière considérable. Présentant de meilleures conditions commerciales, Jiaozhou et Guangzhou remplacèrent Xuwen et Hepu pour devenir les principaux ports de commerce. Le royaume de Wu (ou Sun Wu) envoya une fois Zhu Ying et Kang Tai dans les pays de la mer du Sud. Ils traversèrent ou entendirent

---

7. « Chroniques du Dayuan. » juan 123 dans *Shi ji*. p. 3164. « Chroniques des régions occidentales (première partie). » juan 96 dans *Han shu*. p. 3893. « Chroniques des régions occidentales. » juan 88 dans *Houhan shu* (« *Livre des Han postérieurs* »). Beijing : Zhonghua shuju, 1965. p. 2920.

8. « Livre des Wei. » juan 30 dans *Sanguo zhi* (« *Chroniques des Trois Royaumes* »). Beijing : Zhonghua shuju, 1959. p. 859.

9. Cf. « Déplacement vers le nord du centre de gravité du commerce de la route de la soie et ses causes. » chapitre 4 et « Échanges culturels dynamiques entre l'Orient et l'Occident du VIe au IXe siècles dans le nord de l'Asie centrale. » chapitre 6 dans Ji Zong'an. *Jiu shiji qian de zhongya beibu yu zhongxi jiaotong* (« *Le nord de l'Asie centrale et les échanges entre l'Orient et l'Occident avant le IXe siècle* »). Beijing : Zhonghua shuju, 2008. pp. 156-185 et pp. 223-252.

10. G.F. Hudson (auteur). Wang Zunzhong *et al.* (trad.). *Ouzhou yu Zhongguo* (« *L'Europe et la Chine* »). Beijing : Zhonghua shuju, 1995. p. 69.

11. « Chroniques géographiques. » juan 28 dans *Han shu*. p. 1671.

parler de plus de 100 pays.[12] À l'époque des dynasties du Sud et du Nord, à Jiaozhou les navires ne manquaient pas, et les commerçants faisaient la queue.[13] Il en était de même pour Guangzhou où chaque année, des bateaux en grand nombre venaient, et des marchands étrangers y faisaient du commerce.[14] Au cours de cette période, se formèrent également des trajets allant de l'Asie du Sud-Est à Guangzhou en passant par l'est de l'île de Hainan. Dans son *Foguo ji* (« *Mémoires sur les pays bouddhiques* »), Faxian indiqua que le navire marchand sur lequel il voyagea comptait aller à Guangzhou en passant par Sumatra. Il s'agissait d'un trajet direct en eaux profondes pour Guangzhou qui nécessiterait en temps normal 50 jours de voyage. L'ambassadeur de la dynastie Sui, Chang Jun, prit également cette route pour atteindre le royaume de Chitu à environ 50 jours de Guangzhou.[15] Malgré tout, le commerce par les routes maritimes de la soie n'était pas encore aussi dynamique que celui de la route de la soie du Nord.

À la fin des Tang et sous les Cinq Dynasties, le commerce maritime tendait à rattraper et même surpasser celui du Nord-Ouest. Les royaumes de la mer, au gré du vent et des marées, venaient payer tribut. Les navires, transportant à bord les marchands étrangers, se croisaient sur les eaux. Les marchandises étrangères, entres autres des perles, des parfums, de l'ivoire, des cornes de rhinocéros, et des tortues marines, étaient apportées tous les jours, et déferlaient sur le marché chinois. Elles étaient tellement nombreuses que l'offre dépassait largement la demande.[16] À Guangzhou, innombrables étaient les navires en provenance d'Inde, de Perse, de Kunlun, etc., et à bord, se trouvaient des tas de parfums, de médicaments et de trésors.[17] Après la prise de Guangzhou par Huang Chao, 120 000 commerçants musulmans, juifs, chrétiens et zoroastriens vivant dans la ville furent massacrés.[18] Lorsque Tian Shengong réprima la rébellion de Liu Zhan, des milliers de marchands arabes et perses à Yangzhou furent tués.[19] De là, nous pouvons voir que la prospérité commerciale due aux routes maritimes de la soie était équivalente à celle de la route de la soie du Nord-Ouest.

---

12. « Chroniques des pays de la mer de Chine méridionale. » juan 78 dans *Nan shi* (« *Histoire des dynasties du sud* »). Beijing : Zhonghua shuju, 1975. p. 1947.

13. « Chroniques des barbares. » juan 97 dans *Song shu* (« *Livre des Song* »). Beijing : Zhonghua shuju, 1983. p. 2399.

14. « Biographie de Wang Sengru. » juan 33 dans *Liang shu* (« *Livre des Liang* »). Beijing : Zhonghua shuju, 1973. p. 470. « Biographie de Wang Kun. » juan 32 dans *Nanqi shu* (« *Livre des Qi du Sud* »). Beijing : Zhonghua shuju, 1972. p. 578.

15. « Chroniques des barbares du sud. » juan 82 dans *Sui shu* (« *Livre des Sui* »). Beijing : Zhonghua shuju, 1973. p. 1831.

16. « Louanges à Zheng Shangshu (ministre des travaux publics) qui s'en va remplir ses nouvelles fonctions. » juan 21 dans *Dongyatang changli ji zhu* (« Annotations pour *Recueil de Changli au palais de Dongya* »). tome 1075 dans *Siku Quanshu* (« *Livres complets des Quatre magasins* »), Wenyuan Ge (« Belvédère de la profondeur littéraire »). p. 312.

17. Ōmi no Mifune (auteur). Wang Xiangrong (correcteur). *Tang daheshang dongzheng zhuan* (« *Chronique de l'expédition orientale du moine Jianzhen* »). Beijing : Zhonghua shuju, 2000. p. 74.

18. Suleiman (auteur). Mu Genlai *et al.* (trad.). *Zhongguo Yindu jianwen lu* (« *Anciennes relations de l'Inde et de la Chine* »). Beijing : Zhonghua shuju, 1983. p. 96.

19. « Biographie de Deng Jingshan. » juan 110 dans *Jiu Tang shu* (« *Ancien livre des Tang* »). Beijing : Zhonghua shuju, 1975. p. 3313.

Dans le même temps, l'influence et le contrôle de la dynastie Tang dans les régions occidentales et en Asie centrale diminuèrent rapidement. En 750, Gao Xianzhi fut vaincu à la bataille de Talas. Après la rébellion d'An Lushi en 755, l'armée Tang fut retirée des contrées occidentales. La situation politique dans ces régions et en Asie centrale changea radicalement. Avant la période de Kaiyuan, nombreux étaient ceux qui venaient à Chang'an payer tribut. Mais après la rébellion, pendant la période de Tianbao, les étrangers y étaient rares.[20] À la fin des Tang, les moines partis en pèlerinage en Inde préféraient emprunter les routes maritimes. En analysant le *Datang qiufa gaoseng zhuan* (« *Biographie des moines éminents des Tang qui ont cherché le dharma* ») de Yi Jing, Feng Chengjun a signalé que parmi les 60 moines partis en Inde, 33 avaient choisi les routes maritimes.[21] Après que les Tibétains avaient occupé le corridor de Hexi, les routes maritimes qui étaient calmes et pratiques furent préférées. Sous Tang Daizong, plus de 4 000 missionnaires étrangers furent bloqués à Chang'an. Le gouvernement des Tang prévoyait de les rapatrier par les routes maritimes.[22]

Sous les Cinq Dynasties, le trafic sur la route de la soie du Nord-Ouest diminua encore par rapport à celui des routes maritimes de la soie. Parmi les pays dans les régions occidentales, seuls les Ouïgours et le royaume de Khotan maintenaient encore des relations tributaires avec le régime des Plaines centrales, et le nombre d'hommages rendus restaient bien limité. Selon les statistiques du *Wudai huiyao* (livre d'historiographie chinoise sur la période des Cinq Dynasties), les Ouïgours vinrent payer tribut à sept reprises, et à cinq reprises pour les Khotanais. De plus, sous les dynasties des Jin postérieurs et des Han postérieurs, les Ouïgours n'étaient pas autorisés à pratiquer le commerce privé dans la capitale, et tous leurs produits devaient être vendus au gouvernement. Ceux qui commerçaient en privé seraient condamnés. Il fallut attendre jusqu'au règne de Taizu des Zhou postérieurs pour que cette stipulation fût supprimée. Les Ouïgours furent de nouveau permis de faire du commerce privé.[23] Par ailleurs, les régimes méridionaux tels que ceux de Wuyue, de Min et des Han du Sud attachaient une grande importance au commerce extérieur. L'ampleur du commerce du régime de Wuyue se révéla à travers la grande quantité des tributs qu'il versait à la dynastie Song, incluant des médicaments aromatiques et des joyaux. La première année de l'ère Qiande, il paya comme tributs 150 000 livres de médicaments aromatiques, des cornes de rhinocéros, de l'ivoire, de l'or et de l'argent, des perles et de la vaisselle. La neuvième année de l'ère Kaibao, les tributs comprirent 70 000 livres d'encens, des cornes de rhinocéros, de l'ivoire, des médicaments aromatiques, etc. Sous Song Taizong, le royaume de Wuyue rendit hommage à plusieurs reprises avec des milliers de livres de médicaments aromatiques et de divers

---

20. « Chronique des *Rong* de l'ouest. » juan 198 dans *Jiu Tang shu*. p. 5317.

21. Feng Chengjun. *Zhongguo nanyang jiaotong shi* (« *Histoire des échanges en mer de Chine méridionale* »). Shanghai : Shanghai guji chubanshe, 2005. p. 42.

22. *Zizhi tongjian* (« *Miroir compréhensif pour aider le gouvernement* »), juan 232, juin, troisième année de l'ère Zhenyuan. Beijing : Zhonghua shuju, 1956. p. 7493.

23. « Ouïghours. » juan 28 et « Royaume de Khotan. » juan 29 dans *Wudai huiyao* (« *Documents importants des Cinq Dynasties* »). tome 607 dans *Siku Quanshu*, Wenyuan Ge. p. 695.

joyaux.[24] Le régime de Min développa également et vigoureusement le commerce extérieur.[25] Les Han du Sud attachaient aussi de l'importance au commerce. La même année où ils furent détruits, la dynastie Song fit installer le *shibosi* (institution chargée d'administrer le commerce extérieur maritime). Nous pouvons voir que le commerce extérieur était non seulement répandu à une échelle considérable, mais était aussi soumis à une gestion institutionnalisée.

Le commerce avec le Nord-Ouest bénéficia d'un plus grand développement sous la dynastie Song que sous les Cinq Dynasties. Avant l'occupation de Lingzhou par les Xia occidentaux, la route qui traversait cette ville et qui reliait les Plaines centrales aux régions occidentales n'était pas bloquée.[26] Après la prise de Lingzhou par les Xia, cette route fut coupée. Les Song et les régions occidentales communiquèrent à travers la route passant par Qingtang qui resta libre jusqu'à la fin de la dynastie des Song du Nord. À chaque fois que les émissaires des Ouïghours de Ganzhou rendaient hommage, les Xia les pillaient. Les Tibétains, témoignant leur gratitude envers la cour Song, envoyèrent des gens pour accompagner les émissaires ouïghours.[27] L'empire du Tibet prit l'initiative de sécuriser la route traversant le pays. L'Empire byzantin passa également par l'empire du Tibet pour se rendre chez les Song : « Pour aller en Chine, il entre d'abord au Califat islamique, puis le royaume de Khotan, en passant par les Ouïghours de Ganzhou et le régime de Qingtang. »[28] Il en était de même pour le royaume de Khotan qui devait parcourir le territoire des Ouïghours à tête jaune, de la Tartarie, du régime de Dong Zhan, etc., pour aller jusqu'aux Song.[29] La route passant par Qingtang permit d'amplifier le commerce. La cinquième année de l'ère Xining (1072), Wang Shao dit : « Chaque année, des centaines de millions de marchandises étrangères déferlent sur la Chine. »[30] Au nom du paiement du tribut, les Ouïghours à tête jaune, les habitants du Khotan et du Lugan venaient en « Chine » avec leurs divers produits pour y faire du commerce. Les produits apportés pouvaient coûter jusqu'à 100 000 *min*, et dont la valeur n'était en général pas inférieure à 50 000 ou 70 000 *min*.[31] Les Xia eux aussi envoyaient souvent des messagers pour faire du commerce en Chine.[32]

---

24. « Les anciennes familles honorables de Wuyue. » juan 480 dans *Song shi* (« *Histoire des Song* »). p. 13898 et p. 13900.

25. Cf. Han, Zhenhua. « Le commerce extérieur du Fujian sous les Cinq Dynasties. » *Zhongguo shehui jingji shi yanjiu* (« *Journal de l'histoire sociale et économique chinoise* »). Issue 3. 1986.

26. Cf. Zhao Zhen. *Guiyijun shishi kaolun* (« *Recherches historiques sur l'Armée Guiyi* »). Beijing : Beijing shifan daxue chubanshe (Maison d'édition de l'Université normale de Beijing), 2010. pp. 174-175.

27. « Barbares (IV). » dans *Song huiyao jigao* (« *Ébauche de compilation de documents importants de la dynastie Song* »). Shanghai : Shanghai guji chubanshe, 2014. p. 9770.

28. « Chronique de l'Empire byzantin. » juan 490 dans *Song shi*. p. 14124.

29. « Barbares (IV). » dans *Song huiyao jigao*. p. 9776.

30. « Nourriture et objets du quotidien (37). » dans *Song huiyao jigao*. p. 6812.

31. « Prière d'ouvrir le marché frontalier. » juan 1 dans Li Fu. *Yushui ji* (« *Recueil de Yushui* »). tome 1121 dans *Siku Quanshu*, Wenyuan Ge. p. 5.

32. *Xu Zizhi tongjian changbian* (« *Longue ébauche de la continuation du Zizhi tongjian* (« *Miroir compréhensif pour aider le gouvernement* ») »), juan 365, renxu, février, première année de l'ère Yuanyou. Beijing : Zhonghua shuju, 2004. p. 8753.

Cependant, par rapport au commerce maritime, celui de la route de la soie du Nord-Ouest occupait une position bien secondaire sous la dynastie Song. Le commerce extérieur se faisait principalement à travers les routes maritimes du Sud-Est plutôt que par la route terrestre du Nord-Ouest. Cette transition présentait plusieurs signes notables. Premièrement, l'ampleur du commerce maritime dépassait celle du commerce terrestre. Bien qu'il n'y ait pas de données spécifiques à comparer, contrairement au commerce terrestre, le commerce maritime sous la dynastie Song contribuait au budget général de l'État, et les recettes des *shibosi* en devinrent l'une des ressources. Au début de la dynastie des Song du Nord, le revenu des *shibosi* était de 300 000 à 800 000 (*min* ou en unité composite). De la fin de la dynastie des Song du Nord au début de la dynastie des Song du Sud, le revenu annuel moyen était d'environ 1,1 million d'unités, et la 29ᵉ année de l'ère Shaoxing (1159), il atteignit 2 millions de *min*.[33] D'après « Fonctionnaires » (juan 44 dans *Song huiyao jigao* (« *Ébauche de compilation de documents importants de la dynastie Song* »), il y eut plus de 400 sortes de produits importés au cours des troisième (1133) et onzième années (1141) de l'ère Shaoxing. Une telle prospérité du commerce maritime dépassait de loin ce que le commerce terrestre était capable de réaliser.

Deuxièmement, la création d'une institution spécialisée (*shibosi*) et d'un système (lois et règlements) pour gérer le commerce maritime. La dynastie des Song du Nord mit successivement en place le *shibosi* à Guangzhou, Hangzhou, Mingzhou, Quanzhou et Mizhou. De même, le *shibowu* (*shibosi* portuaire) ou le *shibochang* furent installés à Wenzhou, Jiangyin et Shanghai. La dynastie des Song du Sud mit en place le *shibosi* à Guangzhou, Quanzhou et Mingzhou. Les lois sur le commerce maritime encourageaient les marchands locaux à se rendre à l'étranger et les marchands étrangers à faire du commerce en Chine. Elles formulèrent des mesures de gestion telles que l'émission de certificats, les garanties, l'expédition de navires, la taxation et l'achat.[34] Un mécanisme de répartition des bénéfices entre le pays et les marchands dans le domaine du commerce maritime fut en effet mis en place. Un tel mécanisme était absent de la route de la soie du Nord-Ouest durant la période allant des dynasties Han et Tang jusqu'aux Song. Il promut de manière durable la prospérité du commerce maritime sous la dynastie Song.

Troisièmement, en termes de nombre de commerçants, le commerce maritime dépassait le commerce terrestre. La dynastie Song encourageait les marchands locaux à faire du commerce en mer. Les marchands chinois devinrent ainsi la principale force du commerce maritime grâce à leurs produits et à leurs avantages techniques. Dans le même temps, les marchands arabes déclenchèrent une vague d'expansion commerciale vers l'est, formant une force que le commerce terrestre ne pouvait pas égaler. La majorité des pays qui commerçaient avec la dynastie Song empruntaient les routes maritimes. Selon le recensement des archives historiques, au total 42 pays rendirent hommage à la dynastie des Song du Nord, dont 30 empruntèrent la voie maritime, soit environ 73 %. Sous la dynastie des Song du Sud, les pays du nord et du nord-ouest cessèrent de venir payer tribut. Ceux qui maintenaient leurs relations tributaires avec la dynastie des Song

---

33. Huang Chunyan. *Songdai haiwai maoyi*. Beijing : Shehui kexue wenxian chubanshe, 2003. p. 176.
34. *Op. cit.* pp. 97-162.

du Sud étaient tous des pays de la mer.[35] En réalité, les pays « tributaires » et la dynastie Song entretenaient principalement des relations commerciales. Désormais, le commerce extérieur se ferait essentiellement à travers les routes maritimes.

L'établissement de la domination des routes maritimes de la soie sous la dynastie Song fut motivé par une variété de facteurs. La politique des Song, qui encourageait les marchands chinois et étrangers à faire du commerce, joua un rôle moteur direct. Les développements économique, technologique et ceux du marché furent des moteurs encore plus fondamentaux. Sous la dynastie Song, l'économie se développa rapidement dans le sud. Le centre économique se déplaça alors dans cette direction, en particulier vers le sud-est, ainsi que le centre fournisseur de produits d'exportation et celui de consommation des produits importés.[36] La capacité maximum des navires des Song était de 5 000 *liao* (unité de mesure, un *liao* = 0.325 tonne), et le volume des navires de taille moyenne pouvait atteindre 3 000 *liao*. c'est-à-dire que ces navires étaient capables de contenir 180 à 300 tonnes de riz[37], soit 900 à 1500 chameaux[38]. Par ailleurs, à l'époque des Song, il était déjà possible de s'appuyer sur l'astrologie, les balises placées sur terre, le régime hydrologique et le compas pour naviguer.[39] Par rapport au commerce terrestre, le commerce maritime présentait des avantages incomparables en termes de coût et d'échelle de transport. En outre, la structure commerciale traditionnelle de la Chine reposait sur l'échange de produits artisanaux nationaux contre des matières premières étrangères telles que des médicaments aromatiques et des joyaux. Le centre fournisseur de produits d'exportation comme la porcelaine ou la soie, se déplaça vers le sud-est, tandis que les médicaments aromatiques et les joyaux importés provenaient principalement de l'Asie du Sud-Est et de la côte de l'océan Indien. Ces facteurs déterminèrent le déplacement irréversible du commerce extérieur vers la mer sous la dynastie Song.

---

35. Huang Chunyan. *Songdai chaogong tixi yanjiu* (« *Études du système tributaire à l'époque des Song* »). Beijing : The Commercial Press, 2014. pp. 50-51.

36. Zheng Xuemeng. *Zhongguo gudai jingji zhongxin nanyi he Tang Song jiangnan jingji yanjiu* (« *Déplacement du centre économique de la Chine vers le sud et étude de l'économie du Jiangnan sous les dynasties Tang et Song* »). Changsha : Yuelu shushe (Maison d'édition de Yuelu), 1996. p. 11 et p. 17.

37. Selon « Navires maritimes » (juan 12 dans Wu Zimu. *Mengliang lu* (« *Rêves de l'ancienne capitale Lin'an* »). Hangzhou : Zhejiang renmin chubanshe (Maison d'édition du peuple du Zhejiang), 1980. p. 111) et « Capacité et forme des navires des Song » (Huang, Chunyan. *Xiamen daxue xuebao* (« *Journal de l'Université de Xiamen* »). Issue 6. 2015), un *liao* équivaut au volume d'un *dan* (un *dan* = 59,2 kilos) de riz. D'après « Dialectique (I) » (juan 3 dans Shen Kuo (auteur). D'après le classement de Hu Jingyi. *Mengxi bitan* (litt. « *Discussions de pinceau depuis un petit ruisseau de rêve* »). Zhengzhou : Daxiang chubanshe (Presse d'éléphant), 2006. p. 19), un *dan* de riz équivaut à 92 *jin* (des Song). Selon Guo Zhengzhong (*San zhi shisi shiji Zhongguo de quanheng duliang* (« *Unités de mesure chinoises du III*e *au XIV*e *siècles* »). Beijing : Zhongguo shehui kexue chubanshe (Presse des sciences sociales de Chine), 1993. p. 221), un *jin* des Song correspond à 640 *liang* d'aujourd'hui.

38. Dans son *Gengzi riji* (« *Journal de gengzi* »), Hua Xuelan notait le 16 décembre : « Quatorze chameaux déchargeant du charbon, un total de 5 610 *jin*. » Nous pouvons voir que la charge d'un chameau était de 400 *jin* (Institut de l'histoire moderne de l'Académie chinoise des sciences sociales (eds.). *Gengzi jishi* (« *Notes des affaires de gengzi* »). Beijing : Zhishi chanquan chubanshe (Maison d'édition de la propriété intellectuelle), 2013. p. 134).

39. Huang, Chunyan. « Diffusion des connaissances maritimes et construction des images marines sous la dynastie Song. » *Xueshu yuekan* (« *Mensuel académique* »). Issue 11. 2015.

## 2. Formation de nouveaux mécanismes de fonctionnement des routes maritimes de la soie

### (1) Développement du commerce et formation du marché régional près de la mer

Le commerce près de la mer désigne le commerce entre les zones limitrophes à la mer. Les marchés régionaux près de la mer désignent les marchés régionaux formés à partir du commerce maritime. C'étaient des lieux de distribution de marchandises et une base importante pour le commerce hauturier. Ils étaient également le lien entre le marché continental et le marché maritime. Du sud du Yangtsé au Guangdong, et aux environs de l'île de Hainan, le commerce près de la mer était le plus dynamique sous la dynastie Song, et il s'agissait également de la zone centrale des marchés régionaux près de la mer. Les signes suivants témoignent de la formation de ces marchés.

Premièrement, une structure commerciale stable se constitua. Le commerce des céréales était le principal moteur du commerce près de la mer. Dans les zones côtières au sud du Yangtsé, l'approvisionnement en céréales se faisait généralement des deux extrémités nord et sud vers le centre. C'est-à-dire que le Guangdong et l'ouest du Zhejiang exportaient les céréales vers les zones côtières du Fujian et de l'est du Zhejiang. Le Guangdong était riche en riz. Tout au long de l'année, les marchands y faisaient des achats pour en revendre à d'autres endroits, et les navires s'y croisaient.[40] En ce qui concernait l'ouest du Zhejiang, un proverbe dit : « Su Hu (Suzhou et Huzhou) est mûr, et le monde (dynastie des Song du Sud) est plein. » Il s'agissait également de l'un des principaux lieux où les céréales étaient exportées. Toute l'année, les quatre préfectures côtières du Fujian, à savoir Fuzhou, Xingzhou, Zhangzhou et Quanzhou, dépendaient du Guangdong et de l'ouest du Zhejiang pour importer de la nourriture. Même pendant les années de grande récolte, ces préfectures avaient également besoin du riz importé desdits endroits. Dans le cas contraire, la famine ravagerait ces régions.[41] Au cours des années où il n'y avait pas de sécheresse, la récolte annuelle ne pouvait nourrir la population de ces régions que pendant quelques mois. Pour combler cette carence, il fallait s'appuyer sur les bateaux qui transportaient du riz du Guangdong et de l'ouest du Zhejiang.[42] La côte est du Zhejiang possède un terrain montagneux, et les céréales étaient souvent importées de l'extérieur. À Mingzhou, les bateaux transportant du riz du Guangzhou faisaient la queue.[43] Lorsque les deux préfectures de Wenzhou et de Taizhou souffraient de la mauvaise récolte, elles devaient recourir aux bateaux pour

40. « Discussions avec les fonctionnaires de Jianning pour secourir les sinistrés. » juan 25 dans Zhu Xi (auteur). Liu Yongxiang *et al.* (correcteurs). *Hui'an xiansheng wenji* (« *Collection littéraire de M. Hui'an* »). *Zhuzi quanshu* (« *Livre complet de Zhuzi* »). Shanghai : Shanghai guji chubanshe, 2002. p. 1117.

41. Zhang, Shou. « Prière de laisser passer les bateaux de riz du Zhejiang. » juan 246 et « Famine. » juan 247 dans Yang Shiqi. *Lidai mingchen zouyi* (« *Rapports des fonctionnaires célèbres de toutes périodes* »). Shanghai : Shanghai guji chubanshe, 1989. p. 3236 et p. 3243.

42. Zhang, Shou. « Prière de laisser passer les bateaux de riz du Zhejiang. » juan 246 dans Yang Shiqi. *Lidai mingchen zouyi*. p. 3236.

43. « Rapport concernant la pénurie de céréales et les solutions. » juan 17 et « Rapport destiné au Premier ministre. » juan 26 dans *Hui'an xiansheng wenji*. p. 793 et p. 1177.

importer du riz de l'ouest du Zhejiang, afin de satisfaire les demandes locales ou peu s'en faut.[44] Dans les quatre préfectures de l'île de Hainan sur la route du Guangxi, la nourriture n'était pas non plus autosuffisante. Chaque année, elle devait être envoyée des préfectures comme Leizhou et Huazhou, ou par les soldats qui traversaient la mer jusqu'à l'île de Hainan. Parfois, le riz loué par les paysans était transporté au champ de Dijiao de Leizhou, puis des soldats étaient envoyés de l'île de Hainan pour récupérer le riz par bateau.[45] Il arrivait également que les marchands venant du nord de la mer par bateau vendissent du riz aux habitants du Hainan.[46]

En revanche, le Zhejiang de l'Est, le Fujian, la côte de Guangzhou et l'île de Hainan exportaient principalement des marchandises importées de l'étranger et des produits locaux. Les importations qui avaient été taxées par les *shibosi* de Guangzhou, Quanzhou et Mingzhou pouvaient être distribuées : les clients achetaient les marchandises pour lesquelles les taxes avaient été payées, puis ils se rendaient aux *shibosi* et demandaient un certificat pour qu'ils pussent vendre ces marchandises à d'autres préfectures.[47] Ainsi, les produits importés à travers les ports côtiers pouvaient être revendus sur les marchés du continent. Ils étaient rassemblés, puis distribués grâce au commerce près de la mer. Citons un exemple. Pendant les premières fouilles, les archéologues ont découvert dans le navire « Nanhai n°1 » (qui sombra à l'époque des Song du Sud) des produits provenant des fours de Longquan à l'est du Zhejiang, de ceux de Dehua au Fujian, de Cizao, de la série des fours de Jingdezhen au Jiangxi et des fours locaux de Guangzhou. Pour un navire d'une charge d'environ 200 tonnes, il était évidemment trop cher de parcourir depuis l'est du Zhejiang tout le trajet vers le sud afin d'acheter tous ces produits.[48] Le moyen le plus efficace consistait à rassembler les produits dans le port de Guangzhou. Les navires marchands du Zhejiang de l'est et du Fujian venaient à Guangzhou pour acheter du riz tout en y rapportant des produits locaux, ce qui était l'activité la plus rentable. Les textiles, le sel, le thé, le bois, etc., constituaient également des marchandises en vrac du commerce près de la mer. Il y avait souvent des marchands naviguant vers Jingdong et la route du Hebei pour faire du commerce, et qui rapportaient comme marchandises de la soie, du coton, etc.[49] Le gouvernement Song autorisa également les marchands à vendre du sel et du thé via les routes maritimes.[50] Nombreux étaient les commerçants qui transportaient

---

44. Juan 25 (deuxième partie, jiazi, octobre, neuvième année de l'ère Qiandao) dans anonyme (auteur). Li Zhiliang (correcteur). *Songshi quanwen* (« *Histoire complète des Song* »). Harbin : Heilongjiang renmin chubanshe (Maison d'édition du peuple du Heilongjiang), 2005. p. 1766.

45. « Biographie de Chen Yaosou. » juan 284 dans *Song shi*. pp. 9584-9585.

46. *Xu Zizhi tongjian changbian*, juan 310, gengshen, février, troisième année de l'ère Yuanfeng, p. 7521.

47. « Fonctionnaires (44). » dans *Song huiyao jigao*. p. 4205 et p. 4206.

48. D'après « *Nanhai n°1* » de *kaogu shijue* (« *Les premières fouilles archéologiques du navire "Nanhai n°1"* ») (p. 6), le navire mesurait 30,4 mètres de long, 9,8 mètres de large et 4,2 mètres de haut. Cela correspondait à la taille moyenne des navires de Quanzhou sous la dynastie des Song du Sud. La capacité du navire de Quanzhou dépassait 200 tonnes (Cf. « Bref rapport sur l'excavation des navires de la dynastie Song dans la baie de Quanzhou. » et « Étude préliminaire de la restauration des navires de la dynastie Song dans la baie de Quanzhou. » *Wenwu* (« *Reliques culturelles* »). Issue 10. 1974, pp. 1-18 et pp. 28-35.

49. « Nourriture et objets du quotidien (VIII, deuxième partie). » juan 186 dans *Song shi*. p. 4561.

50. *Jianyan yilai xinian yaolu* (« *Registres annuels des événements les plus importants depuis l'ère Jianyan* »), juan 51, jiwei, janvier, deuxième année de l'ère Shaoxing. Beijing : Zhonghua shuju, 2013. pp. 900-901.

du bois de Chuzhou de l'est du Zhejiang vers la mer en passant par Wenzhou.[51] La spécialité de Qinzhou au Guangxi, le bois d'ébène, était le principal matériau pour fabriquer la barre des grands navires, et pouvait être vendu à Panyu et à Wenling (Quanzhou) jusqu'à dix fois le prix.[52] Des milliers de milliards de livres[53] de litchi et de canne à sucre d'origine côtière du Fujian étaient acheminées chaque année vers le Zhejiang, soit par bateau, soit par palanche.[54] Les fleurs du Fujian et de Guangzhou, transportées via les routes maritimes, étaient très appréciées par les habitants du Zhejiang.[55] Ces échanges de marchandises aux caractéristiques géographiques distinctes et complémentaires permirent la formation de marchés stables.

Deuxièmement, les marchands pratiquaient régulièrement le commerce près de la mer. La dynastie des Song du Nord stipula que, outre Dengzhou et Laizhou, les marchands qui voulaient faire du commerce via les routes maritimes pouvaient déclarer au sein des préfectures ou des comtés où ils habitaient leurs marchandises et les destinations où ils les vendraient. Dans ce cas-là, il fallait trois garants afin que les fonctionnaires pussent délivrer des documents commerciaux.[56] Les marchands professionnels du Fujian et du Guangdong représentaient la principale force du commerce près de la mer. Ils naviguaient dans le sens du vent, et n'hésitaient pas à prendre des risques. Grâce à eux, des spécialités régionales et des marchandises exotiques étaient disponibles sur le marché de Wujun (Suzhou).[57] Ces marchands professionnels allaient jusqu'à Zhenjiang et Jiangning (Nanjing) pour faire du commerce.[58] La ville de Huangyao dans le comté de Kunshan faisait également partie des lieux où convergeaient les grands navires commerciaux en provenance du Fujian, du Guangdong et de l'est du Zhejiang. Tous les mois, les taxes payées par les marchands venant du sud pouvaient s'élever à plusieurs dizaines de milliers de pièces.[59] L'île de Hainan dépendait également du commerce de ces marchands. Si les comtés côtiers pouvaient rassembler des gens, installer des postes publics, entretenir les troupes et accumuler des richesses, c'était surtout grâce à ces marchands. Si ceux-ci ne venaient pas, ces comtés seraient en difficulté.[60]

---

51. « Prière de mettre fin au chantier naval. » juan 21 dans Lou Yao. *Gongkui ji* (« *Recueil de Gongkui* »). tome 186 dans *Sibu congkan* (« *Quatre séries* »). première édition. p. 10.

52. « Instruments. » juan 6 dans Zhou Qufei (auteur). Yang Wuquan (correcteur). *Annotations pour le Lingwai daida* (« *Réponses représentatives de la région au-delà des montagnes* »). Beijing : Zhonghua shuju, 1999. pp. 219-220.

53. « Rapport destiné au préfet Xiang Bowen. » juan 21 dans *Tie'an ji* (« *Recueil de Tie'an* »). tome 1178 dans *Siku Quanshu*, Wenyuan Ge. p. 248.

54. *Xihu laoren fansheng lu* (« *Registre d'une capitale dynamique par le vieil homme du lac de l'Ouest* »). tome 247 dans *Siku Quanshu*. Jinan : Qilu shushe (Presse de QiLu), 1996. p. 652.

55. Juan 7 dans Zhang Bangji. *Mozhuang manlu* (litt. « *Registre diffus à Mozhuang* »). Beijing : Zhonghua shuju, 1985. p. 77.

56. *Xu Zizhi tongjian changbian*, juan 331, dingmao, décembre, cinquième année de l'ère Yuanfeng, p. 7989.

57. « Voies maritimes. » juan 1 dans Zhu Changwen. *Wujun tujing xuji* (« *Notes complémentaires sur Wujun* »). Dans *Songyuan fangzhi congkan* (« *Séries de documents locaux à l'époque des Song et des Yuan* »). Beijing : Zhonghua shuju, 1990. p. 648.

58. « Nourriture et objets du quotidien (50). » dans *Song huiyao jigao*. p. 7126.

59. « Nourriture et objets du quotidien (18). » dans *Song huiyao jigao*. pp. 6387-6388.

60. « À propos du Hainan. » juan 5 dans Su Guo. *Xiechuan ji* (« *Recueil de Xiechuan* »). tome 1957 dans *Congshu jicheng* (« *Recueil des séries* »). première édition. Shanghai : The Commercial Press, 1935. p. 84.

Après la taxation et l'achat, la dynastie Song permit aux marchands étrangers de commercer sur le marché intérieur. Ces derniers, qui voulaient faire du commerce dans les préfectures du continent ou à Dongjing, pouvaient déposer leurs demandes aux *shibosi* qui, après les avoir examinées, leur délivraient le certificat.[61] De plus, pour ceux qui désiraient se rendre au Fujian ou au Zhejiang pour le commerce, le *shibosi* du Guangnan leur offrait des armes pour leurs navires.[62] Il y avait aussi des marchands étrangers engagés dans le commerce de contrebande près de la mer, et qui échappaient aux taxes. Par exemple, les bateaux japonais se rendaient souvent sur la côte de Wenzhou ou de Taizhou pour faire du commerce, avant que le gouvernement de Qingyuan ne les taxât, ou au lieu de rentrer chez eux après avoir été dépêchés.[63] Les résidents côtiers et les bateliers pratiquaient également le commerce près de la mer.[64] Il est à signaler pourtant que tous les marchands maritimes n'étaient pas des professionnels. Les bateliers connaissaient sur le bout des doigts les risques maritimes, et gagnaient leur vie à travers ce commerce.[65]

Troisièmement, des routes maritimes élaborées et stables furent créées, reliant les zones limitrophes à la mer entre elles. Avec Mingzhou comme point médian, les routes maritimes pouvaient être divisées en deux sections principales, sud et nord. Dans la partie septentrionale des routes, le nord de Mizhou était fortement affecté par la situation politique, et son sud était divisé en trois routes : celle de la mer intérieure, celle de la mer extérieure et la route océanique. Ces dernières étaient également, et dans une certaine mesure, affectées par la situation politique. L'itinéraire au sud de Mingzhou pouvait être divisé en deux sections : de Mingzhou à Fuzhou (ou Quanzhou), et de Fuzhou à Guangzhou. Fuzhou et Quanzhou étaient deux villes-relais importantes. Il existait aussi des routes stables reliant l'ouest de Guangzhou et l'île de Hainan au continent. Les routes au sud de Mingzhou étaient peu influencées par la politique. Les échanges étaient intenses, et le site était fréquenté. Les routes maritimes étaient reliées aux routes océaniques grâce à la création de plusieurs ports importants qui étaient équipés tous de *shibosi*. Elles associaient ainsi le commerce hauturier aux marchés près de la mer et à ceux du continent.[66]

## (2)  Changements structuraux de l'économie dans la région côtière du sud-est sous la dynastie Song : étude de cas du Fujian

À l'époque des Song, sous l'impulsion du commerce maritime, se formèrent une structure économique dominée par l'artisanat et le commerce et une culture privilégiant le commerce par rapport à l'agriculture dans les zones côtières du Fujian, à Wenzhou (l'est du Zhejiang), au Guangxi et sur l'île de Hainan. La région côtière du Fujian en était la plus représentative. Comme

---

61. « Fonctionnaires (44). » dans *Song huiyao jigao*. p. 4207.

62. « Nourriture et objets du quotidien (VIII, deuxième partie). » juan 186 dans *Song shi*. p. 4561.

63. « Rapport à propos de l'interdiction des monnaies de cuivre. » juan 1 dans Bao Hui. *Bizhou gaolüe*. tome 1178 dans *Siku Quanshu*, Wenyuan Ge. pp. 713-714.

64. « Rapport à propos de l'interdiction des monnaies de cuivre. » juan 1 dans Bao Hui. *Bizhou gaolüe*. p. 714.

65. *Jianyan yilai xinian yaolu*, juan 18, xinmao, mai, 30ᵉ année de l'ère Shaoxing, p. 3099.

66. Huang, Chunyan. « Recherches sur les routes maritimes près de la mer sous la dynastie Song. » *Zhonghua wenshi luncong* (« *Revue de la littérature et de l'histoire chinoises* »). Issue 1. 2016.

mentionné ci-dessus, il y avait une forte pénurie de nourriture dans les zones côtières du Fujian sous la dynastie Song, et celles-ci dépendaient des importations du Guangdong et de l'ouest du Zhejiang depuis des années. Les habitants des zones côtières dépendaient principalement de la pêche, de l'artisanat et du commerce pour leur subsistance. Il y avait beaucoup de pêcheurs qui vivaient de la mer. Par exemple, à Fuzhou il existait les *baishuilang* qui habitaient sur un bateau ou dans une hutte sur le front de mer[67]. La dynastie des Song du Sud réquisitionna à trois reprises les navires du Fujian. Pour ce faire, elle demanda aux propriétaires de bateaux de ne pêcher que dans les préfectures où ils habitaient[68]. Certains fonctionnaires soulignaient que perturber les bateliers dans les zones de pêche ferait perdre leur travail, et que cela entraînerait l'apparition de voleurs.[69] Cela montre que la pêche était un moyen de subsistance quotidien important pour les propriétaires de bateaux.

Par contre, la plus grande caractéristique économique des zones côtières du Fujian sous la dynastie Song était le développement vigoureux de l'artisanat et du commerce. À cette époque, afin de répondre aux besoins de l'exportation de porcelaine, des centaines de fours virent le jour dans plusieurs provinces de la côte sud-est. Ceux qui se répartissaient le long de la côte du Fujian comprenaient Lianjiang, Fuqing, Putian, Xianyou, Hui'an, Quanzhou, Nan'an, Tong'an, Xiamen, Anxi, Yongchun, et Dehua. [70] À Quanzhou et dans l'armée de Xinghua, 18 sites de fours ont été découverts datant des Tang et des Cinq Dynasties, et 137 des Song et des Yuan. Grâce au développement du commerce maritime, les fours se multiplièrent rapidement sous les dynasties Song et Yuan, et se trouvaient pour la majorité au bord de la mer.[71] L'industrie textile du Fujian était relativement en retard sous la dynastie Tang[72], et se développa considérablement au cours des Song. Quanzhou en devint même le centre avec Hangzhou pendant un certain temps. Su Song loua les vêtements en soie et hauts en couleur à Quanzhou en disant qu'ils lui rappelaient le printemps dans la région du Sichuan[73]. De plus, la qualité des navires du Fujian était la meilleure du pays. Il est dit : « Les bateaux du Fujian sont de la meilleure qualité, puis ce sont ceux du Guangdong et du Guangxi, suivis par ceux de Wenzhou et de Mingzhou. »[74] Les navires du Fujian avaient pour eux la qualité et la quantité. La 19e année de l'ère Shaoxing (1149), le nombre de

---

67. « Géographie (VI). » juan 6 dans Liang Kejia. *Chunxi Sanshan zhi* (« *Chronique de Fuzhou pendant la période de Chunxi* »). Dans *Songyuan fangzhi congkan*. Beijing : Zhonghua shuju, 1990. p. 7839.

68. « Lettre à Zhao Shuai. » juan 28 dans Zhu Xi. *Hui'an xiansheng wenji*. p. 1238.

69. « Lettre au commissaire des transports Sun Sijian. » juan 76 dans Wang Anshi. *Linchuan xiansheng wenji* (« *Collection littéraire de M. Linchuan* »). tome 938 dans *Sibu congkan*. première édition, 1929.

70. Feng Xianming (éd.). *Zhongguo taoci* (« *Céramiques chinoises* »). p. 401.

71. Xu, Qingquan. « Production des céramiques à Quanzhou des Song aux Yuan. » *Haijiao shi yanjiu*. Issue 1. 1986.

72. Selon Zheng Xuemeng (ed.) (*Fujian jingji fazhan jianshi* (« *Brève histoire du développement économique du Fujian* »), p. 169), la soie et les produits en soie du Fujian sous la dynastie Tang étaient classés au huitième rang dans le pays, avec une mauvaise qualité et un faible rendement.

73. « Adieux à Huang Congzheng qui va remplir ses fonctions du gouverneur du comté de Jinjiang. » juan 7 dans Su Song. *Su Weigong wenji* (« *Collection littéraire de Su Weigong* »). Beijing : Zhonghua shuju, 1988. p. 72.

74. « À propos des avantages des bateaux. » juan 2 dans Lü Yihao. *Zhongmu ji* (« *Recueil de Zhongmu* »). tome 1131 dans *Siku Quanshu*, Wenyuan Ge. p. 273.

bateaux dans le comté de Fuqing était de 2 434[75]. Tous mesuraient au moins un *zhang* et deux *chi* (unités de mesure) de long, et satisfaisaient aux standards de réquisition. Le Fujian sous la dynastie Song était également un important producteur d'argent, de cuivre, de fer, de plomb et d'autres métaux[76]. Ces derniers étaient transportés en grande quantité par les navires.[77] Selon Le *Zhufan zhi* (« *Annales des pays barbares* »), les produits que les commerçants des Song vendaient dans les pays d'Asie du Sud-Est comprenaient l'or, l'argent, le fer, le plomb, l'étain, etc., et partaient de Quanzhou et de Guangzhou. Les marchands venant du Zhejiang, qui ne produisaient pas de fer, en faisaient le commerce, et partaient pour la mer également par des préfectures comme Quanzhou et Fuzhou[78].

En outre, une vague de commercialisation agricole apparut sur les zones côtières du Fujian sous la dynastie Song. Les agriculteurs n'étaient pas enthousiastes à l'idée de cultiver des céréales, mais préféraient planter des litchis, des cannes à sucre ainsi que d'autres cultures susceptibles de leur procurer des profits. À la première floraison du litchi, les marchands venaient compter les arbres pour en prévoir la production. Ce faisant, ils signaient un contrat avec les agriculteurs. Ils savaient si les récoltes seraient bonnes ou non.[79] Puis, les litchis étaient exportés au Zhejiang et à l'étranger. Plus de litchis vendaient les marchands, et plus les agriculteurs en plantaient. Tous les ans, des milliers de trillions de livres de litchis étaient exportés.[80] De plus, il apparut des *tangshuanghu* qui plantaient des cannes à sucre pour produire du sucre. Ils labouraient les bons champs et cultivaient des cannes à sucre. Certains d'entre eux devinrent même très riches.[81] Chaque année, du sucre de canne était transporté au Zhejiang.

Le commerce était la principale force motrice qui pouvait faire évoluer la structure économique côtière du Fujian. En effet, la population locale vivait, pour la plupart d'entre les gens, du commerce maritime.[82] Ce dernier devint une activité principale pour les armateurs côtiers du Fujian. Cela dit, lorsque le gouvernement décida de réquisitionner les navires de la région, certains fonctionnaires signalèrent qu'il risquait de faire perdre le travail aux armateurs en les perturbant dans leur activité de commerce.[83] Il faudrait donc éviter ce risque.[84] Les marchands du Fujian étaient les plus actifs dans le commerce maritime. Ils constituaient également la principale force commerciale en mer de Chine méridionale. Nombreux étaient les commerçants du Fujian

---

75. « Origines (V). » juan 14 dans *Chunxi Sanshan zhi*. Dans *Songyuan fangzhi congkan*. Beijing : Zhonghua shuju, 1990. p. 7901.

76. Wang Lingling. *Songdai kuangyeye yanjiu* (« *Étude de l'industrie minière et métallurgique de la dynastie Song* »). Baoding : Hebei daxue chubanshe (Presse de l'Université de Hebei), 2005. p. 25.

77. « Nourriture et objets du quotidien (VIII, deuxième partie). » juan 186 dans *Song shi*. p. 4566.

78. « Coutumes (III). » juan 41 dans *Chunxi Sanshan zhi*. p. 8252.

79. Cai Xiang. *Litchi*. tome 845 dans *Siku Quanshu*, Wenyuan Ge. p. 156.

80. *Idem*, p. 156.

81. Wang Zhuo. *Sucre*. tome 844 dans *Siku Quanshu*, Wenyuan Ge. p. 843.

82. « À propos du Goryeo qui rend hommage. » juan 30 dans Su Shi (auteur). Kong Fanli (correcteur). *Su Shi wenji* (« *Collection littéraire de Su Shi* »). p. 847.

83. « Rapport de la part d'un frère aîné (troisième année de l'ère Chunxi). » juan 82 dans Zhou Bida. *Wenzhong ji* (« *Recueil de Wenzhong* »). tome 147 dans *Siku Quanshu*, Wenyuan Ge. p. 847.

84. « Nourriture et objets du quotidien (50). » dans *Song huiyao jigao*. p. 7128.

qui, arrivés au Giao Chi par navire, étaient nommés fonctionnaires par ce dernier, et pesaient dans les décisions.[85] Par conséquent, beaucoup de hauts fonctionnaires du Giao Chi étaient originaires du Fujian.[86] L'émissaire du royaume de Dupo (Indonésie) dit : « Le grand commerçant Mao Xu, originaire de Jianxi, se rend souvent dans notre pays. Guidé par lui, nous pouvons venir rendre hommage (à la cour Song). »[87] De même, les marchands du Fujian allaient régulièrement en Asie du Sud-Est, et agissaient en qualité d'intermédiaires politiques. En outre, Shao Bao, un marchand maritime de Quanzhou, alla faire du commerce au Champā, et découvrit que le pirate recherché par la dynastie Song s'était réfugié dans le pays. Shao n'hésita pas à en informer la cour Song, et cette dernière le nomma alors à un poste chargé de surveiller les taxes sur le vin dans le comté de Changshun.[88] Les marchands du Fujian étaient également les plus actifs dans les échanges commerciaux entre la dynastie Song et les deux pays, le Japon et le Goryeo. Ce fut à bord d'un navire marchand du Fujian que le moine japonais Cheng Xun se rendit chez les Song sous l'empereur Shenzong. Dans ce navire, Zeng Ju, Wu Zhu et Zheng Qing étaient tous originaires du Fujian.[89] Le seul certificat commercial existant était celui délivré au marchand de Quanzhou, Li Chong, qui alla au Japon faire du commerce lors de la troisième année de l'ère Chongning.[90] Le Goryeo comptait dans la cité royale des centaines de Chinois dont beaucoup étaient des commerçants du Fujian et étaient arrivés par bateau. Le gouvernement du Goryeo essaya d'attirer des talents parmi eux en les nommant à des postes. Il les contraignit même à rester à vie dans le pays.[91] Les marchands du Fujian étaient également très actifs dans le commerce près de la mer. Ouyang Xiu décrivit le commerce de Hangzhou comme étant représenté par les marchands du Fujian. Il affirmait : « Les marchands du Fujian, à bord des navires, font front aux flots de la mer et traversent les nuages de fumée. Quelle vue spectaculaire ! »[92] Dans le *Kuaiji zhi* (« *Annales de Kuaiji* »), il est dit : « Les vêtements de Shaoxing proviennent du Fujian. Les métiers à tisser dans la ville cessent depuis longtemps de fonctionner. »[93] Autrement dit, en raison de la grande quantité de tissu importé par les marchands du Fujian, l'industrie du tissage bien développée à Shaoxing s'arrêta. Les marchands du Fujian étaient également très actifs sur l'île de Hainan. Les commerçants originaires de Quanzhou et de Fuzhou cherchaient partout des profits.[94]

---

85. « Giao Chi » juan 330 dans *Wenxian tongkao* (« *Étude exhaustive des documents* »). p. 9103.

86. *Xu Zizhi tongjian changbian*, juan 273, renshen, mars, neuvième année de l'ère Xining, p. 6692.

87. « Chronique du royaume de Dupo. » juan 489 dans *Song shi*. p. 14092.

88. *Xu Zizhi tongjian changbian*, juan 137, jisi, juillet, deuxième année de l'ère Qingli, p. 3287.

89. Juan 1 dans Cheng Xun (auteur). Wang Liping (correcteur). *Xinjiao can tiantai wutaishan ji* (« *Nouvelles corrections du Journal au mont Wutai* »). Shanghai : Shanghai guji chubanshe, 2009. p. 1.

90. « Pays étrangers. » juan 2 dans Heiban Shengmei (ed.). *Chaoye qunzai* (« *Registres divers de l'empire* »). *Xinding zengbu guoshi daxi* (« *La grande histoire nationale : révisions et suppléments* »). Tokyo : Yoshikawa Kōbunkanm, 1938. p. 452.

91. « Chronique du Goryeo. » juan 487 dans *Song shi*. p. 14053.

92. « Louanges au palais de Youmei. » juan 40 dans Ouyang Xiu (auteur). Li Yi'an (correcteur). *Jushi ji* (« *Recueil de Jushi* »). *Ouyang Xiu quanji* (« *Collection complète d'Ouyang Xiu* »). Beijing : Zhonghua shuju, 2001. p. 585.

93. « Tissu. » juan 17 dans *Jiatai Kuaiji zhi* (« *Chronique de Kuaiji pendant la période de Jiatai* »). Dans *Songyuan fangzhi congkan*. Beijing : Zhonghua shuju, 1990. p. 7048.

94. *Xu Zizhi tongjian changbian*, juan 310, gengshen, décembre, troisième année de l'ère Yuanfeng, p. 7522.

Les marchands du Fujian servaient également de passerelles entre les contacts officiels et privés. La position dominante des marchands du Fujian dans le commerce maritime incita les fonctionnaires à penser d'abord à ces derniers lorsqu'ils souhaitaient trouver des commerçants pour agir comme messagers. Monté sur le trône, Song Shenzong voulut reprendre les contacts officiels avec le Goryeo, interrompus depuis plus de 40 ans. Il ordonna alors à Luo Zheng, ancien commissaire des transports de la route du Fujian, de chercher un commerçant pour que ce dernier pût transmettre le message au Goryeo. Luo trouva Huang Zhen, un marchand de Quanzhou qui était jadis allé faire du commerce au Goryeo. Huang remplit la mission.[95] L'empereur Shenzong demanda en secret au marchand de Quanzhou Guo Di, d'aller trouver le dirigeant des Jürchens pour que ces derniers payassent tribut à la dynastie Song et fissent du commerce avec celle-ci.[96] Également sous l'empereur Shenzong, le Goryeo voulut emprunter des musiciens à la dynastie Song, et sollicita le marchand de Quanzhou, Fu Xuan pour transmettre sa demande.[97] Sous Song Huizong, des émissaires, dont Xu Jing, furent envoyés au Goryeo, et pour ce faire, six « bateaux de passagers », à savoir des navires marchands, furent loués. Il s'agissait, de fait, d'une pratique courante. Plus précisément, chaque fois que la cour impériale voulait envoyer des émissaires (au Goryeo), elle chargeait d'abord les *jiansi* (« commissaire de supervision ») du Fujian et du Zhejiang de louer des bateaux.[98] Cette fois-ci, des navires marchands du Fujian furent employés. À bord, il y avait bien entendu des commerçants du Fujian.[99] À la fin de la dynastie des Song du Sud, celle-ci était impatiente d'en savoir plus sur les mouvements de l'armée mongole depuis le Giao Chi. Il y avait beaucoup de marchands originaires du Fujian parmi les fonctionnaires du Giao Chi. La dynastie voulait choisir un Fujianais qui était fonctionnaire au Hubei ou au Hunan, et l'envoyer en Annam pour s'en informer. Enfin, Liao Yangsun, originaire de Nanjian, fut sélectionné, et obtint beaucoup de renseignements auprès des fonctionnaires du Giao Chi, marchands du Fujian à l'origine.[100]

Nous pouvons constater qu'au Fujian sous la dynastie Song, le commerce était privilégié plutôt que l'agriculture, et que les habitants vivant de la mer avaient un bon sens des affaires et un courageux esprit de pionnier. Il en était de même pour Wenzhou dans l'est du Zhejiang, et l'île de Hainan sur la route du Guangxi. Le Fujian n'était qu'un exemple parmi d'autres.

---

95. « Shibosi. » juan 6 dans *Baoqing Siming zhi* (« *Chronique de Ningbo pendant la période de Baoqing* »). Dans *Songyuan fangzhi congkan*. Beijing : Zhonghua shuju, 1990. p. 5055.

96. « Partir en mission pour le Goryeo. » juan 7 dans Zhou Hui (auteur). Liu Yongxiang (correcteur). *Annotations pour le Qingbo zazhi* (litt. « *Revue de Qingbo* »). Beijing : Zhonghua shuju, 1994. p. 327.

97. *Xu Zizhi tongjian changbian*, juan 261, bingwu, mars, huitième année de l'ère Xining, p. 6360.

98. « Préface. » et « Bateaux de passagers. » juan 34 dans Xu Jing (auteur). D'après le classement de Yu Yunguo et al. *Xuanhe fengshi Gaoli tujing* (« *Dossier illustré d'une ambassade pour le Goryeo dans l'ère Xuanhe* »). tome 8 dans *Quansong biji* (« *Notes des Song* »). Zhengzhou : Daxiang chubanshe, 2008. p. 8 et p. 129.

99. « Stèle du palais de tianfei. » juan 17 dans Qiu Jun. *Chongbian Qiongtai gao* (« *Révision du manuscrit de Qiongtai* »). tome 248 dans *Siku Quanshu*, Wenyuan Ge. p. 342.

100. « Rapport de la part du commissaire militaire M. Yin à propos de l'envoi des fonctionnaires vers l'Annam. » juan arr. 5 et « Rapport en réponse à l'empereur. » juan arr. 6 dans Li Zengbo. *Kezhai zagao & Xugao* (« *Manuscrits divers de Kezhai-Suite* »). tome 1179 dans *Siku Quanshu*, Wenyuan Ge. p. 645.

## (3) Le développement du commerce et l'islamisation précoce en Asie du Sud-Est et dans l'océan Indien

Kenneth McPherson dit :

Du VIIIᵉ au XIIIᵉ siècles, l'Empire islamique et l'Empire chinois ont connu une prospérité sans précédent, ce qui a favorisé le développement et l'expansion du commerce maritime. Les deux empires ont changé le rythme du commerce maritime. Cependant, la nature de l'impact ne peut être comprise qu'en examinant le commerce maritime au-delà de ces empires et en deçà de l'océan Indien.[101]

Il a souligné le rôle des empires chinois et arabe en tant que moteur du commerce maritime oriental (couvrant l'océan Indien, la mer de Chine méridionale et les eaux de l'Asie de l'Est). De même, il a proposé de sortir du cadre des deux empires pour avoir une meilleure compréhension du commerce maritime oriental.

Au VIIIᵉ siècle, et en particulier après le Xᵉ siècle, le commerce maritime en Asie du Sud-Est et au bord de l'océan Indien se développa rapidement, ce qui se refléta de manière évidente dans le développement et la prospérité et l'islamisation précoce des zones insulaires. Avant le Xᵉ siècle, les îles Philippines connaissaient un développement lent. Sous la dynastie Song, les références à des pays aux Philippines tels que le Ma-i, le Sanyu et le Bu-tuan apparurent pour la première fois dans les documents historiques chinois.[102] Cela était surtout dû au fait que les marchands chinois se rendaient dans ces pays pour le commerce. Ces derniers avaient établi des routes commerciales stables avec le Champā, le Brunei, le Dupo et le Ryūkyū. Les échanges commerciaux de la Chine avec ces pays étaient également très fréquents, et en conséquence, les règles de navigation et du commerce étaient bien connues par les Chinois.[103] Au VIIᵉ siècle, une puissance maritime naquit : le Srivijaya. Après le Xᵉ siècle, il était déjà un grand pays commercial en Asie du Sud-Est, et un centre de commerce international reliant la région de l'océan Indien à la Chine. Les fouilles des archéologues français et indonésiens montrent qu'au moins depuis le Xᵉ siècle, le pays (Sriwijaya) connut un commerce local et extérieur dynamique.[104] De même, l'économie du Java (Dupo) fut stimulée par l'essor commercial du Xᵉ au XIIIᵉ siècles. Le réseau commercial des îles de Java se forma. En remplaçant l'Inde du Sud, le Java devint le principal fournisseur de poivre noir et de

---

101. McPherson, Kenneth (auteur). Geng Yinceng *et al.* (trad.) *Yinduyang shi* (« *Histoire de l'océan Indien* »). Beijing : The Commercial Press, 2015. p. 78.

102. Liang Zhiming *et al.* (éds.). *Dongnanya gudai shi* (« *Histoire ancienne de l'Asie du Sud-Est* »). Beijing : Beijing daxue chubanshe (Presse de l'Université de Beijing), 2013. p. 205.

103. « Royaume de Ma-i. » et « Sanyu. » juan 1 dans Zhao Rushi (auteur). Yang Bowen (correcteur). *Interprétations du Zhufan zhi* (« *Annales des pays barbares* »). Beijing : Zhonghua shuju, 1996. p. 141 et p. 144. « Pays étrangers (V). » juan 489 dans *Song shi*. pp. 14077-14095.

104. Andaya, Barbara W., et Andaya Leonard (auteurs). Huang Qiudi (trad.). *Malai xiya shi* (« *Histoire de la Malaisie* »). Beijing : Zhongguo dabaike quanshu chubanshe (Maison d'édition de l'encyclopédia de la Chine), 2010. p. 18.

safran pour le marché chinois.[105] Dans le *Lingwai daida* (« *Réponses représentatives de la région au-delà des montagnes* »), il est dit : « Parmi les pays du sud, le Srivijaya est le centre. Quant aux pays du sud-est, le Java est le plus influent. En ce qui concerne les pays du sud-ouest, ils sont innombrables. Plus près, le Champā et le Chenla sont les centres parmi les pays du Wali. »[106]

Depuis la fin du VIIe siècle, un grand nombre d'Arabes qui avaient émigré en Afrique de l'Est établirent des colonies, et développèrent progressivement des villes. Ils gagnaient tous leur vie en allant en mer pour commercer[107]. Avant l'arrivée des musulmans, il n'y avait pas de marchands locaux, et peu de commerçants étrangers s'y rendaient. Il fallut attendre le XIe ou le XIIe siècle pour constater la présence de groupes de marchands puissants se déplaçant le long de la côte de l'Afrique de l'Est. Ces derniers gouvernaient les cités-États portuaires tels que Mogadiscio, Zanzibar et Kilwa Kisiwani, importaient de la porcelaine, de la soie, etc. de Chine et d'autres lieux, et exportaient les tissus en coton ou encore l'agate d'Afrique de l'Est.[108] Certains disent même que l'histoire florissante de l'Afrique de l'Est du Xe au XVe siècles fut écrite avec de la porcelaine chinoise.[109]

Après le Xe siècle, le commerce maritime du sous-continent indien se développa grâce au commerce maritime de l'Inde, et à la suite de l'arrivée à l'est des marchands arabes et de leur peuplement. La dynastie Chola à l'extrémité sud de l'Inde attachait de l'importance au commerce extérieur, et étendait activement son territoire. En 1025 et en 1067, elle entreprit deux expéditions, et vainquit le Srivijaya, qui perdit progressivement son statut de puissance maritime.[110] La dynastie Chola occupa ainsi une position commerciale importante dans l'océan Indien et en Asie du Sud-Est. Par ailleurs, le Kollam, sur la côte ouest de l'Inde, était le plus grand centre d'échanges commerciaux de l'océan Indien. Pour aller du Califat islamique jusqu'en Chine, il fallait changer de navire au Kollam en direction de l'Est[111]. Il en était de même pour se rendre jusqu'à la dynastie Chola depuis la Chine pour le commerce. Chaque année, un grand nombre de marchands chinois et arabes expédiaient des navires depuis le Srivijaya, le Jianbi, le Jituo, etc., pour le commerce. Beaucoup d'Arabes vivaient alors au Kollam.[112] Selon Lin Chengjie, à partir du IXe siècle, le nombre d'Arabes qui venaient en Inde faire du commerce et se livrer à la revente augmenta. Le commerce extérieur sur la côte ouest était ainsi de plus en plus contrôlé par ces derniers.[113] Les musulmans

---

105. D'après le texte de Jan Wisseman Christie.

106. « Pays étrangers (première partie). » juan 2 dans Zhou Qufei (auteur). Yang Quanwu (correcteur). *Annotations pour le Lingwai daida*. Beijing : Zhonghua shuju, 1999. p. 74.

107. Zoe Marsh et G. W. Kingsnorth. *Dongfei shi jianbian* (« *Compendium de l'histoire de l'Afrique de l'Est* »). Shanghai : Shanghai renmin chubanshe (Maison d'édition du peuple de Shanghai), 1974. p. 17.

108. McPherson, Kenneth (auteur). Geng Yinceng *et al.* (trad.) *Yinduyang shi*. Beijing : The Commercial Press, 2015. p. 51, p. 53 et p. 83.

109. *Dongfei shi jianbian*. p. 9.

110. Liang Zhiming *et al.* (éd.). *Dongnanya gudai shi*. Beijing : Beijing daxue chubanshe, 2013. p. 456.

111. « Les étrangers venus de la mer. » juan 3 dans *Annotations pour le Lingwai daida*. p. 126.

112. « La dynastie Chola. » et « Kollam. » juan 1 dans *Interprétations du Zhufan zhi*. p. 68.

113. Lin Chengjie. *Yindu shi* (« *Histoire de l'Inde* »). Beijing : Renmin chubanshe (Maison d'édition du peuple), 2004. p. 104.

établirent plusieurs nouvelles villes ainsi que des garnisons au large des côtes de l'Inde, servant de base pour l'expansion de leur commerce et pour leur invasion.[114]

Une autre force motrice fondamentale qui faisait la prospérité du commerce dans l'océan Indien et dans les îles d'Asie du Sud-Est au Xe siècle était « l'islamisation précoce ». McPherson décrit les activités des marchands musulmans en Asie du Sud et en Afrique de l'Est depuis le VIIIe siècle comme un phénomène d'« islamisation ».[115] Selon He Shengda, au Xe siècle, dans la plupart des pays continentaux d'Asie du sud-est, l'hindouisme et le bouddhisme *mahāyāna* laissèrent place au bouddhisme *hīnayāna*. Presqu'en même temps, dans les îles d'Asie du Sud-Est, commença également une transformation religieuse et culturelle. C'est-à-dire que les croyances originelles de l'hindouisme et du bouddhisme s'orientèrent vers la culture islamique.[116] La plupart des chercheurs pensent que l'islamisation complète des îles d'Asie du Sud-Est eut lieu à partir de la fin du XIIIe siècle. Avant cette période, sous l'impulsion du commerce, la propagation de l'islam le long de la côte de l'océan Indien et dans les régions insulaires d'Asie du Sud-Est ne cessait de s'accélérer. Nous pouvons ainsi parler de l'« islamisation précoce ».

La propagation précoce de l'islam le long de la côte de l'océan Indien et en Asie du Sud-Est se réalisa principalement à travers l'établissement de colonies par des marchands arabes, comme ils le firent le long de la côte d'Afrique de l'Est et sur les côtes de l'Inde (décrit ci-dessus). En analysant les documents en arabe, Tibbetts a signalé que le Champā faisait l'objet d'une colonisation islamique par le biais du commerce, et que les inscriptions arabes retrouvées sur place remontent au début du XIe siècle. De même, le Lamuri était également une colonie commerciale. Le Srivijaya et le Java virent aussi des colons arabes s'installer sur leurs territoires. Ces colonies avaient été établies pour des raisons purement commerciales, et à l'origine, elles furent peut-être conçues de façon temporaire pour attendre la fin de la mousson.[117]

La documentation chinoise est cohérente avec l'étude de la littérature arabe utilisée par Tibbetts. Selon le *Zhufan zhi*, le Lamuri à l'extrémité nord-ouest de Sumatra était un lieu où les marchands arabes et chinois attendaient la fin de la mousson. Il écrivait : « Pendant plus de 40 jours, (les marchands) arrivent de Quanzhou au Lamuri pour y passer l'hiver, puis repartent l'année suivante. » Ils se dirigeaient vers le Kollam et le Califat islamique.[118] De même, les Arabes qui se rendaient en Chine devaient également attendre la mousson au Lamuri. Le Srivijaya était situé au carrefour des voies navigables. De la sorte, les pays à l'est dont le Java, et ceux à l'ouest dont le Kollam et le Califat islamique, tous devaient passer par le Srivijaya pour aller en Chine.[119] Ainsi

114. A. L. Basham (éd.). Min Guangpei (trad.). *Yindu wenhua shi* (« *Histoire de la culture indienne* »). Beijing : The Commercial Press, 1997. p. 355.

115. McPherson, Kenneth (auteur). Geng Yinceng *et al.* (trad.) *Yinduyang shi*. Beijing : The Commercial Press, 2015. p. 62

116. He Shengda. *Dongnanya wenhua fazhan shi* (« *Histoire du développement culturel de l'Asie du Sud-Est* »). Kunming : Yunnan renmin chubanshe (Maison d'édition du peuple du Yunnan), 2011. p. 237.

117. G.R. Tibbetts (auteur). Yu Changsen (trad.). « Les premiers commerçants musulmans en Asie du Sud-Est. » p. 92.

118. « Le Califat islamique. » juan 1 dans *Interprétations du Zhufan zhi*. p. 89.

119. « Srivijaya. » juan 2 dans *Annotations pour le Lingwai daida*. p. 86.

réunit-il un grand nombre de marchands chinois et arabes. Les Arabes transportaient par navire des marchandises au Srivijaya, puis les vendaient en Chine.[120] D'après les documents historiques, beaucoup d'habitants du Srivijaya portaient le nom de Pu[121] qui devait désigner les Arabes qui y vivaient. Le marchand Pu Luxie retourna vers le sud depuis la Chine, et fut pris dans une tempête jusqu'à atteindre le Brunei. Le royaume fit construire un bateau pour lui afin qu'il pût accomplir sa mission tributaire.[122] Nous pouvons voir que les commerçants arabes laissèrent également des traces au Borneo. Le Champā était aussi un comptoir arabe. Selon le *Ting shi*, au Champā, il y avait des étrangers, et ceux qui portaient le nom de Pu étaient les plus riches. Appelés « les Blancs », ils bénéficiaient d'un statut social assez élevé au Champā. Ils maintenaient la foi islamique, aimaient la propreté, construisaient des mosquées, et appelaient à la prière.[123]

Avant le Xe siècle, la culture indienne était dominante en Asie du Sud-Est. Certains chercheurs appellent cette époque « la période de l'indianisation »[124]. Au milieu du VIIIe siècle, les marchands musulmans contrôlaient la route commerciale allant des régions arabes à l'océan Indien. De plus, la dynastie Song encourageait le commerce maritime, ce qui incitait davantage les marchands musulmans à venir en Asie du Sud-Est[125]. Les marchands musulmans et chinois remirent en cause la position dominante des commerçants sud-asiatiques, favorisant l'expansion continue de la croyance et de la culture islamiques. L'Afrique de l'Est, l'Asie du Sud et l'Asie du Sud-Est étaient toutes fortement influencées par l'islam.[126] Après le Xe siècle, la culture islamique remplaça progressivement la culture indienne dans les régions insulaires d'Asie du Sud-Est. Cela jeta les bases d'une propagation généralisée et continue de la culture islamique sur les îles d'Asie du Sud-Est à la fin du XIIIe siècle. Selon Tibbetts, le commerce entre les régions sous domination arabe et l'Asie du Sud-Est atteignit son apogée au Xe siècle. L'islam prit racine en Asie du Sud-Est, et commença à se développer à la fin du XIIIe siècle, ouvrant la voie à une large diffusion.[127] Il est ainsi possible de dire que ce fut l'islamisation précoce qui jeta les bases, après le VIIIe siècle, d'une islamisation généralisée dans les régions insulaires d'Asie du Sud-Est après la fin du XIIIe siècle. Les colonies des marchands musulmans s'étendaient le long des routes maritimes de la soie, et vers l'est jusqu'à Guangzhou et Quanzhou. Le gouvernement chinois mit en place des comptoirs

---

120. « Encens. » et « Benjoin. » juan 2 dans *Interprétations du Zhufan zhi*. p. 163 et p. 167.

121. « Srivijaya. » juan 489 dans *Song shi*. p. 14088.

122. « Chronique du Brunei. » juan 489 dans *Song shi*. p. 14095

123. « Les étrangers au Champā. » juan 11 dans Yue Ke (auteur). Wu Qiming (correcteur). *Ting shi*. Beijing : Zhonghua shuju, 1981. p. 125.

124. Coedès, George (auteur). Cai Hua *et al.* (trad.) *Dongnanya de yinduhua guojia* (« *Pays indianisés en Asie du Sud-Est* »). Beijing : The Commercial Press, 2008. pp. 34-35.

125. Liang Zhiming *et al.* *Duoyuan jiaohui gongsheng : Dongnanya wenming zhi lu* (« *Divers carrefours et coexistence : la route des civilisations d'Asie du Sud-Est* »). Beijing : Renmin chubanshe, 2011. p. 89.

126. McPherson, Kenneth (auteur). Geng Yinceng *et al.* (trad.) *Yinduyang shi*. Beijing : The Commercial Press, 2015. p. 53, p. 61 et p. 79.

127. G.R. Tibbetts (auteur). Yu, Changsen (trad.). « Les premiers commerçants musulmans en Asie du Sud-Est. » *Nanyang ziliao yicong* (« *Études de l'Asie du Sud-Est-une revue trimestrielle de traductions* »). Issue 1. 1991, p. 92.

spéciaux pour eux, dits *fanfang* (lieux dédiés aux étrangers)[128], peut-être bien plus grands que n'importe quel autre comptoir d'Asie du Sud-Est ou de l'océan Indien.

## (4) Formation du système commercial en mer de Chine méridionale

Le développement du commerce entre la Chine, l'Asie du Sud-Est et l'océan Indien favorisa la formation du système commercial en mer de Chine méridionale. Selon Takeshi Hamashita, depuis les XVe et XVIe siècles, le système commercial tributaire centré sur la Chine et le cercle économique asiatique contribuèrent également à développer le système commercial en mer de Chine méridionale formé sous la dynastie Song.[129] La formation du système commercial en mer de Chine méridionale sous la dynastie Song se distingua par trois caractéristiques. Premièrement, se formèrent une structure stable de marchandises et des relations de marché complémentaires. C'est-à-dire que les produits artisanaux de Chine, dont la porcelaine et la soie, s'échangeaient contre des matières premières telles que des médicaments aromatiques, et des bijoux provenant des régions côtières de l'Asie du Sud-Est et de l'océan Indien. Selon « Fonctionnaires (44) » dans le *Song huiyao jigao*, la troisième année de l'ère Shaoxing (1133), un total de 212 types de produits importés furent enregistrés, dont 177 médicaments aromatiques, 11 trésors, 14 produits artisanaux, et 10 autres matières premières. Plus de 90 % de ces produits importés étaient des matières premières. Le *Zhufan zhi* répertorie 15 lieux (impliquant des dizaines de pays et régions d'Asie du Sud-Est) où les marchands chinois vendaient leurs produits. Ils vendaient des porcelaines dans 15 lieux différents, de la soie dans 12, des bois de santal dans 3, et de l'or, du vin, de l'argent, du fer, du riz, du sucre, de la laque et des herbes parfumées sur 1 ou 2 places marchandes. Le même livre enregistre la structure des produits échangés entre les marchands chinois et ceux des pays en mer de Chine méridionale :

> Les produits locaux du Srivijaya comprennent des tortues, de la cervelle, de l'encens, des girofles, des bois de santal, des noix muscades, etc. Contre ceux-ci, les marchands étrangers échangent de l'or, de l'argent, des porcelaines, du brocart, du tissu de soie, du sucre, du fer, du vin, du riz, du gingembre séché, de la rhubarbe, du camphre, etc. Le royaume de Dupo produit de l'ivoire, des cornes de rhinocéros, des perles, du bornéol, des tortues, du bois de santal, du fenouil, des girofles, des noix muscade, du cubèbe, de l'encens, des nattes de bambou colorées, des épées, du poivre noir, des noix de bétel, du soufre jaune, du safran, des « bois rouge » d'Asie du Sud-Est, et des cacatoès. Les habitants locaux pratiquent également le tissage de vers à soie, et produisent de la broderie panachée et du tissu de kapokier. Pour acheter ces produits, les marchands étrangers vendent des ustensiles en or et en argent, du brocart à cinq couleurs, de la

---

128. Huang Chunyan. *Songdai haiwai maoyi*. Beijing : Shehui kexue wenxian chubanshe, 2003. p. 120 et pp. 123-124.

129. Hamashita, Takeshi. *Jindai zhongguo de guoji qiji : chaogong maoyi tixi yu jindai yazhou jingji quan* (« *Les opportunités à l'échelle internationale pour la Chine moderne : le système commercial tributaire et le cercle économique asiatique moderne* »). Beijing : Zhongguo shehui kexue chubanshe, 1999. p. 10 et p. 36.

soierie fine, de la livèche du Sichuan, de l'angélique dahurica, du cinabre, du sulfate ferreux, de l'alunite, du borax, de l'arsenic, des laques, des trépieds en fer, et des porcelaines bleus-blancs.

C'était aussi le cas avec d'autres pays tels que le Ma-i, le Sanyu, le Chenla, le Tambralinga, le Langkasuka, le Foluo'an, le Lamuri, etc. Comme le fait remarquer Janet Abu-Lughod, la Chine était le principal moteur du commerce asiatique. La soie et la porcelaine chinoises étaient les deux produits de base les plus demandés sur le marché mondial. Dans le même temps, la Chine était le principal consommateur des épices produites en Asie du Sud-Est et en Asie du Sud.[130] En raison des limites de l'environnement naturel, la Chine ne pouvait pas produire de grandes quantités de produits importés, notamment des médicaments aromatiques et des bijoux. En revanche, à cause des limitations technologiques, les pays d'outre-mer comptaient sur la Chine pour des objets artisanaux, entre autres la porcelaine et la soie. Cette offre et cette demande commerciales complémentaires étaient à la fois stables et rentables.

Deuxièmement, il existait une force commerciale stable. Les marchands chinois et arabes composaient la plus grande partie de cette force, et le nombre des commerçants dans d'autres régions asiatiques ne cessait de croître. Tout au long du Moyen-âge, les navires et les marchands arabes dominèrent le commerce dans le golfe Persique, la mer Rouge et sur les côtes de l'Inde.[131] Jusqu'à la dynastie Song, les marchands arabes constituaient encore une source importante du commerce extérieur de la Chine. Comme mentionné ci-dessus, la dynastie Song permit aux marchands chinois de faire du commerce en mer. Le rapport de force commercial asiatique en mer sous la dynastie Song s'en trouva fondamentalement changé. Les marchands marins chinois rapportaient par navire des produits étrangers pour les vendre.[132] Ils étaient partout : dans le Jiangsu, sur la rivière Huai, au Fujian et au Zhejiang.[133] Certains des habitants sur la côte du Guangxi renonçaient à cultiver les champs pour devenir artisans ; d'autres préféraient commercer en mer.[134] Comme évoqué en amont, les marchands du Fujian dominaient le commerce maritime. La Chine comptait un grand nombre de marchands en mer. De plus, elle possédait des avantages en matière technologique de construction navale et de navigation ainsi que sur le plan des produits. Elle jouait ainsi un rôle de premier plan dans le commerce maritime en Asie.

Dans le même temps, les marchands d'autres régions asiatiques devinrent de plus en plus actifs. Avant le Xe siècle, les groupes de commerçants indiens jouaient un rôle de premier plan dans le commerce à l'est de l'océan Indien. Au Xe siècle, en raison du développement rapide du commerce en mer de Chine méridionale et dans l'océan Indien, des groupes de commerçants

---

130. Janet Abu-Lughod. *Before European Hegemony : The world system A. D. 1250-1350* (« *Avant l'hégémonie européenne : le système mondial entre 1250 et 1350 apr. J.-C.* »). Oxford: Oxford University Press, 1989. p. 327.

131. *Op. cit.*, p. 274.

132. « Biographie de Zhang Xun. » juan 268 dans *Song shi.* p. 9222.

133. « Rapport à propos de l'interdiction des monnaies de cuivre. » juan 1 dans Bao Hui. *Bizhou gaolüe.* p. 714.

134. « Nourriture et objets du quotidien (66). » dans *Song huiyao jigao.* p. 7867.

locaux apparurent en Asie du Sud-Est.[135] Les documents de la dynastie Song font état à plusieurs reprises des marchands d'Asie du Sud-Est en Chine. Dans le *Zhuozhai wenji* (« *Collection littéraire de Zhuozhai* »), il est dit : « Les marchands maritimes du Srivijaya habitent dans des maisons luxueuses, et vivent à Quanzhou. Leur nombre atteint une dizaine. »[136] Selon le juan 86 du *Gongkui ji* (« *Recueil de Gongkui* »), un grand marchand du Chenla décéda à Mingzhou. Les commerçants locaux d'Asie du Sud-Est participaient également au commerce international qui se faisait localement. Des marchands chinois se rendaient au Ma-i, et entrés dans le port, puis s'installaient sur le marché local. Les commerçants locaux venaient l'un après l'autre, et emportaient les marchandises avec des *zaru*. Puis, ils allaient sur d'autres îles pour vendre ces marchandises, et ne rentraient que vers août ou septembre. Ils payaient les marchands chinois selon ce qu'ils avaient gagné. Les commerçants chinois qui visitaient le Brunei et le Sanyu, vendaient également leurs produits en gros à des marchands locaux qui les redistribuaient.[137] Ces marchands locaux constituaient eux aussi d'importantes forces commerciales.

Troisièmement, se forma une zone d'échanges avec des relations commerciales stables. D'après John W. Chaffee, grâce à la politique commerciale mise en place par la dynastie Song, qui favorisait le développement commercial, le commerce maritime prospéra du X^e au XIII^e siècles. Un « monde commercial » se créa en Asie, s'étendant du nord-est jusqu'au sud-est. Pour la première fois, l'Asie du Nord-Est fut profondément intégrée dans le réseau d'échanges international, et l'Asie du Sud-Est entra dans une « ère commerciale ». Des changements fondamentaux se produisirent ainsi dans le commerce et le développement national.[138] Selon Janet Abu-Lughod, au XIII^e siècle et avant, il existait en mer d'Oman, dans l'océan Indien et en mer de Chine méridionale trois cercles commerciaux maritimes qui étaient interconnectés : le monde musulman à l'ouest, la région indienne au centre, et à l'est le « monde sous le ciel » de la Chine, à savoir la zone tributaire[139]. Du point de vue des relations entre les différents marchés et de la composition des forces commerciales mentionnées ci-dessus, ces trois cercles formaient un système commercial intégré à l'époque des Song, qui pourrait être qualifié de « système commercial en mer de Chine méridionale ». Ce système couvrait le nord la Chine, le Goryeo et le Japon, et à l'ouest, la côte de l'océan Indien et l'Asie occidentale. L'Asie du Sud-Est constituait ainsi un centre pour la circulation des marchandises et des personnes au sein de ce système. Ce commerce régional possédait déjà les

---

135. Jan Wisseman, Christie. « Les marchés javanais et l'essor du commerce maritime asiatique du dixième au treizième siècles. » *Journal of the Economic and Social History of the Orient* (« *Revue de l'histoire économique et sociale de l'Orient* »), vol. 41, no. 3, 1998, pp. 344-381.

136. « L'enterrement des commerçants étrangers de Quanzhou à Dongban. » juan 15 dans Lin Zhiqi. *Zhuozhai wenji* (« *Collection littéraire de Zhuozhai* »). tome 1140 dans *Siku Quanshu*, Wenyuan Ge. p. 490.

137. « Royaume de Ma-I. » « Brunei. » « Sanyu. » juan 1 dans *Interprétations du Zhufan zhi*. p. 141, pp. 135-137 et pp. 143-144.

138. Chaffee, John. « La dynastie Song, le système multi-étatique en Asie de l'Est et le monde commercial. » *Beijing daxue xuebao* (« *Journal de l'Université de Beijing* »). Issue 2. 2009.

139. Cf. Janet Abu-Lughod, pp. 251-253.

éléments de base stables permettant un fonctionnement indépendant, et un système commercial émergea de manière distincte.

La formation des marchés régionaux près de la mer de la Chine, la formation initiale de caractéristiques régionales sur la côte sud-est, la prospérité commerciale et l'islamisation précoce en Asie du Sud-Est et sur la côte de l'océan Indien, ainsi que la formation du système commercial en mer de Chine méridionale, correspondaient tous à des changements sans précédent dans les eaux asiatiques, et constituaient de nouveaux mécanismes qui servirent de bases pour le fonctionnement des routes maritimes de la soie.

## 3. Les routes maritimes de la soie : renaissance et intégration de la culture de la dynastie Song

Le développement florissant des routes maritimes de la soie sous la dynastie Song enrichit considérablement les connaissances maritimes du peuple Song, et donna naissance à de nouveaux concepts nautiques. Sous la dynastie Song, apparurent des cartes maritimes montrant clairement les itinéraires utilisés. Dans le *Xuanhe fengshi Gaoli tujing* (« *Dossier illustré d'une ambassade pour le Goryeo dans l'ère Xuanhe* ») de Xu Jing, il est possible de voir l'itinéraire formé par plus de 40 marqueurs de Mingzhou au Goryeo, ainsi que les régimes des cours d'eau sur l'itinéraire.[140] Le livre comporte également une carte des « routes maritimes » (voies de navigation) représentant les îles et les cabanes en chaume que devaient traverser les navires[141]. Malheureusement, cette carte est aujourd'hui perdue, mais les textes sont restés. Il existait aussi des cartes de navigation de la dynastie Song aux divers pays en mer de Chine méridionale. Dans la préface du *Zhufan zhi* de Zhao Rukuo, ce dernier déclara :

> J'ai reçu l'ordre de venir ici. Un jour, je parcourais le *Zhufan tu* (« *Carte des pays barbares* »). On me montrait le danger des récifs et des bancs de sable, et les limites créées par les points de rencontre et les îlots. Je demandais s'il existait un ouvrage qui décrivait les pays barbares. On m'a répondu que non.[142]

Zhao rédigea donc le *Zhufan zhi*. Aujourd'hui, le *Zhufan tu* n'est plus disponible. Si nous nous référons au *Zhufan zhi*, nous pouvons savoir qu'il s'agissait d'une « carte du monde », marquant principalement les pays en Asie du Sud-Est et sur la côte de l'océan Indien. Elle indiquait même certains marqueurs (comme les récifs, bancs de sable, points de rencontre, et îlots), les itinéraires (selon le *Zhufan zhi*, le royaume de Dupo se trouvait dans la direction de bingsi de Quanzhou) et les distances.

---

140. Du juan 34 « Voies maritimes (I). » jusqu'au juan 39 « Voies maritimes (VI). » dans *Xuanhe fengshi Gaoli tujing*. pp. 130-147.

141. « Voies maritimes (I). » juan 34 dans *Xuanhe fengshi Gaoli tujing*. p. 129.

142. Préface dans *Interprétations du Zhufan zhi*. p. 1.

Les connaissances en navigation sous la dynastie Song connurent également des changements. Il existait trois principales techniques de navigation traditionnelles au milieu de la dynastie des Song du Nord : la navigation astronomique, le positionnement à l'aide de marqueurs en surface ou à travers les régimes des courants marins. Cheng Xun se rendit en Chine à bord d'un navire marchand des Song, et eut recours à ces trois méthodes de navigation. L'une consistait à observer les étoiles pour connaître les points cardinaux, et il s'agissait de la navigation astronomique. La seconde consistait à monter au mât et à voir les îles et les montagnes, c'est-à-dire à localiser les marqueurs en surface. La troisième consistait à utiliser un fil à plomb pour détecter la profondeur de la mer et l'état des sédiments, et pour estimer ainsi la position maritime, à savoir d'après les régimes des courants marins.[143] Sous l'empereur Song Huizong, la boussole fut utilisée pour la navigation. Selon ce qu'il vit à Guangzhou, Zhu Yu décrivit :

> Le capitaine du bateau connaît bien la géographie. La nuit il observe les étoiles. Le jour il regarde le soleil. Il utilise la boussole lorsqu'il est nuageux. Il lui arrive d'attraper la boue des fonds marins avec un crochet attaché à une corde de dix pieds. Il suffit de sentir la boue pour qu'il se repère.[144]

La navigation à la boussole était ainsi combinée avec la navigation astronomique et celle d'après les régimes des courants marins. Sous Song Huizong, Xu Jing fut envoyé au Goryeo. Lorsqu'il faisait sombre, il utilisait également la boussole pour se repérer, et avait recours aussi aux trois méthodes mentionnées ci-dessus. Il ne fallait pas s'arrêter dans l'obscurité de l'océan, et il avançait en suivant les étoiles. De même, il ne manquait pas de localiser les marqueurs en surface, à savoir les îles principales le long du parcours. Par ailleurs, il se servait d'un poids en plomb pour détecter la profondeur de la mer, tout en observant la couleur des courants marins.[145] La navigation à la boussole sous la dynastie des Song du Sud était encore plus importante. Dans le *Mengliang lu* (« *Rêves de l'ancienne capitale Lin'an* »), il est écrit :

> Quand il vente, qu'il pleut et qu'il fait sombre, nous ne pouvons compter que sur le cadran à aiguille pour avancer. C'est le capitaine du bateau qui le tient. Il n'ose commettre aucune erreur en maniant la boussole, sinon, la vie de chacun dans le bateau serait mise en danger.

Il existait également une navigation basée sur le climat, les vagues, les bancs de poissons, la couleur de l'eau, etc.[146] Le *Zhufan zhi* dit :

---

143. Juan 1 dans Cheng Xun (auteur). Wang Liping (correcteur). *Xinjiao can tiantai wutaishan ji.* pp. 6-9.

144. Juan 2 dans Zhu Yu (auteur). Li Guoqiang (correcteur). *Pingzhou ketan* (« *Notes à Pingzhou* »). tome 6 dans *Quansong biji*. Zhengzhou : Daxiang chubanshe, 2013. p. 149.

145. « Voies maritimes (I). » juan 34 dans *Xuanhe fengshi Gaoli tujing.* pp. 134-135.

146. « Navires maritimes. » juan 12 dans Wu Lianglu. *Mengliang lu.* pp. 111-112.

La mer est sans limites. Le ciel et l'eau se confondent. Lorsque l'on voyage par bateau, on ne peut déterminer la direction à suivre qu'à l'aide de la boussole. Jour et nuit, on n'ose pas quitter des yeux la boussole, car une négligence mettrait en danger la vie de chacun à bord du bateau.[147]

Le compas sous la dynastie Song utilisait « une aiguille flottante » dans un « cadran » pour indiquer la direction. Cette technique était pratique, bien utile, peu coûteuse et facile à populariser. Si elle était apparue sous l'empereur Shenzong, elle aurait été utilisée par le navire des Song où Cheng Xun était à bord. Par conséquent, nous pouvons dire que la navigation à la boussole était une nouvelle technologie qui émergea sous Shenzong, et plus probablement sous Huizong.

La prospérité sans précédent de la navigation sous la dynastie Song apporta d'énormes bénéfices à la fois au gouvernement et au peuple, et provoqua de grands changements dans les concepts maritimes de cette période. Grâce à l'accumulation des connaissances sur la mer, la dynastie Song put estimer la position géographique des nations maritimes dans les eaux asiatiques, généralement proche avec leur position réelle. En exploitant pleinement les connaissances maritimes acquises par les Song, il est possible de dessiner une carte similaire à la « Carte de Selden » qui contient une description claire et précise de la situation géographique de la mer de Chine méridionale au milieu de la dynastie Ming, et qui a été collectée par la Bibliothèque Bodléienne (à l'Université d'Oxford).[148] Surnaturel depuis les dynasties Qin et Han, le monde océanique devint réel. De plus, aux yeux des fonctionnaires et des habitants des Song, il s'agissait d'un monde plein de richesses, et qui pouvait leur rapporter des profits. Le *Lingwai daida* et le *Zhufan zhi* dressent les registres détaillés des trésors et des médicaments aromatiques produits dans divers pays. Le *Zhufan zhi* mentionne notamment les noms, les lieux d'origine et les caractéristiques de 47 types de bijoux et d'herbes. Il évoque également des informations commerciales telles que les produits que les commerçants chinois achetaient et vendaient dans divers pays, et les méthodes de négociation, et qui peuvent être perçues comme des instructions. La population pouvait obtenir d'importants profits en pratiquant le commerce maritime. Avec un *guan* (un *guan* ou une chaîne égale mille sous), il était possible d'acheter des produits étrangers qui coûteraient une centaine de *guan*. De même, avec une centaine de *guan*, les gens pouvaient acheter des produits étrangers d'une valeur de 1 000 *guan*. Le gouvernement Song percevait une grande part des revenus grâce au *shibosi*, chargé d'imposer les marchandises en provenance de différents pays étrangers qui venaient commercer.[149] Il reconnaissait que le *shibosi* apportait la plus grande contribution aux revenus du pays. Ce que le *shibosi* percevait n'était en aucun cas négligeable pour le budget national. Bien au contraire, il s'avérait essentiel pour enrichir le pays et le peuple.[150] Sur ce plan, l'empereur Song Gaozong déclara : « Les *shibosi* contribuent le plus aux revenus du pays. Si les mesures

---

147. « Hainan. » juan 2 dans *Zhufan zhi*. p. 216.

148. Huang, Chunyan. « Diffusion des connaissances maritimes et construction des images du monde marin sous la dynastie Song. » *Xueshu yuekan*. Issue 11. 2015.

149. « Rapport à propos de l'interdiction des monnaies de cuivre. » juan 1 dans Bao Hui. *Bizhou gaolüe*. p. 714.

150. *Jianyan yilai xinian yaolu*, juan 186, jiyou, octobre, 30ᵉ année de Shaoxing, p. 3614.

appropriées sont prises, ils rapporteront des millions. » ou « Les revenus réalisés par les *shibosi* aident largement au fonctionnement du pays. »[151]

Les dynasties Han et Tang interdirent au peuple de quitter le pays. Cela ne changea pas sous la dynastie Ming où les Chinois d'outre-mer qui avaient fui le système, étaient considérés comme étant abandonnés. Cependant, l'attitude de la dynastie Song envers les marchands marins était très différente. Non seulement autorisait-elle son peuple à faire du commerce en mer, mais aussi elle l'encourageait. Par exemple, pendant la saison annuelle de la navigation, le *shibosi* et le gouvernement local organisaient des cérémonies sacrificielles destinées à faire lever le vent en mer, et traitaient avec beaucoup d'attention les marchands marins. Chaque année, en mai, lorsque les marchands partaient en mer, le gouvernement de Guangzhou implorait le vent auprès du Dieu Fenglong (dieu des nuages)[152]. À Quanzhou, les gens comptaient sur les navires étrangers à des fins publique et privée, et implorait le vent deux fois par an.[153] Dans le même temps, les autorités locales organisaient également des banquets pour le compte des marchands marins. Tous les ans, en octobre, le responsable du *shibosi* de Guangzhou invitait les marchands étrangers à dîner avant de les renvoyer.[154] À cette occasion, pendant laquelle les marchands étrangers se rassemblaient, l'empereur Song Zhenzong dépêcha l'un de ses proches Zhao Dunxin pour leur transmettre son soutien.[155] De même, lorsque Zhu Fu exerçait ses fonctions à Guangzhou, il accueillit les commerçants étrangers dans sa résidence[156]. À l'instar du *shibosi* de Guangzhou, celui du Fujian organisait chaque année un banquet destiné aux marchands étrangers avant de les renvoyer[157]. En effet, les marchands chinois et étrangers étaient tous sur les listes des banquets. Parmi eux, il y avait des chefs des marchands chinois et étrangers, et des bateliers qui, tous assis, étaient bien servis[158].

La prospérité sans précédent de la navigation sous la dynastie Song favorisa également le développement des croyances maritimes, et il y eut plusieurs nouveaux changements. Premièrement, les divinités de la mer furent mieux estimées. Les Song suivirent le système de classement des dieux en trois catégories (grand, moyen et petit), établi depuis les dynasties Sui et Tang. Au début de la dynastie des Song du Nord, les divinités de la mer furent classées parmi les dieux moyens, ce qui représentait le niveau le plus élevé du système divin de croyance en l'eau. Les divinités des rivières et des lacs furent classées parmi les petits dieux. Pendant les années de l'ère Xining de Song Shenzong, les divinités de la mer et d'autres esprits mineurs ne furent plus adorés au temple Taichang. Pour leur offrir des sacrifices, les prêtres des préfectures et comtés

---

151. Xiong Ke, *Zhongxing xiaoji*, juan 23, gengshen, octobre (intercalaire), septième année de l'ère Shaoxing ; juan 32, wuxu, août, 16e année de l'ère Shaoxing. Shanghai : The Commercial Press, 1936. p. 265 et p. 276.

152. Juan 2 dans *Pingzhou ketan*. p. 149.

153. « Textes destinés à implorer le vent. » juan 54 dans Zhen Dexiu. *Xishan wenji* (« *Collection littéraire des montagnes de l'Ouest.* ») tome 1174 dans *Siku Quanshu*, Wenyuan Ge. p. 863.

154. « Les étrangers de la mer. » juan 3 dans *Annotations pour le Lingwai daida*. p. 126.

155. *Xu Zizhi tongjian changbian*, juan 72, juillet, deuxième année de l'ère Dazhong Xiangfu, p. 1642.

156. Juan 2 dans *Pingzhou ketan*. p. 151.

157. « Fonctionnaires. » dans *Song huiyao jigao*. p. 4216.

158. « Fonctionnaires. » dans *Song huiyao jigao*. p. 4210.

pratiquèrent les petits et moyens rituels selon les normes du temple. Durant les années de l'ère Yuanfeng, les divinités de la mer furent de nouveau classées parmi les dieux moyens. La dynastie des Song du Sud établit sa capitale au bord de la mer, et le statut des divinités maritimes fut rehaussé. Sous l'empereur Song Lizong, les divinités de la mer étaient considérées comme de grands dieux[159]. Dans le système sacrificiel national, leur statut dépassait celui des quatre esprits fluviaux, et elles étaient placées au même rang que les divinités du temple du ciel et de la terre. Deuxièmement, les esprits qui n'avaient rien à voir avec la navigation se virent confier la fonction de protéger la navigation. Le fils de Chen Yan de la dynastie Tang au temple Zhaoli dans le Fujian était à l'origine d'un culte local du comté de Lianjiang, et n'avait rien à voir avec la navigation. Ce culte se diffusa par la suite du comté de Lianjiang à Fuzhou à la fin de la dynastie des Song du Nord, et fut vénéré par les marchands maritimes. Xu Jing et sa délégation furent envoyés au Goryeo. Au cours de leur route, ils rencontrèrent le vent. Les marchands du Fujian à bord prièrent le fils de Chen Yan, et arrivèrent à esquiver le danger. Dès leur retour, ils en firent part à l'empereur, et celui-ci conféra alors au temple le nom de Zhaoli. Le temple Zhaoli fut construit à Mingzhou où cette croyance se propageait[160]. Troisièmement, de nouvelles divinités pour protéger la navigation furent créées. Parmi les plus célèbres se trouvait la *Mazu* (« ancêtre-mère »). La dynastie des Song du Sud conféra à cette dernière le titre de *shengfei* (litt. « favorite sacrée »). Il s'agissait d'une croyance populaire qui tirait son origine de Putian au Fujian au début de la dynastie des Song du Nord. *Mazu* était une femme qui portait le nom de Lin. Elle était adorée depuis les années de l'ère Yuanyou. La cinquième année de l'ère Xuanhe, Lu Yundi recruta des navires marchands pour se rendre en tant qu'émissaire au Goryeo. Ils rencontrèrent le vent. *Mazu* apparut, et ils furent sauvés. L'année suivante, ils en firent part à l'empereur, et celui-ci conféra le nom de Shunji au temple où siégeait la *Mazu*. Pendant la dynastie des Song du Sud, plusieurs titres furent attribués à la *Mazu*. La troisième année de l'ère Shaoxi, le titre de *linghuifei* (litt. « favorite effective et vertueuse ») fut accordé. Durant les années de l'ère Jiaxi, la plus haute distinction, et qui était composée de huit caractères chinois, fut donnée : *linghui zhushun jiaying yinglie*. À cette époque, les sanctuaires des divinités n'étaient pas seulement à Putian, mais aussi dans divers lieux du Fujian, du Guangdong, du Jiangsu, du Zhejiang et du bassin de la rivière Huai[161]. La croyance en *shengfei* continua de se développer sous les dynasties Yuan, Ming et Qing, à travers le pays et à l'étranger. La dynastie Yuan conféra à la *Mazu* le titre de *tianfei* (litt. « favorite céleste »), et les Qing lui accordèrent le titre de *tianhou* (litt. « reine céleste »). La *Mazu* devint la plus influente chez les marins. En plus de cette déesse, la dynastie Song donna naissance à de nombreux autres divinités protectrices de la navigation. Par exemple, il y avait Chen Kuo, un contemporain de la dynastie et qui était adoré

---

159. « Autel des dieux de la mer. » juan 3 dans Qian Shuoyou. *Xianchun Lin'an zhi* (« *Chronique de Lin'an pendant la période de Xianchun* »). Dans *Songyuan fangzhi congkan*. Beijing : Zhonghua shuju, 1990. p. 3379. « Lizong (III). » juan 43 dans *Song shi*. p. 847.

160. « Temple ancestral. » juan 8 dans Liang Kejia. *Chunxi Sanshan zhi*. Dans *Songyuan fangzhi congkan*. Beijing : Zhonghua shuju, 1990. p. 7864. « Annales du comté de Dinghai (II)- Temples. » juan 19 dans Luo Jun. *Baoqing Siming zhi*. p. 5239.

161. « Sanctuaires (III). » juan 73 dans Qian Shuoyou. *Xianchun Lin'an zhi*. p. 4014.

au temple Xianying dans le comté de Sheng. Yang Taiwei était vénéré au temple Xianyinghou dans la commune de Ganpu. Le martyr Qian Hou était commémoré au temple Shunji à Jinshan. À Wenzhou, Li Deyu était considéré comme le dieu de la mer.[162] Tous étaient de nouvelles divinités protectrices de la navigation créées sous la dynastie Song.

Une autre conséquence culturelle liée à la prospérité des routes maritimes de la soie sous la dynastie Song était la propagation de diverses religions étrangères. Les marchands musulmans composaient la principale force des commerçants étrangers venus en Chine sous la dynastie Song. Ils importèrent l'islam dans plusieurs lieux comme à Guangzhou ou encore à Quanzhou. Comme l'a fait remarquer Ma Tong : « Que ce soit par la mer ou par la terre, la plupart des musulmans sont venus en Chine non pas pour des missions, mais pour les affaires. »[163] Ce furent notamment les marchands musulmans qui introduisirent l'islam à Guangzhou et à Quanzhou. Les musulmans vivant dans le quartier des étrangers à Guangzhou perpétuaient leurs traditions religieuses. Toujours à Guangzhou, le temple Huaisheng était un lieu de culte pour les marchands musulmans. Le *Ting shi*, déjà mentionné auparavant, relate notamment les pratiques religieuses des musulmans dans le quartier des étrangers à Guangzhou. Un grand nombre de sculptures religieuses en pierre ont été découvertes à Quanzhou, et celles de l'islam sont les plus nombreuses, ce qui indique que les marchands les plus actifs dans le commerce entre la Chine et l'Occident au Moyen Âge étaient les musulmans[164]. Zhuang Weiji et d'autres ont souligné que les temples islamiques existants à l'époque des Song et toujours conservés à Quanzhou comprennent le temple Shengyou construit sous la dynastie des Song du Nord (1009-1010), le temple Qingjing construit sous la dynastie des Song du Sud (1131) et le temple Yemen.[165]

L'hindouisme se diffusa également en Chine par les routes maritimes de la soie sous la dynastie Song. Huang Xinchuan a souligné que les routes maritimes de la soie étaient l'un des quatre canaux par lesquels l'hindouisme fut introduit en Chine. Pendant les années de l'ère Yongxi, le moine indien Luo Huna qui navigua jusqu'à Quanzhou acheta un terrain vague pour faire construire un temple au sud de la ville[166]. Ce dernier devait être hindou. Avant la quatrième année de l'ère Dazhong Xiangfu (1011), la représentation classique de Shiva-lingam était déjà apparue à Quanzhou. La population locale appelait ces objets « stalagmites ». Cependant, les temples

---

162. « Temple ancestral. » juan 3 dans Zhang Hao. *Baoqing Kuaiji xuzhi* (« Suite de la *Chronique de Kuaiji pendant la période de Baoqing* »). Dans *Songyuan fangzhi congkan*. Beijing : Zhonghua shuju, 1990. p. 7130. « Temples. » juan 1 dans Chang Tang. *Ganshui zhi* (« *Chronique de Ganshui* »). Dans *Songyuan fangzhi congkan*. Beijing : Zhonghua shuju, 1990. p. 665. « Inscriptions du martyr Qian Hou au temple Shunji à Jinshan. » juan 4 dans Zhao Mengjian. *Yizhai wenbian* (« *Compilation littéraire de Yizhai* »). tome 1181 dans *Siku Quanshu*, Wenyuan Ge. p. 362. « Textes destinés à commémorer le dieu de la mer Li Deyu, martyr loyal. » juan 15 dans Xue Jixuan. *Langyu ji*. tome 1159 dans *Siku Quanshu*, Wenyuan Ge. p. 271.

163. Ma Tong. *Zhongguo yisilan jiaopai menhuan suyuan* (« *Aux origines de l'islam chinois* »). Yinchuan : Ningxia renmin chubanshe (Maison d'édition du people du Ningxia), 1986. p. 203.

164. Chen Dasheng. *Quanzhou yisilanjiao shike* (« *Les sculptures islamiques à Quanzhou* »). Yinchuan : Ningxia renmin chubanshe, 1984.

165. Zhuang, Weiji et Chen, Dasheng. « Recherches sur les sanctuaires islamiques à Quanzhou. » *Xiamen daxue xuebao* (« *Journal de l'Université de Xiamen* »). Issue 2. 1981.

166. « Tiansheng guo. » juan 1 dans *Interprétations du Zhufan zhi*. p. 86.

hindous de Guangzhou furent construits plus tôt que ceux de Quanzhou.[167] Yu De'en a comparé le style artistique d'un grand nombre de sculptures hindoues en pierre à Quanzhou avec celui des sculptures indiennes. Selon lui, le style de ces sculptures à Quanzhou provenait de la dynastie Chola (850-1350) au sud de l'Inde.[168] Comme mentionné ci-dessus, la dynastie Chola développa intensément le commerce extérieur au XIe siècle, et s'étendit vers l'est. Elle envoya deux expéditions, et vainquit le Srivijaya qui possédait le monopole du commerce maritime en Asie du Sud-Est. Dans les années 1980, les archéologues ont mis au jour plus de 200 reliques culturelles hindoues à Quanzhou. Cela montre que depuis la dynastie Song les activités hindoues à Quanzhou étaient déjà très présentes.[169] En outre, il y avait aussi la propagation du nestorianisme à Quanzhou à l'époque des Song, où l'on a découvert cinq staurotides datant d'avant le XIe siècle[170]. Ces religions devinrent une partie intégrante de la culture de la dynastie Song.

## 4. Conclusion

Les routes maritimes de la soie connurent des milliers d'années de développement, et d'importants changements sous la dynastie Song. Le commerce maritime chinois rencontra une prospérité sans précédent, et celui de l'Asie entra dans une nouvelle étape. Poussé par des facteurs tels que le déplacement du centre économique vers le sud, les progrès techniques en construction navale et en navigation, ainsi que la politique commerciale relativement active et ouverte de la dynastie Song, le centre du commerce extérieur de la Chine se déplaça de la route terrestre vers les routes maritimes de la soie.

Sous la dynastie Song, de nouveaux mécanismes de fonctionnement des routes maritimes de la soie virent le jour. En Chine, des marchés régionaux assez développés se formèrent près de la mer. Ces marchés devinrent une plate-forme importante pour l'approvisionnement et la distribution des produits d'importation et d'exportation, ainsi qu'une plaque tournante reliant le marché intérieur et les marchés étrangers. À l'est du Zhejiang et dans les zones côtières du Fujian, se formèrent une structure économique dominée par l'artisanat et le commerce, ainsi qu'une idéologie et un mode de vie qui privilégiaient le commerce par rapport à l'agriculture. Ceci donna naissance à de nouvelles caractéristiques régionales dans les zones côtières. La côte de l'océan Indien et la région insulaire de l'Asie du Sud-Est virent le commerce se développer d'une façon sans précédent, et entrèrent dans une première période d'islamisation, créant une dynamique

---

167. Huang, Xinchuan. « Propagation et influence de l'hindouisme en Chine. » *Zongjiao xue yanjiu* (« *Études religieuses* »). Issue 3. 1996.

168. Yu, David (auteur). Wang, Liming (trad.). « Étude comparative du style artistique des sculptures hindoues en pierre à Quanzhou. » *Haijiao shi yanjiu*. 2007.

169. Zhu, Mingzhong. « L'influence de l'hindouisme sur les idées et la culture de la Chine ancienne. » *Dongnanya Nanya yanjiu* (« *Journal des études de l'Asie du Sud-Est et de l'Asie du Sud* »). Issue 4. 2011.

170. Han, Zhenhua. « Monuments religieux étrangers introduits à Quanzhou sous les dynasties Song et Yuan. » *Haijiao shi yanjiu*. Issue 1. 1995.

commerciale importante et stable. Encouragé par la prospérité globale du commerce maritime en Asie, le système commercial de la mer de Chine méridionale se forma, intégrant les pays situés le long de la côte de l'océan Indien, en Asie du Sud-Est et en Asie de l'Est au sein d'un système de marché international étroitement lié.

Le développement du commerce maritime favorisa le développement des connaissances et des concepts marins sous la dynastie Song, et donna naissance à plusieurs nouveaux éléments culturels. L'océan passa d'un monde surnaturel à un monde réel et un espace de vie plein d'opportunités commerciales, de richesses et de profits. La conception du monde de la mer connut des changements fondamentaux. Par nécessité de protéger la navigation, la croyance en des divinités de la mer se développpa, et plusieurs nouveaux changements se produisirent. Les croyances religieuses étrangères se propagèrent également en Chine par le biais du commerce maritime, et finirent par faire partie de la culture sociale. Les nouveaux changements et mécanismes des routes maritimes de la soie à l'époque des Song continuèrent de croître depuis lors, ce qui donna une impulsion durable et stable au commerce maritime asiatique dont le développement ne put pâtir de la politique de *haijin* (litt. « mer interdite ») mise en place par les dynasties Ming et Qing.

# CHAPITRE 12

# La formation des caractéristiques régionales maritimes dans les zones côtières du Fujian et de l'est du Zhejiang sous la dynastie Song

Les caractéristiques régionales maritimes se réfèrent à ce que la structure économique, les moyens de subsistance, les concepts et les coutumes d'une région sont fortement et principalement influencés par les facteurs marins, et que le développement de cette région suit de manière globale, régulière et systématique les voies nautiques. La mer est progressivement devenue un espace important pour la vie des hommes qui ne cessent de renforcer leur capacité à exploiter la nature. Cependant, en raison des différences géographique, institutionnelle, culturelle, etc., toutes les zones côtières n'ont pas de caractéristiques régionales maritimes. Les « gens du Fujian » et les « gens de Wenzhou » d'aujourd'hui sont considérés comme ayant des caractéristiques maritimes régionales unique et distinctive. Les « gens de Wenzhou » sont vus comme assez courageux pour partir à l'aventure, assez audacieux pour être pionniers et doués pour faire des affaires.[1] Les « gens du Fujian » sont bons dans la construction navale et la navigation, courageux pour partir à l'aventure, et doués pour le commerce maritime et la pêche en mer, et attachent de l'importance à l'artisanat et au commerce.[2] Toutefois, depuis les dynasties Tang et Song, la population des zones côtières du Fujian ou de l'est du Zhejiang était principalement constituée d'immigrants du continent. Leur transition de « l'intérieur » vers le « littoral » fut le fruit d'un processus historique. La formation des caractéristiques régionales dans les zones côtières du Fujian et de l'est du Zhejiang connut donc plusieurs étapes. L'époque des Song est considérée comme l'étape la plus

---

1. Ying, Yunjin. « Recherches sur les origines de l'esprit d'aventure des gens de Wenzhou. » et « Recherches sur les origines de l'esprit d'innovation des gens de Wenzhou. » *Jiangxi shehui kexue* (« *Sciences sociales du Jiangxi* »). Issue 1 et Issue 5. 2002. Qian, Zhixi. « L'image des gens de Wenzhou dans les romans anciens. » *Zhongguo dianji yu wenhua* (« *Classiques et culture chinois* »). Issue 1. 2011.

2. Zhuang, Xifu, et Wu, Chengye. « À propos des caractéristiques maritimes de la culture du Fujian et de Taiwan. » *Huaqiao daxue xuebao* (« *Revue de l'Université de Huaqiao* »). Issue 4. 2002.

importante[3] où ces caractéristiques prirent forme. Dans le contexte de l'ancienne société agricole chinoise, l'histoire des zones côtières qui possèdent des caractéristiques régionales maritimes n'est pourtant pas une simple extension de l'histoire terrestre. Bien au contraire, il s'agit d'un processus de surmonter les limites des traditions terrestres, pour révéler leurs caractéristiques inhérentes.[4] L'histoire de la formation des caractéristiques régionales maritimes doit être envisagée dans une perspective maritime.[5] Cet article cherche à éclairer le processus de formation des caractéristiques régionales maritimes dans les zones côtières du Fujian et de l'est du Zhejiang sous la dynastie Song à travers l'analyse de la géographie, de l'économie sociale et des institutions de l'État.

## 1. Une structure économique dominée par l'artisanat et le commerce

Sous la dynastie Song, l'économie de diverses zones côtières se développa de manière spécifique en raison des différences sur les plans géographique et politique. Pendant la dynastie des Song du Nord, les zones côtières des routes du Jingdong et du Hebei étaient interdites au commerce puisqu'il fallait se défendre contre les Liao. À Mizhou, un *shibosi* (institution chargée d'administrer le commerce extérieur maritime) fut créé pour ensuite être rapidement dissous. Malgré les avantages dus aux échanges de poissons et du sel, le développement commercial restait limité. Sous la dynastie des Song du Sud, les deux routes furent occupées par les Jin. Le Huainan était la principale zone productrice du sel, mais la mer était sablonneuse et la route difficile.[6] Il n'y avait pas de bon port, et le commerce maritime n'était pas développé non plus. Il existait pourtant le long de la côte de l'ouest du Zhejiang des ports commerciaux tels que Jiangyin, Huating, Ganpu et Hangzhou. Toutefois, il s'agissait d'une zone économiquement développée, abondante en

---

3. Selon Zhao Junyao (« Les traces historiques de la culture maritime du Fujian ancien. » *Jimei daxue xuebao* (« *Revue de l'Université de Jimei* »). Issue 2. 2009), la culture maritime du Fujian date d'avant la dynastie Qin, prit forme pendant les dynasties Han et Jin, devint populaire sous les dynasties Sui et Tang et les Cinq Dynasties, s'épanouit au cours des Song, se développa durant les Yuan, et atteignit son apogée avant de décliner sous les Ming et Qing.

4. Le concept de « zone côtière » est utilisé par Lu Xiqi pour englober les zones offshore présentant un espace régional et des moyens de subsistance distinctifs. Selon lui, au Moyen Âge (l'auteur fait référence aux dynasties Han et Tang), les « populations en mer » avaient trois formes d'activité : se rendre en mer (hors du contrôle de l'État dynastique), naviguer en mer (vivre sur des bateaux) et se rendre à terre (être incorporé dans le registre officiel). Du point de vue des « communautés maritimes », il analyse la relation particulière entre les communautés côtières et l'État dynastique et les traditions terrestres (Lu, Xiqi. « La population sur l'eau en zone côtière au Moyen Âge. » *Lishi yanjiu* (« *Recherche historique* »). Issue 3. 2015, p. 62-77).

5. Selon Xia Jiguo, la « nouvelle histoire maritime » demande aux recherches de se concentrer sur la mer au lieu de la terre, et que la mer soit traitée comme une zone d'interaction plutôt que comme de simples canaux d'échanges. (Xia, Jiguo. « Le tournant historique mondial dans les études d'histoire maritime. » *Quanqiu shi pinglun* (« *Critique de l'histoire mondiale* »). Issue 2. 2015, p. 3-18).

6. Huang, Chunyan. « Recherches sur les routes maritimes dans les zones offshore sous la dynastie Song. » *Zhonghua wenshi luncong* (« *Revue de la littérature et de l'histoire chinoises* »). Issue 1. 2016, p. 199-224.

céréales, et étroitement liée à l'intérieur du continent, ce qui rendait difficile la formation d'une voie de développement qui dépendait de la mer. Les zones côtières de l'est du Zhejiang et du Fujian restaient ainsi une région atypique où le développement socio-économique était le plus influencé par la mer. Sous l'impulsion du commerce maritime, de la pêche et de l'économie du sel, se formèrent dans les zones côtières de l'est du Zhejiang et du Fujian une structure économique dominée par l'artisanat et le commerce, un moyen de subsistance par lequel la population vivait de la mer, et de nouvelles conceptions et coutumes centrées sur la vie marine.

Sous la dynastie Song, la structure économique des zones côtières du Fujian et de l'est du Zhejiang connut de grands changements. Le Fujian sous la dynastie Tang était encore une zone de production céréalière habitée par une petite population. À partir de la dynastie Song, la région commença à manquer de céréales puisque le nombre d'habitants augmentait, et que les terres se faisaient plus rares.[7] Pour se nourrir, elle dépendait donc de l'importation. Que la récolte fusse bonne ou mauvaise dans les quatre préfectures côtières du Fujian, à savoir Fuzhou, Quanzhou, Xingzhou et Zhangzhou, les céréales étaient régulièrement importées du Guangdong et de l'ouest du Zhejiang :

> Les quatre préfectures, à savoir Fuzhou, Xingzhou, Zhangzhou et Quanzhou, comptent toutes sur le riz du Guangdong pour nourrir leurs habitants. Au cours des années où il n'y a pas de sécheresse, la récolte annuelle ne peut nourrir la population de ces régions que pendant quelques mois. Pour combler cette carence, il faut s'appuyer sur les bateaux qui transportent du riz du Guangdong et de l'ouest du Zhejiang. Même pendant les années de grande récolte, ces préfectures ont également besoin du riz importé du Guangdong et de l'ouest du Zhejiang. Sinon, la famine ravagera ces régions.[8]

Il y avait donc une pénurie absolue de nourriture. Les zones côtières de l'est du Zhejiang étaient également déficitaires en céréales, et dépendaient souvent des importations de l'ouest du Zhejiang et du Guangdong. Par exemple, le comté de Changguo dépendait pour le riz de l'importation de l'ouest du Zhejiang : « Chaque année, lorsque les bateaux de l'ouest du Zhejiang qui transportent du riz arrivent, les gens en achèteront des kilos. Quand la récolte est mauvaise et qu'il y a une

---

7. Xu, Xiaowang. « À propos du développement du Fujian et de la formation de ses caractéristiques culturelles sous les dynasties Sui, Tang et les Cinq Dynasties. » *Dongnan xueshu* (« *Recherche académique du Sud-Est* »). Issue 5. 2003, pp. 133-141.

8. « Rapport de la part d'un frère aîné. » juan 82 dans Zhou Bida. *Wenzhong ji* (« *Recueil de Wenzhong* »). tome 1147 dans *Siku Quanshu* (« *Livres complets des Quatre magasins* »), Wenyuan Ge. p. 847. Zhang, Shou. « Prière de laisser passer les bateaux de riz du Zhejiang. » juan 246 et « Politique de lutte contre la famine. » juan 247 dans Yang Shiqi *et al. Lidai mingchen zouyi* (« *Rapports des fonctionnaires célèbres de toutes périodes* »). Shanghai : Shanghai guji chubanshe (Maison d'édition classique de Shanghai), 1989. p. 3236 et p. 3243. « Destiné au département des affaires d'État : prière de prendre des mesures pour attraper les pirates. » juan 15 dans Zhen Dexiu. *Xishan wenji* (litt. « *Collection littéraire des montagnes de l'Ouest* »). tome 1174 dans *Siku Quanshu*, Wenyuan Ge. p. 229.

pénurie, les gens revendront le riz à un prix raisonnable. Cette pratique est monnaie courante. »[9] Mingzhou, proche de la mer, manquait de terre cultivable[10], et l'agriculture n'y était pas prospère. Par conséquent, les habitants de Mingzhou dépendaient du riz de l'ouest du Zhejiang. Parfois, ils avaient encore besoin du riz du Guangdong pour éviter la famine.[11] Ainsi, Mingzhou devint un lieu de convergence des bateaux à riz. Les bateaux transportant du riz du Guangdong y faisaient la queue.[12] De même, lorsque les deux préfectures de Wenzhou et de Taizhou souffraient de la mauvaise récolte, elles devaient recourir aux bateaux pour importer du riz de l'ouest du Zhejiang, afin de satisfaire les demandes locales ou peu s'en faut.[13] La réduction du riz en provenance du Guangdong pouvait entraîner une augmentation du prix à Taizhou : « Si le riz est cher, c'est parce que les bateaux à riz du Guangdong sont rares. »[14] Nous pouvons donc voir que les zones côtières du Fujian et de l'est du Zhejiang sous la dynastie Song représentaient des régions où les céréales manquaient terriblement, et qu'il ne s'agissait plus de société agricole autosuffisante.

Dans ce contexte, l'agriculture occupait une position secondaire dans les zones côtières du Fujian et de l'est du Zhejiang sous la dynastie Song. En revanche, l'artisanat et le commerce connurent leur essor rapidement. Une vague de commercialisation émergea le long de la côte du Fujian. L'artisanat et le commerce s'y développèrent de manière vigoureuse, et les produits agricoles se commercialisèrent.[15] Le modèle économique de Wenzhou dominé par l'artisanat et le commerce prit également son élan à l'époque des Song.[16] Ainsi, une structure économique dans laquelle l'artisanat et le commerce dominaient se forma dans toutes ces régions. En ce qui concernait l'artisanat, la fabrication des porcelaines était la plus représentative. À cette époque, afin de répondre aux besoins de l'exportation de porcelaine, des centaines de fours virent le jour dans plusieurs provinces de la côte sud-est.[17] À Quanzhou et dans l'armée (unité d'administration)

---

9. « Stokage des céréales. » juan 2 dans Feng Fujing *et al. Dade Changguozhou tuzhi* (« *Chronique du comté de Changguo pendant la période de Dade* »). Dans *Songyuan fangzhi congkan* (« *Séries de documents locaux à l'époque des Song et des Yuan* »). Beijing : Zhonghua shuju (Société de livres de Zhonghua), 1990. p. 6073.

10. « Taxes commerciales. » juan 5 dans Luo Jun *et al. Baoqing Siming zhi* (« *Chronique de Ningbo pendant la période de Baoqing* »). Dans *Songyuan fangzhi congkan*. Beijing : Zhonghua shuju, 1990. p. 5052.

11. « À propos de la production. » juan 4 dans Luo Jun *et al. Baoqing Siming zhi*. Dans *Songyuan fangzhi congkan*. Beijing : Zhonghua shuju, 1990. p. 5040.

12. *Hui'an xiansheng wenji* (« *Collection littéraire de M. Hui'an* »). Shanghai : Shanghai guji chubanshe et Anhui : Anhui jiaoyu chubanshe (Maison d'édition de l'éducation de l'Anhui) (édition révisée, 2010). p. 793 et p. 1177.

13. Juan 25 (deuxième partie, jiazi, octobre, neuvième année de l'ère Qiandao) dans Anonyme (auteur). Wang Shengduo (correcteur). *Songshi quanwen* (« *Histoire complète des Song* »). Beijing : Zhonghua shuju, 2016. p. 2140.

14. « Pendant la période de Jiaxi, à jihai, la grande sécheresse et la famine, et à gengzi, le blé d'été mûr. » juan 3 dans Dai Fugu. *Shiping shiji* (« *Recueil des poèmes à Shiping* »). tome 66 dans *Sibu congkan* (« *Les quatre séries* »). Suite. p. 3.

15. Fu, Zongwen. « La vague commerciale de la côte du Fujian sous la dynastie Song. » *Zhongguo shehui jingji shi yanjiu* (« *Revue de l'histoire de la société et de l'économie chinoises* »). Issue 3. 1989, pp. 22-29.

16. Ying, Yunjin. « Recherches sur les origines de l'esprit d'aventure des gens de Wenzhou. » et « Recherches sur les origines de l'esprit d'innovation des gens de Wenzhou. » *Jiangxi shehui kexue*. Issue 1 et Issue 5. 2002. Qian, Zhixi. « L'image des gens de Wenzhou dans les romans anciens. » *Zhongguo dianji yu wenhua*. Issue 1. 2011.

17. Feng Xianming (eds.). *Zhongguo taoci* (« *Céramiques chinoises* »). Shanghai : Shanghai guji chubanshe, 2001. p. 401.

de Xinghua, 18 sites de fours ont été découverts, datant des Tang et des Cinq Dynasties. Pendant les dynasties Song et Yuan où le commerce maritime prospérait, les fours se multiplièrent rapidement, et leur nombre atteignit jusqu'à 137.[18] Les fours de Longquan, répartis sur les deux côtés de la rivière Oujiang, en comptaient plus de 250 sous la dynastie Song. Depuis Wenzhou, les porcelaines étaient exportées vers le Japon, le Goryeo, l'Asie du Sud-Est, l'Asie de l'Ouest, l'Afrique et d'autres pays et régions.[19] Les productions du lac Shanglin de Cixi à Mingzhou et du four de Shangyu sous la dynastie Song furent également exportées, et ont été retrouvées en Malaisie, à Bandar Siraf dans le golfe Persique et à Samara en Irak.[20] Selon Wu Chunming, la fabrication du céladon très développée et centrée sur les zones côtières du Zhejiang, du Fujian et du Guangdong pendant les dynasties Sui, Tang, Song et Yuan possédait des caractéristiques culturelles maritimes distinctes. Par ailleurs, la porcelaine bleue et blanche, la porcelaine à glaçure noire, la porcelaine blanche, etc., entrèrent également et à divers degrés dans le cercle économique et commercial centré autour de la mer de Chine. L'échelle de production de ces procelaines augmenta de manière spectaculaire, et s'élargit dans l'arrière-pays. Le nombre des sites de fours atteignit des centaines, voire des milliers. Les productions furent exportées à diverses échelles. Nous pouvons voir que l'économie maritime représentée par la fabrication des porcelaines, elle-même orientée vers l'exportation, se répandit dans l'arrière-pays. D'après Wang Xintian, « l'industrie de la porcelaine maritime » fait référence à ce que les fours populaires, installés le long de la côte du Zhejiang, du Fujian et du Guangdong de la dynastie Han aux Qing, imitaient les célèbres porcelaines du continent et répondaient aux besoins du marché maritime. En effet, les productions de ces fours constituaient la principale source de céramique pour le commerce maritime. C'était sous les dynasties Song et Yuan que l'industrie de la porcelaine maritime dans le sud-est atteignit son apogée.[21]

Sous la dynastie Song, l'industrie minière et métallurgique du Fujian et de l'est du Zhejiang occupait la première place dans le pays. Selon Wang Lingling, dans la seconde moitié de la période de Xining, le Fujian possédait 442 851 *jin* (livre) de cuivre et 2 315 874 *jin* de plomb, et occupait la deuxième place dans le pays, derrière le Guangdong. Il possédait 69 224 *jin* de fer, et tenait la dixième place dans le pays, derrière le Jiangxi, le Hunan et Lizhou parmi les routes du sud. Le Zhejiang possédait 74 541 *jin* de cuivre, se classant quatrième dans le pays. Il avait 135 800 *jin* de plomb et la même quantité d'étain, et occupait la cinquième place dans le pays. Les mines du Zhejiang se concentraient principalement à l'est de la province. Au cours de la

---

18. Xu, Qingquan. « Production des céramiques à Quanzhou des Song aux Yuan. » *Haijiao shi yanjiu* (« *Journal des études de l'histoire maritime* »). Issue 1. 1986.

19. Ye, Wencheng. « Exportation des céladons de Longquan sous les dynasties Song et Yuan et questions connexes. » *Haijiao shi yanjiu*. Issue 2. 1987, pp. 1-11.

20. Mikami Tsugio. *Taoci zhilu* (« *La route des céramiques* »). Beijing : Wenwu chubanshe (Maison d'édition des reliques culturelles), 1984. p. 32.

21. Wu, Chunming. « Développement et changements de l'industrie de la porcelaine maritime dans le sud-est aux périodes anciennes. » *Zhongguo shehui jingji shi yanjiu*. Issue 3. 2003, pp. 33-41. Wang, Xintian. « Océanicité de l'industrie de la porcelaine ancienne dans le sud-est de la Chine. » *Xiamen daxue xuebao* (« *Journal de l'Université de Xiamen* »). Issue 2. 2015, pp. 139-145.

dynastie des Song du Sud, les régions du nord telles que le Shanxi, le Hedong et le Jingdong, où l'industrie minière et métallurgique était assez développée, furent occupées par les Jin. De même, le statut du Fujian et de l'est du Zhejiang s'éleva en la matière. Sous l'empereur Song Gaozong, le nombre de mines d'argent nouvellement exploitées au Fujian était de 32, ce qui représentait plus du tiers du total (90) dans le pays. Cela dit, il occupait la troisième place, juste derrière le Hunan et l'est du Zhejiang. Il se classait au premier rang quant au nombre de mines de cuivre nouvellement exploitées, représentant plus de la moitié du total (59) à l'échelle nationale. De plus, aucune mine d'argent ou de cuivre ne fut fermée au Fujian pendant cette période. Il y eut aussi 83 mines de fer nouvellement exploitées dans le Fujian qui était placé au deuxième rang sur ce plan. Toutefois, 33 autres furent fermées. Cependant, au Jiangxi, qui occupait la première place avec l'ouverture de 92 mines de fer, 80 autres ne fonctionnaient plus. 32 nouvelles mines de fer furent ouvertes à l'est du Zhejiang, ce qui lui permettait de tenir la quatrième place. Cette même région se classait au premier rang avec 27 mines de plomb nouvellement ouvertes, représentant près de 90 % du total (32) du pays, et une seule fermée. À l'inverse, au Jiangxi, une seule fut ouverte, et 24 fermées.[22] Cela montre que le Fujian et l'est du Zhejiang étaient les régions où l'industrie minière et métallurgique du pays s'avérait la plus dynamique et la plus prospère. L'industrie textile du Fujian était relativement en retard sous la dynastie Tang[23], et se développa considérablement à l'époque des Song. Par exemple, Quanzhou était comparable à l'ouest du Zhejiang et du Sichuan, puisque ses « vêtements en soie et hauts en couleur rappelaient le printemps du Sichuan »[24]. Le Fujian était également désigné comme l'un des trois principaux centres d'impression avec le Sichuan et le Zhejiang. L'industrie du thé du Fujian, représentée par la cuisson officielle de Beiyuan, représentait le plus haut niveau de fabrication de thé à cette époque.

La dynastie Song encourageait activement la population côtière à se rendre en mer pour faire des affaires, et le commerce maritime était ainsi prospère. Quanzhou au Fujian, Mingzhou dans l'est du Zhejiang et Guangzhou étaient les trois principaux ports de commerce. Dès le début de la dynastie des Song du Nord, un *shibosi* fut créé à Mingzhou, et la troisième année de l'ère Yuanfeng, il était clairement stipulé qu'il s'agissait du seul port pouvant délivrer un certificat permettant d'aller faire du commerce au Goryeo et au Japon. La deuxième année de l'ère Yuanyou, un *shibosi* fut créé à Quanzhou, et avec le *shibosi* de Guangzhou, il pouvait délivrer un certificat permettant d'aller faire du commerce dans les pays de la mer de Chine méridionale. Sous la dynastie Song, les préfectures des zones côtières du Fujian et de l'est du Zhejiang telles que Quanzhou, Fuzhou,

---

22. Wang Lingling. *Songdai kuangyeye yanjiu* (« *Étude de l'industrie minière et métallurgique de la dynastie Song* »). Baoding : Hebei daxue chubanshe (Presse de l'Université du Hebei), 2005. p. 22 et pp. 32-33.

23. Selon Zheng Xuemeng (ed.) (*Fujian jingji fazhan jianshi* (« *Brève histoire du développement économique du Fujian* »). Xiamen : Xiamen daxue chubanshe (Presse de l'Université de Xiamen), 1989. p. 169), la soie et les produits en soie du Fujian sous la dynastie Tang étaient classés au huitième rang dans le pays, avec une mauvaise qualité et un faible rendement.

24. « Adieux à Huang Congzheng qui va remplir ses fonctions du gouverneur du comté de Jinjiang. » juan 7 dans Su Song. *Su Weigong wenji* (« *Collection littéraire de Su Weigong* »). Beijing : Zhonghua shuju, 1988. p. 72.

Zhangzhou, Wenzhou, Taizhou et Mingzhou étaient toutes des ports de commerce maritime, ce qui reflétait la prospérité sans précédent du commerce extérieur à cette époque.[25] De plus, la prospérité du commerce offshore sous la dynastie Song favorisa la formation du marché régional offshore. L'ouest et l'est du Zhejiang ainsi que les zones côtières du Fujian constituaient les centres de ce marché. Celui-ci, ainsi que le système commercial de la mer de Chine méridionale créé sous la dynastie Song, fournissaient un large espace et l'impulsion nécessaires au développement du commerce dans les zones côtières du Fujian et de l'est du Zhejiang.[26]

La prospérité de l'artisanat et du commerce rendait la production céréalière la moins rentable, et il y eut ainsi une vague de commercialisation agricole dans les régions côtières du Fujian sous la dynastie Song. Les produits agricoles commerciaux, entre autres les cannes à sucre et le litchi, étaient beaucoup plus rentables que le riz. Il apparut des *tangshuanghu* qui plantaient des cannes à sucre pour produire du sucre. Ils labouraient les bons champs et en cultivaient. Certains d'entre eux devinrent très riches grâce à cette culture.[27] Ainsi, beaucoup de gens cultivaient des cannes à sucre dans les champs[28]. Dans le comté de Xianxi au Fujian, la terre était cultivée pour planter des cannes à sucre, et chaque année, des dizaines de milliers de jarres étaient transportées au Zhejiang[29]. La commune de Fengting à Xianxi se trouvait près de la mer, et était riche en sucre. De nombreux marchands venaient en bateau en acheter[30]. Les plantations commerciales de litchis au Fujian étaient également très prospères. À la première floraison du litchi, les marchands venaient compter les arbres pour en prévoir la production. Ce faisant, ils signaient un contrat avec les agriculteurs. Ils savaient si les récoltes seraient bonnes ou non.[31] Les litchis de Fuzhou étaient vendus dans les rues de Hangzhou, et ils étaient apportés soit par bateau, soit par palanche. La vente ne prit fin qu'en août.[32] Cheng Xun rencontra en mer à Mingzhou des marchands de Fuzhou

25. Cf. Huang, Chunyan. « À propos de l'aménagement et la gestion des ports de commerce extérieur sous la dynastie Song. » *Zhongzhou xuekan* (« *Revue académique de Zhongzhou* »). Issue 6. 2000, pp. 165-169 ; « À propos de la formation du système commercial de la mer de Chine méridionale sous la dynastie Song. » *Guojia hanghai* (« *Recherches maritimes nationales* »). Shanghai : Shanghai guji chubanshe, 2012. pp. 44-54.

26. Huang, Chunyan. « À propos du commerce offshore sous la dynastie Song. » *Zhongguo jingji shi yanjiu* (« *Recherches sur l'histoire de l'économie chinoise* »). Issue 2. 2016, pp. 84-96.

27. Wang Zhuo. *Tangshuang pu* (« *Sucre* »). Dans Huang Chunyan et Zhan Xiumei (correcteurs). *Songdai jingji pulu* (« *Registre économique de la dynastie Song* »). Lanzhou : Gansu renmin chubanshe (Maison d'édition du peuple du Gansu), 2008. p. 6.

28. « Propos visant à persuader de pratiquer l'agriculture à Jianning. » juan 18 dans Han Yuanji. *Nanjian jiayi gao* (« *Manuscrits de Nanjian* »). tome 1165 dans *Siku Quanshu*, Wenyuan Ge. 1990. p. 283.

29. « Rapport destiné au préfet Xiang Bowen. » juan 21 dans Fang Dazong. *Tie'an ji* (« *Recueil de Tie'an* »). tome 1178 dans *Siku Quanshu*, Wenyuan Ge. p. 248.

30. « Communes. » juan 1 dans Huang Yansun. *Xianxi zhi* (« *Chronique du comté de Xianxi* »). Dans *Songyuan fangzhi congkan*. Beijing : Zhonghua shuju, 1990. p. 8274.

31. « Litchi. » dans Cai Xiang (auteur). Wu Yining (correcteur). *Cai Xiang ji* (« *Recueil de Cai Xiang* »). Shanghai : Shanghai guji chubanshe,1996. p. 646.

32. *Xihu laoren fansheng lu* (« *Registre d'une capitale dynamique par le vieil homme du lac de l'Ouest* »). dans *Siku Quanshu*. Jinan : Qilu shushe (Presse de QiLu), 1996. p. 652.

qui vendaient des litchis.[33] En outre, les litchis du Fujian étaient transportés par bateau pour être vendus à des pays continentaux fort éloignés tels que la Mongolie, les Xia occidentaux, et à d'autres pays comme le Goryeo, le Japon et le Califat islamique. Plus de litchis vendaient les marchands, et plus les agriculteurs en plantaient. [34] Le vaste marché stimula la culture du litchi. Sous l'influence de la commercialisation des produits agricoles tels que la canne à sucre et le litchi, la production des céréales continua de diminuer.

## 2.  Gagner sa vie en mer comme moyen de subsistance

Sous la dynastie Song, il y avait des groupes vivant sur la mer toute l'année. Au Guangdong, il y avait des dizaines de milliers de foyers qui habitaient au bord de la mer[35]. À Fuzhou il existait les *baishuilang* qui habitaient sur un bateau ou dans une hutte sur le front de mer[36]. Tous leurs moyens de subsistance dépendaient de la mer. Les habitants des zones côtières de l'est du Zhejiang et du Fujian sous la dynastie Song tendaient également à gagner leur vie en mer, et pour cela, ils présentaient quelques caractéristiques. En premier lieu, ils tiraient avantage de la pratique de la pêche ou l'industrie du sel. Les terres salées des zones côtières ne convenaient pas à l'agriculture, tandis qu'elles étaient riches en sel. La vente du sel devint ainsi un moyen de subsistance important. Par exemple, Fuzhou est situé près de la mer, et les habitants savaient tirer profit de la pêche ou de l'industrie du sel[37]. Mingzhou se trouve également au bord de la mer, et il y avait donc peu de terre cultivable[38]. Les habitants s'engagèrent dans la pêche ou l'industrie du sel[39], qui était prioritaire par rapport à l'agriculture[40]. De même, au comté de Changguo, moins nombreux étaient les habitants qui pratiquaient le tissage de vers à soie, alors que plus nombreux étaient ceux qui s'engageaient dans la pêche ou l'industrie du sel[41]. Sous la dynastie Yuan, dans ce même comté, la production de céréales et de l'industrie du tissage restait faible, et les bénéfices tirés de la pêche et de l'industrie

---

33. Juan 1 dans Cheng Xun (auteur). Wang Liping (correcteur). *Xinjiao can tiantai Wutaishan ji* (« *Nouvelles corrections du Journal au mont Wutai* »). Shanghai : Shanghai guji chubanshe, 2009. p. 15.

34. Cai Xiang. *Lizhi pu* (« *Litchi* »). p. 647.

35. « Épitaphe du commissaire des transports Maître Huang (Wei). » juan 93 dans Zhu Xi. *Hui'an xiansheng wenji*. p. 4281.

36. « Géographie (VI). » juan 6 dans Liang Kejia. *Chunxi Sanshan zhi* (« *Chronique de Fuzhou pendant la période de Chunxi* »). Dans *Songyuan fangzhi congkan*. Beijing : Zhonghua shuju, 1990. p. 7839.

37. « Fuzhou dans la route du Fujian. » juan 10 dans Zhu Mu. *Fangyu shenglan*. Beijing : Zhonghua shuju, 2003. p. 208.

38. « Taxes commerciales. » juan 5 dans Luo Jun *et al. Baoqing Siming zhi*. p. 5052.

39. « Annales du palais Shenyi dans le comté de Changguo. » juan 56 dans Lou Yao. *Gongkui ji* (« *Recueil de Gongkui* »). tome 1153 dans *Siku Quanshu*, Wenyuan Ge. 1990. p. 25.

40. Shu, Dan. « Les dix poèmes sur les coutumes locales, à l'exemple des *Poèmes divers sur Siming* rédigés par le vieux monsieur Ma (VI). » juan 8 dans Zhang Jin. *Qiandao Siming tujing* (« *Chronique de Siming pendant la période de Qiandao* »). Dans *Songyuan fangzhi congkan*. Beijing : Zhonghua shuju, 1990. p. 4918.

41. « Chronique complète du comté de Changguo. » juan 21 dans *Baoqing Siming zhi*. p. 5259.

du sel étaient conséquents[42]. Dans les zones côtières, la pêche et l'industrie du sel dépassaient souvent l'agriculture.

Chen Shunqing dit : « Ceux qui habitent au bord de la mer ne sont pas travailleurs. Il y a les rivières dont l'eau n'est pas stockée, et les champs non cultivés. Ils oscillent entre montagnes et mer, et vendent du thé ou du sel pour gagner leur vie. »[43] Ces habitants n'étaient pas paresseux. Mais la terre près de la mer était salée, et les habitants n'avaient d'autres choix que de vendre du sel pour vivre[44]. Comme les champs au bord de la mer étaient stériles et salés, les gens étaient touchés par le froid et la faim, et vendaient du sel pour vivre[45]. Au Fujian, les quatre préfectures proches de la mer devinrent les principaux lieux producteurs de sel[46]. À Fuzhou, dans le comté de Changxi près de la mer, il y avait peu de terre adaptée pour la culture des mûriers, et les gens vendaient du sel pour gagner leur vie[47]. Il y avait ceux qui faisaient bouillir du sel. Parmi eux, ceux qui relevaient du système de gestion du sel par le gouvernement étaient appelés *tinghu* (litt. « foyer de pavillon »). Il s'agissait de foyers spécialisés dans la production du sel. Leur moyen de subsistance était de faire bouillir du sel, et ils ne cultivaient pas de terre.[48] Ces foyers recrutaient des ouvriers, et chaque année, soumettaient le sel au gouvernement.[49] Le poème de Yang Bing dit à propos de Quanzhou : « Des milliers de foyers vendent du vin, tandis qu'il y en a des dizaines de milliers qui font bouillir du sel. »[50] Nous pouvons voir que les *tinghu* étaient bien nombreux. Au cours de la période de Jiading de la dynastie des Song du Sud, il y avait 236 *tinghu* sous l'égide de la seule saline de Dudu dans le comté de Linhai, à Taizhou. La production annuelle était de 25 000 *dan* (unité de mesure, à savoir 4 166 sacs)[51]. C'est-à-dire que chaque foyer devait déposer environ 18 sacs de sel. En termes de quantité de sel par foyer à Dudu, la production annuelle de sel du Fujian

---

42. « Coutumes. » juan 1 dans Feng Fujing *et al. Changguozhou tuzhi* (« *Chronique du comté de Changguo* »). Dans *Songyuan fangzhi congkan*. Beijing : Zhonghua shuju, 1990. p. 6064.

43. « Épitaphe du respectable magistrat Li du comté de Haiyan » juan 8 dans Chen Shunyu. *Duguan ji* (« *Recueil de Duguan* »). tome 1096 dans *Siku Quanshu*, Wenyuan Ge. 1990. p. 497.

44. « Épitaphe de Zhao Shaowu (marquis). » juan 44 dans Zhen Dexiu. *Xishan wenji*. p. 710.

45. « Biographie de l'ancien *chaoqinglang* maître Zhang (Ciyuan). » juan 40 dans Zou Hao. *Daoxiang ji* (« *Recueil de Daoxiang* »). tome 1121 dans *Siku Quanshu*, Wenyuan Ge. 1990. p. 526.

46. « Biographie de maître Chen (Junqing), *shaoshi*, académicien du palais de Guanwen, *Weiguogong* (après la retraite), *taishi* et *zhengxian* (titres posthumes). » juan 96 dans Zhu Xi. *Hui'an xiansheng wenji*. p. 4473.

47. « Épitaphe du censeur du palais Chen Zhu. » juan 20 dans Chen Xiang. *Guling ji* (« *Recueil à Guling* »). tome 1093 dans *Siku Quanshu*, Wenyuan Ge. 1990. p. 663.

48. *Jianyan yilai xinian yaolu* (« *Registres annuels des événements les plus importants depuis l'ère Jianyan* »), juan 43, yiwei, avril, première année de l'ère Shaoxing, p. 931.

49. *Xu Zizhi tongjian changbian* (« *Longue ébauche de la continuation du Zizhi tongjian* (« *Miroir compréhensif pour aider le gouvernement* ») »), juan 97, wuzi, décembre, cinquième année de l'ère Tianxi, p. 2261.

50. « Quanzhou. » juan 12 dans Zhu Mu. *Fangyu shenglan*. p. 214.

51. « Saline. » juan 7 dans *Jiading Chicheng zhi* (« *Chronique de Chicheng pendant la période de Jiading* »). Dans *Songyuan fangzhi congkan*. Beijing : Zhonghua shuju, 1990. p. 7331. Selon « Chroniques des comtés (VI). » (juan 6 dans *Baoqing Siming zhi*. p. 5067), la saline de Dudu produisait chaque année 4 600 sacs et 4 *dan* de sel. D'après « Impôts (I) » (juan 14 dans *Jianyan yilai chaoye zaji* (« *Registres divers de l'empire depuis l'ère Jianyan* »). première partie. Beijing : Zhonghua shuju, 2000. p. 298), un sac de sel pesait six *dan*. Selon le juan 17 du *Jianyan yilai xinian yaolu* (xinwei, août, deuxième année de l'ère Jianyan, p. 407), un sac de sel pesait 300 livres.

sous la dynastie des Song du Sud serait de 11 millions de *jin*, soit environ 36 667 sacs[52] répartis sur 2037 foyers. À la fin de la dynastie des Song du Sud, la production totale de sel des quatre comtés de Mingzhou, à savoir Changguo, Dinghai, Xiangshan et Yinxian, était de 5 3031 sacs[53], réalisés par 2 946 foyers. Il est estimé qu'il existait des dizaines de milliers de membres de *tinghu* au Fujian et dans l'est du Zhejiang. En plus des *tinghu*, il existait également des *guohu* (litt. « foyer de marmite ») qui, hors du système governemental, produisaient du « sel flottant ». Le sel produit par les *tinghu* devait être soumis au gouvernement, alors que le sel flottant produit par les *guohu* pouvait être vendu individuellement. Les *tinghu* produisaient environ 80 % de sel, alors que le reste était du « sel flottant ». Sous la dynastie des Song du Sud, dans les trois comtés de Mingzhou, à savoir Xiangshan, Dinghai et Yinxian, il y avait plus de 460 *guohu* qui faisaient bouillir du sel[54]. Au début de la période de Duanping de la dynastie des Song du Sud, le gouvernement fit installer des bureaux chargés d'acheter le « sel flottant », qui correspondait à 27,93 millions de *jin* par an[55]. Cela montre que la production du « sel flottant » était énorme, et que le nombre de *guohu* était très élevé.

Pour les populations côtières, la pêche était aussi importante que l'industrie du sel. Elle devint un moyen de subsistance essentiel pour les habitants côtiers de l'est du Zhejiang. À Mingzhou, les habitants au bord de la mer ne possédaient pas de richesse, et vivaient de la pêche. Les bancs de sable étaient des lieux où ils allaient pêcher. Ils étaient pauvres, et n'avaient aucun sou à leur disposition. Ils pêchaient pour gagner leur vie.[56] Wang Anshi dit que le gouvernement risquait de perturber les bateliers dans les zones de pêche à Yinxian. Cela montre que les bateliers vivaient de la pêche. Sous la dynastie des Song du Nord, Yu Kui, originaire de Xiangshan, pêchait le jour et lisait la nuit. La cinquième année de l'ère Yuanfeng, il se porta candidat au plus haut examen impérial[57]. Il était donc un pêcheur professionnel. Sous la dynastie des Song du Sud, les ménages de pêcheurs de Mingzhou furent enregistrés, et participèrent à la défense côtière : « Les pêcheurs au bord de la mer ont des registres, et les bateaux qui aident à patrouiller ont des *fan* (division militaire). » Au comté de Dinghai, un total de 428 bateaux de pêcheurs fut enregistré.[58] Dans le comté de Fenghua, les habitants près de la mer tiraient des avantages en pêchant. À Taizhou, les gens mangeaient à leur faim en pratiquant la pêche[59]. À Wenzhou, tous les habitants au bord de

---

52. « Impôts (I). » juan 14 dans *Jianyan yilai chaoye zaji*. première partie. p. 298.

53. « Chroniques des comtés (VI). » juan 6 dans *Baoqing Siming zhi*. p. 5067.

54. *Jianyan yilai xinian yaolu*, juan 60, yichou, novembre, deuxième année de l'ère Shaoxing, p. 1196.

55. « Nourriture et objets du quotidien (IV, deuxième partie). » juan 182 dans *Song shi* (« *Histoire des Song* »). p. 4457.

56. « Chroniques des comtés (VI). » juan 2 dans *Baoqing Siming zhi*. p. 5017. « Libérer les bancs de sable. » juan 8 dans *Kaiqing Siming xuzhi* (« Suite de la *Chronique de Siming pendant la période de Kaiqing* »). Dans *Songyuan fangzhi congkan*. Beijing : Zhonghua shuju, 1990. p. 6008.

57. « Chroniques des comtés (VIII). » juan 8 dans *Baoqing Siming zhi*. p. 5084.

58. « Les villages nouvellement construits. » juan 5 dans *Kaiqing Siming xuzhi*. p. 5982.

59. « Conditions locales. » juan 37 dans *Jiading Chicheng zhi*. Dans *Songyuan fangzhi congkan*. Beijing : Zhonghua shuju, 1990. p. 7527.

la mer pratiquaient la pêche[60]. Celle-ci devint un métier pour de nombreuses personnes sur la côte. Au Fujian, les habitants des quatre préfectures côtières, à savoir Zhangzhou, Quanzhou, Fuzhou et Xinghua, vivaient pour la plupart d'entre eux de la pêche[61]. À Xinghua, les foyers au bord de la mer qui vivaient de la pêche devaient payer les taxes à deux reprises dans l'année, à savoir au printemps et en automne. Les bateaux civils du Fujian furent réquisitionnés pour défendre la mer. Afin de ne pas faire perdre à ces bateliers leur moyen de subsistance, il leur était permis de pêcher dans les préfectures où ils habitaient[62]. Le niveau de production des pêcheries côtières de la dynastie Song était déjà très élevé. Les « produits de la mer » dans le *Baoqing Siming zhi* (« *Chronique de Ningbo pendant la période de Baoqing* ») détaillent la forme, le goût et la fonction de 59 sortes de fruits de mer à Mingzhou. Les populations côtières connaissaient les crues apportant les différents types de poissons et les périodes auxquelles pêcher. Les sciaenidés arrivaient généralement en mars et en août. En mars et en avril, les marins étaient en compétition pour collecter des poissons de Yangshan pendant les marées. Le nombre de bateaux qui allaient en mer attraper ces poissons pouvaient atteindre des millions. Le poisson de printemps ressemblait à des sciaenidés, mais plus petit. Au printemps en mars, les marins se disputaient pour l'obtenir. Ils témoignaient autant d'enthousiasme que lorsqu'ils attrapaient des poissons de Yangshan. Le poisson *ji* était un anchois qui sortait souvent en mars et en août. Le poisson *huaqi* apparaissait dès le début de l'hiver. Les habitants locaux préféraient en manger en cette saison, puisque son goût diminuait au printemps. Le *changhou* était le plus délicieux des poissons, et son goût était le meilleur à la fin du printemps. L'espadon serait parfaitement assorti aux pousses de bambou à la fin du printemps. Le crabe des palétuviers habitait dans les grottes boueuses au bord de la mer, et il fallait attendre que la marée se retirât pour les trouver. Il n'était pas saisonnier, et il était possible de trouver des crabes toute l'année. Les palourdes étaient cultivées artificiellement, et les habitants côtiers les plantaient dans la boue.[63]

Comme l'a souligné Lu Xiqi, la pêche et l'industrie du sel ne constituaient pas une économie autosuffisante, et étaient structurellement déficitaires. Il faudrait obtenir de l'extérieur de la nourriture et d'autres produits nécessaires à la vie et à la production par le biais du commerce et d'autres moyens pour combler la pénurie structurelle de l'économie. Cela détermina les nécessités de communication et de commerce des zones côtières avec l'extérieur, ce qui représentait une caractéristique importante de l'économie de la côte.[64] Par conséquent, la pêche et l'industrie du sel s'accompagnaient sûrement du commerce. Par exemple, les habitants de la côte de Quanzhou faisaient bouillir du sel ou vendaient des poissons pour gagner leur vie. Les marchands s'y

---

60. « Prière de supprimer le chantier naval de Wenzhou. » juan 21 dans Lou Yao. *Gongkui ji*. p. 506.

61. « Droit pénal (II). » dans *Song huiyao jigao* (« *Ébauche de compilation de documents importants de la dynastie Song* »). p. 8372.

62. « Lettre à Zhao Shuai. » juan 28 dans Zhu Xi. *Hui'an xiansheng wenji*. p. 1238.

63. « Chroniques des comtés (IV). » juan 4 dans *Baoqing Siming zhi*. p. 5043.

64. Lu, Xiqi, et Song, Xiang. « Les bénéfices de la pêche et de l'industrie du sel dans les régions côtières et les moyens de subsistance de la population côtière aux périodes anciennes. » *Huadong shifan daxue xuebao* (« *Journal de l'Université normale de la Chine de l'Est* »). Issue 4. 2016, pp. 67-80.

rassemblaient, y compris de grands commerçants.[65] Au comté de Leqing, à Wenzhou, les habitants côtiers comptaient sur la vente de poissons et de sel pour leur subsistance.[66] Dans le comté de Rui'an, les échanges à grande échelle de poissons et de sel conduisaient jusqu'à la formation des marchés.[67] Le développement de l'artisanat et de l'agriculture dans l'est du Zhejiang et au Fujian reposait sur le vaste marché formé grâce à la prospérité commerciale. Le commerce était l'un des moyens de subsistance les plus importants des populations côtières.

Sous la dynastie Song, le commerce devint un métier pour la plupart des habitants le long de la côte du Fujian. Le commerce maritime était pratiqué par la majorité des Fujianais.[68] Au cours de la dynastie des Song du Sud, certains fonctionnaires firent remarquer que la réquisition des navires civils risquait de faire perdre le travail aux armateurs en les perturbant dans leur activité de commerce[69]. Il faudrait donc sauvegarder le commerce afin que les propriétaires de navires ne perdissent pas leur moyen de subsistance[70]. Le commerce maritime était le plus populaire parmi les Fujianais de la côte. Les habitants côtiers de Zhangzhou, Quanzhou, Fuzhou et Xinghua construisaient leurs propres navires destinés au commerce pour gagner de l'argent.[71] La population de Quanzhou, dans son ensemble, se rendait en mer pour faire du commerce[72]. Il s'agissait d'un endroit proche de la mer, et ouvert au commerce. Il y avait plein de monde, et les produits y étaient abondants. Les coutumes s'y mélangeaient.[73] De plus, Quanzhou était un port qui pouvait délivrer un certificat permettant d'aller faire du commerce dans les pays de la mer de Chine méridionale. Cela dit, les marchands du Fujian étaient les plus actifs dans le commerce avec les pays de cette zone. Quelques marchands chinois, dont l'origine et le nom pouvaient être consultables dans les archives historiques sur le commerce dans les pays en mer de Chine méridionale, étaient pour la plupart fujianais. Le commerce avec le Giao Chi est clairement décrit comme étant mené par des marchands du Fujian. Ceux-ci, arrivés au Giao Chi par navire, étaient nommés fonctionnaires par ce dernier et pesaient dans les décisions.[74] Par conséquent, beaucoup de hauts fonctionnaires du

---

65. « Quanzhou. » juan 12 dans *Fangyu shenglan*. p. 207.

66. « Épitaphe de l'académicien du pavillon Longtu Wu Fu. » juan 88 dans Zhu Xi. *Hui'an xiansheng wenji*. p. 4108.

67. « Zhujun shuo. (litt. « Propos dans la résidence en bambou ») » juan 7 dans Chen Qiqing. *Yunchuang ji* (litt. « *Recueil de fenêtres en bambou* »). tome 1178 dans *Siku Quanshu*, Wenyuan Ge. 1990. p. 64.

68. « À propos du Goryeo qui rend hommage. » juan 30 dans Su Shi (auteur). Kong Fanli (correcteur). *Su Shi wenji* (« *Collection littéraire de Su Shi* »). Beijing : Zhonghua shuju, 1986. p. 847.

69. « Rapport de la part d'un frère aîné (troisième année de l'ère Chunxi). » juan 82 dans Zhou Bida. *Wenzhong ji*. tome 1147 dans *Siku Quanshu*, Wenyuan Ge. p. 847.

70. « Nourriture et objets du quotidien (50). » dans *Song huiyao jigao*. p. 7128.

71. « Droit pénal (II). » dans *Song huiyao jigao*. p. 8365.

72. « Coutumes. » juan 20 dans Qian Long. *Quanzhou fuzhi* (« *Chronique de Quanzhou* »). Shanghai : Shanghai shudian chubanshe (Maison d'édition de la librairie de Shanghai), 2000. p. 483.

73. « Épitaphe de maître Fan (Rugui), *zhimi* et *chaoyi dafu* (titres posthume). » juan 89 dans Zhu Xi. *Hui'an xiansheng wenji*. p. 4144.

74. « Giao Chi » juan 330 dans *Wenxian tongkao* (« *Étude exhaustive des documents* »). Beijing : Zhonghua shuju, 2011. p. 9103.

Giao Chi étaient originaires du Fujian[75]. L'émissaire du royaume de Dupo (Indonésie) dit : « Le grand commerçant Mao Xu, originaire de Jianxi, se rend souvent dans notre pays. »[76] En outre, Shao Bao, un marchand marin de Quanzhou, alla faire du commerce au Champā, et trouva E Lin, un pirate recherché par la dynastie Song.[77] Il y avait également le marchand de Fuzhou Lin Zhen qui revint des pays méridionaux où il avait acheté des médicaments aromatiques.[78] Le *Yijian zhi* (« *Annales du peuple Song* ») rapporte que le marchand de Quanzhou Yang Ke pratiquait le commerce maritime depuis plus de dix ans, et qu'il avait fait fortune. Un autre marchand marin de Quanzhou se rendit au Srivijaya pour faire du commerce, et étant en danger, s'exila sur une île.[79] Bien que le *Yijian zhi* soit un roman, le fait que les marchands marins de Quanzhou en sont le sujet montre qu'ils étaient très influents.

Depuis la période de Yuanfeng, Mingzhou était le seul port qui pouvait délivrer un certificat permettant d'aller faire du commerce au Goryeo et au Japon. Les marchands du Zhejiang en étaient les plus grands bénéficiaires. Néanmoins, d'après les documents historiques sur le commerce au Goryeo et au Japon, le plus grand nombre de marchands marins, dont l'origine et le nom étaient consultables, restaient toujours fujianais. Selon le *Gaoli shi* (« *Histoire du Goryeo* ») de Jin Weixian, en ce qui concernait les marchands qui firent du commerce au Goryeo et dont l'origine fut clairement enregistrée, deux venaient du Guangnan, et deux autres du Jiangnan. Le reste était originaire du Fujian et de l'est du Zhejiang. Les commerçants du Fujian étaient les plus nombreux, tels que Dai Yi, Ouyang Zheng, Lin Renfu, Chen Wengui, Yu Xuan, Huai Zhi, Chen Xiangzhong, Chen Yi, Li (Shanye), Zhou Zhu, Lu Zun, Lin Ai, Chen Liang, Lin Xi, Wang Yicong, Huang Wenjing, Huang Zhen, et Xu Jian.[80] Le Goryeo comptait dans la cité royale des centaines de Chinois dont beaucoup étaient des commerçants du Fujian qui étaient arrivés par bateau. Le gouvernement du Goryeo essayait d'attirer les talents parmi eux en les nommant à des postes. Il les contraignit même à rester à vie dans le pays.[81] De même, bon nombre de marchands du Fujian se rendaient également au Japon. La cinquième année de l'ère Xianping, le marchand marin de Jianzhou, Zhou Shichang, dériva au Japon à cause du vent[82]. Ce fut à'bord d'un navire marchand du Fujian que le moine japonais Cheng Xun se rendit chez les Song sous l'empereur Shenzong. Dans ce navire, Zeng Ju, Wu Zhu et Zheng Qing étaient tous originaires du Fujian.[83] Le seul

---

75. *Xu Zizhi tongjian changbian*, juan 273, renshen, mars, neuvième année de l'ère Xining, p. 6692.

76. « Chronique du royaume de Dupo. » juan 489 dans *Song shi*. p. 14092.

77. *Xu Zizhi tongjian changbian*, juan 137, jisi, juillet, deuxième année de l'ère Qingli, p. 3287.

78. « Nourriture et objets du quotidien (38). » dans *Song huiyao jigao*. p. 6842.

79. « Yang Ke de Quanzhou. » juan 6 dans *Yijian dingzhi* (« *Chronique du peuple Song* », deuxième partie). Beijing : Zhonghua shuju, 1981. p. 588. « Les femmes sur l'île. » juan 7 dans *Yijian jiazhi* (« *Chronique du peuple Song* », première partie). p. 59.

80. Cf. « Les relations entre le Goryeo et les Song. » dans Jin Weixian. *Gaoli shi* (« *Histoire du Goryeo* »). Taipei : Shihuo chubanshe (Presse de nourriture et d'objets du quotidien), 1983.

81. « Chronique du Goryeo. » juan 487 dans *Song shi*. p. 14053.

82. « Chronique du Japon. » juan 491 dans *Song shi*. p. 14136.

83. Juan 1 dans Cheng Xun (auteur). Wang Liping (correcteur). *Xinjiao can tiantai Wutaishan ji*. Shanghai : Shanghai guji chubanshe, 2009. p. 1.

certificat commercial encore existant est celui délivré au marchand de Quanzhou, Li Chong, qui alla au Japon faire du commerce la troisième année de l'ère Chongning (1104).[84] Les marchands du Fujian étaient également très actifs dans le commerce offshore. Dans le *Kuaiji zhi* (« *Annales de Kuaiji* »), il est dit : « Les vêtements de Shaoxing proviennent du Fujian. Les métiers à tisser dans la ville cessent depuis longtemps de fonctionner. »[85] Autrement dit, en raison de la grande quantité de tissu importé par les marchands du Fujian, l'industrie du tissage bien développée à Shaoxing s'arrêta. Les marchands du Fujian étaient également très actifs sur l'île de Hainan. Les commerçants originaires de Quanzhou et de Fuzhou y cherchaient partout des profits.[86] L'île de Hainan était riche en noix de bétel et en kapok, et bon nombre de marchands de Quanzhou en faisaient le commerce.[87] Sur cette même île, il y avait également un grand nombre de marchands fujianais qui, après que leurs marchandises avaient été emportées par les ouragans et les vagues, choisissaient d'y rester à vie et cultivaient de la terre pour vivre.[88]

Sous la dynastie Song, les marchands du Fujian étaient les plus actifs et les plus prestigieux dans le commerce maritime, de sorte que le gouvernement penserait d'abord à eux lorsqu'il souhaitait trouver des commerçants pour assumer une mission de communication extérieure. Une fois monté sur le trône, Song Shenzong voulut reprendre les contacts officiels avec le Goryeo, interrompus depuis plus de 40 ans. Il ordonna alors à Luo Zheng, ancien commissaire des transports de la route du Fujian, de chercher un commerçant pour que ce dernier pût transmettre un message au Goryeo. Luo trouva Huang Zhen, marchand de Quanzhou, qui était jadis allé faire du commerce au Goryeo. Huang remplit la mission.[89] Par ailleurs, l'empereur Shenzong demanda en secret au marchand de Quanzhou, Guo Di, d'aller trouver le dirigeant des Jürchens pour que ces derniers payassent tribut à la dynastie Song et fissent du commerce avec celle-ci.[90] Également sous l'empereur Shenzong, le Goryeo voulut emprunter des musiciens à la dynastie Song, et sollicita le marchand de Quanzhou, Fu Xuan, de transmettre sa demande.[91] De même, chaque fois que la cour Song voulait envoyer des émissaires au Goryeo, elle chargeait de prime abord les *jiansi* (« commissaire de supervision ») du Fujian et du Zhejiang de louer des « bateaux de passagers » (navires marchands). Il s'agissait de fait d'une pratique courante. Sous Song Huizong, la mission de Lu Yundi loua six navires marchands fujianais.[92] À la fin de la dynastie des Song du Sud, Li

---

84. « Pays étrangers. » juan 20 dans Heiban Shengmei (ed.). *Chaoye qunzai* (« *Registres divers de l'empire* »). Tokyo : Yoshikawa Kōbunkanm, 1938. p. 452.

85. « Tissu. » juan 17 dans Shi Su *et al. Jiatai Kuaiji zhi* (« *Chronique de Kuaiji pendant la période de Jiatai* »). Beijing : Zhonghua shuju, 1990. p. 7048.

86. *Xu Zizhi tongjian changbian*, juan 310, gengshen, décembre, troisième année de l'ère Yuanfeng, p. 7522.

87. Zhao Rushi (auteur). Han Zhenhua (annotateur). *Annotations pour le Zhufan zhi* (« *Annales des pays barbares* »). second juan. Centre d'études asiatiques de l'Université de Hong Kong, 2000. p. 446.

88. *Jianyan yilai xinian yaolu*, juan 187, wushen, décembre, 30ᵉ année de l'ère Shaoxing, p. 3633.

89. « Shibosi. » juan 6 dans Luo Jun *et al. Baoqing Siming zhi*. Beijing : Zhonghua shuju, 1990. p. 5055.

90. *Xu Zizhi tongjian changbian*, juan 350, dinghai, décembre, septième année de l'ère Yuanfeng, p. 8395.

91. *Xu Zizhi tongjian changbian*, juan 261, bingwu, mars, huitième année de l'ère Xining, p. 6360.

92. « Voies maritimes (I). » juan 34 dans Xu Jing (auteur). D'après le classement de Yu Yunguo *et al. Xuanhe fengshi Gaoli tujing* (« *Dossier illustré d'une ambassade pour le Goryeo dans l'ère Xuanhe* »). tome 8 dans *Quansong biji* (« *Notes des Song* »). Zhengzhou : Daxiang chubanshe (Presse d'éléphant), 2008. troisième édition, p. 8 et p. 129.

Zengbo, commissaire militaire du Guangxi, était impatient d'en savoir plus sur les mouvements de l'armée mongole depuis le Giao Chi. Il ordonna de choisir un Fujianais qui était fonctionnaire au Hubei ou au Hunan pour l'envoyer en Annam afin de s'en informer. Enfin, Liao Yangsun, fujianais, fut sélectionné, et obtint des informations précises auprès des fonctionnaires du Giao Chi, marchands du Fujian à l'origine.[93] Sous la dynastie des Song du Nord, les « marchands du Fujian » ou « navires du Fujian » étaient utilisés pour désigner les commerçants marins. Par exemple, il est dit : « Les marchands du Fujian, commerçants marins, à bord des navires, font front face aux flots de la mer et traversent les nuages de fumée. » ou « Les marchands du Fujian, commerçants marins, transportent des trésors. » ou encore « C'étaient des navires étrangers ou fujianais qui passaient devant le comté de Changguo. »[94]

Le commerce était également très prospère dans les zones côtières de l'est du Zhejiang. Les fonctionnaires et les habitants de Mingzhou comptaient tous sur le commerce. Mingzhou était situé au bord de la mer, et son développement dépendait entièrement de l'arrivée des navires. Le gouvernement avait l'avantage de la taxation, et les habitants bénéficiaient du commerce.[95] Les petits marchands vendaient en privé, et les grands commerçants payaient les taxes.[96] Les habitants étaient pour la majorité engagés dans le commerce. De plus, la moitié d'entre eux avait besoin d'acheter de la nourriture.[97] Wenzhou était appelé « le petit Hangzhou », et le commerce maritime y était prospère[98]. Les produits étaient petits et délicats, et les habitants qui faisaient du commerce étaient nombreux.[99] Le commerce maritime pénétra également les communes et les villages côtiers. Par exemple, à Mingzhou, les marchands marins s'étaient réunis à Jieqi et au village Yuan, de telle sorte que des marchés s'y formèrent. Ces deux lieux étaient donc nommés « Xiaojiangxia » (litt. « sous le petit fleuve »).[100] Dans les villages côtiers de Mingzhou et de Yuezhou, il y avait beaucoup de nomades du Shandong. Ces derniers vinrent ici par bateau, et faisaient le commerce du riz.[101] Parmi les commerçants dont le nom et l'origine étaient consultables dans

---

93. « Rapport de la part du commissaire militaire M. Yin à propos de l'envoi des fonctionnaires vers l'Annam. » juan 5 et « Rapport en réponse à l'empereur. » juan arr. 6 dans Li Zengbo. *Kezhai zagao & Xugao* (« Manuscrits divers de Kezhai-Suite »). tome 1179 dans *Siku Quanshu*, Wenyuan Ge. p. 645 et p. 676.

94. « Louanges au palais Youmei. » juan 40 dans Ouyang Xiu (auteur). Li Yi'an (correcteur). *Jushi ji* (« Recueil de Jushi »). Beijing : Zhonghua shuju, 2001. p. 585. « Montagnes et rivières. (IV) » juan 25 dans *Xianchun Lin'an zhi* (« Chronique de Lin'an pendant la période de Xianchun »). p. 3603. « Chronique complète du comté de Changguo. » juan 21 dans *Baoqing Siming zhi*. p. 5265.

95. « Chroniques des comtés. (VI) » juan 6 dans *Baoqing Siming zhi*. p. 5054.

96. « Coutumes. » juan 1 dans Zhang Jin. *Qiandao Siming tujing*. p. 4877.

97. « Produits locaux. » juan 5 dans Wang Housun et Xu Liangzuan. *Zhizheng Siming zhi* (« Chronique de Siming pendant la période de Zhizheng »). Dans *Songyuan fangzhi congkan*. Beijing : Zhonghua shuju, 1990. p. 6502.

98. « La route de l'est du Zhejiang. » juan 10 dans *Jizuan yuanhai* (« Registres divers »). tome 930 dans *Siku Quanshu*, Wenyuan Ge. 1990. p. 236.

99. « Xi Yi est nommé préfet de Wenzhou. » juan 22 dans Cheng Ju. *Beishan ji* (« Recueil de Beishan »). tome 1130 dans *Siku Quanshu*, Wenyuan Ge. 1990. p. 221.

100. « Chronique du comté de Fenghua. (I) » juan 14 dans *Baoqing Siming zhi*. p. 5180.

101. « Soldats (29). » dans *Song huiyao jigao*. p. 9242.

les documents historiques sur le commerce avec le Goryeo et le Japon, ceux de l'est du Zhejiang étaient les plus nombreux derrière ceux du Fujian. Selon les statistiques de Jin Weixian dans son *Gaoli shi*, les marchands de Mingzhou incluaient Zhou Zhu, Wang Nan, Chen Weizhi, Xu Yun, Huang Zhong, Zhang Shen, Xu Derong, etc. Parmi eux, Xu Derong se rendit à plusieurs fois au Goryeo. Sa ville natale ne figure pas dans le *Gaoli shi*. Mais selon le *Gongkui ji* (« *Recueil de Gongkui* »), Xu était originaire de Mingzhou.[102] Le moine japonais Fujiwara no Chōnen rentra chez lui à bord du navire de Zheng Rende, marchand de Taizhou.[103] Selon les recherches de Zhao Yingbo, de nombreux moines japonais visitèrent la montagne Tiantai, et les marchands de Taizhou y jouèrent un rôle important. Le marchand de Taizhou, Zheng Rende, emmena ainsi à plusieurs reprises des moines japonais en Chine pour ensuite les ramener chez eux. Zhou Wende, un marchand originaire de Taizhou qui séjourna au Japon pendant 40 ans, transmit également des messages pour les moines.[104] Les marchands de l'est du Zhejiang étaient aussi très actifs dans le commerce offshore. Chaque année, en mars, des navires de Taizhou se rendaient à Tongzhou.[105] De même, tous les ans, des navires commerciaux de Wenzhou, Taizhou, Mingzhou et Yuezhou, se rendaient au Guangdong pour le commerce. Parfois, des groupes d'une dizaine de grands navires partageaient la route.[106]

## 3. Changements et renaissance des concepts maritimes

Sous la dynastie Song, les moyens de subsistance des habitants des zones côtières du Fujian et de l'est du Zhejiang étaient plus que jamais étroitement liés à la mer. La mer devint un espace de vie pragmatique pour la population. Avec une compréhension plus concrète et plus réaliste de la mer, celle-ci se rendit compte dans un premier temps que le commerce maritime pouvait rendre l'artisanat et l'agriculture commercialisée plus rentable que la production céréalière. Liu Kezhuang déclara que les marchands marins de Quanzhou n'hésitaient pas à risquer leur vie à la recherche de profits commerciaux : « Les marchands maritimes rentrent et font fortune. Ils n'hésitent pas à protéger les produits au risque de leur vie, ce qui est bien pathétique. »[107] Dans la pratique commerciale, les gens abordaient la mer avec une approche plus réaliste et utilitaire. Il

102. « Biographie de Zhao Bogui, grand-père du cousin de l'empereur, *taishi* et seigneur *Chongxian jingwang*. » juan 86 dans Lou Yao. *Gongkui ji*. p. 337.

103. « Chronique du Japon. » juan 491 dans *Song shi*. p. 14135.

104. Zhao Yingbo. *Tang Song Yuan dongya guanxi yanjiu* (« *Recherches sur les relations en Asie de l'Est sous les dynasties Tang, Song et Yuan* »). Shanghai : Shanghai shehui kexueyuan chubanshe (Presse de l'Académie des sciences sociales de Shanghai), 2016. pp. 68-69.

105. « Navires maritimes. » juan 13 dans Wen Tianxiang. *Wenshan xiansheng quanji* (« *Collection complète de M. Wenshan* »). tome 218 dans *Sibu congkan*. première édition, p. 52.

106. « Lettre destiné au fonctionnaire des Jin Zheng Pangchen. » juan 18 dans Fang Dacong. *Tie'an ji*. tome 1178 dans *Siku Quanshu*, Wenyuan Ge. 1990. p. 229.

107. « Le contour sud de Quanzhou (deux textes). » juan 12 dans Liu Kezhuang. *Houcun ji* (« *Recueil de Houcun* »). tome 1180 dans *Siku Quanshu*, Wenyuan Ge. 1990. p. 123.

est possible de distinguer clairement deux voies de formation des connaissances maritimes sous la dynastie Song : celle issue de la population côtière et celle des officiels. Le point de départ officiel pour construire les connaissances et les concepts maritimes était de souligner la distinction entre les Hans et les barbares. Les archives des pays d'outre-mer choisies pour la documentation officielle de la dynastie Song concernaient d'abord des activités tributaires pour mettre en évidence sa supériorité par rapport aux barbares. Les autres documents sélectionnés traitaient de la géographie de ces pays qui se trouvaient fort éloignés, et de leurs coutumes étranges pour mettre en valeur l'autorité impériale et souligner le manque de profondeur des barbares. Cela est vrai qu'il s'agisse du *Song shi* (« *Histoire des Song* »), qui a été compilé avec les données historiques du *Guo shi* (« *Histoire d'État* ») de la dynastie Song, ou des livres politiques officiels, tels que les *Huiyao* (« *Compilation des documents importants* ») de toutes les dynasties. L'élaboration des connaissances maritimes officielles tenait avant tout à des finalités politiques. Cela dit, dans les livres que les Song compilèrent pour les lecteurs, en particulier pour les candidats aux examens impériaux, les connaissances et les concepts maritimes ne provenaient pas des activités des populations côtières à cette époque, mais étaient élaborés à partir des discours de distinction entre les Hans et les barbares, qui étaient le fruit des dynasties successives. C'est le cas de la partie « Mer » (dans « Géographie. » juan 7 dans Pan Zimu. *Jizuan yuanhai* (« *Registres divers* »)) ou celui de la partie « Mer » (dans « Géographie. » juan 15 dans Zhu Mu. *Gujin shiwen leiju* (« *Collection des œuvres littéraires anciennes et modernes* »). première partie). De plus, la « Carte générale des zones occupées respectivement par les Hans et les barbares aux temps ancien et moderne » de la dynastie Song et d'autres cartes géographiques englobant les Neuf préfectures et les Quatre mers ne visaient qu'à expliquer de manière plus directe la distinction entre les Hans et les barbares plutôt qu'à transmettre des connaissances maritimes objectives.

Toutefois, les connaissances et les concepts maritimes générés par les navigateurs populaires se distinguaient de plus en plus de ceux élaborés par le gouvernement. Le *Zhufan zhi* (« *Annales des pays barbares* ») de Zhao Rukuo sous la dynastie des Song du Sud fut rédigé à Quanzhou sur la base des informations fournies par les marchands marins. Ces informations proviennent de la pratique maritime de ces marchands, et reflètent de manière assez authentique les concepts de ces derniers. Cela dit, hormis une petite quantité d'informations politiques telles que les activités tributaires sous les dynasties successives, que Zhao Rukuo inclut en tant que fonctionnaire du *shibosi*, le *Zhufan zhi* est un guide pour le commerce extérieur. Il présente de façon claire cinq champs d'informations directement liés au commerce, à savoir les routes maritimes, les produits, les marchés, les conditions locales et les marchandises. Les produits comportent une liste spéciale de biens pouvant être fournis par chaque pays, et se distinguent des biens non marchandisés de certains pays. Les marchandises se réfèrent spécifiquement aux produits vendus par des commerçants chinois. Les informations sur les routes maritimes concernent principalement les itinéraires liant la Chine à d'autres pays et le vent. Les informations sur les marchés traitent des politiques commerciales et les échanges de produits de chaque pays. De même, les conditions locales abordent les informations politique, militaire et juridique des pays. Toutes ces informations étaient nécessaires pour les marchands qui allaient dans ces pays faire du commerce. Par exemple, en ce qui concernait Srivijaya, à propos des routes maritimes : ce pays se trouvait au sud de Quanzhou, et en hiver, à l'aide du vent, il fallait seulement environ un mois pour y parvenir. Les produits (locaux) comprenaient des tortues, du bornéol, de l'encens, des girofles, des bois de santal, etc. Concernant le marché : situé en mer, ce royaume contrôlait la voie principale de circulation des barques et des transports de tous les pays. À l'ancienne époque, des barrières étaient érigées avec des chaînes de fer pour se protéger des pirates, et leur manipulation était astucieuse et technique. Si des marchands passaient par là, ils seraient libérés … (cependant,) s'ils passaient par là mais n'y entraient pas, des navires de guerre seraient envoyés pour attaquer, et ces marchands seraient définitivement exécutés. Les conditions locales incluaient des gardes d'honneur royales, une succession au trône, l'aménagement de la capitale, un régime fiscal, un système militaire, un système juridique, l'élevage et la vinification ainsi que des croyances religieuses. Les marchandises que les commerçants chinois y vendaient étaient l'or, l'argent, la porcelaine, le brocart, la soie, le sucre, le fer, le vin, le riz, le gingembre séché, la rhubarbe, le camphre, etc.[108] Certains autres pays disposent d'informations complètes dans les cinq domaines, tels que le Champā, le Java et le Califat islamique. Pour d'autres, le livre ne donne qu'une partie des informations. Toutefois, le livre détaille les produits de la plupart des pays, qui intéressaient le plus les commerçants. Par ailleurs, le *Xuanhe fengshi Gaoli tujing* (« *Dossier illustré d'une ambassade pour le Goryeo dans l'ère Xuanhe* ») et le *Can tiantai Wutaishan ji* (« *Journal au mont Wutai* ») de la dynastie Song consignèrent aussi les connaissances maritimes obtenues par les ambassadeurs et les moines à travers la pratique de la navigation. Une partie des connaissances provenaient également des marins et des marchands qui étaient sur le même navire. Cependant, en raison des perspectives différentes, ces deux ouvrages ne peuvent pas, à l'instar du *Zhufan zhi*, refléter pleinement les concepts maritimes des marchands, qui sont réalistes, concrets et utilitaires.

En Chine ancienne, les gens croyaient que toute chose était associée à une divinité. Ils construisaient alors toujours leur espace de vie comme un monde harmonisé où les êtres humains et les dieux vivaient ensemble. Par ailleurs, plus complète était la construction de ce monde, plus les liens entre celui-ci et l'existence des gens se resserraient. Cela dit, l'évolution de la compréhension de la mer, passant d'un lieu distant et éloigné à un lieu réaliste et concret, présentait un processus au cours duquel la mer se liait de plus en plus à l'existence des êtres humains. Sous la dynastie Song, la mer devint un espace de vie important pour les habitants des zones côtières de l'est du Zhejiang et du Fujian. Les dieux de la mer n'étaient plus vagues et abstraits. Les gens faisait du monde de la mer un monde parfait et mieux délimité où coexistaient les êtres humains et les divinités, et qui était étroitement lié à leurs moyens de subsistance. Mon article « Le système de croyance des dieux de l'eau et ses nouveaux changements sous la dynastie Song » explique la constitution du système de croyance des divinités de l'eau, y compris la croyance dans les dieux de la mer, et les nouveaux changements qui se produisirent sous la dynastie Song.[109] Ce texte apporte

---

108. « Srivijaya. » dans *Annotations pour le Zhufan zhi.* premier juan. pp. 46-47.
109. Cf. *Shixue jikan* (« *Recueil de textes sur les études d'histoire* »). Issue 6. 2016.

une discussion supplémentaire à propos des caractéristiques de la croyance dans les dieux de la mer au Fujian et à l'est du Zhejiang. Ces deux zones côtières sous la dynastie Song étaient celles où la croyance des dieux de la mer était la plus populaire. Cela dit, la première caractéristique de ce phénomène consistait à ce que le centre de croyance du dieu de la mer de l'Est se déplaça du Shandong à l'est du Zhejiang. La deuxième était la propagation de la croyance en *Mazu* (« ancêtre-mère ») du Fujian dans le nord et son épanouissement. La troisième était la création de nouvelles divinités de la mer. Ces trois caractéristiques résument bien la croyance des dieux de la mer à l'est du Zhejiang et au Fujian sous la dynastie Song.

Le dieu de la mer de l'Est figurait l'une des quatre divinités maritimes. Sous la dynastie des Song du Nord, son temple principal était situé à Laizhou. Plus précisément, il se trouvait à quinze *li* (unité de distance de 500 mètres) de la porte est de la préfecture de Laizhou, et à une courte distance de la mer.[110] Le service sacrificiel était assuré par Laizhou. Au début de la dynastie des Song du Nord, le dieu de la mer de l'Est faisait partie du système divin dans le « monde sous le ciel », et son sacrifice officiel était plutôt basé sur le symbolisme politique, et n'était pas lié à la navigation maritime. Plus tard, les émissaires prirent leur départ à plusieurs reprises à Mingzhou pour se rendre au Goryeo, ce qui permettait de déplacer le centre de croyance du dieu de la mer de l'est vers l'est du Zhejiang. La première année de l'ère Yuanfeng (1078), An Tao fut envoyé au Goryeo. Dès son retour, il proposa de construire à Mingzhou un temple dédié au dieu de la mer de l'Est. Les marchands qui passaient venaient prier et aidaient à le rénover, ce qui permettait de développer les liens entre les activités maritimes et la croyance dans le dieu de la mer de l'Est. La quatrième année de l'ère Daguan (1110) et la cinquième année de l'ère Xuanhe (1123), des missions furent également envoyées au Goryeo. Une fois retournées au pays, elles proposèrent de donner des titres au dieu de la mer de l'Est, ce qui permit d'élargir l'influence de ce dernier dans l'est du Zhejiang. Song Gaozong s'échappa avec succès en prenant la voie maritime, et décida de conférer au dieu de la mer de l'Est le titre de *yousheng* (« Protecteur de l'empereur »)[111] pour affirmer qu'il avait le pouvoir de protéger le fils du Ciel. La treizième année de l'ère Shaoxing (1143), le culte du dieu de la mer de l'Est se faisait encore à distance. La cinquième année de l'ère Qiandao (1169), des sacrifices commencèrent à être pratiqués au temple de Mingzhou. Ainsi, le centre de croyance du dieu de la mer de l'est se déplaça à Mingzhou. En outre, il fut souligné qu'en plus de Laizhou, les villes de Tongzhou, Taizhou, Mingzhou, Yuezhou, Wenzhou, Taizhou, Quanzhou et Fuzhou étaient toutes situées dans la zone fermée de la mer de l'Est. À plusieurs reprises, des sacrifices pour le dieu de la mer de l'Est furent offerts au temple de Mingzhou, et il n'était donc plus nécessaire de se contenter du celui de Laizhou.[112] Sous la dynastie des Song du Sud, le statut du dieu de la mer de l'Est s'améliora considérablement. À l'instar des Tang, la dynastie des Song

---

110. Juan 2 dans Zhu Yu (auteur). Li Guoqiang (correcteur). *Pingzhou ketan* (« *Notes à Pingzhou* »). tome 6 dans *Quansong biji*. deuxième édition. Zhengzhou : Daxiang chubanshe, 2013. p. 159.

111. « Chronique du comté de Dinghai (II). » juan 19 dans *Baoqing Siming zhi*. p. 5239.

112. « Cérémonies de banlieue pour vénérer le ciel et la terre (XVI). » juan 83 dans *Wenxian tongkao*. pp. 2560-2561.

du Nord plaça les dieux de la mer parmi les divinités moyennes. Sous l'empereur Song Lizong, les dieux de la mer furent promus en tant que grandes divinités[113], et devinrent les divinités les plus élevées avec celles du temple du ciel et de la terre.

La croyance en *Mazu* est originaire du Fujian, là où le commerce maritime était le plus prospère sous la dynastie Song. Étant une divinité locale et la déesse des affaires publiques, *Mazu* fut ensuite adorée par les marchands maritimes[114], qui propagèrent son culte. Cette croyance fut exportée sur les côtes du sud du Guangdong et jusqu'en Asie du Sud-Est où les marchands du Fujian étaient actifs. Cependant, la transformation de cette croyance locale en un rituel consacré par l'État était dû à sa propagation dans le nord. Un tournant important dans la croyance en *Mazu* se produisit à la suite de la demande de Lu Yundi qui fut envoyé au Goryeo la cinquième année de l'ère Xuanhe. La mission de Lu Yundi recruta six navires marchands du Fujian, et les bateliers et les marins étaient tous fujianais. Ils se retrouvèrent en danger en mer, et les Fujianais prièrent *Mazu*. Cette dernière apparut, et ils furent ainsi sauvés. Ils en firent part à l'empereur, et celui-ci conféra le nom de Shunji au temple où siégeait *Mazu*. Au cours de la dynastie des Song du Sud, la croyance en *Mazu* connut un essor rapide en raison du patronnage de l'État. La 26ᵉ année de l'ère Shaoxing (1156), le titre de *linghui furen* (litt. « dame effective et vertueuse ») fut accordé à *Mazu* lors de la grande cérémonie de banlieue. Par la suite, les signes spirituels de *Mazu* furent constamment présentés à la cour impériale. La 28ᵉ année de l'ère Shaoxing, elle contribua à pacifier les pirates, et reçut le titre de *zhaoying*. Plus tard, elle se vit conférer le titre de *chongfu* en aidant les habitants de Fuzhou à trouver des fontaines. 19 ans plus tard, le titre de *shanli* lui fut attribué puisqu'elle avait contribué à réprimer les révoltes. Pendant les années de l'ère Chunxi, pour avoir sauvé de nombreuses fois le Fujian de la sécheresse, elle reçut le titre de *linghuifei* (litt. « favorite effective et vertueuse »), la plus haute distinction pour une divinité féminine sous la dynastie Song. Par la suite, elle fut anoblie à plusieurs reprises pour ses exploits, notamment pour avoir protégé l'armée Song pendant l'expédition du Nord de Kaixi, et pour avoir aidé à repousser les envahisseurs venus de la mer. *Mazu* était devenue une déesse omnipotente, largement répandue dans le Fujian, le Guangdong, le Jiangxi, le Zhejiang et le bassin de la rivière Huai.[115] Malgré tout, sa fonction principale était de protéger les navires en mer[116]. Les navigateurs en dépendaient pour sauver leur vie[117], et avant d'aller en mer, les marchands la priaient[118]. Le point clé de sa transformation fut son intronisation dans le système sacrificiel officiel pendant sa diffusion vers le nord.

Sous la dynastie Song, les divinités qui se virent confier la nouvelle fonction de protéger la

---

113. « Autel des dieux de la mer. » juan 3 dans Qian Shuoyou. *Xianchun Lin'an zhi.* p. 3379. « Lizong (III). » juan 43 dans *Song shi.* p. 847.

114. Li, Bochong. « Divinité locale, déesse des affaire publiques et des marchands marins : à propos de l'évolution de l'image de *Mazu.* » *Zhongguo shehui jingji shi yanjiu.* Issue 2. 1997, pp. 47-58.

115. « Sanctuaires (III). » juan 73 dans Qian Shuoyou. *Xianchun Lin'an zhi.* p. 4014.

116. « Sanctuaires des comtés extérieurs. » juan 14 dans Wu Zimu. *Mengliang lu* (« *Rêves de l'ancienne capitale Lin'an* »). Hangzhou : Zhejiang renmin chubanshe (Maison d'édition du peuple du Zhejiang), 1980. p. 130.

117. « Bénédiction de Shengfei. » juan 54 dans Zhen Dexiu. *Xishan wenji.* p. 858.

118. « Temple de Mme Lin. » juan 9 dans *Yijian zhijing.* pp. 950-951.

navigation et celles qui furent nouvellement créées pour protéger la navigation étaient les plus nombreuses le long des côtes de l'est du Zhejiang et du Fujian. Dans mon article « Le système de croyance des dieux de l'eau et ses nouveaux changements sous la dynastie Song », j'aborde le fait qu'à Wenzhou, sous la dynastie Song, Li Deyu, Premier ministre des Tang, fut pour la première fois considéré comme un dieu de la mer. Ici, il est question d'une discussion supplémentaire à propos de la croyance dans les dieux de la mer dans les zones côtières de l'est du Zhejiang et du Fujian. En tant que l'un des trois principaux ports et centres commerciaux, la croyance dans les dieux de la mer à Mingzhou était très populaire. Le temple Xianyou dans le comté de Fenghua fut dédié à une divinité du nom de Qiu sous la dynastie Tang. Avant la dynastie des Song du Sud, elle ne fut pas associée à la protection de la navigation. Au début de la période de Jiading, la famine ravageait la région, et cette divinité fit venir une succession de bateaux transportant du riz. Ses signes spirituels en mer commencèrent à se remarquer.[119] Il est dit également que la divinité du temple Yangshan dans le comté de Changguo fut adorée à partir de la dynastie Song par la population côtière, et que son culte n'était donc pas abolie depuis longtemps déjà. Également sous la dynastie Song, le dieu du temple Zhaoying, voyant la région ravagée par la famine, fit venir un grand navire chargé de riz. Ce temple reçut son nom la quatrième année de l'ère Jianyan de la part de Song Gaozong qui arriva à s'échapper vers le sud. L'empereur sauvé conféra à ce dieu le titre de marquis. Les navigateurs qui passaient ne manquaient pas de le prier.[120] Le temple Lingkang, dans le comté de Linhai à Taizhou, fut dédié à Zhao Bing de la dynastie des Han de l'Est. Depuis la dynastie Song, il montra à plusieurs reprises ses signes spirituels. Par exemple, il fit venir les marchands de riz du Fujian et de Guangzhou ; il fit appel à une armée divine pour exterminer les envahisseurs ; et enfin il fit s'élever les vagues pour aider les bateaux-dragons. Tout cela était étroitement lié à la navigation. Si Zhang Taiwei fut adoré au temple dans le comté de Huangyan à Taizhou, c'était surtout grâce aux marchands marins de la dynastie Song, qui avaient propagé cette croyance du Shandong jusqu'ici. Le temple de Huangshan dans le comté de Tiantai fut construit pour vénérer *Huguo Ganying Xianqing Wang*[121], une divinité nouvellement créée sous la dynastie Song. Il se trouverait à l'endroit où les navires maritimes étaient amarrés.[122] Un autre temple fut construit pour vénérer *Wulie Yinghu Zhenmin Wang*[123]. Cette divinité avait déjà reçu le titre de roi sous les Han. Sous la dynastie des Song du Sud, lors de la bataille de Jiaoxi, le capitaine du bateau la pria, et remporta la victoire. Le titre de *yinghu* fut ainsi conféré à cette divinité, désormais associée aux activités maritimes.[124] Certains dieux avaient déjà pour fonction de protéger la navigation avant la dynastie Song, et furent développés au cours de cette dernière. Le temple *Zhuhai Xianling*

---

119. « Chronique du comté de Fenghua (II). » juan 15 dans *Baoqing Siming zhi.* p. 5192.

120. « Chronique complète du comté de Changguo. » juan 21 dans *Baoqing Siming zhi.* pp. 5272-5273.

121. « Wang » désigne « roi ». « Huguo » « Ganying » et « Xianqing » sont des titres honorifiques. (note du traducteur)

122. « Temple des ancêtres. » juan 31 dans *Jiading Chicheng zhi.* p. 7519 et p. 7532.

123. « Wang » désigne « roi ». « Wulie » « Yinghu » et « Zhenmin » sont des titres honorifiques. (note du traducteur)

124. « Temple des ancêtres. » juan 8 dans *Chunxi Sanshan zhi.* p. 7859.

*Hou*[125] de Mingzhou fut dédié à un homme portant le nom de famille Kong dans le comté de Xiangshan. Ce dieu avait déjà présenté le signe spirituel de protection de la navigation sous les Cinq Dynasties, et il reçut le titre de Xianling après que l'empereur Song Gaozong arriva à prendre la fuite en mer. En outre, Song Gaozong, ayant esquivé le danger, conféra également des titres aux dieux du temple Yangshan, du temple *Juehai Weixian Hou*[126] et du temple *Chenshan Zhongying Hou*[127], ce qui indique que tous ces esprits étaient liés à la navigation. La cinquième année de l'ère Xuanhe, la mission de Lu Yundi fut bénie par le dieu du temple Zhaoli, et demanda alors de construire un temple.[128] Le sanctuaire *Chongying Zhenren*[129] dans le comté de Changguo fut dédié à Tao Hongjing qui avait déjà présenté le signe spirituel de protection de la navigation pendant la dynastie Liang. Sous l'empereur Song Zhenzong, la cour impériale décida de construire à Kaifeng le palais Zhaoying. Cela dit, elle fit transporter par bateau le bois imposant de Wenzhou, et tout le voyage fut béni par maître Tao.[130] Le temple Chuangshi dans le comté de Huangyan à Taizhou fut dédié à un marchand qui était mort dans un naufrage pendant la dynastie Sui, et fut restauré par les Song.[131]

Dans le même temps, il convient de souligner que l'artisanat et le commerce ou encore l'économie maritime n'étaient en aucun cas les seules activités dans les zones côtières du Fujian et de l'est du Zhejiang sous la dynastie Song. Comme mentionné ci-dessus, l'artisanat et le commerce l'emportaient sur l'agriculture dans ces deux régions. Toutefois, dans l'environnement culturel et institutionnel des sociétés agraires, même des zones côtières, les fonctionnaires avaient pour première mission de persuader de pratiquer l'agriculture. Dans son « Propos visant à persuader de pratiquer l'agriculture à Dinghai », Chen Zao écrivit : « Le pays attache une grande importance à l'agriculture, et les fonctionnaires sont chargés dans un premier temps de persuader de la pratiquer. »[132] Par exemple, nombreux étaient les habitants côtiers de Wenzhou, qui s'engageaient dans d'autres affaires que l'agriculture. Les fonctionnaires avaient alors pour objectif principal de les persuader de pratiquer l'agriculture.[133] Ces fonctionnaires y attachaient beaucoup d'importance, et obtinrent un certain résultat. Par exemple, il est dit : « À Dong'ou,

---

125. « Zhuhai » « Xianling » et « Hou » (« marquis ») sont tous des titres honorifiques conférés au temple. (note du traducteur)

126. « Juehai » « Weixian » et « Hou » (« marquis ») sont tous des titres honorifiques conférés au temple. (note du traducteur)

127. « Chenshan » « Zhongying » et « Hou » (« marquis ») sont tous des titres honorifiques conférés au temple. (note du traducteur)

128. « Chroniques des comtés (XI). » vol. 11 et « Chronique du comté de Dinghai (I). » juan 18 dans *Baoqing Siming zhi*. p. 5134 et p. 5231.

129. « Chongying » et « Zhenren » (« maître ») sont tous des titres honorifiques conférés au sanctuaire. (note du traducteur)

130. « Chronique complète du comté de Changguo. » juan 21 dans *Baoqing Siming zhi*. p. 5272.

131. « Temple des ancêtres. » juan 31 dans *Jiading Chicheng zhi*. p. 7523.

132. « Propos visant à persuader de pratiquer l'agriculture à Dinghai. » juan 30 dans Chen Zao. *Jianghu zhangweng ji* (« Recueil de Jianghu zhangweng »). tome 1166 dans *Siku Quanshu*, Wenyuan Ge. 1990. p. 377.

133. « Épitaphe de Gong Rong, attaché au ministère de l'organisation des fonctionnaires. » juan 31 dans Hong Zikui. *Pingzhai ji* (« Recueil de Pingzhai »). tome 1175 dans *Siku Quanshu*, Wenyuan Ge. 1990. p. 319.

la coutume faisait que la plupart des habitants pratiquaient la pêche ou l'industrie du sel plutôt que l'agriculture. Maintenant, au bord de la mer, de vastes champs sont cultivés. »[134] Ainsi, nous pouvons dire que les zones côtières abritaient une grande variété de formes économiques et de moyens de subsistance. Par exemple, en ce qui concernait le comté de Dinghai, il s'agissait d'un lieu où passaient les navires marchands barbares pour aller à Mingzhou, et où les commerçants de Mingzhou se rendaient pour accéder à d'autres préfectures. En même temps, la pêche et l'industrie du sel y étaient prospères. De génération en génération, les connaissances culturelles étaient transmises. Les gens savaient écrire et lire, et étaient bien élevés. Les habitants de la vallée cultivaient le mûrier.[135] Cela dit, dans ce comté, le commerce, la pêche, l'industrie du sel, l'agriculture et la culture coexistaient. Le comté de Changguo était riche en ressources de poisson et de sel, tandis que la population ne courait pas après l'argent. Il arrivait à certains des habitants de la vallée de ne pas se rendre en ville de toute leur vie.[136] Lou Yao parla de Wenzhou : « Dans le comté de Yongjia, les bateliers cultivent également des terres. »[137] Ainsi, les moyens de subsistance étaient aussi bien issus de la mer que de la terre. Liu Kezhuang dit : « Les habitants du Fujian pratiquent l'agriculture et savent lire. S'ils ne sont ni cultivateurs ni bûcherons, ils doivent être confucianistes. Ce n'est qu'à l'extérieur du contour sud de Quanzhou que les gens sont à la fois confucianistes et commerçants. »[138] Il y avait ainsi à la fois l'agriculture, la culture et le commerce. Même sur le plan culturel, les zones côtières de l'est du Zhejiang et du Fujian, où le commerce était florissant, étaient en avance sur le reste du pays. Il est dit : « Depuis toujours, les confucianistes sont nombreux à Zoucheng, au Shandong. Mais au cours de la dynastie Song, ils sont plus présents au Fujian et au Zhejiang. »[139] À Wenzhou, l'ambiance littéraire était la plus dynamique de tout le Zhejiang.[140] L'artisanat et le commerce n'étaient pas les moyens de subsistance de tous les habitants de la côte. En raison du rayon limité du domaine agraire[141], les résidents qui habitaient loin des côtes ne pouvaient pas vivre de la pêche ni de l'industrie du sel, et devaient avoir recours à l'agriculture traditionnelle. De plus, les zones côtières n'étaient pas les seules à être associées au commerce maritime. Ce dernier était tellement prospère que les zones éloignées de la côte et même l'arrière-pays étaient inclus dans ce réseau commercial maritime. Par exemple, le fer produit dans l'intérieur du Fujian était vendu au Zhejiang. Ce dernier, qui ne produisait pas de

---

134. « Propos visant à persuader de pratiquer l'agriculture à Wenzhou. » juan 39 dans Wu Yong. *Helin ji* (« *Recueil de Helin* »). tome 1176 dans *Siku Quanshu*, Wenyuan Ge. 1990. p. 382.

135. « Chronique du comté de Dinghai (I). » juan 18 dans *Baoqing Siming zhi*. p. 5226.

136. « Chronique complète du comté de Changguo. » juan 20 dans *Baoqing Siming zhi*. p. 5244.

137. « Prière de supprimer le chantier naval de Wenzhou. » juan 21 dans Lou Yao. *Gongkui ji*. p. 505.

138. « Le contour sud de Quanzhou (deux textes). » juan 12 dans Liu Kezhuang. *Houcun ji*. p. 23.

139. « Terre. » juan 51 dans Zhang Ruyu (éd.). *Qunshu kaosuo* (litt. « *Recherches sur divers livres* »). Suite. tome 938 dans *Siku Quanshu*, Wenyuan Ge. 1990. p. 624.

140. « Coutumes. » juan 1 dans Hong Zhi. *Wenzhoufu zhi* (« *Chronique de Wenzhou* »). Suite des chroniques sélectionnées de la dynastie Ming dans le pavillon Tianyi. Shanghai shudian, 1990. p. 47.

141. Concernant le « rayon agraire » Cf. Li, Shan. « À propos du rayon agraire. » *Yunan ribao* (« *Journal du Yunnan* »). 15 août 1986, p. 3.

fer, dépendait de Zhangzhou, Quanzhou et Fuzhou, qui rapportaient du fer par bateau.[142] C'était également par voie maritime que la porcelaine et le thé du Fujian étaient exportés. Nombreux étaient les commerçants qui transportaient du bois de Chuzhou de l'est du Zhejiang vers la mer en passant par Wenzhou.[143] C'était aussi le cas pour la porcelaine de Longquan. De la sorte, nous pouvons voir que les caractéristiques régionales maritimes des zones côtières du Fujian et l'est du Zhejiang ne se manifestaient pas par une structure économique unique. Par contre, il s'agissait de toute une série de structures économiques, de moyens de subsistance, et de concepts et coutumes, qui étaient étroitement liés les uns aux autres. Ces caractéristiques régionales ainsi formées étaient uniques, et se distinguaient de celles des autres régions.

## 4. Origines de la formation des caractéristiques régionales maritimes

Les zones côtières du Fujian et de l'est du Zhejiang développèrent, sous la dynastie Song, des caractéristiques régionales maritimes différentes de celles des autres régions, en raison de leur environnement géographique spécifique et des facteurs historiques propres à cette époque. Le Fujian et l'est du Zhejiang sont tous adossés à la montagne et face à la mer. Les rivières navigables prennent leur source dans les montagnes, et se jettent dans la mer. À part la rivière Yuyao à Mingzhou qui pouvait être reliée aux canaux, il n'y avait pas de rivière navigable menant au continent. Huang Yinghu a souligné que le Fujian est adossé à la montagne sur trois côtés, et fait face à la mer sur l'autre. Les principales rivières telles que les rivières Min, Jiulong, Ting et Jin coulent toutes des régions montagneuses du nord vers la mer. Un tel environnement géographique força les Fujianais à se diriger vers l'est, à savoir vers la mer.[144] Sous la dynastie Song, il existait une route terrestre reliant le nord du Fujian à Xinzhou par la crête de Xianxia, ou par le col de Yushan, et il y avait également des relais de poste. Mais en réalité, la route montagneuse était si difficile que la plupart des transports dans le Fujian se faisaient par navigation. Dans ce cas-là, les troupes terrestres qui y étaient stationnés seraient peu nécessaires.[145] La porcelaine produite dans le nord du Fujian était transportée à Quanzhou par la rivière Jin, ou par la rivière Min jusqu'à Fuzhou pour l'exportation.[146] D'autres matériaux provenant des préfectures du nord du Fujian étaient également expédiés à Fuzhou et à Quanzhou par ces rivières.

Sous la dynastie Song, la cour impériale stipulait : « Comme Wenzhou, Taizhou, Chuzhou et Huizhou ne sont pas accessibles par voies navigables, pour payer les deux taxes, les matériaux et

---

142. « Coutumes locales. » juan 41 dans *Chunxi Sanshan zhi*. p. 8252.

143. « Prière de supprimer le chantier naval de Wenzhou. » juan 21 dans Lou Yao. *Gongkui ji*. p. 505.

144. Huang, Yinghu. « Discussion sur les caractéristiques maritimes des Fujianais et sur leurs origines. » *Fujian sheng shoujie haiyang wenhua xueshu yantaohui lunwen ji* (« *Actes du premier symposium sur la culture marine de la province du Fujian* »). 2007. pp. 26-32.

145. « Localités (X). » dans *Song huiyao jigao*. p. 9488.

146. Lin, Zhongqian. « Production et exportation de la porcelaine dans le nord du Fujian sous les dynasties Song et Yuan. » *Haijiao shi yanjiu*. Issue 2. 1987, pp. 12-19.

la soie peuvent être convertis en argent. »[147] De là, nous pouvons voir qu'il n'y avait pas de canaux pouvant relier Wenzhou, Taizhou et Chuzhou au continent. Ying Yunjin a souligné que le terrain de Wenzhou s'incline d'ouest à l'est selon un schéma trapézoïdal, avec trois grandes chaînes de montagnes dont le mont Yandang, et trois grands réseaux hydrographiques, à savoir les rivières Ou, Feiyun et Ao, qui se jettent d'ouest en est dans la mer de Chine orientale. Wenzhou était ainsi fermé au trafic intérieur, le meilleur accès au monde extérieur était par la mer.[148] C'est également le cas pour Taizhou. Les rivières Ling, Xianju et Yongan dans le comté de Linhai, la rivière Yongning à Huangyan, les rivières Yong'an et Caoxi dans le comté de Xianju et la rivière Huai dans le comté de Ninghai prennent toutes leur source dans les montagnes du nord, et se jettent vers le sud dans la mer.[149] À Mingzhou, outre Yinxian et Dinghai qui permettaient d'accéder au continent grâce à des canaux, Fenghua et Xiangshan devaient également être reliés au monde extérieur par voie maritime.

En outre, à l'époque des Song, l'est du Zhejiang et le Fujian connurent un pic d'immigration. Jadis peu occupés, ces territoires étaient dorénavant surpeuplés. L'empereur Han Wudi fit déplacer aux bassins du Yangtsé et de la rivière Huai les gens qui, originaires du Guangdong, habitaient dans la ville de Wenzhou, et cette dernière fut alors déserté. Plus tard, bien que des comtés y fussent créés, Wenzhou resta toujours peu peuplé.[150] À partir de la dynastie Jin, un nombre croissant d'immigrants vinrent s'installer sur ce territoire, mais la population n'était pas encore importante. Ce ne fut que sous les Cinq Dynasties et la dynastie Song que les habitants devinrent vraiment nombreux. Au début de la dynastie Tang, les zones montagneuses de Wenzhou étaient peu peuplées, et les terres furent lentement mises en valeur. Pendant la dynastie des Song du Sud, il y eut un afflux d'immigrants et une augmentation soudaine de la population, ce qui entraîna un conflit entre les habitants et les terres.[151] Liu Hongyu a souligné qu'à l'époque des Song, une partie des immigrants de Wenzhou venaient des plaines centrales, et l'autre du Fujian en vue de défricher les terres.[152] Avant les Sui, Tang et Cinq Dynasties, le Fujian était également peu peuplé, et culturellement arriéré. Après les Cinq Dynasties, à la suite de l'arrivée des immigrants venant du nord, l'économie devint prospère, et la culture se développa. Cela dit, le Fujian se caractérise par sa culture d'immigration. Le principal groupe composant le peuple du Fujian sous la dynastie

147. « Nourriture et objets du quotidien (II, première partie). » juan 174 dans *Song shi*. p. 4217.

148. Ying, Yunjin. « À propos de l'environnement naturel et des modes d'existence des habitants de Wenzhou. » *Zhonggong Ningbo shiwei dangxiao xuebao* (« *Journal de l'école du parti du comité municipal de Ningbo du PCC* »). Issue 4. 2001, pp. 48-52.

149. « Montagnes et rivières (V). » juan 23, « Montagnes et rivières (VI). » juan 24 et « Montagnes et rivières (VII). » juan 25 dans *Jiading Chicheng zhi*. p. 7451, p. 7460 et p. 7466.

150. « Coutumes. » juan 1 dans *Wenzhoufu zhi*. La suite des chroniques sélectionnées de la dynastie Ming dans le pavillon Tianyi. Shanghai : Shanghai guji shudian (Librairie classique de Shanghai), 1964. p. 4.

151. Ying, Yunjin. « À propos de l'environnement naturel et des modes d'existence des habitants de Wenzhou. » *Zhonggong Ningbo shiwei dangxiao xuebao*. Issue 4. 2001, pp. 48-52.

152. Liu, Hongyu. « À propos de la relation entre les immigrants de Wenzhou et la croyance en Yangfuye sous la dynastie Song. » *Xue xilun* (« *Recherche théorique* »). Issue 21. 2012, pp. 120-121.

Song était déjà les Hans.[153] La première année de l'ère Tianbao des Tang, il n'y avait que 90 686 foyers enregistrés au Fujian, et la densité de population n'était que de 0,8 par kilomètre carré. Toutefois, au début de la dynastie des Song du Nord, pendant les années de l'ère Taiping Xingguo, le nombre de foyers enregistrés au Fujian atteignit 4,68 millions, soit une augmentation de 416 % par rapport à la première année de l'ère Tianbao des Tang, et la densité de population atteignit 41 ménages par kilomètre carré. Après l'incident de Jingkang, les habitants du nord immigrèrent en grand nombre, faisant du Fujian la région la plus densément peuplée de la dynastie Song.[154]

Sous la dynastie Song, le Fujian et l'est du Zhejiang connurent une forte surpopulation. Par exemple, Quanzhou était densément peuplée, et les vallées étaient stériles. Il n'y avait pas de terres à cultiver. Le territoire était étroit et surpeuplé. Bien que la terre fût pierreuse, il ne restait rien à labourer.[155] C'était le cas pour tout le Fujian et il était difficile d'y gagner sa vie, comme nulle part ailleurs.[156] Dans les zones côtières du Fujian, il n'y avait pas comme au Jiangsu et au Zhejiang de grands foyers possédant des milliers ou des dizaines de milliers de *dan* de riz. Ici, même chez ceux qui disposaient de nourriture, il n'y en avait que deux ou trois cents *dan*, dont la moitié était de la glume.[157] Quant au nombre de pousses, une préfecture comme Quanzhou ne pouvait pas se comparer à un comté du Jiangsu ou du Zhejiang.[158] Selon « Les fonctionnaires célèbres (II) » (juan 30 dans *Fujian tongzhi* (« *Chronique du Fujian* »)), la deuxième année de l'ère Jiaxi, lorsque Zhang You était préfet de Xinghua, les recettes fiscales étaient même inférieures à celles d'un grand foyer du Jiangsu ou du Zhejiang. Sous la dynastie Song, les deux taxes étaient perçues par le *mu* (unité de superficie égale à un quinzième d'hectare), et le revenu d'une préfecture côtière du Fujian était inférieur à celui d'un comté du Jiangsu ou du Zhejiang, et même à celui d'un grand foyer, ce qui indique qu'il manquait cruellement de terres arables. À Mingzhou, les soi-disant grands foyers disposaient au plus de cent *mu* de terres, et il y avait aussi ceux qui en possédaient moins. La valeur de ces terres ne dépassait pas une ou deux centaines de *guan* (un *guan* ou une chaîne égale mille pièces de monnaie).[159] Les terres étaient également très limitées. De plus, les terres côtières étaient pleines de saumure salée et ne convenaient pas à l'agriculture. C'était donc un endroit qui, adossé à la montagne et bordé par la mer, manquait de terres fertiles. Les habitants étaient

---

153. Xu, Xiaowang. « À propos du développement du Fujian sous les Sui, les Tang et les Cinq Dynasties ainsi que la formation de ses caractéristiques culturelles. » *Dongnan xueshu*. Issue 5. 2003, pp. 133-141.

154. Wu, Songdi. « Recherches sur la population du Fujian sous la dynastie Song. » *Zhongguo shi yanjiu* (« *Revue des études historiques chinoises* »). Issue 2. 1995, pp. 50-58.

155. « Quanzhou. » juan 12 dans *Fangyu shenglan*. p. 214.

156. « Rapport au sujet de l'achat de l'argent par le gouvernement local. » juan 1 dans Liao Gang. *Gaofeng wenji* (« *Collection littéraire de Gaofeng* »). tome 1142 dans *Siku Quanshu*, Wenyuan Ge. 1990. p. 315.

157. « Rapport destiné au préfet Xiang Bowen. » juan 21 dans Fang Dazong. *Tie'an ji*. p. 247.

158. « Rapport destiné au Département des Affaires d'État : prière d'attribuer des *dudie* pour la subvention salariale des descendants impériaux. » juan 15 dans Zhen Dexiu. *Xishan wenji*. p. 233

159. « Lettre au commissaire des transports Sun Sijian. » juan 76 dans Wang Anshi (auteur). D'après le classement de Zhao Huijun *et al. Linchuan xiansheng wenji* (« *Collection littéraire de M. Linchuan* »). tome 7 dans *Wang Anshi quanji* (« *Collection complète de Wang Anshi* »). Shanghai : Fudan daxue chubanshe (Presse de l'Université de Fudan), 2016. p. 1364.

obligés de chercher d'autres moyens de subsistance.[160] Zheng Xuemeng a divisé les champs côtiers du Fujian en cinq catégories : les champs océaniques plats et fertiles, les champs de montagne stériles, les champs insulaires remplis de sable, les champs irrigués et les champs maritimes salés et saumâtres. Parmi eux, les champs irrigués sont les moins nombreux. Par contre, beaucoup de terres sont des champs de montagne, des champs insulaires et des champs maritimes qui sont plutôt stériles. Il faut les labourer de manière répétitive en les ménageant pour que ces champs puissent devenir matures.[161] Les lettrés Song ne manquaient pas de répéter que les terres du Fujian étaient stériles. Les terres arables se trouvaient entre des falaises et des vallées escarpées. La récolte annuelle n'en valait pas la peine.[162] C'était surtout le cas pour les zones côtières : « Au bord de la mer, la moitié des terres est pierreuse. On y travaille dur et obtient peu de récolte. »[163]

Les zones côtières du Fujian et de l'est du Zhejiang sont riches en ressources halieutiques et en sel, et bénéficient d'un transport maritime pratique. Fang Shao déclara :

> Plus bas, la nature de l'eau sera plus évidente, et il sera alors plus possible de créer un goût salé. L'eau produira du sel à ses détours. Plus de détours, plus de sel. Les zones côtières de l'est du Zhejiang sont remplies de détours, ce qui permet la création du sel. Le Zhejiang produit donc plus de sel par rapport aux autres régions. Du sud-est de Wenzhou jusqu'au Fujian et au Guangdong, un litre de sel coûte cinq pièces de monnaie, parfois moins cher que celui du bassin de la rivière Huai. Le sud-est se trouve le plus proche de la mer. De plus, les conditions de production de sel sur la côte est du Zhejiang sont meilleures par rapport à celles de sa côte ouest. À l'ouest du Zhejiang, l'eau est moins salée, et la capacité de production de sel est relativement faible. Par contre, à l'est du Zhejiang, de Daishan (Mingzhou) à Erfutian (Wenzhou), tous utilisent l'eau de mer pour en faire du sel. La capacité de production de sel est donc forte.[164]

En fait, la production de sel du Fujian n'était pas inférieure à celle de l'est du Zhejiang. Si les habitants côtiers du Fujian et de l'est du Zhejiang choisirent de pratiquer la pêche, l'industrie du sel, l'artisanat et le commerce tout en abandonnant l'agriculture, c'était parce qu'ils savaient s'adapter aux conditions locales. Ils étaient également poussés par la nature des êtres humains qui tendent à rechercher le profit. Les lettrés Song déclarèrent : « À l'est du Zhejiang, ceux qui habitent au bord de la mer ont l'avantage de vendre du sel en privé, et ceux qui s'installent dans les

160. « Registre des ménages. » juan 13 dans *Jiading Chicheng zhi*. p. 7389.

161. Hong, Zhao, et Zheng, Xuemeng. « Le développement de l'agriculture dans les zones côtières du Fujian sous la dynastie Song. » *Zhongguo shehui jingji shi yanjiu*. Issue 4. 1985, pp. 34-44.

162. « Propos visant à persuader de pratiquer l'agriculture à Jianning. » juan 18 dans Han Yuanji. *Nanjian jiayi gao*. p. 283.

163. « Propos visant à persuader de pratiquer l'agriculture à Quanzhou. » juan 40 dans Zhen Dexiu. *Xishan wenji*. p. 631.

164. Juan 3 dans Fang Shao (auteur). Xu Peizao *et al.* (correcteurs). *Bozhai bian* (« Compilation de Bozhai »). Beijing : Zhonghua shuju, 1983. p. 14.

montagnes peuvent tirer parti des puits. Là où il y a des bénéfices, les gens se disputent. »[165] Les quatre villages sous le contrôle du comté de Dinghai à Mingzhou se trouvaient au bord de la mer, et étaient riches en poissons et en sel. Les terres, extrêmement salées, étaient incultivables. Les habitants ne travaillaient pas dans l'agriculture, et étaient plutôt engagés à faire bouillir du sel pour le vendre en privé.[166] Cela était de fait interdit, et tous les jours, des gens furent tués à cause de cela, mais cette tendance ne s'arrêta pas là.[167] De même, les habitants côtiers du Fujian pratiquaient de génération en génération la pêche.[168] Au sud du Fuzhou, se trouve le Guangdong, et à son nord, le Zhejiang. Fuzhou est aussi petit qu'un flocon de poussière. Malgré tout, de Fuzhou jusqu'à ces deux routes, les navires n'avaient besoin que de quelques jours à l'aide du vent pour traverser.[169] Quanzhou était connu pour « dominer le Fujian et le Guangdong »[170] en matière de transport maritime. Wenzhou était relié aux routes maritimes, et les navires marchands ne manquaient pas de passer par là[171]. Il y avait un espace plus large pour le commerce extérieur.

L'environnement géographique spécifique et le surpeuplement poussèrent les zones côtières du Fujian et de l'est du Zhejiang sous la dynastie Song à se développer vers la mer. Un autre facteur important qui permit aux habitants du Fujian et de l'est du Zhejiang de se déplacer relativement librement vers la mer était la politique commerciale active et ouverte de la dynastie Song qui était témoin d'une prospérité sans précédent en mer. La dynastie Song mena une politique d'ouverture majeure en encourageant ses habitants à faire du commerce en mer[172]. Pour la première fois dans l'histoire, la population côtière de la dynastie Song put s'adonner librement à des activités maritimes, notamment au commerce océanique. Le Fujian et l'est du Zhejiang étaient les régions où les conditions du commerce maritime étaient les meilleures sous la dynastie Song. Mingzhou fut l'un des premiers ports où le *shibosi* fut installé. De plus, depuis la période de Yuanfeng, il était le seul port qui pouvait délivrer un certificat permettant d'aller faire du commerce au le Goryeo et au Japon. Mingzhou, reliant à la mer le Zhejiang, et qui était la ville

---

165. « Soldats (III). » dans *Song huiyao jigao*. p. 8674.

166. « Nourriture et objets du quotidien (26). » dans *Song huiyao jigao*. p. 6560.

167. « Lettre au commissaire des transports Sun Sijian. » vol. 76 dans Wang Anshi (auteur). D'après le classement de Zhao Huijun *et al. Linchuan xiansheng wenji*. p. 1364.

168. « Rapport destiné à la Cour des Affaires militaires : prière de s'occuper des affaires côtières. » juan 8 dans Zhen Dexiu. *Xishan wenji*. p. 127.

169. « Marée. » juan 6 dans *Chunxi Sanshan zhi*. p. 7835.

170. « Quanzhou. » juan 12 dans *Fangyu shenglan*. p. 208.

171. « Rapport échangé avec Ma Guangzu. » juan 23 dans Wu Yong. *Helin ji*. tome 1176 dans *Siku Quanshu*, Wenyuan Ge. 1990. p. 221.

172. La dynastie Song encouragea activement son peuple à s'engager dans le commerce maritime, et essaya de le réglementer par la délivrance de certificats, la taxation, les achats, etc. À ce propos, des recherches systématiques ont été menées, comprenant notamment *Songdai zhi shibosi yu shibo tiaoli* (« *Les shibosi et leurs règlements sous la dynastie Song* ») de Fujita Toyohachi (The Commercial Press, 1936), *Song Yuan shiqi de haiwai maoyi* (« *Le commerce extérieur sous les dynasties Song et Yuan* ») de Chen Gaohua et Wu Tai (Tianjin renmin chubanshe (Maison d'édition du peuple de Tianjin), 1981), *Songdai haiwai maoyi* (« *Le commerce extérieur sous la dynastie Song* ») de Huang Chunyan (Shehui kexue wenxian chubanshe (Presse académique des sciences sociales), 2003), etc.

la plus développée économiquement, était le centre de distribution le plus important pour les importations maritimes.[173] Le commerce maritime de Quanzhou était déjà bien développé depuis le début de la dynastie des Song du Nord. La deuxième année de l'ère Yuanyou, un *shibosi* fut créé à Quanzhou et pouvait délivrer un certificat permettant d'aller faire du commerce dans les pays de la mer de Chine méridionale. Quanzhou bénéficiait d'une position favorable. Il desservait au nord l'arrière-pays, le Goryeo et le Japon, et au sud les pays de la mer de Chine méridionale. Il pouvait alors commercer à la fois avec le nord et le sud, et était un lieu incontournable pour que les marchandises de Guangzhou fussent revendues sur le continent. Sous la dynastie des Song du Sud, Quanzhou dépassa Guangzhou pour devenir le plus grand port commercial du pays et du monde. Dans le contexte du développement sans précédent du commerce maritime et océanique sous la dynastie Song, les zones côtières de l'est du Zhejiang et du Fujian présentaient des conditions commerciales plus favorables que les autres régions.

Un autre facteur important qui fit du Fujian et de l'est du Zhejiang le centre du commerce maritime sous la dynastie Song était la position centrale de ces régions pour la fabrication de navires de mer. Les côtes de l'est du Zhejiang et du Fujian sont sinueuses, et riches de détours. Dans le nord, les régions montagneuses étaient abondantes en bois. Il s'agissait de conditions favorables à la construction navale que ne possédaient pas le sud de la rivière Huai, Jingdong et le Hebei. Mingzhou et Wenzhou étaient des bases de construction des navires de mer. Sous les règnes de Shenzong et Huizong, Mingzhou reçut deux fois l'ordre de construire des *shenzhou* (litt. « bateau divin »), destinés à transporter les émissaires Song jusqu'au Goryeo, et qui étaient les plus grands navires de mer jamais vu dans l'histoire de la dynastie Song. Sous le règne de Shenzong, l'un des deux *shenzhou* construits était appelé *Lingxu Zhiyuan Anji*, et l'autre *Lingfei Shunji*.[174] Sous le règne de Huizong, l'un des deux *shenzhou* construits était appelé *Dingxin Lishe Huaiyuan Kangji*, et l'autre appelé *Xunliu Anyi Tongji*.[175] Sous la dynastie des Song du Sud, Mingzhou et Wenzhou étaient des lieux importants pour la fabrication de navires de guerre destinés à la défense maritime. L'empereur Song Gaozong ordonna à Wenzhou et à Fuzhou de construire des bateaux de mer, utilisant comme modèle les patrouilleurs fabriqués au village de Pumen à Pingyang. Chaque bateau mesurait deux *zhang* (unité de longueur, égale 3,3 mètres) et huit pieds de large.[176] Song Xiaozong ordonna également à Mingzhou et à Wenzhou de construire chacun de leur côté dix navires à fond plat, et à Wenzhou de construire 100 bateaux de mer.[177] Song Lizong fit envoyer deux plans de navire, et ordonna à Wenzhou d'en fabriquer 25 chacun.[178] Sous la dynastie des Song du Sud, le nombre de navires dans l'est du Zhejiang était énorme. Pendant les années de

---

173. Huang, Chunyan. « À propos de la commercialisation des produits importés sous la dynastie Song. » *Yunnan jiaoyu xueyuan xuebao* (« *Journal du Collège d'éducation du Yunnan* »). Issue 3. 1999, pp. 29-35.

174. *Xu Zizhi tongjian changbian*, juan 28, jiawu, janvier (intercalaire), première année de l'ère Yuanfeng, p. 7023.

175. « Voies maritimes (I). » juan 34 dans Xu Jing. *Xuanhe Fengshi gaoli tujing*. p. 129.

176. *Jianyan yilai xinian yaolu*, juan 191, guiyou, juillet, 31e de Shaoxing, p. 3703.

177. « Fonctionnaires (72). » dans *Song huiyao jigao*. p. 4982.

178. « Nourriture et objets du quotidien (50). » dans *Song huiyao jigao*. p. 7139.

l'ère Chunxi, Fan Chengda a dû diviser en groupe les 5 887 bateaux de mer à Mingzhou pour les gérer.[179] À cette époque, l'est du Zhejiang et le Fujian possédaient le plus grand nombre de navires privés, de telle sorte que la cour Song les divisa en groupe et les réquisionna (ce qui montre également que le nombre de navires dans les autres routes était inférieur à ces deux routes) pour la défense côtière. Ceux du Fujian mesuraient plus d'un *zhang* et deux pieds de large, et ceux de l'est du Zhejiang plus d'un *zhang* de large. Cela dit, les 5 887 bateaux de mer de Mingzhou ne concernaient que ceux qui mesuraient plus d'un *zhang* de large et qui pouvaient être utilisés pour la défense côtière. Au cours de la période de Jiaxi sous la dynastie des Song du Sud, il y avait au total 19 287 navires privés à Mingzhou, à Wenzhou et à Taizhou, dont 3833 de plus d'un *zhang* et 15 454 de moins d'un *zhang*.[180] En réalité, dans la fabrication des bateaux de mer, le Fujian jouait un rôle plus important que l'est du Zhejiang. À ce propos, il est dit : « Les navires du Fujian sont les meilleurs, suivis de ceux du Guangdong, puis des navires de Wenzhou et de Mingzhou. »[181] Les voies maritimes navigables du Fujian étaient plus profondes et plus larges que celles de Mingzhou. Ce dernier était situé sur une mer peu profonde et avec un vent faible. À l'inverse, les voies maritimes du Fujian et du sud du Guangdong étaient profondes et larges, et celles de Mingzhou n'étaient pas comaprables. Les navires à fond pointu utilisés par l'aile gauche de la marine du Fujian mesuraient trois *zhang* de large en haut, et trois pieds en bas, et pouvaient contenir environ deux mille *liao* (unité de mesure, un *liao* = 0.325 tonne). Ils étaient alors deux fois plus grands que ceux utilisés par la marine de Mingzhou.[182] Il n'y a pas de registre clair concernant le nombre total de bateaux de mer du Fujian. Toutefois, selon les données historiques, le nombre de bateaux de mer du Fujian ne devait pas être inférieur à celui des trois préfectures côtières de l'est du Zhejiang. De plus, le nombre de bateaux de mer privés ne devrait pas être inférieur à 20 000. Sous la dynastie des Song du Sud, le nombre total de grands et petits navires de mer privés de l'est du Zhejiang et du Fujian devrait dépasser 40 000.[183] Cela reflète la prospérité du commerce maritime du Zhejiang et du Fujian. Le commerce maritime était le facteur le plus important qui favorisa la formation des caractéristiques régionales maritimes des zones côtières de l'est du Zhejiang et du Fujian.

---

179. « Texte de Fan Shihu. » juan 67 dans Huang Zhen (auteur). D'après le classement de Zhang Wei *et al.* *Huangshi richao* (litt. « *Transcription journalière de M. Huang* »). tome 6 dans *Huang Zhen quanji* (« *Collection complète de Huang Zhen* »). Hangzhou : Zhejiang daxue chubanshe (Presse de l'Université du Zhejiang), 2013. p. 1996.

180. Huang, Chunyan. « Quantité et prix des navires sous la dynastie Song. » *Yunnan shehui kexue* (« *Sciences sociales au Yunnan* »). Issue 1. 2017.

181. « À propos des avantages des bateaux. » juan 2 dans Lü Yihao. *Zhongmu ji* (« *Recueil de Zhongmu* »). tome 1131 dans *Siku Quanshu*, Wenyuan Ge. p. 273.

182. « Nourriture et objets quotidien (50). » dans *Song huiyao jigao*. Shanghai : Shanghai guji chubanshe, 2014. p. 7130.

183. Huang, Chunyan. « Quantité et prix des navires sous la dynastie Song. » *Yunnan shehui kexue*. Issue 1. 2017.

## 5. Conclusion

Des changements importants eurent lieu dans l'économie sociale des zones côtières du Fujian et de l'est du Zhejiang sous la dynastie Song. La structure économique n'était plus dominée par l'agriculture, mais par l'artisanat et le commerce. La voie du développement socio-économique n'était plus terrestre, mais maritime. Si les zones côtières du Fujian et de l'est du Zhejiang se développaient vers la mer, c'est parce qu'elles possédaient un environnement géographique spécifique. Par ailleurs, l'afflux de immigrants dans ces régions au cours de la dynastie Song entraîna un surpeuplement. À cela s'ajoutait le fait que le gouvernement encourageait activement la population à se lancer dans le commerce maritime. Dans ce contexte, la construction navale et le commerce maritime connurent un développement sans précédent. Tout cela favorisa le développement de l'artisanat et du commerce orientés vers l'exportation et la marchandisation agricole. La production alimentaire diminua ainsi et des pénuries éclatèrent, alors que la structure économique fondée sur l'artisanat et le commerce se forma. Ceci poussa les populations côtières à gagner leur vie en mer. La pêche, l'industrie du sel et le commerce liés à la mer devinrent leurs moyens de subsistance principaux. Les régions éloignées de la mer, et même l'arrière-pays furent intégrés dans le réseau du commerce maritime. La mer devint un espace de vie réaliste pour les populations côtières. Leurs concepts marins étaient plus concrets, réalistes et utilitaires. Les zones côtières du Fujian et de l'est du Zhejiang présentaient des caractéristiques régionales maritimes complètes et intégrées. Les migrants venant de l'arrière-pays, en tant que groupe principal des populations de ces deux régions, aidèrent au développement des caractéristiques régionales maritimes. De plus, ils passèrent de « populations de l'arrère-pays » à des « populations côtières » pendant la formation de ces caractéristiques.

# CHAPITRE 13

## Le commerce entre la dynastie Song et le Giao Chi

La dynastie Song encouragea activement le commerce extérieur, et développa vigoureusement les *shibosi* (institution chargée d'administrer le commerce extérieur maritime). Le commerce avec tous les pays d'outre-mer ou presque atteignit un niveau sans précédent à cette période. Cependant, en raison de la relation bilatérale particulière et de la politique spéciale que la dynastie Song mena à l'égard du Giao Chi, le commerce entre les deux pays présentait des caractéristiques distinctives, et connut des changements considérables. Toutefois, il existe peu de discussions en la matière.[1] De plus, la littérature sur le sujet contient un certain nombre de perceptions inappropriées. Par exemple, le commerce entre ces deux pays a été assimilé à celui placé sous l'égide des *shibosi*, tandis que les limites temporelles des sources historiques ont été négligées. Certains chercheurs ont ignoré les changements apparus dans le commerce, ou en ont fait des généralisations.[2] En

---

1. Les recherches actuelles portent principalement sur les relations politiques et le commerce tributaire entre la dynastie Song et le Giao Chi. Cf. Chen, Shuangyan. « Compte-rendu du développement historique des relations entre la Chine suzeraine et le Vietnam vassal. » *Nanyang wenti yanjiu* (« *Affaires d'Asie du Sud-Est* »). Issue 4. 2000. Dai, Kelai. « Brève discussion sur les relations entre la dynastie Song suzeraine et le Vietnam vassal. » *Zhongguo bianjiang shidi yanjiu* (« *Études de l'histoire et la géographie des régions frontalières de la Chine* »). Issue 1. 2004. Su, Guangchang, et Wei, Huoxian. « Compte rendu des relations entre la dynastie Song et le Giao Chi. » *Zhongguo bianjiang shidi yanjiu*. Issue 2. 1991. Guo, Zhenduo, et Zhang, Xiaomei. « À propos de l'affaire de Nong Zhigao à l'époque des Song et la bataille entre la dynastie Lý d'Annam et la dynastie des Song du Nord. » *Henan daxue xuebao* (« *Journal de l'Université du Henan* »). Issue 5. 1999. Zheng, Qi. « Brève discussion sur les guerres sous les deux dynasties Song. » *Henan shehui kexue* (« *Sciences sociales du Henan* »). Issue 3. 2005. Dong, Lijiang, et Yang, Chunyu. « Brève discussion des relations sino-vietnamiennes sous la dynastie des Song du Nord. » *Henan gongye daxue xuebao* (« *Journal de l'Université de technologie du Henan* »). Issue 2. 2005. Li, Fusen, et Dong, Lijiang. « Le commerce tributaire entre la dynastie Song et le Giao Chi. » *Xinxiang jiaoyu xueyuan xuebao* (« *Journal du Collège d'éducation de Xinxiang* »). Issue 1. 2005.

2. Par exemple, Chen Gaohua et Wu Tai ont souligné que des marchands de divers pays, dont le Giao Chi, venaient l'un après l'autre dans les territoires de la dynastie Song. Par ailleurs, ils ont signalé que, sous la dynastie des Song du Sud, il n'y avait pas de commerce entre les deux pays, seulement de la contrebande. (Cf. *Song Yuan*

résumé, les documents historiques ont été utilisés sans se référer aux périodes et le commerce bilatéral n'a pas été analysé dans le cadre des relations diplomatiques et fluctuantes. Cet article vise donc à examiner les changements dans les relations commerciales entre les Song et le Giao Chi ainsi que leurs causes.

## 1. Le commerce entre la dynastie Song et le Giao Chi selon le Lingwai daida

« Le marché au village de Yongping de Yongzhou » et « Le marché de Qinzhou » (juan 5 dans *Lingwai daida* (« *Réponses représentatives de la région au-delà des montagnes* ») décrivent le commerce entre la dynastie Song et le Giao Chi qui eut lieu au marché au village de Yongping de Yongzhou, et au marché de Jiangdong, à l'extérieur de la ville de Qinzhou[3]. Le nombre de marchands, la variété des marchandises et l'ampleur du commerce témoignaient de la prospérité commerciale qui y régnait.

Il y avait de grands marchands du Giao Chi qui venaient faire du commerce à Qinzhou. Pour entrer chez les Song, ils devaient déposer à l'avance une demande à Yong'an qui, à la frontière du Giao Chi, la transmettait ensuite à Qinzhou. Bien que ces marchands fussent nombreux, ils étaient considérés comme des *xiaogang* (« petit groupe »). Il y avait également des groupes commerciaux organisés par le gouvernement du Giao Chi. Autrement dit, ils étaient envoyés à Qinzhou par leur pays pour faire du commerce. Il s'agissait des *dagang* (« grand groupe »). En même temps, il s'y trouvait aussi les habitants frontaliers du Giao Chi qui faisaient du commerce à petite échelle. Ils étaient appelés les *dan* (« minorités du Sud ») du Giao Chi. En revanche, c'étaient des frontaliers du Giao Chi qui venaient faire du commerce au village de Yongping de Yongzhou, plutôt que des commerçants professionnels. Du côté Song, ceux qui faisaient du commerce avec les marchands du Giao Chi comprenaient de petits et grands commerçants. Les grands marchands vendaient du brocart du Sichuan à Qinzhou, et y achetaient de l'encens pour le revendre ensuite au Sichuan. Ils faisaient des allers-retours une fois par an, et pratiquaient donc le commerce sur de longues distances. Les petits marchands, quant à eux, vendaient du papier, des stylos, du riz et des tissus aux habitants du Giao Chi, et pratiquaient le commerce à petite échelle.

Les marchandises échangées comprenaient des articles d'usage courant. Par exemple, les commerçants du Giao Chi vendaient du sel, dont 25 *jin* (« livre ») pour une corbeille, ainsi que du poisson et des moules. Cependant, le Giao Chi dépendait de Qinzhou pour presque tous les objets usuels, y compris le riz, le tissu, le papier, et les stylos. Par exemple, le tissu vendu sur le marché

---

shiqi de haiwai maoyi (« *Le commerce extérieur sous les dynasties Song et Yuan* »). Tianjin : Tianjin renmin chubanshe (Maison d'édition du peuple de Tianjin), 1981. p. 34). Guo Zhenduo *et al.* ont fait des généralisations à propos du commerce entre les deux pays en citant le *Lingwai daida* (« *Réponses représentatives de la région au-delà des montagnes* »). (Cf. *Yuenan tongshi* (« *Histoire générale du Vietnam* »). Beijing : Zhongguo renmin daxue chubanshe (Presse de l'Université de Renmin de Chine), 2001. pp. 302-303)

3. Cette partie se réfère au cinquième juan du *Lingwai daida* (« Le marché au village de Yongping de Yongzhou » et « Le marché à Qinzhou ». Beijing : Zhonghua shuju (Société de livres de Zhonghua), 1999. pp. 195-197).

du village de Yongping était pour la plupart produit dans le comté de Wuyuan, à Yongzhou. En plus du papier et des stylos, il y avait aussi de l'encre. Les habitants du Giao Chi adoraient les stylos et l'encre. Ils utilisaient de l'encre et des pierres à encre, et préféraient accrocher les plumes autour de leur taille. L'encre de qualité produite au Guangxi coûtait, pour une tablette, pas plus de cent pièces, et celle qui était moins bonne ne coûtait, pour un *jin*, que deux cents pièces. Elle ne soulevait pas beaucoup d'intérêt chez les marchands qui ne la vendaient que lorsque c'était possible. De plus, l'encre produite au Giao Chi n'était ni très bonne ni très mauvaise.[4]

Le commerce entre les deux pays portait principalement sur les produits de luxe. Sur le marché de petite envergure du village de Yongping, les marchands du Giao Chi n'apportaient que des biens précieux incluant des parfums réputés, des cornes de rhinocéros, de l'ivoire, de l'or, et de l'argent. Contre ces produits, les marchands Song échangeaient de la soierie fine, du brocart et de la soie, qui étaient également des biens précieux. Cela était particulièrement vrai pour le commerce de Qinzhou. Les grands marchands du Giao Chi apportaient avec eux de l'or, de l'argent, des pièces de monnaie en cuivre, de l'encens, de l'encens cuit, de l'encens brut, des perles, de l'ivoire, des cornes de rhinocéros, etc. Les grands marchands Song vendaient du brocart du Sichuan. Sur le marché de Qinzhou, les habitants locaux vendaient également de l'ambre aux commerçants du Giao Chi, et devinrent très riches.[5] Selon le *Guihai yuheng zhi* (« *Annales des régions reculées du sud* ») de Fan Chengda, dans le commerce entre les deux pays, les produits du Giao Chi comprenaient également des perles d'encens, de l'encens Silao et de la mousse de noix de bétel. Certaines marchandises étaient produites par le Giao Chi, comme le *guangxiang* (un parfum) et l'or. Le *guangxiang*, originaire du Giao Chi, ressemblait au *jianxiang* (un parfum), et était vendu en grande quantité à Qinzhou. Les profits réalisés dans les mines d'or du Giao Chi conduisaient ses marchands jusqu'à acheter des personnes venant de Chine comme esclaves. En même temps, certaines marchandises étaient achetées par les commerçants du Giao Chi dans d'autres pays pour être revendues à Qinzhou. Par exemple, le Chenla avait le meilleur encens, et le Champā était au deuxième rang en la matière. L'encens que les marchands du Giao Chi vendaient à Qinzhou était originaire du Champā.[6] Les grands marchands échangeaient des produits de luxe à très grande échelle, et les transactions pouvaient atteindre jusqu'à plusieurs milliers de *min* (un *min* égale mille pièces de monnaie en cuivre).

J'ai recensé les tributs que le Giao Chi paya à la dynastie Song.[7] Certains étaient des tributs spéciaux, tels que des objets pour les éléphants impériaux, et des animaux. Mais d'autres, en plus d'être échangés dans le cadre du commerce tributaire, pouvaient également être vendus sur les marchés du Guangxi :

---

4. « Encre. » juan 6 dans *Lingwai daida*. p. 202.

5. « Ambre. » juan 7 dans *Lingwai daida*. p. 264.

6. « Encens. » « Divers encens. » et « Or brut. » juan 7 dans *Lingwai daida*. p. 241, p. 245 et p. 270.

7. « Tournant et changement : le commerce tributaire et les relations entre la dynastie Song, le Giao Chi et le Champā. » *Songchao haiyang fazhan shi lunwen ji* (« *Essais sur l'histoire du développement maritime sous la dynastie Song (dixième série)* »). Centre d'études des sciences humaines et sociales de l'Institut central des recherches de Taipei. juillet, 2008.

**Liste des tributs que le Giao Chi et le Champā payèrent à la dynastie Song**

| Genres | Produits |
| --- | --- |
| Parfums et épices | encens, encens cuit, *jianxiang*, et canelle |
| Bijoux | ivoire, cornes de rhinoceros, plume de martin-pêcheur, perles, pterylae pavo mutici, or, et argent |
| Produits artisanaux | tortue et grue en or, montagne sacrée de la longévité en or, bouteille à vin en or, tasse et assiette en or avec de vraies perles, brûleur d'encens en or, boîte à encens en or, vase à fleurs en or, plat et cage à fruits en or, boîte en or avec sept étoiles, boîte en or avec dragon, gong en or, selle et bride en or pour les chevaux impériaux, vase en or, sarong en or, sarong en argent, foulard fin, vase en or avec sept trésors, crochet d'éléphant en or et en argent avec tête de dragon, verge de rotin pour les éléphants, robe impériale, fourreau à ivoire, coffre pour mettre la tête d'éléphant, crochets d'éléphant en or et en argent avec courroies concentriques, coffre en or et en argent pour mettre le front d'éléphant, cannes d'éléphant en or et en argent, clochettes de pied d'éléphant en or et en bronze, cordes d'éléphant en bronze avec des cordes en fer, fleurs et rhinocéros pour les éléphants, échelle d'éléphant impériale, robe d'éléphant impériale avec tête de dragon et avec bande de cœur, robe d'éléphant impériale, parapluies brodés de dragon et de phénix, coussin brodé, tissu de soie, soie, et soierie fine |
| animaux | éléphants, rhinocéros, chevaux, licornes, et animaux exotiques (kirin) |

Sur le marché de Qinzhou, les types de marchandises étaient stables. De plus, c'était un marché qui faisait l'objet de jeux commerciaux et même de fraudes. Cela dit, il s'agissait d'un marché déjà très bien développé. Tout d'abord, il existait une guerre psychologique entre les deux parties concernant la valeur des marchandises. Chacune d'elles scellait ses marchandises, et le prix serait fixé après le temps écoulé. Après l'apposition du sceau, aucune négociation avec les autres ne serait autorisée. Au début de la négociation sur le prix, les deux parties étaient bien loin de se mettre d'accord. Les grands marchands Song envoyaient chaque jour leurs apprentis travailler comme petits commerçants pour subvenir à leurs besoins, et comptaient prolonger les séjours en essayant de fatiguer leurs négociateurs. De l'autre côté, ces derniers, assez têtus, ne bougeaient pas, et essayaient eux aussi de mettre dans le pétrin les grands marchands Song. Cependant, lorsque les deux parties se rencontraient, ils partageaient une coupe de vin, et se mettaient d'accord sur le prix après une longue impasse. Il y avait également des intermédiaires sur le marché appelés *kuaizhe*, dont la tâche était de faire en sorte que les deux parties parvinssent à un prix mutuellement acceptable. Ils augmentaient progressivement le prix de chaque côté, afin que les deux parties arrivassent à un accord. Enfin, le marché était conclu sous la supervision du gouvernement. Le fonctionnaire pesait l'encens, et remettait le brocart, pour que les deux parties terminassent la transaction. Le gouvernement ne percevait des taxes que sur les marchands Song à raison de trente pour cent d'un *min*, et ne taxait pas les commerçants du Giao Chi, contrairement au commerce sous l'égide du *shibosi* où tous les marchands étaient soumis à la taxation et à l'achat. En plus de la concurrence sur les prix, il y avait aussi des fraudes commerciales. Les marchands Song escroquaient en manipulant les balances. En réponse, les commerçants du Giao Chi envoyaient à plusieurs reprises des gens pour vérifier les balances. En raison de cette rivalité prolongée, les commerçants du Giao Chi originellement « simples » devinrent particulièrement « rusés ». Les marchands Song les escroquaient avec de faux médicaments bruts, tandis que les commerçants du Giao Chi mélangeaient l'or et l'argent avec du cuivre pour les rendre indiscernables, ou imprégnaient l'encens de sel ou de plomb pour le faire couler. Les marchands Song, aussi intelligents fussent-ils, tombaient tous dans le piège. Malgré tout, sur le marché du village de Yongping de Yongzhou, qui restait ouvert un peu plus tard, les commerçants du Giao Chi restaient simples, et n'étaient pas aussi rusés que ceux qui venaient à Qinzhou par Yong'an.

La gestion du commerce entre la dynastie Song et le Giao Chi au Guangxi était différente de celle du commerce portuaire qui avait lieu à Guangzhou, à Quanzhou, à Wenzhou, à Jiangyin, ou dans des ports plus petits tels que Shanghai et Ganpu, et qui était placée sous les auspices du *shibosi*. Il s'agissait du commerce frontalier géré par des fonctionnaires militaires. Le village de Yongping de Yongzhou était séparé du Giao Chi par un ruisseau. Le marché était installé dans le relais de poste pour les Vietnamiens et au pavillon Xuanhe, et géré par le chef du village de Yongping. La pratique consistant à établir le marché dans les relais de poste fut déjà introduite au cours de la deuxième année de l'ère Yuanfeng. La cour Song, sur les conseils de Zeng Bu, alors commissaire militaire de la route occidentale du Guangnan, créa à Qinzhou et à Lianzhou des relais de poste destinés aux Vietnamiens, et y installa des marchés sous la gestion du surintendant (*jianya*) préfectoral et de l'inspecteur de patrouille côtier.[8] Yongzhou était administré par le gouverneur militaire de la frontière, et le commerce à Qinzhou devait suivre la pratique de l'ère Yuanfeng. En dehors de Yongzhou et de Qinzhou, le commerce se faisait également au village de Nanjiang, voisin de Sumao du Giao Chi, et était placé sous l'égide de l'inspecteur de patrouille local.

Selon le *Lingwai daida*, le commerce entre la dynastie Song et le Giao Chi était très prospère au poste de Jiangdong à Qinzhou et au village de Yongping à Yongzhou. En effet, il y atteignit son apogée. Toutefois, cela n'était vrai que dans les dernières années des Song du Nord, en particulier après la période de Zhenghe, et sa gestion par les gouverneurs militaires de la frontière illustrait sa particularité. Cela dit, il convient d'examiner les relations diplomatiques et les politiques des deux pays pour mieux comprendre les changements intervenus dans le commerce bilatéral.

## 2. L'évolution des relations commerciales entre les deux pays avant et après la période de Zhenghe

Au début de la dynastie des Song du Nord, le Giao Chi n'était permis de faire du commerce qu'à Lianzhou et au village de Ruhong de Qinzhou. En décembre de la deuxième année de l'ère Dazhong Xianghu, Lê Ngọa Triều, alors roi du Giao Chi, envoya des émissaires pour payer tribut

---

8. *Xu Zizhi tongjian changbian* (« Longue ébauche de la continuation du *Zizhi tongjian* (« *Miroir compréhensif pour aider le gouvernement* ») »), juan 298, guihai, juin, deuxième année de l'ère Yuanfeng, p. 7260.

à la dynastie Song, et demanda d'ouvrir le marché de Yongzhou. Cependant, aux yeux de la cour Song, son peuple côtier souffrait de l'invasion du Giao Chi. Si ce dernier était autorisé à faire du commerce à Lianzhou et au village de Ruhong, c'était parce qu'il s'agissait de points de contrôle de la frontière. Il s'avérait alors gênant si les marchands du Giao Chi pénétraient dans le continent. Cela dit, la cour Song ordonna de suivre l'ancien système.[9] Nous ne savons pas exactement quand cet « ancien système » commença, mais il est clair qu'il dut être strictement appliqué. Trois ans plus tard, à savoir la cinquième année de l'ère Dazhong Xiangfu, Lý Thái Tổ, fondateur de la dynastie Lý, voulut lui aussi obtenir la permission de faire du commerce à Yongzhou. Cependant, la dynastie Song répondit cette fois-ci de manière plus explicite : « L'ordre précédent a été de limiter le marché à Lianzhou et au village de Ruhong. Il s'agit de points de contrôle de la frontière. Il faut observer l'ancien système. »[10]

De plus, il n'existe pas de documents historiques sur le commerce à Guangzhou qui montrent les activités des marchands du Giao Chi. Depuis la création des *shibosi*, la dynastie des Song du Nord n'inclut pas son commerce avec le Giao Chi dans ce système de gestion. Comme l'indique « Fonctionnaires (44) » dans le *Song huiyao jigao* (« *Ébauche de compilation de documents importants de la dynastie Song* ») : « Le *shibosi* est chargé d'administrer les navires de divers pays méridionaux qui viennent commercer...... il y a le Califat islamique, le Guluo, le Java, le Champā, le Brunei, le Ma-i, le Srivijaya, le Panduranga, le Shaliting, et le Tambralinga. » Le Giao Chi, pourtant assez proche de la ville, ne figurait pas parmi ces pays commerçants sous l'égide du *shibosi*. En outre, pour payer tribut à la dynastie Song, le Giao Chi entrait par le Guangxi, en passant par le Hunan jusqu'à la capitale. Ainsi, les règlements concernant les hommages rendus par Guangzhou n'évoquaient pas non plus le Giao Chi. La neuvième année de l'ère Dazhong Xiangfu, la dynastie Song promulgua de nouvelles lois à l'égard des pays qui venaient payer tribut par Guangzhou :

> Chaque pays comprend un député et un juge. Quant aux autres membres de la délégation, leur nombre ne doit pas dépasser 20 pour le Califat islamique, la dynastie Chola, le Srivijaya et le Java, et dix pour le Champā, le Tambralinga, le Brunei, le Guluo, et le Ma-i.[11]

Sous la dynastie des Song du Sud, les Vietnamiens restèrent toujours absents du commerce à Guangzhou. Hong Shi dit : « Au Lingnan, Guangzhou est une métropole. Les grands marchands viennent du Champā, du Chenla, du Srivijaya et du Java de l'autre côté de la mer. »[12] Le Giao Chi ne fut pas non plus mentionné.

---

9. *Xu Zizhi tongjian changbian*, juan 72, guiwei, décembre, deuxième année de l'ère Dazhong Xiangfu, p. 1644.

10. *Xu Zizhi tongjian changbian*, juan 78, jiazi, juin, cinquième année de l'ère Dazhong Xiangfu, p. 1772. Concernant la phrase « L'ordre précédent a été de limiter le marché à Lianzhou et au village de Ruhong », la version de Zhonghua shuju (Beijing) a remplacé Lianzhou par Guangzhou. La version de Shijie shuju (Taipei) a bien écrit « Lianzhou ». Selon le juan 72 du *Xu Zizhi tongjian changbian*, nous utilisons ici « Lianzhou ».

11. *Xu Zizhi tongjian changbian*, juan 87, gengxu, juillet, neuvième année de l'ère Dazhong Xiangfu, p. 1998.

12. « Notes sur le palais de Shiwu. » juan 31 dans Hong Shi. *Panzhou wenji* (« *Collection littéraire de Panzhou* »). dans *Siku Quanshu* (« *Livres complets des Quatre magasins* »), Wenyuan Ge (« Belvédère de la profondeur littéraire »).

Il existait aussi des marchands de pays d'outre-mer qui allaient faire du commerce au Giao Chi, et qui se rendaient ensuite à Guangzhou. Par exemple, au cours de la deuxième année de l'ère Tianxi, Zhu Zhengchen rapporta ce qu'il avait vu lorsqu'il était inspecteur préfectoral à Guangzhou :

> J'ai vu que de nombreux marchands d'outre-mer se rendent au Giao Chi pour faire du commerce, apportant à Guangzhou des caractères Lê et de l'argent fabriqué à partir d'un alliage d'étain et de plomb, ce qui perturbe évidemment les lois de la dynastie Song. Je suggère que les délinquants soient envoyés en prison, et que tout l'argent et les biens qui les accompagnent soient confisqués par le gouvernement.

La cour Song prit l'affaire très au sérieux, et ordonna au commissaire des transports du Guangnan et au préfet de Guangzhou d'enquêter. Guangzhou rapporta :

> Les routes maritimes de la préfecture desservent le Giao Chi et le Champā, et de nombreux marchands étrangers qui voyagent en bateau ont été pris dans la brise marine, et ont dérivé vers d'autres pays que celui de la dynastie Song. Mais leur but initial n'était pas d'aller chez ces pays pour faire du commerce.[13]

Cette explication permit d'atténuer la peine. Elle suggéra également que le fait de voyager de façon délibérée pour le Giao Chi n'était pas autorisé.

Cependant, nous pouvons encore constater dans les archives que les marchands Song allaient faire du commerce au Giao Chi au début de la dynastie des Song du Nord. Par exemple, dans les années de l'ère Xining, Xu Boxiang, originaire du Guangxi, écrivit au roi du Giao Chi en disant : « Votre Majesté est originaire du Fujian, et j'ai entendu dire qu'il y a aujourd'hui beaucoup de hauts fonctionnaires dans votre pays qui sont fujianais. » Song Shenzong déclara également : « Les gens du Fujian et du Guangnan vont au Giao Chi faire du commerce, et on a entendu dire que certains d'entre eux y sont restés pour être fonctionnaires. »[14] À la fin de la dynastie des Song du Sud, les Mongols envahirent le Giao Chi, et la dynastie Song était alors en état d'alerte, mais elle ne parvint pas à savoir exactement ce qui se passait là-bas. Elle ordonna donc de choisir un Fujianais

---

13. « Droit pénal (II). » juan 13 dans *Song huiyao jigao* (« *Ébauche de compilation de documents importants de la dynastie Song* »). Beijing : Zhonghua shuju, 1957.

14. *Xu Zizhi tongjian changbian*, juan 27, renshen et dingchou, mars, neuvième année de l'ère Xining, pp. 6692-6693. Il existait au sein de la dynastie Song une rumeur selon laquelle Lý était natif de Min, comme le rapporta Shen Kuo. Dans son *Mengxi bitan* (litt. « *Discussions de pinceau depuis un petit ruisseau de rêve* ») (« Registres divers (II). » juan 25), il déclara qu'après la mort de Lê Wei, l'Annam était dans une grande agitation, et n'eut pas de chef pendant longtemps. Par la suite, le peuple du pays choisit Lý Thái Tổ, un Min, comme son chef. Ce récit contient au moins deux erreurs dans le nom de Lê Đại Hành et concernant le fait qu'il n'y eut pas de chef après la mort de Hành, ce qui était probablement dû aussi aux rumeurs. Lê Tắc fit des corrections en affirmant que Lý Thái Tổ était originaire du Giao Chi, pas de Min. (« Les anciennes familles honorable de Lý. » juan 12 dans *Annam zhilüe* (« *Brève chronique de l'Annam* »))

qui était fonctionnaire au Hubei ou au Hunan, pour l'envoyer en Annam afin de s'en informer. Enfin, Liao Yangsun, originaire de Nanjian, fut sélectionné pour être envoyé au Giao Chi après un long entretien. Non seulement les fonctionnaires là-bas, originaires du Fujian, lui fournirent-ils beaucoup d'informations, mais ils donnèrent également à la dynastie Song des conseils sur la manière de traiter la question du Giao Chi. Cela correspond à ce que dit Song Shenzong.[15] Il n'était pas possible pour ces marchands d'obtenir auprès du *shibosi* de Guangzhou le certificat leur permettant de se rendre au Giao Chi. Il ne leur restait donc que deux possibilités : l'une consistait à obtenir le certificat permettant de commercer dans d'autres pays, et à se rendre effectivement au Giao Chi, et l'autre consistait à prendre le départ depuis le Guangxi. Par exemple, au cours de la première année de l'ère Zhidao, Zhang Guan, commissaire des transports du Guangxi, rapporta que Lê Đại Hành était mort. La cour Song envoya un officier pour vérifier, et ce dernier déclara : « Tout récemment, de grands marchands sont revenus du Giao Chi, et ont affirmé que Lê Đại Hành était toujours vivant. »[16]

Il y a très peu de documents historiques sur les marchands Song qui allèrent faire du commerce au Giao Chi au début de la dynastie des Song du Nord. En revanche, le *Zhufan zhi* (« *Annales des pays barbares* ») relate le commerce des marchands Song dans les pays d'Asie du Sud-Est, y compris le Champā, le Chenla, le Srivijaya, le Tambralinga, le Langkasuka, le Foluo'an, le Lamuri, le Java et le Sujidan (premier juan). En réalité, comme l'ouvrage voulait énumérer les pays d'après leur distance respective par rapport à la dynastie Song, le Giao Chi, le plus près, est le premier à être évoqué. À propos du pays, l'ouvrage dit simplement qu'il payait tribut chaque année, et que les Song ne commerçaient pas avec lui. Autrement dit, les marchands Song ne s'y rendaient pas pour faire du commerce. De même, l'article « Giao Chi » dans le *Daoyi zhilüe* (« *Bref récit des barbares des îles* ») de Wang Dayuan sous la dynastie Yuan dit : « Les navires marchands ne viennent pas ici. Il n'y a que des bateaux pirates qui s'arrêtent devant les montagnes, et qui ne sont pas autorisés à se rendre dans les lieux officiels. » Le *Zhufan zhi* et le *Daoyi zhilüe* montrent que les deux pays avaient pour politique de décourager les marchands de commercer avec le Giao Chi. Pendant la dynastie Song, dans le *Dayue shiji quanshu* (« *Annales complètes de Đại Việt* »), il n'y a que quatre mentions sur les marchands étrangers entrant au Giao Chi pour commercer, dont ceux du Java, du Srivijaya, du Lumo et du Siam (actuelle Thaïlande), et aucune sur les commerçants Song.[17] Cela contraste avec le *Gaoli shi* (« *Histoire du Goryeo* »), qui fait état de centaines de marchands Song venus faire du commerce. À l'époque de la dynastie Song, le Champā et le Chenla étaient les deux pays ayant la plus grande influence sur la sécurité du Giao Chi. Il n'y a aucune trace non

---

15. « Rapport de la part du commissaire militaire M. Yin à propos de l'envoi des fonctionnaires vers l'Annam. » juan arr. 5 et « Rapport en réponse à l'empereur. » juan arr. 6 dans Li Zengbo. *Kezhai xugao* (« *Suite des manuscrits de Kezhai* »). *Siku Quanshu*, Wenyuan Ge.

16. « Chronique du Giao Chi. » juan 488 dans *Song shi* (« *Histoire des Song* »). Beijing : Zhonghua shuju. p. 14062.

17. « Chronique de la dynastie Đinh. » juan 1, « Chronique de la dynastie Lý. » juan 3 et « Chronique de la dynastie Lý. » juan 4 dans *Dayue shiji quanshu* (« *Annales complètes de Đại Việt* »). Version gravée du palais de Zhishan. 17ᵉ année de l'ère Meiji du Japon.

plus de marchands de ces deux pays, voisins du Giao Chi. Nous pouvons également lire dans les archives de la dynastie Song : « (La première année de l'ère Dazhong Xiangfu) deux marchands du Chenla ont été expulsés par le Giao Chi, et se sont perdus sur le territoire de Gaozhou. »[18] Dans l'ensemble, nous constatons que l'ampleur des échanges commerciaux entre la dynastie Song et le Giao Chi était limitée au début des Song du Nord.

Toutefois, après la période de Xining, la dynastie Song assouplit progressivement les restrictions au commerce avec le Giao Chi. Comme évoqué plus haut, au cours de la deuxième année de l'ère Yuanfeng, la cour Song, sur les conseils de Zeng Bu, alors commissaire militaire de la route occidentale du Guangnan, créa à Qinzhou et à Lianzhou des relais de poste destinés aux Vietnamiens, et y installa des marchés sous la gestion du surintendant préfectoral et de l'inspecteur de patrouille côtier. Ainsi, des places commerciales spéciales furent établies. Ce changement eut une influence particulière à Qinzhou, où le poste de Jiangdong, situé à l'extérieur de la ville, fut utilisé comme lieu de commerce à la place du village de Ruhong, auquel on accédait en traversant la rivière éponyme, ce qui favorisa le développement commercial.

Après la huitième année de l'ère Zhenghe, le commerce entre les deux pays développa encore davantage. En octobre de la huitième année de l'ère Zhenghe, Yan Ying supplia de nommer un fonctionnaire pour mettre en place un marché ouvert aux marchands du Giao Chi, et d'assouplir un peu les restrictions, afin de montrer la tolérance de la cour Song envers les barbares. Cette dernière estima que les Vietnamiens n'avaient pas causé de problèmes depuis la période de Xining, et qu'ils devaient donc être félicités pour leur obéissance. Elle donna alors son accord à la requête de Yan Ying. Celui-ci fut nommé commissaire des transports adjoint du Guangxi, et (avec) Wang Fan, fut chargé de gérer la question. Ils devaient développer le commerce avec le Giao Chi, tout en cherchant à le gagner. De plus, ils devaient faire un rapport sur le sujet dans les plus brefs délais. Malgré tout, Yan Ying prit son temps, et en fit part tout d'abord au Giao Chi pour ne pas provoquer de suspicion.[19] « Nourriture et objets du quotidien (VIII) » (deuxième partie, juan 186) dans *Song shi* (« *Histoire des Song* ») relate l'incident comme suit : Yan Ying dit que les Vietnamiens se montraient obéissants depuis longtemps, de sorte qu'il ne fallait pas les empêcher de venir commercer. Auparavant, Zeng Bu, alors commissaire militaire du Guangxi, avait proposé que des relais de poste fussent créés à Qinzhou et à Lianzhou, afin que les Vietnamiens puissent y faire du commerce. Dans ce contexte, Yan Ying fut nommé commissaire des transports adjoint du Guangxi, et (avec) Wang Fan, géra la question. La proposition de Zeng Bu avait déjà été acceptée par la cour Song, et avait été mise en pratique. Sur cette base, les conseils de Yan Ying visaient à assouplir davantage les restrictions du commerce avec le Giao Chi.

Les propositions de Zeng Bu permirent d'assouplir ces restrictions, notament en déplaçant le commerce de Qinzhou du village de Ruhong au poste de Jiangdong, situé à l'extérieur de la ville. Cela améliora non seulement l'environnement commercial, mais attira également le commerce de Lianzhou à Qinzhou. Le principal changement dans les mesures de Yan Ying aurait été l'ouverture

---

18. « Barbares (IV). » juan 28 dans *Song huiyao jigao*.
19. « Barbares (IV). » juan 41 dans *Song huiyao jigao*.

totale du commerce entre les deux pays le long des frontières de Qinzhou, Lianzhou et Yongzhou au Guangxi, comme le reflète le *Lingwai daida*. Si la cour Song demanda à Yan Ying d'ouvrir le marché au Giao Chi, et de le gagner, c'était parce qu'elle voulait développer les relations avec les Vietnamiens grâce à l'appui du développement commercial et économique.

Sous la dynastie des Song du Sud, le commerce entre les villes frontalières du Guangxi et le Giao Chi prit son essor. En octobre de la troisième année de l'ère Shaoxing, le *xuanyushi* (le responsable chargé d'examiner la politique locale, inspecter les fonctionnaires, recruter des rebelles et transmettre les inquiétudes de la cour) de la route est et ouest du Guangnan, Ming Tuo, parla de la traite des êtres humains et de la fuite des pièces de monnaie en cuivre des comtés frontaliers du Guangxi et du Guangdong, en disant : « Yongzhou, Qinzhou et Lianzhou sont reliés aux routes maritimes du Giao Chi, et d'année en année, ceux qui cherchent des profits font le commerce de l'or et de l'encens. »[20] Ainsi, Yongzhou, Qinzhou et Lianzhou étaient tous ouverts au commerce avec le Giao Chi. En février de la 28e année de l'ère Shaoxing, Dai Wan, préfet de Qinzhou, déclara : « Yongzhou, Qinzhou et Lianzhou sont tous reliés au Giao Chi, et tous les surplus de salaires (excepté celui des préfets) accumulés viennent tous des recettes commerciales. »[21] Cela reflète le fait que le commerce dans les trois préfectures était très florissant, entraînant les scènes consignées dans le *Lingwai daida*.

Ce changement d'échelle des échanges frontaliers se produisit également dans le domaine du commerce tributaire entre les deux pays. Au cours de la dynastie des Song du Nord, le nombre d'hommages rendus à la dynastie Song par le Giao Chi était élevé, mais son ampleur restait faible. De la quatrième année de l'ère Kaibao à la première année de l'ère Jingkang, à savoir en 155 ans, le Giao Chi paya tribut 75 fois à la dynastie Song. La plupart des hommages furent rendus avant la troisième année de l'ère Jingyou. Pendant les 65 ans allant de la quatrième année de l'ère Kaibao à la troisième année de l'ère Jingyou, les hommages furent rendus 43 fois, en moyenne une fois tous les ans et demi, ou une fois par an quand ils étaient fréquents. Le rythme des hommages diminua considérablement au cours des 90 années suivantes. Depuis le règne de Song Renzong, il arrivait souvent que le Giao Chi ne payât pas tribut pendant une longue période de plus de cinq ans. Au cours des 152 années de la dynastie des Song du Sud, le Giao Chi vint payer tribut 29 fois, soit une fois tous les cinq ans en moyenne. Au cours des 62 années des règnes de Gaozong et Xiaozong, où les hommages rendus étaient plus fréquents, le Giao Chi vint payer tribut 17 fois, soit presque une fois tous les quatre ans, ce qui n'atteignait pas non plus la moyenne de la dynastie des Song du Nord. Après le règne de l'empereur Guangzong, il n'y eut même pas d'hommages pendant 38 années consécutives. Les dix derniers tributs furent versés après le déclenchement de la guerre entre les Song et les Mongols, et l'occupation du Yunnan par ces derniers. Même sous les deux règnes de Gaozong et Xiaozong, où les activités tributaires étaient relativement concentrées, la plupart des tributs étaient livrés au Guangxi plutôt qu'à la capitale. En termes d'échelle, la valeur

---

20. *Jianyan yilai xinian yaolu* (« *Registres annuels des événements les plus importants depuis l'ère Jianyan* »), juan 69, wuwu, octobre, troisième année de l'ère Shaoxing. dans *Siku Quanshu*, Wenyuan Ge.

21. « Droit pénal (II). » juan 147 et « Nourriture et objets du quotidien (38). » juan 37 dans *Song huiyao jigao*.

du tribut payé par le Giao Chi à la dynastie des Song du Nord était généralement inférieur à 5 000 *guan* (un *guan* ou une chaîne égale mille pièces de monnaie). Sous la dynastie des Song du Sud, l'ampleur du tribut payé par le Giao Chi augmenta de manière significative. Les deux parties entrèrent dans une ère où les relations économiques étaient au centre des préoccupations, et la valeur des tributs pouvait parfois dépasser 50 000 *guan*. De fait, par rapport à la dynastie des Song du Nord, la dynastie des Song du Sud portait plus d'attention au coût qu'un hommage pourrait causer. Elle ordonna à plusieurs reprises que le tribut payé par le Giao Chi fût livré près de la frontière plutôt qu'à la capitale. De plus, elle limita la quantité des tributs pour réduire les cadeaux de retour.[22]

## 3. Causes du changement des relations commerciales entre les deux pays

La dynastie Song était fière de succéder à la dynastie Tang. Depuis les dynasties Han et Tang, le Giao Chi était toujours resté un comté apartenant à la Chine. Ainsi, lorsque la dynastie des Song du Nord fut fondée, elle avait pour objectif stratégique de récupérer le Giao Chi. Diplomatiquement, elle ne le reconnaissait pas comme un « pays », et pratiqua longtemps le système d'inféodation en nommant les rois du Giao Chi successivement « roi de commanderie », « roi de Nanping » et enfin « roi de Nanyue ». Dans le même temps, elle adopta une stratégie d'alliance avec le Champā contre le Giao Chi. Par ailleurs, la dynastie Song saisit l'occasion pour lancer la guerre de l'ère Taiping Xingguo et celle de l'ère Xining, visant à reconquérir le Giao Chi et à y réintroduire le système de comté. Cependant, le Giao Chi était déjà en passe de devenir un État indépendant, et pratiquait le système impérial. Il s'efforçait de se débarrasser du contrôle des Song, et de s'imposer comme la puissance dominante dans la partie orientale de la péninsule d'Asie du Sud-Est.[23] Cela signifie que les relations entre les deux pays étaient essentiellement antagonistes, malgré l'échange de tributs.

Dans ce contexte, à ses débuts, la dynastie des Song du Nord mit l'accent sur la défense militaire de sa frontière avec le Giao Chi. Non seulement l'exclut-elle du système commercial placé sous l'égide du *shibosi*, mais elle choisit également l'emplacement du marché frontalier qui serait facile à contrôler. C'est pourquoi elle préférait limiter le commerce à Lianzhou et au village de Ruhong de Qinzhou. Avec le village de Ruxi et celui de Duobu, le village de Ruihong était l'un des trois grands bastions militaires de la côte de Qinzhou. Situé en amont de la rivière Ruihong, il était propice au contrôle. Bien que Lianzhou fût relié aux routes maritimes du Giao Chi, il était assez difficile de naviguer dans la mer à l'ouest de Guangzhou. La côte du Guangxi était sablonneuse. Il n'existait pas beaucoup de ports ou de détours. Lorsqu'une tempête survenait, il n'y avait aucun endroit où s'abriter. Par contre, la route du Giao Chi à Qinzhou était à quelques lieues nautiques de la côte, et les bancs de sable faisaient quelques pieds de large. Dans l'ensemble, les conditions

---

22. Cf. le texte cité en amont : « Tournant et changement : le commerce tributaire et les relations entre la dynastie Song, le Giao Chi et le Champā. »

23. Cf. le texte cité en amont : « Tournant et changement : le commerce tributaire et les relations entre la dynastie Song, le Giao Chi et le Champā. »

de navigation étaient suffisantes. Mais l'accès à Lianzhou par les voies maritimes était très difficile. Cela dit, l'émissaire du Giao Chi devait passer par le port de Qinzhou pour aller jusqu'à Lianzhou. Les routes maritimes desservant Lianzhou étaient très dangereuses. Les courants marins étaient turbulents, et le vent et les vagues étaient fréquents. Ce n'était donc pas une tâche facile d'aller faire du commerce à Lianzhou. Cependant, à cause des restrictions strictes imposées au commerce avec le Giao Chi, les bateaux de l'Annam se rendaient pour la plupart d'entre eux à Lianzhou. La principale raison en était qu'au début de la dynastie des Song du Nord, le siège du gouvernement de Qinzhou était à Lingshan, sur le cours supérieur de la rivière Qin. En revanche, le village de Ruhong était un bastion militaire éloigné des capitales de préfecture et de comté, et les conditions commerciales n'étaient certainement pas aussi bonnes qu'à Lianzhou. La situation après les périodes de Yuanfeng et de Zhenghe en témoigne également. Au cours de la première année de l'ère Tiansheng, la capitale de Qinzhou fut déplacée vers le sud, à Anyuan, à l'embouchure de la rivière Qin, et un marché fut mis en place au poste d'Andong, situé à l'extérieur de la ville, ce qui rendait plus pratiques les routes maritimes reliant le Giao Chi à Qinzhou. Les Vietnamiens venaient à l'aide de petits bateaux. Sortis du port, ils suivaient les falaises, et pénétraient dans le port de Qinzhou à moins d'une demi-lieue. Partant de Yong'an le matin, ils arriveraient à Qinzhou le soir. Tous les jours, il y avait des bateaux allant du Giao Chi à Qinzhou. Dans ce cas-là, Lianzhou n'était pas aussi attrayant. Comme de nombreux bateaux à destination de Lianzhou coulaient, les Vietnamiens venaient plus souvent à Qinzhou.[24] C'est pourquoi le *Lingwai daida* ne fait état que du commerce de Qinzhou et ignore celui de Lianzhou.

Au début de la dynastie des Song du Nord, il était nécessaire, pour des raisons de sécurité nationale, de restreindre le commerce avec le Giao Chi à Lianzhou et au village de Ruhong de Qinzhou. À cette époque, il y avait effectivement des espions mêlés aux marchands du Giao Chi qui venaient faire du commerce à Qinzhou. Pendant le règne de Song Renzong, Li Shizhong fut nommé pour travailler au Guangxi. Les marchands barbares venaient par bateau faire du commerce à Qinzhou et à Lianzhou. Li fit des enquêtes en secret, et se doutait de l'existence d'espions. Il avertit les fonctionnaires locaux d'y prêter une attention particulière. Après son départ quelques jours plus tard, le Giao Chi envahit la frontière, et comme Li s'en doutait, s'enfonça dans les territoires depuis Qinzhou et Lianzhou avec les bateaux.[25] Lors de la guerre de l'ère Xining, les Vietnamiens lancèrent une attaque surprise à Yongzhou, Qinzhou et Lianzhou. Ils y entrèrent et sortirent librement, en grande partie grâce à leur connaissance des renseignements Song. Le Giao Chi était toujours bien informé des mouvements de la dynastie Song. Par exemple, pendant la guerre de Taiping Xingguo, la dynastie Song se donna beaucoup de mal pour dissimuler ses intentions, et conçut un plan pour attaquer par surprise sur terre et en mer. Elle voulait réaliser une attaque rapide et imprévisible. Mais en fait, la requête de Hou Renbao en juin et la nomination des généraux par les Song en juillet étaient toutes connues de Lê Đại Hành, qui en profita pour

---

24. « Près des frontières. » « L'inspecteur de patrouille des *Xidong* à Qinzhou et à Lianzhou. » et « Les bancs de sable en forme de nez d'éléphant. » juan 1 dans *Lingwai daida*. p. 4, p. 37 et p. 53.

25. « Épitaphe de Li Shizhong, *yousi langzhong* (chargé de consigner les paroles et les actes des empereurs). » juan 12 dans Liu Zhi. *Zhongsu ji* (« *Recueil de Zhongsu* »). dans *Siku Quanshu*, Wenyuan Ge.

se faire couronner en robe jaune.[26] En revanche, la dynastie Song fut beaucoup moins efficace. Au cours de la première année de l'ère Zhidao, Zhang Guan se trompa en rapportant la mort de Lê Đại Hành. Avant la guerre de l'ère Xining, la dynastie Song fut informée que le Giao Chi avait moins de 10 000 soldats, et qu'il venait d'être vaincu par le Champā. Mais il ne s'agissait que d'informations erronées. Lors de la guerre de l'ère Xining, avant que le Giao Chi n'attaquât Qinzhou, la dynastie Song n'avait pas d'informations à ce sujet. Mais certains Vietnamiens faisaient circuler cette nouvelle à Qinzhou. Toutefois, le préfet de Qinzhou, Chen Yongtai, n'y crut pas. Lorsque les navires militaires du Giao Chi arrivèrent à Qinzhou, Chen Yongtai organisa un banquet et but du vin, et ne s'en soucit pas.[27] Jusqu'à ce que les Mongols occupassent le Giao Chi à la fin de la dynastie des Song du Sud, les Song souffraient toujours d'un manque d'intelligence opportuniste. Si les émissaires étaient un moyen d'obtenir des informations, les marchands étaient souvent plus efficaces. Comme le dit Li Zengbo :

> Les émissaires se présentant avec les cadeaux de la cour sont connus comme des interlocuteurs, tandis que les marchands ordinaires de Yongzhou et Qinzhou commerçant avec ceux du Giao Chi sont plus imprévisibles et semblent moins intentionnés.[28]

Ainsi, comme les marchands du Fujian étaient les plus nombreux au Giao Chi, la dynastie Song choisit Liao Yangsun, un Fujianais, pour obtenir des renseignements. Il aurait été déguisé en marchand. L'erreur concernant la mort de Lê Đại Hành fut également identifiée par un marchand qui était revenu du Giao Chi.

Avec une relation fondamentalement basée sur leur antagonisme réciproque, le commerce était une arme à double tranchant pour les deux parties. L'établissement de l'objectif d'unification prévoyait sûrement une guerre entre elles. C'est pourquoi la dynastie Song voulait limiter le plus possible l'ampleur du commerce avec le Giao Chi. Avant la guerre de l'ère Xining, la dynastie Song interdit également aux préfectures et aux comtés de commercer avec le Giao Chi[29], mettant ainsi un terme aux échanges entre les deux pays. La méfiance de Li Shizhong à l'égard des commerçants du Giao Chi trahissait les préoccupations et les préférences politiques de la dynastie Song. Dans le même temps, le Giao Chi avait les mêmes préoccupations et tendances. Wang Dayuan, dans l'article « Giao Chi » du *Daoyi zhilüe*, expliqua pourquoi le Giao Chi interdisait de faire du commerce : « Il craignait que la dynastie Song ne l'espionnât. » Pendant la dynastie des Song du Nord, où les deux pays étaient plus antagonistes que jamais, les préoccupations du Giao Chi étaient évidemment encore plus grandes. Il était donc difficile que les échanges commerciaux entre les deux parties se développassent à grande échelle.

---

26. « Chronique de la dynastie Đinh. » juan 1 dans *Dayue shiji quanshu*.

27. « Zhuanzhi Dawang. » juan 10 dans *Lingwai daida*. p. 438.

28. « Rapport de la part du commissaire militaire M. Yin à propos de l'envoi des fonctionnaires vers l'Annam. » juan arr. 5 et « Rapport en réponse à l'empereur. » juan arr. 6 dans Li Zengbo. *Kezhai xugao*.

29. « Empereur Shenzong. » juan 20 dans Chen Jun. *Jiuchao biannian beiyao* (« *Chroniques des neuf dynasties* »). dans *Siku Quanshu*, Wenyuan Ge.

Après la guerre de l'ère Xining, la dynastie Song abandonna en fait son objectif de reconquérir le Giao Chi. Les deux parties délimitèrent les frontières, tout en exprimant leur désir de vivre en paix. Ainsi, au cours de la deuxième année de l'ère Yuanfeng, la dynastie Song établit des postes à Qinzhou et à Lianzhou, et y mit en place des marchés. Concernant la défense frontalière du Guangxi, Yongzhou était le plus important. S'il était bien défendu, Qinzhou n'aurait rien à craindre.[30] C'est pourquoi la dynastie Song refusa d'ouvrir le marché de Yongzhou lorsque Lê Ngọa Triều et Lý Thái Tổ le demandèrent pendant la période de Dazhong Xiangfu. Au cours de la deuxième année de l'ère Yuanfeng, la dynastie Song ouvrit davantage Lianzhou et Qinzhou, tout en refusant d'ouvrir Yongzhou au commerce. La huitième année de l'ère Zhenghe, les relations entre les deux pays basculèrent complètement vers le commerce, et la dynastie Song ouvrit le Guangxi à celui-ci le long de la frontière. Non seulement le commerce de Qinzhou était-il plus florissant, mais celui de Yongzhou commençait également à se développer. Le récit du *Lingwai daida* sur le commerce au village de Yongping à Yongzhou reflète la situation après la période de Zhenghe. Zhou Mi dans « Roi de l'Annam » (juan 19 dans *Qidong yeyu*) parla également du marché au village de Yongping où les nobles du Giao Chi venaient faire du commerce. Selon « Biographie du Giao Chi » (juan 488 dans *Song shi*), le changement de politique lors de la huitième année de l'ère Zhenghe était dû au fait que les Vietnamiens n'avaient pas causé de troubles depuis la période de Xining. Les restrictions au commerce avec le Giao Chi furent ainsi assouplies. L'établissement de la paix entre les deux pays conduisit à l'ouverture complète du Guangxi le long de la frontière.

La dynastie des Song du Sud fut confrontée à une plus grande pression venant du Nord. Les Jin et le régime de Liu Qi essayèrent aussi de se lier d'amitié avec le Giao Chi pour contenir la dynastie Song. La troisième année de l'ère Shaoxing, la dynastie Jin et Liu Qi envoyèrent une mission conjointe de plus de soixante-dix personnes qui, partant de Dengzhou, entra au Giao Chi par la mer. Li Yanghuan, alors roi du Giao Chi, reçut le titre du « roi Guang ». Ils s'associèrent également aux chefs de tous les *Xidong* (minorités ethniques dans le sud-ouest).[31] Cela incita inévitablement le gouvernement des Song du Sud à adopter une politique plus ouverte pour gagner le Giao Chi. Au cours de la première année de l'ère Chunxi, la dynastie Song reconnut officiellement le Giao Chi comme un « pays », et lui conféra le titre de « l'État d'Annam ». L'année suivante, elle lui accorda le sceau du roi d'Annam.[32] Cela jeta les bases d'un développement économique et commercial plus poussé entre les deux pays. La sixième année de l'ère Chunyou, la dynastie Song conclut un accord avec le Giao Chi sur cinq points : 1. ne pas envahir la frontière ; 2. rendre les terres occupées ; 3. rendre les captifs ; 4. prêter allégeance ; 5. ouvrir le marché.[33] Le maintien des relations entre suzerain et vassal, et le développement d'un commerce pacifique devinrent la politique fondamentale de la dynastie des Song du Sud envers le Giao Chi. D'autre part, le

---

30. « Rapport en réponse à l'empereur en arrivant à Jingjiang. » juan arr. 5 dans *Kezhai xugao*.

31. *Jianyan yilai xinian yaolu*, juan 68, yimao, septembre, troisième année de l'ère Shaoxing.

32. « Barbares (IV). » juan 49 et juan 51 dans *Song huiyao jigao*. « Giao Chi. » juan 330 dans *Wenxian tongkao* (« *Étude exhaustive des documents* »).

33. « Biographie de Dong Huai. » juan 414 dans *Song shi*. p. 12430.

changement de relation avec la dynastie Song encouragea le Giao Chi à adopter une politique commerciale plus active. La 19ᵉ année de l'ère Shaoxing, le Giao Chi créa sur l'île des *zhuang*, appelés *Yuntun*, un marché destiné aux échanges des marchandises précieuses, et à l'importation des produits étrangers. C'étaient des lieux où les marchands des pays tels que le Java, le Lumo et le Siam séjournaient et faisaient du commerce. La onzième année de l'ère Chunxi, les marchands du Srivijaya vinrent dans les *Yuntun* faire du commerce.[34] Parallèlement au changement des relations diplomatiques, le commerce tributaire entre les deux pays s'orienta vers une approche plus pragmatique, et ce fut dans ce contexte que l'ampleur des échanges augmenta considérablement par rapport à la dynastie des Song du Nord.[35]

Cependant, le Giao Chi possédait des frontières directes avec la dynastie Song, et était une puissance régionale ayant des liens historiques et culturels particuliers avec cette dernière. Cela dit, le commerce entre les deux pays resta différent de celui des autres pays d'Asie du Sud-Est après les périodes de Yuanfeng et Zhenghe. La deuxième année de l'ère Yuanfeng, un poste fut créé pour mettre en place un marché sous les auspices du surintendant préfectoral et de l'inspecteur de patrouille côtier[36], et qui fut intégré au système de gestion des frontières. Pendant la dynastie des Song du Sud, le commerce côtier était encore placé sous la juridiction de l'inspecteur des *Xidong* de Qinzhou. Un poste militaire fut également créé dans le port de Qinzhou pour contrôler le passage. Même si le commerce de Lianzhou diminua après la période de Zhenghe, des postes de fonctionnaires furent conservés pour se préparer face à l'Annam : « Aujourd'hui, les *Xidong* ne dépendent plus de la gestion de Lianzhou. S'il existe encore des postes en la matière, c'est pour être prêt vis-à-vis de l'Annam. »[37] Comme mentionné ci-dessus, le commerce au village de Yongping de Yongzhou et celui au village de Nanjiang étaient respectivement gérés par le chef du village et l'inspecteur de patrouille local.

C'était en partie parce que la frontière directe entre les deux pays rendait le commerce de contrebande plus susceptible de se produire, comme le *xuanyushi* du Guangnan, Ming Tuo, le rapporta la dixième année de l'ère Shaoxing :

> Yongzhou est bordé au sud par le Giao Chi. Parmi les *Xidong* environnants, il y a des voyous qui se sont impliqués dans la traite des êtres humains. De plus, j'entends dire que, comme Yongzhou, Qinzhou et Lianzhou sont reliés aux routes maritimes du Giao Chi, d'année en année, ceux qui cherchent des profits font le commerce de l'or et de l'encens, et sont toujours payés par des *xiaopingqian* (un *wen* correspond à la plus petite unité monétaire à l'âge des pièces de monnaie en cuivre). Il est ordonné que les *xiaopingqian* soient autorisés à circuler au Giao Chi qui leur interdit de sortir du pays.

---

34. « Chronique de la dynastie Lý. » juan 4 dans *Dayue shiji quanshu*.

35. Mon article « Tournant et changement : le commerce tributaire et les relations entre la dynastie Song, le Giao Chi et le Champā » précédemment cité analyse le commerce tributaire des deux pays.

36. *Xu Zizhi tongjian changbian*, juan 298, guihai, juin, deuxième année de l'ère Yuanfeng, p. 7260.

37. « L'inspecteur de patrouille des *Xidong* à Qinzhou et à Lianzhou. » juan 1 dans *Lingwai daida*. p. 53.

Les inspecteurs de patrouille, les fonctionnaires au niveau des communes et des villages, les dirigeants des comtés, les préfets, les surintendants et les maréchaux le long des frontières du Guangdong et du Guangxi étaient de fait tous responsables de la traite des êtres humains et de la fuite des pièces de monnaie en cuivre.[38] La bataille contre le commerce de contrebande fut longue. Par exemple, la 30e année de l'ère Shaoxing, il était rapporté : « Les fonctionnaires de Yongzhou, soudoyés, permettent la traite des êtres humains. Des gens sont séduits et vendus dans les zones reculées habitées par les *Xidong*. » ou encore « Les pays barbares produisent de l'or, des encens divers, du cinabre et bien d'autres choses faciles à acheter. Une fois que les Chinois entrent dans le fief des *Xidong*, ils seraient soit utilisés comme esclaves, soit tués pour être sacrifiés aux esprits. La traite des êtres humains est tellement lucrative qu'une seule personne rapporterait cinq ou sept *liang* (50g) d'or. Les gens meurent si horriblement, et c'est pathétique. »[39] De même, au village de Baipi à Qinzhou qui était bordé par le Giao Chi, les cas de colportage du sel étaient encore plus nombreux.[40] Ainsi, même si la dynastie Song établit avec le Giao Chi une relation basée sur le commerce, ce dernier, différent du commerce placé sous les auspices des *shibosi*, était toujours régi par le système de contrôle des frontières.

---

38. *Jianyan yilai xinian yaolu*, juan 69, wuwu, octobre, troisième année de l'ère Shaoxing.
39. « Droit pénal (II). » juan 155 dans *Song huiyao jigao*.
40. « Nourriture et objets du quotidien (27). » juan 32 dans *Song huiyao jigao*.

# CHAPITRE 14

# Origine et évolution des connaissances maritimes officielles en Chine ancienne

## – sous les dynasties Tang et Song

Le savoir maritime comprend les connaissances naturelles, techniques et humaines sur la mer, et leurs systèmes d'interprétation. Le système des connaissances maritimes actuel correspond à celui basé sur la science moderne et les perceptions occidentales, et qui a été développé et diffusé. Les connaissances maritimes de la Chine ancienne, quant à elles, connurent leurs propres processus de formation et systèmes d'interprétation selon une logique et une conception qui divergeaient de celles de l'Occident. Il en résulta deux systèmes différents en vigueur pendant longtemps : un système officiel et un système populaire. Il n'existe pas pour autant de discussion académique à ce sujet. Dans ce chapitre, nous essaierons de traiter des problèmes tels que la production, la sélection et la mise à l'écrit des connaissances maritimes officielles de la Chine ancienne sous les dynasties Tang et Song. De plus, nous tenterons de révéler leur processus de formation et leurs caractéristiques à travers cette approche.

## 1. L'organisation du « monde sous le ciel » et l'imaginaire des « Quatre mers »

Les connaissances maritimes officielles discutées dans ce chapitre sont celles délibérément choisies, conçues et écrites par le pouvoir impérial, témoignant des buts et des intentions des gouvernants, tandis que les connaissances maritimes populaires désignent celles acquises et résumées par le biais des pratiques de navigation de la population. Les documents existants qui consignent les premières connaissances maritimes de la Chine ancienne reflètent l'esprit officiel, ainsi que les connaissances sur les mers et les océans se développant dans l'imaginaire collectif. La civilisation chinoise est née dans les régions des trois fleuves, situées dans l'arrière-pays.

L'imaginaire maritime se développa dans l'espace du *tianxia* (litt. « Sous le ciel »), et consistait essentiellement dans la construction de ce dernier, composé de « Neuf préfectures » et de « Quatre mers ». La mer existait en tant que frontière du « monde sous le ciel ». Les « Quatre mers », situées sur les quatre côtés du « monde sous le ciel », avaient ainsi le même sens que ce dernier du point de vue géographique. « Biographie de Mencius » du *Shi ji* (« *Mémoires historiques* ») contient la conception du « monde sous le ciel » de Zou Yan : « Ce qui est appelé "la Chine" est un des quatre-vingt-un du "monde sous le ciel" ». Plus précisément, le « monde sous le ciel » comprenait non seulement les neuf petites préfectures du territoire chinois, mais aussi quatre-vingt-un continents comme la Chine, les petites mers entourant respectivement chaque continent (y compris la Chine) et les grandes mers entourant l'ensemble des quatre-vingt-un continents.[1] En réalité, cette définition du « monde sous le ciel » était largement acceptée. Le pouvoir impérial reconnaissait ce monde composé de « Neuf préfectures » et de « Quatre mers ». Il en était ainsi formulé dans le *Liji* (« *Classique des rites* », attribué en particulier au Duc de Zhou) et qui parle des « Neuf préfectures à l'intérieur des Quatre mers » composant la structure du « monde sous le ciel ». Du point de vue géographique, les « Quatre mers » égalaient le « monde sous le ciel ». « La voie du milieu » du *Liji* dit : « Le fils du Ciel possède tout ce qui est en deçà des Quatre mers. » « Yu le Grand » du *Shangshu* (« *Classique des documents* ») expliqua : « Celui qui occupe les Quatre mers est l'empereur du *tianxia*. » « Hommage à Yu » du *Shangshu* écrivit : « Les fleuves du "monde sous le ciel" débouchent dans la mer à l'est, son territoire s'étend sur le désert à l'ouest, et sa grande renommée et ses influences se répandent au nord et au sud jusqu'aux Quatre mers. » D'après le *Erya shidi* (le plus ancien dictionnaire chinois), les neuf *Yi*, les huit *Di*, les sept *Rong* et les six *Man* formaient les Quatre mers. Ceci fut expliqué dans le *Bowu zhi* (litt. « *De toutes choses* ») : « L'ensemble des barbares dont sept à l'ouest, six au sud, neuf à l'est et huit au nord, est appelé les "Quatre mers", puisqu'ils sont tous proches de la mer. »[2] C'est-à-dire que les « quatre *Yi* » se trouvaient aux frontières de la Chine, et correspondaient aux « Quatre mers » du point de vue de la géographie physique et de l'ethnogéographie. Le « monde sous le ciel » était un concept qui concernait à la fois la politique, la géographie et les ethnies (Hans et barbares). Par conséquent, le terme « Quatre mers » couvrait également et toujours la géographie humaine, la géographie politique et l'ethnogéographie[3]. Du point de vue de la géographie physique, les mers étaient décrites comme les frontières du « monde sous le ciel ». En citant le *Bowu zhi*, le *Chuxue ji* (« *Notes pour les débutants* ») déclara : « Les mers des quatre coins se joignent l'une à l'autre, et le continent n'occupe qu'une part très faible. »[4] C'est bien ce qu'ont dit Gu Jiegang et Tong Shuye :

1. « Biographie de Mencius. » juan 74 dans *Shi ji* (« *Mémoires historiques* »). Beijing : Zhonghua shuju (Société de livres de Zhonghua), 1959. p. 2433.

2. Juan 1 dans Zhang Hua (auteur). Zhang Genlin *et al.* (correcteurs). *Bowu zhi* (« *De toutes choses* »). Shanghai : Shanghai guji chubanshe (Maison d'édition classique de Shanghai), 2019. p. 9.

3. Wang, Zijin., « Les "Plaines centrales" et les "Quatre mers" dans les concepts géographiques des temps anciens. » *Zhongyuan wenhua yanjiu* (« *Recherche sur la culture des Plaines centrales* »). Issue 1. 2014.

4. « Continents (deuxième partie). » juan 6 dans Xu Jian. *Chuxue ji* (« *Notes pour les débutants* »). Beijing : Zhonghua shuju, 2004. p. 114.

« Les plus anciens peuples considèrent les mers comme les frontières du monde. »[5] Les Quatre mers entourant le continent étaient appelées la mer du Sud, la mer de l'Est, la mer du Nord et la mer de l'Ouest. En conséquence, furent conçus les dieux des Quatre mers. Le *Chuxue ji*, qui citait « Complots » dans le *Taigong fufu* (« *Livres de guerre de Jiang Taigong* »), dit : « Le Dieu de la mer du Sud s'appelle Zhurong, celui de la mer du Nord Xuanming, celui de la mer de l'Est Goumang et celui de la mer de l'Ouest Rushou. »[6]

Cependant, avant que la dynastie Qin n'exploitât le Lingnan, il n'y avait que le territoire chinois à l'est qui faisait face à la mer. Géographiquement, les « Quatre mers » étaient conçues d'après le concept et la logique des neuf préfectures et du « monde sous le ciel » habité par les Hans et les barbares. Cela dit, l'espace géographique des Quatre mers n'était pas tout à fait réel, et variait sans cesse. Pendant la période des Printemps et Automnes et des Royaumes combattants, comme il a été écrit dans le *Liji*, l'étendue de divers pays ne bordait pas la frontière au désert à l'ouest, au mont Heng au sud, à la mer de l'Est à l'est et au mont Heng au nord. Le territoire entouré par les Quatre mers, dont la surface variait, s'étendait sur trois mille lieues à la ronde. Ainsi, la mer du Sud, la mer de l'Ouest et la mer du Nord ne faisaient pas référence à des mers réelles. Le *Siun Tseu* résuma :

Il y a des chevaux qui courent vite et des chiens qui aboient beaucoup en mer du Nord. Les Chinois se les procurent, les élèvent et les font travailler. Pour la plume, l'ivoire, la peau de rhinocéros, l'azurite et le cinabre en mer du Sud, ils en profitent pour faire fortune. Ils se servent de serpillières violettes comme habits, et mangent les poissons et le sel de la mer de l'Est. Quant au cuir et à la queue de yak en mer de l'Ouest, ils les utilisent.

La mer du Sud, la mer du Nord et la mer de l'Ouest n'étaient pas des espaces maritimes réels. La mer de l'Est en revanche, d'où provenaient les poissons et le sel, renvoyait à la zone maritime actuelle de la mer de Bohai. Selon le *Zuo zhuan* (« *Commentaire de Zuo* »), l'État de Chu, très puissant dès l'arrivée au pouvoir de son roi, réconcilia les barbares, conquit les petits pays en mer du Sud, et les firent soumettre à l'empire du milieu (la Chine). Les régions gouvernées par l'État de Chu couvraient la mer méridionale de la Chine. Il faut pour autant préciser qu'il s'agissait du sud de la Chine, plutôt que d'espaces maritimes réels. Le roi de Chu dit au roi de Qi : « Vous vous trouvez en mer du Nord, et moi, je me trouve en mer du Sud. Nous n'avons rien à voir l'un avec l'autre. »[7] Ici, la mer du Nord et la mer du Sud n'étaient pas des espaces maritimes. Il était entendu que la mer de l'Ouest, dont les frontières ne bordaient pas le désert, représentait la vision géographique de l'époque pré-Qin, et n'était pas un espace maritime réel. Mencius disait : « Jiang

---

5. Gu, Linggang, et Tong, Shuye. « La conception du monde selon les Chinois et les histoires sur leurs échanges avec les barbares avant la dynastie Han. » *Yu Gong (bimensuel)*, juan 5, No. 3-4.

6. « Ciel (deuxième partie). » juan 2 dans Xu Jian. *Chuxue ji*. p. 28

7. *Chunqiu zuozhuan zhushu* (« *Annotations des Annales des Printemps et Automnes et du Commentaire de Zuo* »), quatrième année de l'ère Xigong et troisième année de l'ère Xianggong. tome 143 et tome 144 dans *Siku Quanshu* (« *Livres complets des Quatre magasins* »), Wenyuan Ge (« *Belvédère de la profondeur littéraire* »). p. 256 et p. 75.

Ziya réside au bord de la mer de l'Est pour se dérober au roi Zhou des Shang. »[8] Ici, la mer de l'Est signifie la mer de Bohai appartenant à l'État de Qi. Cette dernière était la mer la mieux connue par les peuples pendant la période des Printemps et Automnes et des Royaumes combattants. Néanmoins, ils connaissaient encore très peu la structure spatiale de la mer de l'Est. « Questions de Yin Tang » du *Lie Zi* (« *Vrai classique du vide parfait* ») écrivit : « À l'on ne sait quelques cents milliards de kilomètres à l'est de la mer de Bohai, il existe un ravin immense. » « La zone sauvage orientale » du *Shanhaijing* (« *Livre des monts et des mers* ») déclara : « Au-delà de la mer de l'Est, il y a un ravin énorme. » Les auteurs de ces classiques pensaient tous que l'extrémité de la mer de l'Est se situait au-delà de la mer de Bohai. De plus, durant la période des Printemps et Automnes et des Royaumes combattants, les parages autour du territoire du Wuyue, situés au sud de la mer de Bohai, étaient déjà renommés en mer de l'Est. Gou Jian, roi de l'État de Yue, se nommait « subordonné de la mer de l'Est » ou bien « sujet humble de la mer de l'Est » devant le roi de l'État de Wu, ce qui montre que le territoire du Wuyue se trouvait en mer de l'Est.

Sous la dynastie Han, fut établi le comté de Donghai (mer de l'Est) qui comprenait la partie sud de l'actuelle province du Shandong et les régions littorales au nord de la rivière Huai.[9] Selon le *Shi ming* (« *Explication des noms* »), le comté de Donghai fut nommé ainsi, car la mer se trouvait à son est[10]. On appela précisément l'espace maritime au sud du Shandong et au nord de la rivière Huai la « mer de l'Est ». L'empereur Han Huidi désigna Yao (chef du Yue de l'est) comme roi de la mer de l'Est, et Dong'ou comme son chef-lieu[11]. Il considérait les régions maritimes autour de Wenzhou où se trouvait Dong'ou comme la mer de l'Est. Yan Shigu prétendit pourtant que l'actuelle Quanzhou était le lieu où se situait Dong'ou[12]. Liang Kejia des Song signala son erreur : « Dong'ou est en réalité l'actuel Yongjia, tandis que Quanzhou qui a été mentionné par Yan Shigu est peut-être Fuzhou. Alors ce qu'il a dit n'est pas vrai. »[13]

Lorsque Qin Shi Huang exploitait le Lingnan, « la mer du Sud » commença à être connue par le peuple Qin comme un espace maritime réel. Sous cette dynastie, on y établit le comté de Rinan et celui de Nanhai (mer du Sud). Le comté de Rinan était situé dans l'actuel sud du Vietnam. Yan Shigu l'interpréta comme suit : « c'est-à-dire que ce comté se trouve au sud du Soleil »[14], à savoir l'endroit où le Soleil se lève dans le Sud, en d'autres termes, l'extrémité de la mer du Sud. Sous le règne de l'empereur Han Wudi, les connaissances sur la mer du Sud s'élargirent. Le *Han shu* (« *Livre des Han* ») consigna l'itinéraire des bateaux à partir de Zhangsai du comté de Rinan,

---

8. « Li Lou zhangju (première partie). » juan 7 dans *Mengzi jizhu* (« *Variorum de Mencius* »). Shanghai : Shanghai guji chubanshe, 1987. p. 55.

9. « Géographie (première partie). » juan 28 (première partie) dans *Han shu* (« *Livre des Han* »). Beijing : Zhonghua shuju, 1964. p. 1588.

10. « Explications des noms des préfectures et des pays (VII). » juan 1 dans *Shi ming* (« *Explication des noms* »). tome 221 dans *Siku Quanshu*, Wenyuan Ge. p. 392.

11. « Biographie du roi de Minyue. » juan 95 dans *Han shu*. p. 3859.

12. « Biographie de Han Huidi. » juan 2 dans *Han shu*. p. 89.

13. « Géographie (I). » juan 1 dans *Chunxi Sanshan zhi* (« *Chronique de Fuzhou pendant la période de Chunxi* »). Beijing : Zhonghua shuju, 1990. p. 7792.

14. « Géographie (deuxième partie) » juan 28 (deuxième partie) dans *Han shu*. p. 1630.

Xüwen et Hepu jusqu'au pays de Huangzhi (au sud de l'actuelle Inde)[15]. Au moins pour le peuple Han, la mer du Sud s'étendait jusqu'en Inde. D'après ce qui fut consigné dans le *Huanghua sida ji* de Jia Dan, les voies maritimes du Guangdong atteignaient le Golfe Persique.[16]

Toutefois, pour la démarcation entre la mer du Sud et la mer de l'Est, il n'existait pas de consensus précis à ce sujet avant la dynastie Song. Le comté de Nanhai des Qin s'étendait au nord, au district de Jieyang, où le Guangdong était bordé par le Fujian. Les Qing présumèrent de ce fait qu'au sud de Jieyang, ce serait la mer du Sud, et à son nord, ce serait la mer de l'Est[17]. Il n'existe cependant pas de preuve directe permettant de prouver que les Qin partageaient la même opinion. À cette époque-là, les Qin ne dominaient pas directement les régions d'Ouyue et Minyue, qui se situaient respectivement à l'est de l'actuelle Zhejiang et dans l'actuelle Fujian. Par conséquent, les Qin ne connaissaient pas encore bien cet espace maritime. Selon le *Shi ji*, Qin Shi Huang s'en fut allé à Kuaiji pour rendre hommage à Yu Le Grand. Face à la mer du Sud, il ordonna d'ériger une stèle[18]. Ainsi, l'espace maritime où se trouvaient Ouyue et Minyue au sud de Kuaiji et proche de Taizhou, de Wenzhou et du Fujian était considéré comme la mer du Sud. Il apparaît comme évident que les connaissances sur l'étendue de la mer de l'Est et celle de la mer du Sud n'étaient pas fixes.

De la dynastie Han jusqu'à la dynastie Tang, la séparation géographique des espaces maritimes autour du Zhejiang, du Fujian et du Guangdong était toujours ambiguë dans le système officiel des connaissances maritimes. Le *Hou Han shu* (« *Livre des Han postérieurs* ») déclara : « La plupart du territoire japonais est à l'est de Kuaiji et Dongye, proche de Zhuya et Zhan'er. »[19] Le *Sui shu* (« *Livre des Sui* ») copia le même registre du *Hou Han shu*, en disant que le Japon se trouvait à l'est de Kuaiji, et était proche de Zhan'er[20]. Des dynasties du Nord et du Sud jusqu'au début de la dynastie Tang, les échanges en mer avec le Japon et le royaume de Silla devinrent de plus en plus fréquents. Les gens acquirent aussi une bonne connaissance de l'espace maritime de la mer de Bohai, ce qui était moins le cas pour la mer de l'Est et la mer du Sud. Sous les Tang, Jiaozhou, Guangzhou, Quanzhou et Yangzhou devinrent les quatre plus grands ports du commerce maritime. Les marchands allaient en bateau à Quanzhou et à Yangzhou en traversant la mer du Sud pour faire du commerce. Il est probable qu'ils finirent par bien connaître cet espace maritime. Jian Zhen voulut notamment se rendre au Japon en franchissant la mer de l'Est, mais à cause du vent tempétueux, le navire sur lequel il embarqua arriva sur l'île de Hainan où se trouvaient Zhuya et Zhan'er. À ce moment-là, ils devaient avoir une connaissance précise de la différence géographique entre

15. « Géographie (deuxième partie) » juan 28 (deuxième partie) dans *Han shu*. p. 671.

16. « Chroniques géographiques. » juan 43 (deuxième partie) dans *Xin Tang shu* (« *Nouveau Livre des Tang* »). Beijing : Zhonghua shuju, 1975. p. 1146.

17. « Rites de célébrations (75). » juan 202 dans Qin Huitian. *Wuli tongkao* (« *Recherche générale sur les Cinq rites* »). tome 140 dans *Siku Quanshu*, Wenyuan Ge. p. 36.

18. « Biographie de l'empereur Qin Shi Huang. » juan 6 dans *Shi ji*. p. 260.

19. « Chronique du Japon » juan 85 dans *Hou Han shu* (« *Livre des Han postérieurs* »). Beijing : Zhonghua shuju, 1965. p. 2820.

20. « Chronique du Japon » juan 81 dans *Sui shu* (« *Livre des Sui* »). Beijing : Zhonghua shuju, 1973. p. 1825.

le Japon et l'île de Hainan[21]. Bien sûr, il est possible que des cas semblables à celui de Jian Zhen eussent lieu à maintes reprises, ce qui permit aux gens de se persuader faussement que le Japon était proche de Zhuya et Zhan'er.

Sous la dynastie des Song du Sud, l'étendue de « la mer de l'Est » et la démarcation géographique entre celle-ci et la mer du Sud furent définies avec précision. La cinquième année de l'ère Qiandao, dans le rapport adressé à l'empereur, Lin Li, le sous-chef de la Cour des sacrifices impériaux, dit : « Votre Majesté séjourne au sud-est. La mer de l'Est et la mer du Sud font toutes partie de notre territoire...... en effet, Tongzhou, Taizhou, Mingzhou, Yuezhou, Wenzhou, Taizhou, Quanzhou et Fuzhou constituent tous les limites de la mer de l'Est. » Ce qu'il souhaitait exprimer était qu'il faudrait déplacer le temple principal du dieu de la mer de l'Est à Mingzhou pour offrir des sacrifices au lieu de continuer à le faire à Laizhou[22]. Il indiqua également les limites géographiques de la mer de l'Est, et sur ce, la frontière entre cette dernière et la mer du Sud fut délimitée.

Sous les Song, on définit encore plus spécifiquement les référents imaginaires de la mer de l'Ouest et de la mer du Nord. Sous les dynasties Han et Tang, « Hanhai » (actuel lac Baïkal), jusqu'où Li Ling arriva pour s'occuper d'un troupeau de moutons et où Huo Qubing alla au cours de son expédition chez les Xiongnu, était appelé « mer du Nord ». Ils appelaient aussi la Méditerranée ou la mer Caspienne, jusqu'où les Chinois étaient parvenus, « la mer de l'Ouest ». Il y eut ainsi une tentative de donner un véritable référent à la mer de l'Ouest et à la mer du Nord, mais il ne s'agissait que d'une interprétation forcée pour appuyer la conception de « Quatre mers ». Hong Mai expliquait au sujet des « Quatre mers » : « Qingzhou et Cangzhou bornent la mer du Nord, Jiaozhou et Guangzhou la mer du Sud, et les régions de Wu et Yue la mer de l'Est. Il n'existe pas ce qu'on appelle la mer de l'Ouest. »[23] En réalité, les Song le savaient bien : non seulement la mer de l'Ouest n'existait pas, mais il n'existait pas non plus d'espace maritime réel nommé « mer du Nord » au nord de Qingzhou et Cangzhou. Comme les Song le dirent : « La mer de l'Ouest et la mer du Nord se trouvent sur un territoire isolé où vivent les barbares. Les sacrifices aux deux dieux ne peuvent être offerts dans les comtés de l'intérieur. »[24] Le fait que les gens de la dynastie Song rendaient un culte aux dieux de la mer de l'Ouest et de la mer du Nord depuis des lieux éloignés prouvent l'existence de ces deux mers dans l'imaginaire collectif.

Les concepts réel et imaginaire des Quatre mers et la précision de la démarcation entre la mer de l'Est et la mer du Sud furent un grand changement sous les dynasties Tang et Song. Par ailleurs, durant la période stable de ces deux dynasties, avec le culte voué et le titre conféré aux dieux des Quatre mers, celles-ci furent incorporées dans l'organisation du « monde sous le ciel »

---

21. Ōmi no Mifune (auteur). Wang Xiangrong (correcteur). *Tang daheshang dongzheng zhuan* (« *Chroniques de l'expédition orientale du moine Jianzhen* »). Beijing : Zhonghua shuju, 1979. p. 67. Au cours de sa cinquième tentative pour atteindre le Japon, Jianzhen rencontra une tempête, et dériva de l'archipel de Zhoushan jusqu'au comté de Yaxian sur l'île de Hainan.

22. « Recherche sur les sacrifices offerts au Ciel et à la Terre (XVI). » juan 83 dans *Wenxian tongkao* (« *Étude exhaustive des documents* »). Beijing : Zhonghua shuju, 2011. p. 2560-2561.

23. « La famille des Quatre mers. » juan 3 dans Hong Mai (auteur). Kong Fanli (correcteur). *Rongzhai suibi* (litt. « *Essais dans une salle d'étude avec de la place pour les seuls genoux* »). Beijing : Zhonghua shuju, 2005. p. 31.

24. « Recherche sur les sacrifices offerts au Ciel et à la Terre (XVI). » juan 83 dans *Wenxian tongkao*. p. 2559.

tel que formulé par le pouvoir impérial, ce qui constituait également un changement notoire. La dixième année de l'ère Tianbao sous la dynastie Tang (en 751), l'empereur conféra officiellement aux dieux des Quatre mers le titre de roi. Le dieu de la mer de l'Est reçut le titre de roi Guangde, le dieu de la mer du Sud le titre de roi Guangli, le dieu de la mer de l'Ouest celui de roi Guangrun, et le dieu de la mer du Nord celui de roi Guangze. De plus, il envoya Li Sui, *zhongyun* (chargé des affaires personnelles de l'impératrice et du prince héritier) du prince héritier, offrir des sacrifices au roi Guangde de la mer de l'Est ; Zhang Jiuzhang, *zhangshi* (« secrétaire général ») du roi Yi, au roi Guangli de la mer du Sud ; Liu Yi, *zhongyun* du prince héritier, au roi Guangrun de la mer de l'Ouest ; Li Qirong, *xianma* (chargé d'apprendre au prince héritier les affaires gouvernementales et les rites) du prince héritier, au roi Guangze de la mer du Nord.[25] Ce faisant, les « Quatre mers » furent inclues dans le territoire sous domination de l'empereur « chinois ». Sous la dynastie Song, la navigation chinoise se développa de façon sans précédent. En ce qui concernait le savoir maritime officiel, le pouvoir impérial insista sur le concept des « Quatre mers » d'une part, et approfondit ses connaissances sur la mer de l'Est et la mer du Sud d'autre part. En tant qu'héritiers des régimes des dynasties Sui et Tang, les empereurs des Song conférèrent des titres aux dieux des Quatre mers, et organisèrent des cérémonies pour leur rendre un culte. Le jour du *lichun* (litt. « établissement du printemps »), ils rendaient un culte à la mer de l'Est à Laizhou ; le jour du *lixia* (litt. « établissement de l'été »), un culte à la mer du Sud à Guangzhou ; le jour du *liqiu* (litt. « établissement de l'automne »), un culte à la mer de l'Ouest au gouvernement de Hezhong ; le jour du *lidong* (litt. « établissement de l'hiver »), un culte à la mer du Nord à Mengzhou. Comme la mer de l'Ouest et la mer du Nord n'étaient pas des mers réelles, ils n'offrirent des sacrifices que dans des lieux plus éloignés dans les temples Hedu et Jidu.[26] Ils avaient pour objectif de montrer que la cour Song accordait des faveurs, et jouissait d'une grande réputation en matière de mérites, et qu'elle organisait des cérémonies sacrificielles pour dire que les Quatre mers faisaient toutes partie de son territoire.[27]

Comme Laizhou fut occupé par les Jin sous la dynastie des Song du Sud, l'empereur Song Gaozong offrit des sacrifices aux montagnes, aux mers et aux fleuves et rendit un culte au dieu de la mer de l'Est dans des territoires éloignés.[28] De plus, lors des sacrifices offerts aux montagnes, aux mers et aux fleuves la quatrième année de l'ère Dading (en 1164), l'empereur des Jin effectua un véritable pèlerinage aux dieux dont les temples se situaient sur son territoire. Autrement, il offrit des sacrifices aux terres lointaines. Le jour du *lichun*, il rendit un culte à la mer de l'Est à Laizhou ; le jour du *lixia*, un culte à la mer du Sud à Laizhou ; le jour du *liqiu*, un culte à la mer de l'Ouest au gouvernement de Hezhong ; le jour du *lidong*, un culte à la mer du Nord à Mengzhou.

25. « Canonisation des montagnes et des fleuves. » juan 47 dans *Tang huiyao* (« *Compilation de documents importants de la dynastie Tang* »). Shanghai : Shanghai guji chubanshe, 2006. p. 977. « Rites (IV). » juan 24 dans *Jiu Tang shu* (« *Ancien livre des Tang* »). Beijing : Zhonghua shuju, 1975. p. 934.

26. « Rites (V). » juan 102 dans *Song shi* (« *Histoire des Song* »). Beijing : Zhonghua shuju, 1977. p. 2485.

27. « Musique (XI). » juan 136 dans *Song shi*. p. 3202.

28. « Rites (II). » dans *Song huiyao jigao* (« *Ébauche de compilation de documents importants de la dynastie Song* »). Shanghai : Shanghai guji chubanshe, 2014. p. 525.

Les titres conférés aux dieux des Quatre mers étaient conformes à ceux des dynasties Tang et Song.[29] Évidemment, la dynastie Jin avait pour but de se proclamer « orthodoxe », ce qui poussa les Song du Sud à ne plus rester silencieux sans rien faire. La cinquième année de l'ère Qiandao (en 1169), l'empereur Song établit à Mingzhou le temple principal du dieu de la mer de l'Est, et y réalisa un véritable pèlerinage[30], sans en faire un autre plus éloigné. D'un point de vue politique, cela signifiait qu'il incluait la mer de l'Est dans le territoire gouverné par la dynastie des Song du Sud.

La dynastie Song, en suivant la pratique de conférer le titre de roi aux dieux des Quatre mers, permit d'incorporer ces dernières dans son système politique impérial, dans le but de montrer qu'elle régnait sur cet espace maritime. L'empereur Song Taizu conféra au dieu de la mer de l'Est le titre de roi Guangde. Après la conquête du royaume des Han du Sud, il envoya une délégation pour rendre un culte au dieu de la mer du Sud. Dans le même temps, il relégua au rang de roi le dieu de la mer du Sud à qui Liu Chang avait conféré le titre d'empereur Zhaoming.[31] La première année de l'ère Kangding (en 1040), de nouveaux titres furent donnés : au dieu de la mer de l'Est roi Yuansheng Guangde, au dieu de la mer du Sud roi Hongsheng Guangli, à celui de la mer de l'Ouest roi Tongsheng Guangrun et à celui de la mer du Nord roi Chongsheng Guangze.[32] La mer de l'Est était la zone la plus impliquée dans les activités maritimes officielles de la dynastie Song. La première année de l'ère Yuanfeng, An Tao réussit sa mission pour le Goryeo, et pria l'empereur Song dans son rapport de construire à Mingzhou un temple provisoire dédié au dieu de la mer de l'Est. La quatrième année de l'ère Daguan et la cinquième année de l'ère Xuanhe, étant donné que l'émissaire pour le Goryeo avait accompli sa mission diplomatique avec succès, l'empereur Song ajouta au titre du dieu de la mer de l'Est quatre caractères (chinois) Zhushun Xianling. La quatrième année de l'ère Jianyan, l'empereur Song Gaozong, ayant échappé à un péril par voie maritime, conféra au dieu de la mer de l'Est le titre de roi Zhushun Yousheng Yuande Xianling, qui correspondait au titre de roi à huit caractères (chinois), c'est-à-dire à celui du plus haut niveau. La cinquième année de l'ère Qiandao, ce titre fut remplacé par celui de roi Zhushun Fusheng Guangde Weiji.[33] La canonisation du dieu de la mer du Sud se déroula plus lentement que celle du dieu de la mer de l'Est. La cinquième année de l'ère Huangyou, le titre de roi Hongsheng Guangli Zhaoshun fut attribué au dieu de la mer du Sud.[34] La septième année de l'ère Shaoxing,

29. « Rites (VII). » juan 34 dans *Jin shi* (« *Histoire des Jin* »). Beijing : Zhonghua shuju, 1975. p. 810. « Les montagnes, les mers et les fleuves. ») juan 34 dans *Dajin jili* (« *Ensemble des rites de la dynastie Jin* »). tome 648 dans *Siku Quanshu*, Wenyuan Ge. p. 259.

30. « Recherche sur les sacrifices offerts au Ciel et à la Terre (XVI). » juan 83 dans *Wenxian tongkao*. p. 2560. « Chronique du comté de Dinghai (II) – Temples des dieux. » juan 19 dans Luo Jun. *Baoqing Siming zhi* (« *Chronique de Ningbo pendant la période de Baoqing* »). Beijing : Zhonghua shuju, 1990. p. 5239.

31. « Recherche sur les sacrifices offerts au Ciel et à la Terre (XVI). » juan 83 dans *Wenxian tongkao*. p. 2551 et p. 2556.

32. « Rites (V). » juan 102 dans *Song shi*. p. 2485.

33. « Chroniques du comté de Dinghai (II) – Temples des dieux. » juan 19 dans Luo Jun. *Baoqing Siming zhi*. p. 5239. « Rites (XXI). » dans *Song huiyao jigao*. p. 1085.

34. « Rites (V). » juan 102 dans *Song shi*. p. 2488.

ce dernier fut canonisé en tant que roi à huit caractères, soit le roi Hongsheng Guangli Zhaoshun Weixian.[35] Comme la mer de l'Ouest et la mer du Nord n'avaient pas de véritable référent, leur canonisation fut encore plus lente. Jusqu'à la sixième année de l'ère Qiandao, le dieu de la mer de l'Ouest et le dieu de la mer du Nord portaient encore les titres de roi à quatre caractères, conférés la première année de Kangding sous la dynastie des Song du Nord, à savoir celui de roi Tongsheng Guangshun et celui de roi de Chongsheng Guangze.[36]

En plus du fait que les Song possédaient déjà de bonnes connaissances sur les Quatre mers et leurs limites, la croyance en ce système, qui était conçu comme une partie du « monde sous le ciel », continua d'exister pendant longtemps après la fin de la dynastie Song. Les empereurs Yuan rendirent aussi un culte aux dieux des Quatre mers, en offrant des sacrifices au dieu de la mer de l'Est à Laizhou, comme l'avaient fait les empereurs de la dynastie Jin. En réalité, avant la conquête des Song, les empereurs Yuan commencèrent à rendre un culte aux dieux des Quatre mers. La deuxième année de l'ère Zhongtong (en 1261), à savoir l'année suivante de son accession au trône, l'empereur Yuan Shizu fit un pèlerinage aux montagnes, aux mers et aux fleuves, y compris à la mer de l'Est, la mer du Sud, la mer du Nord et la mer de l'Ouest. À cette époque-là, les Yuan n'avaient pas encore vaincu la dynastie Song. Le pèlerinage avait, sans aucun doute, pour objectif de déclarer que les Quatre mers appartenaient à son territoire. La troisième année de l'ère Zhiyuan (en 1266), le processus de rites sacrificiels offerts aux montagnes, aux mers et aux fleuves chaque année fut établi. Il consistait à offrir des sacrifices à la mer de l'Est à Laizhou le jour du *lichun*, à la mer du Sud également à Laizhou le jour du *lixia*, à la mer de l'Ouest au gouvernement de Hezhong le jour du *liqiu*, et à la mer du Nord à Dengzhou le jour du *lidong*. Après la conquête de la dynastie des Song du Sud, les empereurs Yuan abandonnèrent le culte éloigné rendu aux montagnes, aux mers et aux fleuves, puisque la partie sud de la Chine leur appartenait désormais.[37] En revanche, ils continuèrent d'offrir des sacrifices à la mer de l'Est à Laizhou, au lieu de le faire à Mingzhou comme l'avaient fait les empereurs des Song du Sud.

Sous la dynastie Yuan, à propos des sacrifices offerts aux dieux des Quatre mers durant la période de Zhongtong, l'empereur revint aux pratiques de la dynastie Tang, leur conférant le titre de roi à deux caractères. Par exemple, le dieu de la mer de l'Est portait le titre de roi Guangde.[38] La 28e année de l'ère Zhiyuan (en 1291), de nouveaux titres furent donnés aux dieux des Quatre mers : le roi de Guangde Linghui au dieu de la mer de l'Est, le roi de Guangli Lingfu au dieu de la mer du Sud, le roi de Guangrun Lingtong à celui de la mer de l'Ouest et le roi de Guangze Lingyou à celui de la mer du Nord.[39] La canonisation des dieux des Quatre mers avait un sens politique

---

35. *Jianyan yilai xinian yaolu* (« *Registres annuels des événements les plus importants depuis l'ère Jianyan* »), juan 114, wuzi, septembre, septième année de l'ère Shaoxing. Beijing : Zhonghua shuju, 2013. p. 2141.

36. « Prières destinées à remercier les cinq montagnes, les quatre mers et les quatre fleuves à la suite de la cérémonie des sacrifices. » juan 117 dans Zhou Bida. *Wenzhong ji* (« *Recueil de Wenzhong* »). tome 1148 dans *Siku Quanshu*, Wenyuan Ge. p. 298.

37. « Les montagnes, les mers et les fleuves. ») juan 76 dans *Yuan shi* (« *Histoire des Yuan* »). Beijing : Zhonghua shuju, 1976. p. 1900.

38. « Shizu (I). » juan 4 dans *Yuan shi*. p. 75.

39. « Sacrifices (V). » juan 76 dans *Yuan shi*. p. 1900.

conformément à ce que déclara l'empereur Yuan Shizu dans un édit impérial : « Je ne prends que les montagnes célèbres et les grandes rivières comme objet de sacrifice impérial. À présent, les montagnes célèbres, les grandes rivières et les Quatre mers appartiennent toutes au territoire des Yuan. »[40] Les dynasties Ming et Qing suivirent ce système de sacrifice et de canonisation des Yuan, mais ce chapitre n'en fera pas l'objet d'explications détaillées.

## 2. La pratique maritime officielle et le développement du système impérial des connaissances maritimes

### (1) La pratique maritime officielle

En plus de l'imaginaire sur le « monde sous le ciel » et la distinction entre les Hans et les barbares, le développement du système officiel des connaissances maritimes se basait également sur les pratiques de navigation. Les connaissances sur les « Quatre mers » évoluèrent en raison des pratiques de navigation qui rectifièrent et complétèrent le système conceptuel déjà en place. Il y avait officiellement deux voies pour approfondir les connaissances maritimes : la navigation organisée par le gouvernement impérial et les émissaires venant de l'étranger. Le gouvernement impérial était familier de la navigation en eaux côtières depuis longtemps[41], mais les connaissances accumulées pendant ce processus ne furent pas admises dans le système des connaissances maritimes reconnu par le pouvoir. La navigation au large à l'époque pré-Qin et sous les dynasties Qin et Han était en outre très limitée. Le fait que l'empereur Qin Shi Huang et l'empereur Han Wudi se rendirent en mer de l'Est pour chercher l'élixir d'immortalité en était la parfaite illustration. En mer de l'Est, il y avait des montagnes saintes où l'on pouvait se procurer l'élixir de longue vie. Il s'agissait d'une rumeur qui courait depuis l'époque pré-Qin selon laquelle Qin Shi Huang s'était rendu à plusieurs reprises vers la mer de Bohai et avait envoyé des hommes pour chercher l'élixir de vie. Le *Shi ji* consigna :

> C'est à partir de l'époque des rois Wei et Xuan du royaume de Qi et du roi Zhao du royaume de Yan que des hommes ont été envoyés en mer à la recherche des monts Penglai, Fangzhang et Yingzhou. On dit que ces trois montagnes saintes se trouvent au milieu de la mer de Bohai, et qui ne sont pas si éloignées. C'est là où se trouvent les immortels et l'élixir d'immortalité. Lorsque Qin Shi Huang a unifié l'Empire de Chine, il est venu en bord de mer. Les *fangshi* (magiciens, prétendus experts en immortalité), qui lui parlaient à ce sujet, étaient innombrables. Mais Qin Shi Huang avait peur de ne pas pouvoir réussir même s'il allait en personne chercher l'élixir en mer. Il a alors ordonné à un homme de s'embarquer avec un groupe de jeunes garçons et filles

---

40. Chen Yuan (auteur). Chen Zhichao (correcteur). *Daojia jinshi lüe* (« *Inscriptions du taoïsme* »). Beijing : Wenwu chubanshe (Maison d'édition des reliques culturelles), 1988. p. 670.

41. Wang, Zijin. « La navigation en eaux côtières sous les dynasties Qin et Han. » *Fujian luntan* (« *Forum du Fujian* »). Issue 5. 1991.

pour rechercher ces montagnes. Leur bateau a dérivé en pleine mer, et ils ont présenté leurs excuses en alléguant qu'un vent contraire les avaient poussés au large, justifiant ainsi qu'ils n'avaient pas pu atteindre les montagnes, mais qu'ils les avaient vues de loin. L'année suivante, Qin Shi Huang est revenu se promener en bord de mer, et est arrivé à Langya. Il est passé par la montagne Heng (du Nord), et est revenu de Shangdang. Trois ans plus tard, il s'est rendu à Jieshi, et a fait subir un interrogatoire aux magiciens qui naviguaient en mer. Il est revenu de Shangjun. Cinq ans plus tard, Qin Shi Huang est allé au sud jusqu'à la montagne Xiang, puis est monté à Kuaiji. Il a longé le bord de mer dans l'espoir de trouver l'élixir d'immortalité des trois montagnes saintes qui se situaient au centre de la mer. Finalement, il ne l'a pas trouvé. À son retour, il est décédé à Shaqiu.

Au temps de Han Wudi, Li Shaojun, magicien, ensorcela à nouveau l'empereur en lui disant :

Vous pourrez voir les immortels de l'île Penglai qui est au milieu des mers. Quand vous les aurez vus, et que vous leur aurez offert des sacrifices, alors vous ne mourrez pas……Le maître Anqisheng est un saint immortel qui parcourt Penglai. Lorsque l'on lui plaît, il se montre aux hommes ; sinon, il reste invisible.

Alors, Han Wudi envoya en mer des magiciens à la recherche de l'île de Penglai et du maître Anqisheng. Mais ces derniers ne furent jamais trouvés. En même temps, des magiciens aux pratiques étranges des pays côtiers de Yan et Qi virent en nombre toujours plus considérable discourir sur ce qui concernait les dieux.[42] C'est en se rendant en mer eux-mêmes que Qin Shi Huang et Han Wudi cherchèrent les saints immortels et l'élixir qui pourrait les empêcher de mourir. Ils abordèrent cette question de façon solennelle et planifièrent leur action. Avec l'autorité de l'empereur, il était ainsi possible d'obtenir des connaissances plus complètes sur la mer de l'Est, incluant les connaissances maritimes populaires. La recherche de l'élixir d'immortalité montre que sous la dynastie Qin et au début de la dynastie Han de l'Ouest, que ce fût pour le pouvoir impérial ou au sein de la population, il existait des lacunes concernant la navigation en mer de l'Est, ce qui n'empêcha pas de développer un imaginaire collectif sur le monde des immortels.

Les activités maritimes organisées par les autorités impériales étaient historiquement peu nombreuses, mais elles constituaient un moyen important d'acquérir des connaissances sur la mer. Par exemple, l'empereur Sui Yangdi envoya au Japon Pei Qing. Ce dernier arriva au Japon en passant par une dizaine de pays tels que le Baekji, le Takeshima, le Tamna et le Tsushima. Le monarque japonais se rendit en périphérie avec sa garde d'honneur pour accueillir cet envoyé de la dynastie Sui. Il offrit un festin à l'émissaire, et engagea une conversation avec lui. Tout fut couché par écrit. La conversation trahissait principalement la distinction entre les Hans et les barbares. Par exemple, le monarque japonais dit :

---

42. « Livre de *Fengchan.* » juan 28 dans *Shi ji*. p. 1369, p. 1370, p. 1385, et p. 1386.

J'entends dire qu'à l'ouest de la mer, se trouve la grande dynastie Sui, un État hautement civilisé. C'est pourquoi j'ai fait payer tribut. Nous, barbares, ne sommes pas bien civilisés. C'est ainsi que nous sommes restés sur notre territoire sans aller rendre visite à l'empereur des Sui. Aujourd'hui, nous avons ouvert la voie, et décoré le palais pour vous accueillir, en espérant en apprendre davantage sur les innovations et les changements de par chez vous.

Pei Qing lui répondit : « Ayant une moralité comparable au Soleil et à la Lune, l'empereur accorde des faveurs au monde entier. Après avoir entendu dire que vous nous admirez, il a envoyé des hommes ici pour annoncer son décret impérial. » Par ailleurs, l'empereur Sui Yangdi recruta quelqu'un capable d'aller dans des lieux très éloignés, et envoya des ambassadeurs comme Chang Jun au royaume de Chitu, situé en mer du Sud. « Biographie du Chitu » du *Sui shu* enregistra en détail ce que Chang Jun avait vu et entendu durant sa mission diplomatique, y compris son voyage en mer, les mœurs et les coutumes locales, l'hospitalité et les banquets organisés. La garde d'honneur avec laquelle le roi du Chitu accueillit les émissaires des Sui, et le fait que l'émissaire du Chitu alla payer tribut à la cour Sui avec Chang Jun furent également notés dans les documents.[43]

La première année de l'ère Zhenyuan (en 785) sous la dynastie Tang, l'eunuque Yang Liangyao fut envoyé au Califat islamique en s'y rendant par voie maritime. Il prit son départ à Guangzhou. Selon Rong Xinjiang, Yang Liangyao commencerait sa mission diplomatique la première année de Zhenyuan, à savoir qu'il partit de Chang'an en juin 785, prit la mer au Guangdong en octobre, et arriva à Bagdad au mois de mai de l'année suivante. Il revint au Guangdong en mai 787, et retourna à Chang'an en juillet. Rong Xinjiang a également signalé que Jia Dan, l'auteur du *Huanghua sida ji*, avait une relation profonde avec Yang Liangyao. Il est donc possible que le registre concernant les « routes maritimes du Guangdong aux barbares », du Guangdong à Bagdad dans le cas présent, provenait soit du rapport de la mission de Yang Liangyao, soit du récit de Yang lui-même.[44] Les « routes maritimes du Guangdong aux barbares » dans l'œuvre de Jia Dan est le premier registre détaillé de la route maritime du Guangdong à Bagdad en passant par la mer du Sud et l'océan Indien.

Les autorités Song envoyèrent peu d'ambassadeurs aux pays d'outre-mer. Ce n'est que lors de la quatrième année de l'ère Yongxi (en 987) que Song Taizong envoya huit eunuques, en leur octroyant des édits, de l'or et des tissus de soie et en les divisant en quatre groupes, aux pays proches de la mer du Sud pour inviter ces derniers à payer tribut à la cour Song et acheter des médicaments

---

43. « Chronique du Chitu. » juan 81 et « Chronique du Japon » juan 82 dans *Sui shu.* pp. 1827-1828 et pp. 1385-1386.

44. L'histoire selon laquelle Yang Liangyao s'était rendu au Califat islamique par voie maritime fut découverte grâce à l'exhumation de la « Pierre tombale de Yang Liangyao » en 1984, et Zhang Shiming fut le premier à consigner cette histoire, Cf. « Yang Liangyao : le premier ambassadeur qui entreprit une expédition maritime vers l'océan occidental en Chine (publié dans le *Xianyang shifan xueyuan xuebao* (« *Journal de l'Université normal de Xianyang* »). Issue 3. 2005). Rong Xinjiang a fait une recherche approfondie sur l'inscription de la pierre tombale et son récit, Cf. « Nouvelles preuves sur l'histoire des relations entre la dynastie Tang et le Califat islamique. » dans *Sichou zhilu yu dongxi wenhua jiaoliu* (« *La route de la soie et les échanges culturels entre l'Orient et l'Occident* »). Beijing : Beijing daxue chubanshe (Presse de l'Université de Beijing), 2015. pp. 91-95.

parfumés, des dents de rhinocéros, des perles et du bornéol. Song Taizong donna trois édits impériaux à chaque groupe que ces eunuques octroyeraient ensuite aux monarques des pays où ils se rendaient.[45] Outre les citations ci-dessus, il ne reste aucune information supplémentaire en la matière. C'est le *Xuanhe fengshi Gaoli tujing* (« *Dossier illustré d'une ambassade pour le Goryeo dans l'ère Xuanhe* ») qui consigna le plus d'informations sur la navigation des missions officielles des Song. Ce livre fut écrit par Xu Jing qui se rendit en mission au Goryeo la cinquième année de l'ère Xuanhe. Dans la préface de ce livre, il fut écrit :

> À l'issue de l'audience impériale, le premier jour du premier mois du calendrier lunaire, l'empereur a fait étaler les cartes des Quatre mers à la cour. Pour les ambassadeurs envoyés dans les autres pays, connaître bien ces cartes serait leur première mission. Ils devraient rendre compte à l'empereur de leur découverte durant les missions diplomatiques, et lui faire connaître le monde dans sa globalité. C'est ainsi que l'empereur connaît les informations des lieux très éloignés sur le bout des doigts, même s'il vit de façon isolée dans les murs du palais.

Par conséquent, Xu Jing profita de tous les moyens mis à sa disposition pour essayer d'obtenir des informations telles que les voies maritimes, le régime et la situation politiques, et les mœurs sociales. Ces informations, dont plus de 300 pièces, étaient classées en 40 juans qui, avec des illustrations et des descriptions bien détaillées, formaient un grand ouvrage intitulé *Xuanhe fengshi Gaoli tujing*. Par ordre impérial, ce livre fut conservé au palais impérial, et était mis à la disposition de l'empereur et des fonctionnaires chargés du dossier et des événements historiques.[46]

Une autre source importante des connaissances maritimes officielles était les étrangers qui venaient en Chine. Grâce à eux, il était possible de consigner des informations sur le Japon pour la première fois sous la dynastie Han. Dans le *Han shu*, il fut écrit : « Les Japonais vivent sur la mer de Lelang, et se regroupent en une centaine de tribus. Ils viennent payer tribut chaque année. »[47] Les informations sur le Japon sont plus détaillées dans le *Hou Han shu*. Après la conquête de la Corée par l'empereur Han Wudi, une trentaine de royaumes envoyèrent des émissaires chez les Han. Par conséquent, le pouvoir impérial put se procurer plus de renseignements qu'auparavant.[48] Collecter des informations sur les divers pays auprès des émissaires étrangers était la tradition de toutes les dynasties. Sous la dynastie des Qi du Sud, le monarque du royaume de Funan envoya Nagasena en Chine. Ce dernier arriva dans la capitale, tout en parlant des mœurs et coutumes de son pays.[49] Sous la dynastie Sui, l'émissaire japonais vint en Chine, et l'empereur ordonna

---

45. « Fonctionnaires (44). » dans *Song huiyao jigao*. p. 4204.

46. « Préface originale. » dans Xu Jing. *Xuanhe fengshi Gaoli tujing* (« *Dossier illustré d'une ambassade pour le Goryeo dans l'ère Xuanhe* »). tome 8 dans *Quansong biji* (« *Notes des Song* »). troisième édition. Zhengzhou : Daxiang chubanshe, 2008. pp. 7-8.

47. « Géographie (deuxième partie). » juan 28 (deuxième partie) dans *Han shu*. p. 1658.

48. « Chronique du Japon. » juan 85 dans *Hou Han shu*. p. 2820.

49. « Chronique du Funan. » juan 58 dans *Nanqi shu* (« *Livre des Qi du Sud* »). Beijing : Zhonghua shuju, 1972. p. 1016.

au récepteur de s'informer des mœurs sociales japonaises.[50] Sous la dynastie Tang, lorsque les barbares venaient, la Cour du cérémonial impérial devait s'informer des conditions naturelles et des mœurs de leurs royaumes. Puis, la tâche lui incombait de faire un dessin correspondant, et de soumettre toutes les informations au *Zhifangsi* (organisme qui faisait partie du Ministère des Guerres de la Chine impériale). Il fallait surtout dessiner les traits et les habits des envoyés qui venaient payer tribut.[51] La Cour du cérémonial impérial était chargé de collecter les informations des royaumes hors de Chine auprès des émissaires étrangers.

À l'instar des dynasties précédentes, la dynastie Song ordonna aux fonctionnaires des services chargés des affaires étrangères de collecter les informations extérieures auprès des émissaires, l'une de leurs fonctions importantes. Dès l'arrivée des envoyés étrangers qui venaient payer tribut, les fonctionnaires chargés de les accompagner étaient désignés pour demander leurs trajets, leurs coutumes, et dessiner leurs habits afin de les soumettre aux fonctionnaires en charge des dossiers historiques.[52] Leurs habits étaient dessinés, tandis que les conditions naturelles du pays et leurs mœurs étaient couchés par écrit.[53] Des informations étaient demandées à propos de leurs villes, leurs coutumes sociales, et la distance entre la Chine et leur royaume. Quant aux deux livres dans lesquels étaient dessinés l'apparence et les habits des émissaires étrangers, l'un serait soumis au palais impérial, et l'autre serait placé dans les archives historiques.[54] Les organismes frontaliers et les *shibosi* (institution chargée d'administrer le commerce extérieur maritime) devaient également remplir la même fonction. Sous le règne de l'empereur Song Zhezong, au sujet des émissaires des royaumes qui venaient payer tribut pour la première fois, il fallait que le commissaire militaire, le *qianxia* (« administrateur des affaires militaires ») et le commissaire des transports demandassent aux émissaires la localisation, l'étendue de leur royaume et à quel pays celui-ci ressemblait le plus[55]. De même, sous le règne de l'empereur Song Huizong, lorsque les émissaires étrangers venaient en Chine, le *shibosi* devait, conformément au *Zhenghe ling* (« Décret Zhenghe »), leur demander la localisation, l'étendue, et la puissance de leurs royaumes, et à quel pays ceux-ci ressemblaient le plus.[56] Les informations que le pouvoir impérial obtenait auprès des envoyés étrangers, telles que leur position, leurs trajets, leurs mœurs sociales et leur situation politique, seraient conservées dans les archives historiques, et deviendraient une source documentaire pour la rédaction et la révision du *Guo shi* (« *Histoire d'État* »).

---

50. « Chronique du Japon. » juan 81 dans *Sui shu*. p. 1826.

51. « Fonctionnaires (I). » juan 46 dans *Xin Tang shu*. p. 1198.

52. *Xu Zizhi tongjian changbian* (« Longue ébauche de la continuation du *Zizhi tongjian* (« *Miroir compréhensif pour aider le gouvernement* ») »), juan 110, gengshen, janvier, neuvième année de l'ère Tiansheng. Beijing : Zhonghua shuju, 2004. p. 2552.

53. « Fonctionnaires (III). » juan 163 dans *Song shi*. p. 3854.

54. « Barbares (VII). » dans *Song huiyao jigao*. p. 9951.

55. *Xu Zizhi tongjian changbian* (juan 441, bingchen, avril, cinquième année de l'ère Yuanyou (où l'on enregistra « zhuan yun (transports) » comme « an fu (militaire) »), p. 9962.

56. « Barbares (IV). » dans *Song huiyao jigao*. p. 9814.

## (2) La collecte des connaissances nautiques au sein de la population

La navigation populaire apporta un grand nombre de connaissances maritimes au pouvoir impérial. Au cours des dynasties Jin, du Nord et du Sud, les royaumes situés en mer du Sud avaient beaucoup échangé commercialement avec la Chine. Par exemple, dans le *Nanqi shu* (« *Livre des Qi du Sud* »), le fonctionnaire historien dit :

> Les navires de commerce sont arrivés de loin, et se sont chargés de la circulation des produits dans le Sud de la Chine. De ce fait, Jiaozhou et Guangzhou sont devenus riches. Le trésor de l'administration préfectorale était plein d'or, d'argent et d'objets précieux.

Sous les Jin, Fan Wen, ancien esclave de Fan Zhi, chef des barbares de la commanderie de Rinan, vint faire du commerce en Chine à maintes reprises. Après avoir eu connaissance du régime des Jin, Fan Wen exhorta Fan Yi, roi de Linyi, à faire construire des villes, des pavillons et des palais.[57] Bien entendu, les commerçants apportèrent aussi des informations de l'extérieur en Chine. Avant la dynastie Tang, il s'agissait principalement des marchands étrangers qui faisaient du commerce en mer du Sud. Chaque année, ils venaient à l'Annam et à Guangzhou. En effet, à Guangzhou, Quanzhou et Yangzhou habitaient bon nombre de commerçants étrangers, dirigés par un chef.[58] L'empereur Tang Wenzong disait que c'est en admirant la réputation de la Chine que venaient les navires étrangers en mer du Sud. Il demandait de charger les observateurs généraux locaux de questionner de manière régulière les visiteurs étrangers du Lingnan, du Fujian et de Yangzhou.[59] De là nous pouvons voir qu'il existait un système de gestion rigoureux des commerçants étrangers sous la dynastie Tang, et qu'il fallait s'informer en détail de leurs renseignements. Les documents existants, à savoir le *Faxian zhuan* (« *Relations des royaumes bouddhiques* ») de Faxian, le *Tang daheshang dongzheng zhuan* (« *Chroniques de l'expédition orientale du moine Jianzhen* ») du Maître Ōmi no Mifune et le *Ru Tang qiufa xunli xingji* (« *Souvenirs d'un pèlerinage en Chine en quête de la loi* ») d'Ennin, consignèrent à la fois les activités nautiques des trois moines et des connaissances maritimes telles que les voies et les techniques de navigation, etc. Ces moines empruntèrent tous des navires commerçants étrangers ou ceux de délégation étrangère. Néanmoins, les connaissances maritimes dans ces deux cas ne furent pas prises en compte par le pouvoir impérial.

Par contre, le livre intitulé *Xuanhe fengshi gaoli tujing* écrit par Xu Jing au cours de sa mission diplomatique fut soumis à la cour Song. La délégation emprunta huit navires : à l'exception de deux *shenzhou* (litt. « bateau divin »), furent également loués six bateaux de passagers (navires marchands) du Fujian. Du 34ᵉ au 39ᵉ juans du *Xuanhe fengshi gaoli tujing*, l'auteur consigna la voie

---

57. « Chronique du Funan » juan 58 dans *Nanqi shu*. p. 1013 et p. 1018.

58. Li Zhao. *Tang guoshi bu* (« Compléments de l'histoire dynastique des Tang »). deuxième partie. Shanghai : Shanghai guji chubanshe, 1979. p. 63.

59. « Les Bons mots impériaux après la reprise de la santé au cours de la huitième année de l'ère Taihe. » juan 10 dans *Tang dazhaoling ji* (« *Collection des édits impériaux de la dynastie Tang* »). tome 426 dans *Siku Quanshu*, Wenyuan Ge. p. 99.

navigable allant de Mingzhou jusqu'au Goryeo, les courants marins, et les méthodes de navigation, y compris celles pour se repérer dans la mer, celles pour manipuler les voiles et le gouvernail ainsi que les moyens de résister aux tempêtes en mer. Quelquefois, la seule observation à l'œil nu suffisait à la pratique nautique pour acquérir des connaissances maritimes. Toutefois, l'acquisition de certaines connaissances maritimes nécessitait l'accumulation de la pratique en mer sur le long terme. Dans ce livre, il existe un registre détaillé sur la voie maritime allant de Mingzhou jusqu'à l'embouchure du fleuve Licheng du Goryeo, à savoir : partir du port de Mingzhou, en passant par le mont Zhaobao, le mont Hutou et Jiaomen de Dinghai, Shenjiamen du comté de Changguo, le mont Meiceng, l'îlot Hailü, et le mont Penglai, pour gagner le large, en passant par l'îlot Banyang, l'océan Baishui, l'océan Huangshui, l'océan Heishui, le mont Jiajie, Wuyu et arriver au port de Licheng du Goryeo. Malgré ses propres connaissances, l'auteur obtint les noms de chaque lieu grâce aux bateliers. Par exemple, un batelier qui s'occupait de la perche l'informa à propos de Wuyu, et un autre batelier lui donna des renseignements sur l'îlot Binglang. Les connaissances en matière de techniques résultaient surtout de l'accumulation de la pratique incessante de la navigation populaire. Xu Jing coucha par écrit les techniques de navigation du convoi. Par exemple, il ne fallait pas s'arrêter dans l'obscurité de l'océan, et on devait avancer en suivant les étoiles. De même, il ne manquait pas de localiser les marqueurs en surface, à savoir les îles principales le long du parcours. Par ailleurs, il se servait d'un poids en plomb pour détecter la profondeur de la mer, tout en observant la couleur des courants marins. Lorsqu'il faisait sombre, il se repérait à l'aide de la boussole. L'utilisation des voiles, des rames et des godilles était aussi très compliquée. Chaque navire était équipé de dix godilles, avec cinquante voiles en tissu, des voiles mises à gauche et à droite et dix petites voiles mises au-dessus des grandes voiles (appelées *yehufan* (litt. « voile à renard sauvage »)). Le vent venait des huit directions, et on ne pouvait pas avancer dans son sens contraire. Il était possible pourtant de continuer la navigation en utilisant différents genres de voiles face au vent venant des sept autres directions. De plus, grâce aux expériences accumulées pendant une longue période, les membres du convoi trouvèrent un bon moyen de rester en contact les uns avec les autres. Lorsque le convoi gagna le large, les huit navires firent tous battre le tambour et sonner le gong, dressèrent les drapeaux et prirent départ l'un après l'autre. Une fois le feu allumé dans la nuit, les huit navires se firent écho les uns aux autres. Au retour, le convoi rencontra une tempête et d'énormes vagues près de Takeshima, et les navires furent sur le point de se coucher sur le flanc. La peur l'envahit, et il battit le tambour tout de suite afin de faire revenir tous les navires. Le convoi revint à Takeshima en bon ordre. Durant les trajets de longue durée, le convoi conçut des solutions pour faire face au danger. Le chef (du convoi) connaissait bien les voies navigables, et excellait à prévoir le climat et à gérer le personnel, ce qui lui apportat un grand soutien. Sous son commandement, même dans une situation critique, les navires agissaient dans une coordination parfaite les uns avec les autres, comme un seul. Quand le convoi passa par Wuyu et le mont Jiajie, le vent du nord rugit, et il baissa les voiles pour y faire face.[60] Nous pouvons

---

60. De « Voies maritimes (I) » juan 34 à « Voies maritimes (VI) » juan 39 dans Xu Jing (auteur). D'après le classement de Yu Yunguo *et al. Xuanhe fengshi Gaoli tujing*. p. 129-149.

voir par là que l'expérience de la navigation populaire était la méthode principale employée par le pouvoir impérial pour acquérir des connaissances techniques de navigation.

En outre, la navigation populaire était également un moyen important pour les autorités de se procurer des connaissances sur les produits et les marchés des royaumes d'outre-mer. Bien sûr, le pouvoir pouvait obtenir des connaissances sur la situation sociale et commerciale de ces pays par l'intermédiaire de la navigation officielle, en particulier par l'envoi d'émissaires. La navigation officielle était pour autant moins systématique et moins approfondie que la navigation populaire, surtout sous les Song où les commerçants marins chinois prenaient part en grande partie aux échanges en mer du Sud. La navigation populaire fit preuve d'avantages incomparables en matière d'acquisition des informations sociales et commerciales issues de l'étranger.

Comme mentionné ci-dessus, le *shibosi* assumait la responsabilité de collecter les informations extérieures. Lorsqu'il détenait le poste de *tiju shibo* (chargé de contrôler les bateaux au port et de percevoir l'impôt commercial) du Fujian, Zhao Rukuo prêta une grande attention à l'acquisition des informations auprès des commerçants marins étrangers en leur demandant le nom de leurs royaumes, leurs mœurs sociales, leur réseau routier, leurs montagnes, leurs fleuves et leurs produits spéciaux. Puis, il traduisit en chinois ce que les commerçants avaient dit, supprima les propos obscènes, et garda les faits réels. Enfin, il synthétisa des documents historiques divers, et rédigea le *Zhufan zhi* (« *Annales des pays barbares* »).[61] Ce livre reflète principalement la conscience et la connaissance maritimes des commerçants en mer. L'auteur mit l'accent sur les informations des royaumes d'outre-mer directement relatives aux échanges commerciaux telles que les voies navigables, les produits, les marchés, les mœurs sociales et les marchandises. Beaucoup de choses furent ainsi enregistrées dans ce livre : les voies navigables reliant la Chine aux différents royaumes et le changement des moussons durant le trajet ; les marchandises étrangères que les Chinois pouvaient acheter ; la politique commerciale et la situation des marchés de divers royaumes ; leurs régimes politiques et leurs mœurs sociales ; les marchandises que les Chinois pouvaient vendre aux royaumes d'outre-mer. Ces connaissances étaient nécessaires pour les marchands chinois qui faisaient du commerce à l'étranger. Par exemple, en ce qui concernait le Srivijaya, ce pays se trouvait au sud de Quanzhou, et en hiver, à l'aide du vent, il fallait seulement environ un mois pour y parvenir. Les produits (locaux) comprenaient des tortues, du bornéol, de l'encens, des girofles, des bois de santal, etc. Situé en mer, ce royaume contrôlait la voie principale de circulation des barques et des transports de tous les pays. Si un navire de commerce passait par là mais n'y entrait pas, ce royaume lancerait une attaque. Les marchandises que les commerçants chinois y vendaient étaient l'or, l'argent, la porcelaine, le brocart, la soie, le sucre, le fer, le vin, le riz, le gingembre séché, la rhubarbe, le camphre, etc.[62] Nous pouvons dire que le *Zhufan zhi* était un guide pour le commerce extérieur. Ce livre compila l'ensemble de tout ce dont le *shibosi* s'informait auprès

---

61. Préface écrite par Zhao Rukuo dans Zhao Rukuo (auteur). Yang Bowen (correcteur). *Corrections et explications du Zhufan zhi*. Beijing : Zhonghua shuju, 1996. p. 1.

62. « Srivijaya. » juan 1 dans Zhao Rukuo (auteur). Han Zhenhua (correcteur). *Zhufan zhi zhubu* (« *Annotations pour les Annales des pays barbares* »). Centre des recherches asiatiques de l'Université de Hong-Kong, 2000. pp. 46-47.

des commerçants marins, et devint la source principale des connaissances maritimes du pouvoir impérial. Le *Zhizhai shulu jieti* (litt. « *Registre des livres et interprétations par Zhizhai* ») de Chen Zhensun et le *Wenxian tongkao* (« *Étude exhaustive des documents* ») de Ma Duanlin font tous état du contenu du *Zhufan zhi*. Ce dernier était alors une source importante des connaissances maritimes du pouvoir.

Les connaissances accumulées à travers les expériences de navigation populaire, telles que la mousson océanique, les courants marins, les marées et les voies navigables en eaux côtières, servaient aussi de sources pour les connaissances maritimes officielles. Les Song avaient déjà des connaissances approfondies sur les marées. Les livres *Xuanhe fengshi Gaoli tujing*, *Xianchun Lin'an zhi* (« *Chronique de Lin'an pendant la période de Xianchun* ») et *Chunyou Lin'an zhi* (« *Chronique de Lin'an pendant la période de Xianchun* ») consignèrent tous l'observation des lois sur les marées, et les expliquèrent par la théorie du Yin-Yang.[63] Ici, citons comme exemple les voies navigables des eaux côtières. Sous la dynastie Song, il y eut un enregistrement précis des voies navigables côtières allant du Shandong jusqu'au Guangdong. Quant aux voies navigables côtières de Mizhou à l'embouchure du Yangtsé, en raison de nombreux bancs de sable, il convenait de prendre des bateaux à fond plat et de bien maîtriser les marées et les voies maritimes pour naviguer. Les Song firent état de trois voies navigables côtières de Haizhou jusqu'au Zhejiang. La route en océan intérieur partait de Haizhou, pour atteindre le village de Yangjia, situé à l'embouchure du fleuve Gan, puis bifurquait vers Liaojiao, pour arriver jusqu'aux fleuves Qinglong et Yangzi. En ce qui concernait la deuxième, prenant le départ de Haizhou, on naviguait jusqu'à la mer, en longeant Dongdu, Miaosha, Yesha, Waisha, Yao, Liuzhusha pour arriver enfin à Paihuaitou, Jinshan et Ganpu. Il s'agissait de la voie navigable en océan extérieur. Quant à la troisième voie en grand océan, partant de Xinhaijie de Haizhou, on avançait vers l'est à partir du mont Dongzou, et tournait de nouveau au sud, jusqu'à Shitong et à Guan'ao du comté de Changguo, pour arriver à Dinghai en passant par le mont Dai, le fleuve Cen et Sangu.[64] Les deuxième et troisième voies étaient les plus droites, mais il y a avait un risque de tempêtes. Prenant la voie en océan intérieur, il fallait naviguer le long des régions littorales. Le trajet était sinueux, lent et long.[65] De plus, il fallait suivre la grande rive du nord-ouest, et trouver le canal d'inondation pour avancer. Aux mois de mai et de juin de chaque année, le vent du sud soufflait. Lorsque la marée montait de 4 *fen* (unité de longueur qui équivaut à 1/3 de centimètres), le navire pouvait avancer. Par contre, quand la marée montait de 9 *fen*, le navire devait jeter l'ancre tout de suite. Lorsque la marée ne montait que d'un *fen*, le navire restait sur place pour éviter d'échouer. Ainsi, cette voie ne permettait pas au navire

---

63. « Voies maritimes (I). » juan 34 dans Xu Jing (auteur). D'après le classement de Yu Yunguo *et al. Xuanhe fengshi Gaoli tujing*. pp. 127-128. « Montagnes et fleuves (X). » juan 31 dans *Xianchun Lin'an zhi* (« *Chronique de Lin'an pendant l'ère Xianchun* »). Beijing : Zhonghua shuju, 1990. pp. 3644-3645. « Marée. » juan 10 dans *Chunyou Lin'an zhi* (« *Chronique de Lin'an pendant l'ère Chunyou* »). Beijing : Zhonghua shuju, 1990. pp. 3315-3316.

64. « Inspecteurs de patrouille des neuf villages. » juan 5 dans *Kaiqing Siming xuzhi* (« *Suite de la Chronique de Siming pendant l'ère Kaiqing* »). Beijing : Zhonghua shuju, 1990. p. 5989.

65. « Inspecteurs de patrouille des neuf villages. » juan 5 dans *Kaiqing Siming xuzhi*. pp. 5989-5990.

d'avancer à mi-marée en s'arrêtant tous les jours. Si l'on n'arrivait pas à trouver de voie navigable, le navire serait certainement submergé. Seuls les marins sur un banc de sable pouvaient manœuvrer les rames.[66] Des marins expérimentés étaient donc nécessaires pour pratiquer la navigation.

Les connaissances sur ces voies navigables servaient de références importantes pour l'établissement de la défense navale de la dynastie des Song du Sud. Cette dernière analysa différentes voies navigables possibles que les Jin pourraient emprunter pour se rendre au sud. Les camps militaires destinés aux défenses maritimes furent établis selon les caractéristiques de chaque voie navigable. Si les Jin venaient guetter le fleuve Yangzi en océan intérieur, les forces navales de Xupu les affronteraient. S'ils attaquaient le Zhejiang en océan extérieur, les forces navales de Ganpu et de Jinshan les attendraient.[67] Sous la dynastie Yuan, le transport maritime, de l'embouchure du Yangtsé à la capitale, se réalisa surtout grâce à l'accumulation, sous les Song, des connaissances des voies navigables en eaux côtières, au nord de l'embouchure du Yangtsé. « Chronique du transport maritime » du *Yuan shi* (« *Histoire des Yuan* ») écrivit :

> Au cours de la 19ᵉ année de l'ère Zhiyuan, Bo Yan, se souvenant du fait que les voies maritimes avaient été marquées dans les cartes des Song, a cru alors que le transport maritime serait réalisable, et a demandé à la cour Yuan la permission de fabriquer 60 navires à fond plat pour transporter plus de 4 6000 *dan* (unité de mesure) de céréales jusqu'à la capitale par voie maritime.

Le transport maritime de la dynastie Yuan profita alternativement des trois voies mentionnées par les Song, soit celle en océan intérieur, celle en océan extérieur et celle en grand océan.[68]

De la dynastie Han à la dynastie Tang, les pratiques officielles et populaires de navigation mirent progressivement fin à l'imaginaire du monde des dieux de mer. Sous les Han de l'Est, on savait que la mer de l'Est n'était pas un endroit où résidaient seulement les dieux, mais là habitaient aussi des hommes. Les Japonais habitant en mer vivaient du labourage, du tissage et de l'élevage. Malgré des mœurs différentes, ils devaient également entretenir leurs parents et s'occuper de leur enterrement. Ils mangeaient, se vêtaient, avaient besoin d'un logement et marchaient, comme les Chinois.[69] Sous la dynastie Tang, on nia officiellement l'imaginaire du monde divin des dynasties Qin et Han. L'empereur Tang Taizong fit même savoir que les deux récits, à savoir celui selon lequel Qin Shi Huang envoya Xu Fu à la recherche d'élixir merveilleux en mer et celui selon lequel l'empereur Han Wudi envoya des hommes chercher des immortels, étaient fictifs et sans fondement.[70] L'accumulation des connaissances à travers les pratiques de navigation sous la

---

66. *Jianyan yilai xinian yaolu*, juan 54, guiwei, mai, deuxième année de l'ère Shaoxing, p. 1116.
67. « Villages nouvellement construits. » et « Visites. » juan 5 dans *Kaiqing Siming xuzhi.* p. 5989-5990.
68. « Chronique du transport maritime. » juan 93 dans *Yuan shi.* p. 2364.
69. « Chronique du Japon » juan 85 dans *Hou Han shu.* p. 1820-2821.
70. « Taizong (première partie). » juan 2 dans *Jiu Tang shu.* p. 33.

dynastie Song permit aux gens d'avoir de bonnes connaissances sur la position géographique de divers royaumes en mer de l'Est et en mer du Sud.[71]

## 3. La sélection et la mise à l'écrit des connaissances maritimes

Avec les échanges menés par les émissaires et le développement des pratiques maritimes telles que le commerce au sein de la population, le pouvoir impérial se procura progressivement une richesse de connaissances maritimes à travers différents moyens depuis les Han de l'Est. Lors de la rédaction des livres historiques que l'État allait ensuite rendre publics, ces connaissances devaient être d'abord sélectionnées, puis couchées par écrit selon les besoins de mettre en place une relation fondée sur la distinction entre les Hans et les barbares et le système tributaire.

Lorsque le pouvoir impérial révisait et rédigeait les livres historiques, il sélectionnerait les connaissances technique et commerciale, les mœurs sociales, les informations du vent, les courants marins et les voies maritimes d'origine populaire. Ces connaissances étaient consignées afin d'améliorer les pratiques maritimes, car elles étaient plus détaillées que celles qui venaient des autorités. Prenons comme exemple « Chronique du Java » du *Song shi* (« *Histoire des Song* »). Cette biographie se divise en deux parties. La première partie est consacrée à l'introduction des mœurs sociales du royaume de Java. La deuxième partie présente les tributs que ce royaume a versés à la cour Song. Afin de faire connaître ses mœurs sociales, l'auteur employa au total 513 caractères chinois parmi lesquels 442 viennent directement du *Zhufan zhi*. Quant aux 70 caractères chinois qui n'ont rien à avoir avec le *Zhufan zhi*, 27, à savoir "方言真珠为'没爹暇罗', 谓牙为'家罗', 谓香为'昆墩卢林', 谓犀为'低密'" (traduit en français : « Dans le dialecte du Java, la perle est appelée *mei die xia luo* ; les dents sont appelées *jia luo* ; l'épice est appelée *kun dun lu lin*, et le rhinocéros est appelé *di mi*. »), ils proviennent de l'ouvrage *Wenchang zalu* (« *Registres divers de Wenchang* ») de Pang Yuanying. Ce livre consigna les renseignements sur les royaumes étrangers dont l'office *Zhuke* (rattaché au Ministère des Rites, chargé de la réception des étrangers) s'était occupé, y compris le Java, le Srivijaya et le Champā situés en mer du Sud. Plus précisément, il y est question de ce que racontèrent les émissaires enregistrés dans le *Chaogong lu* (« *Registre des hommages rendus* »), rédigé et révisé par Pang Yuanying qui assumait la fonction de *zhuke langzhong* (responsable de l'office *Zhuke*) lors de la cinquième année de l'ère Yuanfeng (en 1082).[72] Ces 25 caractères chinois, à savoir "阇婆国, 在南海中"、"剪银叶为钱博易, 官以粟一斛二斗博金一钱" (traduit en français : « Le royaume de Java se trouve en mer du Sud. Les habitant font le commerce des feuilles d'argent, et les fonctionnaires échangent un *hu* (un instrument de mesure, équivalent à cinq *dou* sous la dynastie Song) et deux *dou* (un *dou* égalait dix litres) de grains

---

71. Huang, Chunyan. « Diffusion des connaissances maritimes et construction des images marines sous la dynastie Song. » *Xueshu yuekan* (« *Mensuel académique* »). Issue 11. 2015.

72. Juan 1 dans Pang Yuanying. *Wenchang zalu* (« *Registres divers de Wenchang* »). Un autre exemple, à savoir que « Le Srivijaya, pays voisin du Champā, est une autre branche ethnique des barbares du Sud » provient également du *Wenchang zalu* (Beijing : Zhonghua shuju, 1985, p. 9).

contre un *qian* (unité de poids, équivalent à 5 grammes) d'or. ») proviennent du *Sanchao guoshi* (« *Histoire des trois dynasties* »). D'après le *Qiantong* (un livre traitant des sciences économiques, écrit par Hu Wokun, sous la dynastie Ming), le *Sanchao guoshi* dit : «阇婆国, 在南海中。其国剪银叶为钱博易, 官以粟一斛二斗博金一钱» (traduit en français : « Le royaume de Java se trouve en mer du Sud. Les habitants font le commerce des feuilles d'argent, et les fonctionnaires échangent un *hu* et deux *dou* de grains contre un *qian* d'or. »).[73] Le fut rédigée et révisée successivement par Wang Dan et Lü Yijian. Il s'agissait de l'histoire officielle des règnes des empereurs Song Taizu, Song Taizong et Song Zhenzong. L'entretien des émissaires du royaume de Java que le Ministère des Rites avait soumis aux Archives nationales, servit de source documentaire. La cinquième année de l'ère Yuanfeng où Pang Yuanying assumait la fonction de *kesheng langzhong*, les envoyés du royaume de Java vinrent payer tribut à la cour Song. Comme mentionné ci-dessus, les renseignements recueillis auprès des émissaires par Pang Yuanying, en tant que *kesheng langzhong*, durent être soumis aux Archives nationales, et devinrent ensuite la principale source documentaire au cours de la rédaction de *Histoire nationale*. Pour les 18 caractères chinois restants, à savoir "目为秀才, 掌文簿, 总计财货。又有卑官殆千员" (traduit en français : « Les fonctionnaires civils nommés *xiucai* s'occupent des livres et des registres ainsi que du recensement des biens. Il y a encore environ 1 000 humbles fonctionnaires subalternes. »), il est impossible de trouver leur origine. Mais ces caractères, semblables à ceux du *Wenxian tongkao*[74], proviennent peut-être également de l'*Histoire nationale* de la dynastie Song.

Les cas de « Chronique du Brunei » et « Chronique du Srivijaya » dans le *Song shi*, voire celui de « Chronique du Champā », qui avait des échanges relativement fréquents avec la dynastie Song, étaient plus ou moins similaires à celui de « Chronique du Java ». Cela montre d'une part que, la dynastie Yuan, lors de la révision du *Song shi*, s'inspira beaucoup des connaissances populaires en matière de mœurs sociales des pays étrangers à propos desquelles les registres officiels étaient insuffisants. D'autre part, cela prouve que le pouvoir impérial des Song accordait une attention particulière à l'enregistrement des hommages rendus par les pays étrangers en se renseignant auprès des émissaires et en se procurant des connaissances maritimes à travers la navigation, tandis qu'il ne se préoccupait pas de la collecte des renseignements sur les mœurs sociales. De plus, les connaissances techniques de navigation étaient presque complètement négligées au cours de la collecte et la sélection des connaissances maritimes qui seraient enregistrées dans l'histoire officielle, alors que celles-ci étaient fondamentales, que ce fût pour la navigation officielle ou pour la navigation populaire. Cependant, les connaissances concernant les mœurs sociales, elles, jouaient également un rôle important pour la conception du « monde sous le ciel » et de l'ordre « Hua-Yi » (Hans et barbares).

Si la sélection des connaissances en matière de mœurs sociales pouvait servir à montrer le retard des barbares par rapport à la Chine, celle des activités tributaires était le point essentiel sur lequel le pouvoir impérial mettait l'accent durant l'écriture de l'histoire officielle. Il en allait

---

73. « Divers objets. » juan 7 dans Hu Wokun. *Qiantong.* Dans *Siku Quanshu*, Wenyuan Ge. p. 481 et p. 662.

74. « Recherche sur les quatre barbares (IX) – Java. » juan 332 dans *Wenxian tongkao.* p. 9149.

de même pour la sélection des documents des royaumes étrangers au cours de la rédaction et la révision des « Huit histoires » sous la dynastie Tang. Dans « Chronique du royaume de Funan » du *Nanqi shu*, le premier livre dans lequel on écrivit les chroniques de divers royaumes de la mer du Sud, la moitié du contenu fut consacré aux lettres de créance du Funan et aux édits des Qi du Sud. Dans les lettres de créance du royaume de Funan, non seulement le monarque se déclarait vassal, mais plusieurs phrases témoignaient aussi de la relation monarque – sujet entre Hua (la Chine) et Yi (les barbares), comme par exemple « les peuples des pays voisins, cultivés ou roturiers, tous se soumettent à vos ordres » ou « Votre majesté dirigeant les peuples, les Quatre mers présentent toutes leur soumission ».[75] Sous les dynasties du Nord et du Sud, la dynastie Sui et la dynastie Tang, le Japon avait une relation étroite avec le pouvoir chinois. Quant aux chroniques du Japon dans le *Liang shu* (« *Livre des Liang* »), à l'exception du trajet allant de la Chine au Japon et les coutumes sociales japonaises, on consigna principalement les tributs et les canonisations. Par exemple, sous les dynasties Qi et Liang, les empereurs conférèrent au monarque japonais Wu, le titre de *chijie*, le droit de diriger les affaires militaires des six royaumes dont le Japon, le Silla, le Mimana, le Gallo, le Qinhan et le Muhan, ainsi que le titre de général Zhendong. Sous la dynastie Liang, l'empereur lui donna le nouveau titre de général Zhengdong.[76] Selon le *Liang shu*, le roi du Kantoli rêva une fois d'un moine, qui lui dit :

> Grâce à l'empereur saint de Chine, le bouddhisme sera très répandu dans dix ans. Si vous y envoyez des émissaires pour payer tribut, votre peuple aura une récolte abondante, et les commerçants venant dans votre royaume seront en pleine croissance. Sinon, votre territoire ne sera plus en paix.

Le roi du Kantoli vint alors en Chine pour rendre visite au fils du Ciel dans son rêve. Dans la lettre de créance du royaume de Langkasuka, le monarque compara l'empereur de la dynastie Liang à Brahmā, et le considéra comme le maître du monde. Tout ce qui existait dans le ciel et sur la terre se soumettait à lui.[77] À en juger par ces propos, nous pouvons aisément deviner que la cour impériale chinoise retoucha et même inventa les lettres de créance pour faire ressortir l'ordre « Hua-Yi » à travers ces mots et ces expressions. Comme ce que dirent les fonctionnaires chargés des dossiers historiques du *Nanqi shu* et du *Sui shu*, les registres des barbares ayant des régimes, des mœurs sociales et des langues différents et se situant dans les montagnes ou les mers éloignées, avaient pour objectif de montrer que : « tous les royaumes venaient payer tribut à la cour impériale chinoise, et ne manquaient jamais à leur tâche », « l'empereur se consacre à la civilisation des barbares en fonction du temps », « l'empereur a un prestige universel »,

---

75. « Chronique du Funan. » juan 58 dans *Nanqi shu*. pp. 1015-1016.

76. « Chroniques des *Yi* de l'Est. » juan 54 dans *Liang shu* (« *Livre des Liang* »). Beijing : Zhonghua shuju, 1973. p. 804.

77. « Chroniques des pays en mer du Sud. » juan 54 dans *Liang shu*. p. 794 et p. 796.

« l'empereur gagne le soutien des barbares par sa grâce et son règne bienveillant. »[78] Ces contenus montrent non seulement le travail de sélection des informations concernant les pays étrangers par le pouvoir impérial sous les dynasties du Nord et du Sud et la dynastie Sui, mais aussi le travail de révision opéré par les Tang vis-à-vis de leur histoire officielle.

Ce phénomène se retrouve pour la révision du *Tang shi* (« *Histoire des Tang* ») pendant la période des Cinq Dynasties et sous les Song. « Chronique du Japon » du *Jiu Tang shu* (« *Ancien livre des Tang* ») aborde le Japon principalement à travers deux aspects. Le premier traite de l'origine du nom du royaume et offre un aperçu général du pays du point de vue géographique. Le deuxième aspect, qui en occupe les trois tiers de l'article, aborde l'envoi des émissaires japonais chez la dynastie Tang et les activités de ces derniers en Chine.[79] Ainsi, l'article révèle principalement la relation tributaire entre le Japon et la dynastie Tang. Ouyang Xiu insista particulièrement sur la distinction de « Hua-Yi » lorsqu'il rédigea et révisa le *Xin Tang shu* (« *Nouveau Livre des Tang* »). Il fit figurer les royaumes orientaux comme le Japon et le Silla dans « Chroniques des *Yi* de l'est », et ceux en mer du Sud comme le Hoàn Vương, le Chenla, le Kalingga et le Srivijava dans « Chroniques des *Man* du sud ». On compte pour « Chronique du Japon » du *Xin Tang shu* 994 caractères chinois, dont 146 servent à décrire la situation géographique et les mœurs sociales du pays, 35 renvoient aux tribus ou les « royaumes » voisins. Quant aux caractères restants, l'essentiel traite de la relation tributaire et les échanges entre le Japon et la dynastie Tang de génération en génération.[80] Les royaumes figurant dans « Chroniques des *Man* du sud » du *Xin Tang shu* comprennent le Hoàn Vương, le Panpan, le Funan, le Chenla, le Kalingga, le Touhe, l'Anga, le Srivijava, le Mingmie et le Dandan. Tous ces royaumes avaient payé tribut à la dynastie Tang.[81] Yao Silian, historien sous la dynastie Tang, dit en parlant de ses critères de sélection lorsqu'il révisait « Chroniques des royaumes en mer du Sud » du *Liang shu* :

> Sous les dynasties Han et Jin, les pays en mer du Sud faisant des échanges avec la Chine étaient peu nombreux. Ainsi, les historiens ne les ont pas consignés. Sous les dynasties Song et Qi, les émissaires d'une dizaine de royaumes sont venus en Chine. C'est à partir de cette époque-là que les historiens ont commencé à en rédiger la biographie. Dès le changement du sort impérial sous la dynastie Liang, ces royaumes ont commencé à suivre le calendrier de l'Empire chinois et à lui payer tribut. Ils y venaient par voie maritime chaque année, plus fréquemment que sous les dynasties précédentes. À l'heure actuelle, on rassemble les informations des royaumes sur leurs mœurs, et les compile dans « Chroniques des royaumes en mer du Sud ».[82]

---

78. « Chroniques des *Yi* du Sud-est. » juan 58 dans *Nanqi shu*. p. 1018. « Chroniques des *Yi* de l'Est. » juan 81 dans *Sui shu*. p. 1828, p. 1829 et p. 1838.

79. « Chronique du Japon. » juan 199 dans *Jiu Tang shu*. p. 5339-5341.

80. « Chronique du Japon. » juan 220 dans *Xin Tang shu*. p. 6027-6029.

81. « Chronique des *Man* du Sud (deuxième partie). » juan 222 (deuxième partie) *Xin Tang shu*. p. 6297-5306.

82. « Chroniques des pays en mer du Sud. » juan 54 dans *Liang shu*. p. 783.

Ainsi, les critères de sélection étaient surtout établis pour voir si le pays avait une relation tributaire avec la Chine.

Dans le *Song shi*, les pays en mer du Sud, dont les historiens écrivirent des chroniques, comprenaient le Champā, le Chenla, le Bagan, le Miaoli, le Srivijaya, le Java, le Brunei, la dynastie Chola et la principauté de Tambralinga. La plupart des chroniques étaient consacrées à la relation tributaire entre ces pays et la dynastie Song. Par exemple, dans les chroniques du Champā, dont la longueur dépasse celle de tous les autres pays, deux tiers du contenu était consacré à l'enregistrement des activités tributaires entre ce royaume et la dynastie Song. De plus, une grande partie des chroniques était réservée aux rapports tributaires qu'avait soumis le Champā, de manière à souligner la relation monarque – sujet, et la position dominante de l'empereur sur les territoires chinois et barbares. Par exemple, le rapport de la quatrième année de l'ère Jingde déclara :

> J'entends dire que le territoire chinois était limité au sud à Xiang et Chu (actuel Hunan) sous le règne des deux empereurs (Yao et Shun), et que sous les trois rois (Yu Le Grand, Tang et Zhou Wuwang), il ne dépassait pas au nord Youzhou et Yanzhou.

Il loua l'empereur Song Zhenzong en disant : « Vos exploits brillants sont sans précédent, et ne seront pas égalés. Partout sur votre territoire règne une atmosphère vivante, et personne n'hésite à vous déclarer sa soumission. » Il prétendit également : « Nous avons recueilli des produits locaux afin de vous les verser, et malgré les modestes cadeaux, nous éprouvons de grandes préoccupations. » Des expressions similaires apparurent dans les rapports tributaires de la dynastie Chola. Par exemple, celui de la huitième année de l'ère Dazhong Xiangfu écrivit :

> Dès l'avènement des deux premiers empereurs (Taizu et Taizong), la grande dynastie Song s'est mise à dominer le monde. Et puis Votre majesté a accédé au trône, a rendu hommage au Ciel et à la Terre au sommet du mont Tai, et a offert des sacrifices à Fenyin (dans l'actuel Shanxi). Après avoir entendu parler de votre moralité suprême, l'empereur céleste a conçu une affection profonde pour vous, et vous a confié de la sorte des missions importantes.

Ainsi, le monarque de la dynastie Chola chantait les louanges de l'empereur Song Zhenzong. Puis, en parlant de lui-même, il se déprécia : « Moi, modeste tel un moucheron et humble tel un chien de paille, vit de génération en génération dans des régions sauvages, très éloignées du territoire chinois. » En outre, les historiens des Song interprétèrent le tribut de la dynastie Chola par ce qui suit : « Le royaume a entendu dire qu'il n'y a pas eu de tempête en mer depuis dix ans, car selon la légende, c'est grâce au Saint chinois. De ce fait, il a envoyé Suoli Sanwen en Chine. »[83] La dynastie Chola, située au sud de l'Inde, était un pays puissant dans

---

83. « Pays étrangers (V). » juan 489 dans *Song shi*. p. 14098.

les zones maritimes indiennes et de l'Asie du Sud-Est. Et étant donné les différences culturelles, une telle connotation à la chinoise manifestée par des mots et des expressions classiques aurait manqué à la lettre de créance de la dynastie Chola. Il est impossible que le monarque du royaume se serait déprécié de la sorte.

Sans aucun doute, ce fut après les retouches et révisions des historiens de la dynastie Song que les rapports tributaires du Champā et de la dynastie Chola virent le jour. Selon le *Song huiyao jigao* (« *Ébauche de compilation de documents importants de la dynastie Song* »), dans le rapport tributaire du Champā de la deuxième année de l'ère Huangyou, la dynastie Song était appelée « la grande dynastie », l'empereur de la dynastie Song « le *guanjia* de la grande dynastie », et le monarque du Champā se nommait « *wo* (je/moi) ».[84] Même si cela correspondait bien à un genre de formulation employé entre un monarque et un sujet tributaire, cette expression n'était pas pour autant aussi standard que celle citée ci-dessus lors de la quatrième année de l'ère Jingde. Selon Zhou Hui, les rapports tributaires des pays étrangers avaient leurs propres formules. Comme ils n'étaient pas rédigés conformément aux règles, il fallait que les fonctionnaires d'un organisme spécifique les examinassent avant de les soumettre à l'empereur.[85] Les rapports étrangers devaient alors être retouchés et révisés avant d'être réutilisés dans le domaine politique sous la dynastie Song. Il existe de nombreux exemples de ce genre. Citons comme exemple la version originale traduite et la version retouchée du rapport tributaire de l'empire du Tibet de la huitième année de l'ère Qingli enregistré dans le *Song huiyao jigao*. Dans la version originale traduite, le monarque tibétain appelait l'empereur des Song « le *guanjia* de la grande dynastie », et se nommait lui-même « *wo* (je/moi) ». En revanche, dans la version retouchée, le monarque faisait référence à lui-même par « *chen* (sujet) », et appelait l'empereur des Song « Votre Majesté de la dynastie Song ». L'objectif de cette révision était de montrer la relation entre la Chine suzeraine et les barbares vassaux. En effet, la révision et la rédaction des lettres de créance étaient une convention de la dynastie Song.[86]

Ce qui témoigne le plus visiblement de la sélection des connaissances maritimes par le pouvoir impérial était la carte de « Hua-Yi » et le portrait des offrandes périodiques. Jia Dan, Premier ministre sous le règne de l'empereur Tang Dezong, produisit la carte « Hainei Huayi tu » (« Carte des territoires chinois et barbares dans le monde »), aujourd'hui perdue. Mais il est toujours possible de savoir que les informations des quatre barbares sur la carte étaient principalement issues de l'entretien des émissaires étrangers qui vinrent en Chine payer tribut. Il était expliqué :

---

84. Juan 7 dans *Song huiyao jigao* (« *Ébauche de compilation de documents importants de la dynastie Song* »). p. 9953.

85. « Rapports étrangers soumis à l'empereur chinois. » juan 6 dans Zhou Hui. *Qingbo zazhi jiaozhu* (« *Notes pour Divers registres à Qingbo* »). Beijing : Zhonghua shuju, 1994. p. 250.

86. Huang, Chunyan. « Diverses formes et discours général : les efforts de la dynastie Song dans la création de son image de maître des Hans et des barbares à travers les activités tributaires. » *Sixiang zhanxian* (« *Front idéologique* »). Issue 5. 2013.

Les émissaires des quatre coins sont venus des pays étrangers. Il (Jia Dan) s'asseyait ensemble avec eux pour s'informer de l'étendue de leur territoire. C'est après avoir collecté assez d'informations pendant 30 ans qu'il a produit la carte « Hainei Huayi tu ».[87]

Et comme le dit aussi Jia Dan lui-même : « Que les envoyés viennent par voie terrestre ou maritime, je me renseigne toujours auprès d'eux sur les lieux d'où ils sont issus et où ils vivent. »[88] Jia Dan produisit cette carte par ordre impérial, puis dut la soumettre à l'empereur. La onzième année de l'ère Zhenyuan, la carte fut terminée. Dans son rapport, il dit : « La première année de l'ère Xingyuan, je me suis agenouillé pour recevoir l'édit impérial dans lequel vous m'aviez demandé de réviser la carte de l'empire. »[89] Il s'agissait d'une carte du « monde sous le ciel » incluant divers pays étrangers en mer et reflétant la supériorité de la Chine par rapport aux barbares. Comme l'écrivit Cao Song dans « *À la vue de la Carte des territoires chinois et barbares* » : « La Chine est supérieure, et les barbares sont inférieurs et infimes. Les différentes montagnes se distinguent malgré leurs petites tailles sur la carte, et les quatre mers se présentent sous la forme de petites eaux. »[90]

La carte de « Hua-Yi » des Song connut également le même processus. Derrière le trône de l'empereur Song Xiaozong, au palais de Xuande, se dressait un paravent en laque dorée au dos duquel se trouvait la carte de « Hua-Yi ».[91] Le musée Beilin de Xi'an conserve une gravure de la carte de « Hua-Yi » de la dynastie des Song du Sud. Toutes ces cartes montrent que l'empereur dominait le monde. La carte « Gujin Huayi quyu zongyao tu » (« Carte générale des territoires chinois et barbares des temps anciens et modernes ») de la dynastie des Song du Sud est une carte complète des Song qui existe toujours, et qui propose une localisation géographique des différents pays en mer. Sur cette carte, le Japon se situe en mer de l'Est, juste en face de Suzhou ; Liuqiu (île de Taïwan) se trouve en mer de l'Est, en face de Mingzhou ; le Srivijaya, le Java et la dynastie Chola, situés en réalité sur l'île de Sumatra, sur l'île de Java et dans le sud de l'Inde, sont respectivement localisés à l'est de trois villes chinoises, à savoir Zhangzhou, Quanzhou et Chaozhou. Chacun de ces pays ne fut marqué que par un petit point.[92] Cette carte-là ne peut pas refléter la situation réelle des connaissances maritimes de la dynastie Song. En synthétisant les connaissances que les Song avaient sur la mer du Sud, nous pouvons voir qu'ils étaient tout à fait capables de dessiner la « Carte de Selden », redécouverte récemment. Cette dernière est conservée à la Bibliothèque bodléienne d'Oxford, et décrit avec une exactitude relative la situation géographique de la mer du

---

87. « Jia Dan. » juan 197 dans *Taiping guangji* (« *Grand recueil de l'ère de la Grande Paix* »). Beijing : Zhonghua shuju, 1961. p. 1480.

88. « Biographie de Jia Dan. » juan 138 dans *Jiu Tang shu*. p. 3784.

89. *Op. cit.*

90. Cao, Song. « À la vue de la Carte des territoires chinois et barbares. » juan 716 dans *Quantang shi* (« *Poèmes complets de la dynastie Tang* »). Beijing : Zhonghua shuju, 1980. p. 8225.

91. Wang Shengduo (correcteur). *Songshi quanwen* (« *Texte entier de l'histoire des Song* »), juan 24 (deuxième partie), guichou, mai, première année de l'ère Qiandao. Beijing : Zhonghua shuju, 2016. p. 2024.

92. Shui Anli. *Lidai dili zhizhang tu* (« *Collection des cartes géographiques de toutes dynasties* »). tome 585 dans *Suite du Siku quanshu*. Shanghai : Shanghai guji chubanshe, 2013. pp. 473-474.

Sud.[93] La réalisation des cartes de « Hua-Yi » sous les dynasties Tang et Song avait pour objectif principal de montrer le concept de « Hua-Yi » selon lequel *Hua* (la Chine) était supérieur aux *Yi* (les barbares) et le concept du monde centré sur la Chine.

## 4. Conclusion

En Chine ancienne, il existait depuis toujours deux systèmes de connaissances maritimes : celui du pouvoir impérial et celui issu des pratiques populaires. Malgré un processus de développement et des buts différents, ces deux systèmes s'entrecroisaient et s'influençaient réciproquement. L'imaginaire des « Neuf préfectures – Quatre mers » était à l'origine des connaissances maritimes officielles. Cet imaginaire avait pour but de construire une structure mondiale faisant preuve de sinocentrisme et reflétant l'ordre de « Hua-Yi ». Parmi les « Quatre mers », la mer de l'Est fut la première à avoir été observée. Avec l'exploitation du Lingnan sous la dynastie Qin, les Chinois apprirent également l'existence de la mer du Sud. La démarcation entre la mer du Sud et la mer de l'Est fut précisée progressivement jusqu'à la dynastie Song. La mer de l'Ouest et la mer du Nord ne correspondaient cependant pas à des espaces maritimes réels. On essaya de prouver leur existence sous la dynastie Han, mais toujours en se basant sur l'imaginaire des « Quatre mers ». Les Song indiquèrent avec précision que la mer de l'Ouest et la mer du Nord n'existaient pas réellement, mais les empereurs persistèrent à faire vivre l'imaginaire des « Quatre mers » à travers les rites de sacrifices et de canonisation.

Les pratiques officielles de navigation, incluant la collecte d'informations auprès des émissaires étrangers et la navigation organisée par le pouvoir impérial sous les dynasties différentes, constituaient une autre méthode pour se procurer des connaissances maritimes. L'une des fonctions importantes des organismes de rites était de collecter des informations extérieures auprès des envoyés. Par ailleurs, la navigation populaire apporta de nombreuses connaissances maritimes au pouvoir. Elle accordait une attention particulière aux connaissances pratiques et étroitement liées aux échanges commerciaux telles que les voies maritimes, les techniques de navigation, la situation commerciale, et les mœurs sociales, ce qui suppléa les insuffisances dans le système des connaissances maritimes des autorités et fournit un soutien technique à la navigation officielle. Les pratiques de navigation firent disparaître l'imaginaire des dieux de la mer. Et le pouvoir impérial accumula un grand nombre d'informations sur les pays étrangers pendant ce processus.

Le pouvoir impérial acquit des connaissances maritimes abondantes par l'intermédiaire de plusieurs procédés. Cela fait, les autorités opérèrent un travail révisionniste de l'histoire officielle et de la cartographie du monde à travers la sélection et la mise à l'écrit des connaissances maritimes. Ce travail reposait sur la conception du sinocentrisme et l'ordre de « Hua-Yi ». Une fois ceci

---

93. Huang, Chunyan. « Diffusion des connaissances maritimes et construction des images marines sous la dynastie Song. » *Xueshu yuekan*. Issue 11. 2015.

terminé, les connaissances maritimes officielles pouvaient être exposées au public. Le pouvoir impérial sélectionnait des connaissances dont la majorité provenait de la population et reflétait les mœurs sociales des pays étrangers. L'objectif était de pouvoir exprimer la distinction de « Hua-Yi » en matière de civilisation. Néanmoins, l'essentiel de ce qui fut couché par écrit concernait les informations sur les hommages rendus par les pays étrangers. On sélectionna les pays ayant une relation tributaire avec la Chine et enregistra leurs activités tributaires. En même temps, on retoucha, révisa et même créa des documents diplomatiques des pays étrangers à propos de leurs délégations en Chine. Tout cela avait pour but de manifester la relation monarque chinois – sujet barbare entre la Chine et ces pays.

Les connaissances maritimes officielles et populaires constituaient ensemble le système des connaissances maritimes de la Chine ancienne. Celui-ci, basé sur le concept de « Hua-Yi », la théorie du Yin-Yang et la théorie des Cinq éléments, connaissait son propre processus de développement et d'interprétation. Face au discours maritime diffusé dans le contexte des échanges croissants de la mondialisation dès l'époque moderne et fondé principalement sur les connaissances et les concepts des Occidentaux, il est significatif de clarifier le plus que possible l'origine et l'évolution des connaissances maritimes en Chine ancienne.

# CHAPITRE 15

# Les « mer » et « océan » dans les connaissances maritimes des dynasties Song et Yuan[*]

Sous la dynastie Tang, il était interdit à la population de mener des activités commerciales à l'étranger. Ce qui était appelé « politique étrangère » correspondait en fait à une politique d'ouverture vis-à-vis des étrangers mais n'avait pas franchi l'étape consistant à permettre au peuple de sortir des frontières du territoire.[1] En revanche, les dynasties Song et Yuan encourageaient non seulement les étrangers à venir en Chine, mais autorisaient et incitaient également leur propre peuple à se rendre en mer. Le développement sans précédent des pratiques maritimes et la croissance des connaissances inhérentes à ces dernières permirent de matérialiser la géographie maritime en un espace réel et concret, et plus seulement imaginaire. Cette nouvelle ère de connaissances et de concepts jeta les bases pour le développement du savoir maritime sous les dynasties Ming et Qing, et aida à faire face à l'impact et à l'intégration des connaissances et des idées apportées par la mondialisation. Des études connexes ont abordé des questions telles que les connaissances maritimes des dynasties Song et Yuan, la dénomination des anciennes mers chinoises, les océans de l'Est et de l'Ouest en mer de Chine méridionale sous les dynasties Ming et Qing, et l'océan de Qizhou.[2] Dans l'histoire du développement des connaissances et concepts maritimes, les dynasties Song et Yuan furent une période de changement et d'inspiration importante, qu'il est nécessaire de comprendre et de résumer dans une perspective globale. Cet article a ainsi pour but de discuter des connaissances maritimes géospatiales sous les dynasties Song et Yuan.

---

[*] Cet article est le résultat d'un financement d'un programme du Fonds national des sciences sociales (n ° 17ZDA175).

1. Wei, Mingkong. « L'ouverture et la fermeture de la politique étrangère des Tang et ses évaluations. » *Gansu shehui kexue* (« *Sciences sociales du Gansu* »). Issue 2. 1989.

2. Des chercheurs dont Feng Chengjun, Fujita Toyohachi, Liu Yingsheng, Wan Ming, Tan Qixiang, Han Zhenhua, Chen Jiarong, Wu Songdi, Liu Yijie, et Huang Chunyan, ont discuté des questions ci-dessus séparément. Leurs travaux seront cités au fil du texte, et ne seront donc pas énumérés ici.

## 1. Évolution des connaissances de la « mer »

Sous les dynasties Song et Yuan, le concept du *tianxia* (litt. « Sous le ciel »), composé de « Neuf préfectures » et de « Quatre mers », servait de cadre pour les fonctionnaires et les érudits dans leurs connaissances de la mer. Le « monde sous le ciel » était structuré par « le ciel à l'extérieur, la terre à l'intérieur, les côtés sans bord, et le grand océan sans fond »[3]. La mer, entourant la terre des Neuf préfectures, constituait avec ces dernières le « monde sous le ciel ». Le pays conférait des titres aux divinités des Quatre mers, et leur offrait des sacrifices, pour promouvoir et défendre le concept du *tianxia*, composé de « Neuf préfectures » et de « Quatre mers ». Sous la dynastie Song, le titre à deux caractères (chinois) fut conféré aux dieux des mers par Taizu. Au cours de la première année de l'ère Kangding, Song Renzong octroya le titre à quatre caractères aux divinités des Quatre mers. Ces dernières furent ainsi baptisées : roi Yuansheng Guangde (dieu de la mer de l'Est), roi Hongsheng Guangli (dieu de la mer du Sud), roi Tongsheng Guangrun (dieu de la mer de l'Ouest) et roi Chongsheng Guangze (dieu de la mer du Nord).[4] Les deux divinités de la mer de l'Est et de la mer du Sud, où les activités maritimes des Song étaient croissantes, furent canonisées grâce à leurs apparitions protectrices. La quatrième année de l'ère Jianyan, Song Gaozong conféra au dieu de la mer de l'Est le titre à huit caractères, qui devint ainsi le roi Zhushun Yousheng Yuande Xianling (puis roi Zhushun Fusheng Guangde Weiji la cinquième année de l'ère Qiandao).[5] Lors de la septième année de l'ère Shaoxing, le dieu de la mer du Sud se vit aussi décerné le titre à huit caractères, et il devint le roi Hongsheng Guangli Zhaoshun Weixian.[6] Sous la dynastie des Song du Nord, le temple principal du dieu de la mer de l'Est fut installé à Laizhou dans la baie de Bohai, et un sacrifice y fut offert le jour du *lichun* (litt. « établissement du printemps »). Le temple principal du dieu de la mer du Sud fut installé à Guangzhou, et un sacrifice y fut offert le jour du *lixia* (litt. « établissement de l'été »). Des sacrifices furent également rendus aux dieux des mers de l'Ouest et du Nord, mais dans des lieux éloignés. Le jour du *liqiu* (litt. « établissement de l'automne »), on adorait le dieu de la mer de l'Ouest au temple Hedu au gouvernement de Hezhong, tandis que le jour du *lidong* (litt. « établissement de l'hiver »), un culte était rendu au dieu de la mer du Nord au temple Jidu de Mengzhou.[7] Cela montre que l'empereur de la dynastie Song avait le pouvoir absolu sur le « monde sous le ciel », y compris sur les Quatre mers. « L'ordre du fils du Ciel n'est pas

---

3. « Registre du monastère de la grande mer. » juan 48 dans Wu Cheng. *Wu Wenzheng ji* (« *Collection de Wu Wenzheng* »). tome 1197 dans *Siku Quanshu* (« *Livres complets des Quatre magasins* »), Wenyuan Ge (« Belvédère de la profondeur littéraire »). 1990. p. 498.

4. « Rites (V). » juan 102 dans *Song shi* (« *Histoire des Song* »). p. 2485.

5. « Chronique du comté de Dinghai (II)- Temples. » juan 10 dans Luo Jun. *Baoqing Siming zhi* (« *Chronique de Ningbo pendant la période de Baoqing* »). Beijing : Zhonghua shuju (Société de livres de Zhonghua), 1990. p. 5239. « Rites (21). » dans *Song huiyao jigao* (« *Ébauche de compilation de documents importants de la dynastie Song* »). Shanghai : Shanghai guji chubanshe (Maison d'édition classique de Shanghai), 2014. p. 1085.

6. *Jianyan yilai xinian yaolu* (« *Registres annuels des événements les plus importants depuis l'ère Jianyan* »), juan 114, wuzi, septembre, septième année de l'ère Shaoxing. Beijing : Zhonghua shuju, 2013. p. 2141.

7. « Rites (V). » juan 102 dans *Song shi*. p. 2485.

seulement exécuté chez les êtres humains, mais aussi dans le monde surnaturel. Dans les affaires de la cour, non seulement tous les fonctionnaires sont soumis à leurs fonctions, mais tous les dieux reçoivent également leurs fonctions. »[8]

Après l'arrivée des Mongols dans les Plaines centrales, ces derniers firent également des offrandes aux dieux des Quartre mers, ce qui constituait une partie importante des activités sacrificielles du pays. Avant la destruction de la dynastie des Song du Sud par les Mongols, la troisième année de l'ère Zhiyuan, le système qui consistait à offrir annuellement des sacrifices aux montagnes, aux mers et aux fleuves fut établi. Le dieu de la mer de l'Est était vénéré à Laizhou, tandis que les dieux de la mer du Sud, de la mer de l'Ouest et de la mer du Nord étaient adorés respectivement et dans des lieux éloignés à Laizhou, au gouvernement de Hezhong et à Dengzhou. Après la chute de la dynastie des Song du Sud, on cessa de vénérer dans des lieux éloignés le dieu de la mer du Sud, et les sacrifices furent désormais réalisés à Guangzhou. Dans le même temps, des cultes furent rendus au dieu de la mer de l'Ouest au temple Hedu, et au dieu de la mer du Nord au temple Jidu.[9] De plus, de nouveaux titres furent donnés aux dieux des Quatre mers, passant des noms de roi à deux caractères à des noms à quatre caractères. Le dieu de la mer de l'Est devint le roi Guangde Linghui, le dieu de la mer du Sud le roi Guangli Lingfu, le dieu de la mer de l'Ouest le roi Guangrun Lingtong, et le dieu de la Mer du Nord le roi Guangze Lingyou.[10] L'objectif était de montrer que l'empereur régnait sur le *tianxia*, composé de Neuf préfectures et de Quatre mers. Autrement dit, les montagnes, les fleuves et les Quatre mers faisaient tous partie du territoire impérial.[11]

Les érudits continuèrent d'interpréter la mer d'après le concept des « Quatre mers ». Afin de rivaliser avec la dynastie Jin pour la légitimité impériale, la dynastie des Song du Sud créa un temple à Mingzhou dédié à l'adoration du dieu de la mer de de l'Est, et en expliqua la raison, arguant que la zone allant de la mer de Bohai dans le nord jusqu'au Fujian dans le sud était la mer de l'Est. L'établissement du temple du dieu de la mer de l'Est à Laizhou signifiait que la mer de l'Est s'étendait au nord jusqu'à la mer de Bohai. Au sud, Tongzhou, Taizhou, Mingzhou, Yuezhou, Wenzhou, Taizhou, Quanzhou et Fuzhou étaient tous inclus dans la mer de l'Est.[12] En appelant cette zone maritime la mer de l'Est, il serait raisonnable de déplacer le temple principal vers le sud. Sur cette base, les Song croyaient que la zone au sud de la route du Guangdong (y compris cette route) était la mer au Sud. Les Song affirmaient que le Srivijaya se trouvait dans la mer du Sud, et au carrefour de voies navigables différentes. De la sorte, les pays à l'est dont le Java, et ceux à l'ouest

---

8. « Texte destiné à offrir des sacrifices au dieu des fleuves. » juan 14 dans Zheng Gangzhong. *Beishan ji* (« *Recueil de Beishan* »). tome 1138 dans *Siku Quanshu*, Wenyuan Ge. 1990. p. 156.

9. « Les montagnes, les mers et les fleuves. » juan 76 dans *Yuan shi* (« *Histoire des Yuan* »). Beijing : Zhonghua shuju, 1976. p. 1900.

10. « Cérémonies sacrificielles (V). » juan 76 dans *Yuan shi*. p. 1900.

11. Chen Yuan (auteur). Chen Zhichao (correcteur). *Daojia jinshi lüe* (« *Inscriptions du taoïsme* »). Beijing : Wenwu chubanshe (Maison d'édition des reliques culturelles), 1988. p. 670.

12. « Recherches sur les cérémonies sacrificielles (XVI). » juan 83 dans *Wenxian tongkao* (« *Étude exhaustive des documents* »). Beijing : Zhonghua shuju, 2011. pp. 2560-2561.

dont le Califat islamique et le Kollam, tous devaient passer par le Srivijaya pour aller en Chine.[13] En d'autres termes, les routes maritimes desservant le Java à l'est et le Califat islamique à l'ouest se situaient dans la mer du Sud, avec le Srivijaya comme centre.

Dans la préface de Zhang Zhu du *Daoyi zhilüe* (« *Bref récit des barbares des îles* ») de la dynastie Yuan, il est dit que Wang Dayuan confirma l'affirmation de Zou Yan, selon laquelle « Neuf mers encerclent la Grande mer de Yinghai, et la Chine, appelée Shenzhou du comté de Chi, est entourée de neuf autres préfectures, ces dernières étant respectivement bordées par les petites mers. » Zhang dit également :

> Nombreux étaient ceux qui avaient des doutes sur la déclaration de Zou Yan, qui était selon eux absurde et exagérée. De plus, à cette époque, les pays étrangers n'étaient pas connectés à la Chine. Alors comment pourrait-on vérifier ses propos ? Depuis les dynasties Han et Tang, les îles habitées par les barbares sont devenues accessibles. Leurs noms sont ainsi connus grâce aux documents historiques qui sont transmis de génération en génération. Cependant, les connaissances sur ces îles proviennent principalement des anciens livres, et personne n'a pu enregistrer les faits en détail sans y mettre le pied ni les avoir vues. Par contre, Wang Dayuan n'écrit que ce qu'il a vu, en étant convaincu qu'il peut accéder à ces îles, ce qui est extraordinaire. Il a ainsi confirmé que les propos de Zou Yan ne sont pas absurdes.

La préface écrite par Wu Jian pour ce même ouvrage développe également le concept du *tianxia* composé de Neuf préfectures et de Quatre mers, prouvant qu'il s'agissait en fait de l'ordre de « Hua-Yi » (Chine-Quatre barbares) :

> En dehors de la Chine, il y a Quatre mers et des dizaines de milliers de pays étrangers. Seule la mer du Nord est inaccessible à cause du mauvais vent, tandis que des dizaines de millions de *li* à l'est, à l'ouest et au sud permettent de naviguer pour atteindre ces pays. Les fonctionnaires chargés de recevoir les envoyés étrangers peuvent traduire leurs langues. La Chine est gouvernée par un saint (fils du Ciel), et les pays barbares, y compris ceux qui se trouvent dans les zones très reculées, viennent l'un après l'autre rendre hommage et faire du commerce. Seule la culture chinoise, florissante, possède la droiture du ciel et de la terre. Il est normal que la mer entoure la Chine, et que les choses qui y poussent n'aient pas le bon *qi*, que le climat soit irrégulier en termes de chaleur et de froid, et que les produits fabriqués aient des caractéristiques différentes.

Zhang Zhu hérita du néo-confucianisme, et fut célèbre pendant un certain temps avec ses

---

13. « Srivijaya. » juan 2 dans *Lingwai daida jiaozhu* (« Annotations des *Réponses représentatives de la région au-delà des montagnes* »). Beijing : Zhonghua shuju, 1999. p. 86. « Kalingga. » juan 1 dans *Zhufan zhi buzhu* (« Notes complémentaires des *Annales des pays barbares* »). Centre d'études asiatiques de l'Université de Hong Kong, 2000. p. 88.

poésies et ses proses. Il fut nommé chef de l'Académie de Hanlin.[14] Quant à Wu Jian, il reçut l'ordre d'éditer le *Qingyuan xuzhi* (« Continuation de la *Chronique de Quanzhou* »), puisque Quanzhou était un important port de commerce extérieur. Il mit le livre de Wang Dayuan comme appendice du *Qingyuan xuzhi*. Ce faisant, il visait à montrer les traces omniprésentes de la cour impériale d'un côté, et les faveurs que cette dernière avait accordées aux barbares de l'autre.[15] Tous les deux interprétèrent les propos de Wang Dayuan d'un point de vue officiel, pour prouver l'ordre et le modèle Hua-yi caractérisant le « monde sous le ciel ». De plus, les Yuan comme les Song tracèrent les limites de la mer de l'Est et de la mer du Sud, car d'après eux, la mer s'écoulait finalement par le *weilü* (l'endroit où les eaux marines convergent selon l'ancienne légende).[16] Par ailleurs, on pensait que le petit pays de Java était situé près du *weilü*.[17]

Cependant, sous les dynasties Song et Yuan, même les fonctionnaires émettaient des doutes sur l'authenticité des « Quatre mers ». Il fut souligné que la dynastie Tang adorait le dieu de la mer de l'Ouest à Tongzhou et le dieu de la mer du Nord à Luozhou, ce qui signifiait que ces deux mers ne faisaient pas partie du territoire chinois. Mais personne ne remit explicitement en question leur existence réelle. Toutefois, sous la dynastie Song, on commença à soulever des questions claires sur leur réalité.[18] Hong Mai signalait qu'il n'y avait pas de soi-disant mer de l'Ouest : « Qingzhou et Cangzhou bordent la mer du Nord, Jiaozhou et Guangzhou la mer du Sud, et les régions de Wu et Yue la mer de l'Est. Il n'existe pas ce qu'on appelle la mer de l'Ouest. »[19] Néanmoins, d'après ce qu'il formula, la mer du Nord ne correspondait pas à une véritable zone maritime. Au cours de la cinquième année de l'ère Qiandao, Lin Li, le sous-chef de la Cour des sacrifices impériaux, dit : « Votre Majesté séjourne au sud-est. La mer de l'Est et la mer du Sud font toutes partie de notre territoire. La mer de l'Ouest et la mer du Nord se trouvent sur un territoire isolé où vivent les barbares. Les sacrifices aux deux dieux ne peuvent être offerts dans les comtés de l'intérieur. »[20] En d'autres termes, la mer de l'Est et la mer du Sud se trouvaient dans le territoire de la dynastie Song, mais il n'y avait ni mer de l'Ouest ni mer du Nord.[21] Sous la dynastie Yuan, les gens posèrent davantage le doute sur cette question :

---

14. « Biographie de Zhang Zhu. » juan 186 dans *Yuan shi*. p. 4284.

15. « Préface de Wu Jian. » dans *Daoyi zhilüe jiaoshi* (« Corrections et interprétations du *Bref récit des barbares des îles* »). Beijing : Zhonghua shuju, 1981. p. 5.

16. « Les quatre maux : les fonctionnaires corrompus, les exilés, les lois sur le sel et celles sur les billets de banque. » juan 4 dans Lu Wengui. *Qiangdong leigao* (« Recueil littéraire de Qiangdong »). tome 1194 dans *Siku Quanshu*, Wenyuan Ge, 1990. p. 571.

17. « Rapport d'une victoire dans la conquête de Java. » et « Acte de consécration pour la conquête étrangère. » juan 3 dans Fang Hui. *Tongjiang ji* (« *Recueil de Tongjiang* »). Nanjing : Jiangsu guji chubanshe (Maison d'édition classique du Jiangsu), 1988. p. 350 et p. 348.

18. Huang, Chunyan. « Origine et évolution des connaissances maritimes officielles en Chine ancienne – sous les dynasties Tang et Song. » *Xueshu yuekan* (« *Mensuel académique* »). Issue 1. 2018.

19. « La famille des Quatre mers. » juan 3 dans Hong Mai. *Rongzhai suibi* (litt. « *Essais dans une salle d'étude avec de la place pour les seuls genoux* »). Beijing : Zhonghua shuju, 2005. p. 31.

20. « Recherches sur les cérémonies sacrificielles (XVI). » juan 83 dans *Wenxian tongkao*. p. 2559.

21. Huang, Chunyan. « Le système des divinités de l'eau et leur évolution sous la dynastie Song. » *Shixue jikan* (« *Collection d'études historiques* »). Issue 6. 2016.

La mer est la plus grande chose du ciel et de la terre, couvrant des milliers de *li*. L'est, le sud et le nord sont tous séparés de la mer, tandis qu'à l'ouest, cette dernière reste introuvable. Ou bien le Hanhai et le Qinghai devraient-ils être considérés comme la mer de l'Ouest ?[22]

ou « La mer est un cercle, et l'est, l'ouest, le sud et le nord sont reliés. Mais la mer de l'Ouest et la mer du Nord sont invisibles. Comment cela se fait-il ? » Certains essayèrent d'expliquer :

Le nord-ouest est élevé en altitude. Si nous montons en haut pour jeter un œil en bas, nous verrons un ravin profond, comme un puits où s'écoule une mer de nuages. Par contre, le sud-est est plus bas, et la mer se répand sur plus de dix mille *li*.[23]

ou

Le *qian* (un des huit trigrammes) tire son origine dans le nord-ouest, tandis que le *kun* (un des huit trigrammes) se finit au sud-est. Par conséquent, les montagnes du « monde sous le ciel » sont toutes originaires de Kunlun au nord-ouest, et les eaux affluent vers le *weilü* du sud-est.[24]

Il semble que ces propos expliquent fondamentalement que la mer de l'Ouest et la mer du Nord ne pouvaient exister réellement, ébranlant ainsi le concept des « Quatre mers ».

En revanche, les navigateurs ne prêtaient pas attention au concept de « mer de l'Est » ou « mer du Sud » dans son ensemble, ni voulaient expliquer les « Quatre mers » à l'appui de leur pratique. Ils se préoccupaient plutôt de la situation géographique, de l'itinéraire, du voyage, des produits, du marché et d'autres informations des pays et régions par où ils passaient. Les Song avaient déjà une première compréhension quant à la localisation géographique des pays et des îles dans la « mer de l'Est » et la « mer du Sud »[25], tout comme les connaissances géographiques de la dynastie Yuan reflétées dans le *Daoyi zhilüe*. Les dynasties Song et Yuan avaient une connaissance claire des voies maritimes menant au Japon, au Goryeo et aux pays d'Asie du Sud-Est. Sous le règne de l'empereur Shenzong, le moine japonais Cheng Xun arriva en Chine à bord d'un navire marchand du Fujian, et consigna la route et les conditions maritimes du Japon à Mingzhou en passant par le Goryeo et le royaume de Tamna.[26] Xu Jing accompagna la mission diplomatique au Goryeo, et écrivit le *Xuanhe fengshi Gaoli tujing* (« *Dossier illustré d'une ambassade pour le Goryeo dans l'ère Xuanhe* ») dans lequel il enregistra la route maritime desservant plus de 40 îles et montagnes

---

22. « Travaux hydrauliques. » juan 3 dans Lu Wengui. *Qiangdong leigao*. p. 558.

23. « Registre du monastère de la grande mer. » juan 48 dans Wu Cheng. *Wu Wenzheng ji*. pp. 498-499.

24. « Recours à la raison & postface. » juan 1 dans Wu Cheng. *Wu Wenzheng ji*. p. 16.

25. Huang, Chunyan. « Diffusion des connaissances maritimes et construction des images marines sous la dynastie Song. » *Xueshu yuekan*. Issue 11. 2015.

26. Juan 1 dans *Xinjiao can tiantai Wutaishan ji* (« Nouvelles corrections du *Journal au mont Wutai* »). Shanghai : Shanghai guji chubanshe, 2009. p. 6, p. 10 et p. 11.

entre Mingzhou et le port de Licheng (du Goryeo).[27] Les marchands voyageant à destination et en provenance du Goryeo connaissaient la situation des montagnes et des rivières, et la distance entre les routes, et pouvaient dessiner une carte des voies navigables.[28]

Sous les dynasties Song et Yuan, les gens connaissaient également très bien les routes maritimes en mer du Sud. Dans le *Wujing zongyao* (« *Principes généraux du classique de la guerre* »), il est dit à propos de la route maritime de Guangzhou :

> Au sud-est de Guangzhou, on voyage en mer sur 400 *li* jusqu'au mont Tunmen......puis, on navigue vers le sud-ouest avec le vent d'est pendant sept jours jusqu'à la préfecture de Jiuruluo à partir de laquelle on peut atteindre la montagne Bulao (à la frontière de Huanzhou) trois jours après.

Le mont Tunmen se trouvait sur le côté est de l'embouchure de la rivière des Perles. La mousson du nord-est, venue du nord, frappait l'est, le long de la côte du Guangdong. À partir du mont Tunmen, on naviguait vers le sud-ouest à l'aide du vent d'est jusqu'à Jiuruluo et le royaume de Champā (Huanzhou). Dans le *Pingzhou ketan* (« *Notes à Pingzhou* »), à propos de la route à prendre à partir du mont Tunmen, il est également dit : « Xiaohai de Guangzhou est à 700 *li* de Ruzhou où il y a le service d'inspection des navires......Après Ruzhou, ce sera une mer sans limite. À Ruzhou, les navires marchands prennent du repos pour repartir, ce qui s'appelle *fangyang* (litt. « libérer dans l'océan »). » Xiaohai était le port de Guangzhou.[29]

La route maritime de Quanzhou en direction de l'Asie du Sud-Est chevauchait dans l'océan de Qizhou celle de Guangzhou. Si vous vouliez faire du commerce à l'étranger par bateau, vous pourriez prendre l'océan depuis Quanzhou et traverser l'océan de Qizhou. Le tirant d'eau du navire atteindrait environ 70 *zhang* (unité de mesure). Vous passeriez également par les océans de Kunlun, Shamo, She, Long, Wuzhu, etc.[30] Selon les Song, le royaume de Java se trouvait dans la direction de bingsi de Quanzhou. Normalement, on envoyait le navire en hiver, pour profiter du vent du nord. En naviguant jour et nuit avec le vent arrière, il était possible d'atteindre le royaume en un mois.[31] On voyageait suivant la direction de bingsi. Pour conquérir le Java, l'armée des Yuan partit de Quanzhou, et traversa l'océan de Qizhou, le Wanli shitang (la mer de Chine

---

27. Du juan 34 « Voies maritimes (I). » jusqu'au juan 39 « Voies maritimes (VI). » dans *Xuanhe fengshi Gaoli tujing* (« *Dossier illustré d'une ambassade pour le Goryeo durant la période de Xuanhe* »). tome 8 dans *Quansong biji* (« *Notes des Song* »). troisième édition. Zhengzhou : Daxiang chubanshe (Presse d'éléphant), 2008. pp. 129-147.

28. Ye, Mengde. « Prière d'envoyer des gens au Goryeo pour se renseigner sur les Jin. » juan 348 dans Yang Shiqi. *Lidai mingchen zouyi* (« *Rapports des fonctionnaires célèbres de toutes périodes* »). Shanghai : Shanghai guji chubanshe, 1989. p. 4516.

29. Juan 2 dans Zhu Yu (auteur). Li Guoqiang (correcteur). *Pingzhou ketan* (« *Notes à Pingzhou* »). tome 6 dans *Quansong biji*. deuxième édition. Zhengzhou : Daxiang chubanshe, 2013. p. 148.

30. « Les navires maritimes » juan 12 dans *Mengliang lu* (« *Rêves de l'ancienne capitale Lin'an* »). tome 5 dans *Quansong biji*. huitième édition. Zhengzhou : Daxiang chubanshe, 2017. pp. 214-215.

31. « Kalingga. » juan 1 dans *Zhufan zhi jiaoshi* (« *Corrections et interprétations des Annales des pays barbares* »). p. 55.

méridionale et ses îlots), le Giao Chi, le Champā, pour arriver au cours du premier mois lunaire de l'année suivante, aux monts Dong est et ouest, l'île de Niuqi, en passant par l'île de Ganlan et les montagnes telles que le Jialimada et le Goulan.[32] Des zones maritimes d'Asie du Sud-Est jusqu'à Guangzhou et Quanzhou, les routes se divisaient également au niveau de l'océan de Qizhou : « Du Srivijaya, on voyage vers le nord, en passant par l'île Aur et l'océan du Giao Chi pour arriver jusqu'en Chine. Ceux qui veulent aller à Guangzhou vont à Tunmen, et ceux qui veulent aller à Quanzhou vont à Jiazimen. »[33] Autrement dit, après avoir traversé l'océan du Giao Chi, on arrivait à l'océan de Qizhou où la route de Guangzhou et celle de Quanzhou se séparaient. La première prenait la direction de Tunmen, et la seconde de Jiazimen.

La route de Wenzhou vers l'Asie du Sud-Est coïncidait avec celle de Quanzhou. On prenait la mer depuis Wenzhou, et suivait la direction de dingwei, en passant par les ports du Fujian, du Guandong et de divers pays étrangers pour arriver à l'océan de Qizhou. Puis, on traversait l'océan du Giao Chi et atteignait le Champā à partir duquel on pouvait se rendre à Zhenpu en un demi-mois avec le vent arrière. Depuis Zhenpu, on prenait la direction de kunshen et arrivait jusqu'au port du Chenla en passant par Kunlun.[34] Depuis la zone maritime de Quanzhou, la route de Wenzhou devrait chevaucher celle de Quanzhou, à savoir Quanzhou – l'océan de Qizhou – l'océan du Giao Chi – Kunlun. De Wenzhou au Chenla, il fallait suivre la direction de dingwei, soit à 17,5 degrés au sud-ouest, et après avoir passé le Champā, orienter l'aiguille sur kunshen, soit à 47,5 degrés au sud-ouest. Il existe également des voies reliant divers pays et îles sur les principales routes maritimes susmentionnées, qui ne seront pas toutes énumérées ici.

Les Song et Yuan avaient également une compréhension plus approfondie des courants marins et des conditions de navigation en mer du Sud et en mer de l'Est. Par exemple, pour les îles Paracels (Xisha), Zhongsha et Spratleys (Nansha) en mer du Sud, les Song avaient des connaissances élémentaires, et Zhou Qufei déclara :

> Il y a des rumeurs qui disent que dans le grand océan de l'Est, il y a des bancs de sable et de pierre sur des dizaines de milliers de *li* où se trouve le *weilü* vers lequel les eaux affluent pour tomber dans le profond ravin.[35]

Zhao Rukuo et Zhu Mu dirent également de manière très brève : « À l'est de l'île de Hainan, s'étendent les îles Paracels, Zhongsha et Spratleys. La mer et le ciel se mélangent à l'infini. »[36] Le *Daoyi zhilüe* de la dynastie Yuan consigna clairement l'étendue du Wanli shitang et son influence sur la navigation :

---

32. « Biographie de Shi Bi. » juan 162 dans *Yuan shi* (« *Historie des Yuan* »). p. 3802.

33. « Srivijaya. » juan 2 dans Zhou Qufei (auteur). Yang Quanwu (correcteur). *Lingwai daida jiaozhu*. p. 86.

34. « Synthèse. » dans Zhou Daguan (auteur). Xia Nai (correcteur). *Zhenla fengtu ji jiaozhu* (« Annotations des *Coutumes du Chenla* »). Beijing : Zhonghua shuju, 1981. p. 15.

35. « Les trois confluents. » juan 1 dans Zhou Qufei. *Lingwai daida jiaozhu*. p. 36.

36. « Armée de Jiyang. » juan 43 dans Zhu Mu. *Fangyu shenglan*. Beijing : Zhonghua shuju, 2003. p. 776.

L'ossature des *shitang* (« îles ») émerge de Chaozhou, et longue comme un serpent, s'étend à travers la mer. Les pays en mer l'appellent Wanli shitang (litt. « îles s'étendant sur 10 000 *li* »). Mais j'estime qu'elle serait encore plus longue. Le navire prend le départ avec quatre voiles à Daiyumen, et au gré du vent et des vagues, navigue en mer, jusqu'à l'océan de l'Ouest pendant plus de 100 jours. Ainsi, si l'on comptait une centaine de *li* par jour et par nuit, on parcourait plus de 10 000 *li*. L'étendue du Wanli shitang est bien connue : une artère vers le Java, une autre vers le Brunei et le Guli dimen (actuel Timor) et une autre vers le Kunlun dans l'océan de l'Ouest……La mer est illimitée et infinie. Les *shitang* s'y cachent, et personne n'en connaît la localisation. Si l'on peut les éviter, on aura de la chance. Sinon, ce sera la catastrophe. De la sorte, la vie de tous ceux à bord du navire dépend étroitement du cadran solaire. Si le capitaine ne savait pas bien le manier, le navire risquerait de couler.[37]

Sous les dynasties Song et Yuan, les îles et récifs d'une vaste zone s'étendant des îles Dongsha au nord aux îles Spratleys au sud étaient mieux connus. Sous la dynastie Yuan, le « Wanli Shitang » faisait référence à la mer de Chine méridionale, qui comprenait les îles Paracels, Zhongsha, Pratas (Dongsha) et Spratleys. Ceci montre qu'à l'époque, les îles de la mer de Chine méridionale avait déjà été divisée en quatre groupes.[38] Les zones insulaires et récifales étaient dangereuses et interdites à la navigation. Les routes maritimes des Yuan vers l'Asie du Sud-Est devaient éviter cette zone. Cela devint également un indicateur important de la division entre l'océan de l'Est et l'océan de l'Ouest sous la dynastie Yuan.

Sous les dynasties Song et Yuan, l'espace géographique de la mer était construit, grâce aux pratiques de navigation, non pas comme un ensemble abstrait et vague de « Quatre mers », mais comme un monde composé de plusieurs routes maritimes invisibles et de pays et d'îles tangibles aux directions fondamentalement claires. La dynastie Yuan envoya des troupes à la conquête du Java, avec 20 000 hommes, un millier de bateaux, une année de céréales et 40 000 lingots de billets de banque.[39] Lors des deux tentatives de conquêtes du Japon, plus de 100 000 soldats furent expédiés, ce qui était plus important que pour la conquête du Java. Des opérations militaires en mer d'une telle envergure exigeraient une planification minutieuse des voyages et des approvisionnements des troupes. La condition préalable était d'avoir une connaissance détaillée de l'espace de la « mer de l'Est » et de la « mer du Sud », et notamment la position de chaque pays, les routes de navigation, et une compréhension claire de la géographie marine. Avant les voyages de Zheng He vers l'océan de l'Ouest, la dynastie Yuan avait déjà démontré sa capacité et ses connaissances pour organiser la navigation à grande échelle.

---

37. Article « Wanli Shitang. » dans Wang Dayuan. *Daoyi zhilüe*. p. 318.

38. Li, Guoqiang. « Histoire de la formation du territoire de la mer de Chine méridionale à partir de l'évolution du nom de lieu. » *Zhongguo bianjiang shidi yanjiu* (« *Études de l'histoire et de la géographie de la frontière chinoise* »). Issue 4. 2011.

39. « Chronique du Java. » juan 210 dans *Yuan shi*. p. 4665.

## 2. Les différents « océans » de la « mer de l'Est »

Bien que les dynasties Han et Tang eussent également consigné les routes maritimes de la Chine vers l'Asie du Sud-Est et même vers l'ouest, ces dernières consistaient principalement en des marquages le long de la côte de la péninsule indochinoise. Le fait qu'il y eût de la navigation hauturière à cette période ne permit pas d'enregistrer clairement les routes et de délimiter les zones maritimes concernées. Sous la dynastie Song, la division géographique entre la « mer de l'Est » et la « mer du Sud » fut clairement proposée. C'est-à-dire que la zone maritime de la route du Fujian et le nord de celle-ci était la « mer de l'Est », et la zone maritime de la route du Guangdong et le sud et l'ouest de celle-ci était la « mer du Sud ».[40] De plus, ces deux mers étaient subdivisées en zones plus petites. Ces dernières étaient souvent appelées « océan » ou parfois « mer ». C'était également le cas sous la dynastie Yuan.

Sous la dynastie Song, la « mer de l'Est » était divisée en dizaines d'« océans », de la route du Fujian à la route de Jingdong en passant par la route de Liangzhe. Au Fujian, la population et les autorités locales appelaient « l'océan du Nord » la zone maritime de la route de Liangzhe au nord du Fujian, et « l'océan du Sud » la zone maritime de la route du Guangdong au sud du Fujian. Zhen Dexiu dit :

> « Les troupes du pirate Wang Ziqing partent actuellement pour l'océan du Nord. Les zones maritimes de Quanzhou et Zhangzhou se retrouvent absentes de pirates, et les navires étrangers commencent à y passer. » ou « Récemment, les pirates originaires de Wenzhou et Mingzhou, de l'océan du Nord, pillent sur leur route, et représentent une grande nuisance pour les voyageurs. » ou encore « Désormais, le vent souffle vers le sud, et les navires pirates retourneront dans l'océan du Nord. »[41]

Il considérait alors la zone maritime de Wenzhou au nord de Fuzhou comme étant l'océan du Nord. Le long de la côte de Quanzhou, quatre forteresses militaires furent installées, et étaient du nord au sud : Jinjiang shihu, Hui'an xiaodu, Quanzhou baolin et Quanzhou weitou. Parmi elles, Hui'an xiaodu était à 80 *li* de la ville, et situé à la tête de la voie maritime desservant Quanzhou et l'océan du Nord, était donc un lieu de contrôle. La forteresse de Weitou ouvrait sur la mer, et était le lieu où les bateaux en provenance des océans du Sud et du Nord devaient accoster. Par les voies maritimes de l'océan du Sud jusqu'à Quanzhou, Lieyu était le premier endroit à contrôler, suivi de Weitou. Venir de l'océan du Nord signifiait entrer au Fujian depuis les eaux de la route de Liangzhe. De même, venir de l'océan du Sud signifiait entrer au Fujian par la zone maritime de la

---

40. Huang, Chunyan. « Origine et évolution des connaissances maritimes officielles en Chine ancienne – sous les dynasties Tang et Song. » *Xueshu yuekan*. Issue 1. 2018.

41. « Quanzhou supplie la Cour des Affaires militaires d'offrir une récompense contre les pirates. » juan 8, « Destiné à la Cour des Affaires militaires : prière d'améliorer la défense côtière. » juan 15 et « Actes de consécration pour les dieux de la mer. » juan 54 dans Zhen Dexiu. *Xishan wenji* (« *Collection des œuvres littéraires des montagnes de l'Ouest* »). tome 1174 dans *Siku Quanshu*, Wenyuan Ge. 1990. pp. 123-124.

route du Guangdong. Les eaux à l'est du Fujian étaient appelées « océan de l'Est ». La forteresse de Yongning ouvrait sur la mer, et faisait face à l'océan de l'Est. La zone de défense de la forteresse de Fashi incluait l'océan de l'Est. C'est-à-dire que de l'intérieur et de l'extérieur de Daiyumen jusqu'à l'océan de l'Est, le point principal était Fashi.[42] Il est à signaler que les océans du Sud, du Nord, et de l'Est mentionnés ci-dessus se référaient aux zones maritimes dans les directions concernées, et leur portée n'était pas très claire.

Il existe d'autres océans nommés dans les eaux côtières du Fujian. Le long de la côte de Quanzhou se trouvait l'océan de Laiwu. La marine de Quanzhou avait autrefois envoyé des navires à l'océan de Laiwu, pour en explorer son cœur, et aperçu par hasard un groupe de navires venant de l'océan de l'Est. Nous pouvons ainsi voir que l'océan de Laiwu se situait entre Quanzhou et l'océan de l'Est. La zone maritime autour de Weitou s'appelait l'océan de Weitou. Non loin de Zhangzhou se trouvait l'océan de Shatao : « Les 14 navires bandits sont venus se cacher dans l'océan de Shatao à Zhangzhou. »[43] L'océan était localisé dans les eaux du comté de Zhangpu, et la marine du Fujian chassa les bandits jusqu'ici pour leur infliger une défaite.[44] Le long de la côte de Fuzhou se trouvait l'océan de l'Ouest, et plus précisément sur la côte du comté de Lianjiang :

> La zone maritime du comté de Lianjiang est nommée l'océan de l'Ouest. Les voies maritimes de Lianjiang et de Luoyuan traversent cet océan. Ce dernier se trouve au milieu d'une mer immense, et il est impossible de connaître le rivage en regardant autour de soi les vagues effrayantes. Depuis Lianshan, le bateau l'atteindra entre deux marées. Cependant, il n'y arrivera pas dans un mois s'il est vent debout.[45]

Sous la dynastie Song, la zone maritime de Wenzhou sur la route de Liangzhe et au nord de celle-ci était appelée par les habitants du Fujian « l'océan du Nord ». Les Yuan désignaient aussi généralement la mer située à l'est de la côte, du Zhejiang au Shandong, comme l'océan de l'Est. Zhu Mingshi, qui voyagea avec un bateau du gouvernement, du comté de Haiyan jusqu'à Zhigu, écrivit un poème sur « l'océan de l'Est » : « Les nuages sur l'océan de l'Est sont reliés à Penglai, et le grand navire de Xu Fu (Xu Shi) prend son départ ici. »[46] Il existait de nombreux « océans » dans les zones maritimes de la route de Liangzhe. À la jonction de Taizhou et Wenzhou se trouvait l'océan

---

42. « Destiné à la Cour des Affaires militaires : prière de s'occuper des affaires côtières. » juan 8 dans *Xishan wenji.* p. 131.

43. « Quanzhou supplie la Cour des Affaires militaires d'offrir une récompense contre les pirates. » juan 8 et « Destiné au Département des Affaires d'État : prière de prendre des mesures contre la piraterie. » juan 15 dans *Xishan wenji.* p. 123 et p. 229.

44. « Biographie de Maître Zhen, yinqing guanglu dafu (titre officiel) par l'académicien du Palais consultatif politique des Song. » juan 50 dans Liu Kezhuang. *Houcun ji* (« *Recueil de Houcun* »). tome 1180 dans *Siku Quanshu,* Wenyuan Ge. 1990. p. 546.

45. « Défense militaire (II). » juan 19 dans *Chunxi Sanshan zhi* (« *Chronique de Fuzhou pendant la période de Chunxi* »). Fuzhou : Haifeng chubanshe (Presse de Haifeng), 2000. p. 215.

46. Zhu Mingshi. *Jingbei yinji* (litt. « *Collection des chants sur le dos des baleines* »). tome 1214 dans *Siku Quanshu,* Wenyuan Ge. p. 429.

de Dalü. L'armée des Yuan mena une expédition contre le révolté Fang Guozhen, qui était actif sur la côte de l'est du Zhejiang. Le général des Yuan, Bolod-Temür, arriva à l'océan de Dalü. Guozhen mena ses hommes provoquer un incendie pendant la nuit pour semer le désordre. L'armée des Yuan fut mise en déroute sans combattre, et plus de la moitié de ses effectifs mourut noyé.[47] D'après le *Ming shi* (« *Histoire des Ming* »), l'océan de Dalü était situé près du comté de Taiping de Taizhou, à la frontière de Wenzhou. La zone côtière au sud-est du comté s'appelait l'océan de Dalü.[48] Près du comté de Ninghai de Taizhou se trouvaient l'océan de Niutou et celui de Wuyu. Depuis ce comté, on voyageait vers le sud-est et 250 *li* dans l'océan de Niutou pour arriver au comté de Linhai. De même, depuis l'est du comté, à l'aide du vent et de la marée, on pouvait traverser l'océan de Wuyu, puis prendre du repos dans l'océan de Niutou. Dès que la marée revenait à Haimen, on n'avait besoin que d'un jour et d'une nuit pour atteindre la ville de Taizhou. C'était le trajet maritime.[49] Entre Taizhou et Mingzhou il y avait l'océan de Shifo. Le premier jour du premier mois lunaire de la quatrième année de l'ère Jianyan, Song Gaozong s'enfuit vers le sud par la mer depuis Mingzhou. Le deuxième jour, le bateau impérial partit tôt, et traversa l'océan de Shifo. Le troisième jour, il entra dans la commune de Zhang'an, le port de Taizhou.[50] La côte de Mingzhou était connue sous le nom d'océan de Mingzhou. Sous la dynastie des Song du Sud, la marine de Xupu poursuivit le pirate Wang Xian. Cinq bateaux pirates atteignirent l'océan de Mingzhou pour y couler et disparaître. Au nord-ouest de Mingzhou, il y avait Yangshan, Daqishan et Xiaoqishan en mer, et cette zone maritime était alors appelée océan de Daqi. Le roi pirate reçut d'abord une invitation officielle de la dynastie Song, et le même jour, il se rendit dans l'océan de Daqi avec 10 bateaux et 800 hommes.[51] Le moine japonais Cheng Xun vint en Chine, et le bateau accosta à Daqishan pour aller ensuite jusqu'à Mingzhou.[52] Sous la dynastie Ming, la zone maritime de Yangshan était encore appelée océan de Daqi : « Depuis Taicang, on doit traverser l'océan de Daqi, de Yangshan, et l'océan de Xiaoqi pour aller au Japon. »[53] Il y avait aussi l'océan de Qinglong et celui de Luanjiao dans les eaux de Mingzhou. Dai Liang se rendit vers le nord de la côte de Shaoxing en passant par les eaux de Qingyuan, et écrivit un poème : « Au milieu de l'été, je prends départ depuis Kuaiji. Au début de l'automne, je dis au revoir à Juzhang. J'ai l'intention de voyager en mer de l'eau noire. Je dois traverser d'abord l'océan de Qinglong. »[54] Zheng Ruo, de la dynastie Ming, dit : « J'ai traversé

---

47. « Biographie de Tai Buhua. » juan 143 dans *Yuan shi*. p. 3424.

48. « Géographie (V). » juan 44 dans *Ming shi* (« *Histoire des Ming* »). Beijing : Zhonghua shuju, 1974. p. 1111.

49. « Géographie (I). » juan 1 dans *Jiading Chicheng zhi* (« *Chronique de Chicheng pendant la période de Jiading* »). Beijing : Zhongguo wenshi chubanshe (Presse de la littérature et de l'histoire chinoises), 2008. p. 4.

50. « Notes pendant la période de Jianyan. » juan 7 dans Zhao Ding. *Zhong zheng de wenji* (litt. « *Collection littéraire sur la fidélité, l'intégrité et la vertu* »). tome 1128 dans *Siku Quanshu*, Wenyuan Ge. 1990. p. 735.

51. « Rapport à propos du recrutement des pirates. » juan 42 dans Hong Shi. *Panzhou wenji* (« *Collection littéraire de Panzhou* »). tome 1158 dans *Siku Quanshu*, Wenyuan Ge. 1990. p. 524.

52. Juan 1 dans *Xinjiao can tiantai Wutaishan ji*. p. 10.

53. « Route de Taicang au Japon. » juan 6 dans Tang Shunzhi. *Wu bian* (« *Édition guerrière* »). première collection. Nanning : Guangxi minzu chubanshe (Maison d'édition des ethnies du Guangxi), 2003. p. 305.

54. « Flotter en mer. » juan 9 dans Dai Liang. *Jiulingshan fang ji* (litt. « *Recueil à la maison du mont Jiuling* »). tome 1219 dans *Siku Quanshu*, Wenyuan Ge. 1990. p. 351.

l'océan de Qinglong à Putuo. »[55] Nous pouvons voir que l'océan de Qinglong se situait près de la mer de l'île de Putuo à Changguo. Wen Tianxiang dit : « Dès l'arrivée dans l'est du Zhejiang, les montagnes sont de plus en plus nombreuses, et l'on entre dans l'océan de Luanjiao. »[56] Ainsi, ce dernier se trouvait également dans la zone maritime de Mingzhou.

L'océan de Suzhou était la zone maritime la plus importante pour entrer et sortir de l'ouest du Zhejiang par la mer. Il était également connu sous le nom d'océan de Sheshan. Les navires du sud qui voulaient entrer dans Huating devaient passer par l'océan de Suzhou. Celui-ci fut nommé en raison de son emplacement sur la côte de Suzhou.[57] Il s'étendait du sud de l'embouchure du fleuve Yangtsé au nord-est de Mingzhou (gouvernement de Qingyuan). Dans le poème « Océan de Suzhou » de Wen Tianxiang, on lit : « Une feuille flotte sur le Yangtsé, et les nuages blancs demeurent dans l'océan de Suzhou. »[58] Wen Tianxiang fuit vers le sud depuis le nord du fleuve par la voie maritime. En quittant la route maritime, il traversa le fleuve Yangtsé, entra dans l'océan de Suzhou, et voyagea vers Siming, Tiantai et jusqu'à Yongjia.[59] Sous la dynastie des Song du Sud, l'océan de Suzhou était également la zone maritime importante en direction et au départ du port de Mingzhou. La route vers le Goryeo devait passer par l'océan de Suzhou, au nord-est de Dinghai.[60] De la côte de Mingzhou jusqu'à l'océan de Suzhou, il y avait deux cent vingt *li*, dont la limite était la mer.[61] La mission de Xu Jing pour le Goryeo revint : ils traversèrent l'océan de Suzhou, et amarrèrent au port de Li pendant la nuit. Le jour suivant, ils passèrent par Jiaomen, et continuèrent le voyage en direction de Zhaobaoshan, pour arriver au comté de Dinghai à midi.[62] Pour accéder à la mer depuis le Qiantang à Hangzhou, il fallait également passer par l'océan de Suzhou. Sous la dynastie des Song du Sud, la route maritime de la commune de Ganpu, port auxiliaire de Hangzhou, rejoignait Quanzhou et Chaozhou à l'est, Jiaozhou et Guangzhou à l'ouest, Kuaiji au sud et Xupu de Jiangyin au nord, avec l'océan de Suzhou au milieu. Elle était connue en Chine comme à l'étranger.[63] L'océan de Suzhou était donc d'une grande importance pour la défense côtière de Hangzhou. La deuxième année de l'ère Shaoding, Li Quan, qui faisait semblant de capituler, envoya des bateaux jusqu'à Pingjiang et Jiaxing en traversant l'océan de Suzhou, pour acheter des grains, sous prétexte que la nourriture était rare. Mais en réalité, il voulait se renseigner

---

55. « À propos de la défense des océans du Zhejiang. » juan 1 dans Zheng Cuoreng. *Zheng Kaiyang zazhu* (« *Écrits divers de Zheng Kaiyang* »). tome 584 dans *Siku Quanshu*, Wenyuan Ge. 1990. p. 476.

56. « Océan de Luanjiao. » juan 13 dans Wen Tianxiang. *Wen Tianxiang quanji* (« *Collection complète de Wen Tianxiang* »). Nanchang : Jiangxi renmin chubanshe (Maison d'édition du peuple du Jiangxi), 1987. p. 525.

57. « Océan de Suzhou. » juan 28 dans *Zhiyuan Jiahe zhi* (« *Chronique de Jiahe pendant la période de Zhiyuan* »). Hangzhou : Hangzhou chubanshe (Presse de Hangzhou), 2009. p. 6165.

58. « Océan de Suzhou. » juan 13 dans *Wen Tianxiang quanji*. p. 524.

59. « Préface et postface du guide. » juan 13 dans Wen Tianxiang. *Wen Tianxiang quanji*. p. 524.

60. « Voies maritimes (II). » juan 35 dans *Xuanhe fengshi Gaoli tujing*. p. 136.

61. « Chroniques des comtés (I). » juan 1 dans *Yanyou Siming zhi* (« *Chronique de Siming pendant la période de Yanyou* »). Beijing : Zhonghua shuju, 1990. p. 6136.

62. « Voies maritimes (VI). » juan 39 dans *Xuanhe fengshi Gaoli tujing*. p. 149.

63. « Eau. » juan 3 dans Chang Tang. *Haiyan Ganshui zhi* (« *Chronique de Ganshui de Haiyan* »). Hangzhou : Hangzhou chubanshe, 2009. p. 6248.

sur les voies maritimes, et espionner la Chine.[64] Sous la dynastie Yuan, Shanghai était un port de commerce important, et l'océan de Suzhou devint une route commerciale très fréquentée. Xu Shang écrivit dans son poème « Océan de Suzhou » : « En dehors de Tianchi, la houle est toujours forte. Les marchands barbares connaissent le chemin de Wu, et plusieurs milliers de navires sont amenés chaque année. »[65]

Les eaux côtières de l'est de la rivière Huai, au nord de l'embouchure du fleuve Yangtsé, était appelées mer Huai. Cette dernière était divisée en océans du Sud et du Nord : « La mer Huai fait partie de la mer de l'Est, et située à l'est, elle est composée de l'océan du Sud et l'océan du Nord. Le premier s'écoule vers le Shandong, et le second vers le Jiangnan. »[66] L'océan du Nord devait correspondre à la zone maritime où les eaux côtières de l'est de la rivière Huai et les eaux de Mizhou de la route de Jingdong étaient reliées : « Aujourd'hui, de Liangzhe jusqu'à Dengzhou et Mizhou, on doit passer par l'océan du Nord, qui est extrêmement dangereux. »[67] L'océan du Sud devait faire référence à la zone maritime au sud-est de la rivière Huai, qui était adjacente à l'océan de Suzhou. L'océan du Nord de la mer Huai se dirigeait vers le nord, et pénétrait dans le grand océan de Laizhou. La route maritime de la dynastie Yuan, du sud au nord, traversait Liudao, atteignait les îles de Zhifu et Shamen, et ouvrait sur le grand océan de Laizhou jusqu'à Jiehekou.[68] Le grand océan de Laizhou était également connu sous le nom d'océan de Laizhou. Zhu Mingshi écrivit dans son poème « Océan de Laizhou » :

> Les vagues sont hautes dans l'océan de Laizhou. Les chaînes de fer, bien longues, ne peuvent pas être attachées solidement. Les anciens nous ont appris à témoigner du respect pour le dieu de la mer, car ce dernier peut faire des vagues avec seulement deux ou trois litres d'eau.[69]

L'océan de Laizhou correspondait aux eaux côtières de Laizhou, qui appartenaient à la mer de Bohai. L'île de Shamen permettait également d'indiquer aux navires venant du sud qu'ils arrivaient à la mer de Bohai : « Ceux qui naviguent du sud vers la mer de Bohai regardent cette île comme un signe. »[70] Les navires venant du sud attendaient près de l'île de Shamen le vent du sud-est pour pénétrer dans le grand océan de Laizhou.[71]

L'océan de Mingzhou – l'océan de Suzhou – l'océan du Sud – l'océan du Nord- le grand océan de Laizhou étaient tous des noms conférés aux eaux côtières. La zone maritime de Jingdong,

---

64. « Biographie de Li Quan (deuxième partie). » juan 477 dans *Song shi*. p. 13840.

65. « Océan de Suzhou. » juan 28 dans *Zhizheng Jiahe zhi*. Hangzhou chubanshe, 2009. p. 6165.

66. « Embouchure de la mer du Nord. » juan 18 dans *Wen Tianxiang quanji*. p. 523.

67. Juan 2 dans Yao Kuan. *Xixi congyu* (litt. « *Mots en série depuis le ruisseau de l'Ouest* »). Beijing : Zhonghua shuju, 1993. p. 94.

68. « Nourriture et objets du quotidien (I). » juan 93 dans *Yuan shi*. p. 2366.

69. Zhu Mingshi. *Jingbei yinji*. tome 1214 dans *Siku Quanshu*, Wenyuan Ge. 1990. p. 430.

70. « Île de Shamen (ville de Fuhai). » juan 1 dans Yu Qin. *Qi cheng* (« *Présentation de Qi* »). tome 491 dans *Siku Quanshu*, Wenyuan Ge. 1990. p. 701.

71. « Nourriture et objets du quodition (VIII). » juan 68 dans *Xin Yuan shi* (« *Nouvelle histoire des Yuan* »). Beijing : Zhongguo shudian (Librairie de Chine), 1988. p. 995.

s'étendant de l'ouest du Zhejiang et de l'est de la rivière Huai au sud de la péninsule de Jiaozhou, n'était pas propice à la navigation, car le Yangtsé, la rivière Huai et le fleuve Jaune entraient par ici dans la mer, créant des bancs de sable. Malgré tout, sous les dynasties Song et Yuan, il existait dans cette zone des routes desservant le nord et le sud, et qui s'appuyaient sur le « canal d'inondation » et la marée. Pour ce faire, on devrait bien connaître les conditions de cette zone, et avoir assez d'expérience et de compétences en matière de navigation. Il fallait suivre la grande rive du nord-ouest, et trouver le canal d'inondation pour avancer. Aux mois de mai et de juin de chaque année, le vent du sud soufflait. Lorsque la marée montait de 4 *fen* (unité de longueur qui équivaut à 1/3 de centimètres), le navire pouvait avancer. En revanche, quand la marée montait de 9 *fen*, le navire devait jeter l'ancre tout de suite. Lorsque la marée ne montait que d'un *fen*, le navire restait sur place pour éviter l'échouement. Ainsi, cette voie ne permettait au navire d'avancer à mi-marée en s'arrêtant tous les jours. Si l'on n'arrivait pas à trouver de voie navigable, le navire serait certainement submergé. Seuls les marins sur le banc de sable pouvaient manœuvrer les rames.[72] Voici la voie en océan intérieur, qui n'était pas propice à la navigation des navires à fond pointu. Par conséquent, il y avait deux autres voies navigables qui permettaient de se passer des bancs de sable, que les Song appelaient la route en océan extérieur et la route en grand océan. La route en océan intérieur partait de Haizhou, longeait la côte, puis bifurquait vers Liaojiao de Tongzhou, pour arriver jusqu'aux fleuves Qinglong et Yangzi. En ce qui concernait la route en océan extérieur, prenant le départ de Haizhou, on naviguait jusqu'à la mer, en longeant Dongdu, Miaosha, Yesha, et d'autres bancs de sable pour arriver enfin à Jinshan et Ganpu. Quant à la troisième voie en grand océan, partant de Haizhou, on avançait vers l'est pour pénétrer dans la mer, et tournait de nouveau au sud, pour arriver jusqu'au comté de Changguo et Dinghai de Mingzhou.[73] Les zones maritimes traversées par la route en océan extérieur et la voie en grand océan étaient également divisées en différents « océans ». Les navires prenaient la route en océan extérieur pour le Goryeo. À partir du comté de Changguo de Mingzhou, on voyageait pendant une journée pour entrer dans l'océan de Baishui (« de l'eau blanche »), qui était blanc parce qu'il provenait de Mohe, puis plus au nord, on pénétrait dans l'océan de Huangshui (« de l'eau jaune »). Ce dernier était également connu sous le nom de Shawei (bord des bancs de sable). Son eau était trouble et peu profonde. Les bateliers disaient que le sable venait du sud-ouest, là où le fleuve Jaune entrait dans la mer, et traversait l'océan sur plus de mille *li*. Au nord-est, on pénétrait dans l'océan de Heishui (« de l'eau noire »). Ce dernier était l'océan du Nord. Sa couleur était sombre et profonde, et il était noir comme l'encre.[74]

Sous la dynastie Yuan, les transports maritimes du Jiangnan jusqu'à Dadu empruntaient également ces trois routes. Au début, pour le transport maritime, on atteignait la mer depuis le port de Liujia à Pingjiang, en passant par Huanglian shatou, dans le comté de Haimen à Tongzhou, sur la route de Yangzhou, et le Wanli changtan (banc de sable sur 1 000 *li*), et suivait

---

72. *Jianyan yilai xinian yaolu*, juan 54, guiwei, mai, deuxième année de l'ère Shaoxing, p. 1116.

73. Huang, Chunyan. « Recherches sur les routes maritimes côtières sous la dynastie Song. » *Zhonghua wenshi luncong* (« *Journal de la littérature et de l'histoire chinoises* »). Issue 1. 2016.

74. « Banyangjiao. » juan 34 dans *Xuanhe fengshi Gaoli tujing*. p. 134.

les montagnes, pour arriver ensuite au comté de Yancheng sur la route de Huai'an. Puis, on se rendait successivement au comté de Donghai de Haining dans la préfecture de Xihai, à Mizhou et aux frontières de Jiaozhou, pour entrer dans l'océan de Lingshan. On prenait la route du Nord-Est, où le sable était peu profond, pour atteindre Chengsha en un mois. La 29ᵉ année de l'ère Zhiyuan, certains dont Zhu Qing dirent que cette route était sinistre. Ils découvrirent alors une nouvelle route. En accédant à la mer depuis le port de Liujia, on atteignait Chengjiaosha, en passant par Shazui, jusqu'à Yangzijiang de Sansha. Puis, on traversait Bianyansha, Dahong, et Wanli changtan, pour entrer successivement dans le Grand océan, l'océan de Qingshui, et l'océan de Heishui jusqu'à Chengshan. Enfin, on passait par l'île de Liujia pour arriver aux îles de Zhifu et Shamen, et on pénétrait dans le grand océan de Laizhou pour atteindre enfin Jiehekou. L'année suivante, Yin Minglüe, alors *qianhu* (titre officiel en Chine ancienne), ouvrit une nouvelle voie. En entrant dans la mer depuis le port de Liujia, on se rendait à Sansha de Chongming, puis prenait la direction de l'est et pénétrait dans le grand océan de Heishui, pour arriver à Chengshan. On tournait vers l'ouest et atteignait l'île de Liujia, et l'île de Shamen à Dengzhou. Enfin, on arrivait à Jiehekou en traversant le grand océan de Laizhou.[75] Les routes de Zhu Qing et Yin Minglüe correspondaient respectivement à celles de l'océan extérieur et du grand océan décrites par les Song. De plus, les eaux côtières de l'est de la rivière Huai étaient divisées en océan intérieur, océan extérieur et grand océan.

L'océan de Baishui devrait se trouver à l'embouchure du fleuve Yangzi. Il était parsemé de fonds sableux peu profonds et blanchâtres. L'océan de Huangshui, quant à lui, était situé à l'embouchure du fleuve Jaune. L'océan de Heishui était une zone de mer profonde au sud de la péninsule de Jiaozhou. Les Yuan affirmaient : « Pour les affaires royales, on navigue du sud au nord et traverse l'océan de Heishui pour arriver jusqu'à Dengzhou et Laizhou. »[76] L'océan de Heishui était très grand. Dai Liang de la dynastie Yuan écrivit dans son poème « Traversée de l'océan de Heishui » : « On voyage en bateau pendant cinq jours et cinq nuits, et n'en est qu'au début de la traversée de l'océan de Heishui. »[77] L'océan de Qingshui devrait être la zone de hauts-fonds située au nord du fleuve Yangzi, depuis laquelle on partait pour l'océan de Heishui. Dans le *Xin Yuan shi* (« *Nouvelle histoire des Yuan* »), il est dit :

> Depuis le port de Liujia, on accède à l'océan, puis traverse le Wanli changtan, pour entrer dans le grand océan de Kaifang en eau profonde. Avec le vent arrière du sud-ouest, on parcourt environ 1 000 *li* en un jour et une nuit pour atteindre l'océan de Qingshui. Puis, à l'aide du vent du sud-est, on traverse l'océan de Heishui en trois jours et trois nuits.[78]

Dans son poème « Océan de Qingshui », Lin Bi de la dynastie Ming dit : « Le fleuve Wu entre dans la mer par l'est. L'eau et le ciel se confondent. Les vagues s'entassent dans une glaçure colorée.

75. « Nourriture et objets du quoditien (I). » juan 93 dans *Yuan shi*. p. 2366.
76. « Récit de voyage à Yinzhou (VIII). » juan 22 dans Dai Liang. *Jiulingshan fang ji*. p. 508.
77. « Récit de voyage sur le territoire de Wu (II). » juan 9 dans Dai Liang. *Jiulingshan fang ji*. p. 351.
78. « Nourriture et objets du quoditien (VIII). » juan 75 dans *Xin Yuan shi*. p. 995.

Il y a 30 000 *qing* (unité de mesure) de vert bleuâtre. »[79] L'océan de Qingshui devrait se trouver au large de Wudi (territoire de Wu).

L'océan de Heishui traversait l'île de Shamen et pénétrait dans la mer de Bohai. Sous les Yuan, on le distinguait, au sens large, de la mer de l'Est. Le premier contact avec les zones maritimes à l'est, dans le monde chinois pré-Qin, était avec la mer de Bohai, de sorte que cette dernière était assimilée à la mer de l'Est. Les Yuan considéraient l'île de Shamen comme la limite sud de la mer de Bohai :

> De Jieshi de Pingzhou au nord, à l'île de Shamen de Dengzhou au sud, c'est l'embouchure de la mer de Bohai. Elle mesure 500 *li* de large à l'ouest, et est à des milliers de *li* de Zhigu. Laizhou, Weizhou et Changyi au nord-est, Bozhou, Xingzhou et Shouguang au nord et Binzhou et Dizhou au nord-ouest, tous sont baignés par la mer de Bohai.[80]

## 3. Les différents « océans » de la « mer du Sud »

Sous la dynastie Song, les habitants du Fujian considéraient la zone au sud de Chaozhou du Guangdong comme « l'océan du Sud », mais l'étendue de ce dernier n'était pas clairement définie. Près de Chaozhou se trouvait l'océan de Shezhou. L'aile gauche de l'armée des Song du Sud avait capturé 14 personnes, dont Chen Shiwu, dans l'océan de Shezhou près de Chaozhou.[81] Il poursuivit les pirates depuis le Fujian, et entra dans la zone maritime de Chaozhou. On peut ainsi voir que l'océan de Shezhou était situé dans les eaux de Chaozhou près de Zhangzhou au Fujian. Au large de Guangzhou se trouvait l'océan de Lingding. Après que Wen Tianxiang eut été capturé, il traversa l'océan de Lingding et rédigea le célèbre poème « Traversée de l'océan de Lingding », qui mentionnait « Je suis toujours terrifié par la défaite retentissante de Huangkongtan (litt. « plage terrifiante »), et je me sens complètement seul dans l'océan de Lingding (« Lingding » signifie en chinois « seul ») ».[82] Sous les Ming, il était consigné : « L'océan de Lingding est à cent soixante-dix *li* à l'est du comté de Xiangshan, et c'est ce qui a été évoqué par Wen Tianxiang de la dynastie Song dans son poème qui dit « Je me sens complètement seul dans l'océan de Lingding ». »[83] Entre l'île de Hainan et l'actuel Vietnam, il y avait l'océan de Lüshui. Le général des Yuan, Zhang Wenhu, combattit les forces navales du Giao Chi. À Tunshan, il rencontra 30 bateaux du Giao Chi, et les frappa, en les éliminant. Jusqu'à l'océan de Lüshui, les bateaux ennemis devenaient de plus en

---

79. « Océan de Qingshui. » juan 2 dans Lin Bi. *Lingdengzhou ji* (« *Collection de Lingdengzhou* »). tome 1227 dans *Siku Quanshu*, Wenyuan Ge. 1990. p. 15.

80. « Mers. » juan 2 dans Yu Qin. *Qi cheng*. p. 724.

81. « Quanzhou supplie la Cour des Affaires militaires d'offrir une récompense contre les pirates. » juan 8 dans *Xishan wenji*. p. 124.

82. « Océan de Lingding. » juan 19 dans Wen Tianxiang. *Wen Tianxiang quanji*. p. 534.

83. « Préfecture de Guangzhou. » juan 79 dans Li Xian *et al. Ming yitong zhi* (« *Chroniques de l'unification par la dynastie Ming* »). Xi'an : Sanqin chubanshe, 1990. p. 1210.

plus nombreux, et difficiles à combattre. De plus, le poids des bateaux était devenu un fardeau. Ils jetèrent alors du riz dans la mer, et se dirigèrent vers Qiongzhou.[84] On peut ainsi savoir que l'océan de Lüshui se situait entre le Giao Chi et l'île de Hainan.

Dans la zone maritime orientale de l'île de Hainan, il y avait l'océan de Qizhou (« océan des Sept continents », également connu sous le nom d'« océan des Sept préfectures »), qui était l'« océan » le plus célèbre des eaux côtières du Guangxi. Dans le *Mengliang lu* (« *Rêves de l'ancienne capitale Lin'an* »), il est dit : « Si vous désirez faire du commerce à l'étranger par bateau, vous pouvez naviguer sur l'océan depuis Quanzhou, et traverser l'océan de Qizhou. Le tirant d'eau du navire atteindrait environ 70 *zhang*. »[85] D'après les documents historiques des dynasties Song et Yuan toujours conservés, cet océan aurait été situé à l'est de l'île de Hainan, mais son emplacement spécifique fut contesté postérieurement. Zhang Xie de la dynastie Ming affirma que l'océan de Qizhou était situé dans les eaux orientales du comté de Wenchang, et qu'il portait le nom de la montagne Qizhou. Son ouvrage *Dongxiyang kao* (« *Recherches sur les océans de l'Est et de l'Ouest* »), cite le *Qiongzhou zhi* (« *Présentation de Qiongzhou* ») en disant :

> À une centaine de *li* de l'est de Wenchang, dans la mer, il y a des montagnes reliant sept sommets, et à l'intérieur s'y trouvent des sources fraîches et de quoi se ravitailler. Les forces armées des Yuan de Liu Shen ont poursuivi l'empereur Song Duanzong, et ont attrapé l'un des proches de ce dernier Yu Tinggui ici. On dit que dans les temps anciens, les sept préfectures ont coulé et sont devenues la mer.[86]

C'est pourquoi cet océan était également connu sous le nom d'« océan des Sept préfectures. » La montagne Qizhou avait sept sommets, comme sept étoiles qui se suivent, et était également connue sous le nom de montagne Qixing (« montagne des Sept étoiles »).[87] Ainsi, cet océan était aussi appelé océan des Sept étoiles. Selon Han Zhenhua, les eaux du Guangdong comportaient l'océan de Qizhou de Guangzhou aux îles Wanshan, l'océan de Qizhou de Wenchang près de l'île de Hainan, et l'océan de Qizhou de la grande mer aux îles Paracels. Il se trouve que l'océan de Qizhou mentionné dans le *Mengliang lu* se réfère à celui de la grande mer, et non pas à celui de Wenchang.[88] De même, d'autres dont Bo Xihe, Xiang Da, Xia Nai, et Tan Qixiang, ont tous fait des recherches dans les textes historiques sur l'océan de Qizhou, et présentent des opinions différentes. Certains d'entre eux trouvent que cet océan se situait au sud-est de Hainan, tandis que d'autres croient qu'il se référait aux eaux de l'archipel de Qizhou. Liu Yijie a résumé les théories ci-dessus, et a affirmé que l'océan de Qizhou correspondait à l'archipel de Qizhou dans le nord-est

---

84. « Chronique de l'Annam. » juan 209 dans *Yuan shi*. p. 4648.

85. « Navires maritimes. » juan 12 dans Wu Zimu. *Mengliang lu*. p. 214.

86. « La route de l'océan de l'Ouest. » juan 9 dans Zhang Xie. *Dong xi yang kao* (« *Recherches sur les océans de l'Est et de l'Ouest* »). Beijing : Zhonghua shuju, 2000. p. 172.

87. « Préfecture de Qiongzhou. » juan 82 dans Li Xian *et al. Ming yitong zhi*. p. 1258.

88. Han, Zhenhua. « Recherches sur l'océan de Qizhou. » *Nanyang wenti* (« *Affaires d'Asie du Sud-Est* »). Issue 4. 1981.

de Hainan et ses eaux adjacentes.[89] Liu s'est appuyé sur les itinéraires indiqués par la boussole et des cartes géographiques pour en vérifier l'exactitude et a permis de le confirmer.

Au sud de l'océan de Qizhou, c'était l'océan du Giao Chi. Dans le *Zhenla fengtu ji* (« *Coutumes du Chenla* »), il est dit : « Après l'océan de Qizhou, nous traversons l'océan du Giao Chi pour aller au Champā. »[90] Selon le *Lingwai daida* (« *Réponses représentatives de la région au-delà des montagnes* »), l'océan du Giao Chi se situait au sud-ouest des quatre comtés de Hainan. Il reliait les eaux de Qiongzhou et de Lianzhou au nord. Le fleuve Qinjiang se jetait dans la mer au sud. Il se divisait en deux rivières, dont l'une se jetait dans la mer du Giao Chi depuis le sud-ouest, et l'autre dans les mers de Qiongzhou et Lianzhou depuis le sud-est.[91] Au sud de l'océan du Giao Chi, c'était l'océan de Kunlun. Dans le *Haiguo wenjian lu* (« *Registre de divers pays maritimes* »), il est dit : « L'océan de Qizhou se trouve au sud-est de Wanzhou de l'île de Qiong, et l'océan de Kunlun est au sud de l'océan de Qizhou. »[92] L'article « Kunlun » dans le *Daoyi zhilüe* mentionne :

La montagne Kunlun, qui est également connue sous le nom de montagne Juntun dans les temps anciens, est haute et carrée. Elle s'étend horizontalement sur des centaines de *li*. Tout en se dressant fermement au milieu de la mer, elle fait face au Champā et à l'Inde. L'océan de Kunlun est à ses pieds. D'où vient le nom. Les navires marchands en direction de l'océan de l'Ouest doivent passer par l'océan de Kunlun, et la traversée nécessitera sept jours et sept nuits avec le vent arrière.

Certains dont Fujita Toyohachi ont vérifié que la montagne Kunlun correspondait à l'île de Kunlun dans la mer méridionale de l'actuel Vietnam.[93] L'océan de Kunlun était aussi appelé grand océan de Hundun (« de chaos ») ou océan de Huntun. Le général des Yuan, Shi Bi, conduisit une armée à la conquête de Java. Ils traversèrent l'océan de Qizhou, le Wanli shitang, le Giao Chi, et le Champā, et arrivèrent au cours du premier mois lunaire de l'année suivante aux monts Dong est et ouest, et à l'île de Niuqi, pour entrer dans le grand océan de Hundun.[94] Au sud de l'océan de Kunlun, c'était l'océan de Shamo (« de désert »). Le *Mengliang lu* parle de la route de Quanzhou vers l'Asie du Sud-Est en disant « Vous passeriez également par les océans de Kunlun, Shamo, She, Long, Wuzhu, etc. »[95] L'océan de Shamo se nommait aussi « océan de Shamo » (« océan du sable à moudre »). Dans « Ping Zhaowa lubu » (« Rapport d'une victoire dans la conquête du Java »),

89. Liu, Yijie. « Explication de la "crainte de se rendre dans l'océan de Qizhou, et de retourner de Kunlun". » *Nanhai xuekan* (« *Journal académique de Nanhai* »). Issue 3. 2016.

90. « Synthèse. » dans Zhou Daguan. *Zhenla fengtu ji jiaozhu*. Beijing : Zhonghua shuju, 1981. p. 15.

91. « Tianfenyao (deux confluents). » et « Les trois confluents. » juan 1 dans Zhou Qufei. *Lingwai daida jiaozhu*. p. 35 et p. 36.

92. Juan 1 dans Chen Lunjiong (auteur). Li Changfu (correcteur). *Haiguo wenjian lu jiaozhu* (« Annotations des *Registres de divers pays maritimes* »). Zhengzhou : Zhongzhou guji chubanshe (Maison d'édition classique de Zhongzhou), 1985. p. 49 et p. 70.

93. Article « Kunlun. » dans *Daoyi zhilüe jiaoshi*. p. 218 et p. 220.

94. « Biographie de Shi Bi. » juan 162 dans *Yuan shi*. p. 3802.

95. « Navires maritimes » juan 12 dans Wu Zimu. *Mengliang lu*. pp. 214-215.

Fang Hui dit : « Depuis l'océan de Kunlun, on se rend dans l'océan de Shamo. »[96] Les marchands qui souhaitaient se rendre à Simhala (actuel Sri Lanka), devaient traverser l'océan de She : « Pour trouver des objets exotiques à Simhala, il faut sûrement passer par le grand océan de She. »[97] Il n'est, en revanche, pas possible de connaître avec certitude la localisation de l'océan de Long. Su Jiqing pense que l'océan de Wuzhu portait le nom de la montagne éponyme, faisant référence à la zone maritime au sud du comté de Zhongshan, au Guangdong.[98] La route de Guangzhou vers l'Asie du Sud-Est passait par l'océan de Wuzhu avant de pénétrer dans l'océan de Qizhou.

À l'est des océans de Qizhou, du Giao Chi et de Kunlun se trouvaient les îles Dongsha, Xisha, Zhongsha et Nansha, également connues sous les noms de Qianli changsha (mille *li* de bancs de sable) et le Wanli shitang. Comme mentionné ci-dessus, les Song et Yuan acquirent une meilleure connaissance de l'étendue de cette zone, de ses caractéristiques et de son influence sur la navigation. Les Song nommaient les zones les plus orientales et les plus méridionales de l'actuelle mer de Chine méridionale et des zones maritimes d'Asie du Sud-Est le grand océan de l'Est et le grand océan du Sud :

> Au sud du Srivijaya se situe le grand océan du Sud où se répartissent des milliers d'îlots inhabitables, et dont la partie la plus méridionale reste inaccessible. À l'est du royaume de Java est le grand océan de l'Est. Le niveau de l'eau y est plus bas, et le pays des femmes s'y trouve. La partie la plus orientale est le *weilü* où les eaux marines se déchargent. Ce n'est plus le monde des êtres humains.[99]

De plus, selon les Song, l'océan du Giao Chi affluait vers trois directions. À l'est, il se jetait dans l'infini, à savoir dans le grand océan de l'Est.[100] Nous pouvons donc voir que ce dernier était localisé à l'est de la mer de Chine méridionale, et le grand océan du Sud correspondait à la zone maritime du sud de l'océan Indien, près des îles d'Asie du Sud-Est, comprenant les eaux du Srivijaya. Par exemple, dans « Guihai yuheng zhi » (« Annales des régions reculées du sud »), il est dit : « De tous les pays dans le grand océan du Sud, le Srivijaya est le plus grand. »[101] Ces deux océans étaient considérés comme à la périphérie de la mer de Chine méridionale.

Les Yuan divisèrent la zone traditionnelle de la « mer du Sud » en océans de l'Ouest et de l'Est. Dans le *Zhenla fengju ji*, il est indiqué que le tissu utilisé dans Chenla provenait du royaume de Siam et de Champā, et que celui qui était importé de l'océan de l'Ouest était le meilleur.[102] Selon

---

96. « Ping Zhaowa lubu (« Rapport d'une victoire dans la conquête du Java »). » juan 3 dans *Tongjiang ji*. p. 351.

97. « Discours lors d'un banquet destiné aux marchands marins. » juan 66 dans Hong Shi. *Panzhou wenji* (« *Collection littéraire de Panzhou* »). p. 690.

98. Article « Kunlun. » dans *Daoyi zhilüe jiaoshi*. p. 319.

99. « Les royaumes d'outre-mer. » juan 2 dans *Lingwai daida jiaozhu*. p. 74.

100. « Les trois confluents. » juan 1 dans Zhou Qufei. *Lingwai daida jiaozhu*. p. 36.

101. « Guihai yuheng zhi (« Annales des régions reculées du sud »). » juan 67 dans Huang Zhen. *Huangshi richao* (litt. « *Transcription journalière de M. Huang* »). Hangzhou : Zhejiang daxue chubanshe (Presse de l'Université du Zhejiang). 2013. p. 2016.

102. Article « Vêtements » dans *Zhenla fengtu ji jiaozhu*. Beijing : Zhonghua shuju, 1981. p. 76.

le *Dade Nanhai zhi* (« *Chronique de la mer du Sud dans l'ère Dade* »), le royaume de Tambralinga contrôlait le petit océan de l'Ouest, le Brunei le petit océan de l'Est, et le pays Shanchong buluo et le Java le grand océan de l'Est. Dans le *Daoyi zhilüe*, il est mentionné à plusieurs reprises « le tissu de l'océan de l'Ouest » ou « la soie de l'océan de l'Ouest ». De plus, il est dit :

« Les perles sur le marché de Saltanah Sulu proviennent du troisième port de l'océan de l'Ouest. C'est le seul endroit qui produise ce genre de perles. » « Les gens de l'océan de l'Ouest ont entendu parler de la terre fertile de Jiugang. » « Les navires marchands en direction de l'océan de l'Ouest doivent passer par l'océan de Kunlun. » « Gulifo (Kalicut) est l'un des ports de l'océan de l'Ouest. » « Udine (actuel Rajasthan en Inde) est bordé par Zhongfeng de l'océan de l'Ouest. » « Jianshan (litt. « montagne pointue »), émerge du petit océan de l'Est. » « Le Java est le plus puissant dans l'océan de l'Est. » « Les gens de l'océan de l'Est craignent et fuient les Pisheye (habitants près des îles Pescadores). »[103]

Concernant les domaines des océans de l'Ouest et de l'Est sous les Yuan, il y a déjà eu de nombreux débats.[104] Selon Su Jiqing, la zone maritime des archipels de Luzon et de Sulu était le petit océan de l'Est, et les eaux baignant le Kalimantan, le Kalingga, le Makasar, le Malacca, le Bali et le Diman appartenaient au grand océan de l'Est. L'océan de l'Ouest renvoyait à la mer de Bengala à l'ouest de la mer de Chine méridionale, et aux zones côtières du Califat islamique et de l'Afrique de l'Est.[105] Chen Jiarong a distingué l'océan de l'Ouest et l'océan de l'Est sous les Yuan. Sur la base des recherches de Fujita Toyohachi et d'autres, il pense en outre que la frontière entre ces deux océans correspondait à Brunei, et que le royaume de Lamuri divisait le grand et le petit océans de l'Ouest. Le grand océan de l'Est partait de l'ouest du détroit de la Sonde sur la côte occidentale de l'île de Java, en passant par cette dernière, la partie australe de l'île de Kalimantan, l'île de Célèbes, l'île de Timor jusqu'aux îles Moluques. Le petit océan de l'Ouest comprenait le détroit de Malacca et une partie maritime à l'est de ce dernier, à savoir la partie occidentale de la mer de Chine méridionale. Le grand océan de l'Ouest correspondait à l'actuel océan Indien, et incluait la zone allant de la côte ouest de Sumatra à la mer d'Arabie.[106]

Les grands océans de l'Est et du Sud sous la dynastie Song correspondaient aux territoires maritimes de l'océan de l'Est sous la dynastie Yuan, mais ils ne se superposaient pas complètement. Sous la dynastie Yuan, l'océan de l'Est incluait Danyang (l'océan doux) où se jetait le fleuve Rili sur la côte est de l'île de Sumatra. Il y avait un port d'eau douce à l'embouchure du fleuve, et l'océan doux était le large.[107] L'océan de l'Ouest était un terme général désignant une grande zone maritime, qui

---

103. *Daoyi zhilüe jiaoshi*. p. 38, p. 133, p. 159, p. 178, p. 187, p. 193, p. 209 et p. 240.

104. Cf. Shan, Li, et Xu, Haiying. « Résumé des questions problématiques sur les océans de l'Est et de l'Ouest—— à propos de leurs limites et de leurs étendues. » *Hanghai* (« *Navigation* »). Issue 3. 2015.

105. *Daoyi zhilüe jiaoshi*. pp. 137-138, p. 195, et p. 281.

106. Chen, Jiarong. « Les océans de l'Est, de l'Ouest, du Sud et du Nord sous les dynasties Song, Yuan, Ming et Qing. » *Haijiaoshi yanjiu* (« *Journal des études de l'histoire maritime* »). Issue 1. 1992.

107. *Daoyi zhilüe jiaoshi*. p. 237 et p. 239.

comprenait également un certain nombre de zones plus petites appelées « océan » ou « mer ». Sous la dynastie Yuan, le royaume de Lamuri, qui se dit en chinois « Lanwuli », s'appelait « Nanwuli », et situé dans le coin nord-ouest de Sumatra, était un important carrefour de l'océan de Nanwuli. Par exemple, des navires d'Asie du Sud-est se dirigeaient vers l'ouest. Lorsque la mousson arrivait en retard, ils ne pouvaient pas être pleinement chargés, puisque les navires Machuan étaient déjà partis. Comme ils faisaient face à un vent contraire, ils ne pouvaient pas traverser l'océan de Nanwuli. Dans ce cas-là, ils jetaient l'ancre au Lamuri, en attendant le retour des navires Machuan aux mois d'août et septembre suivants, afin de retourner au Kalicut pour le commerce. Selon Su Jiqing, l'océan de Nanwuli faisait référence à la mer entre Aceh et le Sri Lanka.[108] Sous la dynastie Song, la zone maritime de l'île du Sri Lanka s'appelait mer de Ceylan :

> « À l'ouest de plusieurs pays, dont Dengloumei, se situe une grande mer nommé Ceylan. »
> « À l'embouchure du Grand océan se trouve le pays de Ceylan. »[109] « Au sud de l'Inde, il y a un continent, qui est le pays de Ceylan. Sa mer est appelée mer de Ceylan. »[110]

Nous pouvons voir que la mer de Ceylan faisait référence à la zone maritime allant de l'ouest de l'île du Sri Lanka au sud de la péninsule indienne. La baie de Mannar, à la pointe sud de la péninsule indienne, était appellée océan de Dalang, à plus de 80 *li* du sud du troisième port.[111] À l'ouest de l'Inde se trouvait la mer d'Arabie de l'Est. Plus à l'ouest, c'étaient les pays arabes. Encore plus à l'ouest se trouvait la mer d'Arabie de l'Ouest.[112] Les eaux au large du pays de Maijiata (en arabe : al-Maghrib al-Aqsa) à Aden étaient connues sous le nom de mer des Rois. Le pays était situé au bord de la mer des Rois. D'après Su Jiqing, la mer des Rois correspondait en fait à la mer Rouge.[113] La mer de Ceylan, la mer d'Arabie de l'Est, la mer d'Arabie de l'Ouest et la mer des Rois, ainsi que les « océans » mentionnés ci-dessus, faisaient tous référence à des zones maritimes régionales spécifiques, et faisaient partie de la « mer du Sud ».

## 4. Perceptions de la « mer » et de l' « océan » et l'évolution des modes d'acquisition des connaissances marines

Dans l'histoire du développement maritime en Chine ancienne, les dynasties Song et Yuan, différentes des Han, Tang, Ming et Qing, encourageaient pleinement ses habitants à aller en mer pour faire du commerce. Pendant la dynastie Yuan, à l'exception d'une brève période d'interdiction

---

108. *Daoyi zhilüe jiaoshi*. p. 261, p. 263 et p. 321.

109. « Guihai yuheng zhi. » juan 67 dans Huang Zhen. *Huangshi richao*. Hangzhou : Zhejiang daxue chubanshe. 2013. p. 2016.

110. « Royaumes des cieux occidentaux. » juan 2 dans *Lingwai daida jiaozhu*. p. 75.

111. *Daoyi zhilüe jiaoshi*. p. 287 et p. 291.

112. « Les royaumes d'outre-mer. » juan 2 dans *Lingwai daida jiaozhu*. p. 75.

113. *Daoyi zhilüe jiaoshi*. p. 349 et p. 351.

maritime où la mer était utilisée à des fins militaires, il n'y eut pas d'interdiction totale d'accès à la mer ni de restrictions au commerce comme c'était le cas sous les Ming et Qing. La dynastie Song encourageait toujours activement ses habitants à faire du commerce en mer. Par rapport aux dynasties Han et Tang qui permettaient aux marchands étrangers de venir en Chine tout en interdisant à leur propre peuple de se rendre en mer, la pratique de la navigation des habitants du pays sous les dynasties Song et Yuan se développa grandement, et elle favorisa également la navigation dans toutes les eaux asiatiques. L'accumulation des connaissances marines et la perception de la mer fondées sur la pratique entrèrent dans une toute nouvelle ère. De plus, l'accumulation de ces connaissances et les modes d'acquisition sous les Song et Yuan servirent de base pour le développement du savoir maritime et des activités de navigation sous les dynasties Ming et Qing. De même, ils constituèrent les prémisse historiques pour que la Chine développât des connaissances et des concepts maritimes communs avec le monde.

Certains chercheurs ont souligné les changements importants dans l'histoire du développement maritime des dynasties Song et Yuan par rapport aux Han et Tang. Selon Chen Jiarong, la nomination des océans commença à l'époque des deux dynasties Song. De plus, durant cette période, les termes « océan » et « mer » étaient utilisés ensemble, avant que le premier ne finît par remplacer progressivement le second.[114] Li Guoqiang a également souligné que depuis la dynastie Song, les Chinois avaient progressivement approfondi leur compréhension des îles de la mer du Sud où leur champ d'activités s'était encore élargi.[115] Tous les deux ont insisté sur l'importance de la dynastie Song comme tournant décisif dans l'histoire du savoir maritime chinois. Du point de vue des connaissances géographiques concernant la mer, celles des périodes pré-Qin, Han et Tang reposaient principalement sur une conception holistique et vague des « Quatre mers », à savoir les mers de l'Est, du Sud, de l'Ouest et du Nord, considérées comme faisant partie du « monde sous le ciel ». De plus, la « mer de l'Est » et la « mer du Sud », où il y avait déjà des contacts maritimes, n'étaient pas clairement délimitées, et le mot « océan » en référence à l'eau ne désignait pas des zones spécifiques, mais était un terme descriptif. Par exemple, Wang Yi, de la dynastie Han, expliqua le terme « océan » dans les deux phrases (« (Je) dérive au gré du vent et de la rivière, en m'éloignant de mon pays pour vivre qui sait où » et « Les sables mouvants à l'ouest sont infiniment vastes ») du *Chu ci* (« *Chants de Chu* ») : dans la première phrase, « océan » signifie « s'éloigner du pays », et dans la deuxième phrase, « océan » signifie « infiniment ».[116] Ainsi, « océan » était également utilisé pour décrire l'immensité des rivières et des lacs. Par exemple, Confucius s'écria avec extase en louant le fleuve Jaune : « Quelle magnifique eau ! Comme elle est vaste ! ». Il existe aussi des louanges : « Oh, vaste comme les fleuves et rivières » et « vaste comme l'eau du fleuve ».

---

114. Cf. Chen, Jiarong. « Les océans de l'Est, de l'Ouest, du Sud et du Nord sous les dynasties Song, Yuan, Ming et Qing. »

115. Cf. Li, Guoqiang. « Histoire de la formation du territoire de la mer de Chine méridionale à partir de l'évolution du nom de lieu. »

116. « Les versets du neuvième chapitre (IV). » juan 4 et « Les versets du poème Dazhao (grande invocation). » juan 10 dans Wang Yi. *Chuci zhangju buzhu.* (« *Notes complémentaires pour les versets des Chants de Chu* »). Changsha : Yuelu shushe (Maison d'édition de Yuelu), 2013. p. 130 et p. 216.

[117] Yan Shigu, sous la dynastie Tang, expliqua le terme « océan » dans la phrase « vaste comme l'eau du fleuve » : « océan » signifie « vaste », « (eau) abondante ».[118] Le *Chuxue ji* (« *Notes pour les débutants* ») décrit la mer en citant les *Shiming* (« *Explication des noms* »), *Shizhou ji* (« *Notes des dix continents* »), *Bowu zhi* (littéralement : « *De toutes choses* »), *Hanshu* (« *Livre des Han* »), qui reflétaient également les perceptions de la mer aux périodes pré-Qin, Han et Tang :

> « Les mers des quatre coins du monde se joignent l'une à l'autre, et le continent n'occupe qu'une part très faible. » « La mer de l'Est contient la mer de Bohai. » « La grande mer du Sud inclut la mer de Zhanghai. » « Les petites eaux à l'est de la grande mer de l'Ouest sont connues sous les noms de mer de Puchang, mer de Pulei, mer Bleue, mer de Luhun, mer de Tanmi, et mer de Yangchi. » « La grande mer du Nord contient la mer de Hanhai, et les petites eaux au sud de la mer de Hanhai portent les noms de mer de Bodi, mer de Yilian, et mer de Siqu. »[119]

Nous pouvons voir que les descriptions des quatre mers étaient encore holistiques et vagues. Les mers de l'Ouest et du Nord dans le *Chuxue ji* étaient des idées subjectives issues des dynasties Han et Tang pour expliquer les « Quatre mers ». Il ne s'agissait pas d'espace maritime réel, encore moins les zones maritimes composant la mer de l'Ouest et la mer du Nord. La mer de Bohai et la mer de Zhanghai n'étaient pas considérées comme faisant partie de la mer de l'Est ni de la mer du Sud, mais étaient confondues avec elles. On dit que la mer de l'Est était communément appelée mer de Bohai, également connue sous le nom de Canghai.[120] Par ailleurs, il existe différentes discussions et opinions sur les limites de Zhanghai. Nan Mingzi a résumé ces différentes théories dans le *Zhanghai kao* (« *Recherches sur la mer de Zhanghai* »).[121] Selon Feng Chengjun, en Chine ancienne, la zone à l'ouest de la mer de Chine méridionale actuelle, y compris l'océan Indien, était appelée « mer du Sud », tandis que la mer de Zhanghai faisait spécifiquement référence aux eaux au sud du golfe de Siam (Golfe de Thaïlande).[122] En outre, d'après Nan Mingzi comme dans les textes chinois anciens, la mer de Zhanghai comprenait l'actuelle mer de Chine méridionale, les eaux d'Asie du Sud-Est, l'océan Indien et la zone située à l'ouest de celui-ci.[123] Han Zhenhua pense que la mer de Zhanghai incluait l'actuelle mer de Chine méridionale et les

---

117. « Stratagèmes. » juan 13 dans *Shuoyuan* (« *Jardin d'histoires* »). première compilation d'une série de livres intégrés. The Commercial Press. p. 125. « Questions de Yin Tang (V). » juan 5 dans *Liezi jishi* (« *Ensemble d'interprétations du Vrai classique du vide parfait* »). Beijing : Zhonghua shuju, 1979. p. 178. *Maoshi zhengyi* (« *Annotations de Kong* »). Beijing : Beijing daxue chubanshe (Presse de l'Université de Beijing), 1999. p. 226.

118. « Géographie (deuxième partie). » juan 28 et « Présentation des voies d'eau. » juan 29 dans *Han shu* (« *Livre des Han* »). Beijing : Zhonghua shuju, 1964. p. 1647 et p. 1682.

119. « Mers (II). » juan 6 dans Xu Jian. *Chuxue ji* (« *Notes pour les débutants* »). Beijing : Zhonghua shuju, 1962. pp. 114-115.

120. « Mers (II). » juan 6 dans Xu Jian. *Chuxue ji*. p. 115.

121. Nan, Mingzi. « Recherches sur la mer de Zhanghai. » *Zhongyang minzu xueyuan xuebao* (« *Journal de l'Université Minzu de Chine* »). Issue 1. 1982.

122. *Zhongguo nanyang jiaotong shi* (« *Histoire des échanges dans l'océan du Sud* »). The Commercial Press, 1937. p. 91.

123. Cf. Nan, Mingzi. « Recherches sur la mer de Zhanghai ».

eaux à l'ouest de celle-ci. De plus, il l'a divisée en mer aux territoires maritimes de la Chine et mer située à l'étranger. La frontière entre les deux était le Wanli shitang. De même, la mer du Sud était délimitée. Jusqu'à la dynastie Song, la partie de la mer du Sud, située aux territoires maritimes chinois, servait de frontière entre les zones maritimes chinoises et étrangères. À l'intérieur de cette partie se trouvait la Chine, et au-delà de cette dernière étaient les pays étrangers. Sous la dynastie Yuan, ce n'est qu'après le Wanli shitang de l'océan de Qizhou que l'on pouvait connaître les territoires maritimes étrangers où se trouvaient par exemple l'océan du Giao Chi et celui du Champā.[124]

En réalité, au cours des périodes pré-Qin, Han et Tang, les perceptions des mers de Bohai et Zhanghai restaient toujours dans le cadre du « monde sous le ciel », composé de « Neuf préfectures-Quatres mers ». Selon cette logique, la mer à l'est était communément appelée « mer de l'Est », et toutes les mers au sud étaient nommées « mer du Sud ». La mer de Bohai et la mer de Zhanghai se confondaient également avec la mer de l'Est et la mer du Sud. De ce point de vue, Nan Mingzi dans sa perception des limites de la mer de Zhanghai est plus conforme à la logique historique. Selon Liu Yingsheng, à l'époque où la pratique de la navigation n'était pas suffisamment développée, la « mer du Sud » se référait généralement aux territories maritimes au sud de la Chine, y compris les eaux de l'Asie du Sud-Est et de l'est de l'océan Indien.[125] D'après la logique du « monde sous le ciel », il ne pouvait y avoir de concept de « mer de Chine » et de « mer étrangère », ni y avoir de pouvoir frontalier maritime, en particulier à l'époque des dynasties pré-Qin, Han et Tang où les connaissances maritimes étaient encore holistiques et vagues. Dans le *Lingwai daida* de la dynastie Song, il est dit : « Partant du Srivijaya, on navigue vers le nord, en passant par l'Inde et l'océan du Giao Chi, jusqu'en Chine. Ceux qui veulent aller à Guangzhou entrent par Tunmen, et ceux qui veulent aller à Quanzhou entrent par Jiazimen. »[126] Ici, on faisait référence aux territoires terrestres chinois, et non maritimes.

Au début, sous la dynastie Song, le terme « océan » signifiait « (eau) abondante », puis se référait aux « eaux de la mer », c'est-à-dire « le centre de la mer » ou « l'endroit riche en eau »[127]. On disait aussi que les profondeurs infinies de la mer s'appelaient « océan ».[128] Sous les dynasties Song et Yuan, la « mer de l'Est » et la « mer du Sud » étaient divisées en de nombreux océans, ce qui était un changement significatif dans la connaissance géographique des océans en Chine ancienne. Le principal facteur à l'origine de ce changement était la pratique maritime. Sous les

---

124. Han, Zhenhua. « La zone maritime de la mer de Chine méridionale et ses frontières dans l'histoire chinoise. » *Nanyang wenti yanjiu* (« *Affaires de l'Asie du Sud-Est* »). Issue 1. 1984.

125. Liu, Yingsheng. « Origines de l' "océan de l'Est" et de l' "océan de l'Ouest". » Association de recherche de Zhenghe de Nanjing. *Zouxiang haiyang de zhongguoren : Zheng He xia xiyang 590 zhounian guoji xueshu yantaohui wenji* (« *Les Chinois se rendant en mer – Recueil de documents du symposium international organisé à l'occasion du 590ᵉ anniversaire des voyages de Zheng He vers l'océan de l'Ouest* »). Beijing : Haichao chubanshe (Presse de Haichao), 1996. p. 125.

126. « Naviguer à l'étranger. » juan 3 dans *Lingwai daida jiaozhu*. p. 126.

127. « Océans. » juan 3 dans Zhao Delin. *Houqing lu* (litt. « *Registre des plats de viande exquis* »). Beijing : Zhonghua shuju, 2002. p. 83.

128. « Recherches sur les quatre barbares. » juan 325 dans *Wenxian tongkao*. p. 8961.

dynasties Song et Yuan, les marchands étrangers étaient fortement encouragés à venir en Chine, tandis que les Chinois étaient incités à mener des activités en mer. D'une part, les gens avaient une meilleure compréhension de la géographie maritime grâce à leurs activités en mer. D'autre part, cette pratique devait également renforcer la distinction entre les zones maritimes présentant des conditions de courants marins et des indications géographiques différentes. Les « océans » nommés par les dynasties Song et Yuan possédaient une particularité commune. C'est-à-dire qu'ils se trouvaient principalement le long des routes maritimes importantes et dans les zones où les activités martimes étaient les plus fréquentes. L'une des routes de navigation les plus importantes de la « mer de l'Est » était celle reliant Mingzhou (Qingyuan) à Jingdong sous la dynastie Song et au Shandong et à Zhigu sous la dynastie Yuan. Sous les Song, cette route correspondait à un passage navigable entre le sud et le nord dont l'importance fut renforcée sous les Yuan pour transporter de la nourriture. Elle traversait du sud au nord différentes zones maritimes dont les océans de Mingzhou, Suzhou, du Sud, du Nord, de Laizhou et la mer de Bohai. De plus, selon la distance par rapport à la côte, les zones maritimes traversées par cette route étaient également divisées en océan intérieur, océan extérieur et grand océan, qui présentaient une variété de courants marins et de conditions de navigation. L'autre route était celle reliant Mingzhou (Qingyuan) à la péninsule coréenne, et qui traversait des océans comme celui de Baishui, de Huangshui et de Heishui. La route vers le Japon était également une route importante en « mer de l'Est ». Les « océans » qu'elle traversait dans les eaux côtières étaient les mêmes que mentionnés ci-dessus, mais sans autre documentation spécifique à ce sujet. Les divers « océans » de la « mer du Sud » tels que les océans de Wuzhu, de Qizhou, du Giao Chi, de Kunlun, du Lamuri, la mer de Ceylan, l'océan de Dalang, la mer d'Arabie de l'Est, la mer d'Arabie de l'Ouest, la mer des Rois, etc., étaient répartis le long de la route de Guangzhou vers l'Asie du Sud-Est et l'océan Indien. Les zones les plus documentées portant le nom d'« océan » comprenaient le Fujian sous la dynastie Song, Mingzhou (Qingyuan) sous les Song et Yuan ainsi que les territoires maritimes au nord de celui-ci, qui étaient les zones les plus fréquentées pour le commerce et la navigation à cette époque. De même, la zone maritime allant de Mingzhou à l'embouchure du fleuve Yangtsé sous la dynastie Song était une zone clé pour la défense maritime de Lin'an. Si le *Lingwai daida* décrit l'océan du Giao Chi qui affluait vers trois directions, comme le fait le *Daoyi zhilüe* avec l'océan de Kunlun et le Wanli shitang, c'est parce que les textes voulaient donner des indications importantes concernantla navigation dans ces zones qui étaient complexes et dangereuses. L'océan de Qizhou devint l'un des « océans » dont l'occurrence était la plus fréquente dans la littérature en raison de son rôle important d'identification géographique.

Il existait trois façons principales de nommer les « océans » sous les dynasties Song et Yuan. Premièrement, ils étaient nommés d'après les noms des lieux qu'ils bordaient, y compris les préfectures, les pays, et les îles (montagnes).[129] Par exemple, les océans de Mingzhou, de Suzhou

---

129. Selon « Voies maritimes (I) » (juan 34 dans *Xuanhe fengshi Gaoli tujing*), concernant les terres en mer, celles qui permettent de contenir un grand nombre de gens sont appelées « continent », comme Shizhou (« dix continents »), et celles qui sont plus petites mais aussi habitables sont des « îles », comme Sandao (« trois îles »). Celles qui sont encore plus petites sont des « îlots », et celles qui sont plus petites que ces derniers mais sont

et de Laizhou étaient nommés d'après les préfectures continentales auxquelles ils étaient reliés. Les océans du Giao Chi, du Lamuri, la mer de Ceylan, la mer d'Arabie de l'Est et la mer d'Arabie de l'Ouest étaient nommés d'après des « pays ». Les océans de Qizhou, de Kunlun, et de Weitou étaient nommés d'après des îles (et des montagnes) dans la mer. Deuxièmement, les océans pouvaient être nommés d'après leur position géographique. Les habitants du Fujian, par exemple, appelaient les territoires maritimes au sud de la province « océan du Sud », ceux au nord « océan du Nord », ceux à l'est « océan de l'Est » et ceux du comté de Lianjiang « océan de l'Ouest ». Les dynasties Song et Yuan divisèrent la rivière Huai au nord de l'embouchure du fleuve Yangtsé en océans du Sud et du Nord. L'océan du Nord faisait référence à la zone maritime qui reliait la côte de l'est de la rivière Huai aux eaux de Mizhou à Jingdong, et l'océan du Sud désignait la zone maritime au sud de l'est de la rivière Huai, et adjacente à l'océan de Suzhou. Les Yuan appelaient également l'océan du Zhejiang à l'est de la côte du Shandong « océan de l'Est ». Par ailleurs, ils divisaient la « mer du Sud » traditionnelle en océans de l'Est et de l'Ouest. La dynastie Song appelait aussi les eaux situées à l'est et au sud des zones insulaires d'Asie du Sud-Est « grand océan de l'Est » et « grand océan du Sud ». Troisièmement, les océans pouvaient être nommés d'après les courants marins. Par exemple, la « mer de l'Est » comprenait les océans de Baishui, de Huangshui, de Heishui, de Qingshui et de Lüshui. Les Yuan désignaient la zone maritime entre le Giao Chi et l'île de Hainan « océan de Lüshui », et la zone sur la côte est de l'île de Sumatra où l'eau était douce « Danyang » (« océan doux »). Il existait également un certain nombre d' « océans » dont l'origine du nom n'était pas connu tels que les océans de Shezhou, de Lingding, de Dalü, etc.

La méthode consistant à nommer des « mers » d'après leurs positions géographiques était la plus ancienne utilisée en Chine, et reposait sur la conception des « Quatre mers », à la base des connaissances maritimes de l'époque. En ce sens, on peut dire que l'ajout de caractères indiquant les directions est, sud, ouest et nord devant le caractère (chinois) « hai » (« mer ») est devenu la méthode de base pour nommer les zones maritimes en Chine ancienne. Mais cela reflète principalement la première façon de nommer les zones maritimes avant la dynastie Song. En Occident, les zones maritimes sont nommées en fonction des pays ou régions auxquels elles appartiennent ou dont elles sont proches. Cette méthode fut introduite en Chine à la fin de la dynastie Ming. Elle devrait être une tradition européenne, et n'aurait donc pas été utilisée en Chine. Par conséquent, il est difficile de trouver dans les anciens documents et cartes chinois les zones maritimes dont la dénomination s'est faite selon cette méthode.[130] De la sorte, il serait difficile de résumer toutes les méthodes en la matière en Chine ancienne. Les perceptions des Song et Yuan à propos des zones maritimes montrent que le concept des « Quatre mers » évoluait au fil de la pratique. La dénomination des zones maritimes allait bien au-delà d'une approche unique fondée sur les quatre directions est, sud, ouest et nord. La méthode de nommer les zones

---

recouvertes d'herbe et d'arbres sont appelées *shan* (« chaume »). D'après « Recherches sur les quatre barbares (II) » (juan 325 dans *Wenxian tongkao*), les terres en mer dépourvues d'herbe et d'arbres mais qui ont des rochers sont appelées « récif ».

130. Wu, Songdi. « Différences et intégration des méthodes chinoises et occidentales de dénomination des mers. » *Nanguo xueshu* (« *Sciences de Chine du Sud* »). Issue 2. 2016.

maritimes d'après les lieux dont elles étaient proches apparut, et devint populaire. Même le principe et la logique de la dénomination des mers en fonction de leur position géographique ne reposaient plus sur la conception du « monde sous le ciel », composé de « Neuf préfectures-Quatre mers ». Ils étaient basées plutôt sur des positions géographiques plus précises.

Dans le même temps, nous pouvons également voir que la dénomination des zones maritimes sous les dynasties Song et Yuan était principalement régionale. Autrement dit, les noms des zones maritimes n'étaient pas acceptés à l'échelle impériale, et encore moins au niveau international. La « mer de l'Est » comprenait les océans du Sud, du Nord, de l'Est et de l'Ouest, alors que la « mer du Sud » incluait également les océans de l'Est, de l'Ouest et le grand océan du Sud. On trouvait même les océans de l'Est, du Sud, de l'Ouest et du Nord sur la route du Fujian. Au Liangzhe et à Huaidong (est de la rivière Huai), il y avait aussi les océans de l'Est, du Sud et du Nord. Ce type de connaissances régionales ne permit pas de former une compréhension commune et stable sous les différentes dynasties. Comme le dit Liu Yingsheng à propos de la dénomination des océans de l'Est et de l'Ouest en Chine ancienne :

> La distinction entre les océans de l'Est et de l'Ouest établie sur la base des récits de la littérature à différentes périodes ne peut être que spécifique à l'époque où les documents furent consignés. Les concepts d'océan de l'Est et d'océan de l'Ouest commencèrent à émerger sous les Cinq Dynasties et la dynastie Song. Au cours des Song et Yuan, le concept d'océan de l'Ouest fut très populaire. Il est pourtant à signaler que les océans de l'Ouest qui portaient le même nom sous les Cinq Dynasties et dans les dynasties Song et Yuan, désignaient des zones maritimes différentes.[131]

À l'heure actuelle, il n'existe pas pour autant de ressources concernant la dénomination de l'« océan de l'Ouest » à l'époque des Cinq Dynasties. Cependant, il est vrai que l'on n'avait pas encore une perception stable et commune à l'égard des noms d'« océans ». De même, les océans de l'Est et de l'Ouest étaient différents sous les Yuan et Ming. Si l'on ne peut pas dire que l'océan de l'Ouest avant la dynastie Yuan n'est qu'une question sur laquelle persistent des doutes, c'est pourtant vrai que la désignation de cet océan variait sans cesse au fil des périodes.[132] Il en va de même pour les océans du Sud et du Nord. Certains trouvent qu'à l'instar de la dynastie des Song du Sud, les Qing divisaient les zones côtières de la Chine en océans du Sud et du Nord, à cela près que le centre au cours de la première période était Quanzhou, tandis que sous les seconds, le centre

---

131. Liu, Yingsheng. « Ouverture du système de connaissances scientifiques de la navigation —— Le voyage de Zheng He vers l'océan de l'Ouest et les échanges maritimes entre la Chine et les pays étrangers. » dans Chen Zhongping (ed.). *Zouxiang duoyuan wenhua de quanqiu shi : Zheng He xia xiyang ji Zhongguo yu yinduyang shijie de guanxi* (« *Vers une histoire globale du multiculturalisme : les voyages de Zheng He vers l'océan de l'Ouest et les relations entre la Chine et le monde de l'océan Indien* »). p. 80. Liu, Yingsheng. « Origines de l' "océan de l'Est" et de l' "océan de l'Ouest". » Association de recherche de Zhenghe de Nanjing. *Zouxiang haiyang de zhongguoren : Zheng He xia xiyang 590 zhounian guoji xueshu yantaohui wenji*. Beijing : Haichao chubanshe, 1996. p. 131.

132. Wan, Ming. « Interprétation de l' "océan de l'Ouest"——Exploration de l'influence profonde des voyages de Zheng He vers l'océan de l'Ouest. » *Nanyang wenti*. Issue 4. 2004.

du commerce maritime se déplaça progressivement vers le nord, dans la région de Shanghai.[133] Il semble que la situation générale des mers nommées dans les océans du Sud et du Nord sous la dynastie des Song du Sud et leurs différences au cours des Qing n'est pas suffisamment connue.

Cependant, la méthode de division et de dénomination des « océans » apparue sous les dynasties Song et Yuan fut poursuivie par les dynasties Ming et Qing. En particulier, la méthode de nommer les mers d'après les zones terrestres dont elles étaient proches ou selon leur position géographique, différente de celle qui était basée sur les directions des « Quatre mers », devint la méthode principale. Cela montre que les connaissances maritimes géospatiales élaborées sous les Song et Yuan connurent de grands changements par rapport aux périodes pré-Qin, Han et Tang, et qu'elles jetèrent les bases de celles des dynasties Ming et Qing. C'était également le cas pour de nombreux aspects de ces connaissances maritimes dont les techniques de navigation et de construction navale. En ce sens, les dynasties Song et Yuan constituèrent une ère toute nouvelle et importante dans l'histoire du développement du savoir maritime en Chine ancienne. De plus, c'est précisément sur la base de ces connaissances accumulées dans la pratique maritime, et qui connurent de nouveaux changements, que la Chine put progressivement élaborer un savoir et des concepts maritimes reconnus dans le monde à travers de vastes échanges avec l'Occident après le XVIᵉ siècle. La logique qui sous-tend la formation de ces connaissances, et qui était partagée dans le monde entier, était la pratique maritime, et non la conception des « Quatres mers » composant le « monde sous le ciel ».

## 5. Conclusion

Les dynasties Song et Yuan marquèrent un tournant important et une période de changement dans l'histoire des connaissances maritimes géospatiales en Chine ancienne. D'une part, la notion des « Quatre mers » du « monde sous le ciel » existait depuis toujours, et avait un impact sur la perception de cet espace maritime. D'autre part, la conception des « Quatre mers » fut inconsciemment « oubliée » par les marins dans la pratique de la navigation. Les connaissances géographiques, qui étaient étroitement liées aux activités maritimes, devinrent la principale source de référence pour naviguer. Cela ne se manifestait pas seulement dans la conception de la « mer », mais aussi dans sa transformation d'une figuration abstraite en « océans » concrets. Les zones maritimes qui avaient une influence directe sur les activités maritimes furent en effet divisées et nommées en différents « océans » d'après les terres qu'elles bordaient, leurs localisations géographiques ou les courants marins. La méthode de dénomination ne renvoyait plus ainsi aux directions imaginaires des « Quatre mers ».

La division et la dénomination des « océans » sous les dynasties Song et Yuan restaient encore régionales. Le même nom d'un « océan » était utilisé pour désigner différents territoires

---

133. Cf. Chen, Jiarong. « Les océans de l'Est, de l'Ouest, du Sud et du Nord sous les dynasties Song, Yuan, Ming et Qing ».

maritimes. Ce savoir ne fut pas constant d'une dynastie à l'autre, y compris sous les Song et Yuan où plusieurs océans portaient le même nom sans que la localisation géographique ne fût la même. Cependant, les connaissances maritimes géospatiales sous les dynasties Song et Yuan, qui étaient obtenues à travers la pratique de la navigation, connurent de grands changements par rapport aux périodes pré-Qin, Han et Tang et jetèrent les bases de celles des dynasties Ming et Qing. Après le XVI$^e$ siècle, dans le contexte de la mondialisation, la Chine commença à mener des échanges toujours plus importants avec l'Occident, et forma progressivement des connaissances et des concepts maritimes avec le monde. L'une des deux principales voies de formation des connaissances maritimes en Chine ancienne, qui était basée sur l'imaginaire des « Quatre mers », fut progressivement abandonnée. En revanche, la pratique de la navigation devint la principale source du savoir maritime. Elle permit d'élaborer des connaissances et concepts maritimes communs à différentes dynasties. En ce sens, le développement sans précédent de la pratique maritime sous les dynasties Song et Yuan marqua un tournant significatif.

# CHAPITRE 16

## Les nouveaux changements de la conscience maritime sous les dynasties Song et Yuan et l'établissement d'une ère commerciale en mer

Après le XVIᵉ siècle, la Chine s'intégra progressivement dans le système commercial mondial dominé par le commerce maritime. Toutefois, l'Occident n'introduisit pas en Chine l'ère du commerce maritime. À l'heure actuelle, il n'existe pas de discussion directe sur le début de l'ère du commerce maritime chinois, mais plutôt des études connexes qui proposent des points de vue différents. Selon Hamashita Takeshi, un cercle économique asiatique centré sur la Chine se forma avec le développement du commerce tributaire et du marché dans ce pays aux XVᵉ et XVIᵉ siècles. Anthony Reid a estimé le voyage de Zheng He vers l'ouest en 1405 comme le début de cette « ère commerciale » en Asie du Sud-Est, signifiant ainsi que cette décision revêtait une importance particulière pour le commerce maritime chinois. Ge Jinfang croyait qu'à la fin de la dynastie Tang, la Chine avait commencé à s'éloigner de sa trajectoire impériale intérieure au profit du développement maritime.[1] Je pense que les dynasties Song et Yuan virent de nouveaux changements s'opérer dans la conscience de l'État et du peuple concernant le monde marin, ce qui contribua à l'établissement d'une ère commerciale maritime.

---

1. Hamashita, Takeshi. *Jindai Zhongguo de guoji qiji : chaogong maoyi tixi yu jindai yazhou jingji quan* (« *Les opportunités à l'échelle internationale pour la Chine moderne : le système commercial tributaire et le cercle économique asiatique moderne* »). Beijing : Zhongguo shehui kexue chubanshe (Presse des sciences sociales de Chine), 1999. p. 10 et p. 36. « Terres soufflées par la mousson. » juan 1 dans Reid, Anthony (auteur). Wu Xiao'an et Sun Laichen (trads.). *Dongnanya de maoyi shidai : 1450-1680* (« *L'ère commerciale de l'Asie du Sud-est entre 1450 et 1680* »). The Commercial Press, 2010. Ge, Jinfang. « L'empire continental et l'empire maritime. » *Guangming Daily*, le 28 décembre 2004.

## 1. De l'orientation militaire à la politique commerciale maritime axée sur le profit

De la dynastie Han, qui faisait des échanges avec les régions occidentales, à la dynastie Tang, le commerce terrestre du nord-ouest domina le commerce extérieur. En termes de politique nationale, le commerce terrestre était principalement utilisé comme moyen pour contrôler les barbares (les *Rong* et les *Di*), avec des objectifs politiques l'emportant largement sur les objectifs économiques. Des Han aux Tang, la plupart des dynasties chinoises avaient leur capitale entre Chang'an et Luoyang, et la menace provenait principalement des prairies du nord. Les échanges avec les régions occidentales étaient d'une importance stratégique pour contenir les forces nomades des prairies. Par exemple, la dynastie Han communiqua avec les régions occidentales non pas pour le commerce, mais pour briser le flanc droit des Xiongnu[2]. La dynastie Tang explora également les régions occidentales, et créa le protectorat d'Anxi et celui de Beiting afin de contenir les Turcs. Le *Xin Wudai shi* (« *Nouvelle histoire des Cinq Dynasties* ») mentionne qu'avant la dynastie Song, l'histoire du Nord-Ouest était assez détaillée, mais celle du Sud-Est était particulièrement sommaire, puisque cette région était lointaine, et qu'elle n'était pas d'ordre stratégique pour la Chine.[3] Les échanges avec les régions occidentales étaient alors une question de sécurité pour la dynastie chinoise.

Ainsi, l'objectif principal d'encourager les marchands étrangers à faire du commerce en Chine ne visait pas au prélèvement insignifiant des taxes commerciales et au recueil des trésors nécessaires à la cour, mais de montrer la puissance et la richesse de la dynastie pour que les pays barbares, séduits, prêtent allégeance. Par exemple, comme les divers pays des régions occidentales adoraient les objets chinois, l'empereur Han Wudi en profita et leur en offrit afin qu'ils déclarassent leur soumission.[4] Pei Ju convoqua les chefs des 27 pays des régions occidentales pour rencontrer l'empereur Sui Yangdi dans le corridor de Hexi, et organisa dans la ville de Luoyang un banquet pour les barbares. Cela satisfit non seulement les ambitions de Sui Yangdi, mais montra également la puissance de la dynastie Sui. Du point de vue de l'État, les contacts de la dynastie des Plaines centrales avec l'étranger n'étaient pas destinés à des gains matériels, mais principalement à des fins politiques.

Le commerce extérieur terrestre sous la dynastie Song était toujours un moyen de contrôler les barbares. La dynastie Song savait très bien que les pays du nord-ouest rendaient hommage en échange d'avantages commerciaux[5]. Elle en profita afin de pouvoir concurrencer la dynastie Liao et les Xia occidentaux pour les pays du nord-ouest. De même, elle achetait des chevaux aux

---

2. « Chroniques des régions occidentales (deuxième partie). ») juan 96 dans *Han shu* (« *Livre des Han* »). Beijing : Zhonghua shuju (Société de livres de Zhonghua), 1964. p. 3928.

3. « Les quatre barbares (Appendix III). » juan 74 dans *Xin Wudai shi* (« *Nouvelle histoire des Cinq Dynasties* »). Beijing : Zhonghua shuju, 1974. p. 922.

4. « Biographie de Zhang Qian. » juan 61 dans *Han shu*. p. 2690.

5. « Prière d'ouvrir le marché frontalier. » juan 1 dans Li Fu. *Yushui ji* (« *Recueil de Yushui* »). Dans *Siku Quanshu* (« *Livres complets des Quatre magasins* »), Wenyuan Ge.

barbares du sud-ouest non pas dans un but lucratif, mais comme une « technique de *jimi* »[6].[7] Elle ouvrit le marché, et fit payer tribut aux barbares du sud-ouest, qui lui servaient de barrière (contre les envahisseurs)[8]. Le commerce frontalier limité dans le temps et à certains lieux n'était pas non plus purement économique. Il s'agissait plutôt d'un moyen de gérer les relations avec les dynasties Liao, Xia et Jin. Certains disaient que les recettes provenant du marché frontalier aideraient à améliorer annuellement la trésorerie. Cependant, quelques centaines de milliers de pièces de monnaie avaient peu d'importance financière.

Jusqu'à la dynastie Tang, le commerce maritime était encore secondaire dans le commerce extérieur, et n'avait aucune importance financière. Par contre, la dynastie Song encourageait le commerce maritime. Elle créa les *shibosi* (institution chargée d'administrer le commerce extérieur maritime), et procéda à la taxation et à l'achat des produits. Dès le début, elle rechercha des avantages économiques, et obtint des revenus issus du *shibosi*. Song Gaozong souligna à plusieurs reprises : « Le *shibosi* apporte la plus grande contribution aux revenus du pays. » ou « Ce que le *shibosi* perçoit n'est en aucun cas négligeable pour le budget national. » ou « Il s'avère essentiel pour enrichir le pays et le peuple. » ou encore « Les *shibosi* contribuent le plus aux revenus du pays. Si les mesures appropriées sont prises, ils rapporteront des millions. »[9]

La dynastie Yuan hérita de l'attitude de la dynastie Song qui consistait à poursuivre des intérêts économiques, et développa vigoureusement le commerce maritime. Elle considérait les recettes issues du *shibosi* comme les revenus financiers de l'État. Tout comme les impôts, la taxe sur le sel et les taxes commerciales, les revenus du *shibosi* permettaient de financer l'armée du pays[10]. Yuan Shizu se rendit compte que le *shibosi* était un grand avantage pour l'État. Lorsque la dynastie Song s'effondra, il en était de même pour les *shibosi*. L'empereur ordonna alors de convoquer ceux qui s'étaient occupés des affaires du *shibosi*, et restaura l'ancien système, y compris la taxation et l'achat de produits.[11] La dynastie Yuan mit également en œuvre un système officiel de commerce maritime, selon lequel le gouvernement choisit ceux qui iraient faire du commerce à l'étranger tout

---

6. Le système de *jimi* : unité administrative de l'ancienne Chine, appliquée aux ethnies minoritaires ou pays barbares pour les contrôler. (note du traducteur)

7. *Xu Zizhi tongjian changbian* (« Longue ébauche de la continuation du *Zizhi tongjian* (« *Miroir compréhensif pour aider le gouvernement* ») »), juan 153, renwu, novembre, quatrième année de l'ère Qingli. Beijing : Zhonghua shuju, 2004. p. 3721. « Barbares (V). » dans *Song huiyao jigao* (« *Ébauche de compilation de documents importants de la dynastie Song* »). Shanghai : Shanghai guji chubanshe (Maison d'édition classique de Shanghai), 2014. p. 9862.

8. « Recherche sur les quatre barbares (VII). » juan 330 dans *Wenxian tongkao* (« *Étude exhaustive des documents* »). Beijing : Zhonghua shuju, 2011. p. 9089. « Barbares (IV). » juan 496 dans *Song shi* (« *Histoire des Song* »). Beijing : Zhonghua shuju, 1977. p. 14235.

9. *Jianyan yilai xinian yaolu* (« *Registres annuels des événements les plus importants depuis la période de Jianyan* »), juan 116, xinyou, octobre, septième année de l'ère Shaoxing, p. 2158 ; juan 186, jiyou, octobre, 30e année de l'ère Shaoxing, p. 3614.

10. « Biographie de Jia Xila. » juan 169 dans *Yuan shi* (« *Histoire des Yuan* »). Beijing : Zhonghua shuju, 1976. p. 3972.

11. « Shibosi. » juan 22 dans *Yuan dianzhang* (« *Code des Yuan* »). Beijing : Zhongguo shudian (Librairie de Chine), 2011. p. 393.

en leur fournissant les navires. Quant aux bénéfices, le gouvernement en recevrait 70 %, le reste (30 %) étant réservé aux commerçants. Le commerce privé était interdit.[12] Dans le même temps, le gouvernement de Quanzhou accordait des prêts à faible taux d'intérêt aux marchands, et leur fournissait du logement et de la sécurité pour les encourager à faire du commerce à l'étranger.[13] Le but était de maximiser la part officielle des bénéfices du commerce maritime. Les dynasties Song et Yuan étaient ainsi complètement différentes dans le domaine du commerce extérieur par rapport aux dynasties Han et Tang. Pour les secondes, l'objectif principal était de contrôler les barbares, tandis que les premières préféraient rechercher les avantages économiques. Pour la première fois, le commerce maritime fut considéré dans une perspective économique et une attitude axée sur le profit.

## 2. Nouveaux changements dans la conscience maritime populaire

La conscience maritime est la compréhension et la conception que l'homme a de la mer et de sa relation avec l'homme. Depuis la période pré-Qin, les gens laissèrent des traces écrites de leur perception et de leur imagination de la mer. Cette dernière était plus souvent considérée comme un espace imaginaire qui faisait partie du « monde sous le ciel ». Selon Zou Yan, la Chine était composée de Neuf préfectures. Au-delà, il y avait neuf autres préfectures respectivement entourées par les petites mers. En effet, il y avait au total 81 continents comme la Chine, dont l'ensemble était entouré par les grandes mers. Le plus répandu était ce qui fut formulé dans le *Liji* (« *Classique des rites* », attribué en particulier au Duc de Zhou) qui parle des « Neuf préfectures à l'intérieur des Quatre mers ». Autrement dit, les Quatre mers entouraient les Neuf préfectures. Confucius dit : « (Je) flotte dans la mer sur un radeau. » La « mer » était un monde de vide et de tranquillité, différent de celui de la terre. Sous les dynasties Qin et Han, les dirigeants suprêmes considéraient également la mer comme le monde des immortels. Qin Shi Huang et Han Wudi visitèrent tous deux la mer de l'Est pour chercher l'élixir de longue vie. De plus, Qin Shi Huang se rendit dans la mer de l'Est pour explorer la dimension politique de la mer.[14]

Cela montre également que la pratique de la navigation à l'époque était encore très limitée, tout comme les connaissances marines acquises par l'empereur, qui avait pourtant les moyens de recueillir les informations les plus riches. L'accumulation de connaissances maritimes au sein de la population se limitait aussi principalement à l'accès aux profits rapportés par la pêche et l'industrie du sel près de la mer. Le vaste monde de la mer était tout aussi insaisissable et mystérieux. Cette situation ne changea pas radicalement jusqu'à la dynastie Tang. Malgré le grand développement du transport maritime sous les Tang, ce qui fut poursuivi était principalement une interprétation

---

12. « Biographie de Lu Shirong. » juan 205 dans *Yuan shi*. p. 4566.

13. Yu, Changsen. « Système commercial sous la dynastie Yuan selon lequel le gouvernement fournit les navires aux marchands. » *Haijiaoshi yanjiu* (« *Journal des études de l'histoire maritime* »). Issue 2. 1991.

14. Wang, Zijin. « À propos de la conscience maritime de Qin Shi Huang. » *Guangming Daily*, le 13 décembre 2012.

politique des conquêtes des quatre barbares.[15] De nombreux étrangers vinrent en Chine, mais peu de Chinois allèrent à l'étranger. Par exemple, ce fut à bord d'un bateau d'une mission japonaise pour la dynastie Tang que Jianzhen fit son expédition orientale. De même, la mer du Sud était également remplie de navires étrangers à la recherche de profits[16]. Cela est confirmé par le fait que le *Heishihao* (« La pierre noire »), découvert et récupéré en Indonésie en 1998, et qui transportait plus de 67 000 pièces de porcelaine, d'or et d'argent de la dynastie Tang, était un navire marchand arabe revenant de Chine[17].

Les dynasties Song et Yuan encouragèrent leur peuple à faire du commerce à l'étranger, ce qui entraîna un changement fondamental dans la conscience maritime des gens. Dans les deux ouvrages, à savoir le *Zhufan zhi* (« *Annales des pays barbares* ») de la dynastie des Song du Sud et le *Daoyi zhilüe* (« *Bref récit des barbares des îles* ») de la dynastie Yuan, nous pouvons noter la conscience maritime du peuple dans sa quête d'intérêts commerciaux. Le *Zhufan zhi* fut écrit par Zhao Rukuo alors qu'il était inspecteur du *shibosi* du Fujian, et qu'il rendait visite aux marchands maritimes. Il reflète la conscience maritime de ces derniers. Il présente de façon bien claire cinq champs d'informations directement liés au commerce, à savoir les routes maritimes, les produits, les marchés, les conditions locales et les marchandises. Les informations sur les routes maritimes concernent principalement les itinéraires liant la Chine à d'autres pays et le vent. Les produits comportent une liste spéciale de biens pouvant être fournis par chaque pays. Les informations sur les marchés traitent des politiques commerciales et des échanges de produits de chaque pays. Les conditions locales abordent les informations politique et sociale des pays. Enfin, les marchandises se réfèrent spécifiquement aux produits vendus par des commerçants chinois. Toutes ces informations étaient nécessaires pour les marchands qui allaient dans ces pays faire du commerce. Par exemple, en ce qui concernait le Srivijaya, ce pays se trouvait au sud de Quanzhou, et en hiver, à l'aide du vent, il fallait seulement environ un mois pour y parvenir. Les produits (locaux) comprenaient des tortues, du bornéol, de l'encens, des girofles, des bois de santal, etc. Situé en mer, ce royaume contrôlait la voie principale de circulation des barques et des transports de tous les pays......si les navires commerciaux passaient par là mais n'y entraient pas, ce royaume lancerait une attaque. Les marchandises que les commerçants chinois y vendaient étaient l'or, l'argent, la porcelaine, le brocart, la soie, le sucre, le fer, le vin, le riz, le gingembre séché, la rhubarbe, le camphre, etc.[18]

Wang Dayuan voyagea à deux reprises avec les navires marchands en Asie du Sud-Est et dans les pays le long de l'océan Indien, jusqu'au Maroc. Son livre, intitulé *Daoyi zhilüe*, reflète

---

15. Wang, Saishi. « Conscience et acitivtés maritimes du peuple Tang. » *Tangshi luncong* (« *Revue de l'histoire des Tang* »). huitième compilation. Xi'an : Sanqin chubanshe (Maison d'édition de Sanqin), 2006.

16. « Biographie de Lu Jun. » juan 117 dans *Jiu Tang shu* (« *Ancien livre des Tang* »). Beijing : Zhonghua shuju, 1975. p. 4591.

17. Huang, Qichen. « Preuves de la prospérité des routes maritimes de la soie grâce aux artefacts commerciaux de la dynastie Tang retrouvés dans un navire arabe ayant coulé. » *Lingnan wenshi* (« *Culture et histoire de Lingnan* »). Issue 3. 2015.

18. « Srivijaya. » juan 1 dans *Zhufan zhi zhubu* (« *Annotations pour les Annales des pays barbares* »). Centre des recherches asiatiques de l'Université de Hong-Kong, 2000. pp. 46-47.

également la vision des marchands marins, tout comme le *Zhufan zhi*. C'est le cas par exemple à propos du Srivijaya :

> Depuis Longyamen, le voyage durera cinq jours et cinq nuits jusqu'au pays. Les produits locaux comprennent du bornéol, de l'encens, de la noix de bétel, du tissu en coton et du bois à fleurs fines. Les commerçants chinois y vendent de la soie colorée, des perles de nitrate rouge, de l'étoffe de soie, de l'étoffe de fleurs, et des pots en cuivre et en fer.[19]

Nous pouvons dire que le *Zhufan zhi* et le *Daoyi zhilüe* étaient des guides pour le commerce extérieur. Il est évident que sous les dynasties Song et Yuan, les Chinois connaissaient déjà très bien les marchés étrangers. La mer n'était plus un monde des immortels, mais un espace de subsistance où l'on pouvait commercer et gagner de l'argent. Cette conscience maritime donna naissance à une tendance des populations côtières à se tourner vers la mer pour gagner leur vie.

## 3. Émergence du statut de grande puissance maritime

Aujourd'hui, la Chine compte 18 000 kilomètres de côtes. Depuis l'unification par la dynastie Qin jusqu'à la dynastie Tang, le littoral chinois fut à peu près le même, voire plus long. Toutefois, en termes de pratique nautique, il n'est pas possible d'affirmer que la Chine était une grande puissance maritime. Les principaux acteurs du commerce extérieur étaient les marchands étrangers. Le commerce maritime privé était alors découragé, voire interdit. Les dynasties des Plaines centrales n'étaient guère conscientes de la défense côtière, et ne créèrent pas de force spéciale dans ce domaine. Sous les dynasties Song et Yuan, des changements fondamentaux se produisirent. Les activités maritimes des marchands chinois prirent le dessus sur les pays côtiers d'Asie, et la Chine commença à montrer son statut de grande puissance maritime.

La dynastie des Song du Nord se concentrait sur la défense terrestre du nord-ouest. Bien que la « Division des navires de guerre en forme d'anchois » et la « Marine de Chenghai » fussent créées dans le but de se défendre contre les Liao, aucun système de défense côtière ne fut mis en place. La dynastie des Song du Sud, fondée tout près de la mer, attachait donc une grande importance à l'élaboration des défenses côtières. Une force navale spéciale fut mise sur pied. Le système de défense côtière le long de la côte de l'ouest du Zhejiang, de Mingzhou et de Huaidong était responsable de la protection de Lin'an, tandis que celui des côtes de Taizhou, Wenzhou, du Fujian et de Guangnan s'occupait principalement de protéger les sociétés côtières ainsi que le commerce maritime. Les forces navales des Song du Sud comptaient à leur apogée 14 000 soldats sur la route de l'ouest du Zhejiang, 4 000 à Mingzhou, 3 000 dans la marine de l'aile gauche du Fujian et 2 000 dans celle de *Cuifeng* (à savoir celle destinée à frustrer les forces ennemis) du Guangdong. En

---

19. Wang Dayuan. *Daoyi zhilüe jiaoshi* (« Corrections et interprétations du *Bref récit des barbares des îles* »). Beijing : Zhonghua shuju, 1981. p. 33.

ajoutant celles de Wenzhou, Taizhou, du Guangxi et de Huaidong, on ne comptait pas moins de 25 000 hommes.[20] Selon He Feng, dans les années 1260, la dynastie des Song du Sud compterait 18 000 navires de guerre côtiers.[21] Cette force de défense côtière l'emportait largement sur d'autres pays, et elle réussit à vaincre celle de la dynastie Jin au cours des batailles de Mingzhou et de Jiaoxi.

La dynastie Yuan accumula une grande puissance maritime dans sa poursuite en mer de la dynastie des Song du Sud, qu'elle finit par détruire. La première démonstration de sa puissance maritime à l'étranger fut les deux expéditions au Japon en 1274 et en 1281, la première avec 15 000 soldats, et la seconde avec une énorme flotte de 140 000 hommes. En 1292, une autre flotte de 20 000 hommes fut envoyée au Java. Il s'agissait de la première expédition maritime de grande envergure de la Chine, qui insuffla à la dynastie Yuan certains des éléments d'un empire maritime.[22] L'expédition vers le Java par la dynastie Yuan dissuada les pays étrangers, et depuis lors, les marchands Tang furent traités avec la courtoisie accordée à un émissaire[23]. Cela montre à quel point la dynastie Yuan était puissante en mer. Cependant, la puissance maritime des dynasties Song et Yuan ne s'exprimait pas principalement par leur puissance militaire, mais en termes de statut économique et commercial.

Le premier mode d'interaction entre les dynasties Song et Yuan et les pays maritimes était le commerce. Les marchands marins des Song et des Yuan étaient très nombreux. Les dynasties chinoises disposaient d'un avantage absolu en termes de structure des marchandises, et de techniques de construction navale et de navigation, et jouaient un rôle de moteur dans le commerce maritime asiatique. Sous la dynastie Song, le commerce maritime parmi les habitants côtiers était très populaire. Les marchands marins se trouvaient partout au Jiangsu, à la rivière Huai, au Fujian et au Zhejiang[24]. C'était tout particulièrement le cas sur la route du Fujian où la plupart des habitants pratiquaient le commerce maritime[25]. Certains chercheurs ont estimé que près de 100 000 personnes étaient impliquées dans le commerce extérieur le long de la côte sud-est sous la dynastie des Song du Sud. Une estimation prudente propose la présence de 70 000 à 80 000 navires de mer privés à cette même période[26], et suggère qu'il n'est pas exagéré de penser

---

20. Huang, Chunyan. « Composition et fonctions du système de défense côtière de la dynastie des Song du Sud. » *Haiyang wenming yanjiu* (« *Recherches sur la civilisation maritime* »). première compilation. Shanghai : Zhongxi shuju (Société de livres de Zhongxi), 2016.

21. He, Feng. « Enquête sur le nombre de navires des zones côtières sous la dynastie des Song du Sud au XIIe siècle. » *Zhongguo shehui jingji shi yanjiu* (« *Le journal de l'histoire sociale et économique chinoise* »). Issue 3. 2005.

22. Li Zhi'an. *Yuanshi shiba jiang* (« *Dix-huit discours sur l'histoire des Yuan* »). Beijing : Zhonghua shuju, 2014. p. 151 et p. 154.

23. « Préface de Wu Jian. » dans *Daoyi zhilüe jiaoshi*. p. 5.

24. « Rapport à propos de l'interdiction des monnaies de cuivre. » juan 1 dans Bao Hui. *Bizhou gaolüe*. Dans *Siku Quanshu*, Wenyuan Ge.

25. « À propos du Goryeo qui rend hommage. » juan 30 dans Su Shi (auteur). Kong Fanli (correcteur). *Su Shi wenji* (« *Collection littéraire de Su Shi* »). p. 847. Beijing : Zhonghua shuju, 1986. p. 847.

26. Ge Jinfang estime qu'il y aurait eu 70 000-80 000 navires dans les treize préfectures côtières du milieu jusqu'à la fin de la dynastie des Song du Sud. Huang Chunyan, grâce à des calculs sur des navires de mer privés dans l'est du Zhejiang et au Fujian, trouve que ces données sont une estimation prudente. Cf. Ge, Jinfang. « Études sur la composition, l'envergure et la nature privée des marchands marins de la dynastie des Song du Sud. »

que 100 000 personnes participaient au commerce maritime. La dynastie Song encourageait les marchands à prendre la mer. Dans le même temps, les marchands musulmans favorisaient l'islamisation précoce le long des côtes de l'Asie du Sud-Est et de l'océan Indien. L'ensemble de ces deux facteurs contribua à créer un nouveau modèle de commerce maritime en Asie.[27] La dynastie Yuan encourageait davantage les gens à commercer en mer, et le nombre de marchands maritimes continuait de croître. Il y avait de grands marchands bureaucratiques tels que Zhu Qing et Zhang Xuan, ainsi que de nombreux petits commerçants qui dépendaient de grands marchands.[28] Les côtes de l'Asie du Sud-Est et de l'océan Indien commencèrent également à être complètement islamisées. À la fin du XIIIᵉ siècle, l'islam se développa dans les zones maritimes de l'Asie du Sud-Est. Du XIIIᵉ au XVIIIᵉ siècles, les dirigeants locaux se convertirent à l'islam pour attirer les marchands musulmans. Les premiers cercles culturels islamiques se formèrent en Asie du Sud-Est. L'Empire islamique et l'Empire chinois favorisèrent le développement et l'expansion du commerce maritime, et changèrent le rythme de ce dernier.[29]

La structure marchande du système commercial en mer de Chine méridionale sous la dynastie des Song était telle que les produits artisanaux chinois, dont la porcelaine et la soie, s'échangeaient contre des matières premières comme des médicaments aromatiques et des bijoux, provenant des régions côtières de l'Asie du Sud-Est et de l'océan Indien. De plus, en raison des différences de niveau technologique et d'environnement naturel, se formèrent des relations de marché complémentaires avec une offre et une demande stables ainsi que des profits lucratifs.[30] Comme cité prédécemment, Chen Gaohua a souligné que la structure marchande du commerce maritime sous la dynastie Yuan continua à être telle que la Chine exportait des produits artisanaux comme des textiles, des céramiques et des outils en métal, qui étaient de meilleure qualité et en plus grande quantité que sous la dynastie Song, et importait des bijoux et des médicaments aromatiques. Les relations de marché étaient toujours complémentaires. Dans ce marché, les marchandises chinoises étaient hautement techniques et étroitement liées à la vie sociale, tandis que les bijoux et les médicaments aromatiques, principalement utilisés pour la consommation de luxe et dans des domaines tels que la religion et la médecine, étaient relativement peu liés à la vie quotidienne.

*Zhonghua wenshi luncong* (« *Revue de littérature et d'histoire chinoises* »). Issue 4. 2013. *Nansong shougongye shi* (« *Histoire de l'artisanat sous la dynastie des Song du Sud* »). Shanghai : Shanghai guji chubanshe, 2008. p. 153. Huang, Chunyan. « Quantité et prix des navires sous la dynastie Song. » *Yunnan shehui kexue* (« *Sciences sociales au Yunnan* »). Issue 1. 2017.

27. Huang, Chunyan. « Changements et formation : un nouveau modèle des routes maritimes de la soie sous la dynastie Song. » *Nanguo xueshu* (« *Sciences de Chine du Sud* »). Issue 1. 2017.

28. Chen, Gaohua. « Le commerce extérieur sous la dynastie Yuan. » *Lishi yanjiu* (« *Recherche historique* »). Issue 3. 1978.

29. G.R. Tibbetts. « Les premiers commerçants musulmans en Asie du Sud-Est. » *Nanyang ziliao yicong* (« *Études de l'Asie du Sud-Est-une revue trimestrielle de traductions* »). Issue 1. 1991. Fan, Ruolan. « Transplantation et adaptation : caractéristiques de la société islamique en Asie du Sud-Est du XIIIᵉ au XVIIIᵉ siècles. » *Nanyang wenti yanjiu* (« *Affaires de l'Asie du Sud-Est* »). Issue 3. 2006. McPherson, Kenneth. *Yinduyang shi* (« *Histoire de l'océan Indien* »). The Commercial Press, 2015. p. 78.

30. Cf. précédemment, Huang, Chunyan. « Changements et formation : un nouveau modèle des routes maritimes de la soie sous la dynastie Song. »

Les techniques de construction navale et de navigation de la Chine présentaient également des avantages évidents. Le nombre de navires de mer sous la dynastie Song était très important comme décrit ci-dessus, et les techniques de construction navale étaient également en avance sur d'autres pays. Selon le *Mengliang lu* (« *Rêves de l'ancienne capitale Lin'an* »), les grands navires maritimes pouvaient transporter jusqu'à 5 000 *liao* (unité de mesure, un *liao* égalait 0.325 tonne), et ceux de taille moyenne entre 1 000 et 2 000 *liao*.[31] Les *kezhou* (« bateaux de passagers ») utilisés par la mission de Xu Jing pour le Goryeo pouvaient transporter 2 000 *hu* (instrument de mesure, un *hu* égalait 50 litres sous la dynastie Song) de grains. Les *shenzhou* (litt. « bateau divin ») étaient trois fois plus grands que les *kezhou*.[32] Comme cité plus haut, selon Chen Gaohua, les navires de la dynastie Yuan étaient assez proches de ceux des Song, avec une charge d'environ 120 tonnes pour un navire de 2 000 *liao* et à peu près 300 tonnes pour un navire de 5 000 *liao*. De même, si les navigateurs javanais étaient expérimentés et compétents, c'était surtout grâce à l'introduction des techniques de navigation depuis la Chine. De plus, à l'époque du commerce (1450-1680), les navires marchands d'Asie du Sud-Est n'étaient que des voiliers de 4 à 40 tonnes.[33] Les navires aux plaques multicouches et la technique du compartiment étanche des Song et des Yuan leur permettaient également d'occuper une position de leader à l'époque. C'est également sous les dynasties Song et Yuan que la boussole fut utilisée pour la première fois dans la navigation, et continuellement améliorée. Au début de Song Huizong, les navires de Guangzhou utilisaient déjà la boussole, ainsi qu'au cours de la mission de Xu Jing. Sous la dynastie des Song du Sud, sur les navires, il y avait un *huozhang* (litt. « chef de feu »), qui était spécialement chargé de manier le cadran à aiguille[34]. Sous la dynastie Yuan, la boussole était déjà devenue une nécessité pour les navires de mer, et la maîtrise du « chemin de l'aiguille », comme l'itinéraire Dingwei ou l'itinéraire Kunshen, était meilleure que sous la dynastie Song.[35]

Sous les dynasties Song et Yuan, la conscience maritime des populations côtières, qui tendaient à rechercher les profits, et les avantages de la Chine permirent à cette dernière d'entrer dans l'ère du commerce en mer. La Chine devint une grande puissance maritime qui dominait le système commercial en mer de Chine méridionale. Ce statut perdura jusqu'à ce que les colons occidentaux arrivassent et prissent le contrôle des eaux asiatiques. Dans le même temps, il est à noter deux points supplémentaires. Premièrement, l'avènement de l'ère du commerce maritime sous les dynasties Song et Yuan était étroitement lié au déplacement du centre de gravité économique

31. « Navires de mer. » juan 12 dans Wu Zimu. *Mengliang lu* (« *Rêves de l'ancienne capitale Lin'an* »). Hangzhou : Zhejiang renmin chubanshe (Maison d'édition du Zhejiang), 1980. p. 111.

32. « Voies maritimes (I). » juan 34 dans Xu Jing. *Xuanhe fengshi Gaoli tujing* (« *Dossier illustré d'une ambassade pour le Goryeo dans l'ère Xuanhe* »). Zhengzhou : Daxiang chubanshe (Presse d'éléphant), 2008. p. 129.

33. « Terres soufflées par la mousson. » juan 1 dans Reid, Anthony (auteur). *Dongnanya de maoyi shidai : 1450-1680*. The Commercial Press, 2010.

34. Juan 2 dans Zhu Yu (auteur). *Pingzhou ketan* (« *Notes à Pingzhou* »). Zhengzhou : Daxiang chubanshe, 2013. p. 149. « Voies maritimes (I). » juan 34 dans Xu Jing. *Xuanhe fengshi Gaoli tujing*. p. 134. « Navires de mer. » juan 12 dans Wu Zimu. *Mengliang lu*. pp. 111-112.

35. Zhou Daguan. *Zhenla fengtu ji & Zongxu* (« *Coutumes du Chenla · Résumé* »). Beijing : Zhonghua shuju, 1981. p. 15.

vers le sud. Deuxièmement, la dépendance de l'économie sociale globale de la Chine à l'égard du commerce maritime et la part des recettes issues des *shibosi* dans les finances publiques furent toujours très faibles sous les dynasties Song et Yuan et par la suite. De ce point de vue, il n'est pas possible de dire qu'il s'agissait d'une économie tournée vers l'exportation par voies maritimes.

# Postface de l'auteur

Cet ouvrage rassemble 16 articles, rédigés pendant la période allant de l'année 2008 jusqu'à aujourd'hui, et qui ont fait des études de l'ordre en Asie de l'Est et des routes maritimes de la soie à l'époque des Song. Ils sont reproduits tels qu'ils ont été publiés, à l'exception des sections « Les relations entre le royaume de Khotan et la dynastie des Song du Nord » et « La collecte des informations sur le monde extérieur sous la dynastie Song » auxquelles des ajouts ont été apportés. La section « Les relations entre le royaume de Khotan et la dynastie des Song du Nord » a été abrégée à 4 000 mots à la demande du comité éditorial lors de sa publication dans le *Shanghai shi zhexue shehui kexue jie di qi jie nianhui lunwen ji* (« *Actes de la septième conférence annuelle de philosophie et de sciences sociales de Shanghai* »), et a maintenant été restaurée dans sa forme originale. La cinquième partie de « La collecte des informations sur le monde extérieur sous la dynastie Song » a été supprimée avant d'être envoyé au *Beijing daxue xuebao* (« *Journal de l'Université de Beijing* ») pour publication. Je tiens à remercier les revues et les actes qui ont publié les articles de ce livre. Les informations relatives à la publication sont jointes.

1. « L'expansion territoriale de Song Shenzong au nom de « l'ancien territoire des dynasties Han et Tang. » *Lishi yanjiu* (« *Recherche historique* »). Issue 1. 2016.

2. « La question de la responsabilité et les interprétations politiques concernant l'expansion territoriale sous le règne de Song Shenzong --à propos de la logique historique et du discours moderne dans les études des relations internationales en Asie de l'Est ancienne. » *Xiamen daxue xuebao* (« *Journal de l'Université de Xiamen* »). Issue 6. 2016.

3. « Jeux diplomatiques des Song du Nord avec d'autres royautés de l'Asie de l'Est dans un système multiétatique autour des pourparlers. » *Zhongguo bianjiang shidi yanjiu* (« *Études de l'histoire et de la géographie de la frontière chinoise* »). Issue 1. 2017.

4. « Le système tributaire et la sécurité nationale sous la dynastie Song. » *Jinan xuebao* (« *Journal de Jinan* »). Issue 2. 2018.

5. « Les modèles frontaliers et la prise de conscience des frontières sous la dynastie Song. » *Lishi yanjiu*. Issue 5. 2019.

6. « Concepts absolus et normes souples : l'utilisation des concepts de " Hua-Yi " et de "Chine" dans le champ politique de la dynastie Song. » *Nanguo xueshu* (« *Sciences de Chine du Sud* »). Issue 2. 2019.

7. « La guerre de l'ère Yongxi et l'évolution de la situation politique en Asie du Nord-Est. » *Shi lin* (« *Revue historique* »). Issue 6. 2010.

8. « Les relations entre le royaume de Khotan et la dynastie des Song du Nord. » dans *Shanghai shi zhexue shehui kexue jie di qi jie nianhui lunwen ji*. Shanghai : Shanghai renmin chubanshe (Maison d'édition du peuple de Shanghai), 2009.

9. « Les politiques et les moyens de contrôle à l'égard des minorités ethniques du sud-ouest sous la dynastie Song. » *Fang Guoyu danchen yibaiyishi zhounian jinian wenji* (« *Essais à l'occasion du 110e anniversaire de la naissance de Fang Guoyu* »). Yunnan : Yunnan daxue chubanshe (Presse de l'Université du Yunnan), 2013.

10. « La collecte des informations sur le monde extérieur sous la dynastie Song. » *Beijing daxue xuebao*. Issue 2. 2011.

11. « Changements et formation : un nouveau modèle des routes maritimes de la soie sous la dynastie Song. » *Nanguo xueshu*. Issue 1. 2017.

12. « La formation des caractéristiques régionales maritimes dans les zones côtières du Fujian et de l'est du Zhejiang sous la dynastie Song. » *Zhongguo shixue* (« *Historiographie chinoise* ») (Japon). 2017.

13. « Le commerce entre la dynastie Song et le Giao Chi. » *Zhongguo shehui jingji shi yanjiu* (« *Le Journal de l'histoire sociale et économique chinoise* »). Issue 2. 2009.

14. « Origine et évolution des connaissances maritimes officielles en Chine ancienne—sous les dynasties Tang et Song. » *Xueshu yuekan* (« *Mensuel académique* »). Issue 1. 2018.

15. « Les "mer" et "océan" dans les connaissances maritimes des dynasties Song et Yuan. » *Xueshu yuekan*. Issue 3. 2020.

16. « Les nouveaux changements de la conscience maritime sous les dynasties Song et Yuan et l'établissement d'une ère commerciale en mer. » *Sixiang zhanxian* (« *Front idéologique* »). Issue 6. 2017.

HUANG Chunyan
Le 16 janvier 2018

# Postface de la traductrice

Dans cet ouvrage, Professeur Huang Chunyan a analysé de manière profonde et détaillée les interactions de la dynastie Song (les Song du Nord et les Song du Sud) avec les régimes « barbares », notamment avec les Liao, les Xia occidentaux, les Jin et le Giao Chi, qui jouèrent un rôle déterminant dans l'établissement de l'ordre en Asie de l'Est. En même temps, l'auteur a examiné les routes maritimes de la soie à l'époque des Song. Cela dit, cet ouvrage servit d'une référence importante pour une meilleure compréhension des relations internationales d'aujourd'hui et des routes maritimes de la soie, actuellement en plein essor. Il s'agit d'un ouvrage bien documenté. L'auteur a eu recours à une bibliographie riche et variée, tout en citant amplement des dossiers classiques pour que ses arguments soient bien fondés. Cela pose pourtant beaucoup de défis à la traduction de l'ouvrage.

Cette traduction est un travail collectif, organisé par moi-même, qui suis également la traductrice principale. Hao Xiaoli, docteure en cotutelle de l'Université Sorbonne Nouvelle-Paris 3 et de l'Université des Études internationales de Shanghai, a accompli les premières traductions des chapitres 1, 2, 5, 6, 9, et 13. Li Caiwei, enseignante-chercheuse de l'Institut de Xianda, a fait les premières traductions des chapitres 10 et 14. Comme ces traductions nécessitent à être perfectionnées, j'en ai fait beaucoup de modifications, en retraduisant même une grande partie de passages. Christophe Decoudun, sinologue et spécialiste de l'histoire chinoise, a réalisé avec moi les premières traductions du reste de l'ouvrage. Je tiens à remercier particulièrement Christophe qui s'est chargé de la correction des chapitres, et qui l'a faite avec rigueur. J'adresse également ma gratitude à Professeur Joël Bellassen, un grand sinologue, et qui a aussi participé à la correction des chapitres, en donnant des conseils bien précieux. Je remercie aussi l'auteur qui m'a apporté beaucoup de soutiens, et qui a inlassablement répondu à mes questions. Mes remerciements seront également accordés au China Social Sciences Press, et surtout à Mme Liu Kailin, qui m'ont donné du temps pour en avoir une meilleure version. D'ailleurs, je dois remercier le gouvernement chinois qui a financé ce projet de traduction.

Que cette traduction soit digne de son nom, et qu'elle contribue à promouvoir les échanges culturels à l'échelle internationale.

WANG Liyun
Le 31 décembre 2021, Shanghai

# Les principaux noms propres et leurs correspondances chinoises

## Noms de personne

| | | | |
|---|---|---|---|
| A Ligu | 阿里骨 | Li Deming | 李德明 |
| Cai Jing | 蔡京 | Li Hao | 李昊 |
| Cao Liyong | 曹利用 | Li Jing | 李景 |
| Cao Wei | 曹玮 | Li Jipeng | 李继捧 |
| Chai Rong | 柴荣 | Li Jiqian | 李继迁 |
| Chen Hongjin | 陈洪进 | Li Qiande | 李乾德 |
| Cheng Xun | 成寻 | Li Shizhong | 李师中 |
| Chong E | 种谔 | Li Yu | 李煜 |
| Da Lan | 达览 | Li Yuanhao | 李元昊 |
| Dong Zhan | 董毡 | Li Zengbo | 李曾伯 |
| Fan Zhongyan | 范仲淹 | Li Zhuo | 李税 |
| Fu Bi | 富弼 | Liao Yangsun | 廖扬孙 |
| Guizhang | 鬼章 | Lin Li | 林栗 |
| Han Qi | 韩琦 | Liu Chen | 刘忱 |
| Jia Dan | 贾耽 | Liu Yi | 刘彝 |
| Jianzhen | 鉴真 | Liu Yu | 刘豫 |
| Jin Taizu | 金太祖 | Lü Dazhong | 吕大忠 |
| Jing Sili | 景思立 | Lü Huiqing | 吕惠卿 |
| Kou Zhun | 寇准 | Lý Nhât Tôn | 李日尊 |
| Lê Hoàn | 黎桓 | Ma Zhi | 马植 |

| | | | |
|---|---|---|---|
| Muzheng | 木征 | Wang Anshi | 王安石 |
| Nong Shanmei | 侬善美 | Wang Dayuan | 汪大渊 |
| Nungz Cigaoh | 侬智高 | Wang Shao | 王韶 |
| Nuo Qu | 诺驱 | Wang Yande | 王延德 |
| Ouyang Xiu | 欧阳修 | Wen Yanbo | 文彦博 |
| Pan Luozhi | 潘罗支 | Wolibu | 斡离不 |
| Pan Su | 潘夙 | Xiao Su | 萧素 |
| Pang Ji | 庞籍 | Xiao Xi | 萧禧 |
| Pang Yuanying | 庞元英 | Xiao Zhu | 萧注 |
| Peng Shixi | 彭仕羲 | Xiong Ben | 熊本 |
| Qian Shu | 钱俶 | Xu Derong | 徐德荣 |
| Qin Shi Huang | 秦始皇 | Xu Jing | 徐兢 |
| San Duo | 散睹 | Xu Xi | 徐禧 |
| Shao Bao | 邵保 | Xu Xi | 徐熙 |
| Shen Qi | 沈起 | Yan Shigu | 颜师古 |
| Shun | 舜 | Yao | 尧 |
| Sima Guang | 司马光 | Yelü Abaoji | 耶律阿保机 |
| Song Gaozong | 宋高宗 | Yelü Cong | 耶律琮 |
| Song Huizong | 宋徽宗 | Yelü Deguang | 耶律德光 |
| Song Qinzong | 宋钦宗 | Yin Zhu | 尹洙 |
| Song Renzong | 宋仁宗 | Zeng Gongliang | 曾公亮 |
| Song Shenzong | 宋神宗 | Zhang Dun | 章惇 |
| Song Taizong | 宋太宗 | Zhang Qixian | 张齐贤 |
| Song Taizu | 宋太祖 | Zhang Zhu | 张矗 |
| Song Xiaozong | 宋孝宗 | Zhao Gou | 赵构 |
| Song Yingzong | 宋英宗 | Zhao Kuangyin | 赵匡胤 |
| Song Zhenzong | 宋真宗 | Zhao Rukuo | 赵汝适 |
| Song Zhezong | 宋哲宗 | Zhen Dexiu | 真德秀 |
| Su Song | 苏颂 | Zhou Shizong | 周世宗 |
| Tang Gaozu | 唐高祖 | Zhu Mu | 祝穆 |
| Tang Taizong | 唐太宗 | Zou Yan | 邹衍 |
| Tong Guan | 童贯 | | |

# Noms de lieu

| | | | |
|---|---|---|---|
| Bazhou | 霸州 | Qinzhou | 钦州 |
| Changguo | 昌国 | Qinzhou | 秦州 |
| Chanyuan | 澶渊 | Quanzhou | 泉州 |
| Chenzhou | 辰州 | Rongzhou | 融州 |
| Dasanguan | 大散关 | Shazhou | 沙州 |
| Dinghai | 定海 | Shizhou | 施州 |
| Fuyan | 鄜延 | Shuozhou | 朔州 |
| Fuzhou | 福州 | Suizhou | 绥州 |
| Guangzhou | 广州 | Suzhou | 肃州 |
| Guannan | 关南 | Tabaicheng | 踏白城 |
| Guazhou | 瓜州 | Taizhou | 台州 |
| Guizhou | 桂州 | Taozhou | 洮州 |
| Hangzhou | 杭州 | Tongyuanjun | 通远军 |
| Hedong | 河东 | Weizhou | 渭州 |
| Hehuang | 河湟 | Wenzhou | 温州 |
| Helong | 河陇 | Xiangshan | 象山 |
| Hengshan | 横山 | Xihe | 熙河 |
| Hexi | 河西 | Xiongzhou | 雄州 |
| Jinghu | 荆湖 | Xizhou | 熙州 |
| Jingyuan | 泾原 | Xizhou | 溪州 |
| Lanzhou | 兰州 | Yangzhou | 扬州 |
| Liangzhou | 凉州 | Yazhou | 雅州 |
| Lianzhou | 廉州 | Yingzhou | 应州 |
| Lingzhou | 灵州 | Yizhou | 宜州 |
| Lizhou | 黎州 | Yongzhou | 邕州 |
| Mingzhou | 明州 | Youyan | 幽燕 |
| Minzhou | 岷州 | Youyun | 幽云 |
| Mizhou | 密州 | Zhangzhou | 漳州 |
| Qinfeng | 秦凤 | Zhuozhou | 涿州 |

HUANG CHUNYAN, né en juillet 1967, est originaire du comté de Yongshun de la province du Hunan. Il a obtenu sa licence, sa maîtrise et son doctorat en histoire respectivement à l'Université de Wuhan, à l'Université du Yunnan et à l'Université de Xiamen, et a effectué des recherches postdoctorales. De 1998 à 2015, il a enseigné au Département d'histoire de l'Université normale de Shanghai. Il y a été chef du Département, et chef de la discipline d'histoire de la Chine ancienne. En 2015, il est devenu professeur distingué, et directeur de l'Institut de l'histoire et des archives de l'Université du Yunnan. Il est également vice-président de l'Association chinoise de recherches sur l'histoire de la dynastie Song, vice-président de l'Association chinoise de recherches sur l'histoire maritime, et membre du conseil de l'Association chinoise de l'histoire économique. Il a publié plus de cent articles dans des revues telles que *Lishi yanjiu* (« *Recherche historique* ») et *Zhongguoshi yanjiu* (« *Études de l'histoire chinoise* »). De plus, il a publié huit ouvrages dont *Songdai chaogong tixi yanjiu* (« *Études du système tributaire à l'époque des Song* »), *Songdai caizheng shi* (« *Histoire des politiques financières de la dynastie Song* »), et *Zaochuanye shiyu xia de Songdai shehui* (« *La société de la dynastie Song dans le contexte de l'industrie de la construction navale* »). D'ailleurs, Il en a coécrit, traduit et corrigé de nombreuses autres. Ses recherches ont été sélectionnées pour la Bibliothèque nationale des réalisations de la philosophie et des sciences sociales. Il a remporté le deuxième prix pour les réalisations exceptionnelles de la philosophie et des sciences sociales de Shanghai, et le premier prix pour les réalisations exceptionnelles de la philosophie et des sciences sociales de la province du Yunnan. Il a également présidé plusieurs projets majeurs, clés et généraux du Fonds national des sciences sociales.

## PRÉSENTATION DE LA TRADUCTRICE

WANG LIYUN, née en mai 1990, est docteure en cotutelle de l'Université Sorbonne Nouvelle-Paris 3 et de l'Université des Études internationales de Shanghai. Elle est actuellement maître de conférences à la Faculté des Langues étrangères de l'Université Tongji.

Elle a publié plusieurs articles dans les revues et journaux. De plus, elle a publié un ouvrage intitulé *Le sous-titrage du cinéma français en Chine : enjeux, traduction du sens et contraintes*. Elle a traduit plusieurs ouvrages, entre autres *Suicide et Environnement social, Troubles de la Personnalité*. En tant que rédactrice en chef adjoint, elle a déjà publié deux manuels : *Lecture et Compréhension* (2019) et *Panorama des Organisations internationales* (2020). Elle préside maintenant un projet de traduction du Fonds national pour les sciences humaines et sociales.